VICTOR SOUZA

PROTEÇÃO E PROMOÇÃO DA CONFIANÇA
no Direito Previdenciário

Curitiba - 2018

Alteridade *editora*

Rua Itupava, 118 - Alto da Rua XV, CEP 80045-140 Curitiba – Paraná
Fone: (41) 3075.3238 • Email: alteridade@alteridade.com.br
www.alteridade.com.br

Conselho Editorial

Carlos Luiz Strapazzon	Jairo Enrique Herrera Pérez
Claudia Rosane Roesler	Jairo Gilberto Schäfer
Daniela Cademartori	José Antonio Savaris
Fabiano Hartmann Peixoto	Marcos Garcia Leite
Guido Aguila Grados	Luis Alberto Petit Guerra
Ingo Wolfgang Sarlet	Paulo Márcio Cruz
Isaac Reis	Zenildo Bodnar

S729

Souza, Victor
   Proteção e promoção da confiança no direito previdenciário / Victor Souza – Curitiba: Alteridade Editora, 2018.
   452p.; 23cm

   ISBN 978-85-65782-28-9

   1. Direito previdenciário.   2. Estado de Direito.
   3. Segurança jurídica   4. Confiança.   I. Título.

                                    CDD 344.032(22.ed)
                                    CDU 349.3

Revisão: Anna Maria Morelli Piazza
Catalogação: Mª Isabel Schiavon Kinasz
Diagramação e Capa: Jonny M. Prochnow
Elementos gráficos Freepik.com utilizados na capa.

PREFÁCIO

Um interessante estudo da Organização Internacional do Trabalho - OIT analisa detalhadamente as causas e os efeitos da evasão de cotizações nos sistemas previdenciários, fator que compromete decisivamente a sustentabilidade econômica dos mecanismos de proteção social. Dentre as causas, destaca-se:

a) baixas expectativas das prestações a receber – os trabalhadores jovens podem desejar evadir porque não receberão as prestações a não ser transcorridos muitos anos, podendo chegar alguns trabalhadores a crer que não viverão o bastante para a jubilação;

b) custo do cumprimento – os trabalhadores suportam um custo para o cumprimento das obrigações, custo em tempo, gastos, incômodos e frustrações para obter os formulários necessários, completá-los, compreender legislações complexas, percorrer largas distâncias para encontrar uma agência administrativa etc;

c) legitimidade e justiça – é mais provável que os trabalhadores evadam o pagamento das contribuições quando sentem que o sistema é injusto ou carece de legitimidade. Em alguns países, os trabalhadores percebem o sistema de seguridade social como um instrumento do governo para conseguir recursos para outros propósitos e, portanto, veem as cotizações obrigatórias como um imposto. A evasão pode ser uma forma de protesto econômico e, neste caso, os trabalhadores podem com razão *desconfiar* que o Governo maneje adequadamente seus recursos[1].

Ora, a obra do Prof. Dr. Victor Souza que tenho a honra de prefaciar articula justamente com a descofiança, esse problema central das relações sociais no campo do direito previdenciário.

Trata-se - o que se pode afirmar sem nenhuma deferência ao exagero - de um dos mais relevantes estudos na área do direito da proteção social, da última década, em nosso País. É de se notar, a propósito, que a envergadura do resultado das investigações do nosso autor é retratada na aprovação, com nota máxima, de sua tese de doutoramento junto ao Programa de Pós-Graduação e Sociologia em Direito da Universidade Federal Fluminense - UFF.

---

1 GILLION, Colin *et al. Pensiones de Seguridad Social, Desarrollo y reforma,* Informes OIT, n. 57, Madrid: Ministerio de Trabajo y Asuntos Sociales, 2002, pp. 384-388.

Começo registrando a feliz escolha do tema: a importância fundamental da confiança nas relações sociais e, em particular, nas relações jusprevidenciárias entre Estado e indivíduos.

Desde a perspectiva da teoria política normativa, o que se busca fundamentalmente é uma sociedade justa e que, a partir princípios que permitam alcançar esse objetivo, desencadeie-se um movimento de cooperação social. Nesse sentido, é preciso considerar que *A desconfiança e o ressentimento corroem os vínculos da civilidade, e a suspeita e a hostilidade tentam os homens a agir de maneira que eles em circunstâncias diferentes evitariam"*[2].

A confiança é, portanto, tema nuclear no contexto do Estado de Direito e, ademais, uma exigência civilizatória.

Lamentavelmente, porém, é flagrante a distância que separa *os direitos formalmente concedidos das práticas sociais que impunemente os violam*[3]. E se é verdade que *as vítimas de tais práticas, longe de se limitarem a chorar na exclusão, cada vez mais reclamam, individual e coletivamente, serem ouvidas e se organizam para resistir à impunidade*[4], também é correto afirmar que as águas da desconfiança e de perda de credibilidade institucional alcançaram até mesmo o Poder Judiciário.

Tem-se, pois, um sentido de corrosão dos vínculos da civilidade (Rawls) e, portanto, como aponta o nosso autor, *uma crise de confiança e credibilidade mútua entre as instituições estatais e os indivíduos.*

A identificação da crise de confiança no Direito Previdenciário demandou um elevado esforço teórico, fundamentado em um aporte interdisciplinar, metodologia que já não pode ser subestimada por quem desejar contribuir para o estudo e aprimoramento do sistema jurídico no campo da proteção social.

Um dos grandes méritos da obra é, com efeito, o de materializar um constante olhar para a práxis previdenciária (administrativa e judiciária) desde uma perspectiva sociológica e que toma o objeto do estudo com a profundidade que apenas a consciência da dimensão histórica pode propiciar.

O conteúdo do trabalho é digno de apontamentos. É pressuposto do desenvolvimento e justiça sociais que as pessoas possam confiar que, no momento em que mais necessitarem, contarão com a devida proteção do Estado. É legítima uma tal expectativa, pois se relaciona à segurança jurídica, exigência fundamental do Estado de Direito.

É necessário também que, em caso de mau funcionamento da Administração Pública, o Judiciário assegure resposta a tempo (duração razoável do processo) e modo adequados (com efetivo contraditório e ampla defesa, oferecendo soluções que atentem para o sistema normativo e para as exigências de justiça no caso concreto).

---

2 RAWLS, John. *Uma teoria da justiça*. Tradução de Almiro Pisetta e Lenita Maia Rímoli Esteves. São Paulo: Martins Fontes, 2002. p. 7.
3 SANTOS, Boaventura de Sousa. A Justiça em debate. *Folha de S. Paulo*, 17.09.2007, A-3.
4 Idem, Ibidem.

O estudo do princípio da proteção da confiança, elaborado desde diversas perspectivas (bases empírica, cronológica, descritiva e normativa), a análise crítica do modo de ser da práxis jusprevidenciária, e a proposta de mecanismos para a proteção e promoção da confiança na teia de relações sociais previdenciárias, credenciam a obra como leitura indispensável para os agentes dos direitos de proteção social.

Sigamos, pois, à leitura desta genuína contribuição do nosso estimado autor à ciência jurídica e, em particular, ao estudo do direito previdenciário.

Prof. Dr. José Antonio Savaris
Docente Permanente do PPCJ/Univali

"A confiança não se ordena. Ela vem do fundo de nós próprios"
Alain Peyrefitte

"'Revelador' do tempo, o direito faz surgir principalmente a fecundidade de um tempo que denominaremos 'metamórfico' (Gurvitch dizia: 'tempos da alternância entre o avanço e o atraso') que sabe se transformar, sem por isso renegar-se; ele lembra igualmente a pertinência do aevum, esse tempo propriamente institucional (nem eterno, nem perecível) que os canonistas da Idade Média souberam inventar. 'Revelador' do direito, o tempo faz surgir, principalmente, o lugar central da confiança (boa-fé, lealdade), na base de todos os comprometimentos jurídicos, do mesmo modo que a pertinência da concepção institucional do direito – um direito concebido como processo de 'ajuste' contínuo, mais que uma sucessão irregular de atos jurídicos instantâneos."
François Ost, O tempo do Direito

Confiar é um ato de amor, de entrega,
um lenço, um laço,
um passo seguro no escuro-claro dos dias raros,
em que o sol é amaro e a noite, insegura, doura a paúra.
Victor.

A todos que se entregam e se enlaçam;
a todos que amam;
aos que me fio;
a uma causa:
AUREA.

AGRADECIMENTOS

Agradeço a confiança depositada em mim, pelos professores do Programa de Pós-Graduação em Sociologia e Direito da Universidade Federal Fluminense, especialmente a meu orientador, Cléber Francisco Alves, jurista, humanista e acadêmico ímpar, que soube me indicar as possibilidades do texto e nunca deixou de me estimular nessa empreitada; bem como aos professores Fernando Gama, Ana Maria Motta, Wilson Madeira Filho, Alba Simon, Edson Alvisi, Delton Meirelles, Gilvan Hansen e Ricardo Perlingeiro, que participaram, cada um a seu grau, do desenvolvimento deste trabalho, e de minha vida acadêmica na UFF.

Não poderia deixar de registrar meus mais sinceros agradecimentos a todos aqueles que cultuam o estudo e o aprimoramento da segurança jurídica, no Direito Administrativo e especialmente no Direito Previdenciário, aos meus colegas de graduação na UFPE, mestrado e doutorado na UFF, a meus colegas professores, aos estagiários, servidores, juízes e desembargadores da Justiça Federal, membros do Ministério Público Federal, servidores do INSS, advogados públicos e privados e associados do IBDP. Saibam que todos vocês, cada um a seu tempo, grau e modo, muito me inspiraram e me ensinaram nesses longos anos de estudo. A cada um de vocês, portanto, meu mais sincero agradecimento, especialmente a: Adriane Bramante, Alan Macedo, Alex Sertão, Alexandre Triches, Alice Frazão, Ana Couto, Ana Míria, André Fontes, Andréa Daquer, Andréa Geraldis, Antonio Cabral, Antônio Bochenek, Antônio José, Camila Guedes, Camila Hupsel, Cássio Murilo, Cléberson Rocha, Cristiane Oliveira, Cristiane Rodrigues, Daniel Machado, Daniella Motta, Danielle Laranjeira, Débora Aguiar, Deborah Cristina, Denise Gentil, Diego Cherulli, Diego Schuster, Eduardo André, Elenice Pedrosa, Eliane Lazari, Emerson Botelho, Emerson Lemes, Érica Oliveira, Fábio Henrique, Fábio Souza, Fabio Zambitte, Flávia Heine, Flávio Lima, Flávio Marcondes, Fred Koehler, Frederico Montedonio, Gilson Campos, Gisele Kravchychyn, Graça Macedo, Guilherme Bollorini, Guilherme Feliciano, Guilherme Portanova, Herbert Alencar, Hudson Gurgel, Ig Marcelina, Igor Ajouz, Ilan Presser, Ingrid de Azevedo, Isabela Ferrari, Jane Berwanger, Janine Leyraud, João Batista Lazzari, Jorge Girão, José Neto, José Antônio Savaris, Júlia Diniz, Juliane Penteado, Lara Oliveira, Laurindo Vieira, Leonardo Cacau, Lívia Pitelli, Luciana Portal, Lucieni Pereira, Lucio Picanço

Facci, Luiz Pancotti, Luiza Bozko, Malcon Robert, Marcella Brandão, Marcelo Leonardo Tavares, Marcelo Rosado, Marcello Enes, Márcia Ferreira, Márcio Santoro, Marco Falcão, Marcos Secioso, Maria Luiza Jansen, Marianna Bellotti, Martha Xavier, Melissa Folmann, Michele Menezes, Miguel Horwath Jr., Mona Lisa Simonis, Nelson Alves, Odilon Romano, Osair Victor, Paola Porto, Paula Patrícia, Pedro Serafim, Priscila Reino, Priscilla Costa Correa, Rafael Porto, Raquel Domingues, Renan Sotto Mayor, Ricardo Mora, Rilziane Guimarães, Roberto Gil, Roberto Veloso, Rodrigo Coutinho, Rodrigo Reiff, Rodrigo Sodero, Rosana Maria, Samantha Pelajo, Sheila Belo, Shelley Duarte, Suzani Ferraro, Taís Santos, Tatiana Fernandes, Thiago Motta, Valéria Lima, Vanessa Vieira de Mello, Vitor Adrien e Wanessa Molinaro.

    Minhas escusas e cumprimentos aos que se sentirem ausentes deste rol, o que se deve à idade de minha memória, às vezes não tão confiável.

Lista de Abreviaturas

ADI – Ação Direta de Inconstitucionalidade
AGU – Advocacia-Geral da União
AJUFE – Associação dos Juízes Federais do Brasil
AMB – Associação dos Magistrados do Brasil
ANAMATRA – Associação Nacional dos Magistrados da Justiça do Trabalho
ANFIP – Associação Nacional dos Auditores Fiscais da Receita Federal
ANPR – Associação Nacional dos Procuradores da República
APS – Agência da Previdência Social
BPC – Benefício de Prestação Continuada
CEME – Central de Medicamentos
CF – Constituição Federal
CLT – Consolidação das Leis do Trabalho
CNIS – Cadastro Nacional de Informações Sociais
COBAP – Confederação Brasileira de Aposentados e Pensionistas
CPC – Código de Processo Civil
CTN – Código Tributário Nacional
DATAPREV – Empresa de Tecnologia e Informações da Previdência
DCB – Data de Cessação do Benefício
DER – Data de Entrada do Requerimento
DIB – Data de Início do Benefício
DII – Data de Início da Incapacidade
DIP – Data de Início do Pagamento
DJ – Diário da Justiça
DJe – Diário da Justiça Eletrônico
DOU – Diário Oficial da União
DN – Data de Nascimento
DPR – Data do Pedido de Revisão
EC – Emenda Constitucional
EPI – Equipamento de Proteção Individual

FGTS – Fundo de Garantia de Tempo de Serviço
FP – Fator Previdenciário
FUNABEM – Fundação Nacional do Bem Estar do Menor
FUNPRESP - Fundação de Previdência Complementar do Servidor Público Federal
FUNRURAL – Fundo de Assistência ao trabalhador rural
HC – Habeas corpus
IAPAS – Instituto de Administração Financeira da Previdência e Assistência Social
IAPM – Instituto de Aposentadorias e Pensões dos Marítimos
IBDP – Instituto Brasileiro de Direito Previdenciário
IBGE – Instituto Brasileiro de Geografia e Estatística
INAMPS - Instituto Nacional de Assistência Médica da Previdência Social
IN – Instrução Normativa
INPS – Instituto Nacional de Previdência Social
INSS – Instituto Nacional do Seguro Social
IRDR – Incidente de Resolução de Demandas Repetitivas
OISS – Organización Iberoamericana de Seguridad Social
OIT – Organização Internacional do Trabalho
JEF – Juizado Especial Federal
LBA – Legião Brasileira de Assistência
LC – Lei Complementar
LINDB – Lei de Introdução às Normas do Direito Brasileiro
LOAS – Lei Orgânica da Assistência Social
LOPS – Lei Orgânica da Previdência Social
MP – Medida Provisória
MPAS – Ministério da Previdência e Assistência Social (extinto)
MPS – Ministério da Previdência Social (extinto)
MS – Mandado de Segurança
PBC – Período Básico de Cálculo
PcD – Pessoa com Deficiência
PEC – Proposta de Emenda Constitucional
PEDILEF – Pedido de Uniformização de Interpretação de Lei Federal junto à TNU
PGR – Procuradoria-Geral da República
PL – Projeto de Lei
PUIL – Pedido de Uniformização de Interpretação de Lei
RE – Recurso Extraordinário
REsp – Recurso Especial
RGPS – Regime Geral da Previdência Social
RMI – Renda Mensal Inicial
RPPS – Regime Próprio de Previdência Social
SB – Salário de Benefício

SC – Salário de Contribuição
SINPAS – Sistema Nacional de Previdência e Assistência Social
STF – Supremo Tribunal Federal
STJ – Superior Tribunal de Justiça
TCU – Tribunal de Contas da União
TFR – Tribunal Federal de Recursos
TFUE – Tratado sobre o Funcionamento da União Europeia
TJ – Tribunal de Justiça
TJUE – Tribunal de Justiça da União Europeia
TNU – Turma Nacional de Uniformização dos Juizados Especiais Federais
TR – Taxa Referencial
TRF – Tribunal Regional Federal

SUMÁRIO

LISTA DE ABREVIATURAS 15

INTRODUÇÃO 23

Capítulo 1 – PREMISSAS ESTRUTURAIS E REFERENCIAIS HISTÓRICOS 29

1.1 - Breve panorama estrutural do direito previdenciário brasileiro. Concessões e revisões de benefícios 29

1.2 - Síntese histórica do direito previdenciário brasileiro 35

Capítulo 2 – BASE EMPÍRICA: A REALIDADE SOCIOLÓGICA DA DESCONFIANÇA 41

2.1 - A desconfiança individualizada proveniente do Estado-Administração 44

    2.1.1 - A acumulação de aposentadoria e auxílio-acidente 44

    2.1.2 - O recebimento de pensão por morte sem divisão com outros dependentes que possuam o mesmo direito 49

    2.1.3 - Descontos em pensão por morte decorrente de benefício anterior irregular ... 53

    2.1.4 - A suspensão de uma aposentadoria supostamente irregular, sem aferir o culpado pela irregularidade e o direito a outro benefício 54

2.2 - A desconfiança, individualizada e desigualadora, proveniente do Estado-Juiz 57

    2.2.1 - A obtenção da revisão judicial para inclusão de novos salários de contribuição, posteriores ao ato de concessão da aposentadoria (desaposentação) ... 57

    2.2.2 - A revogação de tutela antecipada de benefício previdenciário e a devolução dos valores recebidos 66

2.3 - A desconfiança desigualadora proveniente do Estado-Legislador 70

    2.3.1 - A aplicação do princípio *tempus regit actum* nas causas previdenciárias, pelo Poder Judiciário, e a isonomia entre os cidadãos 70

    2.3.2 - As medidas provisórias em direito previdenciário 79

    2.3.3 - A primeira Reforma da Previdência: a EC 20/98 e seus consectários 86

    2.3.4 - A proposta mais recente de Reforma da Previdência (PEC 287 - A/2016) .. 106

Capítulo 3 – BASE CRONOLÓGICA: A CONFIANÇA E O TEMPO DOS ATOS 117

3.1 - Irretroatividade 117

3.2 - Direito adquirido, ato jurídico perfeito e coisa julgada 121

3.3 - Prescrição e decadência 133

3.4 - A insuficiência das atuais medidas objetivas de proteção da eficácia de atos jurídicos em face do tempo 137

Capítulo 4 – BASE DESCRITIVA: OS CONTORNOS DO PRINCÍPIO DA PROTEÇÃO DA CONFIANÇA 139

4.1 - Introdução. Origens. Definição e finalidades do princípio 139

4.2 - Condições para aplicação do princípio da proteção da confiança 146

4.3 - Beneficiários da aplicação do princípio da proteção da confiança: pessoas físicas, jurídicas e coletividades 154

4.4 - Estado de Direito, segurança jurídica e confiança 160

4.5 - Legalidade e democracia. Confiança e relações simétricas 162

4.6 - Juridicidade, igualdade e confiança 169

4.7 - Boa-fé objetiva, *venire contra factum proprium*, atos próprios e proteção da confiança 174

4.8 - Efetivação do princípio da proteção da confiança 177

Capítulo 5 – BASE NORMATIVA: O PRINCÍPIO DA PROTEÇÃO DA CONFIANÇA NO DIREITO POSITIVO MODERNO 185

5.1 - O novo CPC, a jurisprudência do STF e do STJ e o princípio da proteção da confiança em relação a atos jurisdicionais 187

5.2 - A proteção da confiança do novo CPC e seus reflexos nos atos e processos administrativos 199

5.3 - A proteção da confiança na União Europeia e o transconstitucionalismo 206

Capítulo 6 – BASE PROGNÓSTICA: A PROMOÇÃO DA CONFIANÇA 221

6.1 - Promoção subjetiva da confiança. Igualdade e direitos fundamentais processuais... 224

6.2 - Promoção objetiva da confiança. Publicidade, participação e direito de acesso à informação 226

6.3 - Confiança e acesso ao ato jurisdicional 230

    6.3.1 - Acesso ao ato jurisdicional pela maior autocontenção de posturas normatizantes 230

    6.3.2 - Acesso ao ato jurisdicional por meio da maior participação do jurisdicionado nos atos do processo 238

    6.3.3 - Acesso ao ato jurisdicional por meio da coletivização das demandas 242

6.4 - Confiança e acesso ao ato administrativo 247

    6.4.1 - Acesso ao ato administrativo por meio do processo administrativo 247

    6.4.2 - Acesso ao ato administrativo pela oralidade e pelo processo eletrônico 252

6.5 - Confiança e acesso ao ato legislativo 256

Capítulo 7 – PROPOSIÇÕES CONCLUSIVAS: O FUTURO DA SEGURANÇA JURÍDICA NO DIREITO PREVIDENCIÁRIO 261

7.1 - Avaliação do comportamento subjetivo do interessado (boa-fé X má-fé) e preservação do ato estatal 266

7.2 - A modulação dos efeitos das alterações de entendimento estatais 269

7.3 - Regras de transição prospectivas 279

7.4 - Regras de transição retroativas 288

7.5 - Do autoritarismo ao acesso, da proteção à promoção, da autarquia à agência 295

CONSIDERAÇÕES FINAIS 299

REFERÊNCIAS 307

BIBLIOGRAFIA CONSULTADA 315

Anexo – JURISPRUDÊNCIA SOBRE CONFIANÇA 317

Apêndice – O FUTURO DA PREVIDÊNCIA E DE SUA(S) REFORMA(S) 377

Introdução

- Obrigado pela confiança!

Quem já ouviu essa frase tem alguma ideia de sua importância? Quando a ouviu, acreditou que ela fazia bem tanto ao emissor, quanto ao receptor? Pode dar exemplos de outros comportamentos e frases, ditas ou não ditas, que podem muito bem representar o mesmo sentimento?

Decerto, o leitor tem pessoas próximas que lhe prestam algum tipo de serviço, havendo entre ambos alguma relação de estrita confiança; é a fisioterapeuta, o esteticista, a cabeleireira, o barbeiro, a professora particular, o pediatra, a médica da família, o cozinheiro, a babá, o pedreiro, a arquiteta, o motorista, a dentista. Você não precisa nem conhecer intimamente o profissional, ele nem precisa saber que ele é único, que nele você confia sua saúde, sua beleza, seu intelecto, sua família, sua casa, sua vida, etc. Via de regra, ele depende de você, você depende dele, sem que ninguém abuse de sua posição na relação. Havendo abuso de posição que venha a ficar dominante, a relação de confiança, inegavelmente, estará arruinada. Você e ele passam a desconfiar. Você precisará procurar novos profissionais – talvez não os encontre no mesmo nível. Ele precisará de um novo cliente – talvez não encontre tão bom cliente. Ambos terão que recomeçar a procura por novas relações de confiança. A vida poderá até apresentar novos e melhores horizontes, mas, em geral, a vida retrocede e fica mais complexa. Ambos regridem, ainda que provisoriamente.

Por outro lado, o leitor, muito provavelmente, nunca ouviu a frase *'Obrigado pela confiança'*, em algum órgão público, de algum agente do Estado. Em se tratando de representantes estatais que trabalham com Direito Previdenciário, então, nem se fale! A realidade, nas nossas relações com o Estado, é bem distinta do dia a dia com os profissionais de nossa confiança. Mesmo que o Estado seja formado por pessoas, prepondera uma relação de desconfiança entre o agente público e o cidadão. E, nesse caso, estamos falando de profissionais (concursados ou eleitos) que estão trabalhando em nome e para a sociedade, por suas capacidades (técnicas e/ou eleitorais), para prestar serviços públicos *lato sensu*. Então, com tanta capacidade envolvida, por que perdemos (ou não temos) a capacidade de confiar no Estado? Com que razões tanto o Estado como os indivíduos não mais confiam entre si? Que caminhos temos que percorrer para resgatar, proteger e promover essa confiança mútua?

Nessa pesquisa, tentaremos compreender por que isso ocorre, e o que podemos fazer para ouvir mais essa frase (*'Obrigado pela confiança'*) no cotidiano das relações estatais, em que o Estado se faz cada dia mais presente na vida de cada indivíduo, seja ele beneficiário do Regime Geral de Previdência Social (RGPS) ou não.

Nesse sentido, apesar da realidade multifacetada da vida de milhões de cidadãos segurados do Regime Geral de Previdência Social (RGPS) e de servidores públicos e seus dependentes, fato é que suas estórias de vida têm diversos pontos em comum: a segurança, o bem-estar social e as situações econômicas destes cidadãos e de suas famílias estão sendo, ou foram, ou ainda serão modificadas, em maior ou menor proporção, de acordo com o caso concreto, por reformas legislativas (constitucionais e legais), por atos administrativos (de efeitos gerais ou individuais) e pelos efeitos determinantes de decisões judiciais *erga omnes* do Poder Judiciário, especialmente do Supremo Tribunal Federal.

Exemplos destes pontos em comum entre a vida real e os atos estatais são facilmente encontrados na constatação de que, no Brasil, não há tranquilidade e estabilidade para qualquer pessoa que dependa economicamente ou queira se planejar para a possibilidade de vir a depender de algum benefício previdenciário, mesmo aqueles concedidos por tempo indeterminado, como as aposentadorias e as pensões por morte (para dependentes com mais de 44 anos de idade). Tudo é incerto, tudo é inseguro, parece que tudo é provisório. O acesso a um direito previdenciário pode ser endurecido e modificado, ou mesmo excluído, a qualquer tempo, e o cidadão comum geralmente não tem como adotar qualquer medida em sua defesa.

Além disso, não há outra discussão social, no Brasil[1], que seja tão antiga, tão futura e tão atual quanto a Reforma da Previdência, debatida permanentemente desde os abalos do conceito do Estado de Bem-Estar Social.

Mas, como funciona o acesso à Previdência Pública? Em que situações é possível que uma proteção social seja deferida, mas, posteriormente, seja revogada ou anulada? Além disso, como fazer quando uma proteção social é indeferida ou deferida parcialmente e, algum tempo depois, essa proteção social é deferida integralmente a uma outra pessoa, nas mesmas condições fáticas?

Encontrando-se sob algum risco social – o que não é difícil na realidade socioeconômica de países de constitucionalismo tardio como o Brasil, o cidadão dirige-se ao Estado e peticiona por proteção social. Entretanto, frequentemente, ou o cidadão ou o próprio Estado (por quaisquer de seus poderes) não detém as informações completas e adequadas para a análise do pedido, o que finda por motivar um indeferimento de seu pleito; ou em outras situações, o cidadão faz um requerimento de benefício ainda não totalmente instruído, e os

---

1 Neste sentido, leia-se a seguinte notícia, em que o então deputado federal Michel Temer, em abril de 1997, relata a já antiga necessidade de uma Reforma da Previdência, tendo sido relator da Reforma que se buscava naquela época. Hoje, ele é Presidente da República e o proponente da atual Reforma da Previdência. Disponível em: <http://www1.folha.uol.com.br/fsp/brasil/fc250403.htm>. Acesso em: 10 jan. 2018.

agentes estatais, em vez de respeitarem o tempo devido do processo e solicitarem os documentos que estariam faltando, indeferem liminarmente seu pleito, ou mesmo o deferem apressada e erroneamente, apenas para que atinjam as metas de número de processos administrativos e/ou judiciais analisados, que afetarão gratificações em sua remuneração².

Ora, a premência da exposição a um determinado risco social implica na necessidade de respostas do Estado em tempo razoável; mas o Estado e suas instituições não podem descurar de seus deveres de proteção do patrimônio público, e de produção de respostas justas e isonômicas. Assim, é comum que a resposta estatal (por qualquer de seus agentes e Poderes) a essas demandas, ou venha em tempo irrazoável (podendo ser demorada ou apressada demais), ou esteja desacompanhada das informações adequadas e completas para sua fundamentação, ou seja desigual (tratamentos desiguais em relação a situações integralmente iguais). Esse descompasso entre as respostas estatais e as premências fáticas individuais dispersas pela sociedade causa uma problemática social rotineira: revogações, cancelamentos e anulações de atos estatais mais benéficos, acompanhados de uma crise de confiança e credibilidade mútua entre as instituições estatais e os indivíduos. Há, aqui, o que chamaremos de uma relação de *desconfiança individualizada*.

Inegavelmente, a duração razoável dos processos administrativos ou judiciais deve ser respeitada. A premência em se evitar a exposição do cidadão a um determinado risco social não pode validar transferência indevida de competência constitucional entre os Poderes, ou entre instâncias de um mesmo Poder, bem como não pode redundar em uma simplificação exagerada dos processos, contornando as formas reputadas como adequadas pelo legislador, à margem da legalidade.

Mas, essa regularidade não pode se afastar do dever de respeito à segurança jurídica do cidadão que confiou em algum ato estatal, que, posteriormente, venha a ser modificado mais gravosamente a este cidadão, sem qualquer responsabilidade deste.

---

2   Adriano Mauss e Alexandre Triches fazem preciso e justo relato acerca dessa realidade: "[...] *o INSS sempre foi alvo de grandes críticas pela ineficiência no atendimento, pelo tempo decorrido até que fosse concluído um processo administrativo e pela qualidade da resposta dada aos seus usuários. Nesse sentido, o estabelecimento de metas vinculadas à remuneração e à jornada de trabalho dos servidores ajudou, principalmente, a acelerar o atendimento e a diminuir o tempo de espera dos segurados. Ocorre que a baixa qualidade das decisões proferidas pelo INSS ainda é uma tônica, que tais metas se mostraram incapazes em resolver e, inclusive, agravaram a situação de precariedade. É inegável, no entanto, que na última década o INSS tem avançado em muitos aspectos na resolução de problemas crônicos de atendimento. Inovações como o agendamento eletrônico de benefícios e o aumento da quantidade de servidores, somado à cobrança intensa das metas institucionais tem melhorado o tempo de resposta das demandas. Essa melhoria é comprovada pelos números trazidos nos boletins estatísticos do INSS. Em 2003, antes do início desse processo, não era raro existirem agências que concluíam seus processos com mais de um ano de tramitação, atualmente esse tempo não ultrapassa 45 dias em todas as agências do país. Ocorre que nesse processo de melhoria institucional, primou-se apenas a celeridade processual e pouco a qualidade no atendimento às demandas sociais. A cobrança que a instituição submete seus servidores, para que definam de forma rápida os processos, mesmo que sem finalizar devidamente a instrução, é constante".* (MAUSS; TRICHES, 2017, p. 29).

É para estas situações de *desconfiança individualizada* que se destina o princípio da proteção da confiança, tema central da presente tese de doutorado.

Essa mesma confiança nas instituições é abalada; por outro lado, quando, em vez de agravar a situação do cidadão, o Estado, por qualquer de seus agentes, melhora o quadro normativo, corrigindo alguma injustiça ou omissão histórica, mas alega a impossibilidade de retroação da norma mais benéfica e ofende a igualdade entre pessoas submetidas a uma mesma situação fática. É o que ocorre, por exemplo, quando se cria uma forma de cálculo de uma aposentadoria, mais justa; ou quando se exclui um requisito inconstitucional ou ilegal para a concessão de um benefício, que, anteriormente, era exigido. Ou seja, com base no conhecido brocardo *tempus regit actum,* aquele que se aposentou um dia antes da mudança não teria o direito à nova forma de cálculo mais benéfica, e aquele que não conseguiu o benefício porque não possuía o antigo e ilegal requisito, posteriormente dispensado, também não vai poder ser reparado retrospectivamente. É o que chamaremos de uma injustificada *desconfiança desigualadora*[3].

O ponto de partida deste estudo, portanto, é uma compilação de casos práticos do Direito Previdenciário, por meio da análise, feita no período entre 2014 e 2018, de processos judiciais previdenciários em que fora observada alguma relação de desconfiança, individualizada ou desigualadora, entre o Estado e o cidadão, para caminhar em direção à revisão de literatura e à análise do estado da arte sobre o tema da segurança jurídica. Além disso, serão avaliadas relevantes alterações de entendimentos previdenciários, reais e potenciais, de natureza legislativa e jurisdicional, nas quais o tema da segurança jurídica esteja presente (ou deva estar).

Atualizar-se-á a produção doutrinária, legislativa e jurisprudencial, nacional, também com levantamento de contribuições internacionais, visando à percepção do estado da arte, aceitação e aplicabilidade do princípio da proteção da confiança e das medidas de promoção da segurança jurídica e da

---

3   A ordem de fatos sociais que explica uma desconfiança desigualadora injustificada é muito bem delineada por Humberto Ávila: "[...] *se as normas servem de orientação aos cidadãos e de limite e de fundamento ao exercício do poder pelas autoridades, sempre que se mantém um ato contrário às normas válidas e vigentes no momento da sua prática está-se convalidando, hoje, o ilícito de ontem e, com isso, pode-se estimular, hoje, o ilícito de amanhã. Estabelece-se, pois, um conflito relativamente à consequência pela qual o destinatário da norma deve aguardar: ou espera que as normas inconstitucionais sejam declaradas nulas e, por isso, sem efeitos, ou conta que elas sejam declaradas válidas e seus efeitos mantidos. Entretanto – e aqui se manifesta com toda a gravidade o problema –, se o cidadão não sabe pelo que esperar, não consegue prever; e se não consegue prever, não consegue orientar-se pelo Direito. Se isso ocorre, a segurança do passado cobra o custo da insegurança do futuro. No Estado de Direito, porém, os cidadãos devem poder legitimamente esperar que as normas inconstitucionais sejam declaradas como tais e que essa declaração suponha a sua efetiva expulsão do ordenamento jurídico. Se o cidadão, esperando pela inconstitucionalidade, encontrar a constitucionalidade, ou no lugar de pão receber pedras ('des pierres à la place de pain'), o Direito começará a perder parte da sua efetividade e, por consequência, parte da segurança jurídica que visa a preservar. E se o Estado, conhecendo a ausência de confirmação concreta das consequências abstratamente previstas, apostar na manutenção futura de atos inconstitucionais presentes, ficará tentado a financiar receitas públicas com tributos inconstitucionais.*" (ÁVILA, 2016, p. 182-183).

confiança em nosso ordenamento, com os olhos atentos especialmente para o Direito Previdenciário.

A intenção é, ao final, confeccionar *proposições* para o desenvolvimento de uma interpretação constitucional que permita ao Estado-Administração, ao Estado-Legislador ou ao Estado-Juiz se utilizar de parâmetros interpretativos jurídicos mínimos que possam controlar eventuais atos estatais abusivos, manter ou restabelecer o necessário grau de confiança do indivíduo e da sociedade nas instituições estatais e ofertar aos indivíduos a devida e esperada proteção social, sempre com respeito à segurança jurídica, à igualdade e à confiança individual, mas sem tolher o poder-dever do Estado em coibir e anular atos estatais que causem prejuízos ao patrimônio comum dos cidadãos.

Para além disso, buscaremos o desenvolvimento de uma tese que, demonstrando que não basta proteger a confiança, busque meios de recuperá-la, de promovê-la, prevenindo a sociedade em relação à ocorrência destes atos estatais abusivos de desconfiança.

Há necessidade, portanto, do estudo do princípio da proteção da confiança, em correlação com o pleno exercício das funções e poderes do Estado, que, por meio de seus representantes, devem não apenas respeitar as expectativas legítimas depositadas pela confiança do cidadão na atuação anterior do Estado, mas promover tal confiança, com os olhos voltados para a igualdade, o devido processo legal e o acesso à informação estatal. Para tanto, serão expostas medidas procedimentais e mudanças de cultura profissional que podem ser adotadas em qualquer estrutura de serviço público, almejando o seu aperfeiçoamento, especialmente com maior igualdade, participação, abertura dialógica e acesso à informação e aos atos estatais.

O trabalho será desenvolvido sob cinco aspectos independentes do tema abordado, utilizando-se, a respeito do princípio da proteção da confiança, cinco bases de indagações e investigações que se interligam, sob o recorte do Direito Previdenciário e da Administração Pública Previdenciária. São elas a empírica (que fatos sociais e jurídicos justificam a asserção de que expectativas legítimas dos cidadãos estão sendo desrespeitadas no Direito Previdenciário?), a cronológica (que medidas existem para se proteger a eficácia dos atos jurídicos praticados por agentes do Estado, diante do tempo em que tais atos são praticados?), descritiva (o que é o objeto do princípio da proteção da confiança?), a normativa (que mudanças concretas foram adotadas e estamos vivendo atualmente, no direito positivo moderno, em face do princípio da proteção da confiança?) e a prognóstica (o que nos reserva o futuro no que atine à segurança jurídica e à proteção da confiança? Como promover confiança?).

Ao final, tentaremos lançar proposições com os fundamentos que interligam essas bases investigativas e traduzem uma teoria da segurança jurídica apta a reformular e reforçar as relações entre Estado e cidadão, em se tratando de matéria previdenciária. A intenção é incrementar a legitimidade dos atos estatais previdenciários, conferindo segurança jurídica nessa atuação, assaz relevante em um país com muitas desigualdades sociais, onde se nota a recorrência de riscos sociais que justificam a demanda pela proteção securitária do RGPS, com uma economia ainda em desenvolvimento, muita força de trabalho ainda jovem e uma população idosa crescente, que demanda nossa atenção.

CAPÍTULO 1

PREMISSAS ESTRUTURAIS E REFERENCIAIS HISTÓRICOS

1.1 - BREVE PANORAMA ESTRUTURAL DO DIREITO PREVIDENCIÁRIO BRASILEIRO. CONCESSÕES E REVISÕES DE BENEFÍCIOS

Neste momento, pretendemos abordar sumariamente como é estruturada a Previdência Pública no Brasil, como funciona a concessão de benefícios pela Previdência Social, suas formas de cálculo e em que hipóteses tais benefícios costumam ser suspensos ou cancelados, acarretando alguma espécie de decisão estatal desfavorável, como aquelas que suspendem, indeferem ou reduzem benefícios.

O RGPS é formado por benefícios remuneratórios (que substituem a remuneração do segurado) ou indenizatórios, bem como por serviços como a reabilitação profissional.

O benefício previdenciário variará de acordo com o risco social ao qual o cidadão esteja exposto e dele decorra alguma espécie de vulnerabilidade. A Constituição Federal enumera como riscos sociais que demandam proteção estatal: a morte, a idade avançada, a incapacidade laborativa, acidentes de trabalho e de qualquer natureza, a exposição habitual e permanente a agentes especiais durante o período de trabalho, o trabalho da pessoa com deficiência, a reclusão, o desemprego involuntário, a remuneração desprotegida durante a maternidade. Além disso, nada impede que a Constituição (ou mesmo legislação infraconstitucional, permanente ou provisória) acresça proteção a outros riscos sociais, ainda não expressamente previstos, cada vez mais frequentes no mundo moderno, como o terrorismo, a participação em guerras, a migração e a imigração em massa ou a vulnerabilidade ocasionada por fenômenos naturais e/ou acidentais de grande magnitude, como as tempestades, enchentes, terremotos, furacões, desabamentos, desmoronamentos e incêndios. A própria ausência de filiação a um regime previdenciário é, por si só, um risco social[4].

---

4   Rafael Porto e Lorena Porto, em relevante artigo sobre a teoria do risco social, nos apresentam importante reflexão crítica acerca da evolução do que deve ser o maior risco social a ser

Diante desses riscos sociais existentes, os principais benefícios previdenciários positivados no Brasil são: as quatro espécies de aposentadorias atualmente existentes (aposentadorias por tempo de contribuição, por idade, por invalidez e especiais), a pensão por morte, o auxílio-reclusão, o auxílio-acidente, o auxílio-doença, o seguro-desemprego (mesmo não sendo administrado pelo INSS) e o salário-maternidade.

Atualmente, após determinado período de atividades laborativas, o segurado trabalhador possui basicamente o direito a pleitear quatro espécies de aposentadoria: por tempo de contribuição (art. 201, §7º, I, da CF e arts. 52 a 56 da Lei 8.213/91), por idade (art. 201, §7º, II, da CF e arts. 48 a 51 da Lei 8.213/91), por invalidez (arts. 42 a 47 da Lei 8.213/91) e especial (art. 201, §1º, da CF, Lei Complementar 142/2013 e arts. 57 e 58 da Lei 8.213/91).

O cidadão, via de regra, se aposenta com 35/30 anos de contribuição (homem/mulher), sem que haja uma idade mínima. Para o professor que comprove exclusivamente tempo de efetivo exercício das funções de magistério na educação infantil e no ensino fundamental e médio, esse tempo de contribuição é reduzido para 30/25 anos. Não alcançando esse tempo de contribuição, o trabalhador pode se aposentar por idade, com 65/60 anos (homem/mulher). Essa idade mínima para a aposentadoria por idade é reduzida a 60/55 anos (homem/mulher) para todo e qualquer trabalhador rural e para os segurados especiais, que são os trabalhadores que exercem suas atividades em regime de economia familiar, nestes incluídos o produtor rural, o garimpeiro e o pescador artesanal.

Ainda, o segurado do RGPS pode se aposentar em decorrência de alguma incapacidade laboral total e permanente para todo e qualquer trabalho (aposentadoria por invalidez) ou com uma contagem de tempo qualificada, caso seja pessoa que trabalhe possuindo alguma deficiência (aposentadoria

---

evitado pelo Estado: *"Com efeito, a intensa precarização das relações de trabalho foi recentemente aprofundada em nosso país pela reforma trabalhista – implementada pelas Leis 13.429/2017 e 13.467/2017 e pela Medida Provisória 808/2017 - , que, entre outras alterações, ampliou as hipóteses de terceirização e buscou facilitar a ilicitude correspondente à 'pejotização', além de ter criado as figuras do trabalhador autônomo contínuo e exclusivo e do contrato de trabalho intermitente, nos quais, o risco – ele mesmo – do negócio é repassado ilicitamente pelo empresário ao trabalhador. Isso contribui decisivamente, como já vem apontando a doutrina, para a criação de uma nova classe de trabalhadores, o 'precariado' (do inglês 'precariat'), ou seja, um proletariado em situação de precariedade, também denominado de 'trabalhadores pobres' ('workingpoors'). Resta saber como a previdência irá lidar com essas novas figuras, já que, no trabalho intermitente, por exemplo, o trabalhador poderá ter vários patrões, nenhuma estabilidade de jornada (seja diária, semanal ou mensal) e sem garantia sequer de perceber um salário mínimo por mês. Como agregar essas situações à previdência social? Para não falar também na informalidade, que é um fenômeno antigo, porém crescente, gerando cada vez mais contingentes de trabalhadores a descoberto, que acabam desaguando na assistência social ou buscando fraudar o sistema por meio de obtenção de benefício por incapacidade com contingência ocorrida antes da filiação ou de aposentadoria por idade do segurado especial. De toda forma, onera a Seguridade Social sem contribuir ao custeio. [...] O risco social que alcança maior relevância hoje, portanto, não é o risco do não-trabalho, mas sim o risco da não-filiação, o que, para além de desamparar o trabalhador, enfraquece o sistema como um todo."* (PORTO, Rafael; PORTO, Lorena. Teoria/ geral do risco social. In ROCHA et al., 2018, p. 222).

'especial' da pessoa com deficiência) ou que trabalhe em condições especiais que prejudiquem sua saúde ou sua integridade física (aposentadoria especial *stricto sensu*).

A carência - número mínimo de contribuições mensais indispensáveis para que o beneficiário faça jus ao benefício – atualmente é de 180 meses, para todas as aposentadorias, exceto para a aposentadoria por invalidez, que é de 12 meses (com a ressalva do art. 26, incisos II e III, da Lei 8.213/91).

A pensão por morte (arts. 74 a 79 da Lei 8.213/91) é devida ao conjunto dos dependentes do segurado que falecer, aposentado ou não, e será de 100% do valor da aposentadoria que o segurado recebia ou daquela a que teria direito se estivesse aposentado por invalidez na data de seu falecimento. Não exige carência, mas está subordinada a critérios legais de temporalidade, de acordo com a idade dos dependentes.

Nos termos do art. 80 da Lei 8.213/91, o auxílio-reclusão é devido, nas mesmas condições da pensão por morte, aos dependentes do segurado de baixa renda recolhido à prisão, que não receber remuneração da empresa nem estiver em gozo de auxílio-doença, de aposentadoria ou de abono de permanência. Não se exige carência.

O auxílio-doença (arts. 59 a 63 da Lei 8.213/91), por sua vez, é devido ao segurado que, havendo cumprido o período de carência exigido (quando for o caso, nos moldes dos arts. 26, II e 151 da Lei 8.213/91), ficar incapacitado para o seu trabalho ou para a sua atividade habitual por mais de 15 (quinze) dias consecutivos, de modo parcial e/ou temporário. Deve ser salientado que não será devido auxílio-doença (e nem aposentadoria por invalidez) ao segurado que se filiar ao RGPS já portador da doença ou da lesão invocada como causa para o benefício, salvo quando a incapacidade sobrevier por motivo de progressão ou agravamento dessa doença ou lesão.

Já o auxílio-acidente é concedido ao segurado, pelo Estado, como uma verba indenizatória mensal, quando, após a comprovação da consolidação das lesões decorrentes de acidente de qualquer natureza, resultarem sequelas que impliquem redução da capacidade para o trabalho que habitualmente exerce, conforme o art. 86 da Lei 8.213/91. Também não se exige carência.

O seguro-desemprego (que é administrado pelo Ministério do Trabalho) é regulado pela Lei 7.998/90, e consiste em assistência financeira temporária ao trabalhador desempregado em virtude de dispensa sem justa causa, inclusive a indireta, e ao trabalhador comprovadamente resgatado de regime de trabalho forçado ou da condição análoga à de escravo. Não se exige propriamente uma carência, mas o trabalhador deverá ser ágil após sua dispensa, pois não é toda e qualquer situação de desemprego involuntário que justificará o pagamento do benefício, devendo o trabalhador comprovar que recebeu salários de pessoa jurídica ou de pessoa física a ela equiparada em um período pré-determinado: *12 (doze) meses nos últimos 18 (dezoito) meses imediatamente anteriores à data de dispensa, quando da primeira solicitação, 9 (nove) meses nos últimos 12 (doze) meses imediatamente anteriores à data de dispensa, quando da segunda solicitação; e cada um dos 6 (seis) meses imediatamente anteriores à data de dispensa, quando das demais solicitações.* Se os períodos de trabalho forem inferiores a esses prazos, ainda que se trate de uma real situação de desemprego involuntário, não haverá a proteção financeira. Além disso, para ter direito ao benefício, não pode estar em gozo de qualquer benefício previdenciário de prestação continuada, previsto no RGPS, excetuado o auxílio-acidente e o auxílio suplementar da Lei 6.367/76, e não pode possuir renda própria de qualquer natureza suficiente à sua manutenção e de sua família, porquanto nesses casos se comprovaria que o cidadão não se encontra em situação de vulnerabilidade ao risco social.

Por fim, o salário-maternidade (arts. 71 a 73 da Lei 8.213/91) consistirá no pagamento mensal da remuneração integral de toda e qualquer trabalhadora gestante, sem qualquer limitação, durante o prazo de 120 dias. Exigirá carência de 10 ou 12 contribuições, de acordo com a espécie de segurada em que a gestante se enquadrar.

Além dos benefícios tipicamente previdenciários acima descritos, há ainda o benefício assistencial de um salário mínimo mensal da Lei 8.742/93, voltado para pessoas idosas ou com deficiência, mesmo estrangeiras[5], que se encontrem em situação de vulnerabilidade socioeconômica. Por sua própria natureza assistencial, não exige recolhimento de contribuições ao RGPS para sua obtenção, mas é pago em valor mínimo, não permite pagamento de abono anual (décimo terceiro) e não gera pagamento de pensão por morte a dependentes, por ocasião do óbito do beneficiário.

Cada um destes benefícios previdenciários e assistenciais possui requisitos específicos e diferenciados, previstos em lei, que devem ser avaliados cuidadosamente para suas concessões. Se os requisitos não são cumpridos, a situação enseja o indeferimento do pedido; por outro lado, uma vez deferido o benefício, se for descoberta qualquer causa que demonstre que a concessão foi indevida, será anulado o ato administrativo de sua concessão, com a suspensão do benefício. Além disso, se o cidadão receber valor maior que o devido ou receber alguma cumulação indevida de benefícios[6], poderá ter seu benefí-

---

5   "STF: ASSISTÊNCIA SOCIAL – ESTRANGEIROS RESIDENTES NO PAÍS – ARTIGO 203, INCISO V, DA CONSTITUIÇÃO FEDERAL – ALCANCE. A assistência social prevista no artigo 203, inciso V, da Constituição Federal beneficia brasileiros natos, naturalizados e estrangeiros residentes no País, atendidos os requisitos constitucionais e legais. [...] Decisão: O Tribunal, por unanimidade e nos termos do voto do Relator, apreciando o tema 173 da repercussão geral, negou provimento ao recurso, fixando a seguinte tese: "Os estrangeiros residentes no País são beneficiários da assistência social prevista no artigo 203, inciso V, da Constituição Federal, uma vez atendidos os requisitos constitucionais e legais". (STF, RE 587.970/SP, Rel. Min. Marco Aurélio, Julgado em 20/04/2017).

6   Lei 8.213/91: "Art. 124. Salvo no caso de direito adquirido, não é permitido o recebimento conjunto dos seguintes benefícios da Previdência Social: I - aposentadoria e auxílio-doença; II - mais de uma aposentadoria; III - aposentadoria e abono de permanência em serviço; IV - salário-maternidade e auxílio-doença; V - mais de um auxílio-acidente; VI - mais de uma pensão deixada por cônjuge ou companheiro, ressalvado o direito de opção pela mais vantajosa. Parágrafo único. É vedado o recebimento conjunto do seguro-desemprego com qualquer benefício de prestação continuada da Previdência Social, exceto pensão por morte ou auxílio-acidente."

cio revisado e deverá também devolver esses valores. A legislação poderá prever, ainda, alterações mais gravosas nos requisitos e nas formas de cálculo desses benefícios, agravando o acesso às proteções sociais respectivas e/ou reduzindo seus aspectos financeiros mais relevantes.

Além de ser importante avaliar as formas de concessão de benefícios previdenciários, é relevante estar atento às diversas formas de cálculo existentes, e seus aspectos. Basicamente, esse cálculo é feito em três etapas. Inicialmente, na primeira etapa, que denominamos de *essencial*, obtém-se o que se conhece por *salário de benefício*, que leva em consideração dois fatores: i) uma *média* dos salários de contribuição do segurado, e ii) um *período básico de contribuições (PBC)* da vida contributiva do segurado. O primeiro fator denota medida de justiça lógica, determinando que haja uma média dos salários de contribuição do segurado, devidamente corrigidos monetariamente, e com as conversões de moeda pertinentes. O segundo fator decorre da necessidade de fixar, por critérios de política econômica e financeira, um período no qual os salários de contribuição poderão ser considerados na média de salários de cada segurado; trata-se de um corte temporal objetivo, definido em lei para todos os segurados, no momento de se calcular a média do primeiro fator. Por medida de justiça, parece lógico que o PBC deva representar todo o período laborativo do trabalhador, para que seus salários de contribuição correspondam, ao máximo, à sua história profissional, traduzindo um benefício análogo às contribuições de toda a sua vida. Em outros termos: nessa etapa inicial, *essencial*, estabelece-se qual é o *PBC*, o corte temporal do qual se extrairão os salários de contribuição que serão utilizados na *média* de salários do segurado.

Embora seja possível a interpretação literal de que o fator previdenciário, descrito no atual art. 29, I, da Lei 8.213/91, é parte do salário de benefício, apenas esses dois fatores supramencionados (média e PBC) compõem o que pode ser genericamente chamado de salário de benefício; dessa forma, apenas a média e o PBC são fatores *essenciais* no cálculo da RMI de um benefício, superando critérios anteriores como o do último salário integral[7]. Prova de que o fator previdenciário não integra o salário de benefício é o fato de que, desde a edição da Lei 13.183/2015, ele pode ser desconsiderado, sem afetar o cálculo do salário de benefício, conforme as condições estipuladas pela lei[8]; ou seja, o fator previdenciário é calculado separadamente, após o cálculo da média e a delimitação do PBC – que definem, autonomamente, o salário de benefício.

---

7   Embora essa possibilidade ainda exista, excepcionalmente, no salário-maternidade, benefício *sui generis* que é fixado no valor de sua última remuneração integral, e sem qualquer limitação ao teto de pagamento do RGPS (art. 72 da Lei 8.213/91), diante de sua natureza jurídica de benefício que substitui, pelo prazo legal, a remuneração da gestante.

8   O fator previdenciário sempre foi tão severamente criticado que, em 04/11/2015, foi criada pela Lei 13.183 a possibilidade de tal fator não ser aplicado, quando o(a) segurado(a) comprovar que possui os requisitos para aposentadoria por tempo de contribuição, e que a soma de sua idade e de seu tempo de contribuição supera 95/85 (homem/mulher) pontos (havendo uma tabela progressiva de tal soma, para os anos seguintes).

Em uma segunda etapa do cálculo de uma RMI, que denominamos como *específica*, aplicamos, ao valor encontrado para o salário de benefício, índices multiplicadores, de acordo com critérios de ordem pessoal, como idade e expectativa de sobrevida (tal como no fator previdenciário), ou com o que for definido em lei, para cada espécie de benefício existente (como os percentuais aplicáveis, de acordo com o benefício pleiteado). Trata-se da aplicação de um índice multiplicador, ou mesmo a aplicação de mais de um índice, que aumentarão (quando superiores a 1) ou diminuirão (quando inferiores a 1) o salário de benefício no caso concreto, de acordo com as circunstâncias correspondentes. Pode ser um índice positivo e aumentar a renda mensal inicial do benefício, como também pode ser negativo e diminuir esse benefício[9]. Quando a lei não determinar que se aplique um multiplicador específico, ou quando disser que a renda mensal inicial equivale a 100% do salário de benefício, como ocorre nas aposentadorias por invalidez e especial (arts. 44 e 57 da Lei 8.213/91), há uma supressão da etapa *específica*, visto que, logicamente, 100% de um determinado valor é esse mesmo valor.

Por fim, em uma terceira e última etapa, que denominamos *delimitadora*, aplicam-se, ao valor encontrado nas etapas *essencial* e *específica*, alguns valores-limites (e não percentuais), gerais ou particularizados para cada espécie de benefício, que poderão, mesmo após a aplicação dos multiplicadores, reduzir ainda mais o benefício ou não permitir que sejam superiores a um teto determinado de pagamentos, nem inferiores a um determinado piso de pagamentos[10]. São limites determinados por medidas de política fiscal e econômica, relacionadas ao teto do RGPS e ao salário-mínimo, variáveis anualmente.

---

9   Os índices multiplicadores utilizados na etapa *específica* podem ser *fixos* ou *variáveis*. São exemplos de tais índices: *a)* o índice de 25% como adicional da aposentadoria por invalidez de pessoa que necessite de assistência permanente de terceiro (art. 45 da Lei 8.213/91) que assim seja concedida, desde seu início; *b)* o índice legal de 91% de todo auxílio-doença, a ser aplicado ao salário de benefício encontrado (art. 61 da Lei 8.213/91); *c)* o índice de 50% do benefício indenizatório de auxílio-acidente, a ser aplicado ao salário de benefício encontrado (art. 86, § 1º, da Lei 8.213/91); *d)* o percentual variável da aposentadoria por idade, definido no art. 50 da Lei n. 8.213/91, de 70% do salário de benefício, mais 1% (um por cento) deste, para cada 12 (doze) contribuições, até 100% do salário de benefício; *e)* o percentual variável da aposentadoria por tempo de contribuição proporcional, a quem possuir o direito a este benefício, definido no art. art. 9º, §1º, da EC 20/98, de 70% do salário de benefício, mais 5% para cada ano que supere os 30/25 anos, até 100% do salário de benefício; e *f)* o fator previdenciário, que é um cálculo individualizado, podendo ser inferior a 1 (na imensa maioria dos casos) ou superior a 1 (excepcionalmente, quando o indivíduo tiver idade e tempo de contribuição elevados, e assim optar por sua aplicação), e sendo possível sua desconsideração, quando for inferior a 1, nas aposentadorias por idade e em casos específicos de aposentadorias por tempo de contribuição, cuja soma de tempo de contribuição e idade seja superior à tabela do art. 29-C da Lei 8.213/91.

10 Um exemplo de limites, máximo e mínimo, dos benefícios em geral, consta do art. 29, §2º da Lei 8.213/91, no que atine a benefícios de caráter remuneratório: *"O valor do salário-de-benefício não será inferior ao de um salário mínimo, nem superior ao do limite máximo do salário-de-contribuição na data de início do benefício."*; de outro lado, um exemplo de limite específico, para ser avaliado em todo e qualquer auxílio-doença consta do art. 29, §10, da mesma Lei: *"O auxílio-doença não poderá exceder a média aritmética simples dos últimos 12 (doze) salários-de-*

É exatamente nessas situações, em havendo alterações de entendimentos estatais mais gravosos para a forma de concessão ou de cálculo dos benefícios previdenciários, que reside a necessidade de se adotar a rotina de se avaliar a segurança jurídica do cidadão, conforme sua confiança e suas expectativas, se legítimas, mereçam ou não proteção.

1.2 - SÍNTESE HISTÓRICA DO DIREITO PREVIDENCIÁRIO BRASILEIRO

É indispensável relatar, resumidamente, a história do direito previdenciário brasileiro, especialmente no que atine às mudanças de legislação e de jurisprudência previdenciárias, a fim de situar o leitor acerca do panorama de sua evolução até o momento atual, o que ajudará na compreensão da conjuntura em que cada situação fática dos indivíduos é vivida.

A Constituição Federal de 1891 foi a primeira constituição brasileira a tratar de um benefício previdenciário: a aposentadoria por invalidez de funcionários públicos a serviço da nação. A Lei Eloy Chaves (Decreto Lei 4.682, de 24/01/1923), por sua vez, ao criar caixas de aposentadorias e pensões para os ferroviários, ainda que restritas a funcionários das respectivas empresas (e administradas por estas), foi a primeira legislação ordinária a tratar de direito previdenciário. É só com o Decreto 22.872/33 – que cria o Instituto de Previdência dos Marítimos (IAPM), que a Previdência passa a ser gerida pela Administração Pública, mas ainda restrita a determinadas categorias profissionais.

Essa Administração Pública Previdenciária vai avançando para gerir a Previdência de outras categorias, e passam a ser criados outros Institutos, tais como: comerciários e bancários (1934), industriários (1936), servidores do estado e empregados de transportes e cargas (1938). Daí partindo, há a fusão da previdência pública urbana, nascendo o INPS (Decreto-Lei 72/66), que cuidava dos trabalhadores urbanos, com base na Lei n.º 3.807/1960; enquanto os trabalhadores rurais tinham seus interesses regulados pelo Pró-Rural (LC 11/1971), administrado pelo FUNRURAL. Em 1977, foi instituído o Sistema Nacional de Previdência e Assistência Social (SINPAS), que abarcava as seguintes instituições securitárias: INPS, IAPAS, INAMPS, LBA, FUNABEM, CEME e DATAPREV.

Com a Constituição Federal de 1988, em seus arts. 194 a 204, minudenciam-se as características da Seguridade Social brasileira, elevando-se ao grau constitucional a regulação de como deveriam ser prestados os serviços de Previdência Social, Assistência Social e Saúde.

Logo em seguida, por meio do Decreto 99.350/90, o INPS e o IAPAS são fundidos e é criado o Instituto Nacional do Seguro Social (INSS), bem como são editadas as leis de custeio (Lei 8.212/91) e benefícios (Lei 8.213/91) da Previdência Social brasileira e a Lei Orgânica da Assistência Social brasileira (LOAS - Lei 8.742/93), as três principais leis ordinárias do Direito Previdenciário brasileiro.

---

contribuição, inclusive em caso de remuneração variável, ou, se não alcançado o número de 12 (doze), a média aritmética simples dos salários-de-contribuição existentes."

De lá para cá, após a CF/88, acompanhando os fluxos mundiais a respeito do papel do Estado na prestação de serviços securitários a seus cidadãos, bem como acerca da compreensão do que é e ,especialmente, de quais são os limites e as possibilidades financeiras de um Estado de Bem-Estar Social, o tema previdenciário sempre esteve no centro das atenções sociais e legislativas, seja para permitir maior proteção social, qualitativa ou quantitativa, a determinados grupos sociais; seja para reduzir estas proteções sociais, diante do custo envolvido e das limitações econômicas e financeiras, sejam elas estruturais ou conjunturais.

Reformas constitucionais foram realizadas, como as Emendas Constitucionais nºs. 20/1998, 41/2003 e 47/2005, geralmente com objetivos de limitar os gastos públicos com a matéria previdenciária, seja do RGPS, seja dos Regimes Próprios de Previdência dos Servidores. Retornaremos a estas Reformas, para análises minuciosas, no capítulo 2, subtítulo 2.3, *infra*.

Quanto à legislação infraconstitucional, do mesmo modo, desde a edição das leis de custeio e benefícios previdenciários (Leis nº 8.212 e 8.213/1991), e da assistência social (Lei nº 8.742/1993), reformas legais de cunho limitativo de despesas ou ampliativo de receitas, foram estabelecidas com regularidade. São alguns exemplos de reformas destes diplomas as diversas alterações, ainda que parciais, produzidas pelas Leis Complementares 70/91, 123/2006, 128/2008, 142/2013 e 150/2015 e pelas Leis Ordinárias 8.540/92, 8.620/93, 8.647/93, 8.870/94, 9.032/95, 9.528/97, 9.711/98, 9.732/98, 9.876/99, 10.170/2000, 10.256/2001, 10.403/2002, 10.666/2003, 10.820/2003, 10.839/2004, 10.887/2004, 11.368/2006, 11.430/2006, 11.505/2007, 11.718/2008, 11.933/2009, 11.941/2009, 12.435/2011, 12.470/2011, 12.873/2013, 13.014/2014, 13.063/2014, 13.135/2015, 13.137/2015, 13.146/2015, 13.183/2015, 13.202/2015, 13.457/2017, 13.467/2017, 13.494/2017 e 13.606/2018, sem contar com as Medidas Provisórias 739/2016 e 767/2017.

Também diversos atos administrativos de efeitos gerais, de efeitos restritivos aos direitos do cidadão, vêm sendo editados pela direção da Administração Pública Previdenciária, seja pelo Ministério da Previdência Social juntamente com a Presidência da República, seja pelo próprio INSS. Podem ser citados o Decreto 3.048/99 (Regulamento da Previdência Social), 3.265/99, 4.729/2003, 5.545/2005, 6.032/2007, 6.214/2007, 6.722/2008, 7.126/2010, 7.556/2011, 7.617/2011, 8.424/2015, 8.499/2015 e 8.805/2016, bem como a Instrução Normativa INSS 77/2015 (Regras para o reconhecimento de direitos dos segurados e beneficiários da Previdência Social)[11], já alterada pelas IN's 79/2015, 85 e 86/2016, 87 e 88/2017, e complementada pela IN 90/2017.

De outro lado, podemos citar como processos jurisdicionais constitucionais com potencialidade para repercussão previdenciária geral aqueles atinentes aos seguintes temas: *a)* desaposentação (Recursos Extraordinários nº 661.256 e nº 381.367); *b)* revisão de benefício erroneamente concedido ou calculado, pela Administração, a qualquer tempo (Recurso Extraordinário nº 699.535); *c)* obri-

---

11   Disponível em: <http://sislex.previdencia.gov.br/paginas/38/inss-pres/2015/77.htm>. Acesso em: 13 jan. 2018.

gatoriedade de concessão do benefício mais vantajoso (Recurso Extraordinário nº 630.501); e d) critérios para aferição da miserabilidade para fins de concessão do benefício assistencial da Lei 8.742/93 (Recursos Extraordinários nº 580.963 e nº 567.985). Não são poucos os processos judiciais dispersos pelo Brasil que se enquadram nestes *leading cases* (Recursos Extraordinários nºs 661.256, 381.367, 699.535, 630.501, 580.963 e 567.985).

No que se refere ao tema da revisão de benefício erroneamente concedido ou calculado, pela Administração, a qualquer tempo, o processo do RE nº 699.535 encontra-se ainda em andamento. Porém, já há decisão de mérito do plenário do Supremo Tribunal Federal no que atine aos processos dos RE's nº 661.526 e 381.367, 630.501, 626.489, 580.963 e 567.985, que começou a ser aplicada no âmbito da Administração Pública e do Poder Judiciário, mas está comportando algumas interpretações polêmicas, especialmente quando se trata de um pleito pela troca de um benefício por outro mais vantajoso e que não fora concedido pelo INSS, ou quando tenha havido desaposentação concedida judicialmente ou, ainda, quando se tratar de revisão de provas acerca da miserabilidade para fins de concessão de benefício assistencial.

Por fim, não devemos esquecer das alterações (mais gravosas) de jurisprudência já realizadas pelas cortes superiores do país, e já definitivas, em matéria de direito previdenciário, com grande impacto aos cidadãos, segurados e beneficiários da Previdência, no cotidiano de suas relações com o INSS. Podemos listar as seguintes alterações, todas prejudiciais ao cidadão: a) alteração do entendimento que, anteriormente, permitia a consideração como especial do período trabalhado com ruído entre 85 e 90dB, entre 05/03/97 e 18/11/2003, pois, nessa última data, o limite para consideração como especial foi reduzido de 90dB para 85dB (STJ, Pet 9.059, julgado em 28/08/2013); nesse caso, inclusive, já encontramos ações judiciais e medidas administrativas para devolução de valores já pagos aos segurados em virtude do entendimento anteriormente aplicado; b) alteração do entendimento que, anteriormente, não previa prazo decadencial para a revisão dos benefícios concedidos antes de 28/06/1997, e agora fixou que esse prazo se iniciou nessa data, em que foi editada a MP 1.523-9 (RE nº 626.489); nesse caso, quando se trata de um pleito revisional de um benefício concedido anteriormente a junho de 1997, mas cujos fundamentos para a revisão são de ordem fática e são posteriores a tal data (como, p. ex., o trânsito em julgado de uma antiga ação trabalhista), o INSS tem entendido que haveria decadência; c) alteração do entendimento que, anteriormente, permitia a acumulação de aposentadoria com benefício acidentário, quando a lesão incapacitante consolidada era anterior à MP 1.596-14/97, independentemente da data da aposentadoria, e agora passou a entender que tanto a aposentadoria quanto a lesão que justificou a concessão do benefício acidentário devem ser anteriores à data de edição de tal medida provisória, em 11.11.1997 (STJ, 1ª Seção, Súmula 507); d) alteração do entendimento que permitia a revisão do percentual inicial da RMI de pensão por morte concedida anteriormente à edição da Lei 9.032/95, quando o percentual foi aumentado para 100% (STJ, REsp 413.331 e STF, RE 416.827 e 415.454); e) alteração do entendimento que permitia a revisão do percentual inicial do auxílio-acidente concedido anteriormente à edição da Lei 9.032/95, quando o percentual foi aumentado para 50% (STF, RE 597.389).

Todas essas constatações, ainda, devem ser somadas ao fato de que, segundo o Conselho Nacional de Justiça, o INSS continua sendo o maior litigante de toda a Justiça brasileira[12], conforme pode ser observado em sua pesquisa específica nominada '100 maiores litigantes', na qual, inclusive, se aferiu que a autarquia responde por cerca de 40% dos processos de toda a Justiça Federal[13]. Em geral, em processos judiciais como esses, a controvérsia pode ser resumida a duas argumentações contrapostas. De um lado, há o interesse dos cidadãos em buscar a melhor proteção previdenciária possível, com bem-estar e justiça social (art. 193 da Constituição Federal), almejando-se a superação dos riscos sociais cobertos pela Seguridade Social (art. 201 da Constituição Federal), em virtude dos objetivos fundamentais da República de promoção de uma sociedade justa e solidária (art. 3º da Constituição Federal), fundada na dignidade da pessoa humana e no valor social do trabalho (art. 1º, incisos III e IV, da Constituição Federal). Noutro extremo, a Administração Pública, responsável pela organização da Seguridade Social e dos RPPS`s, detendo o poder-dever de autotutela (Súmulas 346[14] e 473[15] do Supremo Tribunal Federal) na defesa do patrimônio público e seus interesses (de natureza primária ou secundária)[16], busca evitar gastos com despesas indevidas e ilícitas, ou ser ressarcida de tais gastos, com apoio no estabelecimento de normas mais desfavoráveis ao cidadão e na jurisprudência que lhe seja vantajosa.

---

12 Pesquisa realizada em 2012 pelo CNJ: "[...] Esta é a segunda vez que o CNJ elabora a relação dos 100 maiores litigantes do Poder Judiciário brasileiro. A primeira lista foi divulgada no ano passado e teve como foco o estoque de processos em curso no Judiciário até 2010. Já esta edição analisa apenas as novas ações judiciais, ingressadas na primeira instância da Justiça e nos juizados especiais. Segundo esta edição, **o Instituto Nacional de Seguro Social (INSS) continua a ocupar o primeiro lugar no ranking das organizações públicas e privadas com mais processos no Judiciário Trabalhista, Federal e dos estados**. O órgão respondeu por 4,38% das ações que ingressaram nesses três ramos da Justiça nos 10 primeiros meses do ano passado.". (grifo nosso). Disponível em: <http://www.cnj.jus.br/noticias/cnj/21877-orgaos-federais-e-estaduais-lideram-100-maiores-litigantes-da-justica>. Acesso em: 28 jul. 2014.

13 Disponível em: <http://www.cnj.jus.br/images/pesquisas-judiciarias/pesquisa_100_maiores_litigantes.pdf>. Acesso em: 13 jan. 2018.

14 "A administração pública pode declarar a nulidade dos seus próprios atos.", 13/12/1963 - Súmula da Jurisprudência Predominante do Supremo Tribunal Federal - Anexo ao Regimento Interno. Edição: Imprensa Nacional, 1964, p. 151.

15 "A administração pode anular seus próprios atos, quando eivados de vícios que os tornam ilegais, porque deles não se originam direitos; ou revogá-los, por motivo de conveniência ou oportunidade, respeitados os direitos adquiridos, e ressalvada, em todos os casos, a apreciação judicial." DJ de 10/12/1969, p. 5929; DJ de 11/12/1969, p. 5945; DJ de 12/12/1969, p. 5993. Republicação: DJ de 11/6/1970, p. 2381; DJ de 12/6/1970, p. 2405; DJ de 15/6/1970, p. 2437.

16 Aliás, a defesa desse patrimônio não é feita apenas diretamente pelo Poder Executivo, mas também pelo Ministério Público e pelo Poder Judiciário, como nos julgamentos de processos criminais relacionados aos crimes de apropriação indébita previdenciária, sonegação de contribuição previdenciária, falsificação ou alteração de documento público contra a Previdência Social, estelionato previdenciário e inserção de dados falsos em sistemas de informações, ou sua modificação não autorizada (tipificados nos arts. 168-A, 337-A, 297, §§3º e 4º, 171, 3º, 313-A e 313-B, do Código Penal, com as alterações da Lei 9.983/2000).

É sob essa perspectiva histórica, aliada ao panorama da estrutura do Direito Previdenciário, que passamos a apresentar realidades sociológicas em que esses dois pontos de vista – do cidadão e da Administração, encontram-se extremamente opostos, em uma linha de tensão acentuada.

Capítulo 2

BASE EMPÍRICA: A REALIDADE SOCIOLÓGICA DA DESCONFIANÇA

Na sociedade moderna, em que a velocidade da comunicação e do acesso à informação demonstram a relativização integral dos conceitos de tempo e espaço, é de se esperar que a sociedade almeje a maior segurança jurídica possível. Nesse mundo de espaço e tempo relativizados, os órgãos de quaisquer dos Poderes, em seus relacionamentos com os cidadãos, assumem compromissos públicos das mais diversas formas, em relação aos quais os cidadãos criam expectativas legítimas em seus cumprimentos.

Por motivos diversos (independência decisória, mudança de gestão, erros administrativos, erro judiciário, morosidade, discricionariedade administrativa consistente em motivação econômica, política, financeira, social, internacional, etc.), entretanto, estes mesmos órgãos de poder, passado um determinado lapso de tempo, dão novo direcionamento a estes compromissos (modificando, anulando ou revogando seus atos), deliberando acerca de outras escolhas e decisões que afetam diretamente a boa-fé e a confiança das pessoas nos atos estatais.

É nessas novas "escolhas" estatais que residem os principais fatores que geram crises de insegurança jurídica e desconfiança entre indivíduos e agentes do Estado.

Em países de constitucionalismo tardio como o Brasil, nos quais o conceito de democracia é bastante complexo e tem sido tratado antes como direito fundamental do que como forma de governo, as crises de confiança e credibilidade do Estado levam a um processo moderno de desconfiança intrínseca naqueles que exercem o poder em qualquer de suas acepções (às vezes uma desconfiança crítica e construtiva, às vezes passiva e despropositada), ocasionadas pelo descompasso entre as pretensões dos representados e o resultado do trabalho realizado pelos representantes eleitos ou pelos agentes estatais profissionais.

Do mesmo modo, o comportamento destes agentes estatais, concursados ou eleitos, costuma transparecer a desconfiança no cidadão. Ora, se o cidadão não confia no agente estatal, este, em geral, agirá como autômato e não terá qualquer compromisso argumentativo. Afinal, o Estado é feito por suas instituições, mas também por pessoas.

Assim, na menor possibilidade de dúvida, o agente administrativo entende que o cidadão está tentando enganar ou auferir lucro indevido diante do Estado, e indefere, com parco ou nenhum fundamento, o pleito do cidadão; no caso do Poder Judiciário, o magistrado modifica um entendimento judicial já prevalecente sem se preocupar com a situação pessoal do jurisdicionado no caso concreto, que confiava na decisão judicial anterior de um mesmo processo ou na jurisprudência, até então determinante, que lhe era mais favorável; ou, ainda, não se importando com a legitimidade de seus mandatos, nem compromissados com a legislatura que lhes antecedeu, os parlamentares modificam a legislação para tornar mais difícil o acesso a determinados direitos e vantagens, ou tornar desvantajoso o valor de um benefício almejado, sem se preocuparem com o estabelecimento de regras de transição proporcionais e adequadas, que representem, de fato, uma transição, um meio-termo, entre a norma antiga que se quer revogar e a nova norma, mais dura com o indivíduo.

Dessa forma, agentes do Estado e os cidadãos passam a se comportar mutuamente como se fossem adversários e, um e outro, passam a dificultar a existência de ambos, e tornar cada vez mais complexa a vida em sociedade. Nesta situação, importa romper esse ciclo e retomar uma relação de legitimidade e cooperação, sendo irrelevante saber a origem histórica desse ciclo de confiança/desconfiança[17].

A confiança reduz a complexidade da vida em sociedade, pois um indivíduo que confia e aceita a existência do risco pode se dedicar mais profundamente a outros objetivos, delegando e confiando a outras pessoas a proteção a seus direitos e interesses. Se falta confiança, ou se sua proteção é negada, restauram-se e ampliam-se complexidades, fazendo com que o indivíduo se perceba desconfiado, inseguro e oprimido pelos riscos. O indivíduo, com isso, passa a tratar o semelhante como inimigo, atacando-o ou evitando cooperação;

---

17 Alain Peyrefitte assim compara, de modo muito preciso, confiança e desconfiança: "*A confiança não se ordena. Ela vem do fundo de nós próprios. Considerá-la como a matriz de uma sociedade é remeter para a interioridade, é afirmar que a sociedade não resulta de uma fabricação. Este conceito tem igualmente a vantagem de sublinhar a total interdependência entre o pessoal e o social: a confiança em si e a confiança nos outros é o mesmo movimento de alma. Elas não podem, de modo nenhum, ser pensadas nem vividas uma sem a outra. Não há confiança sem fiabilidade. A confiança obriga. [...] Poderíamos fazer uma lista de comportamentos que procedem da confiança, ou pelo menos a supõem. [...] A confiança no outro: ela é necessária para aceitar delegar, descentralizar; para tolerar as divergências de ideias, de doutrinas, de religião; para saber trabalhar em equipe; para procurar a associação; para educar os filhos no espírito de confiança em si. [...] Cada uma das proposições pode ser, facilmente, voltada ao contrário. Nesta mesma grelha, mas invertida, encontraríamos os comportamentos de uma sociedade de desconfiança; podemos apostar que, se o leitor interrogasse a sua própria experiência, reconheceria nela muitos traços da nossa sociedade.*" (PEYREFITTE, 1995, p. 410-411).

procede a acumulações patrimoniais contínuas e ilimitadas; acredita que está sempre sendo enganado; renuncia a direitos que entenda perdidos; evita combates e dispensa participações em qualquer ato que possa representar demanda de suas energias, estabelecendo o hábito, a rotina, de desconfiar e tornar complexa a vida em sociedade. Frequentemente, portanto, a desconfiança absorve a energia das pessoas. Importa, nesse momento, detectar os fatos sociais e jurídicos que confirmam essas relações de desconfiança, a justificar a atenção do pesquisador social para eventuais soluções e aprimoramentos.

Assim posto, alguns fatos do direito previdenciário têm nos demonstrado, de modo bem rotineiro, a existência de uma relação de desconfiança entre Estado e cidadão, o que não é um caminho adequado para a estabilidade social e a segurança jurídica. Empiricamente, passaremos ao relato de diversas situações em que podemos perceber um Estado que não confia em seus cidadãos e não respeita a confiança que eles depositam neste mesmo Estado, nas relações previdenciárias.

Todas as situações que serão apresentadas no presente capítulo foram extraídas de casos reais que se encontram na base de dados da Justiça Federal do Rio de Janeiro, à qual tivemos acesso no curso de nossa pesquisa, na qualidade de magistrado do 11º Juizado Especial Federal, especializado em matéria previdenciária, desde o início do ano de 2014.

Nesses casos, bem como nos demais que serão apresentados ao longo do texto e especialmente do presente capítulo, serão utilizados apenas nomes fictícios para as partes reais, a fim de proteger e preservar seus dados pessoais e privacidade. Haverá a menção ao quantitativo de processos judiciais encontrados em situação análoga, especialmente no 11º Juizado Especial Federal do Rio de Janeiro/RJ nos últimos quatro anos, mas, para cada situação fática, presume-se que, nos outros nove juizados especiais federais do Rio de Janeiro, que atuam com matéria previdenciária, bem como nas outras unidades jurisdicionais federais espalhadas pelo país, existam tantas outras centenas ou milhares de processos similares a esses.

Além disso, outros fatos sociais previdenciários que comportam relações de desconfiança serão abordados, e foram extraídos da observação dessas relações, por meio de pesquisas de atos estatais públicos amplamente divulgados, como os fatos decorrentes das antigas e da atual Reforma da Previdência, bem como do comportamento jurisdicional havido nos tribunais e órgãos colegiados superiores (STF, STJ e TNU).

Em seguida, apresentaremos o arcabouço teórico relacionado à segurança jurídica e à confiança, para, ao final, passarmos às nossas proposições, nas quais retomaremos os tópicos da vida social previdenciária, que neste momento serão apresentados.

2.1 - A DESCONFIANÇA INDIVIDUALIZADA PROVENIENTE DO ESTADO-ADMINISTRAÇÃO

2.1.1 - A acumulação de aposentadoria e auxílio-acidente

A aposentadoria é um benefício remuneratório e atualmente, no Brasil, pode ser por tempo de contribuição, por idade, por invalidez ou especial; já o auxílio-acidente (ou o auxílio-suplementar por acidente do trabalho) é um benefício indenizatório, devido como reparação para quando houver a consolidação de alguma lesão advinda de acidente de trabalho, que reduza a capacidade laborativa do trabalhador.

Como aposentadorias e benefícios acidentários são benefícios de natureza diversa (um é remuneratório e o outro é compensatório), com fatos geradores distintos, apenas por esse único motivo já se poderia questionar se a vedação à acumulação seria justa. Considerando-se que o ato de aposentadoria não pressupõe nem determina o afastamento do trabalho, é até comum a ocorrência de cidadãos que se aposentem e continuem trabalhando (com a redução da capacidade laborativa que ensejou a percepção do auxílio-acidente), o que justificaria a possibilidade de manutenção de ambos os benefícios. Todavia, se o legislador determinar que não poderão ser acumulados, essa é uma medida que deverá ser cumprida por todos. Mas, como proceder se houver uma acumulação, que se entenda indevida?

Fazendo uma pequena digressão histórica no direito previdenciário, havia, antes da edição da Lei 8.213/91, a distinção entre auxílio-acidente e auxílio-suplementar por acidente do trabalho, que era uma outra espécie de benefício de natureza acidentária. A Lei 6.367/76, em seus arts. 6° e 9°, assim os previa, respectivamente:

> Art. 6° O acidentado do trabalho que, após a consolidação das lesões resultantes do acidente, permanecer incapacitado para o exercício de atividade que exercia habitualmente, na época do acidente, mas não para o exercício de outra, fará jus, a partir da cessação do auxílio-doença, a auxílio-acidente.
>
> § 1° O auxílio-acidente, mensal, vitalício e independente de qualquer remuneração ou outro benefício não relacionado ao mesmo acidente, será concedido, mantido e reajustado na forma do regime de previdência social do INPS e corresponderá a 40% (quarenta por cento) do valor de que trata o inciso II do Art. 5° desta lei, observado o disposto no § 4° do mesmo artigo.
> § 2° A metade do valor do auxílio-acidente será incorporada ao valor da pensão quando a morte do seu titular não resultar de acidente do trabalho. § 3° O titular do auxílio-acidente terá direito ao abono anual.
> [...]
> Art. 9° O acidentado do trabalho que, após a consolidação das lesões resultantes do acidente, apresentar, como seqüelas definitivas, perdas anatômicas ou redução da capacidade funcional, constantes de relação previamente elaborada pelo Ministério da Previdência e Assistência Social (MPAS), as quais, embora não impedindo o desempenho da mesma atividade, demandem, permanentemente,

maior esforço na realização do trabalho, fará jus, a partir da cessação do auxílio-doença, a um auxílio mensal que corresponderá a 20% (vinte por cento) do valor de que trata o inciso II do Artigo 5º desta lei, observando o disposto no § 4º do mesmo artigo.

Parágrafo único. Esse benefício cessará com a aposentadoria do acidentado e seu valor não será incluído no cálculo de pensão.

Bem se vê que o auxílio-suplementar era devido ao acidentado que, após a consolidação das lesões decorrentes do acidente, não ficava impedido de trabalhar na mesma atividade, mas dependia de um maior esforço para a execução das tarefas que comumente realizava, enquanto no auxílio-acidente a consolidação das lesões resultava na incapacidade de o segurado exercer as mesmas atividades.

Além disso – e o mais relevante ao objeto desta pesquisa, os benefícios se distinguiam também pelo fato de que o auxílio suplementar cessava com a aposentadoria ou com a morte do beneficiário, enquanto o auxílio-acidente era vitalício e se incorporava à pensão deixada pelo instituidor, com seu óbito; o suplementar era pago à razão de 20%, o auxílio-acidente à razão de 40%, o auxílio-acidente permitia o pagamento de abono anual, o suplementar, não.

Assim, é verdade que o benefício suplementar não podia ser acumulado com a aposentadoria, de acordo com a Lei 6.367/76. Ademais, o INSS entende que a Lei 8.213/91, que extinguiu o auxílio-suplementar, não poderia ser aplicada aos benefícios suplementares concedidos na vigência da Lei 6.367/76, pois não teria havido a "transformação" do auxílio-suplementar já concedido em auxílio-acidente, mais vantajoso, de forma que a vedação à acumulação prevista na lei revogada não deixou de existir para os benefícios concedidos sob sua égide. Desse modo, o benefício de auxílio-suplementar seria devido no percentual de 20% e apenas até a aposentadoria, nos exatos termos de sua lei de regência.

Com a edição da Lei 8.213/91, essa distinção perdeu o sentido, pois a disciplina legal do auxílio-acidente, em sua versão original, trazida no art. 86 e seus três parágrafos[18], abarcou tanto as hipóteses fáticas de concessão do

---

18 Art. 86 da Lei 8.213, versão original: "O auxílio-acidente será concedido ao segurado quando, após a consolidação das lesões decorrentes do acidente do trabalho, resultar sequela que implique: I - redução da capacidade laborativa que exija maior esforço ou necessidade de adaptação para exercer a mesma atividade, independentemente de reabilitação profissional; II - redução da capacidade laborativa que impeça, por si só, o desempenho da atividade que exercia à época do acidente, porém, não o de outra, do mesmo nível de complexidade, após reabilitação profissional; ou III - redução da capacidade laborativa que impeça, por si só, o desempenho da atividade que exercia à época do acidente, porém não o de outra, de nível inferior de complexidade, após reabilitação profissional. § 1º O auxílio-acidente, mensal e vitalício, corresponderá, respectivamente às situações previstas nos incisos I, II e III deste artigo, a 30% (trinta por cento), 40% (quarenta por cento) ou 60% (sessenta por cento) do salário-de-contribuição do segurado vigente no dia do acidente, não podendo ser inferior a esse percentual do seu salário-de-benefício. § 2º O auxílio-acidente será devido a partir do dia seguinte ao da cessação do auxílio-doença, independentemente de qualquer remuneração ou rendimento auferido pelo acidentado. § 3º O recebimento de salário ou concessão de outro benefício não prejudicará a continuidade do recebimento do auxílio-acidente."

antigo auxílio suplementar, como do atual auxílio-acidente. Disto decorre que as disposições acerca do auxílio-acidente passaram a ser totalmente aplicáveis às situações que ensejaram e ainda ensejam a concessão de um auxílio-suplementar. Nesse sentido, a Lei 8.213/91, em sua versão original, não trazia qualquer vedação à acumulação de aposentadoria com o auxílio decorrente da consolidação de lesões decorrentes de acidente de qualquer natureza, das quais teriam resultado sequelas que implicaram redução da capacidade para o trabalho habitualmente exercido. Dessa forma, com a edição da versão original da Lei 8.213/91, houve a derrogação do mencionado art. 9° da Lei 6.367/76.

Mesmo sendo benefícios bastante distintos, em 10/11/97, o Estado brasileiro editou a MP 1.596, publicada em 11/11/97, posteriormente convertida na Lei 9.528/97, alterando o art. 86[19] da Lei 8.213/91, e passou a proibir a cumulação dos dois benefícios, sob o entendimento de que, com a concessão de uma aposentadoria, esta deveria englobar o valor do auxílio-acidente, e este benefício deveria ser suspenso.

É assim que entende a jurisprudência dos TRF's e do STJ, pacificamente, a respeito da acumulação de qualquer espécie de benefício acidentário indenizatório com aposentadoria:

> PREVIDENCIÁRIO. AGRAVO INTERNO NO RECURSO ESPECIAL. APOSENTADORIA POR TEMPO DE CONTRIBUIÇÃO CONCEDIDA EM DATA ANTERIOR À VIGÊNCIA DA LEI 9.528/1997. POSSIBILIDADE DE CUMULAÇÃO COM O AUXÍLIO-SUPLEMENTAR. PRINCÍPIO DO TEMPUS REGIT ACTUM. RESP. 1.296.673/MG. REPRESENTATIVO DA CONTROVÉRSIA. REL. MIN. HERMAN BENJAMIN. AGRAVO INTERNO DO INSS A QUE SE NEGA PROVIMENTO.
>
> 1. O benefício acidentário disciplinado pela Lei 6.367/76, chamado auxílio-suplementar, foi incorporado pela Lei 8.213/1991, tendo suas disposições, inclusive quanto à possibilidade de cumulação de auxílio-acidente e aposentadoria, incidência imediata sobre todos os benefícios em manutenção.
>
> 2. Com as alterações do art. 86, § 2o. da Lei 8.213/1991, promovidas pela MP 1.596-14/1997, convertida na Lei 9.528/1997, o auxílio-acidente deixou de ser vitalício e passou a integrar o salário de contribuição para fins de cálculo do

---

19 Art. 86 da Lei 8.213, versão atual: "O auxílio-acidente será concedido, como indenização, ao segurado quando, após consolidação das lesões decorrentes de acidente de qualquer natureza, resultarem seqüelas que impliquem redução da capacidade para o trabalho que habitualmente exerça. § 1º O auxílio-acidente mensal corresponderá a cinqüenta por cento do salário-de-benefício e será devido, observado o disposto no § 5º, até a véspera do início de qualquer aposentadoria ou até a data do óbito do segurado. § 2º O auxílio-acidente será devido a partir do dia seguinte ao da cessação do auxílio-doença, independentemente de qualquer remuneração ou rendimento auferido pelo acidentado, **vedada sua acumulação com qualquer aposentadoria**. § 3º O recebimento de salário ou concessão de outro benefício, exceto de aposentadoria, observado o disposto no § 5º, não prejudicará a continuidade do recebimento do auxílio-acidente. § 4º A perda da audição, em qualquer grau, somente proporcionará a concessão do auxílio-acidente, quando, além do reconhecimento de causalidade entre o trabalho e a doença, resultar, comprovadamente, na redução ou perda da capacidade para o trabalho que habitualmente exerça" (grifo nosso).

salário de benefício de aposentadoria previdenciária, motivo pelo qual o citado dispositivo trouxe em sua redação a proibição de acumulação de benefício acidentário com qualquer espécie de aposentadoria do regime geral.

3. A 1a. Seção do STJ, no julgamento do REsp. 1.296.673/MG, representativo de controvérsia, relatado pelo Ministro HERMAN BENJAMIN, DJe 3.9.2012, pacificou o entendimento de que a cumulação do benefício de auxílio-acidente com proventos de aposentadoria só é permitida quando a eclosão da lesão incapacitante e a concessão da aposentadoria forem anteriores à edição da Lei 9.528/97.

4. Na hipótese dos autos, tendo o Segurado se aposentado por tempo de contribuição em data anterior à vigência da Lei 9.528/97, quando já em gozo de auxílio-acidentário, não lhe alcança a proibição, prevista nesse normativo de acumulação do benefício com qualquer espécie de aposentadoria do regime geral, em observância ao princípio do tempus regit actum.

5. Agravo Interno do INSS a que se nega provimento.

(STJ, AgInt no REsp 1.559.547, Rel. Min. Napoleão Maia, D.Julg. 12/09/2017, publ. 22/09/2017)

APELAÇÃO CÍVEL. EXECUÇÃO DE SENTENÇA. PREVIDENCIÁRIO. AUXÍLIO-ACIDENTE. CUMULAÇÃO. APOSENTADORIA. LEI 9.528/97. IMPOSSIBILIDADE. CONSECTÁRIOS. COMPENSAÇÃO DO PRINCIPAL COM A VERBA HONORÁRIA NOS EMBARGOS À EXECUÇÃO. IMPOSSIBILIDADE.

1. O auxílio-acidente, previsto no art. 6º. da Lei n. 6.367, de 19 de outubro de 1976, tinha caráter vitalício e podia ser cumulado com outro benefício previdenciário, desde que não tivesse o mesmo fato gerador. Desse modo, o auxílio-acidente não integrava os salários de contribuição para fins de apuração do salário de benefício da aposentadoria do segurado. Diferentemente, o auxílio-suplementar, previsto no art. 9º. da mesma norma, não tinha caráter vitalício e cessava com a outorga da aposentadoria.

2. Com a edição da Lei n. 8.213/91, o benefício de auxílio-suplementar foi absorvido pelo auxílio-acidente, passando a ter, então, caráter vitalício. O art. 86 da Lei de Benefícios da Previdência Social, em sua redação original, não proibia a acumulação de auxílio-acidente (que substituiu o auxílio-suplementar) com qualquer outro benefício. Apenas a partir da edição da Lei n. 9.528, em vigor desde 11 de dezembro de 1997, é que a cumulação do auxílio-acidente com qualquer espécie de aposentadoria passou a ser vedada.

3. O Superior Tribunal de Justiça tem entendido ser possível a cumulação do auxílio-suplementar/acidente com a aposentadoria, desde que ambos os benefícios sejam anteriores à vigência da Lei n. 9.528/97, porquanto não pode a Lei nova ser aplicada em desfavor do segurado, face ao princípio da irretroatividade das leis.

4. A Lei n. 9.528/97 também alterou o art. 31 da Lei n. 8.213/91, a fim de assegurar que o valor mensal do auxílio-acidente integre o salário de contribuição para fins de cálculo do salário de benefício de qualquer aposentadoria. Assim, embora tenha sido retirado o caráter de vitaliciedade do auxílio-acidente, os valores percebidos pelo segurado a esse título passaram a ser computados para efeito de cálculo do salário de benefício de sua aposentadoria, fazendo com que, a partir de então, o deferimento de aposentadoria a um segurado que já percebe

auxílio-acidente acarretasse não apenas a infringência da norma que instituiu a vedação de cumulação dos benefícios, mas também um bis in idem.

5. Assim, o deferimento de aposentadoria após a vigência da Lei 9.528/97 impede a cumulação com o benefício de auxílio-acidente, independentemente da data do fato gerador deste, nos termos do §2º, art. 86 desse diploma. Precedentes do Superior Tribunal de Justiça. [...].

(TRF4, proc. 0003644-84.2014.404.9999, 6. Turma, Rel. Vânia Almeida, de 29.01.2015).

Essa jurisprudência foi muito bem sintetizada por Daniel Machado da Rocha:

> Os Tribunais Regionais Federais, o STJ e a TNU vinham decidindo, acertadamente, que a cumulação de auxílio-acidente e aposentadoria era possível, desde que o pressuposto específico do primeiro benefício tenha ocorrido em tempo anterior à Lei nº 9.528/97. Nessa linha, podem ser apontados alguns precedentes do Superior Tribunal de Justiça (AgAg 1.205.215, 5ª Turma, Rel. Adilson Vieira Macabu, DJ 3.5.2011; AR 3.425, 3ª Seção, Rel. Og Fernandes, DJ 29.11.2010; AgResp 925.527, 6ª Turma, Rel. Haroldo Rodrigues, DJ 23.8.2010) e da Turma Nacional de Uniformização (PEDILEF 2006.71.95.006270-0, Rel. Alcides Saldanha, j. 2.8.2011). A eficácia das alterações somente poderia ter efeitos ex nunc. Infelizmente, com a mudança regimental que alterou a competência das Turmas do Superior Tribunal de Justiça, a Primeira Seção, que passou a ser competente para o julgamento dos recursos relativos à matéria previdenciária, reviu o seu posicionamento sobre a acumulação de aposentadoria e auxílio-acidente. Assim, para o STJ, a acumulação do auxílio-acidente com proventos de aposentadoria pressupõe que a eclosão da lesão incapacitante, ensejadora do direito ao auxílio-acidente, e o início da aposentadoria sejam anteriores à alteração do art. 86, §§2º e 3º, da Lei 8.213/91, promovida em 11.11.1997 pela MP nº 1.596-14/97, posteriormente convertida na Lei nº 9.528/97. A orientação acabou sumulada no verbete 507. De notar, ainda, que não há restrição à percepção conjunta de auxílio-doença e auxílio-acidente, quando oriundos de fatos diferentes. (ROCHA, 2018, p. 554).

Ou seja, apenas a partir da Lei 9.528/97, de 10/12/1997, é vedada a cumulação dos benefícios acidentário (de qualquer espécie) e de aposentadoria.

O debate sobre essa acumulação já foi levado ao conhecimento do Supremo Tribunal Federal, mas seu julgamento encontra-se parado, conforme se nota no RE 687.813, cuja repercussão geral já foi reconhecida pelo plenário do STF desde 2012, mas ainda sem julgamento.

Ao INSS, todavia, não basta a jurisprudência e a doutrina explicitarem as razões que devem presidir o debate, pois a autarquia imediatamente começou a questionar acumulações havidas entre os dois benefícios, independentemente da data em que foram concedidos. Doutrina e Jurisprudência pacíficas continuam sendo desprezadas pela realidade na Administração, como veremos.

Passemos à análise dos processos judiciais pesquisados, relacionados ao tema.

José, 74 anos de idade, estava aposentado por invalidez desde dezembro de 2002 e auferindo renda de um salário mínimo. Recebia também um benefício de auxílio-suplementar por acidente do trabalho desde 1977.

No caso concreto, José nunca teve ciência de qualquer problema em seus benefícios, até que, em 21/08/2012, recebeu uma carta do INSS informando-o de que a acumulação dos dois benefícios seria ilegal, e que se ele não comprovasse a regularidade de tal acumulação em 10 dias, teria que devolver os valores recebidos irregularmente pelo benefício acidentário nos últimos cinco anos (R$6.633,46)[20].

Igualmente a este caso concreto, encontramos 50 processos similares, no acervo do 11º Juizado Especial Federal, nos últimos quatro anos, com causa de pedir e pedidos idênticos. O argumento do INSS, aventado nas comunicações remetidas aos cidadãos, é o de que o art. 86, §3º, da Lei 8.213/91 veda a possibilidade de recebimento conjunto de aposentadoria e benefício indenizatório de natureza acidentária de qualquer espécie. Assim, a autarquia entende que a ilegalidade (nulidade) existe desde a concessão da aposentadoria, e vem determinando a suspensão do benefício menor, o indenizatório. Além disso, está cobrando os valores recebidos nos últimos cinco anos, nos termos do art. 115, II, da Lei 8.213/91, com a possibilidade de cobrança em consignação na aposentadoria do cidadão (em boa parte dos casos mencionados, a cobrança abrangeu períodos que estariam quinquenalmente prescritos).

Há casos em que o prazo de decadência decenal do art. 103-A da Lei 8.213/91 é superado e outros em que não é superado. Em nenhum dos casos, o INSS analisou argumentos como boa-fé do cidadão ou aferiu a existência de erro administrativo na concessão de qualquer dos benefícios, e muito menos sobre o princípio da proteção da confiança do administrado. Em nenhum dos casos, o INSS observou que essa vedação de acumulação passou a existir apenas a partir da Medida Provisória 1.596, de 10/11/97. E, por fim, o INSS também não observou que o entendimento jurisprudencial que permitiu, em princípio, a defesa da tese aventada pela autarquia, foi firmado apenas em 2014[21].

2.1.2 - O recebimento de pensão por morte sem divisão com outros dependentes que possuam o mesmo direito

O rol de dependentes de um determinado segurado terá crucial importância nas pensões por morte, visto que esta é paga, conforme dispõe o art. 74 da Lei 8.213/91, *"ao conjunto dos dependentes do segurado que falecer, aposentado ou não"*.

---

20   Trata-se de resumo do conteúdo de processo que se encontra na base de dados da Justiça Federal do Rio de Janeiro, à qual tivemos acesso no curso de nossa pesquisa. Nesse exemplo, bem como nos demais que serão apresentados ao longo do texto, será utilizado apenas o primeiro nome das partes, a fim de preservar seus dados pessoais e privacidade.

21   Trata-se da Súmula do STJ de nº 507: *"A acumulação de auxílio-acidente com aposentadoria pressupõe que a lesão incapacitante e a aposentadoria sejam anteriores a 11/11/1997, observado o critério do art. 23 da Lei 8.213/1991 para definição do momento da lesão nos casos de doença profissional ou do trabalho"* (STJ, Primeira Seção, j. 26/03/2014, DJE 31/03/2014).

Os dependentes são pessoas que, por uma ligação familiar atual (ou mesmo remota, como no caso de ex-cônjuges) com o segurado, dele dependam economicamente, ainda que parcialmente. Assim o art. 16 da Lei 8.213/91 prevê quem pode ser entendido como dependente de um segurado do RGPS:

> Art. 16. São beneficiários do Regime Geral de Previdência Social, na condição de dependentes do segurado: I - o cônjuge, a companheira, o companheiro e o filho não emancipado, de qualquer condição, menor de 21 (vinte e um) anos ou inválido ou que tenha deficiência intelectual ou mental ou deficiência grave; II - os pais; III - o irmão não emancipado, de qualquer condição, menor de 21 (vinte e um) anos ou inválido ou que tenha deficiência intelectual ou mental ou deficiência grave; § 1º A existência de dependente de qualquer das classes deste artigo exclui do direito às prestações os das classes seguintes. § 2º O enteado e o menor tutelado equiparam-se a filho mediante declaração do segurado e desde que comprovada a dependência econômica na forma estabelecida no Regulamento. § 3º Considera-se companheira ou companheiro a pessoa que, sem ser casada, mantém união estável com o segurado ou com a segurada, de acordo com o § 3º do art. 226 da Constituição Federal. § 4º A dependência econômica das pessoas indicadas no inciso I é presumida e a das demais deve ser comprovada.

É possível, portanto, que haja diversos dependentes de uma mesma classe, ou até mesmo dependentes de classes diversas, de um único segurado. Porém, a vida real pode até ser mais exuberante e menos ortodoxa: esses dependentes podem não se conhecer entre si, podem até saber que um dependente existe em algum lugar, mas não se comunicarem por ausência total de dados, que os impeça de se encontrar e se comunicar.

Não raro, encontramos, em nossas pesquisas em processos judiciais, segurados com história de prole com duas, três ou até quatro ex-companheiras, ou mesmo com duas relações estáveis concomitantes, com duas companheiras (ou esposa e companheira)[22], que, às vezes, sequer se conhecem. Estas vicissitudes da vida real servem apenas para tornar ainda mais dramáticos os processos, administrativos ou judiciais, envolvendo pleitos de pensão por morte, como se a morte do segurado, por si só, não bastasse enquanto problema.

Além disso, o art. 76 da Lei 8.213/91 assim prevê:

> Art. 76. A concessão da pensão por morte não será protelada pela falta de habilitação de outro possível dependente, e qualquer inscrição ou habilitação

---

[22] Há quem entenda que não é possível companheira e esposa, ou mesmo duas companheiras, dividirem a pensão por morte, quando há relações paralelas, pois a Constituição somente poderia proteger o núcleo familiar que advenha do casamento ou possa se converter em casamento. Todavia, cremos que todo e qualquer núcleo familiar pode vir a se tornar substrato a um casamento, bastando a tanto a separação de fato daquela pessoa, em relação ao outro núcleo familiar. Ou seja, em geral, a fragilidade de uma união concubinária ocorre para ambas as relações e não é, aprioristicamente, maior que a fragilidade de uma relação matrimonial. Além disso, o STF ainda não analisou este tema à luz do art. 226 da Constituição Federal, mesmo havendo repercussão geral reconhecida nos RE's 669.465 e 656.298, que ainda estão pendentes de julgamento.

posterior que importe em exclusão ou inclusão de dependente só produzirá efeito a contar da data da inscrição ou habilitação.

Ou seja, o INSS não pode efetuar reserva de quota de pensão para outro dependente, que ainda não tenha preenchido o requerimento. Deve decidir, o mais rapidamente possível, o pleito daquele que já fez o requerimento, sem suspender nem protelar para julgamento conjunto com outro pedido.

Ainda, é importante citar que, em diversos casos, é possível que mesmo um deferimento tardio e posterior de pensão por morte poderá ensejar um pagamento de parcelas retroativas desde o óbito, e esta situação torna-se muito mais problemática se entre o requerimento e o deferimento transcorrer muito tempo, no curso do qual outro dependente obtenha o benefício (muitas vezes, também sem o conhecimento desse dependente que requereu inicialmente). É o que ocorre, por exemplo, quando há recursos administrativos que tramitam por tempo muito prolongado (eis a relevância do direito fundamental à razoável duração do processo administrativo do art. 5º, LXXVIII, da CF/88), e findam positivos ao dependente/recorrente.

Do mesmo modo, tal situação também ocorre quando há requerimentos muito tardios de pensão por morte, feitos por filhos que eram absolutamente incapazes, por ocasião do óbito do(a) segurado(a) genitor(a), e que desconheciam esse óbito. Nesses casos, contra o absolutamente incapaz não corre prescrição (art.198, I, do CC), devendo a pensão por morte retroagir ao óbito, sendo irrelevante a data do requerimento.

Quando um dependente, entretanto, obtém a pensão por morte, mas não conhece outro(s) dependente(s), ou conhece, mas não tem qualquer ingerência a respeito do pedido de pensão por morte do outro dependente (não sabendo se requereu ou não requereu), será válido pressupor que ele não tem qualquer segurança jurídica a ser protegida, por ocasião de um posterior deferimento de pensão por morte a esse outro dependente? Não caberia imaginar, por exemplo, que o INSS poderia comunicar, ao dependente que pleiteia uma pensão por morte, que existe um outro pedido de pensão por morte, de um outro dependente, em tramitação, a fim de se proteger de eventual alegação de desrespeito à segurança jurídica e, com isso, permitir o desconto de valores, caso o benefício seja posteriormente concedido a este outro dependente?

Vejamos a realidade.

Maria recebia pensão por morte desde o óbito de seu falecido companheiro, Antônio, em 2009. Em 2012, recebeu uma carta informando que seu benefício seria reduzido à metade, e ela teria que devolver metade do que recebeu entre os anos de 2009 e 2012, tendo em vista a habilitação da ex-côjuge de Antônio, sra. Débora, pois houve um período de descontos de pensão alimentícia em favor desta, diretamente realizados no contracheque do falecido companheiro de Maria.

Maria residia com Antônio no Rio de Janeiro. Antônio nunca entregara qualquer espécie de contracheque a Maria. Débora residia em Roraima desde a separação, em 1981. Débora e Maria nunca se viram, nem se conheciam.

O pedido de pensão por morte de Maria foi feito 3 dias após o óbito e o da ex-cônjuge do falecido, 20 dias após o óbito. Contudo, o pedido administrativo de Maria foi deferido rapidamente, enquanto o da ex-cônjuge demorou três anos e cinco meses para ser deferido, após decisões de recursos administrativos diversos.

O INSS, prontamente após a habilitação da sra. Débora, enviou comunicação à sra. Maria, avisando-lhe da redução de sua pensão à metade, e da necessidade de devolução ao INSS do valor de R$33.249,31.

Em outro caso bastante similar, foi deferida pensão aos três filhos menores que viviam com a ex-cônjuge do instituidor (pai dos menores), com direito a atrasados desde o óbito. O requerimento foi feito 70 dias após o óbito. A companheira do instituidor, sra. Sheila, contudo, mesmo tendo requerido a pensão apenas 4 dias após o óbito, só o obteve dois anos depois. Após esse tardio deferimento, foram pagos os atrasados à sra. Sheila, desde o óbito, e os filhos estão sofrendo descontos em sua pensão, e questionando esse desconto judicialmente, alegando, dentre outros fundamentos, que desconheciam a companheira do segurado instituidor (muito embora o advogado dos menores tenha peticionado, com sucesso, no processo administrativo da pensão dos menores, impedindo a reserva de percentual à sra. Sheila).

Igualmente a estes casos concretos, encontramos 80 processos similares, no acervo do 11º Juizado Especial Federal, nos últimos quatro anos, com causa de pedir e pedidos idênticos, nos quais se questiona a cobrança feita pelo INSS, de valores pagos de quotas de pensão por morte que são implantados posteriormente, mas com efeitos retroativos à mesma data em que o primeiro dependente habilitado está recebendo.

O argumento do INSS, aventado nas comunicações remetidas aos cidadãos, é o de que haverá pagamento em duplicidade e enriquecimento sem causa do cidadão, se não forem cobrados ao dependente, que foi habilitado inicialmente, os valores que vinha recebendo pela pensão por morte. Assim, a autarquia vem determinando a redução do benefício mais antigo, e cobrando os valores recebidos nos últimos anos, nos termos do art. 115, II, da Lei 8.213/91, com a possibilidade de cobrança em consignação na pensão do cidadão e até mesmo inscrição em dívida ativa.

Em nenhum dos casos, o INSS se debruçou sobre argumentos como boa-fé do cidadão, sobre a existência de erro administrativo na concessão de qualquer dos benefícios, e muito menos sobre o princípio da proteção da confiança do administrado.

Também foi desprezada a inexistência de alguma sistemática de abordagem dos processos e recursos administrativos, que faça com que eles sejam analisados de modo célere, eficiente e conjunto, quando se tratar de um mesmo instituidor para dois ou mais pedidos de pensão por morte.

2.1.3 - Descontos em pensão por morte decorrente de benefício anterior irregular

Não é muito difícil justificar a seguinte premissa: um benefício concedido irregularmente deve ser suspenso. Ofende a legalidade e permite enriquecimento sem causa. Disto decorre a necessidade de se manter forças de trabalho para a investigação da correção na concessão de benefícios previdenciários. Neste sentido, eis o que dispõe o art. 11 da Lei 10.666/2003:

> Art. 11. O Ministério da Previdência Social e o INSS manterão programa permanente de revisão da concessão e da manutenção dos benefícios da Previdência Social, a fim de apurar irregularidades e falhas existentes. § 1º Havendo indício de irregularidade na concessão ou na manutenção de benefício, a Previdência Social notificará o beneficiário para apresentar defesa, provas ou documentos de que dispuser, no prazo de dez dias. § 2º A notificação a que se refere o § 1º far-se-á por via postal com aviso de recebimento e, não comparecendo o beneficiário nem apresentando defesa, será suspenso o benefício, com notificação ao beneficiário. § 3º Decorrido o prazo concedido pela notificação postal, sem que tenha havido resposta, ou caso seja considerada pela Previdência Social como insuficiente ou improcedente a defesa apresentada, o benefício será cancelado, dando-se conhecimento da decisão ao beneficiário.

Havendo o cancelamento de um benefício irregular, ou a aferição de que esse benefício não foi irregular, mas foi calculado irregularmente e deve ser revisto para um valor menor (pressupondo que os prazos prescricionais e decadenciais em desfavor da Administração foram respeitados), entra em cena a seguinte dúvida: como se viabilizar a devolução dos valores recebidos, para que não haja vedado enriquecimento sem causa? O art. 115, II, c/c o §1º, da Lei 8.213/91 assim dispõe a respeito:

> Art. 115. Podem ser descontados dos benefícios:
> [...]
> II - pagamento de benefício além do devido;
> [...]
> § 1º Na hipótese do inciso II, o desconto será feito em parcelas, conforme dispuser o regulamento, salvo má-fé.

Passemos à análise da realidade dos processos judiciais.

Maria da Glória recebia pensão por morte desde o óbito do marido Fernando, em 2002. Fernando, por sua vez, recebia aposentadoria desde 1997.

No final do ano de 2009, contudo, Maria da Glória recebeu comunicação de que sua pensão seria cancelada no prazo de 10 dias, se não comprovasse a regularidade da concessão da aposentadoria de seu finado esposo.

Como não estava ciente de quais documentos deveria apresentar, eis que não fora parte no processo administrativo de concessão da aposentadoria de seu finado esposo, o prazo concedido pelo INSS venceu e a pensão de Maria da Glória foi suspensa. Não satisfeito com tal desate, o INSS determinou a cobrança dos valores recebidos pela sra. Maria da Glória em sua aposentadoria por idade, sob o argumento de que os valores recebidos indevidamente poderiam ser devolvidos, nos termos do art. 115, II da Lei 8.213/91. O montante chegara a R$246.891,70, pelo período entre 10/2002 e 12/2009.

Igualmente a este caso concreto, encontramos 38 processos similares, no acervo do 11º Juizado Especial Federal, nos últimos quatro anos, com causa de pedir e pedidos idênticos. O argumento do INSS, aventado nas comunicações remetidas aos cidadãos, é o de que o benefício do dependente seguiria o mesmo destino do benefício do segurado, com a possibilidade de cobrança em consignação em qualquer benefício do cidadão dependente. A aposentadoria do falecido sr. Fernando seria uma espécie de "árvore envenenada", da qual resultariam apenas frutos inadequados ao consumo.

Da mesma forma, ocorrem suspensões de pensões por morte advindas de benefícios irregulares dos servidores públicos falecidos, no âmbito de auditorias do Tribunal de Contas da União, acerca de benefícios previdenciários, a fim de combater fraudes, e proteger o Erário, com base no art. 71, III, da Constituição Federal. Recentemente, por exemplo, foi notícia a informação divulgada em diversos meios de comunicação[23], sobre auditoria do TCU em benefícios concedidos a pensionistas de servidores públicos. Trata-se de um fato recorrente, se analisadas outras notícias veiculadas em meios públicos de comunicação, a respeito da atuação do TCU na fiscalização da concessão de benefícios da Previdência Social ou dos regimes previdenciários próprios.

Em nenhum dos casos, o INSS se debruçou sobre argumentos como boa-fé do cidadão, sobre a existência de erro administrativo na concessão de qualquer dos benefícios, sobre a responsabilidade dos herdeiros de acordo com os limites da herança (art. 1.792, do Código Civil) e muito menos sobre o princípio da proteção da confiança do pensionista.

2.1.4 - A suspensão de uma aposentadoria supostamente irregular, sem aferir o culpado pela irregularidade e o direito a outro benefício

Pouca gente sabe, mas o INSS, desde 15/01/2000, possui um Programa de Educação Previdenciária, instituído pela Portaria Ministerial n. 1.671 (com outra nomenclatura e com diversas alterações posteriores[24]), que nada mais é que um relevante instrumento de inclusão social e fortalecimento da cidadania. Dentre suas linhas de ação, destaca-se a realização de programas de orientação sobre benefícios e serviços do RGPS (art. 2º, III). É a imprescindível assunção do papel de destaque, por parte da autarquia previdenciária, na edu-

---

23 Disponível em: <http://g1.globo.com/economia/noticia/2016/11/tcu-determina-pente-fino-em-19520-pensoes-com-indicio-de-irregularidade.html>. Acesso em: 15 jan. 2018.

24 Disponível em: <http://sislex.previdencia.gov.br/paginas/66/MPAS/2000/1671.htm>. Acesso em: 11 mar. 2018.

cação, informação e orientação do cidadão no que atine ao acesso à proteção social diante da ocorrência de riscos sociais.

Esse papel expressivo de indutor de cidadania pode, e deve, ser realizado também em sede de processos administrativos previdenciários de concessão, revisão ou anulação de ato de concessão. O INSS não poderá deixar de orientar e educar o cidadão, informando se o benefício pleiteado é a melhor proteção possível, ou se existe outra melhor; assim como deverá avaliar, caso a revisão ou anulação de uma concessão seja mandamental, se há alguma hipótese remanescente de proteção a ser ofertada. A determinação do art. 6º, parágrafo único, *in fine*, da Lei 9.784/99, plenamente aplicável ao INSS, não deve ser olvidada: "*É vedada à Administração a recusa imotivada de recebimento de documentos, devendo o servidor orientar o interessado quanto ao suprimento de eventuais falhas.*" (grifo nosso)

Além disso, não parece compreensível que a investigação a ser levada a efeito, por ocasião de um processo administrativo de aferição de irregularidades na concessão de um benefício, esteja desacompanhada de minuciosa avaliação do comportamento do cidadão, em relação à eventual irregularidade que venha a ser confirmada. E, ainda que se confirme que o cidadão foi o responsável pela irregularidade, não se compreende a recusa da Administração em ofertar informação a este mesmo cidadão.

Analisamos os processos em que esta realidade nos foi exposta.

Lauro, carteiro, dirigiu-se ao órgão de recursos humanos da ECT, em 2002, com suas Carteiras de Trabalho, buscando sua aposentadoria. Entregou-as a um posto de seu empregador, que remetia os documentos à Agência do INSS responsável pela análise de seu benefício. Em seguida, foi a aposentadoria concedida, e Lauro continuou trabalhando, eis que nada impedia que pessoas aposentadas continuassem trabalhando, no RGPS. Lauro parou de trabalhar apenas em 2009. Em 2016, sua aposentadoria foi suspensa e o INSS emitiu carta de cobrança a Lauro, exigindo-lhe a quantia de aproximadamente R$773.000,00. O entendimento do INSS tinha por fundamento o fato de que o autor se aposentara com o cômputo de 10 anos de um vínculo que não existiu, dentre os 40 anos que apresentara. Todavia, no processo administrativo que tramitara no INSS, não se verificou qualquer documento apresentado por Lauro em que estivesse anotado esse vínculo irregular. Em verdade, a inclusão desse vínculo se deu por servidor do INSS e como Lauro apenas recebeu a carta de concessão da aposentadoria (na qual não havia a menção a este vínculo), acreditou que não havia qualquer irregularidade.

Sua aposentadoria, portanto, foi suspensa pelo INSS, com a exclusão desse vínculo fraudulento, mas notoriamente se percebeu que o INSS não avaliou quem teria sido o responsável pela fraude, presumindo que a responsabilidade fosse de Lauro. E, ainda, sequer se debruçou sobre a análise do direito ao melhor benefício previdenciário possível (STF, RE 630.501[25]), no caso específi-

---

25 Nesse RE foi fixada a seguinte tese, com vinculação *erga omnes*, em repercussão geral: "*Para o cálculo da renda mensal inicial, cumpre observar o quadro mais favorável ao beneficiário, pouco*

co, pois, ainda que a exclusão do vínculo fosse devida e a aposentadoria tivesse que ser cancelada, seria possível uma nova (e bem simples) análise da situação previdenciária de Lauro para aferir que, no momento da suspensão de sua aposentadoria pelas irregularidades detectadas, ele tinha direito a uma nova aposentadoria, pois, mesmo após a exclusão do vínculo irregular, o INSS reconheceu que Lauro tinha 30 anos de contribuições, que deveriam ser somados aos 7 anos de contribuição pelo período entre a concessão da aposentadoria irregular (2002) e o momento em que efetivamente parou de trabalhar (2009). Ou seja, Lauro, em 2016, tinha direito a uma nova aposentadoria por tempo de contribuição, mas o INSS optou por suspender a aposentadoria irregular anterior, cobrando todos os valores recebidos desde 2002 (como se o autor tivesse sido o responsável pela irregularidade), e sem se manifestar sobre o direito a esta nova aposentadoria.

Adotou, portanto, atitude de grave desconfiança em relação ao cidadão, como se a existência de qualquer irregularidade (por menor que ela seja em face de seu processo administrativo) impedisse a obtenção de outra proteção previdenciária – e mesmo que não tenha sido comprovada a responsabilidade do cidadão nesta irregularidade.

Assim como esse caso do sr. Lauro, apenas no 11º Juizado Especial Federal foram observados outros 85 processos, nesses últimos quatro anos, em que o INSS adotou comportamento semelhante.

É o caso, por exemplo, da sra. Neide, que se aposentou por tempo de contribuição, aos 60 anos de idade e com 30 anos de serviços prestados. Em auditoria de rotina, o INSS encontrou irregularidade em um de seus vínculos, de cerca de 1 ano de trabalho, que foi computado em duplicidade, sem se comprovar que a sra. Neide tivesse conhecimento ou responsabilidade na irregularidade. A aposentadoria foi suspensa, todos os valores recebidos no período de 8 anos foram cobrados pela autarquia, e o INSS sequer analisou que a cidadã tinha o direito a uma aposentadoria por idade, ainda que se excluísse o vínculo computado em duplicidade.

Há também que se considerar neste perfil casos como o segundo pedido de aposentadoria do sr. Mauro. Em seu caso, em processo criminal anterior, um de seus vínculos (de aproximadamente 10 anos) foi ilicitamente computado como especial (de modo que não se permitiria o cômputo do tempo com adicional) na aposentadoria que vinha recebendo, mas sem qualquer responsabilidade sua, como definiu a sentença de absolvição deste anterior processo.

A concessão, todavia, tinha sido, de fato, ilegal. Suspendeu-se sua primeira aposentadoria, mas o INSS veio a indeferir o segundo pleito de aposentadoria de Mauro, sob o argumento – pasmem – de que Mauro já estava recebendo benefício de aposentadoria (que havia sido suspensa pelo próprio INSS). Contudo, mesmo com a exclusão desse acréscimo, determinada pelo

importando o decesso remuneratório ocorrido em data posterior ao implemento das condições legais para a aposentadoria, respeitadas a decadência do direito à revisão e a prescrição quanto às prestações vencidas."

juiz criminal, o tempo de contribuição total de Mauro diminuiu de 38 anos para 34 anos, mas ele ainda se enquadraria no direito a uma aposentadoria por tempo de contribuição, na modalidade proporcional, o que não lhe foi esclarecido ou propiciado pela autoridade administrativa previdenciária.

Ou seja, nota-se, nesse processo de desconfiança, que o INSS, quando se defronta com uma irregularidade parcial em alguma concessão de benefício, tem optado por determinar não somente a imediata suspensão do benefício, mas, também, o desconto de todos os valores pagos, sem avaliar a responsabilidade do cidadão na referida irregularidade (mesmo diante de decisões judiciais isentando o cidadão dessa responsabilidade, como no caso do sr. Mauro).

Do mesmo modo, o INSS não está avaliando o direito a alguma outra espécie de proteção social similar, para pessoas que estavam sendo sustentadas (na maioria das vezes exclusivamente) pelo benefício que fora suspenso.

2.2 - A DESCONFIANÇA, INDIVIDUALIZADA E DESIGUALADORA, PROVENIENTE DO ESTADO-JUIZ

2.2.1 - A obtenção da revisão judicial para inclusão de novos salários de contribuição, posteriores ao ato de concessão da aposentadoria (desaposentação)

Sobre o conceito de desaposentação, eis o ensinamento de Fábio Zambitte Ibrahim:

> A desaposentação é definida como a reversão da aposentadoria obtida no Regime Geral de Previdência Social, ou mesmo em Regimes Próprios de Previdência de Servidores Públicos, com o objetivo exclusivo de possibilitar a aquisição de benefício mais vantajoso no mesmo ou em outro regime previdenciário. Tal vontade surge, frequentemente, com a continuidade laborativa da pessoa jubilada, a qual pretende, em razão das contribuições vertidas após a aposentação, obter novo benefício, em melhores condições, em razão do novo tempo contributivo. A situação mais corriqueira toma lugar frente aos segurados aposentados pelo Regime Geral de Previdência Social que ingressam em cargo público, vinculado a Regime Próprio, ou mesmo quando ainda vinculados ao Regime Geral, com continuidade laborativa. A desaposentação não possui previsão legal expressa, razão pela qual é negada pelos órgãos administrativos, os quais ainda argumentam pela violação do ato jurídico perfeito e do direito adquirido. Todavia, a desaposentação não contraria os citados preceitos constitucionais, que visam a proteção individual, e não podem ser utilizados em desvantagem para o indivíduo e a sociedade. (IBRAHIM, 2018, p. 712).

No âmbito dos RPPS's, não há esse entendimento pela irrenunciabilidade e impossibilidade da desaposentação. A hipótese é excepcional e não muito usual (mesmo porque os servidores públicos, após a EC20/98, têm se aposentado cada vez mais tardiamente), mas servidores públicos, que retornem à atividade, podem obter a alteração de sua primeira aposentadoria, vindo a receber, em substituição aos proventos da sua anterior aposentadoria, a remuneração do cargo que voltar a exercer, inclusive com as vantagens de natureza pessoal que percebia anteriormente à aposentadoria. Trata-se do instituto da reversão, regulamentado no art. 25 da Lei 8.112/90 e no Decreto 3.644/2000. Por meio desse instituto, todo o tempo de serviço anterior desse servidor público, utilizado para a primeira aposentadoria, deverá ser contabilizado para a nova aposentadoria, posterior à reversão. Isto nada mais é que a desaposentação, no âmbito do serviço público, prestigiando o esforço e a experiência daquele trabalhador que, mesmo aposentado, se dispõe e continua a trabalhar, seja em seu próprio interesse ou no interesse da Administração.

Quanto ao panorama legal da desaposentação, por ocasião do trâmite da Medida Provisória 676/2015, o Congresso Nacional editou o Projeto de Lei de Conversão nº 15/2015. Neste Projeto, previa-se, dentre outras medidas, a consagração legislativa da desaposentação, no art. 6º do PL[26]. Todavia, esse art. 6º do que viria a ser a Lei nº 13.183/2015 foi integralmente vetado pela presidente da República, sra. Dilma Rousseff, sob a seguinte justificativa:

> As alterações introduziriam no ordenamento jurídico a chamada 'desaposentação', que contraria os pilares do sistema previdenciário brasileiro, cujo

---

26 "Art. 6º A Lei nº 8.213, de 24 de julho de 1991, passa a vigorar com as seguintes alterações: 'Art. 18. [...] § 2º O aposentado pelo Regime Geral de Previdência Social que permanecer em atividade sujeita a esse Regime, ou a ele retornar, não fará jus a outra aposentadoria desse Regime em consequência do exercício dessa atividade, sendo-lhe assegurado, no entanto, o recálculo de sua aposentadoria tomando-se por base todo o período contributivo e o valor dos seus salários de contribuição, respeitando-se o teto máximo pago aos beneficiários do RGPS, de forma a assegurar-lhe a opção pelo valor da renda mensal que for mais vantajosa. § 2º-A São também assegurados ao aposentado pelo Regime Geral da Previdência Social que permanecer em atividade nesse Regime, ou ao que a ela retornar, os seguintes benefícios e serviços, observadas as condições e os critérios de concessão previstos nesta Lei: I - auxílio-doença; II - auxílio-acidente; III - serviço social; e IV - reabilitação profissional.' (NR) 'Art. 25. [...] § 2º Para requerer o recálculo da renda mensal da aposentadoria, previsto no § 2º do art. 18 desta Lei, o beneficiário deverá comprovar um período de carência correspondente a, no mínimo, sessenta novas contribuições mensais.' (NR) 'Art. 28-A. O recálculo da renda mensal do benefício do aposentado do Regime Geral de Previdência Social, previsto no § 2º do art. 18 desta Lei, terá como base o salário de benefício calculado na forma dos arts. 29 e 29-B desta Lei. § 1º Não será admitido recálculo do valor da renda mensal do benefício para segurado aposentado por invalidez. § 2º Para o segurado que tenha obtido aposentadoria especial, não será admitido o recálculo com base em tempo e salário de contribuição decorrente do exercício de atividade prejudicial à saúde ou à integridade física. § 3º O recálculo do valor da renda mensal do benefício limitar-se-á ao cômputo de tempo de contribuição e salários adicionais, não sendo admitida mudança na categoria do benefício previamente solicitado.' 'Art. 54. [...] § 1º Os aposentados por tempo de contribuição, especial e por idade do Regime Geral de Previdência Social poderão, a qualquer tempo, ressalvado o período de carência previsto no § 2º do art. 25 desta Lei, renunciar ao benefício, ficando assegurada a contagem do tempo de contribuição que serviu de base para a concessão do benefício. § 2º Na hipótese prevista no § 1º deste artigo, não serão devolvidos à Previdência Social os valores mensais percebidos enquanto vigente a aposentadoria inicialmente concedida.' (NR) 'Art. 96. [...] III - não será contado por um regime previdenciário o tempo de contribuição utilizado para fins de aposentadoria concedida por outro, salvo na hipótese de renúncia ao benefício, prevista no § 1º do art. 54 desta Lei.' (NR)"

financiamento é intergeracional e adota o regime de repartição simples. A alteração resultaria, ainda, na possibilidade de cumulação de aposentadoria com outros benefícios de forma injustificada, além de conflitar com o disposto no § 1º, do art. 86 da própria Lei nº 8.213, de 24 de julho de 1991[27].

Ou seja, a desaposentação continuava sem qualquer previsão legal, não obstante os milhares de processos judiciais em curso sobre o tema[28].

Mais adiante, especificamente em 26/10/2016, o Supremo Tribunal Federal julgou o tema, por meio dos Recursos Extraordinários (RE) 381367, de relatoria do ministro Marco Aurélio, 661256, com repercussão geral, e 827833, ambos de relatoria do ministro Luís Roberto Barroso. O entendimento majoritário do plenário foi o de que *embora não exista vedação constitucional expressa à desaposentação*, também não há previsão desse direito, nos seguintes termos:

> Constitucional. Previdenciário. Parágrafo 2º do art. 18 da Lei 8.213/91. Desaposentação. Renúncia a anterior benefício de aposentadoria. Utilização do tempo de serviço/contribuição que fundamentou a prestação previdenciária originária. Obtenção de benefício mais vantajoso. Julgamento em conjunto dos RE nºs 661.256/SC (em que reconhecida a repercussão geral) e 827.833/sc. Recursos extraordinários providos. 1. Nos RE nºs 661.256 e 827.833, de relatoria do Ministro Luís Roberto Barroso, interpostos pelo INSS e pela União, pugna-se pela reforma dos julgados dos Tribunais de origem, que reconheceram o direito de segurados à renúncia à aposentadoria, para, aproveitando-se das contribuições vertidas após a concessão desse benefício pelo RGPS, obter junto ao INSS regime de benefício posterior, mais vantajoso. 2. A Constituição de 1988 desenhou um sistema previdenciário de teor solidário e distributivo. Inexistindo inconstitucionalidade na aludida norma do art. 18, § 2º, da Lei nº 8.213/91, a qual veda aos aposentados que permaneçam em atividade, ou a essa retornem, o recebimento de qualquer prestação adicional em razão disso, exceto salário-família e reabilitação profissional. 3. Fixada a seguinte tese de repercussão geral no RE nº 661.256/SC: "[n]o âmbito do Regime Geral de Previdência Social (RGPS), somente lei pode criar benefícios e vantagens previdenciárias, não havendo, por ora, previsão legal do direito à 'desaposentação', sendo constitucional a regra do art. 18, § 2º, da Lei nº 8213/91". 4. Providos ambos os recursos extraordinários (RE nºs 661.256/SC e 827.833/SC)". (RE 661256, Relator(a): Min. LUÍS ROBERTO BARROSO, Relator(a) p/ Acórdão: Min. DIAS TOFFOLI, Tribunal Pleno, julgado em 27/10/2016, PROCESSO ELETRÔNICO DJe-221 DIVULG 27-09-2017 PUBLIC 28-09-2017)

É com base nesta decisão do STF (que não transitou em julgado, havendo embargos de declaração interpostos pelo Instituto Brasileiro de Direito Previ-

---

27 Disponível em: <http://www.planalto.gov.br/ccivil_03/_ato2015-2018/2015/Msg/VEP-464.htm>. Acesso em: 15 jul. 2017.

28 Eram mais de 100 mil processos sobrestados, apenas sobre a desaposentação, conforme notícia disponível em: <https://www.conjur.com.br/2017-jun-30/tribunais-9414-mil-acoes-suspensas-espera-decisao-stf>. Acesso em: 25 jan. 2018.

denciário em outubro e novembro de 2017, pendentes de análise[29]), e na ausência de lei regulamentando a desaposentação, que, sem se cogitar sequer acerca da proteção constitucional objetiva da coisa julgada e sem aguardar o trânsito em julgado da decisão do STF (o que seria mandamental, conforme entendimento consagrado no próprio STF desde 2012, no acórdão dos embargos de declaração na ADIn 2797), ações rescisórias ajuizadas pelo INSS sobre o tema estão sendo julgadas procedentes[30].

---

29 É bastante possível e provável que a Corte module os efeitos da decisão tomada, o que foi lembrado pelo Ministro Luiz Fux ao final dos debates, como se percebeu do inteiro teor do acórdão, disponível em: <http://stf.jus.br/portal/processo/verProcessoPeca.asp?id=312830921&tipoApp=.pdf>. Pesquisa de andamento processual dos três recursos extraordinários em epígrafe, está disponível em: <http://portal.stf.jus.br/processos/detalhe.asp?incidente=4157562>;<http://portal.stf.jus.br/processos/detalhe.asp?incidente=4608022>; e <http://portal.stf.jus.br/processos/detalhe.asp?incidente=2109745>. Acesso em: 12 jan. 2018.

30 Eis alguns precedentes: "PREVIDENCIÁRIO. PROCESSO CIVIL. AGRAVO INTERNO. DESAPOSENTAÇÃO. DEVOLUÇÃO DE VALORES. INEXIGIBILIDADE. ENTENDIMENTO DO STJ E STF. I - Considerando o entendimento predominante neste Tribunal, devem ser mantidos os termos da decisão agravada que determinou a não devolução dos valores pagos a título de decisão judicial rescindida, porquanto referidos valores foram recebidos a título de boa-fé, possuem natureza alimentar e, sobretudo, porque fundada em decisão judicial transitada em julgada. Nesse sentido: STJ. AgRg no AREsp 820594/SP. Segunda Turma. Relator Ministro MAURO CAMPBELL MARQUES. Data do Julgamento 23/02/2016. Data da Publicação/Fonte DJe 01/03/2016. II - O Supremo Tribunal Federal já se manifestou sobre o assunto, deixando certo que os valores recebidos por força da antecipação dos efeitos da tutela no juízo de primeira instância não serão objeto de restituição, visto que tiveram como suporte decisão judicial que se presume válida e com aptidão para concretizar os comandos nelas insertos, não restando caracterizada, assim, a má-fé da parte beneficiária e considerando-se, ainda, a natureza alimentar dos benefícios previdenciários. Nesse sentido: STF; ARE 734242; Rel. Min. ROBERTO BARROSO; DJe de 08.09.2015 e MS 25921/ Rel. Min. LUIZ FUX; DJe de 04.04.2016. III - Agravo interno do INSS improvido." (AR 00190661920154030000, DESEMBARGADOR FEDERAL SERGIO NASCIMENTO, TRF3 - TERCEIRA SEÇÃO, e-DJF3 Judicial 1 DATA:06/04/2018);
"DIREITO PREVIDENCIÁRIO E PROCESSUAL CIVIL. AÇÃO RESCISÓRIA. ART.966, V DO CPC. DESAPOSENTAÇÃO. INVIABILIDADE. CONTRARIEDADE À TESE FIRMADA PELO PRETÓRIO EXCELSO NO JULGAMENTO DO RE nº 661.256/SC. VIOLAÇÃO À NORMA JURÍDICA RECONHECIDA. AÇÃO RESCISÓRIA PROCEDENTE. I - A manifestação do ente demandante, de pleitear desaposentação, com aproveitamento do tempo considerado na concessão de um benefício, já implantado e mantido pelo sistema previdenciário, na implantação de um outro economicamente mais viável ao segurado, para o que seria necessário somar períodos não existentes ao tempo do ato concessor, revela-se impraticável ante o nosso histórico legislativo. II - Essa pretensão não se sustenta, pois a Lei de Benefícios, conquanto não tenha disposto expressamente acerca da renúncia à aposentadoria, estabeleceu que as contribuições vertidas após o ato de concessão não seriam consideradas em nenhuma hipótese. III - Não se presta o conjunto de prestações, recolhidas no novo trabalho do aqui aposentado, para impulsionar o intentado "desfazimento" de seu benefício - ausente qualquer vício concessório, que nos autos restasse revelado - carecendo por completo de autorização legislativa o segurado em foco (é dizer, ausente fundamental vestimenta de "aproveitamento" aos valores almejados e assim insubsistente nova concessão). IV - A controvérsia acerca da renúncia de benefício previdenciário com a concessão de nova aposentadoria, com aproveitamento dos valores recolhidos após a concessão do benefício, sem a necessidade de devolução dos proventos, foi objeto de pronunciamento do C. Supremo Tribunal Federal. V - Correta e tecnicamente a Suprema Corte, sob o prisma da Repercussão Geral, RE 661256, fixou a tese de que "No âmbito do Regime Geral de Previdência Social

(RGPS), somente lei pode criar benefícios e vantagens previdenciárias, não havendo, por ora, previsão legal do direito à desaposentação, sendo constitucional a regra do artigo 18, parágrafo 2º, da Lei 8.213/1991". VI - Dessa forma, o v. acórdão proferido pela Oitava Turma desta E. Corte adotou orientação contrária à estabelecida pela Suprema Corte, razão pela qual, considerando o efeito vinculante dos julgamentos proferidos pela Suprema Corte, sob a sistemática da repercussão geral, impõe-se a reforma do julgamento proferido na presente ação rescisória, para acolher a pretensão rescindente deduzida, reconhecendo como caracterizada a hipótese de rescindibilidade prevista no artigo 966, V do Código de Processo Civil, de molde a ajustá-lo à orientação firmada pelo C. Supremo Tribunal Federal no julgamento do RE nº 661.256/SC. VII - Tratando-se de valores recebidos por força de coisa julgada, esta Seção firmou entendimento de que não há que se falar em devolução de valores eventualmente recebidos, ficando autorizado o INSS apenas a restabelecer a renda mensal do benefício anterior, sem condenação à devolução das parcelas do benefício pagas no cumprimento do julgado rescindido, ante a boa-fé nos recebimentos, tendo em vista terem sido pagas por força de decisão transitada em julgado, além da natureza alimentar do benefício, bem como a não efetuar o pagamento, em fase de liquidação de sentença, de eventuais valores ainda não pagos. VIII - Pedido rescindente julgado procedente; em juízo rescisório, julgado improcedente o pedido de desaposentação formulado nos autos subjacentes." (AR 00079005320164030000, DESEMBARGADOR FEDERAL GILBERTO JORDAN, TRF3 - TERCEIRA SEÇÃO, e-DJF3 Judicial 1 DATA:06/04/2018)

"PROCESSUAL CIVIL. CONSTITUCIONAL. PREVIDENCIÁRIO. AÇÃO RESCISÓRIA. ART. 966, V, DO NCPC. VIOLAÇÃO LITERAL DE PRECEITOS NORMATIVOS. DESAPOSENTAÇÃO. ATUAL ENTENDIMENTO DO STF. REPERCUSSÃO GERAL. 1. Ação Rescisória ajuizada no prazo decadencial previsto no art. 495 do CPC/73 (atual art. 975 do NCPC). 2. O INSS está dispensado de realizar o pagamento do depósito a que se refere o art. 968, II do NCPC, por força do art. 24-A da Lei 9.028/95, incluído pela Medida Provisória nº 2.180-35, de 2001 ("A União, suas autarquias e fundações, são isentas de custas e emolumentos e demais taxas judiciárias, bem como de depósito prévio e multa em ação rescisória em quaisquer foros e instâncias"). 3. "É cabível ação rescisória por ofensa à literal disposição constitucional, ainda que a decisão rescindenda tenha por fundamento interpretação controvertida ou seja anterior à orientação assentada pelo Supremo Tribunal Federal (...)" (in AI 659048 AgR, Rel. Min. Ayres Britto, in DJe de 14/11/2011). 4. O Plenário do Supremo Tribunal Federal, em sessão realizada no dia 26 de outubro de 2016, ao apreciar os Recursos Extraordinários de nºs 381367, 661256 e 827833, considerou inviável o recálculo do valor da aposentadoria por meio da desaposentação, tendo em vista que "No âmbito do Regime Geral de Previdência Social (RGPS), somente lei pode criar benefícios e vantagens previdenciárias, não havendo, por ora, previsão legal do direito à 'desaposentação', sendo constitucional a regra do art. 18, § 2º, da Lei nº 8.213/91). 5. Necessária submissão deste Regional à tese firmada pelo STF acerca do tema, de modo que resta superado o então entendimento majoritário favorável à parte beneficiária. 6. Eventuais parcelas recebidas em decorrência de provimento jurisdicional precário ou, com maior razão, de sentença judicial, não deverão ser devolvidas pela parte autora ante o caráter alimentar da prestação (ARE 734242 agR, Rel. Min. Roberto Barroso, 1ª T, DJe-175, pub. 08/09/2015). Orientação da 1ª Seção, na AR nº 006291-94.2014.4.01.0000, in DJe de 21/03/2017, no sentido de em razão da superveniência do julgamento do referido ARE 734242 AgR, pelo STF, não há de se aplicar o quanto decidido por ocasião do julgamento do REsp 1.401.560/MT (adotado no regime do art. 543-C do CPC/73), em outro sentido, ainda que em sede de recurso repetitivo. 7. Custas e honorários advocatícios pelo réu, fixado em 10% sobre o valor atualizado da causa. Suspensa a exigibilidade nos termos do art. 98 do NCPC. 8. Ação Rescisória procedente. Em rejulgamento, remessa oficial e apelação do INSS providas para, reformando a sentença, denegar a segurança, sem condenação em honorários advocatícios, uma vez que incabíveis na via mandamental." (AR 00541457920164010000, DESEMBARGADOR FEDERAL FRANCISCO NEVES DA CUNHA, TRF1 - PRIMEIRA SEÇÃO, e-DJF1 DATA:27/02/2018)

"PREVIDENCIÁRIO. PROCESSUAL CIVIL. AÇÃO RESCISÓRIA. SÚMULA 343 DO STF AFASTADA APOSENTADORIA POR TEMPO DE CONTRIBUIÇÃO/SERVIÇO. RENÚNCIA. CONCESSÃO DE NOVO BENEFÍCIO. COMPUTO DE TEMPO DE SERVIÇO LABORADO APÓS A CONCESSÃO DO PRIMEIRO BENEFÍCIO. IMPOSSIBILIDADE. ART. 966, V DO NCPC. OFENSA DO ART. 18, § 2º, DA LEI Nº 8.213/91. PEDIDO DA RESCISÓRIA PROCEDENTE. PREJUDICADO O AGRAVO REGIMENTAL INTERPOSTO CONTRA A DECISÃO QUE APRECIOU O PEDIDO DE ANTECIPAÇÃO DE TUTELA. 1. A presente rescisória fora ajuizada pelo INSS com suporte no art. 966, V do NCPC, sob a alegação de que o julgado ofendeu disposição expressa do art. 18, § 2º, da Lei nº 8.213/91 e nos artigos 5º, XXXVI, 194 e 195, todos da CF/88. 2. Em que pese a ação rescisória não servir como sucedâneo de unificação jurisprudencial, oportuno registrar que a matéria debatida nos autos é constitucional e, inclusive, fora apreciada em sede de repercussão geral pela corte Suprema, o que afasta o óbice da Súmula 343 do e. Supremo Tribunal Federal. 3. O Plenário do c. STF, nos autos do RE 661256/SC, julgado em 26/10/2016, firmou entendimento, sob o regime de repercussão geral, no sentido de que os benefícios previdenciários não são passíveis de renúncia pelos seus titulares. 4. Naquela assentada, o relator para acórdão, Ministro Dias Toffoli, pontuou que "no âmbito do Regime Geral de Previdência Social (RGPS), somente lei pode criar benefícios e vantagens previdenciárias, não havendo, por ora, previsão legal do direito à 'desaposentação', sendo constitucional a regra do art. 18, § 2º, da Lei nº 8.213/91". 5. Não se pode exigir a devolução dos valores recebidos a título de benefício previdenciário, em decorrência de decisão judicial provisória, posteriormente revogada, em razão de sua natureza alimentar, destinada à subsistência do segurado ou assistido, conforme orientação do Supremo Tribunal Federal (ARE 734242, relator Ministro Roberto Barroso, 1ª T, DJe-175, pub. 08/09/2015). 6. Os honorários advocatícios, nesta ação rescisória, arbitrados no valor de R$1.000,00 (um mil reais), suspensa execução em razão da parte ré litigar sob o pálio da justiça gratuita. 7. No juízo rescindendo, rescindir o v. Acórdão prolatado na Apelação Cível. 8. Pedido da rescisória a que se julga procedente, para rescindir o v. Acórdão prolatado nos autos de n. 2010.38.00.007597-8/MG. No juízo rescisório, negar provimento à apelação da parte autora, mantendo a sentença de improcedência do pedido. 9. Honorários advocatícios na ação principal fixados no valor de R$1.000,00 (um mil reais), suspensa execução em razão da parte ré litigar sob o pálio da justiça gratuita. Prejudicado o agravo regimental interposto contra a decisão que apreciou o pedido de antecipação de tutela." (AR 00122966420154010000, DESEMBARGADOR FEDERAL FRANCISCO DE ASSIS BETTI, TRF1 - PRIMEIRA SEÇÃO, e-DJF1 DATA:27/02/2018)

"PREVIDENCIÁRIO E PROCESSUAL CIVIL. AÇÃO RESCISÓRIA. DESAPOSENTAÇÃO. ACÓRDÃO EM DISSONÂNCIA COM O RE 661256-SC JULGADO EM SEDE DE REPERCUSSÃO GERAL. JUÍZO DE RETRATAÇÃO EXERCIDO. 1. Retornam os autos a este Plenário para possível exercício de retratação, nos termos do art. 1.030, II do CPC, em face de decisão proferida pelo STF no RE 661.256 - SC, sob o rito de repercussão geral. 2. O Supremo Tribunal Federal, em recurso representativo da controvérsia (RE 661256) firmou entendimento de que "No âmbito do Regime Geral de Previdência Social - RGPS, somente lei pode criar benefícios e vantagens previdenciárias, não havendo, por ora, previsão legal do direito à 'desaposentação', sendo constitucional a regra do art. 18, parágrafo 2º, da Lei nº 8.213/91". 3. No caso dos autos, o acórdão proferido pelo Plenário diverge do julgado da Suprema Corte, porquanto dera provimento à ação rescisória, para negar provimento à apelação do INSS, reconhecendo o direito do particular de renunciar à respectiva aposentadoria, deferida por tempo de contribuição com proventos proporcionais, para fins de concessão de novo benefício, desta vez, mais vantajoso. 4. Juízo de retratação exercido para adotar o entendimento firmado pelo eg. STF, nos termos do art. 1.040, II, do CPC/15, e julgar improcedente o pedido da ação rescisória." (AR 00028078920154050000, Desembargador Federal Paulo Roberto de Oliveira Lima, TRF5 - Pleno, DJE - Data::10/05/2017 - Página::22.)

"PROCESSUAL CIVIL E PREVIDENCIÁRIO. EMBARGOS DE DECLARAÇÃO. APOSENTADORIA POR TEMPO DE CONTRIBUIÇÃO. RENÚNCIA. OBTENÇÃO DE APOSENTADORIA MAIS VANTAJOSA. IMPOSSIBILIDADE. RE Nº 661256. REPERCUSSÃO GERAL.

Está havendo até deferimento de tutela antecipada em ação rescisória, como se vê da seguinte decisão (AR 0017395-44.2017.4.01.0000/DF, TRF1, Rel. Juiz Federal convocado César Jatahy, de 21/03/2018), para sobrestar o pagamento de parcelas devidas por título judicial transitado em julgado:

DECISÃO

Trata-se de ação rescisória, com pedido de tutela antecipada, proposta pelo INSS, com o objetivo de desconstituir acórdão desta Corte, aduzindo que houve violação a literal disposição de lei. O INSS sustenta que a presente rescisória encontra fundamento no art. 966, V, do CPC/2015, sob o fundamento de que o r. julgado rescindendo ofendeu expressa previsão legal, mormente o disposto no art. 18, § 2º, da Lei nº 8.213/91 e nos artigos 5º, XXXVI, 194 e 195, todos da CF/88. Aduz, ainda, que a Constituição Federal veda o emprego das contribuições posteriores à aposentadoria, que o ato jurídico perfeito não pode ser alterado unilateralmente. Por fim, sustentou que houve violação ao princípio da solidariedade da Previdência Social.

É o relatório. Decido.

A antecipação dos efeitos da tutela deve ser deferida.

A presente ação rescisória encontra suporte no art. 966, V, do Novo Código de Processo Civil, sob a alegação de que houve ofensa aos seguintes dispositivos: art. 18, § 2º, da Lei nº 8.213/91 e os artigos 5º, XXXVI, 194 e 195, todos da Constituição Federal de 1988. A controvérsia cinge-se sobre a possibilidade de renúncia ao benefício e à concessão, na sequência, de nova aposentadoria, mediante o cômputo das contribuições posteriores para fins de majoração do benefício. Antes do e. Supremo Tribunal Federal apreciar a questão, em sede de Repercussão Geral, o c. Superior Tribunal de Justiça, em 08/05/2013, pela

---

OBSERVÂNCIA. 1. Embargos de declaração opostos pelo INSS contra acórdão que negou provimento aos embargos infringentes, por ele interpostos, confirmando acórdão do Pleno deste Tribunal que, por maioria, julgou procedente a ação rescisória, assegurando o direito à desaposentação sem a necessidade de devolução dos valores percebidos pela aposentadoria renunciada. 2. Nos termos do art. 1.022 do CPC/15, cabem embargos declaratórios para esclarecer obscuridade ou eliminar contradição (inc. I); suprir omissão de ponto ou questão sobre o qual devia se pronunciar o juiz de ofício ou a requerimento (inc. II) e para corrigir erro material (inc. III). 3. O parágrafo único do citado dispositivo legal estabelece que se considera omissa a decisão que deixar de se manifestar sobre tese firmada em julgamento de casos repetitivos ou em incidente de assunção de competência aplicável ao caso sob julgamento ou que incorra em qualquer das condutas descritas no art. 489, parágrafo 1º. 4. Ordinariamente, incumbe à Vice-Presidência desta Corte a remessa desses autos ao órgão julgador para que, se for o caso, efetue o juízo de retratação, nos termos do art. 1.040, II, do CPC/15. No entanto, não se vislumbra qualquer óbice a que o Pleno se retrate já no julgamento destes aclaratórios. São prestigiados, assim, os princípios constitucionais da economia e celeridade processuais. 5. Integra-se, portanto, o acórdão embargado para adequá-lo ao decidido no RE nº 661256 (sujeito ao regime da repercussão geral), no sentido de que, "no âmbito do Regime Geral de Previdência Social (RGPS), somente lei pode criar benefícios e vantagens previdenciárias, não havendo, por ora, previsão legal do direito à 'desaposentação', sendo constitucional a regra do art. 18, parágrafo 2º, da Lei nº 8.213/91". 6. Embargos de declaração providos, com atribuição de efeitos modificativos, para dar provimento aos embargos infringentes, prestigiando as conclusões dos votos vencidos, e julgar improcedente a rescisória." (EDAR 0008592662014405000003, Desembargador Federal Paulo Machado Cordeiro, TRF5 - Pleno, DJE - Data::22/03/2017.)

sistemática do artigo 1.036 do CPC/2015, no julgamento do REsp 1.334.488/SC, sedimentou o entendimento acerca da possibilidade de o segurado aposentado renunciar ao benefício para, contando com o período de contribuição utilizado para concessão do primeiro benefício, obter nova aposentadoria sem que tenha de devolver os valores anteriormente recebidos. Contudo, o Plenário do c. STF, nos autos do RE 661256/SC, julgado em 19.03.2015, firmou entendimento, sob o regime de repercussão geral, no sentido de que os benefícios previdenciários não são passíveis de renúncia pelos seus titulares. Naquela assentada, em sede de repercussão geral, no bojo do RE 661256/SC, o relator para acórdão, Ministro Dias Toffoli, pontuou que "no âmbito do Regime Geral de Previdência Social (RGPS), somente lei pode criar benefícios e vantagens previdenciárias, não havendo, por ora, previsão legal do direito à 'desaposentação', sendo constitucional a regra do art. 18, § 2º, da Lei nº 8.213/91". Registre-se que esta Corte, inclusive, tem adotado o novo entendimento perfilhado pelo e. Supremo Tribunal Federal. Vejamos:

> PREVIDENCIÁRIO. CONSTITUCIONAL. MANDADO DE SEGURANÇA. DESAPOSENTAÇÃO. ILEGALIDADE. REPERCUSSÃO GERAL: RE N. 661256. IMPROCEDÊNCIA DO PEDIDO. 1. O Supremo Tribunal Federal, em julgado submetido à repercussão geral, considerou ser inviável o recálculo do valor da aposentadoria, por desaposentação, com o cômputo das contribuições vertidas após sua concessão, fixando a tese no sentido de que no âmbito do Regime Geral de Previdência Social (RGPS), somente lei pode criar benefícios e vantagens previdenciárias, não havendo, por ora, previsão legal do direito à "desaposentação", sendo constitucional a regra do artigo 18, parágrafo 2º, da Lei 8.213/1991. (RE's ns. 661.256, 827.833 e 381.367, Seção do dia 26/10/2016). 2. É improcedente o pedido de desaposentação. 3. Apelação da parte impetrante desprovida. (AMS 0008935-46.2015.4.01.3813/MG, Rel. Desembargador Federal Jamil Rosa De Jesus Oliveira, Primeira Turma, e-DJF1 de 23/11/2016)

Cabe a tutela antecipada em ação rescisória em casos excepcionais, desde que presentes a verossimilhança da alegação e o fundado receio de dano irreparável, no caso, consubstanciado no entendimento perfilhado pela Corte Suprema em sede de repercussão geral. Em face do exposto, defiro a tutela de urgência, nos termos do caput do art. 300 do CPC/2015, para sobrestar eventual pagamento, a título de RPV/Precatório, bem assim que seja suspensa a obrigação de fazer, até decisão posterior na presente demanda. Cite-se a parte Ré para resposta no prazo de 30 dias (art. 970 do CPC/2015). Intimem-se. Cumpra-se. Brasília, 21 de março de 2018.

Para agravar ainda mais a situação, passando dos limites da decisão (ainda não transitada em julgado) do STF, e dos julgamentos de ações rescisórias a respeito, o Governo Federal, por meio da Procuradoria do INSS, está cobrando[31], de modo acrítico, os valores que pagou por sentenças de procedência a respeito do tema, em milhares de processos judiciais pelo país, mesmo em casos transitados em julgado. Nem mesmo a modulação dos efeitos da decisão desfavorável ao segurado, naqueles casos em que não houve o trânsito em jul-

---

31 Com base na Portaria 02/2018, de 16/01/2018, da Procuradoria-Geral Federal, disponível em: <https://www.lex.com.br/legis_27603935_PORTARIA_CONJUNTA_N_2_DE_16_DE_JANEIRO_DE_2018.aspx>. Acesso em: 03 mar. 2018.

gado, mas o cidadão estaria recebendo por decisão antecipatória de tutela, vem sendo cogitada.

É o caso, por exemplo, de Pedro, que se aposentou em 2003, aos 53 anos de idade, e continuou trabalhando no mesmo local. Após mais sete anos de trabalho, aos 60 anos, no início de 2010, pleiteou, na Justiça Federal, a renúncia à aposentadoria que estava recebendo, para a concessão de outra, na qual fossem incluídos os sete anos de contribuições recolhidas posteriormente à aposentadoria. Obteve sentença de procedência, confirmada na segunda instância e transitada em julgado em 2012. Todavia, após decisão do Supremo Tribunal Federal em processo análogo, o INSS, em petição simples nos mesmos autos, pugnou pela relativização da coisa julgada e está cobrando a devolução dos valores recebidos por tal "desaposentação", bem como a redução de sua aposentadoria ao valor anterior[32].

Até mesmo para casos de reaposentação concedida judicialmente – cuja hipótese difere sensivelmente da desaposentação, o INSS tem apresentado esse tipo de comportamento prejudicial ao cidadão, cobrando valores recebidos por determinação judicial transitada em julgado. A fim de situar o leitor, eis a definição do que é a reaposentação:

> Diferentemente da desaposentação, na qual se busca um novo benefício – mediante o recálculo no qual são consideradas as contribuições anteriores e posteriores – na reaposentação, o pedido é de opção por um novo benefício. Há casos em que o segurado, em face da continuidade em atividade ou retorno ao labor, recolhe contribuições suficientes para a obtenção de outro benefício sem que exista qualquer comunicação com as antigas contribuições utilizadas na aposentadoria anterior. Se este novo benefício se apresenta mais vantajoso, deveria ser admitido o cancelamento da aposentadoria antiga, viabilizando a concessão de uma nova sem incidir na vedação prevista no inciso II do art. 124 da LBPS. (ROCHA, 2018, p. 388).

É a situação da sra. Ivone (e de mais outros 12 processos similares), que obteve aposentadoria por tempo de contribuição em 1992, e continuou trabalhando por mais 21 anos, tendo obtido a reaposentação (trocando a aposentadoria por tempo de contribuição para uma aposentadoria por idade melhor financeiramente) em 2013, por sentença transitada em julgado, cuja coisa julgada o INSS tentou desconstituir, após a decisão do STF nos RE's nºs 661.256/SC e 827.833.

Em nenhum dos casos, o INSS se debruçou sobre argumentos como boa--fé do cidadão, nem sobre a confiança legítima do cidadão/aposentado, ou a

---

32 Nesse tema especificamente, é imperioso ressaltar que há embargos declaratórios do Instituto Brasileiro de Direito Previdenciário em face do acórdão do STF no RE 661.256, de modo que a decisão ainda não transitou em julgado e é possível que a Corte module os efeitos da decisão tomada, o que foi lembrado pelo Ministro Luiz Fux ao final dos debates, como se percebeu do inteiro teor do acórdão, disponível em: <http://stf.jus.br/portal/processo/verProcessoPeca.asp?id=312830921&tipoApp=.pdf>. Acesso em: 12 jan. 2018.

respeito da existência de coisa julgada na sentença judicial sob a qual estava assentado o título judicial.

Havendo o deferimento judicial do pleito da Procuradoria do INSS em algum desses pedidos apresentados em processos como esses, uma relação de desconfiança se instaura entre o indivíduo e o Poder Judiciário, esteja o cidadão protegido por uma tutela judicial ou pela coisa julgada, mas especialmente nesses casos de existência de trânsito em julgado, notar-se-á relevante insegurança jurídica.

2.2.2 - A revogação de tutela antecipada de benefício previdenciário e a devolução dos valores recebidos

O Superior Tribunal de Justiça, por meio do REsp 1.401.560/MT, julgado em 12/02/2014, proferiu, por meio do procedimento de recursos especiais repetitivos (Tema 692), a seguinte decisão:

> EMENTA: PREVIDÊNCIA SOCIAL. BENEFÍCIO PREVIDENCIÁRIO. ANTECIPAÇÃO DE TUTELA. REVERSIBILIDADE DA DECISÃO. O grande número de ações, e a demora que disso resultou para a prestação jurisdicional, levou o legislador a antecipar a tutela judicial naqueles casos em que, desde logo, houvesse, a partir dos fatos conhecidos, uma grande verossimilhança no direito alegado pelo autor. O pressuposto básico do instituto é a reversibilidade da decisão judicial. Havendo perigo de irreversibilidade, não há tutela antecipada (CPC, art. 273, § 2º). Por isso, quando o juiz antecipa a tutela, está anunciando que seu decisum não é irreversível. Mal sucedida a demanda, o autor da ação responde pelo que recebeu indevidamente. O argumento de que ele confiou no juiz ignora o fato de que a parte, no processo, está representada por advogado, o qual sabe que a antecipação de tutela tem natureza precária. Para essa solução, há ainda o reforço do direito material. Um dos princípios gerais do direito é o de que não pode haver enriquecimento sem causa. Sendo um princípio geral, ele se aplica ao direito público, e com maior razão, neste caso porque o lesado é o patrimônio público. O art. 115, II, da Lei nº 8.213, de 1991, é expresso no sentido de que os benefícios previdenciários pagos indevidamente estão sujeitos à repetição. Uma decisão do Superior Tribunal de Justiça que viesse a desconsiderá-lo estaria, por via transversa, deixando de aplicar norma legal que, a contrario sensu, o Supremo Tribunal Federal declarou constitucional. Com efeito, o art. 115, II, da Lei nº 8.213, de 1991, exige o que o art. 130, parágrafo único na redação originária (declarado inconstitucional pelo Supremo Tribunal Federal - ADI 675) dispensava. Orientação a ser seguida nos termos do art. 543-C do Código de Processo Civil: a reforma da decisão que antecipa a tutela obriga o autor da ação a devolver os benefícios previdenciários indevidamente recebidos. Recurso especial conhecido e provido. (STJ, REsp 1.401.560/MT, Rel. Min. Sérgio Kukina, Rel. p/ acórdão Min. Ari Pargendler, julgado em 12/02/2014)

De fato, a uma primeira leitura, parece correto que haja a devolução dos valores recebidos por tutela antecipada, que posteriormente vem a ser revogada, tendo em vista o caráter precário e naturalmente reversível de tal decisão.

Há lógica nesse raciocínio, diante da vedação ao enriquecimento sem causa[33], e especialmente quando esse enriquecimento envolver o Erário Público.

Outros órgãos jurisdicionais, curvando-se ao entendimento do STJ, já começaram a seguir esse entendimento, como se vê, por exemplo, na revogação[34] da Súmula 51 da Turma Nacional de Uniformização dos Juizados Especiais Federais, que assim dispunha: *"Os valores recebidos por força de antecipação dos efeitos de tutela, posteriormente revogada em demanda previdenciária, são irrepetíveis em razão da natureza alimentar e da boa-fé no seu recebimento."* Entenderam os membros da TNU, instigados pelo INSS (na Petição 10.996, DJe 26/06/2017, ainda não transitada em julgado), que o STF já se posicionara sobre o tema, no ARE 722421, ao negar a repercussão geral quando a matéria versar sobre a possibilidade de devolução de valores recebidos em virtude de tutela antecipada posteriormente revogada, considerando-se que a solução da controvérsia envolve o exame de legislação infraconstitucional, a configurar apenas ofensa indireta ou reflexa ao texto constitucional. Desta forma, ao fim da discussão, os juízes da TNU optaram pela revogação do Enunciado nº 51, entendendo que a jurisprudência estaria definida, a respeito do tema.

A *quaestio juris* delimitada no Tema 692 do STJ, por outro lado, não se confunde com uma outra questão muito próxima, também travada no mesmo STJ, que é a do Tema 979 - *Devolução ou não de valores recebidos de boa-fé, a título de benefício previdenciário, por força de interpretação errônea, má aplicação da lei ou erro da administração da Previdência Social* - cujo REsp representativo, nº 1.381.734/RN, é de Relatoria do Ministro Benedito Gonçalves, e no qual houve decisão em 16/08/2017[35], em que se suspenderam todas as ações, individuais ou coletivas, nas quais se discuta tal devolução. No Tema 692, se discutiram devoluções decorrentes de revogações de decisões judiciais de tutela; no Tema 979, se discutirão os argumentos de boa-fé do cidadão e erro administrativo em devoluções cobradas pelo INSS.

Ocorre que, com base nesse entendimento do STJ no Tema 692 (replicado no cancelamento da súmula 51 da TNU), em qualquer processo em que há tutela judicial deferida em decisão liminar que venha a ser posteriormente revogada, na sentença ou em grau recursal, está havendo pedidos automáticos por parte da Procuradoria do INSS de devolução dos valores pagos, sem as distinções e apreciações de acordo com as expectativas geradas no indivíduo que estava recebendo os valores sob o pálio da tutela judicial e sem a avaliação do comportamento subjetivo da parte no processo, em relação à autarquia.

É o caso, por exemplo, da sra. Larissa, que se encontrava recebendo auxílio-doença por força de tutela judicial concedida em sentença do 11º Jui-

---

33 Código Civil, art. 884: "Aquele que, sem justa causa, se enriquecer à custa de outrem, será obrigado a restituir o indevidamente auferido, feita a atualização dos valores monetários."

34 Disponível em: <https://www2.trf4.jus.br/trf4/controlador.php?acao=noticia_visualizar&id_noticia=13123>. Acesso em: 14 set. 2017.

35 Disponível em: <https://previdenciarista.com/noticias/stj-suspende-todas-as-acoes-que-discutem-devolucao-de-valores-recebidos-de-boa-fe/>. Acesso em: 30 set. 2017.

zado Especial Federal do Rio de Janeiro/RJ, que foi posteriormente revogada na reforma da sentença em segunda instância, por discussões exclusivamente jurídicas acerca de sua qualidade de segurada.

Nos últimos 12 meses, foram encontrados outros 27 processos similares a este, nos quais o INSS está buscando a cobrança desses valores recebidos por tutela posteriormente revogada, apenas no 11º Juizado Especial Federal do Rio de Janeiro/RJ.

Repousa aqui a importância de uma visão aproximativa entre o processo administrativo e o processo judicial, para que não haja barreiras ao deferimento de medidas antecipatórias de tutela para hipóteses de insuficiência da atuação administrativa, feita sem fundamentação adequada e sem respeito ao devido processo legal. Nesse sentido, eis o reconhecimento dessas barreiras, feito pelo Ministro da Previdência Social, em entrevista em 12/03/2008: *"Com isso, indefere-se demais e de forma indevida, sem preocupar-se notadamente com a humanização do atendimento e com a profissionalização dos servidores. Na dúvida, indefere e o Judiciário resolve, ou as juntas de recurso administrativo resolvem"* (apud TRICHES, 2014, p. 151). Mas, será que, com a aplicação automatizada do REsp 1.401.560, o Judiciário conseguirá resolver o problema do cidadão?

Também em revisões em massa de benefícios, feitas pelo INSS, como aquelas que se operacionalizam no país atualmente, às vezes até mesmo por meio de ações coletivas (art. 29 da Lei 8.213/91 e revisão do teto das EC's 20/98 e 41/2003, por exemplo), é possível que tenhamos que fazer as distinções acerca do REsp 1.401.560. Considerando os benefícios específicos, invariavelmente ocorrem equívocos de avaliações por parte do INSS que podem reduzir drasticamente o valor da aposentadoria de um beneficiário, gerando situações de urgência ante a necessidade do benefício no seu valor costumeiro. Interpretar literalmente o REsp 1.401.560 também impedirá a tutela judicial, antecipada e específica, para a correção desses erros.

O princípio, em todos os casos, a ser invocado é o da efetividade, pois sendo o processo o instrumento para a materialização dos direitos, necessário se faz buscar sua máxima efetividade. Este é o vetor que deve ser levado em consideração na promoção do *distinguish* do REsp 1.401.560 para aplicação nos casos concretos, ante a nova fase jurisprudencial que se passará a enfrentar com o julgamento da matéria pelo STJ.

Aprofundando o estudo do princípio da efetividade, o professor BARBOSA MOREIRA o decompõe em cinco distintos pontos, a saber:

> [...] a) o processo deve dispor de instrumentos de tutela adequados, na medida do possível, a todos os direitos contemplados no ordenamento, que resultam de expressa previsão normativa, que se possam inferir no sistema; b) esses instrumentos devem ser praticamente utilizáveis, ao menos em princípio, sejam quais forem os supostos titulares dos direitos de cuja preservação ou reintegração se cogita, inclusive quando indeterminado ou indeterminável o círculo dos eventuais sujeitos; c) impende assegurar condições propícias à exata e completa reconstituição dos fatos relevantes, a fim de que o convencimento do

julgador corresponda, tanto quanto puder, à realidade; d) em toda a extensão a possibilidade prática, o resultado do processo há de ser tal que assegure à parte vitoriosa o gozo pleno da específica utilidade a que faz jus segundo o ordenamento; e) cumpre que se possa atingir semelhante resultado com o mínimo dispêndio de tempo e energias. (MOREIRA, 1984, p. 27)

Junto com o princípio da efetividade, cabe referir que a tese apresentada pelo STJ no REsp 1.401.560, caso aplicada sem critérios de distinção, desprestigiará o instituto da tutela de urgência, comprometendo-a, na medida em que a possibilidade de repetição acaba por incutir receio nos beneficiários, que poderão se abster do pleito antecipatório, mesmo havendo necessidade.

Estaria, assim, o segurado obrigado à submissão da morosidade dos processos judiciais, fato agravado ante a natureza alimentar de que se revestem as prestações requeridas? Não seria, nessa hipótese, o caso de considerarmos a lesão a um dos fundamentos próprios da República (art. 1º, III, Constituição Federal)? Como enfrentaria o Supremo Tribunal Federal a questão, sob este aspecto?

Para agravar o quadro de desconfiança individualizada e desigualadora, o INSS e a AGU começaram a cobrar valores pagos a título de benefício previdenciário concedido por qualquer decisão judicial provisória que é posteriormente revogada ou reformada, diretamente nos mesmos autos; bem como começaram a inscrever essas cobranças, quando infrutíferas, em dívida ativa, reputando a dívida como certa, líquida e exigível, o que lhe permitiu uma cobrança mais ágil. É o que se observa da leitura dos termos do § 3º [36] do art. 115 da Lei 8.213/91, incluído pela Medida Provisória 780/2017, bem como dos arts. 1º a 3º da Portaria Conjunta AGU/INSS nº 2, de 16/01/2018, publicada no DOU de 22/01/2018[37]. Por conseguinte, havendo o deferimento judicial do pleito da

---

36 "§ 3º Serão inscritos em dívida ativa pela Procuradoria-Geral Federal os créditos constituídos pelo INSS em razão de benefício previdenciário ou assistencial pago indevidamente ou além do devido, hipótese em que se aplica o disposto na Lei nº 6.830, de 22 de setembro de 1980, para a execução judicial."

37 "**Art. 1º** A cobrança dos valores pagos a título de benefício previdenciário concedido por decisão judicial provisória que é posteriormente revogada ou reformada, ou por decisão transitada em julgado que venha a ser rescindida, deverá ser processada, preferencialmente: I - nos próprios autos do processo judicial em que proferida a decisão provisória que é posteriormente revogada ou reformada; II - nos autos do processo da ação rescisória, quando se tratar de desconstituição de decisão com trânsito em julgado. § 1º Os procuradores deverão abrir tarefa via SAPIENS ao Setor de Cálculos da Procuradoria para elaboração da conta de liquidação, quando intimados da certidão de trânsito em julgado da decisão que julgou improcedente o pedido inicial e revogou a tutela antecipada anteriormente deferida. § 2º Nas hipóteses deste artigo, os cálculos serão atualizados apenas com incidência da respectiva correção monetária, tendo em vista que ainda não caracterizada a mora por parte do beneficiário. **Art. 2º** Nos casos em que restar obstaculizado ou infrutífero o procedimento previsto no art. 1º, o INSS deverá promover a cobrança dos valores de forma administrativa, salvo se houver decisão judicial que a proíba. § 1º Compete ao órgão de execução da PGF que atuou no processo judicial encaminhar ao INSS manifestação conclusiva acompanhada dos documentos e informações necessárias à cobrança administrativa. § 2º A cobrança administrativa consistirá na notificação do segurado para promover a devolução dos valores

Procuradoria do INSS em algum desses pedidos de devolução de valores apresentados em processos como esses, sem qualquer *distinguish*, uma relação de desconfiança se instaura entre o indivíduo que, sem qualquer prova de sua má-fé e responsabilidade subjetiva, se encontrava protegido por uma tutela judicial (nos termos do art. 5º, XXXV, da CF) e o Poder Judiciário, notando-se relevante insegurança jurídica.

Em nenhum desses pedidos de devolução de valores realizados, o INSS se preocupou com fundamentação que tenha cotejado o entendimento do STJ no REsp 1.401.560 com a segurança jurídica e o Estado de Direito, bem como não comprovou que a hipótese do art. 302, I, do CPC é de responsabilidade civil subjetiva.

2.3 - A DESCONFIANÇA DESIGUALADORA PROVENIENTE DO ESTADO-LEGISLADOR

2.3.1 - A aplicação do princípio *tempus regit actum* nas causas previdenciárias, pelo Poder Judiciário, e a isonomia entre os cidadãos

O direito previdenciário é presidido pelo princípio *tempus regit actum*, pelo qual se entende que a concessão de qualquer benefício previdenciário deve ser regida pela legislação existente e vigente ao tempo em que foram preenchidos os requisitos para a sua concessão. São irrelevantes, portanto, para fins de aferir qual é a norma aplicável ao benefício do cidadão: a data de seu requerimento administrativo, a data de seu deferimento ou indeferimento, de eventual pedido de revisão, administrativa ou judicial, de ajuizamento de ação, ou da citação judicial do INSS. Deve ser fixado, portanto, o seguinte: aplica-se ao benefício do cidadão a norma vigente na data em que são preenchidos os requisitos para o benefício.

Esse entendimento é bem delineado pelo Supremo Tribunal Federal, nos Recursos Extraordinários ns. 416.827 e 415.454 (mesmo teor), 597.389 e 616.033,

---

recebidos indevidamente, instruída com a respectiva Guia de Recolhimento da União - GRU, preenchida com o valor apurado/a ser parcelado. § 3º Transcorrido o prazo para pagamento ou parcelamento da GRU remetida juntamente com a notificação de cobrança, sem que tenha havido êxito no pagamento ou parcelamento espontâneo do valor cobrado, deverá o INSS promover a operacionalização de desconto em benefício ativo do segurado. § 4º Não haverá instrução, nem a necessidade de oportunizar prazo para defesa no âmbito do processo administrativo de cobrança, resguardando-se a eficácia preclusiva da coisa julgada formada pelo processo judicial já transitado em julgado, no bojo do qual o segurado já pôde exercer o seu direito à ampla defesa e ao contraditório, em feito conduzido pelo Poder Judiciário de acordo com a legislação processual civil, que culminou na formação de um título executivo judicial apto a ser exigido, na forma do art. 515, I, do Código de Processo Civil/2015. **Art. 3º** Não sendo possível ou restando infrutífera a cobrança na forma prevista nos arts. 1º e 2º, será promovida a inscrição do débito em Dívida Ativa por meio da Equipe Nacional de Cobrança - ENAC, da Coordenação Geral de Cobrança da Procuradoria Geral Federal - CGCOB/PGF, com a consequente adoção das demais medidas previstas na legislação para a cobrança do débito, salvo se houver decisão judicial que impeça o ressarcimento."

que, pela relevância paradigmática das decisões, transcrevemos as ementas em inteiro teor:

RECURSO EXTRAORDINÁRIO. INTERPOSTO PELO INSTITUTO NACIONAL DO SEGURO SOCIAL (INSS), COM FUNDAMENTO NO ART. 102, III, "A", DA CONSTITUIÇÃO FEDERAL, EM FACE DE ACÓRDÃO DE TURMA RECURSAL DOS JUIZADOS ESPECIAIS FEDERAIS. BENEFÍCIO PREVIDENCIÁRIO: PENSÃO POR MORTE (LEI Nº 9.032, DE 28 DE ABRIL DE 1995). 1. No caso concreto, a recorrida é pensionista do INSS desde 04/10/1994, recebendo através do benefício nº 055.419.615-8, aproximadamente o valor de R$ 948,68. Acórdão recorrido que determinou a revisão do benefício de pensão por morte, com efeitos financeiros correspondentes à integralidade do salário de benefícios da previdência geral, a partir da vigência da Lei no 9.032/1995. 2. Concessão do referido benefício ocorrida em momento anterior à edição da Lei no 9.032/1995. No caso concreto, ao momento da concessão, incidia a Lei no 8.213, de 24 de julho de 1991. 3. Pedido de intervenção anômala formulado pela União Federal nos termos do art. 5º, caput e parágrafo único da Lei nº 9.469/1997. Pleito deferido monocraticamente por ocorrência, na espécie, de potencial efeito econômico para a peticionária (DJ 2.9.2005). 4. O recorrente (INSS) alegou: i) suposta violação ao art. 5o, XXXVI, da CF (ofensa ao ato jurídico perfeito e ao direito adquirido); e ii) desrespeito ao disposto no art. 195, § 5º, da CF (impossibilidade de majoração de benefício da seguridade social sem a correspondente indicação legislativa da fonte de custeio total). 5. Análise do prequestionamento do recurso: os dispositivos tidos por violados foram objeto de adequado prequestionamento. Recurso Extraordinário conhecido. 6. Referência a acórdãos e decisões monocráticas proferidos quanto ao tema perante o STF: RE (AgR) no 414.735/SC, 1ª Turma, unânime, Rel. Min. Eros Grau, DJ 29.4.2005; RE no 418.634/SC, Rel. Min. Cezar Peluso, decisão monocrática, DJ 15.4.2005; e RE no 451.244/SC, Rel. Min. Marco Aurélio, decisão monocrática, DJ 8.4.2005. 7. Evolução do tratamento legislativo do benefício da pensão por morte desde a promulgação da CF/1988: arts. 201 e 202 na redação original da Constituição, edição da Lei no 8.213/1991 (art. 75), alteração da redação do art. 75 pela Lei no 9.032/1995, alteração redacional realizada pela Emenda Constitucional no 20, de 15 de dezembro de 1998. 8. Levantamento da jurisprudência do STF quanto à aplicação da lei previdenciária no tempo. Consagração da aplicação do princípio tempus regit actum quanto ao momento de referência para a concessão de benefícios nas relações previdenciárias. Precedentes citados: RE no 258.570/RS, 1ª Turma, unânime, Rel. Min. Moreira Alves, DJ 19.4.2002; RE (AgR) no 269.407/RS, 2ª Turma, unânime, Rel. Min. Carlos Velloso, DJ 2.8.2002; RE (AgR) no 310.159/RS, 2ª Turma, unânime, Rel. Min. Gilmar Mendes, DJ 6.8.2004; e MS no 24.958/DF, Pleno, unânime, Rel. Min. Marco Aurélio, DJ 1o.4.2005. 9. Na espécie, ao reconhecer a configuração de direito adquirido, o acórdão recorrido violou frontalmente a Constituição, fazendo má aplicação dessa garantia (CF, art. 5o, XXXVI), conforme consolidado por esta Corte em diversos julgados: RE no 226.855/RS, Plenário, maioria, Rel. Min. Moreira Alves, DJ 13.10.2000; RE no 206.048/RS, Plenário, maioria, Rel. Min. Marco Aurélio, Red. p/ acórdão Min. Nelson Jobim, DJ 19.10.2001; RE no 298.695/SP, Plenário, maioria, Rel. Min. Sepúlveda Pertence, DJ 24.10.2003; AI (AgR) no 450.268/MG, 1ª Turma, unânime, Rel. Min. Sepúlveda Pertence, DJ 27.5.2005; RE (AgR) no 287.261/MG, 2ª Turma, unânime, Rel. Min. Ellen Gracie, DJ 26.8.2005; e RE no 141.190/SP, Plenário, unânime, Rel. Ilmar Galvão, DJ 26.5.2006. 10. De igual modo, ao estender a aplicação dos novos critérios de cálculo a todos os beneficiários sob o regime das leis anteriores, o acórdão recorrido negligenciou a imposição constitucional de que lei que majora benefício previdenciário deve, necessariamente e de modo expresso, indicar a fonte de custeio total (CF, art. 195, § 5o). Precedente citado: RE no 92.312/SP, 2ª Turma, unânime, Rel. Min. Moreira Alves, julgado em 11.4.1980. 11. Na espécie, o benefício da pensão por morte configura-se como direito previdenciário de perfil institucional cuja garantia corresponde à manutenção do valor real do benefício, conforme os critérios definidos em lei (CF, art. 201, § 4o). 12. Ausência de violação ao princípio da isonomia (CF, art. 5o, caput) porque, na espécie, a exigência constitucional de prévia estipulação da fonte de custeio total consiste em exigência operacional do sistema previdenciário que, dada a realidade atuarial disponível, não pode ser simplesmente ignorada. 13. O cumprimento das políticas públicas previdenciárias, exatamente por estar calcado no princípio da solidariedade (CF, art. 3º, I), deve ter como fundamento o fato de que não é possível dissociar as bases contributivas de arrecadação da prévia indicação legislativa da dotação orçamentária exigida (CF, art. 195, § 5º). Precedente citado: julgamento conjunto das ADI´s no 3.105/DF e 3.128/DF, Rel. Min. Ellen Gracie, Red. p/ o acórdão, Min. Cezar Peluso, Plenário, maioria, DJ 18.2.2005. 14. Considerada a atuação da autarquia recorrente, aplica-se também o princípio da preservação do equilíbrio financeiro e atuarial (CF, art. 201, caput), o qual se demonstra em consonância com os princípios norteadores da Administração Pública (CF, art. 37). 15. Salvo disposição legislativa expressa e que atenda à prévia indicação da fonte de custeio total, o benefício previdenciário deve ser calculado na forma prevista na legislação vigente à data da sua concessão. A Lei no 9.032/1995 somente pode ser aplicada às concessões ocorridas a partir de sua entrada em vigor. 16. No caso em apreço, aplica-se o teor do art 75 da Lei 8.213/1991 em sua redação ao momento da concessão do benefício à recorrida. 17. Recurso conhecido e provido para reformar o acórdão recorrido. (STF, RE's 415.454 e 416.827, Rel. Min. Gilmar Mendes, D. Julg. 08/02/2007, Publ. DJ 26/10/2007).

EMENTA: Questão de ordem. Recurso extraordinário. 2. Previdência Social. Revisão de benefício previdenciário. Pensão por morte. 3. Lei nº 9.032, de 1995. Benefícios concedidos antes de sua vigência. Inaplicabilidade. 4. Aplicação retroativa. Ausência de autorização legal. 5. Cláusula indicativa de fonte de custeio correspondente à majoração do benefício previdenciário. Ausência. 6. Jurisprudência pacificada na Corte. Regime da repercussão geral. Aplicabilidade. 7. Questão de ordem acolhida para reafirmar a jurisprudência do Tribunal e determinar a devolução aos tribunais de origem dos recursos extraordinários e agravos de instrumento que versem sobre o mesmo tema, para adoção do procedimento legal. 8. Recurso extraordinário a que se dá provimento. Decisão: O Tribunal, por unanimidade, resolveu a questão de ordem proposta pelo Relator, Ministro Gilmar Mendes (Presidente), no sentido de: a) que se reconheça a repercussão geral da questão constitucional aqui analisada, pela inegável relevância jurídica e econômica do tema, com reflexos sobre uma multiplicidade de processos que ainda tramitam nas instâncias ordinárias e especial; b) que seja reafirmada a jurisprudência da Corte no sentido de que a revisão de pensão por morte e demais benefícios, constituídos antes da entrada em vigor da Lei nº 9.032, de 1995, não pode ser realizada com base em novo coeficiente de cálculo estabelecido no referido diploma legal; c) que seja provido o presente recurso extraordinário; d) que sejam devolvidos aos respectivos tribunais de origem os recursos extraordinários e agravos de instrumento, ainda não distribuídos nesta Suprema Corte e os que aqui chegarem, versando sobre o tema em questão, sem prejuízo da eventual devolução, se assim entenderem os relatores, daqueles que já estão a eles distribuídos (artigo 328, parágrafo único, do RISTF), com a ressalva do voto do Senhor Ministro Marco Aurélio, quanto à não-aplicação do regime da repercussão geral aos recursos protocolados em data anterior à regulamentação do referido instituto; e e) que os Tribunais, Turmas Recursais e de Uniformização sejam autorizados à adoção dos procedimentos previstos no artigo 543-B, § 3º do Código de Processo Civil, especificamente a retratação das decisões ou a inadmissibilidade dos recursos extraordinários, sempre que as decisões contrariarem ou se pautarem pela jurisprudência desta Casa e forem contrastadas por recursos extraordinários. (STF, RE 597.389, Rel. Min. Gilmar Mendes, D. Julg. 22/04/2009, D. Publ. 21/08/2009).

EMENTA: DIREITO PREVIDENCIÁRIO. REVISÃO DE BENEFÍCIO. AUXÍLIO-ACIDENTE. LEI Nº 9.032/95. BENEFÍCIOS CONCEDIDOS ANTES DE SUA VIGÊNCIA. INAPLICABILIDADE. JURISPRUDÊNCIA PACIFICADA NA CORTE. MATÉRIA COM REPERCUSSÃO GERAL. REAFIRMAÇÃO DA JURISPRUDÊNCIA DO SUPREMO TRIBUNAL FEDERAL. Decisão: O Tribunal reconheceu a existência de repercussão geral da questão constitucional suscitada e, no mérito, reafirmou a jurisprudência dominante sobre a matéria, vencidos os Ministros Ayres Britto e Marco Aurélio. (STF, RE 613033/SP, Relator(a): Min. DIAS TOFFOLI, julgado em 14/04/2011, REPERCUSSÃO GERAL - MÉRITO DJe-110 DIVULG 08-06-2011 PUBLIC 09-06-2011 EMENT VOL-02540-02 PP-00284)

Outros precedentes foram firmados, no mesmo sentido e na mesma época, pelo STF, a respeito da Lei 9.032/95, como se viu nos RE's 320.179, 414.557, 420.532, 420.950, 452.047, 461.432, 463.727, 465.112, 470.187, 471.880, 484.702, 485.204, 485.520, 486.365, 490.924, 492.262, 494.085, 496.294, 497.730, 497.796, 506.170 e 510.878.

Em seguida, seja em processos tratando do RGPS ou dos diversos RPPS's, o Supremo Tribunal Federal continuou prolatando diversas decisões a respeito da aplicação do princípio *tempus regit actum*[38].

---

38 Eis alguns outros exemplos de decisões jurisprudenciais a respeito do princípio: "CONSTITUCIONAL. PREVIDENCIÁRIO. ART. 2º E EXPRESSÃO '8º' DO ART. 10, AMBOS DA EMENDA CONSTITUCIONAL N. 41/2003. APOSENTADORIA. TEMPUS REGIT ACTUM. REGIME JURÍDICO. DIREITO ADQUIRIDO: NÃO-OCORRÊNCIA. 1. A aposentadoria é direito constitucional que se adquire e se introduz no patrimônio jurídico do interessado no momento de sua formalização pela entidade competente. 2. Em questões previdenciárias, aplicam-se as normas vigentes ao tempo da reunião dos requisitos de passagem para a inatividade. 3. Somente os servidores públicos que preenchiam os requisitos estabelecidos na Emenda Constitucional 20/1998, durante a vigência das normas por ela fixadas, poderiam reclamar a aplicação das normas nela contida, com fundamento no art. 3º da Emenda Constitucional 41/2003. 4. Os servidores públicos, que não tinham completado os requisitos para a aposentadoria quando do advento das novas normas constitucionais, passaram a ser regidos pelo regime previdenciário estatuído na Emenda Constitucional n. 41/2003, posteriormente alterada pela Emenda Constitucional n. 47/2005. 5. Ação Direta de

Inconstitucionalidade julgada improcedente". (ADI 3104, Relator(a): Min. CÁRMEN LÚCIA, Tribunal Pleno, julgado em 26/09/2007, DJe-139 DIVULG 08-11-2007 PUBLIC 09-11-2007 DJ 09-11-2007 PP-00029 EMENT VOL-02297-01 PP-00139 RTJ VOL-00203-03 PP-00952); "REVISÃO DE BENEFÍCIOS PREVIDENCIÁRIOS - INAPLICABILIDADE DA LEI Nº 9.032/95 A BENEFÍCIOS CONCEDIDOS ANTES DE SUA VIGÊNCIA - AUSÊNCIA DE AUTORIZAÇÃO, NESSE DIPLOMA LEGISLATIVO, DE SUA APLICAÇÃO RETROATIVA - INEXISTÊNCIA, AINDA, NA LEI, DE CLÁUSULA INDICATIVA DA FONTE DE CUSTEIO TOTAL CORRESPONDENTE À MAJORAÇÃO DO BENEFÍCIO PREVIDENCIÁRIO - ATUAÇÃO DO PODER JUDICIÁRIO COMO LEGISLADOR POSITIVO - VEDAÇÃO - RECURSO DE AGRAVO IMPROVIDO. - Os benefícios previdenciários devem regular-se pela lei vigente ao tempo em que preenchidos os requisitos necessários à sua concessão. Incidência, nesse domínio, da regra "tempus regit actum", que indica o estatuto de regência ordinariamente aplicável em matéria de instituição e/ou de majoração de benefícios de caráter previdenciário. Precedentes. - A majoração de benefícios previdenciários, além de submetida ao postulado da contrapartida (CF, art. 195, § 5º), também depende, para efeito de sua legítima adequação ao texto da Constituição da República, da observância do princípio da reserva de lei formal, cuja incidência traduz limitação ao exercício da atividade jurisdicional do Estado. Precedentes. - Não se revela constitucionalmente possível, ao Poder Judiciário, sob fundamento de isonomia, estender, em sede jurisdicional, majoração de benefício previdenciário, quando inexistente, na lei, a indicação da correspondente fonte de custeio total, sob pena de o Tribunal, se assim proceder, atuar na anômala condição de legislador positivo, transgredindo, desse modo, o princípio da separação de poderes. Precedentes. - A Lei nº 9.032/95, por não veicular qualquer cláusula autorizadora de sua aplicação retroativa, torna impertinente a invocação da Súmula 654/STF." (AI 625446 AgR, Relator(a): Min. CELSO DE MELLO, Segunda Turma, julgado em 12/08/2008, DJe-177 DIVULG 18-09-2008 PUBLIC 19-09-2008 EMENT VOL-02333-08 PP-01566 RT v. 97, n. 878, 2008, p. 134-137);
"CONSTITUCIONAL. PREVIDENCIÁRIO. REGIME GERAL DA PREVIDÊNCIA SOCIAL. CARÁTER CONTRIBUTIVO. APOSENTADORIA POR INVALIDEZ. AUXÍLIO-DOENÇA. COMPETÊNCIA REGULAMENTAR. LIMITES. 1. O caráter contributivo do regime geral da previdência social (caput do art. 201 da CF) a princípio impede a contagem de tempo ficto de contribuição. 2. O § 5º do art. 29 da Lei nº 8.213/1991 (Lei de Benefícios da Previdência Social – LBPS) é exceção razoável à regra proibitiva de tempo de contribuição ficto com apoio no inciso II do art. 55 da mesma Lei. E é aplicável somente às situações em que a aposentadoria por invalidez seja precedida do recebimento de auxílio-doença durante período de afastamento intercalado com atividade laborativa, em que há recolhimento da contribuição previdenciária. Entendimento, esse, que não foi modificado pela Lei nº 9.876/99. 3. O § 7º do art. 36 do Decreto nº 3.048/1999 não ultrapassou os limites da competência regulamentar porque apenas explicitou a adequada interpretação do inciso II e do § 5º do art. 29 em combinação com o inciso II do art. 55 e com os arts. 44 e 61, todos da Lei nº 8.213/1991. 4. A extensão de efeitos financeiros de lei nova a benefício previdenciário anterior à respectiva vigência ofende tanto o inciso XXXVI do art. 5º quanto o § 5º do art. 195 da Constituição Federal. Precedentes: REs 416.827 e 415.454, ambos da relatoria do Ministro Gilmar Mendes. 5. Recurso extraordinário com repercussão geral a que se dá provimento." (RE 583834, Relator(a): Min. AYRES BRITTO, Tribunal Pleno, julgado em 21/09/2011, ACÓRDÃO ELETRÔNICO REPERCUSSÃO GERAL - MÉRITO DJe-032 DIVULG 13-02-2012 PUBLIC 14-02-2012 RT v. 101, n. 919, 2012, p. 700-709);
"RECURSO EXTRAODINÁRIO. DIREITO PREVIDENCIÁRIO. REGIME GERAL DE PREVIDÊNCIA SOCIAL (RGPS). REVISÃO DO ATO DE CONCESSÃO DE BENEFÍCIO. DECADÊNCIA. 1. O direito à previdência social constitui direito fundamental e, uma vez implementados os pressupostos de sua aquisição, não deve ser afetado pelo decurso do tempo. Como consequência, inexiste prazo decadencial para a concessão inicial do benefício previdenciário. 2. É legítima, todavia, a instituição de prazo decadencial de dez anos para a revisão de benefício já concedido, com fundamento no princípio da segurança jurídica, no interesse em evitar a eternização dos litígios e na busca de equilíbrio financeiro e atuarial

Uma tese relevantíssima para a segurança jurídica no direito previdenciário, advinda do princípio *tempus regit actum*, é a revisão do entendimento do TCU, que determinava que as filhas de servidores públicos federais, solteiras e maiores de 21 anos, que recebessem pensões por determinação da Lei 3.373/58 (vigente entre março de 1958 e dezembro de 1990), deveriam provar também a dependência econômica perante o instituidor. A Corte de Contas estava organizando uma grande revisão nesses benefícios, conforme o Acórdão 2.780/2016 de seu Plenário e a sua Súmula 285 ("A pensão da Lei 3.373/1958 somente é devida à filha solteira maior de 21 anos enquanto existir dependência econômica em relação ao instituidor da pensão, falecido antes do advento da Lei 8.112/1990."), mas o STF suspendeu esse procedimento do TCU, com base no *tempus regit actum*, no MS 34.677, por decisão do Ministro Edson Fachin,

---

para o sistema previdenciário. 3. O prazo decadencial de dez anos, instituído pela Medida Provisória 1.523, de 28.06.1997, tem como termo inicial o dia 1° de agosto de 1997, por força de disposição nela expressamente prevista. Tal regra incide, inclusive, sobre benefícios concedidos anteriormente, sem que isso importe em retroatividade vedada pela Constituição. 4. Inexiste direito adquirido a regime jurídico não sujeito a decadência. 5. Recurso extraordinário conhecido e provido." (RE 626489, Relator(a): Min. ROBERTO BARROSO, Tribunal Pleno, julgado em 16/10/2013, ACÓRDÃO ELETRÔNICO REPERCUSSÃO GERAL - MÉRITO DJe-184 DIVULG 22-09-2014 PUBLIC 23-09-2014);
"AGRAVO REGIMENTAL NO RECURSO EXTRAORDINÁRIO. CONSTITUCIONAL E PREVIDENCIÁRIO. PENSÃO POR MORTE: PRINCÍPIO TEMPUS REGIT ACTUM. PENSIONISTA DE SERVIDOR MORTO APÓS A EMENDA CONSTITUCIONAL N. 41/2003: AUSÊNCIA DE DIREITO À INTEGRALIDADE. REGÊNCIA: CÓDIGO DE PROCESSO CIVIL/1973. AGRAVO REGIMENTAL AO QUAL SE NEGA PROVIMENTO." (ARE 871505 AgR-segundo, Relator(a): Min. CÁRMEN LÚCIA, Segunda Turma, julgado em 09/09/2016, PROCESSO ELETRÔNICO DJe-202 DIVULG 21-09-2016 PUBLIC 22-09-2016);
"EMBARGOS DE DECLARAÇÃO NO RECURSO EXTRAORDINÁRIO. EMBARGOS RECEBIDOS COMO AGRAVO REGIMENTAL. PREVIDENCIÁRIO. SERVIDOR PÚBLICO. APOSENTADORIA. APLICAÇÃO DA LEI VIGENTE AO TEMPO EM QUE REUNIDAS AS CONDIÇÕES À OBTENÇÃO DO BENEFÍCIO. TEMPUS REGIT ACTUM. ACÓRDÃO RECORRIDO EM HARMONIA COM A JURISPRUDÊNCIA DO SUPREMO. AGRAVO REGIMENTAL DESPROVIDO." (RE 670264 ED, Relator(a): Min. LUIZ FUX, Primeira Turma, julgado em 16/09/2016, PROCESSO ELETRÔNICO DJe-216 DIVULG 07-10-2016 PUBLIC 10-10-2016);
"AGRAVO REGIMENTAL EM RECURSO EXTRAORDINÁRIO. DIREITO PREVIDENCIÁRIO. CONVERSÃO DO TEMPO COMUM EM ESPECIAL. REQUISITOS NECESSÁRIOS PARA CONCESSÃO DO BENEFÍCIO. LEGISLAÇÃO EM VIGOR. MATÉRIA INFRACONSTITUCIONAL. VIOLAÇÃO REFLEXA DA CONSTITUIÇÃO DA REPÚBLICA. SÚMULA 279 DO STF. TEMPUS REGIT ACTUM. ADI 3.104. AGRAVO NÃO PROVIDO. 1. É inviável o processamento do apelo extremo quando a divergência em relação ao entendimento adotado pelo juízo a quo demanda a reanálise da legislação infraconstitucional e do conjunto fático-probatório, incidindo a Súmula 279 do STF. Hipótese em que a violação ao Texto Constitucional, se houver, é meramente reflexa ou indireta. 2. O Supremo Tribunal Federal, no julgamento da ADI 3.104, de relatoria da Min. Cármen Lúcia, Tribunal Pleno, DJE 09.11.2007, decidiu que "em questões previdenciárias, aplicam-se as normas vigentes ao tempo da reunião dos requisitos de passagem para a inatividade", não havendo falar-se, portanto, em violação ao princípio tempus regit actum. 3. Agravo regimental a que se nega provimento, com previsão de aplicação da multa prevista no art. 1.021, §4°, CPC. Verba honorária majorada em 25%, nos termos do art. 85, §§ 2°, 3° e 11, CPC." (RE 974195 AgR, Relator(a): Min. EDSON FACHIN, Primeira Turma, julgado em 28/10/2016, PROCESSO ELETRÔNICO DJe-244 DIVULG 17-11-2016 PUBLIC 18-11-2016).

em 31/03/2017. Eis importante excerto da decisão, avaliando historicamente essas pensões por morte e a necessidade de autorização legislativa para a descaracterização da condição de dependente previdenciário:

> [...] Nesse contexto, revelava-se isonômico, quando da disciplina do estatuto jurídico do servidor público no ano de 1958, salvaguardar às filhas solteiras uma condição mínima de sobrevivência à falta dos pais. Essa situação não mais subsiste e soaria não só imoral, mas inconstitucional, uma nova lei de tal modo protetiva na sociedade concebida sob os preceitos de isonomia entre homens e mulheres insculpidos na atual ordem constitucional. No entanto, a interpretação evolutiva dada pelo Tribunal de Contas da União não pode ter o condão de modificar os atos constituídos sob a égide da legislação protetiva, cujos efeitos jurídicos não estão dissociados da análise do preenchimento dos requisitos legais à época da concessão, pois "não é lícito ao intérprete distinguir onde o legislador não distinguiu" (RE 71.284, Rel. Min. Aliomar Baleeiro). Além disso, o teor da lei 3.373/58 e o histórico retro mencionado acerca da situação da mulher na sociedade pré Constituição de 1988, revela claramente a presunção de dependência econômica das filhas solteiras maiores de vinte e um anos, não se revelando razoável, exceto se houver dúvida no tocante à lisura da situação das requerentes no momento da solicitação da pensão (o que não se pode extrair das razões do ato impugnado), exigir que faça prova positiva da dependência financeira em relação ao servidor instituidor do benefício à época da concessão. Veja-se que a legislação de regência, quando previu, em relação a benefícios de caráter temporário, a possibilidade de "superação da qualidade de beneficiário", o fez expressamente. A Lei 3.373/58, por exemplo, estabelecia a manutenção da invalidez como "condição essencial" à percepção da pensão do filho ou do irmão inválido. De igual modo, a Lei 8.112/90, atual estatuto jurídico dos servidores públicos civis federais, no artigo 222, enumera de modo expresso as hipóteses para a "perda da qualidade de beneficiário": falecimento, anulação de casamento, cessação de invalidez ou afastamento de deficiência, acumulação de pensões, renúncia expressa ou, em relação ao cônjuge, o decurso dos prazos de que tratou a Lei 13.135/2015. Mesmo para os benefícios devidos aos pais e aos irmãos, que necessitam comprovar a dependência econômica para a concessão do benefício, a superação dessa condição não consta dentre as hipóteses de perda da qualidade de beneficiário.

A tese do direito à revisão para obtenção de um melhor benefício (STF, RE 630.501), segundo a qual, no cálculo da RMI de um benefício, deve ser observado o quadro mais favorável ao beneficiário, não sendo relevante qualquer decesso de suas remunerações após o implemento das condições para a aposentadoria, também é argumentação jurídica previdenciária intensamente conectada com o princípio *tempus regit actum*. Inclusive, pende de julgamento recurso especial repetitivo que discute se há prazo decadencial para se pleitear tal revisão, ou se o prazo seria meramente prescricional (STJ, REsp 1.612.818), o que certamente implicará na observância do princípio *tempus regit actum*, por ocasião do julgamento deste princípio[39].

---

39 Em nossa opinião, é importante observar que, havendo o deferimento do exercício do direito de requerer um benefício, para momento posterior ao implemento de seus requisitos e, nesse

Do mesmo modo, a disposição legal do art. 122 da Lei 8.213/91 permite ao segurado o direito à escolha do benefício mais vantajoso, de acordo com o princípio *tempus regit actum*:

> Art. 122. Se mais vantajoso, fica assegurado o direito à aposentadoria, nas condições legalmente previstas na data do cumprimento de todos os requisitos necessários à obtenção do benefício, ao segurado que, tendo completado 35 anos de serviço, se homem, ou trinta anos, se mulher, optou por permanecer em atividade.

O entendimento atinente ao *tempus regit actum*, se consagrou também no STJ, como se vê dos seguintes precedentes jurisprudenciais:

> PREVIDENCIÁRIO. AUXÍLIO-ACIDENTE. INCIDÊNCIA DA LEI VIGENTE AO TEMPO EM QUE PREENCHIDOS OS REQUISITOS PARA O DEFERIMENTO DO BENEFÍCIO. PRINCÍPIO TEMPUS REGIT ACTUM. AUSÊNCIA DE NEXO DE CAUSALIDADE ENTRE A LESÃO SOFRIDA E O TRABALHO EXERCIDO. REVISÃO. IMPOSSIBILIDADE. ÓBICE DA SÚMULA 7/STJ. ART. 130 DO CPC/73 NÃO VIOLADO. DETERMINAÇÃO DE REALIZAÇÃO DE PROVA. FACULDADE DO MAGISTRADO. FATO CONSTITUTIVO. ÔNUS DA PROVA DO AUTOR. RECURSO ESPECIAL PARCIALMENTE CONHECIDO E IMPROVIDO. I - Os requisitos necessários à concessão do benefício previdenciário serão aqueles previstos na legislação em vigor à época do infortúnio previsto, segundo o princípio do tempus regit actum. Precedentes: REsp 1037172/SP, Rel. Ministro Marco Aurélio Bellizze, Quinta Turma, julgado em 20/10/2011, DJe 1/2/2012 e REsp 1634484/RS, Rel. Ministro Herman Benjamin, Segunda Turma, julgado em 15/12/2016, DJe 2/2/2017. [...] V - Agravo interno improvido. (AgInt no AREsp 1015442/SP, Rel. Ministro FRANCISCO FALCÃO, SEGUNDA TURMA, julgado em 15/03/2018, DJe 21/03/2018)

> PREVIDENCIÁRIO. AGRAVO INTERNO NO RECURSO ESPECIAL. RACIONALIDADE DE TRATAMENTO MÉDICO. RECURSO ESPECIAL. AUXÍLIO-DOENÇA. FIXAÇÃO PRÉVIA DE TERMO FINAL PARA CESSAÇÃO DO BENEFÍCIO. ALTA MÉDICA PROGRAMADA ANTERIOR A MP 736/2016. INCOMPATIBILIDADE COM A LEI 8.213/91, ART. 62. A SUSPENSÃO DO BENEFÍCIO DEVE SER PRECEDIDA DE PERÍCIA MÉDICA. PARECER MINISTERIAL PELO DESPROVIMENTO DO FEITO. AGRAVO INTERNO A QUE SE NEGA PROVIMENTO. [...] 6. As questões previdenciárias regem-se pelo princípio tempus regit actum, razão pela qual as alterações legislativas, especialmente aquelas restritivas de direitos, só serão aplicadas aos benefícios concedidos após a sua publicação, o que não é a hipótese dos autos. 7. Agravo

---

interregno, sobrevindo legislação nova a respeito dos requisitos do benefício, formais ou materiais, ou sobre qualquer circunstância atinente a tal requerimento, o princípio *tempus regit actum* deve ser instrumentalizado, para que se garanta a aplicação da legislação que venha a ser a mais benéfica ao cidadão, mas nunca mesclando as normas. Ou se aplica a regra vigente na data do implemento dos requisitos, ou a norma posterior, da época do requerimento, se for mais benéfica. Essa conclusão se aplica, em nosso sentir, a qualquer circunstância atinente ao benefício, inclusive prescrição e decadência.

Interno do INSS a que se nega provimento. (AgInt no REsp 1601741/MT, Rel. Ministro NAPOLEÃO NUNES MAIA FILHO, PRIMEIRA TURMA, julgado em 10/10/2017, DJe 26/10/2017)

PREVIDENCIÁRIO. AGRAVO REGIMENTAL NO RECURSO ESPECIAL. TEMPO DE TRABALHO ESPECIAL. RUÍDO. ALTERAÇÃO DO PARÂMETRO PELO DECRETO 4.882/03. RETROAÇÃO. IMPOSSIBILIDADE. TEMPUS REGIT ACTUM. RESP 1.398.260/PR, JULGADO SOB O RITO DO ART. 543-C DO CPC, E INCIDENTE DE UNIFORMIZAÇÃO DE JURISPRUDÊNCIA, PET. 9.059/RS. 1. Em homenagem ao princípio do tempus regit actum, a redução do limite de ruído pelo Decreto n. 4.882/03 não retroage para abranger período anterior à sua vigência, conforme decidido no REsp 1.398.260/PR, julgado sob o rito do art. 543-C do CPC, e no incidente de uniformização de jurisprudência da Pet. 9.059/RS. 2. Agravo regimental improvido. (AgRg no REsp 1381406/SP, Rel. Ministro BENEDITO GONÇALVES, PRIMEIRA TURMA, julgado em 24/02/2015, DJe 04/03/2015)

Mesmo com a consagração do *tempus regit actum*, todavia, não há como explicar a um cidadão que se encontre em uma situação fática muito próxima a de outro cidadão, que serão aplicadas normas distintas para seus casos, com a possibilidade de aplicação de entendimentos mais benéficos a quem preencher os requisitos para um benefício posteriormente, enquanto aqueles que já preencheram os requisitos, pelo princípio *tempus regit actum*, continuarão regidos pela regra antiga, mais prejudicial a seus interesses, sem nenhuma regra retroativa de transição ou possibilidade de revisão, ainda que de efeitos retroativos.

Há, em nosso entendimento, uma flagrante violação à igualdade (art. 5º, caput, da CF) e ao mandamento da proporcionalidade, porquanto, *a priori*, não há justiça em se deferir uma pensão por morte de 90% por um óbito ocorrido em 28/04/95 e deferir outra de 100% a um óbito ocorrido no dia seguinte (publicação da Lei 9.032/95); não há justiça em se deferir um auxílio-acidente de 30% por um acidente ocorrido em 28/04/95 e deferir outro de 50% por um acidente ocorrido no dia seguinte (publicação da Lei 9.032/95); não há justiça em se deferir uma aposentadoria por tempo de contribuição na qual um trabalhador tenha uma soma de idade e tempo de contribuição de 95 pontos, calculada com fator previdenciário, se os requisitos foram implementados em 17/06/2015, e deferir outra, sem a incidência do fator previdenciário, se os requisitos foram implementados em 18/06/2015 (publicação da Medida Provisória 676/2015); não há justiça em se entender que um mesmo período de trabalho (entre 1999 e 2005) prestado sob condições comprovadas de ruído de 89dB, seja considerado especial apenas a partir de 18/11/2003 (publicação do Decreto 4.882/2003), mas assim não o seja, em relação aos anos anteriores.

O ponto que une essas situações fáticas, portanto, é a percepção de uma desconfiança do cidadão em relação ao Estado, estipulando tratamentos desiguais a situações iguais, que demandam isonomia, sob o pálio de um princípio *tempus regit actum* que mais se assimilaria a um argumento de autoridade, como se este princípio legitimasse desconsideração e desprezo a situações idênticas passadas, que mereceriam e deveriam ser analisadas sob a perspectiva da busca pela isonomia entre os cidadãos, igualando-os, ainda que retroativamente, com normas de transição para fatos pretéritos, adequando-os aos novos ditames legais das relações entre particulares e o Estado.

Por qual motivo, enfim, uma inovação legislativa mais benéfica ao cidadão não poderia retroagir para beneficiar aqueles que já obtiveram o benefício em condições mais prejudiciais? Será que, de fato, o princípio *tempus regit actum* foi estabelecido com este *telos* de prejudicar?

Essas inquietações não foram adequadamente respondidas pelos legisladores e julgadores, quando se debruçaram sobre o princípio *tempus regit actum* e as situações fáticas listadas no presente capítulo.

2.3.2 - As medidas provisórias em direito previdenciário

As medidas provisórias fazem parte do processo legislativo, desde a promulgação da Constituição Federal. Estão previstas no art. 59, V, da CF/88, e as regras para sua edição estão previstas no art. 62 da Constituição Federal, já com as alterações da Emenda Constitucional 32/2001[40]. Têm inspiração no

---

40 "Art. 62. Em caso de relevância e urgência, o Presidente da República poderá adotar medidas provisórias, com força de lei, devendo submetê-las de imediato ao Congresso Nacional. § 1º É vedada a edição de medidas provisórias sobre matéria: I – relativa a: a) nacionalidade, cidadania, direitos políticos, partidos políticos e direito eleitoral; b) direito penal, processual penal e processual civil; c) organização do Poder Judiciário e do Ministério Público, a carreira e a garantia de seus membros; d) planos plurianuais, diretrizes orçamentárias, orçamento e créditos adicionais e suplementares, ressalvado o previsto no art. 167, § 3º; II – que vise a detenção ou sequestro de bens, de poupança popular ou qualquer outro ativo financeiro; III – reservada a lei complementar; IV – já disciplinada em projeto de lei aprovado pelo Congresso Nacional e pendente de sanção ou veto do Presidente da República. § 2º Medida provisória que implique instituição ou majoração de impostos, exceto os previstos nos arts. 153, I, II, IV, V, e 154, II, só produzirá efeitos no exercício financeiro seguinte se houver sido convertida em lei até o último dia daquele em que foi editada. § 3º As medidas provisórias, ressalvado o disposto nos §§ 11 e 12 perderão eficácia, desde a edição, se não forem convertidas em lei no prazo de sessenta dias, prorrogável, nos termos do § 7º, uma vez por igual período, devendo o Congresso Nacional disciplinar, por decreto legislativo, as relações jurídicas delas decorrentes. § 4º O prazo a que se refere o § 3º contar-se-á da publicação da medida provisória, suspendendo-se durante os períodos de recesso do Congresso Nacional. § 5º A deliberação de cada uma das Casas do Congresso Nacional sobre o mérito das medidas provisórias dependerá de juízo prévio sobre o atendimento de seus pressupostos constitucionais. § 6º Se a medida provisória não for apreciada em até quarenta e cinco dias contados de sua publicação, entrará em regime de urgência, subsequentemente, em cada uma das Casas do Congresso Nacional, ficando sobrestadas, até que se ultime a votação, todas as demais deliberações legislativas da Casa em que estiver tramitando. § 7º Prorrogar-se-á uma única vez por igual período a vigência de medida provisória que, no prazo de sessenta dias, contado de sua publicação, não tiver a sua votação encerrada nas duas Casas do Congresso Nacional. § 8º As medidas provisórias terão sua votação iniciada na Câmara dos Deputados. § 9º Caberá à comissão mista de Deputados e Senadores examinar as medidas provisórias e sobre elas emitir parecer, antes de serem apreciadas, em sessão separada, pelo plenário de cada uma das Casas do Congresso Nacional. § 10. É vedada a reedição, na mesma sessão legislativa, de medida provisória que tenha sido rejeitada ou que tenha perdido sua eficácia por decurso de prazo. § 11. Não editado o decreto legislativo a que

modelo italiano de decretos-leis, que são adotados em casos extraordinários de urgência e necessidade, dependente da iniciativa de seu Conselho de Ministros, com comunicação imediata ao parlamento, que será convocado, se não estiver reunido, para deliberar, em até 60 dias, sobre a medida.

O consultor jurídico e ministro aposentado do STJ, Adhemar Ferreira Maciel, no artigo Medida Provisória e Segurança Jurídica, faz uma análise oportuna do instrumento legislativo, buscando suas raízes germânicas (em vez das italianas), e chegando a uma conclusão impressionante acerca do uso da medida provisória:

> O Estado adquiriu papel intervencionista nos campos econômico e social, abandonando a velha linha separatista de poderes políticos, gizada por Bolingbroke e Montesquieu. Passou-se a admitir que, 'excepcionalmente', o executivo também elaborasse normas abstratas, que, classicamente, eram atribuição do Estado legislativo. A produção da lei, principal fonte do Direito, passou a exigir, em decorrência, agilidade, presteza e especialização técnica. Era a 'necessidade dos acontecimentos' que ditava a conveniência de baixar-se 'medidas' com força de lei. Por tais razões, o Executivo adquiriu preeminência na formulação das normas. A filosofia política, própria dos pachorrentos séculos XVIII e XIX, cedeu lugar à trepidante 'técnica política'. A Constituição de Weimar é um exemplo histórico eloquente dos novos tempos: abriu em seu art. 48, com a rubrica 'Medidas em Razão da Perturbação da Segurança e Ordem (Massnahmen bei Storung von Sicherheit und Ordnung), a possibilidade de o Reichsprasident baixar medidas (provisórias) com força de lei. Da Constituição de Hugo Preuss em diante, a importância do Governo na elaboração de normas gerais e abstratas só fez aumentar. Hoje, praticamente, os parlamentos se cingem a criticar, aprovar ou recusar as 'leis' feitas pelo Poder Executivo. Tudo vai depender de maioria parlamentar e habilidade de barganha do presidente ou primeiro ministro. O que era extraordinário passou a ser ordinário." (*In* ROCHA (coord.), 2009, p. 263).

Apesar de iniciadas pelo Poder Executivo, como as medidas provisórias devem passar pelo crivo do Congresso Nacional, serão analisadas pela ótica de seu processo legislativo, como um ato legislativo qualquer, e não pelo fato de serem iniciadas pelo Executivo.

Note-se, portanto, que são instrumentos legislativos que permitem a anormalização do processo legislativo, fazendo com que o Poder Executivo possa editar normas jurídicas, sem qualquer debate preliminar, sob o argumento de urgência e relevância (como se fosse permitida a edição de diplomas legislativos sobre matérias irrelevantes).

---

se refere o § 3º até sessenta dias após a rejeição ou perda de eficácia de medida provisória, as relações jurídicas constituídas e decorrentes de atos praticados durante sua vigência conservar-se-ão por ela regidas. § 12. Aprovado projeto de lei de conversão alterando o texto original da medida provisória, esta manter-se-á integralmente em vigor até que seja sancionado ou vetado o projeto".

Mais: são atos normativos que vigem sob condição suspensiva, visto que, passado o prazo delineado de 60 dias (prorrogáveis uma única vez por mais 60) sem a aprovação e conversão em lei por parte do Congresso Nacional, as medidas perdem a validade e, por consequência, a sua eficácia. Com a perda da validade da medida provisória (o que normalmente ocorre quando a medida é rejeitada pelo Congresso ou mesmo abandonada pelo Governo), é possível que o Congresso Nacional, em um prazo de 60 dias, edite um decreto legislativo regulando as relações jurídicas decorrentes dessa medida provisória, invalidada *lato sensu*[41]. Mas, é possível que haja uma omissão intencional do parlamento e nada seja regulado expressamente, de modo a permitir que as relações decorrentes de um ato normativo inválido sejam válidas e devam ter sua eficácia preservada!

Isso é, além de autoritário, bastante violador do direito ao devido processo legislativo e permite arbitrariedades institucionais que, no caso do direito previdenciário, permitirão violações à segurança jurídica de segurados e demais beneficiários, que passarão a navegar no cipoal de diplomas legislativos, sem qualquer segurança, sem previsibilidade e sem certeza das normas que devem ser aplicadas a suas respectivas situações fáticas.

O direito à proteção previdenciária, o direito dos atos jurídicos relacionados a toda uma vida de trabalho dos segurados, o direito que está intrinsecamente ligado ao planejamento trabalhista e previdenciário de todo cidadão, portanto, estarão sujeitos às urgências dos humores e ideários transitórios do Poder Executivo, o que pode subverter a democracia e a ordem racional do processo legislativo ordinário e submeter a população a ditames unilaterais daqueles que se encontram, transitoriamente, no comando do Poder Executivo.

Dessa forma, por exemplo, os requisitos específicos para uma pensão por morte, um auxílio-acidente ou para um auxílio-doença, os prazos de carência para a concessão de um benefício, o percentual de uma aposentadoria por idade, um adicional pela necessidade de assistência permanente de terceiro em aposentadorias por invalidez, as hipóteses de isenção de carência, a forma de cálculo de qualquer benefício e as situações que permitem a prorrogação da

---

41 Paulo Branco e Gilmar Mendes fazem importante advertência sobre o decreto legislativo de regulação de efeitos de medidas provisórias: *"Se o que se preservam são as relações jurídicas durante o período de vigência da medida provisória, o dispositivo constitucional deve ser entendido como a alcançar situações de inter-relacionamento entre sujeitos de direito, e não normas institutivas de órgãos e pessoas jurídicas. A rejeição de medida provisória que cria um órgão seria inócua, com prejuízo do princípio de que em matéria própria de legislação há de se conferir preponderância à vontade do Legislativo, se se entendesse que a própria criação do órgão é ato que se aproveita da ultra-atividade da medida provisória de que trata o §11 do art. 62 da CF. A rejeição da medida provisória quanto ao ato que se exauriu durante a sua vigência seria, nesse caso, desprovida de efeitos práticos. O que se haverá de resguardar são as relações ocorridas enquanto a medida provisória esteve em vigor. Mesmo assim, porém, se a medida provisória rejeitada instituía uma alteração no modo de ser de relações que a antecediam, a regulação que estabeleceu somente haverá de colher os fatos que se deram no tempo em que esteve em vigor. A regulação criada pela medida provisória não se projeta para o futuro; apenas preserva a validade dos atos praticados antes de ser repelida. Rejeitada a medida provisória, torna a vigorar a regra que ela havia alterado."* (BRANCO; MENDES, 2011, p. 925-926).

qualidade de segurado e a caracterização de uma pessoa como dependente previdenciário são todas hipóteses que podem ser modificadas por medidas provisórias. Ou seja, o rol de medidas que podem ser adotadas por qualquer chefe do Poder Executivo, sem a discussão parlamentar devida, é bastante considerável.

Foi exatamente o que fez, por diversas vezes, o Governo Federal brasileiro.

O direito previdenciário, desde 1988, convive com a permanente edição de medidas provisórias. Seja na área do custeio previdenciário, seja em relação aos próprios benefícios previdenciários, a edição de medidas provisórias é uma realidade constante. São exemplos do uso expressivo desse instrumento no direito previdenciário as seguintes medidas provisórias: nº 446/94; nº 482/94; nº 976/95; nº 1.002/95; nº 1.523-13/97 (e edições anteriores da mesma MP); nº 1.596-14/97 (e edições anteriores da mesma MP); nº 1.663-14/98 (e edições anteriores da mesma MP); nº 1.729/98; nº 2.158-35/2001 (e edições anteriores da mesma MP); nº 2.164-41/2001 (e edições anteriores da mesma MP); nº 2.187-13/2001 (e edições anteriores da mesma MP); nº 2.216-37/2001 (e edições anteriores da mesma MP); nº 138/2003; nº 242/2005; nº 258/2005; nº 291/2006; nº 316/2006; nº 351/2007; nº 358/2007; nº 404/2007; nº 410/2007; nº 413/2008; nº 446/2008; nº 447/2008; nº 449/2008; nº 529/2011; nº 589/2012; nº 619/2013; nº 651/2014; nº 664/2014; nº 665/2014; nº 676/2015; nº 681/2015; nº 685/2015; nº 739/2016; nº 767/2017; nº 780/2017 e nº 793/2017.

Notem-se, por exemplo, os diversos motivos para insegurança jurídica, com a provocação de diversas hipóteses de desconfiança desigualadora, causadas pelas seguintes Medidas Provisórias:

a) MP's 739/2016 e 767/2017:

Como já foi dito, para obter um benefício previdenciário, o segurado do RGPS precisa preencher alguns requisitos.

O primeiro deles, requisito geral para qualquer espécie de benefício, é estar na condição de segurado do RGPS, ou em alguma situação fática que lhe permita a prorrogação de tal qualidade. Para alguns benefícios, a perda de tal qualidade não afetará o direito ao benefício pretendido.

De outro lado, outros requisitos específicos são aplicáveis, de acordo com o risco social atinente ao benefício pleiteado. Assim, há que ser provada a maternidade, no salário-maternidade; o evento morte, na pensão; a incapacidade temporária ou definitiva, no auxílio-doença ou na aposentadoria por invalidez; o desemprego involuntário, no seguro-desemprego; a reclusão, no auxílio-reclusão.

Mas, há um terceiro requisito que demanda atenção particularizada ao segurado do RGPS: a carência. Tal requisito, diante das modificações da Lei 8.213/91 trazidas pelas Medidas Provisórias 739, de 07/07/2016, 767, de 06/01/2017 e pela Lei 13.457, de 26/06/2017, passou a uma condição mais gravosa, propiciada pelas alterações legislativas. Há uma definição legal do que vem a ser carência no *caput* do art. 24 da Lei 8.213/91:

Período de carência é o número mínimo de contribuições mensais indispensáveis para que o beneficiário faça jus ao benefício, consideradas a partir do transcurso do primeiro dia dos meses de suas competências.

É um requisito advindo de uma necessidade muito pragmática: um custeio mínimo. Não é possível imaginar um sistema de Previdência funcional, equilibrado e sustentável, sem a previsão de períodos de carência razoáveis.

A legislação, assim, entende como razoáveis os seguintes prazos: 10 contribuições para o salário-maternidade da contribuinte individual, da segurada especial e da segurada facultativa, 12 contribuições para aposentadorias por invalidez e auxílios-doença e 180 contribuições para as aposentadorias por idade, por tempo de contribuição e especial, nos moldes do art. 25 da Lei 8.213/91. De outro lado, o art. 26 da Lei 8.213/91 dispõe que não há prazo de carência para a pensão por morte, auxílio-reclusão, salário-família e auxílio-acidente, nem para o salário-maternidade das seguradas empregada, trabalhadora avulsa e empregada doméstica; e que também não há carência para os auxílios-doença e aposentadorias por invalidez decorrentes de acidente de qualquer natureza ou causa e de doença profissional ou do trabalho, bem como nos casos de segurado que, após filiar-se ao RGPS, for acometido de alguma das doenças e afecções especificadas em lista elaborada pelos Ministérios da Saúde e da Previdência Social, atualizada a cada 3 (três) anos, de acordo com os critérios de estigma, deformação, mutilação, deficiência ou outro fator que lhe confira especificidade e gravidade que mereçam tratamento particularizado.

O que fazer, no entanto, se o trabalhador perde a capacidade econômica de recolher suas contribuições como contribuinte individual ou segurado facultativo ou se ele perde o emprego (fatos cada vez mais corriqueiros e presentes em nosso cotidiano), e posteriormente vem a perder a qualidade de segurado? Como fazer para retomar essa qualidade? O parágrafo único do art. 24 da Lei 8.213/91 respondia a essas indagações da seguinte forma:

> Parágrafo único. Havendo perda da qualidade de segurado, as contribuições anteriores a essa data só serão computadas para efeito de carência depois que o segurado contar, a partir da nova filiação à Previdência Social, com, no mínimo, 1/3 (um terço) do número de contribuições exigidas para o cumprimento da carência definida para o benefício a ser requerido.

Para as aposentadorias por idade, por tempo de contribuição e especial, essa disposição é irrelevante, pois a perda da qualidade de segurado não as afeta, conforme dicção do art. 3º da Lei 10.666/2003:

> Art. 3º A perda da qualidade de segurado não será considerada para a concessão das aposentadorias por tempo de contribuição e especial.
>
> § 1º Na hipótese de aposentadoria por idade, a perda da qualidade de segurado não será considerada para a concessão desse benefício, desde que o segurado

conte com, no mínimo, o tempo de contribuição correspondente ao exigido para efeito de carência na data do requerimento do benefício.

Haverá, todavia, bastante relevância do art. 24, parágrafo único, da Lei 8.213/91, nas aposentadorias por invalidez e auxílios-doença, benefícios nos quais se exigirão mais 4 contribuições, quando da refiliação ao RGPS. Essa relevância se torna altíssima, diante do caráter gradual, sazonal e intermitente de determinadas patologias incapacitantes, e da dramaticidade pessoal que se circunscreve a estas patologias. É difícil imaginar alguém que deseja perder a qualidade de segurado, que exerça a escolha de não estar vinculado ao sistema de proteção social. Contudo, o Governo Federal, em um processo de desconfiança, interpretando essa disposição (art. 24, parágrafo único, da Lei 8.213/91) como uma medida premial, resolveu intervir para excluir sua aplicação. Assim, em 07/07/2016, editou a Medida Provisória 739, que revogava tal dispositivo, excluindo a possibilidade de ser conferida a carência necessária ao auxílio-doença, quando houvesse perda da qualidade de segurado, com apenas 4 recolhimentos/contribuições, que era prevista no art. 24, parágrafo único, da Lei 8.213/91. Dessa forma, segundo a referida MP 739, no parágrafo único inserido no art. 27 da Lei 8.213/91, o segurado deveria comprovar novo período de carência de 12 meses, se houvesse a perda da qualidade de segurado e o posterior reingresso.

A referida Medida Provisória, entretanto, foi abandonada pelo seu proponente e não foi convertida em lei, tendo seu prazo de vigência encerrado em 04/11/2016, como se nota do Ato Declaratório nº 58/2016, do Congresso Nacional:

ATO DECLARATÓRIO DO PRESIDENTE DA MESA DO CONGRESSO NACIONAL Nº 58, DE 2016

O PRESIDENTE DA MESA DO CONGRESSO NACIONAL, nos termos do parágrafo único do art. 14 da Resolução nº 1, de 2002-CN, faz saber que a **Medida Provisória nº 739,** de 7 de julho de 2016, publicada no Diário Oficial da União no dia 8 do mesmo mês e ano, que "Altera a Lei nº 8.213, de 24 de julho de 1991, que dispõe sobre os Planos de Benefícios da Previdência Social, e institui o Bônus Especial de Desempenho Institucional por Perícia Médica em Benefícios por Incapacidade", teve seu prazo de vigência encerrado no dia 4 de novembro do corrente ano.

Congresso Nacional, 7 de novembro de 2016

Senador RENAN CALHEIROS - Presidente da Mesa do Congresso Nacional

Este texto não substitui o publicado no DOU de 8.11.2016

Assim posto, o art. 24, parágrafo único, da Lei 8.213/91 voltou a ser aplicado conforme sua redação original, e só viria a sofrer nova intervenção similar pelo Poder Executivo, em 06/01/2017, com a edição da Medida Provisória nº 767/2017.

Mas, o mesmo intuito anterior retornaria com nova intervenção similar pelo Poder Executivo, em 06/01/2017, com a edição da Medida Provisória nº 767/2017, e a criação do art. 27-A, com a mesma redação do anterior art. 27, parágrafo único.

Diferentemente, contudo, essa medida provisória foi convertida na Lei 13.457/2017, mais branda que a versão apresentada pela medida provisória, nesse aspecto, tendo sido firmado o entendimento de que:

> Art. 27-A. No caso de perda da qualidade de segurado, para efeito de carência para a concessão dos benefícios de que trata esta Lei, o segurado deverá contar, a partir da nova filiação à Previdência Social, com metade dos períodos previstos nos incisos I e III do caput do art. 25 desta Lei.

Ou seja, para readquirir a qualidade de segurado, após a perda, o cidadão tem que contar, nos casos de auxílio-doença e aposentadoria por invalidez, com a metade da carência que lhe seria naturalmente exigida – e não mais com uma nova contagem integral de carência, segundo dizia a versão mais gravosa da medida provisória.

Mas, o que fazer com a desigualdade causada com quem teve um benefício indeferido, no período em que vigiam as medidas provisórias, ou mesmo no limbo entre elas? O que fazer com a insegurança causada a quem preenchia o direito a um benefício, mas não o pleiteou, com o receio de seu indeferimento – segundo a lógica mais gravosa do texto da medida provisória, abandonada na primeira versão, e abrandada da segunda versão?

b) MP 664/2014

Essa Medida Provisória, de 30/12/2014, propiciou uma série de medidas mais gravosas em relação ao acesso à Previdência Social. Passou a ditar que: i) a pensão por morte, que não exigia carência, só seria devida a quem tivesse 24 contribuições mensais, excetuando apenas os casos em que o instituidor fosse beneficiário de auxílio-doença e aposentadoria por invalidez; ii) relações de união estável ou casamento com menos de dois anos não ensejariam pensão por morte, salvo se o óbito adviesse de acidente ou se o dependente fosse considerado totalmente incapaz para o trabalho, por doença ocorrida após o casamento ou união estável; iii) o percentual de pensão foi reduzido de 100% para 50% + 10% para cada dependente, não havendo mais a transferência da quota para os outros dependentes, com a perda da qualidade de dependente; iv) houve a estipulação de uma tabela de temporalidade, de acordo com a expectativa de sobrevida dos dependentes; v) a inserção de um teto específico para o auxílio-doença, consistente na média simples dos últimos doze salários de contribuição.

De todas essas medidas mais gravosas, coerentes com um processo de desconfiança social, só foi mantido, *in totum*, o teto específico para o auxílio--doença. Na conversão da MP na Lei 13.135, de 17/06/2015, a carência para a pensão foi excluída, a ausência total do direito à pensão para uniões inferiores a dois anos foi excluída, a redução do percentual da pensão foi excluída e a tabela de temporalidade foi abrandada, com a troca da expectativa de sobrevida pela idade do dependente, como critério a aferir a duração da pensão por morte.

A Lei de conversão, em seu art. 5º, previu que "Os atos praticados com base em dispositivos da Medida Provisória nº 664, de 30 de dezembro de 2014, serão revistos e adaptados ao disposto nesta Lei", o que atenuou, de certo modo, a gravosidade das disposições do texto original da medida provisória. Mas, o que fazer com os cidadãos que deixaram de pleitear um benefício que tinham direito (como os casados há menos de dois anos), certos de que o pedido ia ser indeferido? Que reparação econômica eles terão pelas perdas financeiras experimentadas pela segurança jurídica violada?

Com esses dois exemplos, é possível perceber, por conseguinte, o quanto as medidas provisórias podem afetar a confiança entre particulares e o Estado, nas relações previdenciárias.

2.3.3 - A primeira Reforma da Previdência: a EC 20/98 e seus consectários

A Emenda Constitucional n. 20 foi a primeira Reforma da Previdência de que o Brasil teve conhecimento, após a Constituição de 1988. Em meio aos 10 anos da Constituição, tal Emenda foi promulgada em 15/12/1998, depois de um longo debate parlamentar que se iniciara em março de 1995. Após uma grave crise econômica no ano de 1998, o debate previdenciário se concentrou nos aspectos financeiro e atuarial do sistema, deixando de lado aperfeiçoamentos relacionados aos aspectos social e jurídico. Precisava-se aprovar a Reforma urgentemente.

Ainda assim, três tópicos relevantes da Reforma ambicionada pelo então Governo não foram aprovados pelo Congresso: a cobrança de contribuição previdenciária de servidores públicos inativos (o que viria a ocorrer na Reforma trazida pela EC 41/2003), a idade mínima para a aposentadoria no RGPS (o que não existe até os dias atuais) e o fim da aposentadoria integral dos servidores (o que também viria a ocorrer na Reforma trazida pela EC 41/2003)[42].

---

42 É devido assentar que a cobrança de contribuição previdenciária de servidores aposentados ensejou uma histórica e acalorada discussão no STF sobre segurança jurídica, que findou por assentar a constitucionalidade da exação inovadora, afetando conceitos como direito adquirido e ato jurídico perfeito, conforme o emblemático acórdão da ADIn 3.105: "EMENTA: 1. *Inconstitucionalidade. Seguridade social. Servidor público. Vencimentos. Proventos de aposentadoria e pensões. Sujeição à incidência de contribuição previdenciária. Ofensa a direito adquirido no ato de aposentadoria. Não ocorrência. Contribuição social. Exigência patrimonial de natureza tributária. Inexistência de norma de imunidade tributária absoluta. Emenda Constitucional nº 41/2003 (art. 4º, caput). Regra não retroativa. Incidência sobre fatos geradores ocorridos depois do início de sua vigência. Precedentes da Corte. Inteligência dos arts. 5º, XXXVI, 146, III, 149, 150, I e III, 194, 195, caput, II e § 6º, da CF, e art. 4º, caput, da EC nº 41/2003. No ordenamento jurídico vigente, não há norma, expressa nem sistemática, que atribua à condição jurídico-subjetiva da aposentadoria de servidor público o efeito de lhe gerar direito subjetivo como poder de subtrair ad aeternum a percepção dos respectivos proventos e pensões à incidência de lei tributária que, anterior ou ulterior, os submeta à incidência de contribuição previdencial. Noutras palavras, não há,*

A EC 20/98 trouxe diversas alterações para o RGPS e os RPPS's. Além de buscar uma mudança conceitual no sistema, abandonando a ideia de aposentadoria por "tempo de serviço" para adotar a aposentadoria "por tempo de contribuição", a EC 20/98, dentre as principais alterações que mais interessam ao objetivo do presente texto, estabeleceu que a aposentadoria integral se daria aos 35/30 (homem/mulher) anos de contribuição, no RGPS, bem como extinguiu a aposentadoria proporcional, que restou garantida, no art. 9º, §1º, da EC 20/98[43], apenas a quem ingressou no RGPS até 16/12/1998, desde que tivessem 30/25 (homem/mulher) anos de contribuição, um pedágio de 40% do tempo que faltasse nessa data, e a idade mínima de 53/48 anos (homem/mulher), e desconstitucionalizou a forma de cálculo da aposentadoria integral. Nesse sentido, o art. 202 da Constituição Federal, em seu texto original, assim dispunha:

---

em nosso ordenamento, nenhuma norma jurídica válida que, como efeito específico do fato jurídico da aposentadoria, lhe imunize os proventos e as pensões, de modo absoluto, à tributação de ordem constitucional, qualquer que seja a modalidade do tributo eleito, donde não haver, a respeito, direito adquirido com o aposentamento. 2. Inconstitucionalidade. Ação direta. Seguridade social. Servidor público. Vencimentos. Proventos de aposentadoria e pensões. Sujeição à incidência de contribuição previdenciária, por força de Emenda Constitucional. Ofensa a outros direitos e garantias individuais. Não ocorrência. Contribuição social. Exigência patrimonial de natureza tributária. Inexistência de norma de imunidade tributária absoluta. Regra não retroativa. Instrumento de atuação do Estado na área da previdência social. Obediência aos princípios da solidariedade e do equilíbrio financeiro e atuarial, bem como aos objetivos constitucionais de universalidade, equidade na forma de participação no custeio e diversidade da base de financiamento. Ação julgada improcedente em relação ao art. 4º, caput, da EC nº 41/2003. Votos vencidos. Aplicação dos arts. 149, caput, 150, I e III, 194, 195, caput, II e § 6º, e 201, caput, da CF. Não é inconstitucional o art. 4º, caput, da Emenda Constitucional nº 41, de 19 de dezembro de 2003, que instituiu contribuição previdenciária sobre os proventos de aposentadoria e as pensões dos servidores públicos da União, dos Estados, do Distrito Federal e dos Municípios, incluídas suas autarquias e fundações. 3. Inconstitucionalidade. Ação direta. Emenda Constitucional (EC nº 41/2003, art. 4º, § únic, I e II). Servidor público. Vencimentos. Proventos de aposentadoria e pensões. Sujeição à incidência de contribuição previdenciária. Bases de cálculo diferenciadas. Arbitrariedade. Tratamento discriminatório entre servidores e pensionistas da União, de um lado, e servidores e pensionistas dos Estados, do Distrito Federal e dos Municípios, de outro. Ofensa ao princípio constitucional da isonomia tributária, que é particularização do princípio fundamental da igualdade. Ação julgada procedente para declarar inconstitucionais as expressões "cinquenta por cento do" e "sessenta por cento do", constante do art. 4º, § único, I e II, da EC nº 41/2003. Aplicação dos arts. 145, § 1º, e 150, II, cc. art. 5º, caput e § 1º, e 60, § 4º, IV, da CF, com restabelecimento do caráter geral da regra do art. 40, § 18. São inconstitucionais as expressões "cinqüenta por cento do" e "sessenta por cento do", constantes do § único, incisos I e II, do art. 4º da Emenda Constitucional nº 41, de 19 de dezembro de 2003, e tal pronúncia restabelece o caráter geral da regra do art. 40, § 18, da Constituição da República, com a redação dada por essa mesma Emenda." (STF, ADIn 3.105, Rel. Min. Ellen Gracie, Rel. para o acórdão: Min. Cezar Peluso, D. Julg. 18/08/2004).

43 "§ 1º - O segurado de que trata este artigo, desde que atendido o disposto no inciso I do "caput", e observado o disposto no art. 4º desta Emenda, pode aposentar-se com valores proporcionais ao tempo de contribuição, quando atendidas as seguintes condições: I - contar tempo de contribuição igual, no mínimo, à soma de: a) trinta anos, se homem, e vinte e cinco anos, se mulher; e b) um período adicional de contribuição equivalente a quarenta por cento do tempo que, na data da publicação desta Emenda, faltaria para atingir o limite de tempo constante da alínea anterior; II - o valor da aposentadoria proporcional será equivalente a setenta por cento do valor da aposentadoria a que se refere o "caput", acrescido de cinco por cento por ano de contribuição que supere a soma a que se refere o inciso anterior, até o limite de cem por cento."

Art. 202. É assegurada aposentadoria, nos termos da lei, <u>calculando-se o benefício sobre a média dos trinta e seis últimos salários de contribuição, corrigidos monetariamente mês a mês</u>, e comprovada a regularidade dos reajustes dos salários de contribuição de modo a preservar seus valores reais e obedecidas as seguintes condições: I - aos sessenta e cinco anos de idade, para o homem, e aos sessenta, para a mulher, reduzido em cinco anos o limite de idade para os trabalhadores rurais de ambos os sexos e para os que exerçam suas atividades em regime de economia familiar, neste incluídos o produtor rural, o garimpeiro e o pescador artesanal; II - após trinta e cinco anos de trabalho, ao homem, e, após trinta, à mulher, ou em tempo inferior, se sujeitos a trabalho sob condições especiais, que prejudiquem a saúde ou a integridade física, definidas em lei; III - após trinta anos, ao professor, e, após vinte e cinco, à professora, por efetivo exercício de função de magistério. § 1º - É facultada aposentadoria proporcional, após trinta anos de trabalho, ao homem, e, após vinte e cinco, à mulher. § 2º - Para efeito de aposentadoria, é assegurada a contagem recíproca do tempo de contribuição na administração pública e na atividade privada, rural e urbana, hipótese em que os diversos sistemas de previdência social se compensarão financeiramente, segundo critérios estabelecidos em lei.

Com a EC 20/98, esse dispositivo foi totalmente substituído por um novo art. 202[44], que, de modo totalmente inovador, passou a tratar do regime de previdência privada; de outro lado, a matéria que era tratada no antigo art. 202 foi parcialmente abordada nos §§ 7º, 8º e 9º do art. 201, nos seguintes termos:

Art. 201. [...]
§ 7º É assegurada aposentadoria no regime geral de previdência social, nos termos da lei, obedecidas as seguintes condições: I - trinta e cinco anos de contribuição, se homem, e trinta anos de contribuição, se mulher; II - sessenta e cinco anos de idade, se homem, e sessenta anos de idade, se mulher, reduzido em cinco anos o limite para os trabalhadores rurais de ambos os sexos e para os que exerçam suas atividades em regime de economia familiar, nestes incluídos o produtor rural, o garimpeiro e o pescador artesanal.
§ 8º Os requisitos a que se refere o inciso I do parágrafo anterior serão reduzidos em cinco anos, para o professor que comprove exclusivamente tempo de efetivo exercício das funções de magistério na educação infantil e no ensino fundamental e médio.
§ 9º Para efeito de aposentadoria, é assegurada a contagem recíproca do tempo de contribuição na administração pública e na atividade privada, rural e urbana, hipótese em que os diversos regimes de previdência social se compensarão financeiramente, segundo critérios estabelecidos em lei.

Dissemos "parcialmente abordada" diante do fato de que, no novo regramento previdenciário constitucional da EC 20/98, é possível perceber que não mais havia a previsão constitucional do cálculo da renda mensal inicial da

---

[44] "Art. 202. O regime de previdência privada, de caráter complementar e organizado de forma autônoma em relação ao regime geral de previdência social, será facultativo, baseado na constituição de reservas que garantam o benefício contratado, e regulado por lei complementar."

aposentadoria, com base na *"média dos trinta e seis últimos salários de contribuição"*, como previa o antigo art. 202 da CF/88. Ou seja, *desconstitucionalizou-se* o cálculo da renda mensal inicial da aposentadoria. Mas, apenas no que atine à aposentadoria integral, pois a proporcional seguiu sendo calculada conforme os ditames do art. 9º, §1º, da EC 20/98.

Se o trabalhador tivesse preenchido os requisitos para se aposentar antes da EC 20/98, teria o direito adquirido preservado, como se viu em seu art. 3º[45]. Já aqueles que ainda não tivessem preenchido esses requisitos, mas estivessem em vias de preenchê-los, teriam que se ajustar ao que dispõe o art. 9º da EC 20/98:

> Art. 9º - Observado o disposto no art. 4º desta Emenda e ressalvado o direito de opção a aposentadoria pelas normas por ela estabelecidas para o regime geral de previdência social, é assegurado o direito à aposentadoria ao segurado que se tenha filiado ao regime geral de previdência social, até a data de publicação desta Emenda, quando, cumulativamente, atender aos seguintes requisitos: I - contar com cinquenta e três anos de idade, se homem, e quarenta e oito anos de idade, se mulher; e II - contar tempo de contribuição igual, no mínimo, à soma de: a) trinta e cinco anos, se homem, e trinta anos, se mulher; e b) um período adicional de contribuição equivalente a vinte por cento do tempo que, na data da publicação desta Emenda, faltaria para atingir o limite de tempo constante da alínea anterior.

É fácil perceber que essa "regra de transição" do caput do art. 9º da EC 20/98 não faz qualquer sentido, pois, ao dizer que o trabalhador teria que possuir o mesmo tempo de contribuição da nova regra, cumulado com um pedágio de 20% do tempo que faltasse na data da EC 20/98, notoriamente estabelece condições piores que a nova regra do art. 201, §7º, da CF, que não previa qualquer idade mínima. Na verdade, essa "regra de transição" sequer pode ser assim interpretada, pelo fato de que não havia um novo regramento da aposentadoria por tempo de contribuição integral que demandasse uma transição, visto que não fora aprovada a idade mínima no RGPS. Continuavam os mesmos requisitos de 35/30 anos de "trabalho", que já eram previstos no antigo art. 202, inciso II, da CF.

Por sua vez, a extinção da aposentadoria proporcional representa norma mais gravosa; mas, como dissemos, a garantia de sua concessão a quem estava filiado ao RGPS está prevista na regra de transição do supracitado art. 9º, §1º da EC 20/98, <u>inclusive quanto à forma de cálculo de sua renda mensal inicial</u>. A confiança de quem estava prestes a preencher os requisitos para uma aposentadoria proporcional por tempo de contribuição foi protegida por esta regra de transição do art. 9º, §1º da EC 20/98, aplicada até hoje.

---

45 "Art. 3º - É assegurada a concessão de aposentadoria e pensão, a qualquer tempo, aos servidores públicos e aos segurados do regime geral de previdência social, bem como aos seus dependentes, que, até a data da publicação desta Emenda, tenham cumprido os requisitos para a obtenção destes benefícios, com base nos critérios da legislação então vigente."

Nesse momento, é importante perguntar: como se calculava uma RMI de aposentadoria, antes da EC 20, de 1998?

Regulamentando a versão original do art. 202 da CF/88, anteriormente à EC 20/98, a Lei 8.213/91, em seu art. 29 original, assim previa:

> O salário-de-benefício consiste na média aritmética simples de todos os últimos salários-de-contribuição dos meses imediatamente anteriores ao do afastamento da atividade ou da data da entrada do requerimento, até o máximo de 36 (trinta e seis), apurados em período não superior a 48 (quarenta e oito) meses.

Ou seja, contrariando a necessidade de se estabelecer uma correspondência entre a vida laborativa integral do trabalhador e a aposentadoria dela decorrente, a etapa *essencial* do cálculo da Renda Mensal Inicial da aposentadoria (na época, por tempo de serviço), era formada apenas pela média dos últimos salários, até o máximo de 36 salários, considerando-se como PBC os últimos 48 meses anteriores ao afastamento da atividade ou à data do requerimento (se feito durante a atividade). Era assim que, injustamente, se calculava o salário de benefício de toda e qualquer aposentadoria por tempo de serviço, proporcional ou integral.

Após, na etapa que denominamos *específica*, utilizava-se o índice multiplicador atinente ao percentual encontrado em relação ao tempo de contribuição em cada caso concreto, nos termos do art. 53[46] da Lei 8.213/91. Tal índice, assim, era aplicado ao salário de benefício.

Ao fim, passava-se à fase **delimitadora** do cálculo da aposentadoria, de acordo com o teto do RGPS e outros limites da época da concessão.

Com a desconstitucionalização da forma de cálculo da aposentadoria, o Governo, não tendo conseguido implantar uma idade mínima para a aposentadoria por tempo de contribuição, pôde realizar uma reforma previdenciária na legislação infraconstitucional, alterando o cálculo da aposentadoria, sem a necessidade do rito de uma emenda constitucional, de mais difícil aprovação. E foi exatamente o que fez com o cálculo da aposentadoria por tempo de contribuição integral, ao editar a Lei 9.876, de 26/11/1999, publicada no DOU de 29/11/1999.

A Lei 9.876/99, portanto, foi o principal consectário da EC 20/98, cujo principal objetivo era contornar a derrota do Governo na votação da EC 20/98, ao não conseguir aprovar a idade mínima para o RGPS. Dessa forma, foi aprovada uma forma de cálculo totalmente nova, que trazia consigo aquilo que

---

46 "Art. 53. A aposentadoria por tempo de serviço, observado o disposto na Seção III deste Capítulo, especialmente no art. 33, consistirá numa renda mensal de: I - para a mulher: 70% (setenta por cento) do salário-de-benefício aos 25 (vinte e cinco) anos de serviço, mais 6% (seis por cento) deste, para cada novo ano completo de atividade, até o máximo de 100% (cem por cento) do salário-de-benefício aos 30 (trinta) anos de serviço; II - para o homem: 70% (setenta por cento) do salário-de-benefício aos 30 (trinta) anos de serviço, mais 6% (seis por cento) deste, para cada novo ano completo de atividade, até o máximo de 100% (cem por cento) do salário-de-benefício aos 35 (trinta e cinco) anos de serviço."

viria a reduzir e a afetar sensivelmente o valor das aposentadorias dos milhões de segurados do RGPS: o fator previdenciário. Assim, o art. 29 da Lei 8.213/91 passou a vigorar com a seguinte redação, alterada pela Lei 9.876/99:

> Art. 29. O salário-de-benefício consiste:
>
> I - para os benefícios de que tratam as alíneas b e c do inciso I do art. 18, na média aritmética simples dos maiores salários-de-contribuição correspondentes a oitenta por cento de todo o período contributivo, multiplicada pelo fator previdenciário;
>
> II - para os benefícios de que tratam as alíneas a, d, e e h do inciso I do art. 18, na média aritmética simples dos maiores salários-de-contribuição correspondentes a oitenta por cento de todo o período contributivo.
>
> [...]
>
> § 7º O fator previdenciário será calculado considerando-se a idade, a expectativa de sobrevida e o tempo de contribuição do segurado ao se aposentar, segundo a fórmula constante do Anexo desta Lei.
>
> § 8º Para efeito do disposto no § 7º, a expectativa de sobrevida do segurado na idade da aposentadoria será obtida a partir da tábua completa de mortalidade construída pela Fundação Instituto Brasileiro de Geografia e Estatística - IBGE, considerando-se a média nacional única para ambos os sexos.
>
> § 9º Para efeito da aplicação do fator previdenciário, ao tempo de contribuição do segurado serão adicionados:
>
> I - cinco anos, quando se tratar de mulher;
>
> II - cinco anos, quando se tratar de professor que comprove exclusivamente tempo de efetivo exercício das funções de magistério na educação infantil e no ensino fundamental e médio;
>
> III - dez anos, quando se tratar de professora que comprove exclusivamente tempo de efetivo exercício das funções de magistério na educação infantil e no ensino fundamental e médio.

A fórmula do fator previdenciário, mencionada no dispositivo, é a seguinte:

$$f = \frac{Tc \times a}{Es} \times \left[1 + \frac{(Id + Tc \times a)}{100}\right]$$

A legenda da fórmula, trazida na Lei, nos diz que f = fator previdenciário; Es = expectativa de sobrevida no momento da aposentadoria; Tc = tempo de contribuição até o momento da aposentadoria; Id = idade no momento da aposentadoria; a = alíquota de contribuição correspondente a 0,31.

Grosso modo, em noções de matemática básica, depreende-se desta fórmula que: o valor das aposentadorias por idade e por tempo de contribuição (alíneas *b* e *c* do inciso I do art. 18 da Lei 8.213/91) será tanto maior quanto maior seja o fator previdenciário; o valor das aposentadorias será tanto maior quanto maior for o tempo de contribuição e a idade no momento da aposentadoria; e o valor das aposentadorias será tanto maior quanto menor for a expectativa de sobrevida no momento da aposentadoria.

Em outros termos: não tendo sido aprovada uma idade mínima para se aposentar no RGPS, na EC 20/98, o Governo buscou alcançar os mesmos objetivos econômicos com a criação de uma forma de cálculo que reduziria a aposentadoria das pessoas que se aposentassem por tempo de contribuição, ainda em idade relativamente jovem. Era esse, claramente, o objetivo do fator previdenciário, como se observa de um resumo encontrado na *homepage* do Senado Federal:

> Fórmula matemática utilizada para definir o valor das aposentadorias do INSS. O cálculo leva em conta alíquota de contribuição no valor fixo de 0,31, idade do trabalhador, tempo de contribuição para a Previdência Social e expectativa de vida do segurado na data da aposentadoria conforme tabela do IBGE.
>
> O objetivo é incentivar o contribuinte a trabalhar por mais tempo, reduzindo o benefício de quem se aposenta antes dos 60 anos de idade e 30 anos de contribuição, no caso das mulheres, e 65 anos de idade e 35 anos de contribuição, no caso dos homens. Quanto menor a idade no momento da aposentadoria, maior é o redutor do benefício.
>
> Por exemplo, se um trabalhador de 60 anos, cinco a menos que a idade mínima, e 35 anos de contribuição resolve se aposentar, o fator previdenciário referente a ele, feito o cálculo, será de 0,85. Tendo por base que o salário de benefício desse segurado junto à Previdência é de R$ 1 mil, o valor da aposentadoria será de R$ 850,00 (R$ 1 mil × 0,85).
>
> O fator previdenciário foi instituído pela Lei 9.876/99 após a Reforma da Previdência de 1998, para conter os gastos da Previdência Social.[47]

A desconfiança, por parte do legislador, era clara. Não queria mais admitir pedidos de aposentadorias nos moldes então vigentes, considerados muito benéficos, e, para isso, rebaixaria o valor da aposentadorias, para desestimular os pedidos. Não importavam as condições do mercado de trabalho, o desemprego, as condições do ambiente de trabalho, o início muito precoce das atividades trabalhistas do cidadão. O que importava era reduzir o valor das aposentadorias. Mas, como o legislador daquela época se preocupou com a segurança jurídica dos cidadãos que estavam em vias de se aposentar? A regra de transição prevista para as modificações da Lei 9.876/99 foi justa e adequadamente instituída? Valter Shuenquener de Araújo assim alerta para os riscos de uma regra de transição mal engendrada:

> Muito embora as regras de transição não sejam, ocasionalmente, reconhecidas como adequadas, elas têm normalmente desempenhado satisfatoriamente o seu papel. Contudo, a sua previsão no ordenamento, em uma circunstância em que

---

47 Disponível em: < https://www12.senado.leg.br/noticias/entenda-o-assunto/fator-previdenciario>. Acesso em: 10 mar. 2018.

a solução pela regra de transição seja viável, não soluciona todos os problemas a ela relacionados. Ainda que a regra de transição possa ser adequada em um caso específico, será tarefa difícil identificar qual o prazo mais adequado para a transição, especialmente quando a expectativa do cidadão estiver diluída por um longo período, tal como ocorre com o regime da previdência social ou com as regras que dispõem sobre uma determinada atividade profissional. O cálculo do período de transição é, no dizer de SYLVIA CALMES, um problema delicado, notadamente quando envolver relações de longo prazo. (ARAÚJO, 2016, p. 284-285).

O art. 6º da Lei 9.876/99, consectária da EC 20/98, primeira reforma constitucional da Previdência, pela qual foi desconstitucionalizada a forma de cálculo da aposentadoria, assim dispôs: *"É garantido ao segurado que até o dia anterior à data de publicação desta Lei tenha cumprido os requisitos para a concessão de benefício o cálculo segundo as regras até então vigentes".* Não precisaria afirmar que direitos adquiridos à aposentadoria e sua forma de cálculo até então vigente deveriam ser protegidos, mas assim, redundantemente em relação à CF, o fez.

Mas, será que só esse universo de pessoas com direito adquirido teria direito à proteção de sua confiança nas normas até então vigentes? Aqueles que ainda estavam em vias de se aposentar, em 29/11/99 (data da publicação da Lei 9.876/99), não teriam qualquer proteção? Diante desse dilema, para as pessoas que estavam filiadas ao RGPS antes de 29/11/1999, a Lei 9.876/99 pretendeu prever, em seus arts. 3º e 5º, duas regras de transição. Eis os dispositivos:

Art. 3º Para o segurado filiado à Previdência Social até o dia anterior à data de publicação desta Lei, que vier a cumprir as condições exigidas para a concessão dos benefícios do Regime Geral de Previdência Social, no cálculo do salário-de-benefício será considerada a média aritmética simples dos maiores salários-de-contribuição, correspondentes a, no mínimo, oitenta por cento de todo o período contributivo decorrido desde a competência julho de 1994, observado o disposto nos <u>incisos I e II do caput do art. 29 da Lei nº 8.213, de 1991</u>, com a redação dada por esta Lei.

§ 1º Quando se tratar de segurado especial, no cálculo do salário-de-benefício serão considerados um treze avos da média aritmética simples dos maiores valores sobre os quais incidiu a sua contribuição anual, correspondentes a, no mínimo, oitenta por cento de todo o período contributivo decorrido desde a competência julho de 1994, observado o disposto nos <u>incisos I e II do § 6º do art. 29 da Lei nº 8.213, de 1991</u>, com a redação dada por esta Lei.

§ 2º No caso das aposentadorias de que tratam as alíneas b, c e d do inciso I do art. 18, o divisor considerado no cálculo da média a que se refere o caput e o § 1º não poderá ser inferior a sessenta por cento do período decorrido da competência julho de 1994 até a data de início do benefício, limitado a cem por cento de todo o período contributivo.

[...]

Art. 5º Para a obtenção do salário-de-benefício, o fator previdenciário de que trata o <u>art. 29 da Lei nº 8.213, de 1991</u>, com redação desta Lei, será aplicado de forma progressiva, incidindo sobre um sessenta avos da média aritmética de que trata o art. 3º desta Lei, por mês que se seguir a sua publicação, cumulativa e sucessivamente, até completar sessenta sessenta avos da referida média.

O art. 3º refere-se à forma de cálculo da renda mensal inicial de uma aposentadoria, nos moldes ali enquadráveis; já o art. 5º, ligado diretamente ao art. 3º, refere-se especificamente ao fator previdenciário (FP). Não há muita discussão a respeito de tais artigos se tratarem de regras de transição. Essa natureza, inclusive, já está declinada na decisão que indeferiu a liminar na ADI 2111, mas que ainda se encontra pendente de julgamento no mérito, no STF:

> DIREITO CONSTITUCIONAL E PREVIDENCIÁRIO. PREVIDÊNCIA SOCIAL: CÁLCULO DO BENEFÍCIO. FATOR PREVIDENCIÁRIO. AÇÃO DIRETA DE INCONSTITUCIONALIDADE DA LEI Nº 9.876, DE 26.11.1999, OU, AO MENOS, DO RESPECTIVO ART. 2º (NA PARTE EM QUE ALTEROU A REDAÇÃO DO ART. 29, "CAPUT", INCISOS E PARÁGRAFOS DA LEI Nº 8.213/91, BEM COMO DE SEU ART. 3º. ALEGAÇÃO DE INCONSTITUCIONALIDADE FORMAL DA LEI, POR VIOLAÇÃO AO ART. 65, PARÁGRAFO ÚNICO, DA CONSTITUIÇÃO FEDERAL, E DE QUE SEUS ARTIGOS 2º (NA PARTE REFERIDA) E 3º IMPLICAM INCONSTITUCIONALIDADE MATERIAL, POR AFRONTA AOS ARTIGOS 5º, XXXVI, E 201, §§ 1º E 7º, DA CONSTITUIÇÃO FEDERAL, E AO ART. 3º DA EMENDA CONSTITUCIONAL Nº 20, DE 15.12.1998. MEDIDA CAUTELAR. [...] 5. Também não parece caracterizada violação do inciso XXXVI do art. 5o da C.F., pelo art. 3o da Lei impugnada. É que se trata, aí, de norma de transição, para os que, filiados à Previdência Social até o dia anterior ao da publicação da Lei, só depois vieram ou vierem a cumprir as condições exigidas para a concessão dos benefícios do Regime Geral da Previdência Social. 6. Enfim, a Ação Direta de Inconstitucionalidade não é conhecida, no ponto em que impugna toda a Lei nº 9.876/99, ao argumento de inconstitucionalidade formal (art. 65, parágrafo único, da Constituição Federal). É conhecida, porém, quanto à impugnação dos artigos 2o (na parte em que deu nova redação ao art. 29, seus incisos e parágrafos da Lei nº 8.213/91) e 3o daquele diploma. Mas, nessa parte, resta indeferida a medida cautelar." (STF, ADI 2111, Rel. Min. Sydney Sanches, D. Julg. 16/03/2000) (grifo nosso)

Consoante a regulamentação até então vigente, quem, filiado ao RGPS antes da EC 20/98, se aposentava com 35/30 anos de contribuições, o fazia com base na média das últimas 36 contribuições, considerando como PBC as últimas 48 contribuições, *sem qualquer índice multiplicador* que não fosse aquele atinente ao percentual de sua aposentadoria, nos termos do art. 53 da Lei 8.213/91; mas, com a Lei 9.876/99, *repentinamente,* passou a haver um regime diferenciado, em geral mais gravoso, com a inclusão do fator previdenciário e seu potencial fator redutor e com a possibilidade de serem computadas todas as suas contribuições, não havendo a restrição apenas às últimas 36 contribuições.

Segundo a *nova* regulamentação do cálculo da renda mensal inicial da aposentadoria, inserida no art. 29 da Lei 8.213/91, aplicável obrigatoriamente a quem ingressar no RGPS após 29/11/1999, temos, em relação à sua etapa *essencial,* que houve duas mudanças. A primeira é o fato de que o PBC não seria formado apenas pelos últimos 48 meses, mas sim por TODOS os salários de contribuição do trabalhador. A segunda é que, na média, passariam a ser desprezados os 20% menores salários de contribuição. Já na etapa *específica* do cálculo, segundo as novas regras da Lei 9.876, publicada em 29/11/1999, a quem ingressou posteriormente a tal data, aplica-se o fator previdenciário, obrigatoriamente.

Por outro lado, podemos ver que a *regra de transição do art. 3º* da Lei 9.876/99, no cálculo da etapa *essencial* da aposentadoria de quem estava em vias de se aposentar, determina que o PBC a ser considerado não é nem os últimos 48 meses (art. 29, da Lei 8.213/91, original) e nem todo o período contributivo (art. 29, I e II, da Lei 8.213/91, em vigor), mas sim todo o período contributivo decorrido desde julho de 1994 até a data de início do benefício; por outro lado, a média a ser considerada não é nem a dos últimos 36 salários do PBC (art. 29, da Lei 8.213/91, original) e nem a de todos os 80% maiores salários de contribuição, mas sim a média dos 80% maiores salários de contribuição a partir de julho de 1994 (no mínimo), desde que estes maiores SC's representem ao menos 60% dos meses de contribuição no período decorrido entre julho de 1994 e a data de início do benefício.

Com isso, para o cálculo da etapa *essencial,* nesta regra de transição para os segurados que estavam em vias de se aposentar antes da Lei 9.876/99, será preciso aferir quais salários e contribuições efetivamente existiram desde julho de 1994 até a Data de Início do Benefício (DIB), pois é possível (e até bem comum, em face do desemprego), que o segurado não tenha contribuído em todos os meses a partir de julho de 1994. Entretanto, o erro da legislação anterior, em não se pautar por uma correspondência entre recolhimentos da vida inteira e o benefício pleiteado, não pode justificar a manutenção em erro que a regra de transição da Lei 9.876/99 proporcionou. Não necessariamente a forma de cálculo mais nova (todo o período contributivo) será mais vantajosa, e o cidadão não tinha, no regramento anterior à Lei 9.876/99, o direito à consideração de todo o período contributivo. Mas, deve ser preservado o direito à escolha da melhor hipótese, pois não se pode exigir do cidadão que ele tenha conhecimento prévio de qual é a melhor forma de cálculo de seu benefício. É o Estado que tem que propiciar a previsibilidade e a calculabilidade mais vantajosa.

É verdade que a forma de cálculo antiga estava prevista em lei e assim foi aplicada (ainda que injustamente) para os trabalhadores que tinham salários antigos mais altos que os recebidos nos últimos quatro anos de trabalho; mas, nessas hipóteses, para esses segurados potencialmente atingidos negativamente por uma forma de cálculo excludente, havendo uma nova legislação que permita considerar todo o período contributivo, o que impediria sua aplicação? O fato de haver segurados que se beneficiavam da norma antiga, com cálculos mais generosos decorrentes dos últimos anos com salários maiores, impede a proteção de segurados que se *encontravam na situação fática diametralmente oposta?*

Ora, se a modificação trazida pela Lei 9.876/99, permitindo a consideração de todo o período contributivo, tanto pode permitir um cálculo melhor, como um cálculo pior em relação ao cálculo anterior, não é possível aceitar que o Estado, em uma postura absenteísta, "lave suas mãos" e não propicie ao segurado a previsibilidade e a calculabilidade consistentes no acesso à informação de seu cálculo, nas duas formas possíveis, para que exerça seu direito à forma de cálculo mais vantajosa.

Ainda analisando esse mesmo art. 3º da Lei 9.876/99, se a quantidade de meses com *efetiva contribuição*, entre 07/94 e a DIB da aposentadoria, for igual ou superior a 60% de todo o PBC considerado, será possível se utilizar da regra de transição, dividindo-se a soma do valor das 80% maiores contribuições desde 07/94 pelo número de contribuições, em uma conta simples e justa.

Se a quantidade, porém, de efetivas contribuições existentes no PBC for inferior a 60% de todo o PBC, a soma de todos (e não mais dos 80% maiores) os salários de contribuição será dividida pelo divisor mínimo de 60% dos meses entre julho de 1994 e a data de início do benefício, ainda que o número de salários considerados nesse lapso seja muito menor que o número de contribuições do divisor mínimo. Portanto, quando necessário considerar esse divisor mínimo, quanto menor o número de contribuições durante o PBC, menor será o salário de benefício, aproximando a renda mensal inicial do salário mínimo, conforme disposição do art. 35 da Lei 8.213/91.

Em outros termos: para os segurados já filiados à época do início de vigência da Lei nº 9.876/1999, o PBC tem como termo inicial a competência julho de 1994 e termo final a data de entrada do requerimento, não podendo o divisor considerado no cálculo na média ser inferior a 60% (sessenta por cento) do PBC, salvo (conforme a parte final do § 2º do art. 3º da Lei nº 9.876/1999) quando o segurado computar contribuições em número inferior àquele correspondente a 60% do número de competências integrantes do período básico de cálculo.

Nesses casos, o Superior Tribunal de Justiça consolidou entendimento segundo o qual a expressão *"limitado a cem por cento de todo o período contributivo"* não significa que seja o divisor equivalente a 100% em caso de o segurado ter apenas efetuado uma contribuição no período de julho/94 até a data do início do benefício (STJ, 5ª Turma, REsp nº 929.032-RS, Rel. Min. Jorge Mussi, j. 24/03/2009, DJe 27/04/2009). Em outro precedente sobre o mesmo tema, o STJ definiu que:

> [...] *quando o segurado, submetido à regra de transição prevista no art. 3º, § 2º, da Lei n. 9.786/99, não contribui, ao menos pelo tempo correspondente a 60% do período básico de cálculo, os salários de contribuição existentes são somados e o resultado dividido pelo número equivalente a 60% (sessenta por cento) do período básico de cálculo.* (STJ, 6ª Turma, REsp nº 1.114.345-RS, Rel. Min. Maria Thereza de Assis Moura, DJe 06/12/2012).

Assim exemplifica a situação o professor Emerson Costa Lemes, em sua obra Manual dos Cálculos Previdenciários, 3ª ed., 2016, p. 114:

Segurado com DER em 22.06.2008, contando com 98 contribuições no PBC. PBC – Início: julho de 1994; Término: maio de 2008. Total de meses do PBC: 167. 167X60% = 100,2. O segurado contava com apenas 98 contribuições; portanto, seu divisor será 100,2. Teríamos, assim, atendendo ao disposto na Lei, que apurar os 80% maiores salários dentre as 98 contribuições, soma-los e dividir a soma por 100,2. Entretanto, a regra de transição diz 'no mínimo, oitenta por cento'. Logo, não usaremos neste caso os 80% maiores, e sim todos os salários, como forma de prejudicar menos o segurado. A soma destes 98 salários-de-contribuição deverá ser dividida por 100,2, para a obtenção da média dos Salários-de-contribuição.

Essa previsão do art. 3°, §2°, da Lei 9.876/99 trata do conceito de *divisor mínimo*, que não é novidade no ordenamento previdenciário. Tal conceito já existia na versão original do art. 29, § 1°, da Lei n. 8.213/91, que se relaciona com a anterior forma de cálculo do benefício (a média dos 36 últimos salários, considerando-se o PBC dos últimos 48 meses):

> No caso de aposentadoria por tempo de serviço, especial ou por idade, contando o segurado com menos de 24 (vinte e quatro) contribuições no período máximo citado, o salário-de-benefício corresponderá a 1/24 (um vinte e quatro avos) da soma dos salários-de-contribuição apurados.

No caso do divisor mínimo do art. 29, § 1°, da Lei n. 8.213/91, *em sua versão original*, nota-se que ele é fixo em 24, indicando uma regra clara a todo e qualquer segurado, de que ele poderá se aposentar, mas deverá somar as contribuições havidas no PBC e dividir por 24. Ou seja, supondo que o cidadão tivesse apenas 4 contribuições iguais, uma por ano, durante os 48 meses de seu PBC, deveria somar essas contribuições e dividí-las por 24. O valor de sua aposentadoria (dispensando a correção monetária, para facilitar) seria de, aproximadamente, 1/6 (um sexto) da sua contribuição.

Esse art. 29, § 1°, da Lei n. 8.213/91, que se aplicava a todo tipo de segurado que não tivesse 24 ou mais contribuições em seu PBC (ou seja, não era uma regra de transição) foi revogado pela Lei 9.876/99, tendo sido editado, em seu lugar, mas como regra de transição voltada apenas para aqueles que ingressaram no RGPS antes de 29/11/99, o art. 3°, §2°, da Lei 9.876/99, com inovações no conceito de divisor mínimo. Agora, esse divisor não é mais fixo em 24, como antigamente, mas sim variável prospectivamente. Um número variável que deverá ser de, no mínimo, 60% do número de meses entre 07/94 e a data de requerimento do benefício.

A tabela seguinte permite ter uma ideia de como é crescente o divisor mínimo:

DATA DA APOSENTADORIA	MESES, DESDE 07/94	DIVISOR MÍNIMO
03/2000	69	41,4
03/2001	81	48,6

DATA DA APOSENTADORIA	MESES, DESDE 07/94	DIVISOR MÍNIMO
03/2002	93	55,8
03/2003	105	63
03/2004	117	70,2
03/2005	129	77,4
03/2006	141	84,6
03/2007	153	91,8
03/2008	165	99
03/2009	177	106,2
03/2010	189	113,4
03/2011	201	120,6
03/2012	213	127,8
03/2013	225	135
03/2014	237	142,2
03/2015	249	149,4
03/2016	261	156,6
03/2017	273	163,8
03/2018	285	171
03/2019	297	178,2
03/2020	309	185,4

Supondo, por exemplo, que uma aposentadoria por tempo de contribuição seja requerida por segurado que ingressou no RGPS antes de novembro de 1999, com requerimento em 03/2014, e que os requisitos para aposentadoria estejam devidamente preenchidos, no momento de calcular sua aposentadoria, em sua fase *essencial*, o INSS avaliará se, nesses quase 20 anos entre 07/94 e 03/2014, o cidadão tem ao menos 142,2 meses de contribuições efetivas. Mas, se, devido ao desemprego e às dificuldades financeiras, este segurado só tiver 10 anos (120 meses) de contribuições efetivas nesse período (os outros 25 anos de contribuição seriam anteriores a 07/94), e, supondo que essas 120 contribuições sejam todas iguais (para permitir um cálculo mais fácil), seu salário de benefício levará em consideração apenas 84% de sua contribuição (120/142,2).

Ainda, e o mais grave: quanto mais essa aposentadoria for protelada, por quaisquer motivos (como o simples desconhecimento do direito ao benefício, por exemplo), mesmo se os requisitos já estiverem preenchidos, pior será o cálculo desse benefício. Parece-nos haver uma irrazoabilidade e um enriquecimento sem causa, nesse ponto específico. Em verdade, a aplicação acrítica do art. 3º, § 2º, da Lei 9.876/99 acabará conduzindo a uma situação absurda após julho de 2020, pois ainda que o segurado possua 180 contribuições *após julho de 1994*, na hora de calcular seu benefício, estaria submetido a um divisor mínimo superior à própria carência (que é de 180 meses tanto para as aposentadorias por idade como nas aposentadorias por tempo de contribuição). Isto não faz qualquer sentido, não possui a menor coerência.

Como vimos, a redação original da CF/88 previa que a aposentadoria seria calculada com base nos últimos 36 salários do trabalhador. Essa regra, por um lado, invariavelmente, não refletia a trajetória salarial do trabalhador, pois estabelecia o valor do benefício baseado em um curto período de tempo (no caso de um trabalhador do sexo masculino, isso poderia corresponder a pouco mais de 8% do tempo de contribuição exigido para sua aposentadoria); e, por outro lado, propiciava distorções e usos potestativos e abusivos da hipótese, permitindo que o trabalhador contribuísse a vida inteira em valores mínimos, e sobre o teto previdenciário apenas nos últimos três anos antes da aposentadoria. Foi para evitar essas distorções que o legislador criou o divisor mínimo do art. 29, § 1º, da Lei n. 8.213/91, em sua versão original, e repetiu essa ideia no art. 3º, §2º, da Lei 9.876/99.

Ora, o corte temporal havido em um PBC nos conduz ao fato de que, nos últimos meses e/ou anos imediatamente anteriores ao requerimento do benefício, é possível que não haja contribuições que permitam realizar o cálculo da renda mensal inicial da aposentadoria, mesmo preenchido o tempo de contribuição mínimo para a aposentadoria de acordo com salários e contribuições muito anteriores. O ideal, em verdade, era estabelecer um PBC que representasse adequadamente o histórico laborativo integral do cidadão[48] (e não um tão curto, como o de três anos, que significa míseros 8,5% de todo o tempo considerado para uma aposentadoria por tempo de contribuição integral de um segurado do sexo masculino); mas isto só viria a ocorrer com a alteração da norma do art. 29, incisos I e II, da Lei 8.213/91.

---

48 Nesse sentido, note-se que essa foi uma das intenções do Governo, quando propôs o projeto de lei (PL 1.527/99, da Câmara) que resultaria na Lei 9.876/99, como se vê da relevante passagem da Exposição de Motivos assinada pelo então Ministro da Previdência e Assistência Social, sr. Waldeck Ornélas: "[...] 58. *A ampliação do período de contribuição computado para a apuração do salário-de-benefício nada mais é do que um ajuste da legislação brasileira à tendência internacionalmente vigente de extensão do número de anos sobre os quais se baseia a determinação do valor do benefício. A proposta de computar, no Brasil, todo o período laboral do segurado não é exceção no mundo e equivale, por exemplo, ao vigente em legislações de países de reconhecida tradição previdenciária, como a Alemanha, a Itália e a Suécia. 59. A regra de cálculo do valor dos benefícios ainda em vigor baseia-se, exclusivamente, nos últimos 3 anos de contribuição antes da aposentadoria, o que lhe confere um caráter regressivo. [...] 63. Em regimes de repartição simples com benefício definido, onde o benefício é calculado com base nos últimos anos de contribuição, o fato de existirem diferentes perfis de evolução da renda ao longo da vida gera severas distorções redistributivas. Quanto menor o período de base de cálculo, tanto mais subsídios implícitos são auferidos pelos segurados de alta remuneração final em detrimento dos trabalhadores de baixa renda e, também, pelos homens em prejuízo das mulheres. Do exposto, podemos concluir que a ampliação do período computado para efeito de cálculo do valor dos benefícios é uma medida com forte conteúdo de justiça social, que visa reduzir de maneira progressiva estas vantagens auferidas pelos segmentos sociais mais favorecidos no momento de sua aposentadoria.*" Disponível, na íntegra, em: <http://www.camara.gov.br/proposicoesWeb/fichadetramitacao?idProposicao=38167>. Acesso em: 16 mar. 2018. Ora, se a justiça propiciada pelo novo regime de cálculos é tão flagrante, por quais motivos ele não poderia ser aplicado a quem ingressou anteriormente à Lei 9.876/99?

Além disso, uma outra intenção do divisor mínimo era estimular o segurado, ainda que indiretamente, a manter-se com a qualidade de segurado e efetuando seus recolhimentos, nos meses anteriores a seu requerimento, ainda que o desemprego e a impossibilidade financeira o premisse; caso contrário, a média seria calculada pela soma de poucos salários (considerados, segundo PBC's, restritivos) por divisores maiores que o número desses salários. Haveria, assim, uma espécie de punição financeira a quem pedisse aposentadoria nessas condições. Seu benefício tenderia a ser reduzido drasticamente, em casos extremos de poucas contribuições no PBC, mesmo que houvesse contribuições de valor relativo alto, em momentos anteriores a PBC's restritivos. Garantia-se, por outro lado, o pagamento de uma aposentadoria no valor de um salário-mínimo, conforme previsão do art. 201, §2º, da CF/88 c/c o art. 35 da Lei 8.213/91.

A consultora legislativa Renata Baars, em nota técnica produzida em 02/2010, e divulgada no sítio eletrônico da Câmara dos Deputados, ainda alude a outras questões que foram olvidadas, a respeito do divisor mínimo:

> O objetivo do divisor mínimo é evitar que os segurados tenham o valor de seu benefício artificialmente elevado pela metodologia de cálculo, sem que seja feito o correspondente custeio à Previdência Social, mediante contribuição sobre o valor do teto de contribuição apenas a partir de julho de 1994. De fato, o divisor mínimo cumpre com o objetivo que foi proposto, de evitar a majoração artificial do benefício. **Contudo, prejudica outros segurados que sempre contribuíram sobre o teto, mas estiveram afastados do mercado de trabalho por grandes períodos a partir de julho de 1994, seja por desemprego ou até mesmo por se dedicarem à formação profissional. Nesses casos, o divisor mínimo é injusto.** O cálculo da média salarial considerando somente os períodos de contribuição posteriores a julho de 1994 foi adotado, tendo em vista a falta de confiabilidade das informações anteriores a essa data constantes do Cadastro Nacional de Informações Sociais – CNIS. **Não parece razoável, no entanto, que o segurado que sempre contribuiu sobre o teto antes de julho de 1994, por falhas do sistema de dados Previdência Social, sofra redução no valor do seu benefício em face da regra do divisor mínimo ou tenha que adiar sua aposentadoria para não incorrer nessa regra.** A Lei nº 9.876, de 1999, ao instituir a regra do divisor mínimo, deveria ter resguardado o direito do segurado, que tivesse os comprovantes do valor de seus salários-de-contribuição anteriores a julho de 1994, em ter seu benefício calculado pela média de 80% de todos os seus maiores salários-de-contribuição. **Ademais, registramos que a atual regra do divisor mínimo é incoerente com a política previdenciária de reconhecimento automático de informações dos segurados, cujo marco legal é a Lei Complementar nº 128, de 19 de dezembro de 2008, que estabeleceu a validação dos dados constantes do Cadastro Nacional de Informações Sociais – CNIS,** ao alterar o caput do art. 29-A da Lei nº 8.213, de 1991, bem como incluir os §§2º a 5º.[49]" *(grifo nosso)*

---

[49] Disponível em: <http://www2.camara.leg.br/a-camara/documentos-e-pesquisa/estudos-e-notas-tecnicas/areas-da-conle/tema15/2009_18767.pdf>. Acesso em: 11 mar. 2018.

Há, portanto, falta de razoabilidade na implantação desse divisor mínimo, para calcular a renda mensal inicial de uma aposentadoria, havendo excessos na previsão legal em comento, não sendo proporcional com o valor social do primado do trabalho, transparecendo um velado enriquecimento sem causa ao desprezar os valores das contribuições de todos aqueles que ingressaram anteriormente à Lei 9.876/99, para fins de cálculo de suas aposentadorias.

Não parece correto afirmar, destarte, que apenas as relações de emprego e as contribuições posteriores a julho de 1994 poderão corresponder a um benefício previdenciário justo. Não há, portanto, razoabilidade na fixação de um divisor mínimo distinto entre segurados cujos benefícios de datas de início sejam distintas, não sendo esse um critério razoável de distinção entre os segurados. Há violação à isonomia entre os segurados (art. 5°, *caput*, CF), nos cálculos de aposentadoria que levam em conta esse divisor mínimo.

Além de tudo isso, a relevância e necessidade de um divisor mínimo foi, pragmaticamente, abandonada pelo Poder Executivo. É que, de modo inovador, a Medida Provisória n. 83, de 12 de dezembro de 2002, em seu art. 3°, previu que:

> Art. 3° A perda da qualidade de segurado não será considerada para a concessão das aposentadorias por tempo de contribuição e especial.
>
> Parágrafo único. Na hipótese de aposentadoria por idade, a perda da qualidade de segurado não será considerada para a concessão desse benefício, desde que o segurado conte com, no mínimo, duzentas e quarenta contribuições mensais.

Essa medida foi convertida posteriormente na Lei n. 10.666, de 08/05/2003, que assim dispõe, em seu art. 3°:

> Art. 3º A perda da qualidade de segurado não será considerada para a concessão das aposentadorias por tempo de contribuição e especial.
>
> §1º Na hipótese de aposentadoria por idade, a perda da qualidade de segurado não será considerada para a concessão desse benefício, desde que o segurado conte com, no mínimo, o tempo de contribuição correspondente ao exigido para efeito de carência na data do requerimento do benefício.
>
> §2º A concessão do benefício de aposentadoria por idade, nos termos do § 1º, observará, para os fins de cálculo do valor do benefício, o disposto no art. 3º, caput e § 2º, da Lei nº 9.876, de 26 de novembro de 1999, ou, não havendo salários de contribuição recolhidos no período a partir da competência julho de 1994, o disposto no art. 35 da Lei nº 8.213, de 24 de julho de 1991.

Nota-se, do cotejo entre esses dois dispositivos, que, no processo legislativo de conversão da medida provisória havido no Congresso Nacional, observou-se o abrandamento da exigência de 240 meses de carência para obtenção da aposentadoria por idade com perda da qualidade de segurado. Com a Lei de conversão de 2003, bastava completar o tempo de contribuição correspondente ao exigido para efeito de carência na data do requerimento do benefício; todavia, a contrapartida do Governo foi inserir uma conexão deste tipo de aposentadoria por idade (com perda da qualidade de segurado), com a ideia de calcular-se o valor conforme o 'divisor mínimo'. Ou seja, a intenção foi reduzir ao máximo (ao salário-mínimo) o valor dessa aposentadoria, desconfiando de quem se encontra em uma situação de desemprego e/ou impossibilidade financeira.

Só que esse dispositivo da Lei 10.666/2003 nos trouxe algumas perplexidades relevantes. Como o art. 3º, §2º da referida Lei 10.666 fazia referência apenas ao §1º, a aposentadoria por tempo de contribuição e a aposentadoria especial, nas quais tenha havido a perda da qualidade de segurado, não mais seriam calculadas com a utilização do divisor mínimo da Lei 9.876/99. Logicamente, qualquer aposentadoria em que não tenha havido perda da qualidade de segurado, em momento imediatamente anterior ao requerimento, não poderia mais ter sua RMI calculada conforme o art. 3º, §2º, da Lei 9.876/99.

Assim, o que justifica que apenas a aposentadoria por idade em que houve a perda da qualidade de segurado seja submetida ao cálculo com o divisor mínimo? Apenas a pouca quantidade (em geral) de contribuições recolhidas em uma aposentadoria por idade, em relação às aposentadorias por tempo de contribuição e especial. Mas, pensemos: seria justa tal medida? Imagine um cidadão que, em 2010, tenha completado 65 anos de idade, tendo 20 anos de contribuições havidas entre novembro de 1973 e outubro de 1993 de um único emprego, que, atualizadas monetariamente e convertidas as moedas, fossem, todas elas, equivalentes a cinco salários-mínimos atuais. Nesse caso, teria perdido a qualidade de segurado no momento de seu requerimento de sua aposentadoria, e não teria qualquer salário de contribuição a partir de 07/1994. Pela letra fria da regra de transição do art. 3º, §2º da Lei 9.876/99, esse benefício deveria ser de apenas um salário-mínimo (art. 35 da Lei 8.213/91), visto que o uso do divisor mínimo não garantiria benefício maior que isso. Isto parece justo?

Nota-se que, em verdade, como a perda da qualidade de segurado do trabalhador não é considerada para fins de concessão da aposentadoria especial, da aposentadoria por tempo de contribuição e da aposentadoria por idade, não faz mais qualquer sentido exigir que o cidadão, no cálculo da etapa essencial da renda mensal inicial de sua aposentadoria, ainda tenha que sofrer perdas econômicas substanciais ao não preencher o divisor mínimo, especialmente após a edição do art. 3º, §2º, da Lei 10.666/2003.

Por conseguinte, a interpretação que nos parece mais correta, acerca do art. 3º, §2º, *in fine*, da Lei 9.876/99, é a de que, nessas hipóteses, há uma apropriação injustificada de parte significativa das contribuições recolhidas destes trabalhadores que são atingidos pelo divisor mínimo, que apenas parcialmente são consideradas no cálculo de seu benefício, desconsiderando-se a ideia de que todos os salários de contribuição deverão ser atualizados e corresponder, contabilmente, aos benefícios pretendidos no RGPS, exatamente como dispõem os atuais §§ 3º e 11 (antigos §§ 3º e 4º originais) do art. 201 da CF/88. Ou seja, a instituição do divisor mínimo, por parte da regra de transição em comento, viola a isonomia entre os segurados (art. 5º, *caput*, da CF), a depender das datas em que foram efetuadas suas contribuições, o que é inconstitucional.

Desta forma, a *regra de transição* do art. 3º da Lei 9.876/99 só pode ser compreendida como constitucional, se for dada a interpretação que permita concluir que, na etapa *essencial* de cálculo da aposentadoria, o PBC é fixado de julho de 1994 até a data do requerimento, e a média se refira aos 80% maiores salários de contribuição desse período. Desse modo, o divisor mínimo, de 60% dos meses entre julho de 1994 e a data de início do benefício, deve ser excluído, **especialmente** quando o número de salários considerados nesse lapso seja menor que o número de contribuições do divisor mínimo, ocasião em que a injustiça com o histórico laborativo do segurado e a apropriação de parte das contribuições são evidentes. Esse raciocínio, além de simplificar o cálculo, exclui a inconstitucional e insubsistente condição inserida pelo divisor mínimo variável, traduzida no art. 3º, §2º, *in fine*, da Lei 9.876/99.

Assim, a regra de transição do art. 3º da Lei 9.876/99 só pode ser compreendida como constitucional, se for desconsiderada a parte final do §2º (divisor mínimo), violadora da razoabilidade e do direito fundamental à igualdade (art. 5º, caput, da CF); e, além disso, se forem apresentados, pela autarquia previdenciária, os cálculos do benefício pretendido, tanto na forma da regra transicional (com a limitação interpretativa que expusemos), como na forma da regra nova do art. 29, incisos I e II, da Lei 8.213/91, sem limitação de PBC, para que o segurado possa exercer seu "direito ao melhor benefício" (art. 122 da Lei 8.213/91 e STF, RE 630.501).

Em seguida, na análise da fase *específica* do cálculo da renda mensal inicial para aqueles trabalhadores que tenham ingressado no RGPS após a Lei 9.876/99, aplica-se o fator previdenciário. *Nesse caso, a regra de transição a ser aplicada é aquela encontrada no art. 5º da Lei 9.876/99.* Segundo a regra, o fator previdenciário se aplicaria também aos trabalhadores que ingressaram anteriormente à edição da Lei 9.876/99 e que não tenham completado os requisitos para a concessão da aposentadoria, conforme a regra anterior.

A melhor compreensão desse dispositivo nos demonstra que se trata de um redutor progressivo do benefício, que fará com que o impacto do fator previdenciário, em cada caso específico, seja diluído financeiramente no tempo, iniciando-se a aplicação do fator em dezembro de 1999 (com um fator previdenciário ao qual se aplicava um redutor de 1/60 avos) até novembro de 2004 (quando o fator previdenciário foi aplicado integralmente).

Assim, com a edição da Lei 9.876/99, é possível notar que o segurado já estava ciente de que, a partir de novembro de 2004, o fator iria ser aplicado em sua plenitude.

Parece-nos uma relevante regra de transição, na aplicação do fator previdenciário, informando ao segurado de que, nos pedidos de aposentadoria por tempo de contribuição feitos a partir de novembro de 2004, o fator previdenciário será integralmente aplicado, na etapa *específica* de cálculo da renda mensal inicial.

Importa aqui anotar, contudo, que o índice do fator previdenciário, ainda que considerado na forma transicional do dispositivo supracitado, só deve incidir em aposentadorias por tempo de contribuição de natureza integral, pois *não é correto permitir que, na etapa específica do cálculo da RMI, o índice do fator previdenciário possa ser aplicado conjuntamente com o índice multiplicador redutor da própria aposentadoria por tempo de contribuição proporcional*, ambos sobre o salário de benefício encontrado na etapa *essencial,* mesmo em caso de uma aposentadoria por tempo de contribuição proporcional concedida após a edição da Lei 9.876/99 (que criou o fator previdenciário).

E a explicação é muito simples. A renda mensal inicial da aposentadoria por tempo de contribuição proporcional, para aqueles que tinham preenchido os requisitos anteriormente à EC 20/98, era calculada conforme a regra do art. 202, original, da CF/88 (no que atine à etapa ***essencial*** do cálculo), e conforme o art. 53 da Lei n. 8.213/91, ainda em vigor (no que atine à etapa *específica,* de aplicação do percentual).

A aposentadoria por tempo de contribuição proporcional foi extinta pela EC 20/98. Isto significa que a norma mais gravosa determinou que, quem ingressasse no RGPS a partir de 16/12/98, não poderia pleitear tal benefício. Mas, esta mesma norma constitucional (ainda que derivada), diferentemente do que ocorreu em relação à aposentadoria por tempo de contribuição proporcional, definiu como seriam calculadas as aposentadorias proporcionais do RGPS.

Enquanto o constituinte derivado da EC 20/98 alterou a forma de cálculo da aposentadoria integral que existia no caput do art. 202 da CF/88, em sua redação original, e não estabeleceu nada em seu lugar, desconstitucionalizando tal cálculo; atuou diferentemente em relação à aposentadoria proporcional, que teve sua forma de cálculo definida no art. 9º, § 1º, inciso II, da mesma Emenda, que se encontra em vigor. Ou seja, diferentemente do que ocorreu com relação à aposentadoria por tempo de contribuição integral, na aposentadoria proporcional, a regra de transição, da norma que a permitia para a norma que a extinguia, já previa a forma de cálculo na Emenda Constitucional 20/98, e apenas uma norma jurídica de mesma estatura poderia modificar esse cálculo, inserindo um novo multiplicador, àquele determinado na EC 20/98. Por conseguinte, qualquer interpretação que determine a aplicação do fator previdenciário instituído por lei ordinária (e não por emenda constitucional) na etapa *específica* de cálculo da renda mensal inicial, juntamente com o percentual de redução da própria aposentadoria proporcional (que foi definido na regra de transição constitucional da EC 20/98), é *inconstitucional*. João Batista Lazzari e Carlos Alberto Pereira de Castro, em seu Manual de Direito Previdenciário, assim argumentam:

> A alteração legislativa promovida pela Lei do Fator Previdenciário foi destinada a regular exclusivamente as aposentadorias por tempo de contribuição concedidas com base na regra permanente do art. 201 da Constituição, não podendo ser aplicada para as regras de transição da EC n. 20/1998, sob pena de inconstitucionalidade e ferimento ao direito adquirido e ao melhor benefício. Isto porque ensejaria dupla penalização ao segurado, primeiro no tocante à necessidade de cumprimento da idade mínima e do pedágio e depois no

tocante ao fator previdenciário que também é baseado na idade e no tempo de contribuição. Dessa forma, deve ser reconhecida como inadequada a interpretação dada pelo INSS quanto ao alcance da Lei n. 9.876/1999, no que se refere às aposentadorias dos segurados que cumpriram as regras de transição da EC n.º 20/1998. A norma constitucional que alterou a sistemática de cálculo dos benefícios previdenciários garantiu, expressamente, o direito à concessão na forma prevista até sua promulgação, mediante o cumprimento das regras de transição por ela estabelecidas. Vale lembrar, por fim, que o exercício do direito da aposentadoria em data posterior à publicação de nova norma, no caso a Lei n. 9.876/1999, não pode ferir ou prejudicar o direito adquirido a regra diferenciada para aqueles que já haviam ingressado no RGPS antes da mudança e que venham a cumprir os requisitos diferenciados das eventuais regras de transição criadas." (CASTRO; LAZZARI; 2018, p. 649-650).

O STF, no RE 639.856, reconheceu a repercussão geral desse tema, ainda pendente de julgamento, conforme se percebe do seguinte acórdão:

> Constitucional. 2. Previdenciário. Aposentadoria proporcional por tempo de contribuição. Fórmula de cálculo do salário de benefício. 3. Benefícios concedidos a segurados filiados ao Regime Geral até 12.12.1998. 4. Controvérsia. Incidência do fator previdenciário (Lei 9.876/99) ou das regras de transição trazidas pela EC 20/98. 5. Cômputo de tempo posterior à Lei 9.876, de 26.11.99. 6. Relevância da questão constitucional. Repercussão geral reconhecida. (STF, RE 639.856, Rel. Min. Gilmar Mendes, Publ. em 10/12/2012).

Conclui-se que, embora tenha sido legítima a instituição de regra de transição para aplicação de fator previdenciário escalonado, como se viu no art. 5º da Lei 9.876/99, entendemos que este fator não se aplica, em se tratando de aposentadorias proporcionais, pois se trataria de um duplo redutor do benefício, sem autorização constitucional. Como essas aposentadorias proporcionais só podem ser concedidas na forma do art. 9º, §1º, da EC 20/98[50], *sua forma de cálculo em hipótese alguma poderia ser modificada por lei ordinária*, sem uma nova emenda constitucional, pois lei ordinária é subordinada e não tem qualquer poder para revogar normas constitucionais, ainda que derivadas, que estejam em pleno vigor.

Frise-se que é preciso e possível rever o argumento no sentido de que a determinação do legislador para aproveitamento dos salários-de-contribuição posteriores a julho de 1994 visou uniformizar os valores colhidos para cálculo,

---

50 Importante registrar que, para fins de aposentadoria proporcional, não será possível mesclar regimes legais, conforme pontuado por CASTRO e LAZZARI: "[...] *a TNU fixou a tese de que os trabalhadores com direito adquirido à aposentadoria por tempo de serviço na modalidade proporcional em 15.12.1998 não podem computar tempo de contribuição a partir de 16.12.1998, data da publicação da Emenda Constitucional n. 20/1998, e nem se utilizar da forma de cálculo da renda mensal inicial anteriormente vigente, sem que satisfaça os requisitos exigidos na norma de transição do art. 9º da referida emenda, que define os requisitos gerais de aposentadoria. A negativa do direito fundamentou-se também na vedação a um sistema híbrido de aposentadoria (PEDILEF 5005294-70.2013.4.04.7104, Relator Juiz Federal Luiz Cláudio Flores da Cunha, DOU de 23.5.2014).*" (CASTRO; LAZZARI, 2018, p. 650).

alcançando todos aqueles já na mesma moeda (Real), cuja primeira emissão ocorreu exatamente em 1º de julho de 1994 (art. 3º, § 1º da Lei nº 8.880/94), e estabelecer uma regra de natureza político-econômica tendente a afastar qualquer salário de contribuição exposto em moeda antiga (cruzeiro, cruzeiro novo, cruzado, cruzado novo, novamente cruzeiro e, por último, cruzeiro real), eliminando as distorções da época antecedente a julho de 1994 (mês da primeira emissão do real), na qual se vivia em meio a índices inflacionários descontrolados. Esta determinação objetivou encerrar, de modo autoritário, discussões sobre conversões que certamente se fariam presentes em um cálculo que possuísse valores em diversos padrões monetários, sem considerar que a conversão de moeda é algo totalmente possível, e uma medida aritmética fácil de proceder. Nesse sentido, basta a leitura atenta da tabela de conversão existente em diversos sites, dentre eles, a seguinte, disponível em: <http://www.portaldefinancas.com/conversao1.htm>. Além disso, a correção monetária dos valores de salários de contribuição antigos também é plenamente possível. Até mesmo no sítio da Justiça Federal do Rio de Janeiro - <https://www.jfrj.jus.br/node/9844> - é possível encontrar a tabela com os índices de correção monetária desde outubro de 1964.

Ao fim e ao cabo, essa discussão a respeito da vedação ao uso dos salários de contribuição anteriores a julho de 1994 é ligada a fatores político-econômicos, sem qualquer percepção de respeito a valores como razoabilidade e isonomia, o que deve ser repelido. O cerne do debate, em verdade, é apenas a prova dos recolhimentos, dos vínculos, das contribuições, havidas anteriormente em 07/94, não havendo nada que justifique sua desconsideração de valores recolhidos no cálculo da RMI da aposentadoria do cidadão, apenas pela data em que ocorreram.

Podemos concluir, portanto, que fatores políticos circunstanciais presidiram os debates em torno da Reforma da Previdência da EC 20/98 e propiciaram diversas relações de desconfiança entre Estado e cidadão, seja na forma de cálculo das aposentadorias daqueles que se encontravam em vias de se aposentar, seja no uso do "divisor mínimo", seja no uso do fator previdenciário nas aposentadorias por tempo de contribuição proporcionais, ensejando uma dupla regulação transitória, com sensíveis reduções nos valores desses benefícios. Critérios puramente econômicos, despreocupados com medidas de justiça, segurança e igualdade foram priorizados pelos parlamentares, causando severa desconfiança.

Veremos, a seguir, que o panorama tende a se repetir, na Reforma da Previdência que se avizinha.

2.3.4 - A proposta mais recente de Reforma da Previdência (PEC 287 - A/2016)

O art. 23 da Proposta de Emenda Constitucional n. 287-A/2016 (atual Reforma da Previdência em curso), em sua versão da Emenda Aglutinativa apresentada pelo Governo Federal em 22 de novembro de 2017[51], trouxe a possibilidade de revogação de normas transitórias de Emendas Constitucionais anteriores (EC's 20, 41 e 47), elaboradas como parte de anteriores reformas previdenciárias. Assim dispõe o citado art. 23, em seus incisos II, III e IV:

> **Art. 23.** Ficam revogados os seguintes dispositivos:
>
> [...]
>
> II - os arts. 9º e 15 da Emenda Constitucional nº 20, de 15 de dezembro de 1998:
>
> III - os arts. 2º, 6º e 6º-A da Emenda Constitucional nº 41, de 19 de dezembro de 2003:
>
> IV - o art. 3º da Emenda Constitucional nº 47, de 5 de julho de 2005.

É necessário transcrever quais normas constitucionais são essas que o proponente quer revogar e que estão dispostas nos citados dispositivos, especialmente o art. 9º da EC 20/98, para entender seus objetivos:

a) EMENDA CONSTITUCIONAL N. 20/98:

> Art. 9º - Observado o disposto no art. 4º desta Emenda e ressalvado o direito de opção a aposentadoria pelas normas por ela estabelecidas para o regime geral de previdência social, é assegurado o direito à aposentadoria ao segurado que se tenha filiado ao regime geral de previdência social, até a data de publicação desta Emenda, quando, cumulativamente, atender aos seguintes requisitos:
>
> I - contar com cinqüenta e três anos de idade, se homem, e quarenta e oito anos de idade, se mulher; e II - contar tempo de contribuição igual, no mínimo, à soma de: a) trinta e cinco anos, se homem, e trinta anos, se mulher; e b) um período adicional de contribuição equivalente a vinte por cento do tempo que, na data da publicação desta Emenda, faltaria para atingir o limite de tempo constante da alínea anterior.
>
> § 1º - O segurado de que trata este artigo, desde que atendido o disposto no inciso I do "caput", e observado o disposto no art. 4º desta Emenda, pode aposentar-se com valores proporcionais ao tempo de contribuição, quando atendidas as seguintes condições:
>
> I - contar tempo de contribuição igual, no mínimo, à soma de: a) trinta anos, se homem, e vinte e cinco anos, se mulher; e b) um período adicional de contribuição equivalente a quarenta por cento do tempo que, na data da publicação desta Emenda, faltaria para atingir o limite de tempo constante da alínea anterior;
>
> II - o valor da aposentadoria proporcional será equivalente a setenta por cento do valor da aposentadoria a que se refere o "caput", acrescido de cinco por cento por ano de contribuição que supere a soma a que se refere o inciso anterior, até o limite de cem por cento.
>
> § 2º - O professor que, até a data da publicação desta Emenda, tenha exercido atividade de magistério e que opte por aposentar-se na forma do disposto no

---

51 Disponível em: <http://infograficos.estadao.com.br/public/economia/Emenda-aglutinativa-PEC%20287-de-2016.pdf>. Acesso em: 10 jan. 2018.

"caput", terá o tempo de serviço exercido até a publicação desta Emenda contado com o acréscimo de dezessete por cento, se homem, e de vinte por cento, se mulher, desde que se aposente, exclusivamente, com tempo de efetivo exercício de atividade de magistério.

b) EMENDA CONSTITUCIONAL N. 41/2003:

Art. 2º Observado o disposto no art. 4º da Emenda Constitucional nº 20, de 15 de dezembro de 1998, é assegurado o direito de opção pela aposentadoria voluntária com proventos calculados de acordo com o art. 40, §§ 3º e 17, da Constituição Federal, àquele que tenha ingressado regularmente em cargo efetivo na Administração Pública direta, autárquica e fundacional, até a data de publicação daquela Emenda, quando o servidor, cumulativamente:

I - tiver cinquenta e três anos de idade, se homem, e quarenta e oito anos de idade, se mulher; II - tiver cinco anos de efetivo exercício no cargo em que se der a aposentadoria; III - contar tempo de contribuição igual, no mínimo, à soma de: a) trinta e cinco anos, se homem, e trinta anos, se mulher; e b) um período adicional de contribuição equivalente a vinte por cento do tempo que, na data de publicação daquela Emenda, faltaria para atingir o limite de tempo constante da alínea a deste inciso.

§ 1º O servidor de que trata este artigo que cumprir as exigências para aposentadoria na forma do caput terá os seus proventos de inatividade reduzidos para cada ano antecipado em relação aos limites de idade estabelecidos pelo art. 40, § 1º, III, a, e § 5º da Constituição Federal, na seguinte proporção: I - três inteiros e cinco décimos por cento, para aquele que completar as exigências para aposentadoria na forma do caput até 31 de dezembro de 2005; II - cinco por cento, para aquele que completar as exigências para aposentadoria na forma do caput a partir de 1º de janeiro de 2006.

§ 2º Aplica-se ao magistrado e ao membro do Ministério Público e de Tribunal de Contas o disposto neste artigo.

§ 3º Na aplicação do disposto no § 2º deste artigo, o magistrado ou o membro do Ministério Público ou de Tribunal de Contas, se homem, terá o tempo de serviço exercido até a data de publicação da Emenda Constitucional nº 20, de 15 de dezembro de 1998, contado com acréscimo de dezessete por cento, observado o disposto no § 1º deste artigo.

§ 4º O professor, servidor da União, dos Estados, do Distrito Federal e dos Municípios, incluídas suas autarquias e fundações, que, até a data de publicação da Emenda Constitucional nº 20, de 15 de dezembro de 1998, tenha ingressado, regularmente, em cargo efetivo de magistério e que opte por aposentar-se na forma do disposto no caput, terá o tempo de serviço exercido até a publicação daquela Emenda contado com o acréscimo de dezessete por cento, se homem, e de vinte por cento, se mulher, desde que se aposente, exclusivamente, com tempo de efetivo exercício nas funções de magistério, observado o disposto no § 1º.

§ 5º O servidor de que trata este artigo, que tenha completado as exigências para aposentadoria voluntária estabelecidas no caput, e que opte por permanecer em atividade, fará jus a um abono de permanência equivalente ao valor da sua contribuição previdenciária até completar as exigências para aposentadoria compulsória contidas no art. 40, § 1º, II, da Constituição Federal.

§ 6° Às aposentadorias concedidas de acordo com este artigo aplica-se o disposto no art. 40, § 8°, da Constituição Federal.

[...]

Art. 6° Ressalvado o direito de opção à aposentadoria pelas normas estabelecidas pelo art. 40 da Constituição Federal ou pelas regras estabelecidas pelo art. 2° desta Emenda, o servidor da União, dos Estados, do Distrito Federal e dos Municípios, incluídas suas autarquias e fundações, que tenha ingressado no serviço público até a data de publicação desta Emenda poderá aposentar-se com proventos integrais, que corresponderão à totalidade da remuneração do servidor no cargo efetivo em que se der a aposentadoria, na forma da lei, quando, observadas as reduções de idade e tempo de contribuição contidas no § 5° do art. 40 da Constituição Federal, vier a preencher, cumulativamente, as seguintes condições:

I - sessenta anos de idade, se homem, e cinquenta e cinco anos de idade, se mulher; II - trinta e cinco anos de contribuição, se homem, e trinta anos de contribuição, se mulher; III - vinte anos de efetivo exercício no serviço público; e IV - dez anos de carreira e cinco anos de efetivo exercício no cargo em que se der a aposentadoria.

~~Parágrafo único. Os proventos das aposentadorias concedidas conforme este artigo serão revistos na mesma proporção e na mesma data, sempre que se modificar a remuneração dos servidores em atividade, na forma da lei, observado o disposto no art. 37, XI, da Constituição Federal.~~ (Revogado pela Emenda Constitucional n° 47, de 2005)

Art. 6°-A. O servidor da União, dos Estados, do Distrito Federal e dos Municípios, incluídas suas autarquias e fundações, que tenha ingressado no serviço público até a data de publicação desta Emenda Constitucional e que tenha se aposentado ou venha a se aposentar por invalidez permanente, com fundamento no inciso I do § 1° do art. 40 da Constituição Federal, tem direito a proventos de aposentadoria calculados com base na remuneração do cargo efetivo em que se der a aposentadoria, na forma da lei, não sendo aplicáveis as disposições constantes dos §§ 3°, 8° e 17 do art. 40 da Constituição Federal. (Incluído pela Emenda Constitucional n° 70, de 2012)

Parágrafo único. Aplica-se ao valor dos proventos de aposentadorias concedidas com base no caput o disposto no art. 7° desta Emenda Constitucional, observando-se igual critério de revisão às pensões derivadas dos proventos desses servidores. (Incluído pela Emenda Constitucional n° 70, de 2012)

c) EMENDA CONSTITUCIONAL N. 47/2005:

Art. 3° Ressalvado o direito de opção à aposentadoria pelas normas estabelecidas pelo art. 40 da Constituição Federal ou pelas regras estabelecidas pelos arts. 2° e 6° da Emenda Constitucional n° 41, de 2003, o servidor da União, dos Estados, do Distrito Federal e dos Municípios, incluídas suas autarquias e fundações, que tenha ingressado no serviço público até 16 de dezembro de 1998 poderá aposentar-se com proventos integrais, desde que preencha, cumulativamente, as seguintes condições:

I - trinta e cinco anos de contribuição, se homem, e trinta anos de contribuição, se mulher; II - vinte e cinco anos de efetivo exercício no serviço público, quinze anos de carreira e cinco anos no cargo em que se der a aposentadoria; III - idade mínima resultante da redução, relativamente aos limites do art. 40, § 1º, inciso III, alínea "a", da Constituição Federal, de um ano de idade para cada ano de contribuição que exceder a condição prevista no inciso I do caput deste artigo.

Parágrafo único. Aplica-se ao valor dos proventos de aposentadorias concedidas com base neste artigo o disposto no art. 7º da Emenda Constitucional nº 41, de 2003, observando-se igual critério de revisão às pensões derivadas dos proventos de servidores falecidos que tenham se aposentado em conformidade com este artigo.

Estas normas constitucionais - bem se observa - são normas de transição determinadas nas referidas reformas previdenciárias, para servidores públicos civis, de acordo com suas datas de ingresso no serviço público, se anteriores às respectivas datas de promulgação das Emendas.

Tanto a Emenda 20/98 (art. 3º), como a Emenda 41/2003 (art. 3º), asseguram o direito adquirido à pensão e à aposentadoria aos servidores que preencheram os requisitos até a data de suas publicações. Note-se que não tem qualquer relevância a data do requerimento administrativo do benefício, para aferição de qual regra se utilizar – o que importa é a data em que o cidadão preenche os requisitos, *tempus regit actum*.

Anteriormente à citada EC 20/98, ao servidor bastava o tempo de serviço (35 anos para o homem, e 30 anos para a mulher) para a concessão de sua aposentadoria, com proventos integrais. Não era exigida idade mínima.

Havia uma regra de transição no art. 8º da EC 20/98, para os servidores que ingressaram antes dessa emenda, que previa a concessão de aposentadoria, de modo integral (com base em sua última remuneração), e pela qual o servidor deveria contar com a idade mínima de 53/48 anos (homem/mulher), bem como 35/30 anos de contribuição (homem/mulher), devendo ainda prestar um tempo adicional de serviço (pedágio) de 20% do tempo que faltasse para a aposentadoria, e contar com 5 anos de efetivo exercício do cargo em que pretenda se aposentar. Todavia, este art. 8º foi revogado pela EC 41/2003, que passou a regular a transição destes servidores (ingressados no serviço público antes de 16/12/1998) em seu art. 2º, supratranscrito.

Com a regulação do art. 2º da EC 41/2003, o regime de aposentadoria dos servidores que ingressaram anteriormente à data da publicação da EC 20/98 (16/12/1998), e que não tinham direito adquirido à aposentadoria pelo regime anterior, permaneceu praticamente o mesmo, *com o detalhe de que não mais seria garantido o cálculo dos proventos de modo integral*, de acordo com sua última remuneração, tendo em vista a alteração do art. 40, §3º, que passou a prever que seriam consideradas todas as remunerações utilizadas como base para as contribuições recolhidas ao respectivo RPPS, corrigidas monetariamente, fazendo-se, então, uma média de tais contribuições. Ainda, a regra de transição da EC 20/98, com a modificação da EC 41/2003, mantém o direito à paridade dos reajustes de aposentados e pensionistas com os reajustes e vantagens deferidas aos servidores ativos, tendo em vista o art. 7º da EC 41/2003.

De outro lado, uma outra regra de transição foi instituída, para que os servidores obtivessem o direito a proventos integrais e com paridade. Trata-se do art. 6º da EC 41/2003, aplicável a todos que tenham ingressado no serviço público antes da publicação da referida Emenda, pela qual o servidor deveria contar com a idade mínima de 60/55 anos (homem/mulher), bem como 35/30 anos de contribuição (homem/mulher), devendo ainda comprovar 20 anos de efetivo exercício do serviço público, 10 anos de carreira e 5 anos de efetivo exercício do cargo em que pretenda se aposentar. Entretanto, essa paridade passa a ser parcial, limitada ao valor do subsídio mensal do ministro do STF, teto do funcionalismo público (art. 37, XI, da CF).

Ou seja, a EC 41/2003 instituiu duas regras de transição distintas, em seus arts. 2º e 6º. Para os servidores que ingressaram antes da publicação da EC 20/98, há a opção entre uma das duas regras acima; para os que ingressaram entre as EC's 20/98 e 41/2003, aplicar-se-á a sistemática do art. 6º, caso o servidor almeje integralidade e paridade. Com isso, os servidores que ingressaram no serviço público, a partir da EC 41/2003, perderam o direito à paridade remuneratória e à integralidade dos proventos em relação à remuneração da ativa, que só foram mantidos para quem ingressou até 30/12/2003.

Por fim, após a edição da EC 41/2003, com a inclusão do §19 ao art. 40 da Constituição Federal, aquele servidor que preencher os requisitos para se aposentar conforme o art. 40, §1º, III, a, da CF, o texto da respectiva regra de transição, e optar por permanecer no serviço público, fará jus a um abono de permanência equivalente à sua contribuição previdenciária.

Posteriormente, a EC 47/2005, em seu art. 3º, estabeleceu uma nova regra de transição para os servidores que ingressaram antes de 16/12/1998, permitindo, em dispositivo mais brando que o art. 2º da EC 41/2003, a concessão de aposentadoria pela regra conhecida como 95/85 pontos (95, pela soma da idade com tempo de contribuição para o servidor homem, e 85, para a servidora). Para usufruir desta regra de transição, o(a) servidor(a) terá que comprovar 25 anos de efetivo exercício do serviço público, 15 anos de carreira e 5 anos de efetivo exercício no cargo em que pretenda se aposentar. Esses novos parâmetros, por outro lado, também passaram a ser utilizados para a aplicação da regra de paridade plena dos reajustes dos proventos, conforme se percebe da revogação do parágrafo único do art. 6º da EC 41/2003 e do novel parágrafo único do art. 3º da EC 47/2005. Conforme o art. 6º da EC 47/2005, esse art. 3º da EC 47/2005 é de eficácia retroativa, para fins de proteger aqueles que se aposentaram, entre 01/01/2004 e 05/07/2005, conforme as regras mais rígidas do art. 2º da EC 41/2003.

A reforma trazida em cada emenda constitucional, permitia ao servidor requerer sua aposentadoria, optativamente, conforme a regra de transição ou conforme o texto atualizado do art. 40 da Constituição Federal (é natural que os textos mais novos, de cada reforma, sejam mais restritivos). A feição atual do art. 40, aplicável obrigatoriamente a todos os servidores que ingressaram no serviço público a partir de 01/01/2004, dispõe que a aposentadoria do servidor público deve ser calculada segundo a média aritmética dos valores de suas contribuições e com direito a reajustes periódicos nos mesmos moldes daqueles devidos aos beneficiários do RGPS. Ainda, o ente federativo poderá limitar as aposentadorias ao teto do RGPS do art. 201 da CF, caso institua regime de previdência complementar para seus respectivos servidores, por intermédio de entidades fechadas de natureza pública (art. 40, §§14 a 16, da CF). Esse regime começou a ser instituído com a edição da Lei 12.618/2012 (com o acréscimo do art. 92 da Lei n. 13.328/2016), seguida por decretos regulamentadores da criação dos planos de benefícios em cada entidade de previdência complementar de cada Poder, Funpresp-Exe, Funpresp-Leg e Funpresp-Jud.

Com a revogação de todas estas regras de transição supratranscritas, nota-se que o proponente quer implementar novas regras de transição para a concessão de aposentadorias aos servidores públicos, conforme os arts. 2º, 3º e 4º da PEC 287-A, que assim determinam:

> Art. 2º Ressalvado o disposto no art. 3º e o direito de opção à aposentadoria pelas normas estabelecidas no art. 40 da Constituição, o servidor da União, dos Estados, do Distrito Federal e dos Municípios, incluídas suas autarquias e fundações, que tenha ingressado no serviço público até a data da publicação desta Emenda poderá aposentar-se quando preencher, cumulativamente, as seguintes condições:
>
> I - cinquenta e cinco anos de idade, se mulher, e sessenta anos de idade, se homem, observado o disposto no § 1º; II - trinta anos de contribuição, se mulher, e trinta e cinco anos de contribuição, se homem; III - vinte anos de efetivo exercício no serviço público; IV - cinco anos no cargo efetivo em que se der a aposentadoria; e V - período adicional de contribuição equivalente a 30% (trinta por cento) do tempo que, na data de publicação desta Emenda, faltaria para atingir o tempo de contribuição previsto no inciso II.
>
> § 1º A partir de 1º de janeiro de 2020, os limites mínimos de idade previstos no inciso I do caput serão acrescidos em um ano para ambos os sexos, sendo reproduzida a mesma elevação a cada dois anos, até o limite de sessenta e dois anos para as mulheres e sessenta e cinco anos para os homens.
>
> § 2º O limite de idade aplicável a cada servidor, decorrente do disposto no § 1º, será determinado na data de publicação desta Emenda, com base no período remanescente de contribuição, resultante da combinação do disposto nos incisos II e V do caput, e não será alterado pela data de efetivo recolhimento das contribuições.
>
> § 3º Os servidores que ingressaram no serviço público em cargo efetivo até 16 de dezembro de 1998 poderão optar pela redução das idades mínimas de que tratam o inciso I do caput e o § 1º em um dia de idade para cada dia de contribuição que exceder o tempo de contribuição previsto no inciso II do caput.
>
> § 4º Para o professor que comprovar exclusivamente tempo de efetivo exercício das funções de magistério na educação infantil e no ensino fundamental e médio, os requisitos de idade e de tempo de contribuição de que tratam os incisos I e II do caput serão reduzidos em cinco anos, inclusive para os fins do inciso V do caput, acrescendo-se um ano de idade a cada dois anos, nos termos

dos §§ 1º e 2º, até atingir a idade de sessenta anos para ambos os sexos, não se aplicando o disposto no § 3º.

§ 5º Salvo no caso do exercício da opção prevista nos §§ 14 e 16 do art. 40 da Constituição, os proventos das aposentadorias concedidas de acordo com este artigo corresponderão:

I - à totalidade da remuneração do servidor no cargo efetivo em que se der a aposentadoria, para aqueles que ingressaram no serviço público em cargo efetivo até 31 de dezembro de 2003 e que se aposentem aos sessenta anos de idade, na hipótese do § 4º, e sessenta e cinco anos de idade, se homem, ou sessenta e dois anos, se mulher, nos demais casos;

II - a 100% (cem por cento) da média prevista no § 2º-A do art. 40 da Constituição, para o servidor que ingressou no serviço público até 31 de dezembro de 2003 não contemplado no inciso I;

III - ao valor resultante do cálculo previsto no inciso I do § 3º, do art. 40 da Constituição, considerando-se vinte e cinco anos como tempo mínimo de contribuição, para o servidor não contemplado nos incisos I e II.

§ 6º Os proventos das aposentadorias concedidas de acordo com este artigo não serão inferiores ao valor referido no § 2º do art. 201 da Constituição e serão reajustados:

I - de acordo com o disposto no art. 7º da Emenda Constitucional nº 41, de 19 de dezembro de 2003, se concedidas na forma do inciso I do § 5º; ou

II - nos termos do § 8º do art. 40 da Constituição, se concedidas na forma dos incisos II e III do § 5º.

§ 7º Excetuam-se da regra de reajuste estabelecida no inciso I do § 6º os proventos de aposentadoria de servidor que tenha exercido a opção de que trata o § 16 do art. 40 da Constituição, hipótese na qual será aplicado o critério de reajuste previsto no § 8º do art. 40 da Constituição.

§ 8º Conforme os critérios a serem estabelecidos pelo ente federativo, o servidor de que trata este artigo, que tenha completado as exigências para aposentadoria voluntária, e opte por permanecer em atividade poderá fazer jus a um abono de permanência, equivalente, no máximo, ao valor da sua contribuição previdenciária, até completar a idade para aposentadoria compulsória.

Art. 3º Os policiais dos órgãos previstos nos arts. 51, IV, 52, XIII, e 144, I, II, III e IV, da Constituição poderão se aposentar voluntariamente aos cinquenta e cinco anos de idade se comprovarem, cumulativamente, trinta anos de contribuição, se homem, e vinte e cinco anos de contribuição, se mulher, além de vinte anos de efetivo exercício em cargo de natureza estritamente policial, se homem, e quinze anos, se mulher.

§ 1º A partir do dia 1º de janeiro de 2.020, o limite mínimo de tempo de atividade previsto no caput será acrescido em um ano, sendo reproduzida a mesma elevação a cada dois anos, até alcançar vinte e cinco anos, se homem, e vinte anos, se mulher.

§ 2º A aposentadoria concedida na forma do caput será calculada na forma do inciso I do § 3º do art. 40 da Constituição, considerando-se vinte e cinco anos como tempo mínimo de contribuição, e será reajustada nos termos do § 8º do art. 40 da Constituição.

§ 3º O valor do benefício referido no caput será equivalente à totalidade da remuneração do servidor no cargo efetivo em que se der a aposentadoria e será reajustado de acordo com o disposto no art. 7º da Emenda Constitucional nº 41, de 19 de dezembro de 2003, para os policiais dos órgãos previstos nos arts. 51, IV, 52, XIII, e 144, I, II, III e IV, da Constituição admitidos em atividade policial antes da implantação de regime de previdência complementar.

§ 4º A lei prevista no § 15 do art. 201 da Constituição estabelecerá a forma como as idades mínimas previstas neste artigo serão majoradas em um ano, quando houver aumento em número inteiro na expectativa de sobrevida da população brasileira aos sessenta e cinco anos, para ambos os sexos, em comparação com a média apurada no ano de publicação desta Emenda.

Art. 4º O limite máximo estabelecido para os benefícios do regime geral de previdência social somente será aplicado a aposentadorias concedidas a servidores que ingressaram ou vierem a ingressar no serviço público posteriormente à instituição de regime de previdência complementar ou que ingressaram anteriormente e exerceram a opção de que trata o § 16 do art. 40 da Constituição.

Em relação à forma de cálculo das aposentadorias do INSS, a Reforma também prevê o endurecimento das regras, com a constitucionalização de disposições normativas que atualmente são infraconstitucionais. Atualmente, em suma, as aposentadorias são calculadas por meio da aplicação de percentuais variáveis sobre o que se convencionou nominar de "salário de benefício", previsto no art. 29 da Lei 8.213/91 (em algumas hipóteses, ainda haverá a aplicação do fator previdenciário). Este salário de benefício é representado pela média aritmética simples dos maiores salários de contribuição correspondentes a oitenta por cento de todo o período contributivo. Com a Reforma, pretende o Governo que 100% do período contributivo seja levado em consideração no cálculo, não mais se desprezando os 20% menores salários, o que inegavelmente reduzirá os valores de benefícios.

Ainda, os percentuais, de acordo com cada espécie de benefício, serão sensivelmente reduzidos, sendo relevante salientar que a Reforma pretende eliminar a aposentadoria por tempo de contribuição. Assim, as aposentadorias especiais e por idade serão calculadas à base de 60% do novo salário de benefício (média de 100% das remunerações do trabalhador), se o trabalhador tiver apenas 15 anos de trabalho (atualmente é de 100% para as aposentadorias especiais e de 85% para as aposentadorias por idade), e só haverá algum aumento nesse percentual se houver um número bem maior de anos trabalhados (1% a cada ano entre o 16º e o 25º ano, 1,5% a cada ano entre o 26º e o 30º, 2% a cada ano entre o 31º e o 35º, e 2,5% a cada ano entre o 36º e o 40º. Ou seja, para ter direito a um percentual de 100% do salário de benefício (que já será menor que o atual), o trabalhador terá que trabalhar 40 anos.

E, ainda, o que parece mais grave: a nova forma de cálculo no INSS (muito mais gravosa) será aplicada instantaneamente a qualquer pedido de aposentadoria feito após a promulgação de futura emenda constitucional, não havendo qualquer regra de transição a respeito.

Por fim, as idades mínimas das regras de transição em vigor (60/55 anos, h/m) serão aumentadas em um ano para ambos os sexos, a partir de 2020, sendo reproduzida a mesma elevação a cada dois anos, até o limite do art. 40 (65/62, h/m). No momento em que a EC for promulgada, o servidor terá que calcular quanto tempo de contribuição lhe faltará (já computando o pedágio), depois verificará em que ano completaria esse tempo com o pedágio, para então verificar qual será a idade mínima para usufruir da regra de transição, de acordo com essa evolução.

Essa Proposta de Emenda Constitucional, contudo, encontra-se com suas discussões paralisadas, ainda na casa inicial, na Câmara dos Deputados, tendo em vista que está em curso, ao menos até 31/12/2018, intervenção federal na segurança pública do Estado do Rio de Janeiro, aprovada pelo Congresso Nacional pelo Decreto Legislativo 10/2018, publicado no dia 21/02/2018, e com efeitos desde 16/02/2018. Nessas situações, determina o art. 60, §1º da Constituição Federal que: *"A Constituição não poderá ser emendada na vigência de intervenção federal, de estado de defesa ou de estado de sítio."* Ou seja, a Reforma terá que aguardar o fim da intervenção federal. Mas, toda a celeuma retornará, mais cedo ou mais tarde, às arenas públicas de comunicação e discussão.

CAPÍTULO 3

BASE CRONOLÓGICA: A CONFIANÇA E O TEMPO DOS ATOS

Neste capítulo, demonstraremos os principais e tradicionais institutos jurídicos existentes para proteger a segurança jurídica do cidadão perante o Estado, sob a perspectiva do tempo dos atos estatais praticados, analisando se são suficientes e eficazes nesta proteção.

Logo de início, pergunta-se: é possível considerar a segurança jurídica apenas de acordo com fatos pretéritos já concluídos? É possível considerar a segurança apenas a partir do ponto de vista dos atos do indivíduo, sem qualquer alusão ao comportamento do Estado? Apenas medidas objetivas, como o tempo do ato praticado ou sua duração, permitem conferir proteção à segurança jurídica do cidadão?

Alguns institutos jurídicos foram consagrados pela dogmática constitucional e pelo Poder Legislativo há algum tempo, visando à proteção da segurança jurídica do indivíduo.

Podemos citar a vedação à integral retroatividade das leis, para algumas relações entre Estado e indivíduo, bem como o direito adquirido, o ato jurídico perfeito, a coisa julgada, a prescrição e a decadência. Percorreremos a história desses institutos no ordenamento brasileiro, almejando a resposta às três perguntas supraformuladas. Ao fim do capítulo, pretendemos esclarecer se esses institutos são suficientes à proteção do indivíduo diante do Estado.

3.1 - IRRETROATIVIDADE

A lei pode ser prospectiva, retrospectiva ou retroativa, a depender, respectivamente, se sua eficácia se restringirá a fatos/atos futuros, a um momento futuro que repercutirá na condição pessoal de acordo com fatos/atos passados, ou a um momento passado sobre fatos/atos passados.

Em regra, uma norma deve ser prospectiva e excepcionalmente pode ser retrospectiva (retroatividade mínima), mas, quando se tratar de norma restritiva de direitos, não deve ser integralmente retroativa, pelo fato de que o cidadão não pode se guiar, evitando ou praticando um ato, por uma norma que não existia na época do ato por ele praticado, não podendo prever sua conduta de acordo com norma que não existe.

A vedação à retroatividade das leis quer representar exatamente esta lógica: a de que não se cria uma norma para que tenha repercussões de acordo com um momento cronológico no qual essa mesma norma não existia.

Segundo Limongi França:

> Primeiramente, embora seja de se supor que a lei nova é melhor que a lei velha, isto pode se admitir em relação aos fatos do tempo da lei nova e não da lei velha. O mesmo cuidado que pôs o legislador em atender aos novos fatos, ao elaborar o novo estatuto, foi exercitado igualmente, à face dos fatos passados, quando da confecção do diploma antigo. Não se pode conceber que o legislador só não seja negligente quando faz lei nova. Em segundo lugar, uma lei está em vigor até que outra a modifique ou revogue. Sendo virtude da lei submeter os fatos e atos que incidam sob sua vigência, pensão o contrário nos levaria ao absurdo jurídico de conceber que algo é sempre legal ou ilegal, sob a condição de no futuro nenhuma lei modificar o estatuto que o rege. Finalmente, a constante interferência das leis novas nas relações entabuladas no regime da lei antiga geraria a mais abstrusa instabilidade jurídica, incompatível com a segurança que, ao contrário, o Direito deve propiciar aos cidadãos. Fora tal, com efeito a negação daquela fides, que os indivíduos devem ter na eficácia do sistema, da qual já tinham noção os próprios romanos e que levou Teodósio o Grande, na sua célebre regra, a falar em calumnian facere, em relação à retroatividade. (FRANÇA, 1982, p. 187).

A irretroatividade é garantia individual secular, existente em nosso ordenamento desde a primeira Constituição, de 1824, na qual se previa, em seu art. 179, que:

> Art. 179. A inviolabilidade dos Direitos Civis, e Politicos dos Cidadãos Brazileiros, que tem por base a liberdade, a segurança individual, e a propriedade, é garantida pela Constituição do Imperio, pela maneira seguinte. I. Nenhum Cidadão póde ser obrigado a fazer, ou deixar de fazer alguma cousa, senão em virtude da Lei. II. Nenhuma Lei será estabelecida sem utilidade publica. **III. A sua disposição não terá effeito retroactivo.** (grifo nosso)

Também a Constituição Federal de 1891 assim dispunha, em seu art. 11:

> Art 11 - É vedado aos Estados, como à União:
> [...]
> 3º) prescrever leis retroativas.

Já a Constituição Federal de 1934 previu que:

> Art 113 - A Constituição assegura a brasileiros e a estrangeiros residentes no País a inviolabilidade dos direitos concernentes à liberdade, à subsistência, à segurança individual e à propriedade, nos termos seguintes:
>
> [...]
>
> 27) A lei penal só retroagirá quando beneficiar o réu.

Do mesmo modo, a Constituição de 1946:

> Art 141 - A Constituição assegura aos brasileiros e aos estrangeiros residentes no País a inviolabilidade dos direitos concernentes à vida, à liberdade, a segurança individual e à propriedade, nos termos seguintes:
>
> [...]
>
> § 29 - A lei penal regulará a individualização da pena e só retroagirá quando beneficiar o réu.

Como exemplo de vedação à irretroatividade, ainda, encontramos um relevante antecedente da aplicação do princípio da proteção da confiança (ainda que não expressamente), no Código Tributário Nacional (Lei 5.172/66), *ex vi* de seu art. 146:

> Art. 146. A modificação introduzida, de ofício ou em consequência de decisão administrativa ou judicial, nos critérios jurídicos adotados pela autoridade administrativa no exercício do lançamento somente pode ser efetivada, em relação a um mesmo sujeito passivo, quanto a fato gerador ocorrido posteriormente à sua introdução.

Qualquer alteração legislativa, jurisprudencial, ou mesmo de entendimento administrativo, por parte do Estado, mais gravosa ao cidadão, portanto, não deve ser aplicada retroativamente. É essa a lógica que deve presidir a irretroatividade.

Vê-se, portanto, que a vedação à retroatividade tem origem nas relações entre Estado e indivíduo, nas duas áreas do direito público que historicamente mais atingem o cidadão (em seu patrimônio e liberdade) e sempre provocaram reações individuais e coletivas perante o descumprimento de deveres de confiabilidade e previsibilidade das condutas estatais. São elas o direito tributário[52] (tocante ao patrimônio do indivíduo) e o direito penal (tocante à liberdade do indivíduo).

---

52 "A segurança jurídica como um dos valores decorrentes do Estado de Direito exige que a atividade estatal seja dotada de previsibilidade e certeza, que dão fundamento à vedação da retroação da lei tributária. A proteção da confiança legítima quando relacionada às alterações no Direito objetivo também protege o cidadão contra a retroatividade dos atos estatais, mesmo os legislativos, como decorrência da segurança jurídica. Essa dimensão de princípio, que conecta a irretroatividade tributária com a pauta axiológica ligada à segurança jurídica, dá origem ao princípio da não-surpresa do contribuinte, que lhe garante o conhecimento da lei tributária que vai onerar os atos por ele praticados, permitindo-lhe

Nestas duas ordens de fatos sociais, portanto, incumbiu-se o constituinte de impedir que o Estado edite qualquer diploma legal que detenha eficácia retroativa, seja da lei penal (art. 5º, XL, CF) e da lei tributária (art. 150, III, a, CF), afinal não há maior violação à segurança jurídica do que ter que pagar um tributo novo por um determinado fato gerador pretérito ou ter sua liberdade privada, por um fato pretérito que até então não era considerado crime.

Mas, essa vedação à irretroatividade não protege o indivíduo em relação a atos que ainda estão em formação ou em relação às expectativas que são geradas por atos deste mesmo Estado, que poderão ter que se submeter à edição de novas normas mais gravosas. Como proceder, então, quando atos praticados sob a vigência da lei velha produzirem efeitos apenas quando a lei nova já se encontrar em vigor – o que é, basicamente, a rotina do direito previdenciário?

De outro lado, a vedação à irretroatividade também não responde sobre como devemos agir, quando estamos diante de uma alteração normativa mais benéfica e justa ao cidadão. Essa norma mais benéfica, mais justa, não retroagirá para atingir aqueles que se encontrem na mesma situação fática, mas se enquadravam nos limites legais anteriores? A igualdade não deveria impelir que uma norma mais benéfica preveja um plano de transição de uma retroatividade retrospectiva?

Comentando o rol de direitos e garantias individuais do art. 18º da Constituição Portuguesa, os professores Gomes Canotilho e Vital Moreira assim vaticinam:

> Um segundo requisito das leis restritivas de direitos, liberdades e garantias é não terem carácter retroactivo (nº 3, 2ª parte), não podendo, portanto, aplicar-se a situações ou actos passados; mas antes e apenas aos verificados ou praticados após a sua entrada em vigor. A proibição incide sobre a chamada retroactividade autêntica, em que as leis restritivas de direitos afectam posições jusfundamentais já estabelecidas no passado, ou mesmo, esgotadas. Ela abrangerá também alguns casos de retrospectividade ou de retroactividade inautêntica (a lei proclama a vigência para o futuro mas afecta direitos ou posições radicadas na lei anterior) sempre que as medidas legislativas se revelarem arbitrárias, inesperadas, desproporcionadas ou afectarem direitos de forma excessivamente gravosa e impróprias as posições jusfundamentais dos particulares (cfr. AcsTC nº 354/00 e 449/02). A razão de ser deste requisito está intimamente ligada à ideia de protecção da confiança e da segurança aos cidadãos, defendendo-os contra o perigo de verem atribuir aos seus actos passados ou às situações transactas efeitos jurídicos com que razoavelmente não podiam contar. Trata-se, ao fim e ao cabo, de consubstanciar um dos traços do princípio do Estado de direito democrático constitucionalmente afirmado no art. 2º (CANOTILHO; MOREIRA, 2007, p. 393-394).

---

dentro de um ambiente de liberdade que marca o Estado Social e Democrático de Direito, optar entre praticar ou não o ato, ou praticá-lo desta ou daquela forma, ou nesta ou daquela oportunidade, assumindo as consequências fiscais daí decorrentes." (RIBEIRO, 2008, p. 188)

Ou seja, nossa conclusão é a de que a vedação à retroatividade é apenas em relação a leis restritivas de direitos, liberdades e garantias, sendo possível, e até recomendável, em virtude do mandamento da igualdade, que elas, de algum modo, retroajam se forem mais benéficas aos indivíduos.

3.2 - DIREITO ADQUIRIDO, ATO JURÍDICO PERFEITO E COISA JULGADA

Desde a Constituição de 1934 (art. 113, inc. 3), é previsto que *"a lei não prejudicará o direito adquirido, o ato jurídico perfeito e a coisa julgada"*. As Constituições seguintes, com exceção da Constituição do Estado Novo (1937), também previram proteção semelhante. Atualmente, estes direitos e garantias encontram-se protegidos no art. 5º, XXXVI, da Constituição Federal de 1988.

A finalidade de se promulgarem tais direitos fundamentais no texto constitucional também era proteger o cidadão de eventuais interpretações retroativas dos textos legais, pois a vedação à retroatividade das leis não bastava, em alguns casos em que a eficácia temporal da lei não estivesse clara. Em suma, segundo esses institutos, um novo ato estatal não pode produzir efeitos perante direitos já constituídos segundo a ordem jurídica anterior.

A Lei de Introdução ao Código Civil, atualmente chamada de Lei de Introdução às Normas do Direito Brasileiro (Decreto-Lei 4.657, de 04 de novembro de 1942) no art. 6º, em sua versão original, previa que *"A lei em vigor terá efeito imediato e geral. Não atingirá, entretanto, salvo disposição expressa em contrário, as situações jurídicas definitivamente constituídas e a execução do ato jurídico perfeito."* Não se falava de 'direito adquirido'. Apenas com a modificação desse dispositivo, pela Lei 3.238/57, esse mesmo Decreto-Lei 4.657/42 assim conceituou ato jurídico perfeito, coisa julgada e direito adquirido:

> Art. 6º A Lei em vigor terá efeito imediato e geral, respeitados o ato jurídico perfeito, o direito adquirido e a coisa julgada.
>
> § 1º Reputa-se ato jurídico perfeito o já consumado segundo a lei vigente ao tempo em que se efetuou.
>
> § 2º Consideram-se adquiridos assim os direitos que o seu titular, ou alguém por ele, possa exercer, como aqueles cujo começo do exercício tenha termo préfixo, ou condição pré-estabelecida inalterável, a arbítrio de outrem.
>
> § 3º Chama-se coisa julgada ou caso julgado a decisão judicial de que já não caiba recurso.

José Afonso da Silva faz importante avaliação doutrinária sobre o conceito de direito adquirido:

> A doutrina ainda não fixou com precisão o conceito de 'direito adquirido'. É ainda a opinião de Gabba que orienta sua noção, destacando como seus elementos caracterizadores: (a) ter sido produzido por um fato idôneo para sua produção; (b) ter-se incorporado definitivamente ao patrimônio do titular. [...] Para compreendermos um pouco melhor o que seja o direito adquirido,

cumpre relembrar o que se disse acima sobre o direito subjetivo: é um direito exercitável segundo a vontade do titular e exigível na via jurisdicional quando seu exercício é obstado pelo sujeito obrigado à prestação correspondente. Se tal direito é exercido, foi devidamente prestado, tornou-se situação jurídica consumada (direito consumado, direito satisfeito, extinguiu-se a relação jurídica que o fundamentava). [...] Se o direito subjetivo não foi exercido, vindo a lei nova, transforma-se em direito adquirido, porque era direito exercitável e exigível à vontade de seu titular. Incorporou-se ao seu patrimônio, para ser exercido quando lhe convier. A lei nova não pode prejudicá-lo só pelo fato de o titular não o ter exercido antes. 'Direito subjetivo' é a 'possibilidade de ser exercido, de maneira garantida, aquilo que as normas de Direito atribuem a alguém como próprio'. Ora, essa possibilidade de exercício continua no domínio da vontade do titular em face da lei nova. Essa possibilidade de exercício do direito subjetivo foi adquirido no regime da lei velha e persiste garantida em face da lei superveniente. Vale dizer – repetindo: o direito subjetivo vira direito adquirido quando lei nova vem alterar as bases normativas sob as quais foi constituído. Se não era direito subjetivo antes da lei nova, mas interesse jurídico simples, mera expectativa de direito ou, mesmo interesse legítimo, não se transforma em direito adquirido sob o regime da lei nova, que, por isso mesmo, corta tais situações jurídicas subjetivas no seu iter, porque sobre elas a lei nova tem aplicabilidade imediata, incide. (SILVA, 2007, p. 133-134)

Trata-se da distinção entre um direito consolidado, ainda que não exercitado, e um mero interesse legítimo, aqui englobando fatos pendentes, em curso, e fatos futuros. Segundo a teoria predominante de Gabba, os interesses, ainda que legítimos, seriam meras expectativas, não podendo obter proteção do Poder Judiciário, de modo que a lei nova poderia surtir efeitos em relação a estes interesses legítimos, diferentemente do que ocorre com os direitos adquiridos.

Nesse momento, é necessário relembrar outra conhecida dicotomia doutrinária entre Gabba e Roubier. O francês Roubier (1886-1964) e o italiano Gabba (1835-1920), em épocas distintas, escreveram a respeito da eficácia das leis no tempo. Roubier[53] entendia que qualquer lei nova se aplicava de imediato, e

---

53 "Feitas essas considerações, observa Roubier a existência de duas fases no desenvolvimento de uma situação jurídica: a fase dinâmica que corresponde ao momento da constituição da situação jurídica (ou de sua extinção) e a fase estática, que corresponde ao momento em que esta situação produz efeitos. Quando se trata de determinar como se constitui (ou se extingue) uma situação jurídica, o legislador está em presença de simples fatos, discriminando certo número de fatos ou de atos suscetíveis de acarretar, ou não, a constituição ou extinção de uma situação jurídica: lei desse gênero não pode tomar em consideração fatos anteriores sem ser retroativa – *'Les lois relatives aux modes de constitution (ou d'extinction) d'une situation juridique ne peuvent, sans rétroactivité, remettre en question l'efficacité ou l'inefficacité juridique d'un fait passé'* (*Les conflits*, tomo I, p. 380; *Le Droit Transitoire*, p. 182). Quando se trata, porém, de fixar os efeitos da situação jurídica, seria retroativa a lei que atingisse os efeitos produzidos na vigência da lei antiga; em regra a lei nova aplica-se aos efeitos produzidos após o seu início de vigência e isto constitui efeito imediato da lei nova. Segundo Roubier, o ciclo de desenvolvimento de uma situação jurídica compreende três momentos: o da constituição, o dos efeitos e o da extinção. O primeiro e o terceiro representam a dinâmica, o segundo, a estática da situação jurídica (*Les conflits*, tomo I, p. 381; Le Droit Transitoire, p. 183)." (BATALHA, 1980, 148/149).

não tratava tal fato propriamente como uma retroatividade. Já Gabba[54] rejeitava esse entendimento, sob a perspectiva de que ele permitiria uma retroação inválida, em relação a fatos que deveriam continuar sendo regidos pela lei velha, da época em que ocorreram.

O STF, na longínqua data de 25/06/1992, em julgamento que discutia a constitucionalidade do uso da Taxa Referencial - TR (índice de remuneração de valores pecuniários depositados em cadernetas de poupança) como índice de correção monetária de contratos de financiamento habitacionais anteriores à edição da Lei 8.176/91[55], adotou a teoria de Gabba, que subjaz à ideia de direito adquirido, conforme o voto do Ministro Relator, Moreira Alves, por ocasião do julgamento de mérito da ADI 493, nos seguintes termos:

> [...] Por fim, há de salientar-se que as nossas Constituições, a partir de 1934, e com exceção de 1937, adotaram desenganadamente, em matéria de direito intertemporal, a teoria subjetiva dos direitos adquiridos e não a teoria objetiva da situação jurídica, que é a teoria de ROUBIER. Por isso mesmo, a Lei de Introdução ao Código Civil, de 1942, tendo em vista que a Constituição de 1937 não continha preceito da vedação da aplicação da lei nova em prejuízo do direito adquirido, do ato jurídico perfeito e da coisa julgada, modificando a anterior promulgada com o Código Civil, seguiu em parte a teoria de ROUBIER

---

54 "C.F.Gabba também fundamenta o princípio da irretroatividade das leis no respeito aos direitos adquiridos. Suas preocupações básicas consistem em conceituar o que seja direito adquirido. Define-o como sendo todo o direito que é consequência de um fato apto a produzi-lo em virtude da lei do tempo em que o fato foi realizado, embora a ocasião de o fazer valer não se tenha apresentado antes da vigência de uma lei nova sobre o assunto e que, nos termos da lei sob a qual ocorreu o fato de que se originou, entrou imediatamente a fazer parte do patrimônio de que o adquiriu. *'É diritto acquisito ogni diritto, che è conseguenza di un fatto idoneo a produrlo in virtú della legge del tempo in cui il fatto venne compiuto, benchè l'occasione di farlo valere non siasi presentata prima dell'attuazione di una legge nuova intorno al medesimo; e che, ai termini della legge sotto la quale accade il fatto da cui trae origine, entrò immediatamente a far parte del patrimonio di chi lo ha acquistato'* (Gabba, *Teoria della retroattività della legge*, cit. 3ª ed., V.I, p. 191)" (BATALHA, 1980, p. 106).

55 "Ação direta de inconstitucionalidade. - Se a lei alcançar os efeitos futuros de contratos celebrados anteriormente a ela, será essa lei retroativa (retroatividade mínima) porque vai interferir na causa, que e um ato ou fato ocorrido no passado. - O disposto no artigo 5, XXXVI, da Constituição Federal se aplica a toda e qualquer lei infraconstitucional, sem qualquer distinção entre lei de direito público e lei de direito privado, ou entre lei de ordem pública e lei dispositiva. Precedente do S.T.F. - Ocorrência, no caso, de violação de direito adquirido. A taxa referencial (TR) não e índice de correção monetária, pois, refletindo as variações do custo primário da captação dos depósitos a prazo fixo, não constitui índice que reflita a variação do poder aquisitivo da moeda. Por isso, não há necessidade de se examinar a questão de saber se as normas que alteram índice de correção monetária se aplicam imediatamente, alcançando, pois, as prestações futuras de contratos celebrados no passado, sem violarem o disposto no artigo 5, XXXVI, da Carta Magna. - Também ofendem o ato jurídico perfeito os dispositivos impugnados que alteram o critério de reajuste das prestações nos contratos já celebrados pelo sistema do Plano de Equivalência Salarial por Categoria Profissional (PES/CP). Ação direta de inconstitucionalidade julgada procedente, para declarar a inconstitucionalidade dos artigos 18, "caput" e parágrafos 1 e 4; 20; 21 e paragrafo único; 23 e parágrafos; e 24 e parágrafos, todos da Lei n. 8.177, de 1 de maio de 1991". (STF, ADIn 493, Rel. Min. Moreira Alves, D. Julg. 25/06/92, publ. 04/09/92).

e admitiu que a lei nova, desde que expressa nesse sentido, pudesse retroagir. Com efeito, o artigo 6º rezava: 'A lei em vigor terá efeito imediato e geral. Não atingirá, entretanto, salvo disposição expressa em contrário, as situações jurídicas definitivamente constituídas e a execução do ato jurídico perfeito'. Com o retorno, na Constituição de 1946, do princípio da irretroatividade no tocante ao direito adquirido, o texto da nova Lei de Introdução se tornou parcialmente incompatível com ela, razão por que a Lei n.º 3.238/57 o alterou para reintroduzir nesse artigo 6º a regra tradicional em nosso direito de que 'a lei em vigor terá efeito imediato e geral, respeitados o ato jurídico perfeito, o direito adquirido e a coisa julgada'. Como as soluções, em matéria de direito intertemporal, nem sempre são coincidentes, conforme a teoria adotada, e não sendo a que ora está vigente em nosso sistema jurídico a teoria objetiva de ROUBIER, é preciso ter cuidado com a utilização indiscriminada dos critérios por estes usados para resolver as diferentes questões de direito intertemporal.

Também nesse sentido foi o voto do Ministro Carlos Velloso, à época, em excerto clássico sobre o tema:

> Abrindo o debate, reitero o que afirmei por ocasião do julgamento da medida cautelar: as leis devem dispor para o futuro, já que os atos anteriores regem-se pela lei do tempo em que foram praticados: tempus regit actum. Estou de acordo com o Sr. Ministro Relator quando S. Exa., no seu douto voto, indica as graduações, por intensidade, da retroatividade, buscando o conceito de cada uma delas na lição de MATOS PEIXOTO ('Limite Temporal da Lei', Rev. Jurídica da Fac. Nacional de Direito da Universidade do Brasil, IX/9-47). Na verdade, a retroatividade das leis pode ser classificada, quanto à graduação por intensidade, em três espécies: a) máxima, quando a lei retroage para atingir a coisa julgada ou os fatos jurídicos consumados (transação, pagamento, prescrição); b) média, quando a lei atinge os direitos exigíveis mas não realizados antes de sua vigência, vale dizer, direitos já existentes mas ainda não integrados no patrimônio do titular. Matos Peixoto, no trabalho citado, leciona que 'a retroatividade é média quando a lei nova atinge os efeitos pendentes de ato jurídico verificados antes dela, exemplo: uma lei que limitasse a taxa de juros e não aplicasse aos vencidos e não pagos'; c) mínima, quando a lei nova atinge os efeitos dos fatos anteriores verificados após a sua edição. Exemplo: um contrato fixa juros de 15% ao mês. A lei nova limita os juros a 10%, com aplicação no tal contrato, a partir de sua edição, contrato que foi firmado anteriormente a ela. A retroatividade é, muita vez, confundida com o efeito imediato da lei. Registrou o eminente Ministro Relator que incorrem nessa confusão, por exemplo, PLANIOL ('Traité Élémentaire de Droit Civil', 4ª ed., I/95, n.º 243, Librairie Générale de Droit & de Jurisprudence, Paris, 1906) e ROUBIER ('Le Droit Transitoire – Conflits des Lois dans le temps, 2ª ed., pág. 177, n.º 38, Dalloz et Sirey, Paris, 1960). Na ordem jurídica brasileira, em que o princípio da irretroatividade, associado ao do direito adquirido, é tratado em nível constitucional, desde a Constituição do Império – somente a Carta de 1937, que deu forma à ditadura estadonovista, é que, compreensivelmente, não cuidou do tema – nenhuma das irretroatividades acima indicadas – máxima, média e mínima – é tolerada. Vale dizer, no que toca ao efeito retroativo e ao efeito imediato, tanto os facta praeterita (fatos realizados) como os facta pendentia (efeitos de fatos realizados no regime da lei

velha, ou situações em curso, mas decorrentes de fatos realizados anteriormente à lei nova) estão compreendidos no princípio da irretroatividade consagrado na Constituição Federal, art. 5º, inc. XXXVI, e na Lei de Introdução, art. 6º.

Desde então, não mais o STF reanalisou o conceito de direito adquirido, e a doutrina, interpretando essa decisão, passou a entender que o STF adotou a teoria de Gabba, de que não há retroatividade na lei nova de qualquer espécie, exceto em caso de lei penal mais benéfica ao réu. Eis como Luís Roberto Barroso sintetiza o entendimento do STF:

> Como visto, a Constituição estabelece que a lei – e, para esse fim, também a emenda constitucional – não pode retroagir para prejudicar o direito adquirido. Cabe, portanto, qualificar o que seja o efeito retroativo vedado. O tema é envolto em polêmica, mas há um ponto inicial de consenso: se a lei pretender modificar eventos que já ocorreram e se consumaram ou desfazer os efeitos já produzidos de atos praticados no passado, ela estará em confronto com a Constituição e será inválida nesse particular. A controvérsia na matéria surge a propósito de outra situação: a do tratamento jurídico a ser dado aos efeitos de um ato praticado sob a vigência da lei anterior, que só venham a se produzir após a edição da lei nova. Foi precisamente em torno dessa questão que se dividiu a doutrina, contrapondo dois dos principais autores que se dedicaram ao tema: o italiano Gabba e o francês Paul Roubier. Para Roubier, a lei nova aplicava-se desde logo a esses efeitos, circunstância que denominou eficácia imediata da lei, e não retroatividade. Gabba, por sua vez, defendia tese oposta: a de que os efeitos futuros deveriam continuar a ser regidos pela lei que disciplinou sua causa, isto é, a lei velha. Esta foi a linha de entendimento que prevaleceu no direito brasileiro e que tem a chancela da jurisprudência do Supremo Tribunal Federal. (BARROSO, 2018, p. 221-222).

Juliano Bernardes e Olavo Ferreira, por sua vez, asseveram que:

> Há basicamente duas teorias para solucionar os problemas de retroatividade criados pela sucessão de leis no tempo (direito intertemporal). Pela teoria subjetivista, a questão deve ser encarada sob o prisma dos direitos subjetivos que surgiram ao tempo da lei velha. Essa escola remete a doutrinadores como SAVIGNY, LASSALE e GABBA, bem como às diferenças conceituais entre 'direitos adquiridos', meras 'expectativas de direito', simples 'faculdades legais' e institutos correlatos. Nessa linha, nem toda retroatividade legal é censurável, mas somente aquela que interfere em direitos subjetivos surgidos anteriormente. Já pela teoria objetivista, defendida principalmente por DE PAGE e ROUBIER, a ênfase dos estudos deve girar em torno das situações jurídicas criadas pela lei nova. Assim, retroatividade é o efeito da norma que atinge situações jurídicas anteriormente constituídas, independentemente do exame dos direitos subjetivos decorrentes da lei velha. O direito brasileiro adota claramente a teoria subjetivista. No Brasil, os limites jurídicos à retroatividade não se atrelam propriamente às situações jurídicas criadas anteriormente, mas às definições dos direitos subjetivos assegurados pelo sistema jurídico. (BERNARDES; FERREIRA, 2012, p. 141-142).

Um dos motivos, todavia, que ensejou toda a presente pesquisa foi o fato de que sempre entendemos que essa dicotomia entre as teorias de Gabba e Roubier, adotada pelo STF em 1992, para cristalizar o entendimento de que não havia retroatividade na lei nova, não fazia sentido, pois as teses de ambos não se excluíam. Na pesquisa para a presente tese, confirmei essa minha visão, como se vê do seguinte excerto de obra do antigo ministro do STF, Carlos Maximiliano, de 1955:

> Considera-se retroativa, e portanto, condenável, a lei, unicamente quando desrespeita, posterga, atropela ou destrói uma situação jurídica concreta; jamais, quando apenas elimina situações negativas, ou positivas, porém abstratas; porquanto, neste caso, não enfrenta um fato voluntário ou um ato jurídico necessário para gerar situação definitiva. A situação jurídica abstrata corresponde à do titular de expectativa de direito; a concreta, à do portador de direito adquirido, no conceito da doutrina tradicional. A lei do tempo em que surgem e se afirmam as situações jurídicas, indica se estão, ou não, constituídas definitivamente. Cumpre assinalar, sem demora que as expressões sucessivamente adotadas pelas várias escolas de Direito Intertemporal (teoria dos direitos adquiridos; da retroatividade das leis; dos fatos jurídicos perfeitos, completados, consumados; das situações jurídicas definitivamente constituídas) colimaram, apenas, a precisão da linguagem; **na essência, as várias correntes se equivalem; tanto que as divergências suscitadas na aplicação dos princípios basilares se não ligam às diferenças de doutrina fundamental**: mais dissentem, por exemplo, Faggella e Gabba, do que este e Roubier. Na verdade, quem atenta contra situação jurídica definitiva, posterga direito adquirido, atribui ao texto recente efeito retroativo. (MAXIMILIANO, 1955, p. 12-13) (grifo nosso)

E, além disso, ambas são omissas, quando se está diante de relações em formação, de expectativas que vão se formando e se solidificando no tempo. As críticas à teoria do direito adquirido de Gabba confirmam nossas assertivas, e até hoje não foram bem respondidas por seus defensores, como bem delineou Vicente Ráo:

> Mas essa doutrina já vem, de há muito, padecendo as mais severas críticas. Dela se disse, justificadamente, que sua definição do direito adquirido, restringindo-se aos direitos patrimoniais, exclui sem razão os demais direitos, públicos ou privados, não suscetíveis de apreciação econômica. E outras sérias objeções se apresentam, tais, principalmente, as seguintes: a) definição de Gabba, aludindo à ocasião em que o direito adquirido é feito valer, como sendo aquela em que impera uma lei nova e diversa, parece excluir os direitos que se exercem por atos continuados, ou sucessivos, que tanto se verificam sob a lei antiga, quanto sob a lei nova; b) impossível é aplicar-se, por modo uniforme e constante, o conceito de direito adquirido, tal qual Gabba o formulou. Seu próprio autor lhe aponta inúmeras exceções, que revelam não se manterem sob domínio da lei antiga todos e quaisquer efeitos dos direitos adquiridos sob a sua vigência; c) se a não retroatividade das leis se resolvesse apenas através da proteção dos direitos adquiridos, esta proteção faltaria todas as vezes que uma nova norma jurídica viesse atribuir maior amparo aos mesmos direitos. (RÁO, 1999, p.373).

Essas objeções listadas por Vicente Ráo são exatamente o que dissemos que acontece atualmente nas relações jurídicas de desconfiança individualizada (item a do excerto acima) e desconfiança desigualadora (item c do excerto acima).

Além disso, a teoria do direito adquirido de Gabba, elaborada há quase dois séculos, prevalecente no STF, precisa ser reavaliada em meio a dois fatos sociais modernos, que pugnam pela evolução do entendimento manifestado na ADI 493: a) a isonomia exigida pela massificação das relações entre o Estado e a população (evoluindo numericamente a passos largos), com a caracterização do Estado como litigante habitual (Estado-Juiz), como solicitado e distribuidor de direitos habitual (Estado-Administrador) e como instituidor e desinstituidor habitual de direitos (Estado-Legislador); e b) a preponderância bastante significativa dos facta pendentia (fatos realizados em regimes legais anteriores, mas com efeitos ainda não consumados) em face dos facta praeterita (fatos realizados e com efeitos consumados em regimes legais anteriores), especialmente diante da aceleração na produção e alteração de normas, demandando proteção de expectativas nas relações entre Estado e particulares (diferentemente das relações estritamente privadas que presidiam o estudo e a prática do Direito na época de Gabba e da prolação da decisão da ADI 493).

Propiciar igualdade e defender a eficácia de fatos realizados em regimes legais anteriores, mas ainda não consumados, portanto, deve ser uma preocupação presente em qualquer debate sobre segurança jurídica e direito adquirido. E é nesse ponto que reside uma importante lacuna do ordenamento.

Assim posto, uma legislação (*lato sensu*) nova que pretenda reformar a Previdência Social, dificultando o acesso aos benefícios previdenciários com a imposição de requisitos mais severos para sua concessão, não pode desrespeitar o direito adquirido de pleitear uma aposentadoria segundo os requisitos legais até então existentes, ainda que o trabalhador não tenha exercido esse direito[56].

Da mesma forma, lei nova não pode desprezar a eficácia de um ato jurídico já consumado segundo a lei anterior por ela revogada, como ocorreu, por exemplo, por ocasião da exclusão da pessoa designada do rol de dependentes (extinto art. 16, IV, da Lei 8.213/91), para fins previdenciários, proporcionada pela Lei 9.032/95. Desta forma, todos os atos jurídicos de designação, anteriores à publicação da referida Lei, em 29/04/95, que redundaram em concessões de pensões por morte a estes dependentes, devem ter sua eficácia protegida, de modo que não é cabível qualquer devolução de valores pagos a estas pessoas, protegidas que estão pelo ato jurídico perfeito de concessão de seus benefícios, anteriores à modificação legislativa. Mesmo raciocínio seria cabível, por exemplo, para uma hipotética redução legal da idade-limite para um filho continuar recebendo pensão por morte, de 21 para 18 anos; neste caso, as pensões concedidas anteriormente a moças e rapazes de 19 ou 20 anos de idade, não poderiam ser suspensas, em face do ato jurídico perfeito.

---

56 Lei nº 8.213/91, art. 122: *"Se mais vantajoso, fica assegurado o direito à aposentadoria, nas condições legalmente previstas na data do cumprimento de todos os requisitos necessários à obtenção do benefício, ao segurado que, tendo completado 35 anos de serviço, se homem, ou trinta anos, se mulher, optou por permanecer em atividade."*

Já a coisa julgada tem por objetivo evitar que uma nova decisão judicial afete a eficácia de uma decisão judicial anterior, sobre um mesmo processo, com as mesmas partes e o mesmo pedido, evitando-se a perenidade das discussões judiciais sobre o mesmo tema e entre as mesmas pessoas. Defende-se, com isso, a coerência do ordenamento e a segurança jurídica do jurisdicionado, com a previsão de proteção à coisa julgada. Nesses termos:

> Poder-se-ia dizer que, se a coisa julgada não existisse em um ordenamento jurídico, haveria que inventá-la, porque é perfeitamente imaginável a insegurança jurídica que se derivaria de sua inexistência. O ordenamento jurídico deve ser coerente, o que constitui uma afirmação de uma obviedade inatacável, válida em qualquer Estado. Alguns afirmaram também sua vigência em nível universal. Se bem que nem sempre obtemos tal coerência no plano formal, por culpa fundamentadamente do legislador. Pois bem, imaginemos o que ocorreria se os Juízes, interpretando o ordenamento jurídico dentro das margens de sua independência, pudessem com certa facilidade anular juízos anteriores de seus companheiros, ou os deles mesmos. Romper-se-ia a coerência dos juízos. Ninguém saberia ao que se ater, e finalmente, deixaria de existir o aparato da Justiça, vez que ninguém se socorreria dele para resolver seus problemas. Pergunto-me de que serve a alguém obter uma sentença a seu favor se deverá estar toda a vida defendendo esse direito concedido na sentença, diante de novas sentenças que pretendam anular o declarado. Em uma situação assim, até a autotutela parece uma solução razoável para evitar conflitos. Por isso é necessária a coisa julgada. (NIEVA-FENOLL, 2016, p. 89-90).

Do mesmo modo, segundo Thamay:

> Com efeito, a res iudicata deve ser observada de forma diferenciada, já que garantia fundamental processual, devendo ser não somente aplicada, mas também preservada, visando ao respeito a este instituto e à segurança jurídica, direito fundamental do cidadão, que também está intimamente ligado à coisa julgada, sendo desta consequência esperada e pretendida pela Constituição Federal de 1988. Não resta dúvida de que a coisa julgada, como direito fundamental, decorre do imperativo social, já que não é possível viver com a incerteza e eternização da lide, o que tornaria a vida simplesmente impraticável para muitos. (THAMAY, 2016, p. 43).

Esses três institutos de proteção à segurança jurídica, por outro lado, devem se coadunar com a possibilidade de mudanças, inerente a qualquer organização social. Não é possível, por exemplo, que um Estado não possa afetar (reduzindo ou suprimindo) o patrimônio jurídico de um cidadão, não possa invalidar uma determinada situação jurídica irregularmente consolidada, ou tenha que se submeter a uma decisão judicial que não observou determinados preceitos constitucionais (como a igualdade ou o devido processo legal, por exemplo).

Mas todas essas possíveis mudanças estatais, além do devido respeito a direitos adquiridos, atos jurídicos perfeitos e coisa julgada atinente às decisões jurisdicionais transitadas em julgado, tendo em vista se tratarem de situações mais que consolidadas pelo tempo, também não podem desrespeitar o que está a vir, o que está em formação: as expectativas legítimas dos cidadãos, geradas pelo próprio Estado. Assim o ministro Luís Roberto Barroso compara direito adquirido e expectativas legítimas:

> O direito adquirido pode ser mais bem compreendido se extremado de duas outras categorias que lhe são vizinhas, a saber: a expectativa de direito e o direito consumado. Com base na sucessão de normas no tempo e na posição jurídica a ser desfrutada pelo indivíduo em face da lei nova, é possível ordenar esses conceitos em ordem cronológica: em primeiro lugar, tem-se a expectativa de direito, depois o direito adquirido e, por fim, o direito consumado. A expectativa de direito identifica a situação em que o ciclo de eventos previstos para a aquisição do direito já foi iniciado, mas ainda não se completou no momento em que sobrevém uma nova norma alterando o tratamento jurídico da matéria. Nesse caso, não se produz o efeito previsto na norma anterior, pois seu fato gerador não se aperfeiçoou. Entende-se, sem maior discrepância, que a proteção constitucional não alcança essa hipótese, embora outros princípios, no desenvolvimento doutrinário mais recente (como o da boa-fé e o da confiança legítima), venham oferecendo algum tipo de proteção também ao titular da expectativa de direito. É possível cogitar, nessa ordem de ideias, de direito a uma transição razoável. (BARROSO, 2018, p. 222-223).

Nesse ponto, Marcelo Barroso Campos nos traz indispensável descrição de como se gera uma expectativa legítima ao cidadão, servidor público, que almeja alguma proteção previdenciária. Essa situação é vivenciada por qualquer indivíduo que esteja na premência de ser afetado por uma Reforma das regras da Previdência Pública. Eis o excerto:

> A relação jurídica previdenciária não se forma em um só tempo, momento ou ato, pois exige um longo e sucessivo trato de tempo de contribuição por parte do segurado contribuinte e de recebimento de benefício por parte do segurado beneficiário. Os direitos previdenciários são adquiridos em fragmentos, tempo a tempo, contribuição a contribuição. Por isso, tão importante quanto proteger os direitos previdenciários formados é proteger os direitos previdenciários em formação, pois deve existir também uma proteção sobre o tempo decorrido, que não volta mais. Exsurge daí a importância de se ocupar da fase potencial da relação jurídica previdenciária e da expectativa na formação dos direitos previdenciários e sua necessidade de proteção. O suceder de fatos da vida, que ocorrem ao longo do tempo, formam no seu conjunto, um plexo que, ao cabo, se denomina direito adquirido, esse o ponto de chegada, a expectativa de direito é, pois, a caminhada. Esses fatos sucessivos no tempo, isoladamente, não constituem direitos adquiridos, mas o seu conjunto, a sua unidade, configura um direito. Logo, os direitos que não nascem instantaneamente, para serem adquiridos um dia, dependem dos seus fatos antecessores constituintes, isto é, depende das expectativas sobre as quais se fundam, sem as quais nunca chegariam a ser direitos adquiridos. Em consequência, a proteção aos direitos expectados e das expectativas de direitos é tão importante. (CAMPOS, 2012, p. 259).

Não obstante a descrição supracitada, acerca da necessidade de respeito e proteção a expectativas de direito, a jurisprudência brasileira, sem cuidar expressamente de medidas de proteção de cunho subjetivo, caminhou para a consolidação de três ideias capilares do ordenamento jurídico brasileiro: i) não existe direito adquirido a regime jurídico[57]; ii) quando o Estado anular uma determinada decisão judicial ilícita, pressupõe-se que essa anulação tenha efeitos *ex-tunc*; iii) em hipóteses excepcionais, é permitida a relativização da coisa julgada, de acordo com a ponderação necessária entre os valores constitucionais em conflito.

A primeira ideia é antiga e tem como representante a letra do Ministro Moreira Alves, que no RE 94.020, em 04/11/1981, assim decidiu:

> [...] em matéria de direito adquirido vigora o princípio – que este Tribunal tem assentado inúmeras vezes – de que não há direito adquirido a regime jurídico de um instituto de direito. Quer isso dizer que, se a lei nova modificar o regime jurídico de determinado instituto de direito (como é o direito de propriedade, seja ela de coisa móvel ou imóvel, ou de marca), essa modificação se aplica de imediato." (apud CANOTILHO et al., 2013, p. 369).

Já o segundo ideário tem sua origem na premissa de que a legalidade seria princípio preponderante nas relações havidas pelo Estado, de modo que, em havendo a aferição de que determinada relação jurídica já consolidada advém de uma ilegalidade, se fará necessário que os efeitos da anulação retroajam ao nascedouro ilegal daquele ato jurídico (em tese, perfeito).

A terceira ideia, por outro lado, tem origem em pressupostos de igualdade e justiça, no caso concreto, e foi inaugurada, legalmente, com o advento da ação rescisória, e significativamente ampliada com a edição da Medida Provisória 2.180-35, de 24/08/2001, que possibilitou a relativização também da coisa soberanamente julgada (aquela que tenha prazo superior a dois anos da data do trânsito em julgado), conforme a alteração realizada no art. 741, parágrafo

---

[57] Lilian Almeida relata outros temas nos quais o STF assentou parâmetros de admissão/negação de direitos adquiridos: "No que tange à jurisprudência do STF a respeito do direito adquirido, verifica-se a existência de um catálogo de topoi, que representa diversos pontos de vista (precedentes) consolidados pela Corte e seguidos por ela. Integram este catálogo, dentre outras, a título exemplificativo, as seguintes proposições: 1) não existe direito adquirido a regime jurídico; 2) não existe direito adquirido à não tributação; 3) existe direito adquirido à aposentadoria se, na vigência da lei anterior, o servidor preencheu todos os requisitos exigidos, em que pese o fato de, à época, não ter requerido a aposentadoria; 4) não existe direito adquirido contra a Constituição; 5) não existe direito adquirido de servidores ativos e inativos à permanência do regime legal de reajuste de vantagem correspondente; 6) existe direito adquirido dos servidores celetistas transformados em estatutários à contagem do tempo de serviço público para efeitos de adicional por tempo de serviço e da licença-prêmio; 7) não existe direito adquirido dos inativos à não incidência de contribuição previdenciária; 8) não existe direito adquirido do condenado criminalmente aos dias remidos pelo trabalho; 9) não há direito adquirido se, durante a tramitação do pedido de licença de construção, sobrevier norma que, alterando a disciplina existente, levar ao indeferimento do pedido". (ALMEIDA, 2012, p. 176).

único, do CPC/73, o que pode ser obtido não apenas por ações rescisórias, mas também por simples ações anulatórias. Atualmente, esse tema é regulado pelos arts. 525, §12 e 536, §5°, do CPC de 2015. O tema é extremamente controverso e há ainda muito combate a esta relativização por parte da doutrina processualista nacional[58].

Parece-nos que as três ideias, embasadas nos três institutos ora debatidos (direito adquirido, ato jurídico perfeito e coisa julgada), comportam atualizações, por se mostrarem insuficientes à proteção da segurança jurídica do cidadão e à concreta legitimidade do próprio Estado, especialmente quando o ato em questão ainda se encontrar em formação ou se tratar de expectativa gerada pelo Estado. Nesse sentido, em 2008, Ricardo Lodi Ribeiro já denunciava a insuficiência desses institutos, no Brasil:

> Em nosso país, em razão da antiga tradição da cláusula constitucional do direito adquirido, do ato jurídico perfeito e da coisa julgada, desenvolveram-se mais os estudos ligados ao plano objetivo da segurança jurídica, sendo sua feição subjetiva, ligada à proteção da confiança, pouco lembrada. A despeito de Seabra Fagundes, desde os anos 40, já tratar da convalidação de atos anuláveis, e de Miguel Reale ter identificado a ação do tempo como legitimador dos atos ilegais, Almiro do Couto e Silva foi o pioneiro na defesa da aplicação do princípio da proteção da confiança no Brasil, nos anos 80. No entanto, a partir da segunda metade dos anos 90, a doutrina nacional começa a defendê-lo mais amiúde como princípio da segurança jurídica, consagrado no art. 5° da nossa Constituição, como óbice à alteração dos atos administrativos ilegais em nome da confiança e da boa-fé do cidadão. (RIBEIRO, 2008, p. 229-230).

Ainda, na análise de alternativas possíveis às mudanças de entendimento estatais, há confusões entre os planos da existência, da validade e da eficácia dos atos estatais. É fato que o Estado, em face de sua soberania, pode efetuar mudanças de entendimento e prejudicar direitos em vias de aquisição ou a coisa julgada de um determinado título judicial anterior, mudando, por exemplo, o perfil remuneratório de determinada carreira profissional de seus servidores ou entendendo pela constitucionalidade de um tributo que até então era entendido como inconstitucional. E é óbvio que essa mudança se aplica imediatamente, mas as decisões do STF que mencionam a inexistência de direito adquirido a regime jurídico em momento algum afirmam que essa aplicação é imediata e retroativa, com prejuízo da confiança do cidadão. As avaliações do estado subjetivo do cidadão, de sua boa-fé, portanto, serão mandamentais.

Destarte, esta eficácia *ex-tunc* dos atos estatais posteriores mais gravosos não pode ser automaticamente atribuída e deve ser aferida de acordo com critérios subjetivos, caso a caso. Do mesmo modo, não se pode presumir que a legalidade imponha o dever de retroatividade de toda e qualquer anulação,

---

[58] São contrários à relativização Nelson Nery Junior, Barbosa Moreira e Botelho de Mesquita. São favoráveis Humberto Theodoro Junior, Candido Rangel Dinamarco, Thereza Arruda Alvim Wambier, Eduardo Talamini e José Miguel Garcia Medina.

devendo ser aferidos, em cada situação, se os dados subjetivos envolvidos permitem tal retroatividade.

Note-se que isso implica em uma substancial mudança de postura do órgão estatal que eventualmente venha a alterar seus entendimentos, o que exigirá um ônus de fundamentação mais rigoroso, devendo fundamentar suas decisões analisando o *animus* dos agentes envolvidos na relação entre o indivíduo e o Estado, o que até então era desprezado, havendo uma análise meramente objetiva e temporal dos fatos, de acordo com sua data e o ordenamento vigente à essa época.

Neste ponto, especificamente, é relevante observar recente modificação legislativa que carecerá de atenção dos aplicadores do direito, em todas as esferas de poder do Estado. Trata-se do novo art. 20 da Lei de Introdução às Normas do Direito Brasileiro, o DL 4.657/42, com as alterações da Lei 13.665, de 25/04/2018:

> Art. 20. Nas esferas administrativa, controladora e judicial, não se decidirá com base em valores jurídicos abstratos sem que sejam consideradas as consequências práticas da decisão.
>
> Parágrafo único. A motivação demonstrará a necessidade e a adequação da medida imposta ou da invalidação de ato, contrato, ajuste, processo ou norma administrativa, inclusive em face das possíveis alternativas.

Ou seja, qualquer agente estatal, de qualquer dos poderes, só poderá alterar entendimentos favoráveis, invalidando atos estatais anteriores, se demonstrar adequadamente a necessidade, a adequação e as consequências de suas decisões em face de possíveis alternativas, ou seja, se demonstrar a proporcionalidade de sua medida.

A modernidade, portanto, vem cobrando uma fundamentação mais adequada dos atos estatais de todos os poderes, o que ainda não é uma realidade no Estado brasileiro, em detrimento da segurança jurídica dos indivíduos. Neste sentido:

> A proteção da confiança e o direito adquirido são conceitos que não se igualam. Este último protege posições jurídicas integral e definitivamente incorporadas ao patrimônio de um particular, algo que já foi integralizado em um momento anterior ao de uma dada alteração normativa. Serve para essencialmente proteger relações jurídicas concluídas no passado. Já a proteção da confiança vai além, e pode garantir posições jurídicas ainda não encerradas ou, até mesmo, nascidas de atos estatais ilegais. Isso faz com que a doutrina alemã enxergue, inclusive, o princípio da proteção da confiança como algo mais amplo, como um gênero (*Obergbegriff*), do qual o instituto do direito adquirido seria parte (*Teilbegrif*). O respeito à continuidade das normas e do ordenamento não deve ser apenas garantido através da proteção dos direitos adquiridos. Essa continuidade pressupõe um alcance maior, ao também exigir do Estado uma consistência na mudança (*Beständigkeit im Wandel*) e na tutela de expectativas legítimas. (ARAÚJO, 2016, p. 79-80).

Por fim, é preciso estar atento e avaliar criticamente se o Poder Judiciário, especialmente o STF, adequadamente se desincumbiu do ônus de fundamentar suas decisões, sob a perspectiva da isonomia entre as pessoas que estejam em situações idênticas, ao se defrontar com alegações de direito adquirido em um caso concreto; do contrário, a deslegitimação do Estado será evidente. Nesse aspecto, é importante considerar o método apresentado por Lilian Almeida, demonstrando e criticando a abertura e flexibilidade que o STF vem dando ao conceito de direito adquirido:

> Expôs-se, assim, o modo considerado mais adequado para o STF definir, com uniformidade, o núcleo essencial do direito adquirido em cada caso concreto, em benefício da segurança jurídica: a) Deve o STF se valer de uma exaustiva argumentação em suas decisões para reconhecer ou não o direito adquirido. b) Da definição do direito adquirido pelo STF para cada caso concreto deve-se, necessariamente, extrair algum grau de abstração, para que este abstrato oriente os casos semelhantes subsequentes. c) O núcleo essencial do direito adquirido deve ser definido, pelo STF, para cada caso que lhe é submetido a julgamento, mediante a utilização do processo de ponderação de bens jurídico-constitucionais. d) O núcleo essencial do direito adquirido deve corresponder à sua função social. O direito adquirido é, no Brasil hodierno, efetivamente, uma questão em aberto. Para essa abertura, como se quis demonstrar neste trabalho, tem contribuído a amplitude e os graus de liberdade que o STF confere à interpretação do princípio. As invectivas de 'protagonismo judicial', 'usurpação de competência de Poderes', 'fator de desequilíbrio na tripartição de Poderes' intensificaram-se em tempos recentes, lançadas que foram contra a Suprema Corte brasileira. A utilização de topoi que pouco se renovam e o arrimo em precedentes carentes de discussão material do direito adquirido contribui, nesse tocante, para que se ampliem as reações contra as decisões da Corte Suprema. Não é por outra razão, em conclusão, que chega a ser prosaico verificar que as carências detectadas nos julgados do Supremo Tribunal Federal acerca do direito adquirido podem atingir os próprios membros da Corte. Reações de outros Poderes do Estado poderão levar, em futuro próximo, por meio de emenda constitucional, à fixação de mandato para o exercício do cargo de ministro do STF. (ALMEIDA, 2012, p. 214-215).

As proteções provenientes do direito adquirido, do ato jurídico perfeito, da coisa julgada e da vedação à irretroatividade integral, portanto, não nos parecem suficientes, em se tratando de segurança jurídica e Estado de Direito, visto que não avaliam o *animus* daquele a quem aproveita a alegação do direito, não protegem direitos em formação e são institutos voltados apenas à análise de requisitos objetivos, como a data da prática de um ato já concluído no tempo.

3.3 - PRESCRIÇÃO E DECADÊNCIA

Prescrição e decadência são institutos jurídicos que tratam, de maneira objetiva, da caducidade de um determinado direito, de acordo com o tempo transcorrido desde o primeiro momento em que poderia ser exercido. Visam à proteção e preservação de situações jurídicas aparentes e exteriorizadas, após um prazo determinado em que não tenha havido qualquer atuação por parte daquele a quem interesse a reversão de tal situação. Nada mais são que institutos voltados à proteção da segurança jurídica; sem, todavia, ingressarem em aspectos subjetivos envolvidos na relação entre aquele que busque a proteção do prazo prescricional e aquele que queira a interrupção, a suspensão ou o impedimento do transcurso desse prazo.

Segundo o art. 189 do Código Civil, com o transcurso de um prazo prescricional, extingue-se o direito à pretensão, cuja exigibilidade nasce a partir do momento em que é violado um direito subjetivo que tem por finalidade um bem da vida (a ser alcançado por meio de prestações negativas ou positivas). Assim, a prescrição não afeta o direito de ação (que permanece garantido em qualquer hipótese, ex vi do art. 5º, inc. XXXV, da CF), nem o direito subjetivo adjacente (pois, mesmo tendo havido prescrição, nada impede que o violador de um direito proceda à reparação do ilícito). Os prazos prescricionais estão previstos nos arts. 205 e 206 do Código Civil, havendo prazos específicos e um prazo geral de 10 anos, quando a lei não fixar prazo menor.

A pretensão, portanto, tem prazos prescricionais para ser buscada perante o órgão jurisdicional competente, que, se não forem respeitados, permitem ao devedor/violador do direito extinguir a pretensão, o que, inclusive, desde a Lei 11.280/2006, deve ser feito *ex officio* pelo magistrado, em nome da celeridade jurisdicional e da segurança jurídica.

A prescrição é instituto atinente a ações condenatórias em geral (seja a obrigações de pagar quantia certa ou incerta, de fazer ou de não fazer), relativas a direitos subjetivos exigíveis em geral.

Quando o direito em debate é de cunho potestativo, o que ocorre por exemplo em ações de natureza constitutiva/desconstitutiva, não se está diante de um direito subjetivo, mas sim de uma situação jurídica em que não há um dever contraposto imediato e correlato daquele ao qual se pleiteia um direito potestativo. Não há, portanto, pretensão, visto que não há exigibilidade. Assim, não há prazo prescricional, em se tratando de ações cujos pleitos sejam de cunho potestativo, os quais têm o seu exercício submetido exclusivamente à vontade de seu titular. A lei prevê, para algumas dessas potestatividades, prazos para o exercício do direito. Quando houver tal previsão, estaremos diante de um prazo decadencial[59]. É possível, por outro lado, que também não haja a

---

59 Sobre a distinção entre prescrição e decadência: *"O entendimento atual, contudo, procura extremar as duas categorias com base nas situações jurídicas de que se originam. A prescrição origina-se do direito subjetivo, já que só o direito subjetivo é dotado da pretensão, consistente na exigibilidade do dever jurídico a ele correspondente. A pretensão prescritível decorre da violação do direito. Se somente ao direito subjetivo corresponde um dever jurídico exigível, somente este pode ser violado; e somente este é dotado de pretensão, objeto do prazo prescricional (San Tiago Dantas, Programa, pp. 333 e ss.). Já a decadência decorre de direitos potestativos, isto é, situações jurídicas diversas do direito subjetivo, nas quais, ao contrário deste, não há dever jurídico contraposto ao interesse do seu titular."* (TEPEDINO; BARBOZA; MORAES, 2007, p. 358).

previsão de qualquer prazo para tal potestatividade, o que implica em considerar que o interessado pode exercer tal direito potestativo a qualquer tempo.

Nesse sentido, eis como expõe Leonardo José Carneiro da Cunha:

> Enquanto o prazo de prescrição tem na pretensão sua gênese (CC/2002, art. 189), os direitos desprovidos de pretensão são atingidos pela decadência, caso não exercidos nos prazos extintivos que lhes são próprios. A prescrição, como já se viu, é o encobrimento da pretensão e da ação. Não é a falta de exercício do direito que lhe tira o vigor; o direito pode conservar-se inativo, por longo tempo, sem perder sua eficácia. É a falta de uso da ação que lhe atrofia a capacidade de reagir. O direito, seja real ou pessoal, pode existir sem se exercer. Por isso, o direito não prescreve. O que prescreve é a pretensão, ou a ação. Desatendido o direito, surge a pretensão, ou seja, aquele direito se torna exigível, devendo ser exercitado no prazo fixado em lei. Não exercida a pretensão no prazo estabelecido legalmente, consuma-se a prescrição. Segundo Agnelo Amorim Filho, somente há pretensão se houver lesão. E somente há lesão nos direitos a uma prestação, isto é, nos direitos de crédito, nas demandas destinadas a cobrança de um crédito. Em outros termos, só há prescrição se a demanda for condenatória. Por sua vez, os direitos não sujeitos a uma lesão, ou seja, que não se relacionam com um crédito/débito, não geram pretensão, não estando, portanto, sujeitos à prescrição. Os direitos potestativos e aqueles postulados em ações constitutivas, quando sujeitos, para serem exercidos, a um prazo fixado em lei ou em contrato, devem ser exercitados nesse prazo, que é de decadência. Consumado o prazo, opera-se a decadência. Já as ações declaratórias são, para Agnelo Amorim Filho, imprescritíveis ou perpétuas. (CUNHA, 2018, p. 74)

No direito previdenciário, assim como nas relações de qualquer entidade da Administração Pública, é preciso aferir as regras especiais sobre prescrição e decadência envolvendo o Estado; muito embora as regras gerais do Código Civil, para as relações jurídicas entre os indivíduos, apliquem-se supletivamente.

Assim, o prazo prescricional para requerer em juízo prestações vencidas ou quaisquer restituições ou diferenças devidas pela Previdência Social é de 5 anos, como se nota nos arts. 103, parágrafo único e 104 da Lei 8.213/91; de outro lado, há prazo decadencial de 10 anos para o segurado ou beneficiário pleitear revisão do ato de concessão do seu benefício, bem como de 10 anos para a Previdência Social anular atos administrativos de que decorram efeitos favoráveis a seus beneficiários, como se notam nos arts. 103, caput, e 103-A, da mesma Lei 8.213/91. Não há, por outro lado, qualquer previsão legal de prazo decadencial para o segurado ou beneficiário pleitear a concessão de um benefício previdenciário[60]. Ainda, é importante anotar que, em se tratando de outros

---

60 É importante atentar para as observações de Bruno Henrique Silva Santos: *"Embora a legislação previdenciária não tenha estabelecido prazos decadenciais para o requerimento de benefícios a serem pagos pelo INSS, ressalvado o disposto no art. 71-B, §1º, da Lei nº 8.213/91, ela cuidou de fixar os termos a partir dos quais eles são devidos, que variam de acordo com o tempo que decorreu entre os fatos geradores e os respectivos pedidos administrativos. Assim é que, por exemplo, dispuseram os arts. 49 e 54 da Lei nº 8.213/91 que a aposentadoria por idade e a aposentadoria por tempo de*

entes da Administração Pública Federal que não sejam a Previdência Social, o prazo para a anulação de atos administrativos de que decorram efeitos favoráveis a seus beneficiários não é de 10, mas sim de 5 anos, nos termos do art. 54 da Lei 9.784/99.

São institutos, portanto, voltados à estabilização das relações jurídicas entre o Estado-Previdência e o cidadão. Contudo, no caso específico do prazo decadencial dirigido à Administração Pública, é possível uma outra interpretação.

Tanto o art. 103-A da Lei 8.213/91, como o art. 54 da Lei 9.784/99, previram que, em caso de comprovada má-fé do indivíduo, em sua relação com o Estado, não há prazo decadencial para a anulação do ato administrativo. Nesse caso, não há qualquer conflito com o princípio da proteção da confiança, visto que um comportamento de má-fé do indivíduo, certamente, comprometerá a base subjetiva de sua confiança. Ou seja, também não haverá confiança a ser protegida, a confiança do indivíduo não será legítima.

Mas, diante de um indivíduo que não tenha adotado comportamento de má-fé, será justo afirmar que, não tendo sido superado o prazo decadencial para o Estado anular o ato de efeitos favoráveis ao indivíduo, eventual anulação necessariamente possuirá efeitos retroativos? Não haveria segurança jurídica a ser protegida, especialmente quanto ao comportamento de boa-fé do cidadão, havido até o conhecimento de que o ato administrativo deveria ser anulado?

Como dissemos, todo prazo decadencial advém de um direito potestativo que, não sendo exercido no prazo legal, impede que o detentor do direito o realize. Não seria desproporcional e irrazoável permitir que a Administração tenha a potestatividade de anular um ato administrativo por um prazo tão longo (5 anos para a Administração em geral e 10 anos para o INSS)? Onde estaria a preocupação com o exercício das funções administrativas de modo profissional e eficiente (princípio da administração pública trazido no art. 37 da CF88), sem erros que justificassem a anulação de um ato administrativo de efeitos favoráveis ao indivíduo?

Em verdade, nossa conclusão é a de que o prazo decadencial em questão, a favor da Administração Pública, seja ele de 5 ou de 10 anos, é excessi-

---

contribuição serão devidas aos segurados empregados, inclusive domésticos, a partir da data do desligamento do emprego, quando requeridas em até 90 (noventa) dias depois dela, ou a partir da data do requerimento, quando decorrer prazo superior ou não houver desligamento. Já o art. 60 da mesma lei estabeleceu que o auxílio-doença será devido a partir do décimo sexto dia de afastamento ou a contar da data de início da incapacidade (conforme se trata de segurado empregado ou dos demais segurados, respectivamente), quando requerido até trinta dias após o afastamento. Após este prazo, será devido desde a data do requerimento. A pensão por morte, de acordo com o art. 74, é devida desde a data do óbito somente se for requerida no prazo de 90 (noventa) dias após ele. Caso contrário, é paga, também, desde a data do requerimento. Estes são apenas alguns exemplos que demonstram que o tempo transcorrido entre o momento em que são preenchidos os requisitos ou as condições para o recebimento dos benefícios previdenciários e o seu efetivo exercício (requerimento administrativo) é relevante para o estabelecimento dos marcos de produção dos seus efeitos financeiros. Não se trata, contudo, de prazo de decadência do direito a estes benefícios, uma vez que seus titulares podem postulá-los a qualquer momento." (SANTOS, 2016, p. 147-148).

vamente dilatado, e não responde à necessidade de proteção da segurança jurídica do indivíduo que não tenha adotado comportamento de má-fé. Nesses casos, é possível que haja confiança legítima do indivíduo a ser protegida, mesmo que o prazo para anulação de atos favoráveis ainda não tenha transcorrido para o INSS.

Ainda, por outro lado, se houvesse uma cultura de respeito e proteção da confiança legítima do indivíduo, sequer haveria necessidade da previsão legal de prazo decadencial para o exercício do direito potestativo de anular um ato administrativo favorável a este indivíduo. Com isso, exigir-se-ia maior aprofundamento da Administração em processos internos de controle da eficiência de seus atos, o que aprimoraria a relação entre os agentes estatais e os administrados.

3.4 - A INSUFICIÊNCIA DAS ATUAIS MEDIDAS OBJETIVAS DE PROTEÇÃO DA EFICÁCIA DE ATOS JURÍDICOS EM FACE DO TEMPO

Vimos, portanto, que a irretroatividade, o direito adquirido, o ato jurídico perfeito, a coisa julgada, a prescrição e a decadência têm um ponto em comum: são todos institutos jurídicos voltados à proteção da segurança jurídica dos indivíduos em suas relações com o Estado, mas parametrizados por critérios objetivos, como a data do trânsito da sentença judicial, a data em que foram implementados os requisitos para a aposentadoria, a data do fato gerador tributário, a data da prática delituosa ou de sua consumação, a data do ato de concessão da aposentadoria, etc.

Nenhum desses institutos, todavia, destaca atenção aos aspectos subjetivos envolvidos, nas relações entre Estado e cidadão. Além disso, também não são institutos preparados para atos complexos, em formação, nem para as expectativas legítimas criadas por atos deste mesmo Estado.

É preciso preencher essa lacuna jurídica, especialmente quando estivermos diante de decisões estatais mais gravosas ao cidadão. Não é que elas não possam ser tomadas dessa forma; trata-se apenas de exigir do Estado o respeito às situações particulares de cada indivíduo diretamente atingido. Nesses termos, Guilherme Camargos Quintela:

> Não se trata de imutabilidade, repita-se, mas de estabilidade ou racionalidade da mudança, apta a evitar alterações violentas de entendimento: busca-se, na verdade, a segurança do movimento, já que o 'caráter evolutivo do Direito repele as cristalizações e a estagnação'. As regras objetivas de proteção da segurança jurídica, entretanto, não são aptas a amparar situações jurídicas em mutação, em aquisição, pois enfrentam o devir de forma direta, protegendo tão somente o passado: é o caso da irretroatividade das leis e do direito adquirido, aqui já investigados. Por tal motivo, deve-se ter em mente o aspecto subjetivo da segurança jurídica como apto a escudar situações jurídicas excepcionais, como as expectativas legítimas, já que a proteção da confiança alberga caracteres especialmente importantes na atual conjuntura social de ultracomplexidade,

voltando-se ao futuro: a promessa, o tempo, a boa-fé. Reflete, assim, a necessidade de segurança, fiabilidade e estabilidade em um mundo em constante mutação, geradora de insegurança e caracterizada pela dependência crescente dos indivíduos pelas prestações, decisões e regramentos estatais. (QUINTELA, 2013, p. 215).

Para preencher tal lacuna, destarte, entendemos que as situações particulares e o estado subjetivo de cada indivíduo são plenamente avaliáveis pelo princípio da proteção da confiança, que deverá ser adequadamente delimitado, a fim de evitar confusões conceituais em cada caso concreto.

Conclui-se, portanto, que há uma insuficiência clara das atuais medidas objetivas de proteção da eficácia de atos jurídicos em face do tempo (vedação à irretroatividade, direito adquirido, ato jurídico perfeito, coisa julgada, prescrição e decadência), de modo que há uma evolução a ser perseguida, na análise de outras medidas, considerando-se aspectos subjetivos relevantes, intrínsecos a cada ato.

Essa evolução será obtida com a correta definição, utilização e interpretação do princípio da proteção da confiança, cujos contornos objetivos serão apresentados no próximo capítulo.

CAPÍTULO 4

BASE DESCRITIVA: OS CONTORNOS DO PRINCÍPIO DA PROTEÇÃO DA CONFIANÇA

4.1 - INTRODUÇÃO. ORIGENS. DEFINIÇÃO E FINALIDADES DO PRINCÍPIO

No segundo capítulo, foram descritas algumas realidades sociológicas que demonstram o quanto as expectativas legítimas dos cidadãos, que muito esperam a concretização de seus direitos previdenciários, vêm sendo desrespeitadas por atos estatais de ambos os Poderes, havidos em situações de desconfiança individualizada e/ou desigualadora.

Já no capítulo antecedente, foi demonstrado que institutos como vedação à irretroatividade, direito adquirido, ato jurídico perfeito, coisa julgada, prescrição e decadência são insuficientes à proteção das expectativas legítimas dos cidadãos, nas relações de Direito Previdenciário.

Neste capítulo, descrever-se-ão os contornos do princípio da proteção da confiança, suas condições, sua finalidade, e como ele pode ser efetivado nas situações concretas da vida em sociedade, demonstrando como pode representar uma adequada evolução das medidas de proteção da segurança jurídica do cidadão, em relação às medidas jurídicas protetivas do capítulo antecedente.

As pessoas, diante de sua inerente fragilidade, buscam proteger-se e estar livres e seguras perante ameaças externas e internas, como a violência em todas as suas formas, o simples medo, as doenças, a dor, a morte ou o crime. Confiam em outras pessoas e nos atos destas, além de confiar nas relações econômicas, comportamentais e políticas havidas em uma sociedade determinada. Não fosse essa confiança, reflexo da busca por maior segurança, e a vida em sociedade deteria muito maior grau de complexidade, pela baixa previsibilidade do futuro. A confiança, nestes termos, é a percepção individual acerca da segurança mínima que o homem deve ter. Desta confiança é que advém a necessidade de segurança jurídica, entendida como a dimensão social e intersubjetiva do valor e princípio que é a confiança, proporcionada por um determinado ordenamento.

Desse modo, alguém pode estar seguro de ameaças externas, em plena saúde, em sua casa, protegido da violência, mas viver em um Estado em que não haja qualquer proteção às suas legítimas expectativas de planejar sua vida conforme o ordenamento vigente. Essa segurança, estritamente jurídica, é delineada preventivamente pelo Direito, e deve ser aplicada diariamente pela Administração e pelo Judiciário, na efetivação de direitos e solução de conflitos, respectivamente.

Na sociedade atual, em que a velocidade da comunicação e do acesso à informação demonstram a relativização integral dos conceitos de tempo e espaço e a ultracomplexidade das relações humanas e sociais, é de se esperar que o cidadão almeje a maior segurança jurídica possível. Nesse mundo de espaço e tempo relativizados, os órgãos de quaisquer dos Poderes, em seus relacionamentos com os cidadãos, assumem compromissos públicos das mais diversas formas, em relação aos quais os cidadãos criam expectativas legítimas em seus cumprimentos.

Por motivos diversos (mutação jurisprudencial, independência decisória, mudança de gestão, erros administrativos, erro judiciário, morosidade, discricionariedade administrativa consistente em motivação econômica, política, financeira, social, internacional, etc.), entretanto, estes mesmos órgãos de poder, passado um determinado lapso de tempo, dão novo direcionamento a estes compromissos (modificando, anulando ou revogando seus atos), deliberando, ou sendo impostos, a outras escolhas que afetam diretamente a boa-fé e a confiança das pessoas nos atos estatais.

Ocorre que esses novos direcionamentos por parte de agentes do Estado não podem descuidar da devida preocupação com o futuro, com as situações subjetivas e individuais geradas por suas próprias posturas e com a memória de seus próprios atos. Neste sentido, eis as reflexões do professor François Ost, a demonstrar como a excessiva flexibilidade das decisões estatais podem desestruturar sociedade e Estado:

> Mas o tempo social só se conjuga no passado. O futuro insiste também, pois se nutre de expectativas e temores. Igualmente a sociedade lança pontes sobre o desconhecido, sacralizando a promessa que compromete. O juramento individual ou fé trocada, contratos e tratados bi ou multilaterais, ou mesmo leis e regulamentos: o mesmo número de figuras da promessa em nossas sociedades modernas, que só pensam o laço social nos termos do acordo de todos com cada um. O Estado de direito encontra aqui sua base, que faz voto de estabilidade e de segurança: os pactos privados serão garantidos e o poder público, ele mesmo, se compromete a respeitar as leis colocadas por ele. Mas, aqui, novamente ameaça o imobilismo ou o excesso de confiança: tal constituinte proíbe que algum dia se modificassem as disposições que ele adota; tal codificador pretende proteger

de qualquer interpretação posterior, judiciária ou doutrinal, nos termos da lei; tal contratante inflexível recusará qualquer renegociação das cláusulas do acordo mesmo que devessem, devido a um transtorno das circunstâncias, conduzir seu parceiro à ruína. Será que o próprio futuro deveria ser desligado? Mesmo que o direito dificilmente se decide a isso, contudo, consente-o, pelo menos a título excepcional. A urgência justifica, veremos, muitas conformações com os princípios, ao passo que a interpretação, que nada para, decididamente garante suavemente as transições. As leis de polícia acabam sempre por fazê-las prevalecer sobre os direitos adquiridos e as expectativas mais bem garantidas, ao passo que, levadas pela equidade ou pelo realismo econômico, os juízes chegam, mais cedo ou mais tarde, a abrir um caminho para a revisão dos contratos cujas previsões foram frustradas pelo transtorno das circunstâncias. É preciso dizer que ainda aqui o perigo ameaça: desligar o futuro não é acrescentar incerteza à incerteza? Exageradamente flexível, o tempo jurídico torna-se assim, aleatório; quando se multiplicam as 'mordomias' da urgência, a insegurança jurídica ameaça o laço social e este se decompõe. (OST, 2005, p. 40-41).

Assim, no estudo da segurança jurídica, especialmente no que atine à aferição da legalidade/constitucionalidade e legitimidade destas novas escolhas, se faz necessário o estudo do princípio da proteção da confiança, agregado ao cuidado de não se afetar o pleno exercício de qualquer das funções estatais, o que pode vir a prejudicar o interesse público primário.

O princípio da proteção da confiança não tem uma origem precisa. Não há uma decisão jurisdicional específica ou uma alteração legislativa que inaugure oficialmente sua prática. Todavia, como primeiro precedente jurisdicional em que se nota relevante publicidade internacional da utilização do princípio da proteção da confiança como principal argumento decisório, tem-se a decisão do tribunal administrativo de terceira instância de Berlim (OVG – *Oberverwaltungsgericht*), de 14.11.1956, DVBl, 1957, 503. Trata-se de situação em que uma viúva de um inspetor, com domicílio na antiga República Democrática da Alemanha (Alemanha Oriental), recebe uma comunicação pública afirmando que teria o direito ao restabelecimento de sua pensão por morte, caso mudasse seu domicílio para Berlim Ocidental, na República Federativa da Alemanha (Alemanha Ocidental). Ela o fez, guiada pelo comportamento estatal, alterando significativamente sua vida particular; no entanto, algum tempo depois, a Administração Pública alemã suspendeu seu benefício e determinou a devolução de todos os valores pagos. Este tribunal, após os trâmites processuais pertinentes do caso específico, determinou o retorno ao *status quo ante*, com base no referido princípio, mesmo confirmando a presença de irregularidade em sua concessão[61].

---

61 Eis importante relato histórico acerca do caso: *"As premissas do caso analisado eram as seguintes: a viúva de um inspetor com domicílio dentro da zona de ocupação da antiga União Soviética na Alemanha recebeu uma pensão da Oberjustizkasse de Berlim até 8 de maio de 1945. Em 11 de março de 1953, ela obteve uma declaração do Senator do Estado de Berlim de que teria, nos termos do que prevê o art. 131 da Constituição da República alemã, direito a voltar a receber sua pensão se mudasse seu domicílio para Berlim Ocidental. Por conta desse esclarecimento, a viúva mudou-se para o território da antiga Alemanha Ocidental e, como consequência, a pensão retornou a ser concedida, em 23 de*

A prática jurisprudencial alemã, difusamente, foi uniformizando o entendimento a respeito, que se iniciou como um instituto jurídico voltado para proteger a iniciativa privada perante modificações estatais no planejamento econômico individual e para a limitação de efeitos retroativos provocados pelo desfazimento de atos administrativos ilegais que geraram efeitos favoráveis a seus destinatários. Destarte, o princípio tinha como origem o embate entre a segurança jurídica e o princípio da legalidade (alegado pela Administração para se permitir a invalidação de atos administrativos com efeitos *ex tunc*) até então prevalecente. Pelo princípio, passou-se a privilegiar a limitação da retratabilidade e invalidação de atos administrativos com efeitos benéficos a terceiros, respeitando-se a necessidade de proteção à confiança dos administrados, que teria assento axiológico tanto na certeza jurídica, quanto na boa-fé e na lealdade, que devem permear a ética do estado de direito social.

Já em 1963, Otto Bachof noticiava intenso debate a respeito do conflito entre a proteção da confiança e a legalidade (ARAÚJO, 2016, p. 25).

A marcha triunfal do princípio da proteção da confiança atingiria seu ápice com a sua consagração no direito positivo alemão, por meio do §48 da Lei de Processo Administrativo Alemã de 1976 (*Verwaltungsverfahrensgesetz*). De acordo com esse dispositivo, a Administração não pode, em um processo de invalidação de ato dela emanado, sob o *argumentum ad verecundiam* da necessidade de se respeitar irrefletidamente a legalidade, desconsiderar a confiança do cidadão e os efeitos práticos do ato a ser invalidado, por mais invalidade que este detenha. Deve ser compatibilizada a proteção objetiva à segurança jurídica com a proteção da legalidade, evitando-se a permanência no ordenamento de um ato ilegal e nulo (par. 1º do art. 48 da VwVfg), mas com a proteção subjetiva da confiança legítima, que pode até ser vedada (par. 2º, 3º, 4º e 5º do art. 48 da VwVfg), como em situações em que o administrado induza a Administração a erro ou atue com dolo ou má-fé, ou não tenha qualquer atuação positiva a ser protegida. Como na vida real a participação do administrado no

---

novembro de 1953, com efeitos a partir de 1º de setembro do referido ano. No entanto, em 10 de outubro de 1954, cerca de um ano após o início do recebimento do benefício, a Administração alemã editou um novo ato determinando que a pensão seria cancelada desde 31 de outubro do mesmo ano sob o fundamento de que a pensionista não teria preenchido todos os requisitos para a sua concessão. Além disso, a Administração alemã exigiu da pensionista a restituição de todas as quantias indevidamente já recebidas. Em razão do ajuizamento de uma ação pela viúva, o Tribunal Revisor de Berlim em matéria de Direito Administrativo invalidou o ato que havia cancelado a pensão. Nas razões da decisão, o Tribunal lembrou que não se pode extrair do princípio da legalidade uma obrigação irrestrita do Estado de anular atos ilegais. O benefício era efetivamente indevido, mas a pensão acabou sendo mantida judicialmente, uma vez que ela havia modificado a vida da pensionista, de forma incisiva, com base na confiança depositada no Estado. Ao reconhecer a existência de uma relação de tensão (Spannungsverhaltnis) entre o interesse da Administração em cancelar o ato viciado e o da viúva na sua manutenção, o Tribunal Revisor de Berlim em matéria de Direito Administrativo decidiu que a anulação de um benefício ilegal apenas poderia ocorrer quando o interesse público prevalecesse. No caso específico, a viúva confiara na informação recebida da Administração alemã e, com base nela, tomou medidas drásticas e duradouras (einschneidende und dauernde) que reorganizaram todo o seu modo de vida. A confiança depositada por ela no Estado era tão digna de tutela que o seu benefício ilegal foi, inclusive, mantido para o futuro." (ARAÚJO, 2016, p. 137-138).

ato invalidado ocorre excepcionalmente, não há fundamentação adequada na regra que determina a nulidade e a não produção de quaisquer efeitos do ato administrativo nulo sem considerar a confiança incutida no administrado. A invalidação de um ato administrativo (permitida pela ótica objetiva da segurança jurídica) deve, portanto, ser diferenciada da invalidação dos efeitos por ele produzidos (permitida com efeitos *ex nunc* em regra, pela ótica subjetiva da segurança jurídica). Eis um essencial resumo da história do princípio, na sua terra de origem, feito pela professora Patrícia Baptista, adotando como ponto de partida o processo da viúva de Berlim supracitado:

> Contrariando a jurisprudência anterior, que admitia a revisão dos atos administrativos ilegais a qualquer momento, a decisão prestigiou a proteção à confiança da viúva e determinou a manutenção da pensão. Seguiu-se a esse julgamento um expressivo número de decisões aplicando o princípio em causa com semelhante conteúdo. Há registros, porém, de que desde o final do século XIX o Tribunal Administrativo da Prússia já empregava o termo 'proteção da confiança'. De todo modo, o que distingue a jurisprudência firmada no segundo pós-guerra desses julgados anteriores é a 'perspectiva constitucional' sob a qual o princípio passou a ser considerado. Para os tribunais alemães, o princípio da proteção da confiança tem status de princípio constitucional. Ostenta o mesmo nível e a mesma importância do princípio da legalidade e, inclusive, pode ser oposto ao legislador. No campo da revisão dos atos administrativos, o princípio da proteção da confiança passou a incidir como limite à retratação dos atos administrativos ilegais favoráveis e, em seguida, como limite à revogação dos atos administrativos lícitos. A maior parte da expressiva jurisprudência alemã acerca do tema até o início dos anos setenta, acrescida das exigências doutrinárias, acabou consolidada na Lei do processo administrativo federal (VwVfg) de 1976, especialmente nos §§48 e 49. Com o tempo, a esfera de incidência do princípio da proteção da confiança foi sendo substancialmente ampliada. Assim, passou-se a admitir a proteção da confiança também em face de promessas da Administração (§38.2 da Lei do Procedimento Administrativo Federal). Debateu-se igualmente a possibilidade de proteção da confiança depositada em precedentes administrativos, em práticas administrativas reiteradas e até mesmo em meras informações prestadas pela Administração. Mais adiante, o Tribunal Constitucional alemão estendeu a aplicação do princípio da proteção da confiança à esfera legislativa. De início, para alcançar as questões de retroatividade das leis. Em seguida, para impedir, de maneira geral, as alterações legislativas desvantajosas, bruscas ou inesperadas, capazes de frustras a confiança do cidadão. Por último, a jurisprudência alemã considerou a extensão do princípio da proteção da confiança no que concerne também às decisões judiciais. (BAPTISTA, 2014, pos. 1657)

Após o início e consolidação de sua aplicação em terras alemãs, não demorou que o princípio da proteção da confiança fosse acolhido e disperso pelo direito comunitário europeu e pelos direitos nacionais dos países europeus (capítulo 5.3, *infra*), como bem nos relata o professor Ricardo Lodi Ribeiro:

A partir de sua consolidação no Direito positivo alemão, a ideia se universaliza com a adesão da Corte de Justiça das Comunidades Europeias ao princípio da proteção da confiança legítima, tomado como regra fundamental do Direito comunitário, em paulatino processo evolutivo que se completa em 1978. Se no passado, a previsibilidade da atuação estatal era garantida principalmente pela proibição da irretroatividade das leis, hoje, sua faceta mais sensível é revelada pela manutenção dos atos estatais, ainda que contrários ao Direito, em razão da proteção da segurança jurídica embasada na confiança legítima do cidadão, a partir do dever de boa-fé, que deve presidir as relações entre o Estado e seus administrados, como dever de agir com coerência e lógica, ainda que estes não tenham chegado a adquirir o direito originado nesses atos ilegais. (RIBEIRO, 2008, p. 228-229).

Mas, afinal, o que é a proteção da confiança?

A definição do princípio é assim descrita por Valter Shuenquener de Araújo:

> Quanto ao conceito, é possível definir o princípio da proteção da confiança como uma norma com pretensão de complementaridade e com alcance determinável pelo caso concreto e impeditiva ou atenuadora dos possíveis efeitos negativos decorrentes da frustração, pelo Estado, de uma expectativa legítima do administrado ou jurisdicionado. É um instituto extraído, essencialmente, do princípio da segurança jurídica e do Estado de Direito, e que tem como meta precípua defender, em caráter complementar aos direitos fundamentais, as expectativas legítimas dos administrados contra atos ou omissões estatais. A preocupação central do princípio da proteção da confiança não é a de impedir o progresso do Direito. Seu propósito não é o de criar obstáculos contra a evolução da ordem jurídica. Ele servirá, todavia, para assegurar uma proteção contra mudanças abruptas, injustas e frustradoras de expectativas tidas como legítimas. O princípio da proteção da confiança não pode servir para petrificar as normas jurídicas, mas para permitir sua contínua transformação. Nesse contexto, todos os poderes estatais devem, ainda que cada um com suas respectivas peculiaridades, se submeter ao princípio da proteção da confiança. (ARAÚJO, 2016, p. 295).

Outra precisa definição é extraída da letra precursora do professor Almiro do Couto e Silva:

> Falam os autores, assim, em princípio da segurança jurídica quando designam o que prestigia o aspecto objetivo da estabilidade das relações jurídicas, e em princípio da proteção à confiança, quando aludem ao que atenta para o aspecto subjetivo. Este último princípio (a) impõe ao Estado limitações na liberdade de alterar sua conduta e de modificar atos que produziram vantagens para os destinatários, mesmo quando ilegais, ou (b) atribui-lhe consequências patrimoniais por essas alterações, sempre em virtude da crença gerada nos beneficiários, nos administrados ou na sociedade em geral de que aqueles atos eram legítimos, tudo fazendo razoavelmente supor que seriam mantidos. Parece importante destacar, nesse contexto, que os atos do Poder Público gozam da aparência e da presunção de legitimidade, fatores que, no arco da história,

em diferentes situações, têm justificado sua conservação no mundo jurídico, mesmo quando aqueles atos se apresentem eivados de graves vícios. O exemplo mais antigo e talvez mais célebre do que acabamos de afirmar está no fragmento de Ulpiano, constante do Digesto, sob o título 'de ordo praetorum' (D, 1.14.1), no qual o grande jurista clássico narra o caso do escravo Barbarius Philippus que foi nomeado pretor em Roma. [...] Não é outra a solução que tem sido dada, até hoje, para os atos praticados por 'funcionário de fato'. Tais atos são considerados válidos, em razão – costuma-se dizer – da 'aparência de legitimidade' de que se revestem, apesar da incompetência absoluta de quem os exarou. Na verdade, o que o direito protege não é a 'aparência de legitimidade' daqueles atos, mas a confiança gerada nas pessoas em virtude ou por força da presunção de legalidade e da 'aparência de legitimidade' que têm os atos do Poder Público. (SILVA, 2015, p. 47-48).

Na Europa, uma boa definição pode ser delineada com a leitura do professor lusitano Luís Filipe Colaço Antunes:

[...] o princípio da proteção da confiança legítima deve ser visto como *topos* essencial dos princípios da justiça e da equidade, com uma função de guia hermenêutico na procura da melhor solução jurídica. Já de forma mais específica e setorial, em relação à Administração de prestações, o princípio da proteção da confiança legítima pode configurar-se como o reflexo de um *status positivus socialis*. Na Alemanha, o princípio desempenha constitucionalmente o papel de uma norma programática que exprime um objetivo essencial da ação do Estado (*Staatszielbestimmung*), como uma diretiva orientadora da ação dos poderes públicos. Trata-se, com efeito, de um princípio basilar do ordenamento administrativo que entronca nas fundações do direito administrativo e o seu princípio ontológico, o princípio da legalidade, no sentido da tipicidade e previsibilidade da atividade administrativa. O que o princípio veio trazer de novo é a tutela da constância no tempo (*Bestandsschutz*), num duplo sentido: imodificabilidade de situações jurídicas consolidadas e previsibilidade do agir (futuro) da Administração. Assim sendo, o princípio em apreço tutela o particular de alterações de rota (injustificadas) que poderiam prejudicá-lo. Em suma, o princípio da proteção da confiança protege o particular de possíveis intervenções da Administração suscetíveis de incidir desfavoravelmente na sua esfera jurídica. (ANTUNES, 2012, p. 463-464).

É fácil identificar, portanto, que a finalidade do princípio da proteção da confiança é assegurar ao cidadão a estabilidade de suas expectativas legítimas em face de mudanças de posturas estatais que surpreendam o cidadão e/ou retroajam em seu desfavor, pois normas e atos emanados do Estado não podem ter um olhar oblíquo e único para o presente e projetar um futuro que desconsidere inteiramente as consequências dos atos individuais realizados sob um contexto passado, até então autorizado. Como afirma Patrícia Baptista:

Embora o princípio em causa não se preste a garantir a permanência das normas revogadas, por seu intermédio se assegura ao menos que as novas regras não incidam abruptamente. Trata-se de dar, ao particular que confiou, um tempo para que ele possa se adaptar às novas regras por meio da previsão de um regime transitório, minimizando seus prejuízos. (BAPTISTA, 2007, p. 12)

4.2 - CONDIÇÕES PARA APLICAÇÃO DO PRINCÍPIO DA PROTEÇÃO DA CONFIANÇA

O princípio da proteção da confiança é assim sintetizado por Hartmut Maurer, de acordo com o ordenamento alemão (onde surgiu), na forma como atualmente é utilizado:

> O ato administrativo beneficente antijurídico somente pode ser retratado[62] quando o princípio da proteção à confiança não se opõe. Proteção à confiança deve ser então aceita, quando (1) o beneficiado confiou na existência do ato administrativo, (2) sua confiança é digna de proteção e (3) seu interesse de proteção perante o interesse público prepondera no restabelecimento da legalidade. A dignidade da proteção da confiança deve ser negada, (a) quando o beneficiado deixou o ato administrativo cair em desuso ou o obteve por outro meio desleal, (b) quando ele conhecia a antijuridicidade ou devesse conhecê-la ou (c) quando a antijuridicidade situa-se em seu âmbito de responsabilidade (por exemplo, porque ele deu declarações errôneas, em que é insignificante se nisso lhe toca uma culpa ou não). Ademais, em regra, proteção à confiança somente é concedida, quando o beneficiado "atuou" sua confiança, ao ele tomar medidas ou disposições correspondentes (BVerwGE 24, 294, 296; comparar, porém, também – ainda duvidadora – BverwGE 48, 87, 93). A ponderação conduz, em atos administrativos com efeito de duração, regularmente a isto, que o ato administrativo, sem dúvida, pode ser retratado ex nunc, mas não ex tunc. Mas também excepcionalmente pode uma retratação ex nunc ser inadmissível, ou seja, então, quando o beneficiado, em confiança na existência do ato administrativo, alterou suas condições de vida incisiva e duradouramente e não mais corrigível [...]. Uma diferenciação correspondente entra em consideração junto a atos administrativos que, sem dúvida, têm como objeto uma prestação única, mas até agora somente em parte estão executados (retratação parcial, comparar BVerwGE 10, 308). Em decisões mais recentes, finalmente, ainda é direcionado a isto, se a retratação para o beneficiado é exigível (comparar BVerwGE 40, 147, 149). (sic) (MAURER, 2006, p. 324-325).

Dessa síntese, extraída da Lei de Processo Administrativo alemã de 1976, podemos concluir que o princípio da proteção da confiança possui quatro condições básicas para que possa ser empregado, visando aferir se a confiança depositada pelo cidadão no comportamento do Estado é legitimamente digna de proteção. São elas: a) base da confiança; b) existência da confiança no plano subjetivo; c) exercício da confiança por meio de atos concretos; e d) comportamento estatal que frustre a confiança.

---

62 Deve ser salientado que o conceito de retratação da doutrina alemã é correlato ao nosso conceito lato de invalidação, abarcando os institutos brasileiros da anulação e da revogação, mencionando a existência de retratação de atos administrativos jurídicos (revogação) e de atos administrativos antijurídicos (anulação).

O Estado, nas relações com os indivíduos, não poderá ser impedido de adotar posturas que não afetem a confiança do indivíduo. É natural, e às vezes até recomendável, que ocorram mudanças no mundo real dos atos estatais, em busca de alguma evolução para a sociedade. Com as mudanças, poderá haver a frustração da confiança, o que é representado pela alteração da base objetiva da confiança (itens a e d, supra). Trataremos e nominaremos os itens *base da confiança e frustração da confiança* como *base objetiva da confiança*, tendo em vista que são atos oriundos do próprio Estado, que não dependem de qualquer atitude do indivíduo.

Ainda, releva salientar que o princípio da proteção da confiança liga-se com atos de quaisquer agentes estatais, de quaisquer dos Poderes; contudo, deve ser aplicado de acordo as especificidades e o tempo de cada Poder. Não há sentido em afirmar-se, por exemplo, que o Poder Legislativo, como dirige seu trabalho em modificar, para o futuro, a legislação existente, não tem o dever de respeitar expectativas individuais por ele mesmo criadas. O objetivo do princípio, como vimos, é garantir continuidade e coerência da atividade do Estado em situações em que demande mudanças de entendimento, sem sobressaltos ao cidadão, não importando a origem específica do agente ou do ato estatal, se legislativo, administrativo ou jurisdicional. Acerca da necessidade de respeito à segurança jurídica, em atos provenientes de quaisquer dos poderes estatais:

> O princípio da segurança jurídica determina a busca dos ideais de cognoscibilidade, confiabilidade e calculabilidade no Direito. Esses ideais (porém, e com a permissão para o emprego de uma metáfora) compõem apenas a parte da segurança jurídica que pode ser vista acima do mar, tal qual um iceberg, cuja ponta esconde uma imensa, externa e profunda base submersa. Como o princípio da segurança jurídica delimita os contornos daquilo que é indispensável para que o cidadão possa, de acordo com o Direito, plasmar o seu presente e planejar, livre e autonomamente, sem engano ou injustificada surpresa, o seu futuro, inquiri-lo é, a um só tempo, investigar, de um lado, os direitos de liberdade, de igualdade e de dignidade, e de outro, os princípios relativos à atuação estatal. Mais do que isso: os ideais que o integram revelam, indiretamente, o tipo de sociedade que se visa a constituir, pelos tipos de Estado e de cidadão que resultam da sua configuração. A exigência de cognoscibilidade permite que o cidadão possa 'saber' aquilo que 'pode ou não fazer' de acordo com o Direito. Essa exigência, dentro de um estado de confiabilidade e de calculabilidade, capacita-o a, com autonomia e com liberdade, 'fazer ou não fazer', de modo que possa 'ser ou não ser' aquilo que deseja e que tem condições de ser. A segurança jurídica, em outras palavras, é um instrumento para que o cidadão possa saber, antes, e com seriedade, o que pode fazer, de modo que possa melhor ser o que pode e quer ser. Como pontifica Ataliba, seguros são os cidadãos que têm certeza de que o Direito é objetivamente um e que os comportamentos do Estado ou dos demais cidadãos dele na discreparão. Em suma, a segurança jurídica é instrumento de realização da liberdade, e a liberdade é meio de realização da dignidade. (ÁVILA, 2016, p. 103).

Do mesmo modo, Valter Shuenquener de Araújo acentua algumas particularidades dos poderes estatais:

> O princípio da proteção da confiança pode provocar sérias objeções quando manejado de uma forma que impeça o pleno exercício de qualquer das funções estatais. Quando empregado para proteger o particular diante de atos legislativos, o princípio acaba interferindo na liberdade de configuração política desse poder. Em face do administrador público, ele demanda uma revisão no exercício da sua discricionariedade. E, quando atua em relação aos atos jurisdicionais, a proteção da confiança pode ameaçar a independência do magistrado. Não é possível, do ponto de vista teórico e prático, estudar e aplicar o princípio da proteção da confiança uniformemente em relação a todos os tipos de manifestação do poder estatal. Cada uma das funções primordiais dos poderes republicanos é capaz de criar e frustrar a confiança do particular de uma maneira específica. Cada poder tem feições próprias. Aliás, isso tem relação direta com o fato de cada poder estatal dirigir sua atenção primordialmente para um determinado momento temporal. Usualmente, o Poder Legislativo se ocupa do futuro, o Executivo se volta para o presente, enquanto que o Judiciário se preocupa com o passado. (ARAÚJO, 2016, p. 211).

Para aplicação do princípio, portanto, é necessário um comportamento, omissão ou ato normativo estatal do qual se origina a confiança dos particulares (*base da confiança*), provas de que o(s) indivíduo(s) confiou(-aram) subjetivamente na permanência do comportamento estatal e de que não o desconhecia (*existência subjetiva da confiança*), provas de que o(s) indivíduo(s) realizou(-aram) atos concretos que confirmem sua confiança no comportamento estatal (*exercício da confiança por meio de atos concretos*) e a ocorrência de um comportamento estatal novo, desviante daquele primeiro no qual o cidadão depositou suas expectativas (*comportamento estatal que frustre a confiança*).

Diante desses requisitos, já podemos excluir alguns atos estatais do universo de atos a serem analisados para fins de avaliação da proteção da confiança. Assim, se não houver frustração da confiança, com a prova do gravame na vida do indivíduo, provocado por alguma alteração de entendimento do Estado, não é caso de aplicação do princípio da proteção da confiança. Em alguns casos específicos, por exemplo, é possível que haja a previsão de um direito em uma norma, constitucional ou infraconstitucional, que, no momento em que o indivíduo vem a pleitear esse direito, há o seu indeferimento, com base na fundamentação de ausência de preenchimento dos requisitos fáticos pertinentes. Nesses casos, não se está diante de uma frustração de confiança, mas sim de um único ato do Estado, consistente no indeferimento de um pleito determinado. Esse indeferimento inicial, portanto, pode ser combatido e controlado pela via interna do processo administrativo (pedidos de reconsideração ou recursos administrativos) ou pela via judicial, mas sem se utilizar do argumento da frustração da confiança, pois não há qualquer *alteração* de entendimento do Estado legislador (que previu o direito), nem do Estado administrador ou juiz, que apenas o indeferiu. Como exemplo, basta imaginar que o indeferimento de um pedido de seguro-desemprego, por si só, não é causa de aplicação do princípio da proteção da confiança, mas, por outro lado, a suspensão desse benefício estatal, após o deferimento inicial, pode ensejar a sua aplicação.

A questão mais candente, contudo, é observar se há, subjetivamente, confiança a ser protegida (existência e exercício, itens *b* e *c* anteriormente mencionados), nessas relações entre o Estado e o particular. Neste caso, diferentemente do que foi feito em relação aos itens *a* e *d* então mencionados, trataremos e nominaremos os itens *existência da confiança e exercício da confiança* como *base subjetiva da confiança*, tendo em vista que dependem de manifestações e comportamentos do indivíduo.

O aspecto subjetivo do princípio da proteção da confiança, por conseguinte, determina que, para que haja uma confiança a ser protegida, é necessário restar comprovado que o indivíduo confiou na continuidade do ato estatal, depositando racionalmente suas expectativas em tal ato.

Dessa forma, poderemos excluir alguns atos estatais do âmbito de aplicação do princípio da proteção da confiança, caso não fique comprovado que: 1) o cidadão depositou, de algum modo, suas esperanças na manutenção do ato estatal (existência da confiança), e que 2) desenvolveu sua confiança por meio de atos concretos, nos quais há afetações em relações patrimoniais e extrapatrimoniais de sua vida (exercício da confiança).

Assim, por exemplo, se o particular desconhece totalmente o ato estatal de mudança (a frustração da sua confiança), ou mesmo o ato anterior (a base da sua confiança), não há confiança legítima a ser protegida. É até mesmo intuitivo que a confiança não pode ser cega, desconhecedora do que estaria sendo objeto de confiança.

Além disso, os atos estatais são presididos pela aplicação do princípio da publicidade (v.g.: arts. 37, caput e art. 93, X, da Constituição Federal) e a ninguém é permitido alegar o desconhecimento da lei, para não cumpri-la (art. 3º da Lei de Introdução ao Código Civil). Nesse sentido, é necessária a aferição do princípio geral de direito *nemo turpitudinem suam allegare potest*, pelo qual se cunhou a expressão, aplicada em nossos fóruns: *"a ninguém é dado beneficiar-se de sua própria torpeza"*. Explicando melhor: ao se detectar que determinado ato estatal está eivado de ilegalidade *lato sensu* ou inconstitucionalidade e que deveria, por esse motivo, ser cancelado, revogado ou anulado, há que se investigar quem teria provocado, dolosa ou mesmo culposamente, tal ilegalidade *lato sensu*. Assim, se foi o particular quem provocou dolosamente o "erro", ilegalidade ou inconstitucionalidade, ele não deterá qualquer proteção estatal de sua confiança, eis que esta não era legítima. Se o cidadão esteve protegido por um ato estatal que se embasou em informações falsas ou incompletas, prestadas por ele próprio, ainda que culposamente, também não merecerá proteção. Do mesmo modo, se o Estado comprovar que o particular conhecia a ilegalidade, inconstitucionalidade ou antijuridicidade ou que seu desconhecimento deriva de sua culpa ou de sua falta geral de cautela, não poderá pleitear proteção de sua confiança.

Assim Ricardo Villas-Boas Cueva, ministro do STJ, no artigo intitulado "Segurança jurídica e 'incerteza jurisdicional' no Brasil", descreve a proteção da confiança:

> A proteção da confiança é particularmente delicada nas relações verticais entre Estado e cidadão, pois no Direito Público prevalecem as noções de supremacia e de indisponibilidade do interesse público, que, em princípio, garantem à administração o direito de anular seus próprios atos. A questão que se põe, então, é como disciplinar os efeitos retroativos da anulação dos atos administrativos. Para tanto, a doutrina distingue a retroatividade autêntica da retroatividade aparente. Há retroatividade autêntica quando a lei nova retroage para alcançar as consequências legais passadas de ações pretéritas, produzindo efeitos em relação a período anterior à sua entrada em vigor, atingindo fatos e situações que se iniciaram e se concluíram no passado. Já na retroatividade aparente, a lei nova produz efeitos para o futuro, mas alcança atos ou relações jurídicas que começaram no passado e que ainda subsistem. O princípio da proteção da confiança legítima, reconhecido no Direito alemão e no Direito comunitário europeu, veda, em geral, a retroatividade autêntica, com algumas exceções, como quando a confiança do particular for adequadamente tutelada ou quando não houver confiança a proteger, quando a retroatividade for benéfica ou ainda quando houver interesse público preponderante. A retroatividade aparente, contudo, em regra, é admitida. Ainda assim, a confiança legítima pode ser protegida se ficar demonstrado que: a) a alteração normativa foi súbita e imprevisível; b) havia base objetiva que gerou expectativa de estabilidade normativa; c) houve prejuízo; e d) a confiança do particular deve preponderar sobre o interesse público subjacente. (*In* REGO (coord.), 2017, p. 912-913).

Mas, em geral, não é assim que o Estado brasileiro funciona. Na mínima percepção de que o ato estatal é falho, desconfia-se do cidadão e alega-se a fraude, o dolo, a má-fé, sem qualquer olhar investigativo simples e acurado sobre a possibilidade de um erro exclusivamente estatal. É como afirma Valter Shuenquener de Araújo:

> Muito embora a Administração tenha o dever de avisar o particular acerca de seus direitos e obrigações, o que contribui para evitar o total desconhecimento do real alcance dos atos estatais pelos seus destinatários, isso nem sempre ocorre na prática. É muito comum um particular agir de boa-fé, mas contrariamente ao que o ordenamento permite, por simples desconhecimento do verdadeiro sentido de uma instrução estatal. O particular deve, a fim de evitar que sua conduta seja caracterizada como de má fé, "colocar todas as cartas na mesa" (*all cards face up on the table*). Sua omissão no fornecimento de uma informação relevante para a Administração pode, portanto, criar intransponíveis obstáculos para a invocação do princípio da proteção da confiança. (ARAÚJO, 2016, p. 92).

Dessa forma, não se pode defender que o particular tenha elevado grau de certeza da inalterabilidade de uma determinada situação jurídica, pois, nessa hipótese, estaríamos diante de uma mudança a termo certo, e não discutindo relações humanas de confiança. Ademais, como vivemos, neste século XXI, na era da sociedade de risco, não é possível, a qualquer cidadão, ter conhecimento pleno dos atos estatais modificatórios, mormente diante da imensa vulgarização do texto constitucional, das leis infraconstitucionais[63] e outras normas infralegais[64]. Como afirma Sérgio Abranches:

> [...] de fato, o mundo não para de mudar. Nunca mudou tanto e tão rapidamente. O fluxo histórico é ininterrupto e veloz. Do 'lado de cá' do tempo, o nosso presente, as instituições continuam respondendo a forças evanescentes ou decadentes. Do 'lado de lá' da história, depois da história já vivida, grandes transformações científicas e tecnológicas acontecem, novas forças emergem, e começam a se desenhar novos modos de organização societária. Essas são as forças que moviemtnam o mundo. As 'do lado de cá' alimentam as crises. (ABRANCHES, 2017, p. 27).

Ou seja, é o presente que alimenta crises de insegurança e incerteza, e é o Estado que deve se responsabilizar por evitar estas crises. Destarte, o fato de haver a publicação de um ato estatal ou a mera utilização do brocardo *ignorantia legis non excusat* não são critérios seguros para aferir proteção da confiança, em tempos de profusão diária de normas jurídicas e administrativas, bem como de decisões judiciais, dos mais diversos níveis, muitas vezes altamente complexas, quando não são conflitantes e contraditórias entre si, e em relação às anteriores do mesmo grau, além da instabilidade da jurisprudência previdenciária, até mesmo por divergências internas dos próprios tribunais superiores, seja entre seus órgãos judiciários colegiados internos (turmas e seções) e/ou entre desembargadores e ministros relatores. Como exigir, portanto, que um indivíduo, desconhecedor do mundo jurídico, tenha, sozinho, pleno conhecimento dos atos estatais (e de suas alterações) que estão em vigor?

Nesses casos, portanto, variando o grau de certeza da existência da base da confiança e de sua frustração, também variará o grau de proteção a ser concedida às ex-

---

63 "Há atualmente uma proliferação de normas que colidem com a Constituição do Brasil. Seja por conta da vulgarização de textos infraconstitucionais, seja pela falta de preparo técnico dos agentes públicos, ou mesmo pelo fato de o Brasil possuir uma Constituição analítica que de tudo procura cuidar, estamos vivendo uma época da história de nosso país em que textos jurídicos são comumente declarados inconstitucionais. E o pior é que, em inúmeras situações, esse reconhecimento ocorre muitos anos após a entrada em vigor do dispositivo tido por inconstitucional. Quando isso acontece, é natural que o texto viciado, ainda que inconstitucional, possa ter criado expectativas legítimas nas mentes dos cidadãos. E, conforme adverte STEFAN MUCKEL, a confiança depositada num texto inconstitucional não é, em princípio, de valor inferior que a confiança baseada numa lei válida. Dessa maneira, o princípio da proteção da confiança também pode justificar a preservação de um ato praticado com esteio em um dispositivo inconstitucional." (ARAÚJO, 2016, p. 95).

64 Nesse sentido, note-se que a Instrução Normativa 77/2015 do INSS, que regula e uniformiza o reconhecimento de direitos dos segurados e beneficiários da Previdência Social, com observância dos princípios estabelecidos no art. 37 da Constituição Federal, possui um longo texto, composto por 806 artigos; mas, também, observamos que em nenhum desses artigos há qualquer menção às expressões "segurança jurídica" ou "confiança legítima". A autarquia previdenciária optou por priorizar, portanto, apenas a legalidade estrita, como se não houvesse que proteger, preservar e promover a segurança jurídica e a confiança legítima das pessoas nos atos administrativos praticados pelo próprio INSS.

pectativas dos indivíduos. Desse modo, quanto mais presente a certeza da existência da base da confiança e da possibilidade de sua frustração, menor será a possibilidade de se avocar a proteção do princípio da proteção da confiança. Deverá ser aferido, portanto, se o cidadão tinha condições de decidir suas escolhas considerando a possibilidade de frustração de uma base estatal que se demonstrasse tíbia, potencialmente ilegítima, provisória, recente, fugaz. Se esta base de confiança assim se demonstrar, e for do conhecimento do cidadão, não haverá confiança a ser protegida, por ocasião de sua frustração.

Ou seja, quanto maior é o conhecimento da base objetiva da confiança por parte do indivíduo, menor é a possibilidade de invocação do princípio da proteção da confiança, comportando-se ambos como grandezas inversamente proporcionais. O simples gráfico abaixo, no qual x é equivalente ao grau de conhecimento da base objetiva da confiança e y é o grau de possibilidade de invocação do princípio da proteção da confiança, pode colaborar a compreender as condicionantes afirmadas:

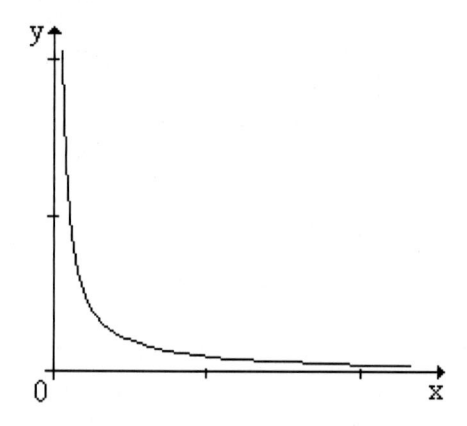

Humberto Ávila descreve situações hipotéticas, não tão raras, em que o grau de intensidade da confiança a ser protegida variará:

> O grau de intensidade da confiança, porém, não é linear: às vezes é maior, às vezes, menor. A variabilidade da intensidade da confiança depende da relação entre a confiança e a sua base, mediante o exame daqueles critérios antes analisados, que dizem respeito à base da confiança, como grau de vinculatividade, grau de aparência de legitimidade, grau de permanência, grau de durabilidade e grau de individualidade. A confiança depende do peso normativo da base da confiança. Assim, por exemplo, o grau de confiança será menor: quanto mais livremente o cidadão puder atuar em face do ato normativo – como ocorre em grande medida com os atos normativos dispositivos; quanto mais o cidadão dever contar com a mudança – o que se verifica em elevado grau no caso dos atos normativos provisórios; quanto mais frágil for a aparência de legitimidade do ato – o que se constata em larga intensidade no caso dos atos praticados por autoridade manifestamente incompetente; quanto menor o tempo durante o qual o ato normativo produziu efeitos – como ocorre em grande medida no caso de atos editados há pouquíssimo tempo; quanto mais geral for o ato – o que se

constata no caso de leis gerais. Repita-se: esses critérios são apenas indícios para a construção da intensidade da confiança, especialmente porque eles podem colidir entre si e a falta de intensidade de um pode ser compensada pelo elevado grau de realização de outro(s). (ÁVILA, 2016, p. 417).

Por outro lado, há uma presunção legal de que o particular conhece os atos estatais - o da base da confiança e o da frustração dessa base, de modo que será um dever e um ônus do Estado comprovar que o particular não poderia confiar na continuidade do primeiro ato, da base da confiança. É o caso, por exemplo, de atos de natureza precária, que podem ser revertidos repentinamente, como acontece com as permissões não onerosas de uso de bem público; ou de legislações naturalmente passíveis de mudança e ineficácia, como são as medidas provisórias; ou de atos administrativos temporários, com termo certo para o seu final. Apenas nesses casos, em que os atos estatais são, por sua natureza, provisórios e precários, não há como se permitir a tutela por parte do princípio da proteção da confiança, pelo simples fato de que o particular não poderia alegar que tinha expectativas legítimas na permanência e continuidade do ato de base da confiança. Não há o requisito da *existência da confiança*. Desta forma, comprovando-se que o particular sabia da possibilidade de reversão daquele ato estatal, não haveria confiança a ser protegida.

Já o *exercício da confiança*, por fim, é a realização de atos concretos, omissivos ou comissivos, por parte do interessado, nos quais há afetações em relações patrimoniais e extrapatrimoniais de sua vida, privando-o de algum direito ou prerrogativa (exercício da confiança), pecuniariamente calculável ou não. Ou seja, deverá o interessado comprovar que adotou posturas e atitudes, em sua situação pessoal, que tinham por fundamento a base inicial de sua confiança, e que estas posturas e atitudes seriam outras, se estivesse em vigor outra base de confiança, mais gravosa. Assim, não necessariamente deverá ser comprovada uma perda de caráter patrimonial, objetivamente definida em moeda[65].

---

65 "Embora se exija a prática de atos concretos para que uma expectativa seja tutelada, isso não significa que o ato praticado sempre deva ter um conteúdo patrimonial. A ausência de uma medida específica de caráter patrimonial não parece ser um motivo suficiente para afastar a priori a proteção da confiança. A colocação da confiança em prática terá efetivamente um peso relevante na ponderação com o interesse estatal de alteração normativa. No entanto, não se pode invariavelmente exigir do cidadão a realização de atos de disposição patrimonial. Mesmo sem a prática de medidas de natureza patrimonial, a confiança pode vir a ser abalada por uma alteração normativa. [...] Existem circunstâncias que não envolvem disposições patrimoniais concretas, mas que exigem a proteção de uma expectativa privada. É possível que o particular não tenha efetuado qualquer medida patrimonial concreta, mas também mereça a tutela de sua expectativa por já ter orientado sua vida contando com a continuidade do ato estatal". [...] Na realidade, não se deve exigir do particular que ele demonstre ter sofrido uma perda monetária (monetary loss). A proteção da confiança não deve ficar limitada às hipóteses em que há algum tipo de disposição patrimonial, de alguma perda financeira pelo particular. Basta ficar comprovado que o particular agiu concretamente em razão da confiança e que, posteriormente, sofreu algum tipo de privação (hardship). Inexistindo, por outro lado, qualquer espécie de prejuízo considerável para o particular, será difícil defender a plena adoção do princípio da proteção da confiança em seu favor." (ARAÚJO, 2016, p. 99-103).

Não comprovada a exteriorização da privação à qual o indivíduo alega ter sido submetido, não há confiança a ser protegida, pois a confiança não é um fim em si e só tem sentido na medida em que há atos concretos de privação, patrimonial ou extrapatrimonial, a serem protegidos, com relação de causalidade entre a privação e a base inicial de confiança do indivíduo. Isto ocorre, por exemplo, com particulares que dedicam suas economias para a montagem de um empreendimento, certos de um determinado incentivo fiscal (afetação patrimonial) ou com cidadãos que optam entre um regime jurídico laboral pleno de deveres, vedações, ônus e impedimentos como é o funcionalismo público, certos de que o regime remuneratório e previdenciário lhes será garantido conforme a legislação em vigor na data de seu ingresso no serviço público (afetação extrapatrimonial).

4.3 - BENEFICIÁRIOS DA APLICAÇÃO DO PRINCÍPIO DA PROTEÇÃO DA CONFIANÇA: PESSOAS FÍSICAS, JURÍDICAS E COLETIVIDADES

A obrigação de respeito à segurança jurídica por parte do Estado não engloba distinções quanto a seus beneficiários.

Pessoas físicas e pessoas jurídicas, e até mesmo coletividades sem precisa identificação civil, também podem exigir a observância do princípio da proteção da confiança, sendo irrelevante diferenciar o titular do direito à aplicação do princípio da proteção da confiança pela ótica de se tratar de pessoa física ou jurídica, ou pela técnica processual a ser adotada para a efetivação do princípio (se por ações individuais ou por ações coletivas).

Terceiros, inicialmente alheios à relação específica entre o indivíduo e o Estado, também podem alegar eventual afetação e necessidade de proteção de suas confianças. É o que ocorre, por exemplo, diante de atos administrativos multipolares ou poligonais (MAURER, 2006, p. 191), que podem ser encontrados em relações de direito econômico da concorrência, direitos de vizinhança e direito ambiental. Esses atos são praticados, em geral, quando, nas relações jurídicas administrativas, se confrontam dois ou mais interesses privados, que carecem de conformação. É possível, nestes atos, que uma alteração de entendimento do Estado possa ser mais gravosa para um terceiro interessado, participante desta relação multipolar, indireta ou reflexamente atingido por ela. Nesses casos, não se trata da confiança do indivíduo que tem contra si um ato administrativo desfavorável, que não pode alegar confiança a ser protegida, se tiver havido a impugnação por parte de outra pessoa envolvida na relação administrativa multipolar, mas sim da confiança de terceiros interessados, que passam a ter expectativas na concretização do ato administrativo multipolar que venha a ser gravosamente modificado. Estudioso sobre o tema, José Augusto Simonetti assim o exemplifica:

> Imagine-se, por exemplo, uma licença para a construção de empreendimentos que atendam a uma função social, como um hospital ou uma escola. Ainda que seja detectado algum vício na concessão desta licença, que pode importar

em sua invalidação, o que seria de interesse do particular vizinho ao empreendimento, devido à falta de tranquilidade que este lhe causou. A simples anulação recíproca de interesses tuteláveis – um pela estabilização do ato e outro por sua invalidação – não atenderia ao interesse público no caso concreto e à correta aplicação dos princípios da proteção da confiança e da legalidade, que, devidamente ponderados, podem indicar a manutenção da licença como o melhor resultado. Não se deve esquecer, no entanto, que o particular participante da relação jurídica que se sinta prejudicado pode exigir – seja da Administração Pública, seja do outro particular beneficiado – a devida indenização pelos prejuízos que efetivamente venha a sofrer. No caso acima trazido como exemplo, tal prejuízo pode se consubstanciar em uma desvalorização de seu imóvel em função da atividade desempenhada pelo beneficiário na vizinhança. Portanto, se em um caso típico de anulação de ato administrativo uma confiança considerada medianamente tutelável já poderia ser capaz de justificar a permanência do ato administrativo no ordenamento jurídico; ao se adentrar nas relações multipolares necessita-se de uma confiança mais intensamente tutelável, a fim de justificar a manutenção deste ato em prejuízo do interesse também legítimo dos demais envolvidos. (SIMONETTI, 2017, p. 156-157).

A aplicação do princípio deve se pautar, portanto, pela eficácia direta do direito fundamental à segurança jurídica, exercitável também por pessoas jurídicas, nos limites de sua natureza. Nesse sentido, George Marmelstein:

> Já que as pessoas jurídicas foram mencionadas, deve-se reconhecer que elas também podem ser titulares de direitos fundamentais, naquilo em que for compatível com a sua natureza. Não seria muito lógico dizer, por exemplo, que a cláusula constitucional que proíbe a tortura, a pena de morte ou a extradição deveria ser aplicada às pessoas jurídicas, pois esses direitos somente são compatíveis com a natureza das pessoas físicas. Igualmente, as empresas, embora sejam pessoas no sentido jurídico, não possuem o direito de votar nem de serem votadas, pois o exercício dos direitos políticos é restrito aos cidadãos. Também nesse sentido, a Súmula 365 do STF estabelece que 'pessoa jurídica não tem legitimidade para propor ação popular'. Por outro lado, é possível reconhecer que as empresas são capazes de ser titulares de direitos ligados a sua atividade econômica, como o direito de propriedade, o direito à livre iniciativa e os direitos de caráter fiscal (garantias constitucionais do contribuinte). (MARMELSTEIN, 2018, p. 241).

Por outro lado, deve ser salientado que o dever de atuação conforme padrões de qualidade e de eficiência, conforme a segurança jurídica, por parte do Estado, não pode ser condicionado e variar de acordo com a natureza da pessoa envolvida.

Em verdade, é até bastante comum, na União Europeia, que empresas se utilizem do princípio para defender o direito a incentivos fiscais, subsídios ou para questionar os mesmos benefícios, quando indevidamente concedidos por autoridades estatais de controle e promoção da atividade empresarial. Eis o que afirma o professor Luís Filipe Colaço Antunes, retratando essa interpretação pacífica a respeito do princípio:

> Referindo-nos à possibilidade de anulação da subvenção administrativa, deve-se ter em conta o princípio da proteção da confiança legítima como principal limite à revisão do ato. Este princípio poderá impedir a anulação e, em casos excecionais, a declaração de nulidade do ato administrativo de subvenção, sempre e quando se possa reconhecer ao particular ou entidade interessada uma situação de confiança legítima tutelável. (ANTUNES, 2012, p. 461).

Nesse sentido, são diversos os remansosos precedentes do Tribunal de Justiça da União Europeia (TJUE), em que se processaram pedidos em que pessoas jurídicas questionavam a proteção de sua confiança legítima. Eis alguns exemplos[66]:

> Acórdão do Tribunal Geral (Nona Secção), de 21/02/2018. Kreuzmayr GmbH contra Finanzamt Linz. [...] há que sublinhar que o direito de invocar o princípio da proteção da confiança legítima é extensivo a qualquer particular a quem uma autoridade administrativa criou expectativas fundadas devido a garantias precisas por ela fornecidas (Acórdão de 9 de julho de 2015, Salomie e Oltean, C-183/14, EU:C:2015:454, n.º 44 e jurisprudência referida). 47 Daqui resulta que, em circunstâncias como as que estão em causa no processo principal, um operador não pode invocar o princípio da proteção da confiança legítima contra o seu fornecedor para se prevalecer de um direito à dedução do IVA pago a montante. 48 Um operador na situação da Kreuzmayr no litígio em causa no processo principal pode, em contrapartida, pedir o reembolso do imposto indevidamente pago ao operador que apresentou uma fatura errada, em conformidade com o direito nacional (v., neste sentido, Acórdão de 26 de abril de 2017, Farkas, C-564/15, EU:C:2017:302, n.º 49 e jurisprudência referida). [...] Processo C-628/2016.

> Acórdão do Tribunal Geral (Segunda Secção) de 27 de Março de 2014. Saint-Gobain Glass France SA e outra contra Comissão Europeia. Concorrência - Acordos, decisões ou práticas concertadas - Mercado europeu do vidro para automóveis - Decisão que declara a existência de uma infração ao artigo 81.º CE - Acordos de repartição de mercados e troca de informações comerciais sensíveis - Regulamento (CE) n.º 1/2003 - Exceção de ilegalidade - Coimas - Aplicação retroativa das orientações de 2006 para o cálculo do montante das coimas - Valor das vendas - Reincidência - Montante adicional - Imputabilidade da conduta infratora - Limite máximo da coima - Volume de negócios consolidado do grupo. Processos T-56/09 e T-73/09. [...] A — Processo T-56/09: 55. A Saint-Gobain invoca, no essencial, seis fundamentos, relativos, o primeiro, à ilegalidade do Regulamento n.o 1/2003, o segundo, à violação dos direitos de defesa, o terceiro,

---

66 Disponíveis em: <http://curia.europa.eu/juris/documents.jsf?pro=&nat=or&oqp=&lg=&dates=&language=pt&jur=C%2CT%2CF&cit=none%252CC%252CCJ%252CR%252C2008E%252C%252C%252C%252C%252C%252C%252C%252C%252Ctrue%252Cfalse%252Cfalse&td=%3BALL&text=confian%25C3%25A7a.leg%25C3%25ADtima%2Bempresa&pcs=Oor&avg=&page=1&mat=or&jge=&for=&cid=443166>. Acesso em: 21 abr. 2018.

à fundamentação insuficiente da decisão impugnada e a um erro no cálculo da coima, o quarto, a um erro de direito na imputação da responsabilidade pelo comportamento ilícito da Saint-Gobain à Compagnie, à violação dos princípios da individualidade das penas e da presunção de inocência e a um desvio de poder, o quinto, à violação dos princípios da irretroatividade das penas e da <u>proteção da confiança legítima</u>, e, por último, o sexto, ao caráter desproporcionado da coima aplicada à Saint-Gobain.

Acórdão do Tribunal Geral (Quinta Secção) de 1 de Julho de 2010. <u>ThyssenKrupp Acciai Speciali Terni SpA</u> contra Comissão Europeia. Auxílios de Estado - Compensação de uma expropriação por motivo de utilidade pública - Prorrogação de uma tarifa preferencial para o fornecimento de electricidade - Decisão que declara o auxílio incompatível como mercado comum e ordena a sua recuperação - Conceito de vantagem - <u>Princípio da protecção da confiança legítima</u> - Execução do auxílio. Processo T-62/08.

Por outro lado, o Estado e as pessoas jurídicas por ele criadas, como o INSS, não podem alegar a proteção da confiança, para fins de buscarem a validação de entendimentos anteriores e não se aplicarem entendimentos posteriores, mais gravosos, da lavra desse mesmo Estado. Neste sentido, eis o que afirma Humberto Ávila:

> Uma questão importantíssima é a de saber se o Estado pode ser beneficiário da segurança jurídica. Nesse aspecto, é preciso, antes, definir em que sentido se está tomando a 'segurança jurídica'. Se segurança jurídica é empregada no sentido de princípio objetivo, obviamente a cognoscibilidade, a confiabilidade e a calculabilidade do ordenamento jurídico em geral também são imprescindíveis para o funcionamento do próprio ente estatal. [...] Se, em vez disso, a segurança jurídica é utilizada no sentido subjetivo, como a aplicação reflexiva do princípio da segurança jurídica relativamente a algum sujeito, já existem sérios obstáculos normativos à sua consideração em favor do Estado. Esses obstáculos são de duas ordens. De um lado, e em geral, a eficácia reflexiva e subjetiva do princípio da segurança jurídica, como proteção da confiança, é desenvolvida sob o influxo dos direitos fundamentais, e não, primordialmente, do princípio do Estado de Direito. E os direitos fundamentais, na sua eficácia defensiva e protetiva, só podem ser utilizados pelos cidadãos, não pelo Estado. Ao Estado falta o substrato pessoal, a vinculação com o exercício da liberdade, a relação com a dignidade humana e a posição de destinatário das normas: o Estado é uma instituição objetiva, não uma pessoa humana; não exerce liberdade, mas competência e poder; não tem dignidade; não é destinatário das normas, mas seu editor. Desse modo, o Estado não pode valer-se do princípio da proteção da confiança para tornar intangíveis determinados efeitos passados sob o argumento de que teria atuado confiando na permanência da norma posteriormente declarada inconstitucional, tendo em vista que esse princípio é construído com base nos direitos fundamentais de liberdade e de propriedade. (ÁVILA, 2016, p. 172-174).

Ou seja, o Estado não pode alegar, por exemplo, que possui o direito fundamental a eventual direito adquirido ou à proteção da sua confiança, pois se tratam de garantias jurídicas que existem para a proteção do indivíduo em relação aos atos estatais, e não para a proteção do Estado em relação ao indivíduo. Muito ao contrário, os representantes estatais deverão zelar pela adoção de comportamentos que não sejam contraditórios, perante os indivíduos que com eles se relacionem, pois uma alteração de entendimento estatal que, em tese, prejudique o Estado, pode nada mais ser que a realização do justo com a correção de um erro estatal anterior e/ou um comportamento *a priori* contraditório do próprio Estado, em vez de uma hipotética e juridicamente impossível "violação da confiança do Estado".

Tal situação ocorre, por exemplo, quando há coisa julgada advinda de uma sentença de improcedência de benefício de aposentadoria especial, que não considerou determinado período como trabalhado em condições especiais, e, posteriormente, a própria autoridade administrativa do INSS defere um novo pedido de benefício idêntico, considerando o mesmo período como tempo especial, em face da alteração mais benéfica ao cidadão na interpretação da eficácia dos equipamentos de proteção individual para o ruído, feita pelo STF no ARE 664.335. Já nos defrontamos, por duas vezes, com suspensões administrativas de benefícios concedidos nessas condições, sob o argumento de que haveria coisa julgada e proteção da confiança do INSS a ser protegida, o que é um notório caso de direitos individuais mal interpretados. Há, sim, vedação a comportamentos contraditórios por parte da autarquia, que desrespeitou a necessidade de um comportamento coerente perante o cidadão, e, sem qualquer embasamento, entendeu que a interpretação mais benéfica do STF não poderia retroagir para afetar a coisa julgada desfavorável ao cidadão.

Por outro lado, indivíduos podem ter sua segurança jurídica e sua confiança protegidas perante outros indivíduos (pessoas físicas e/ou jurídicas), ou mesmo perante outros indivíduos, sob a ótica da eficácia horizontal dos direitos fundamentais. Eis conceituação e exemplificação muito bem delineada a respeito da tese:

> Também chamada de aplicabilidade ou vinculação dos direitos fundamentais nas relações privadas, diz respeito à viabilidade de se aplicarem, nas relações entre pessoas de direito privado (físicas e/ou jurídicas), normas de direitos fundamentais historicamente concebidas para regular somente relações jurídicas polarizadas por algum órgão ou agente do Estado. Trata-se de ideia segundo a qual os direitos fundamentais, além da eficácia 'vertical' típica do plano das relações entre particulares e órgãos do Estado, possuem ainda eficácia 'horizontal', i.e., surtem efeitos jurídicos no âmbito das relações entre os próprios particulares (particulares vs. Particulares), mesmo quando tais direitos não tivessem essa expressa finalidade, seja pela origem histórica, seja pela redação do dispositivo que os assegura. Determinados direitos fundamentais têm a exequibilidade (a) naturalmente excluída das relações privadas (v.g., a garantia de não-retroatividade da lei, o direito à não-extradição dos brasileiros natos) ou (b) necessariamente associada às relações privadas (direitos trabalhistas, por exemplo), ou, ainda, (c) eventualmente ligada às relações privadas (direitos oponíveis contra todos, como os direitos à propriedade, à intimidade etc.).

Logo, a teoria da eficácia horizontal está logicamente circunscrita aos direitos fundamentais que, se estritamente considerados, teriam como sujeitos passivos apenas órgãos estatais, mas que, conceitualmente, podem estender-se às relações privadas, tais como: o princípio da igualdade material (caput do art. 5º), a garantia do contraditório e da ampla defesa (inciso LV do art. 5º), a liberdade de crença (inciso VI do art. 5º) e o princípio da não-culpabilidade (inciso LVII do art. 5º). (BERNARDES; FERREIRA, 2012, p. 617-618).

Dessa forma, mesmo em relações entre sociedades e associações com seus sócios e associados, deve ser buscado o respeito à proteção da confiança desses sócios e associados, não sendo admitida, por exemplo, a anulação ou revogação de decisões anteriormente favoráveis a estas pessoas, sem avaliação de seu estado subjetivo, de sua confiança, sem o estabelecimento de um direito transicional, no seio dessas pessoas jurídicas.

Além disso, até mesmo coletividades inteiras, despersonalizadas juridicamente, estando adequadamente representadas, podem pugnar pela aplicação do princípio da proteção da confiança, perante atos estatais que representem alterações de entendimento mais gravosas, como se colhem de exemplos extraídos de ações envolvendo questões previdenciárias, com coletividade definida ou definível, ajuizadas pelo Ministério Público, Defensoria Pública ou associações[67].

Atos administrativos concretos que geram expectativas legítimas no cidadão, e nas coletividades de que faz parte, podem ser praticados no Direito Previdenciário, afetando populações inteiras, determinadas ou determináveis. Nessas ocasiões, o princípio da proteção da confiança é uma ferramenta eficiente e indispensável, na participação e no empoderamento de pessoas e coletividades inteiras, com o objetivo de aprimorar a cidadania e a democracia participativa, visto que a segurança jurídica é um aspecto indissociável de um Estado Democrático de Direito, como já vimos.

Conclui-se, portanto, que podem ser caracterizados como beneficiários da proteção da confiança tanto pessoas físicas como pessoas jurídicas.

Essa proteção ampla consagrará o tratamento coletivo e igualitário entre cidadãos que se enquadrem em um mesmo padrão de afetação estatal, o que também pode ocorrer no Direito Previdenciário, como, por exemplo, em atos administrativos de efeitos gerais, tais como as revisões administrativas, mais gravosas, de benefícios previdenciários.

---

67 Nesse ponto, indicamos a leitura do artigo *"Proteção da Confiança e Defensoria Pública em uma perspectiva socioambientalista"*, apresentado em 2016, no V Encontro Internacional do CONPEDI Montevidéu-Uruguai, escrito por Victor Roberto Corrêa de Souza e Cleber Francisco Alves, disponível em: <https://www.conpedi.org.br/publicacoes/9105o6b2/01g3h599/f10Z900kWThu5GnZ.pdf>. Acesso em: 22 abr. 2018. Neste texto, tratamos das conexões entre o princípio da proteção da confiança e o socioambientalismo, especialmente em casos em que interesses e expectativas legítimas de uma coletividade de pessoas vulneráveis *lato sensu* são diretamente afetados por atos administrativos, sob a justificativa da necessidade de proteção ao meio ambiente. A hipótese investigada no presente texto era sobre como a assistência jurídica da Defensoria Pública poderia colaborar para a conexão entre proteção da confiança e o direito ambiental, na proteção de pessoas e coletividades vulneráveis.

4.4 - ESTADO DE DIREITO, SEGURANÇA JURÍDICA E CONFIANÇA

Desde os primeiros passos no aprendizado do Direito, aprendemos que as instituições e as tecnologias jurídicas existem em torno de dois valores que balizam todo e qualquer ordenamento: justiça e segurança jurídica.

Cada Estado, de acordo com suas normas, pondera ambos os valores e busca equilibrar e racionalizar as relações sociais, distribuindo justiça entre as pessoas, mas deve estar sempre atento à estabilidade inerente à segurança jurídica.

Foi com esse ideário que surgiu o conceito de Estado de Direito. Não há Estado de Direito, se não forem sobrelevados conjuntamente esses dois valores; poderá até ser um Estado, mas não será um Estado de Direito. Nesse sentido:

> O Estado de Direito é uma virtude crucial das sociedades civilizadas. Onde o Estado de Direito se estabelece, o governo de um Estado, ou de uma entidade não-estatal como a União Europeia, ou de entidades políticas dentro de um Estado, como a Inglaterra, a Escócia, o País de Gales ou a Irlanda do Norte, é sempre conduzido dentro de uma moldura ditada pelo Direito. Isso garante considerável segurança para a independência e dignidade de cada cidadão. Onde o Direito prevalece, as pessoas podem saber onde estão e o que são capazes de fazer sem se envolverem em processos civis ou terem que enfrentar o sistema de justiça penal. Não pode haver Estado de Direito sem regras de Direito. Estas podem tomar a forma de dispositivos em tratados ou em textos constitucionais, ou mesmo em leis ordinárias e precedentes judiciais. Valores como a segurança e a certeza jurídica somente podem ser realizados na medida em que um Estado seja governado de acordo com regras pré-anunciadas que sejam claras e inteligíveis em si mesmas. (MACCORMICK, 2008, p. 17).

É por meio do Estado de Direito, portanto, que se distribui justiça, sob a preponderância da segurança jurídica, por meio de um direito objetivo ordenado, sem descurar de um único direito subjetivo potencialmente atingido ou atingível por atos estatais. Inclusive, se preciso for, atos estatais que firam essa segurança jurídica deverão ser corrigidos por estruturas constitucionalmente idealizadas para exercitar o controle dos atos estatais. Se não houver essa estrutura de controle, interno e externo, não há Estado de Direito.

O multicitado constitucionalista luso, J. J. Gomes Canotilho, já há mais de 20 anos, assevera que a base de todo e qualquer Estado de Direito é formada por basicamente dois princípios: de um lado, a legalidade; e de outro, a segurança jurídica e a proteção da confiança dos cidadãos, *in verbis*:

> O homem necessita de uma certa segurança para conduzir, planificar e conformar autônoma e responsavelmente a sua vida. Por isso, desde cedo se consideraram como elementos constitutivos do Estado de direito o princípio da segurança jurídica e o princípio da confiança do cidadão. Estes princípios apontam sobretudo para a necessidade de uma conformação formal e material dos actos legislativos, postulando uma teoria da legislação, preocupada em

racionalizar e optimizar os princípios jurídicos de legislação, inerentes ao Estado de direito. A ideia de segurança jurídica reconduz-se a dois princípios materiais concretizadores do princípio geral de segurança: princípio da determinabilidade de leis expresso na exigência de leis claras e densas e o princípio da protecção da confiança, traduzido na exigência de leis tendencialmente estáveis, ou, pelo menos, não lesivas da previsibilidade e calculabilidade dos cidadãos relativamente aos seus efeitos jurídicos. (CANOTILHO, 1993, p. 371-372).

Ainda, há na doutrina vinculações da ideia de Estado de Direito a institutos já conhecidos como o devido processo legal, a separação de poderes, a independência do Poder Judiciário e outros direitos e garantias fundamentais.

Dessarte, conforme Canotilho, é possível concluir que segurança jurídica é algo distinto de confiança.

É indispensável diferenciar, na origem alemã, a segurança jurídica da proteção à confiança – confusão terminológica bastante comum no Brasil, pois enquanto a segurança jurídica (*Rechtssicherheit*) é de caráter objetivo, a proteção à confiança (*Vertrauensschutz*) é subjetiva. Ambos são institutos bastante distintos. Em verdade, a proteção da confiança nada mais é que uma derivação da segurança jurídica e do conceito clássico de Estado de Direito, podendo até mesmo conflitar com o Estado de Direito, afinal, quando estou mantendo um ato administrativo que é ilegal, estou violando a legalidade, que é parte do Estado de Direito.

O STF, todavia, já definiu que os temas da confiança e da segurança jurídica possuem assento constitucional na ideia de Estado de Direito (STF, MC 2.900, julgado em 27/05/2003, e MS 24.268, julgado em 05/02/2004, ambos de relatoria do Min. Gilmar Mendes). Ou seja, a violação à confiança legítima do cidadão e à sua segurança jurídica é a violação do próprio conceito de Estado de Direito.

A segurança jurídica, portanto, é obtida com a observância de alguns caracteres, na criação e aplicação do direito: a acessibilidade, a previsibilidade e a estabilidade das normas (BAPTISTA, 2014, pos. 982). Pela segurança jurídica, o Estado faz com que seus atos, seu ordenamento, sejam objetivamente acessíveis, previsíveis e confiáveis, incutindo na consciência do indivíduo as ideias a respeito das medidas de justo/injusto, correto/incorreto, adotadas pela sociedade em geral. É a segurança jurídica, portanto, que permitirá genericamente afirmar, como se faz cotidianamente, que a ninguém é dado descumprir a lei, alegando que não a conhece. Entretanto, é exatamente nesse ponto em que a segurança jurídica se distancia da proteção da confiança, pois, enquanto aquela se dedica aprioristicamente, e, em tese, à construção e manutenção de um ordenamento confiável, a proteção da confiança atua em seguida, corrigindo a insegurança que é causada às pessoas, *in concreto*, por comportamentos estatais desestabilizadores mais gravosos, sejam eles provenientes de quaisquer de seus agentes. A proteção da confiança atua, embasada em princípios e regras constitucionais, visando à recuperação da confiabilidade perdida por um ato estatal que, no caso concreto, não respeitou a segurança jurídica. A proteção da confiança é, portanto, a dimensão subjetiva da segurança jurídica, não devendo ser com ela confundida. A esse respeito, eis como Humberto Ávila muito bem diferencia segurança e confiança:

> O princípio da proteção da confiança (*Vertrauensschutzprincip, principe de protection de la confiancè légitime, principle of protection of legitimate expectations*) é diferenciado do princípio da segurança jurídica pelos seguintes critérios: (a) âmbito normativo – enquanto o princípio da segurança jurídica diz respeito ao ordenamento jurídico como um todo, focando o âmbito macrojurídico, o princípio da confiança legítima relaciona-se com um aspecto normativo do ordenamento jurídico, enfatizando um âmbito microjurídico; (b) âmbito pessoal – enquanto o princípio da segurança jurídica representa uma norma objetiva, não necessariamente vinculada a um sujeito específico, o princípio da confiança legítima protege o interesse de uma pessoa específica; (c) nível de concretização – enquanto o princípio da segurança jurídica refere-se, primordialmente, ao plano abstrato, o princípio da confiança legítima pressupõe o nível concreto de aplicação; (d) amplitude subjetiva de proteção – enquanto o princípio da segurança jurídica serve de instrumento de proteção de interesses coletivos, o princípio da proteção da confiança legítima funciona como meio de proteção de interesse(s) individual(is); (e) protetividade individual – enquanto o princípio da proteção da segurança jurídica é neutro com relação ao interesse dos cidadãos, podendo tanto ser usado em seu favor quanto em seu desfavor, o princípio da proteção da confiança só é utilizado com a finalidade de proteger os interesses daqueles que se sentem prejudicados pelo exercício passado de liberdade juridicamente orientada. (ÁVILA, 2016, p. 381).

Os referidos princípios interligam-se, portanto, mas são essencialmente diferentes, seguindo uma espécie de cadeia de derivação: Estado de Direito > segurança jurídica > proteção da confiança.

4.5 - LEGALIDADE E DEMOCRACIA. CONFIANÇA E RELAÇÕES SIMÉTRICAS

Como visto, do Estado de Direito também se origina aquele que é um de seus maiores pilares e um dos maiores dogmas do Direito moderno, senão o maior: a legalidade.

É na legalidade que residem os principais conflitos interpretativos causados pelo princípio da proteção da confiança. Afinal, como é possível entender que um ato estatal, cujo desrespeito aos pressupostos legais seja posteriormente descoberto, possa continuar a produzir efeitos? O beneficiário deste ato estatal ilegal não estaria sendo injustamente aquinhoado?

Essa impressão equivocada do princípio da legalidade, contudo, aborda apenas uma de suas interpretações possíveis. Olvida o fato de que a legalidade iniciou-se como princípio intrinsecamente ligado à segurança jurídica. Conforme afirma Humberto Ávila, em relação à legalidade no direito tributário:

> A exigência de lei é, por si só, instrumento de segurança jurídica, porque, ao demandar normas gerais e abstratas, dirigidas a um número indeterminado de pessoas e de situações, contribui, de um lado, para afastar a surpresa decorrente tanto da inexistência de normas escritas e públicas quanto do decisionismo e das decisões circunstanciais ad hoc; de outro, favorece a estabilidade do Direito, porque somente graças a determinados procedimentos é que a legislação vigente pode ser modificada. A exigência de legalidade, além de favorecer o ideal de participação democrática, ainda privilegia aos governados tranquilidade, confiança e certeza quanto à tributação. (ÁVILA, 2016, p. 252).

A legalidade não pode, portanto, servir como argumento para violações da segurança e da previsibilidade, indispensáveis nas relações do indivíduo com o Estado.

Parece-nos que, ao contrário do que se deseja, os agentes do Estado que se fundamentam na legalidade estrita para alterar seus entendimentos com base no texto frio da lei estão utilizando o princípio de modo incorreto.

A legalidade é o guia a conduzir o agente do Estado ao acerto de suas decisões, mas não permite que desconsidere as situações pessoais em que o agente estatal poderia estar prejudicando com seus atos. A legalidade existe para nortear e limitar o trabalho dos agentes do Estado, mas, sobretudo, para permitir o incremento da segurança daqueles que se relacionam com o Estado, eis que ela foi criada exatamente com base na busca por segurança jurídica. Não pode, portanto, ser utilizada em desfavor de um cidadão prejudicado pelos sobressaltos estatais.

Ana Paula de Barcellos coteja a legalidade com a segurança jurídica, de forma bastante arguta:

> A segurança jurídica é um dos propósitos gerais do Direito, ao lado da justiça, e um princípio implícito da Constituição, manifestado em um conjunto de dispositivos, como os que preveem a proteção ao direito adquirido, à coisa julgada e ao ato jurídico perfeito (CF, art. 5º, XXXVI) e o princípio da anterioridade tributária (CF, art. 150, III), dentre outros. O princípio não consta do art. 37 de forma expressa, mas novamente a Lei n. 9.784, de 29 de janeiro de 1999, que dispõe acerca dos processos administrativos em geral, cuidou de explicitar tanto o princípio da segurança como o da boa-fé, bem como a regra, deles derivada, que veda a aplicação de nova interpretação conferida à norma jurídica pela Administração. Somente para fins didáticos apresentam-se esses princípios em conjunto com o princípio da legalidade – embora, a rigor, eles tenham existência autônoma – apenas pela circunstância de que **um dos objetivos da legalidade é justamente garantir segurança jurídica**. Ademais, em um Estado Democrático de Direito, não se haverá de admitir que agentes delegados, como são legisladores e administradores, pudessem agir com menos do que boa-fé em relação àqueles que são os verdadeiros titulares do poder político que eles exercem: a população. (BARCELLOS, 2018, p. 375) (grifo nosso)

Por outro lado, a legalidade comporta uma análise crítica e constitucional das normas em discussão no caso concreto, especialmente diante de uma realidade sociológica que não se pode negar: as crises da democracia e da credibilidade do Poder Legislativo e da legislação por ele criada. Paulo Bonavides deslinda essa crise de representatividade do Poder Legislativo e os excessos e fechamentos sistêmicos causados pela tecnocracia que comanda o Poder Executivo:

> Em todo o século XX a evolução não foi outra senão esta: o estreitamento gradual das possibilidades de participação efetiva do povo no processo decisório. O sufrágio universal dera-lhe a alentadora ilusão do governo. Com essa forma de sufrágio vieram porém os partidos políticos e arrebataram ao cidadão uma parte considerável daquela soberania eleitoral de que ele concretamente se julgava titular. [...] afinal a distância do cidadão se alargou de maneira estonteante com a formação do clube tecnocrático, que fechou ainda mais o círculo já estreito da intervenção democrática e levantou questões de aguda atualidade relativas à sobrevivência da democracia, onde o povo se sente frustrado e ausente do processo decisório, feito em seu nome mas sem a sua real participação. (BONAVIDES, 2011, p. 478).

Dessa forma, as constantes alterações da base da confiança podem, por si sós, consistir em confirmações da baixa credibilidade que é alusiva ao Estado-legislador.

Sabe-se que, de acordo com a legalidade, ninguém será obrigado a fazer ou deixar de fazer alguma coisa senão em virtude de lei. Mas, o que fazer, por exemplo, se o Legislativo prefere não regular determinada matéria, omitindo-se propositadamente, e abrindo espaço para atuação supletiva do Poder Judiciário, sem lei *stricto sensu*? Tem sido notada, muito claramente, uma participação maior do Judiciário em questões que originariamente não seriam de sua competência constitucional, como no reconhecimento e garantia de direitos a grupos socialmente desorganizados, como homossexuais, negros, índios, consumidores, etc., por meio de ações coletivas, tudo decorrente da letargia e falta de representatividade que acomete o Poder Legislativo, e da hiperlativização do Poder Executivo (vide o presidencialismo extremo e o ímpar regime das medidas provisórias do Brasil), todos eles incapazes de responder aos anseios de uma sociedade que se faz cada vez mais carente e exigente, concomitantemente. Neste aspecto, perceba-se que o STF constantemente é instado a se pronunciar acerca da instalação de CPI's por requerimento da minoria parlamentar (STF, MS 24831 e ADI 3619) e da regularidade das decisões tomadas no seio destas (STF, MS 23576, HC 71039 e HC 71261), bem como acerca da constitucionalidade das recorrentes medidas provisórias editadas pelo Poder Executivo (seja pelo controle concentrado, ou pelo controle difuso).

Ainda, o que fazer se a legalidade estiver sendo utilizada como fundamento para descumprir outros direitos e garantias constitucionais, afetando a base de confiança do cidadão? Se a interpretação desta legalidade paradoxalmente comportar antinomia direta com a interpretação de regras e princípios constitucionais que lhe subjazem, como deverá agir o representante do Estado nas tarefas diárias de interpretação desta normatividade, especialmente em se tratando de normas que comportam uma base e uma frustração da confiança? Será que o legislador moderno cumpre a função social de redução de complexidades e agente estabilizador das relações sociais? Ou será que, na criação das leis, manipulam-se interesses públicos a fim de justificar interesses privados escusos, afetando e frustrando a base da confiança do indivíduo?

No modo como os agentes do Estado brasileiro vêm tratando o princípio da legalidade, este tem sido um argumento de autoridade, do qual se dispensa a análise da fundamentação e dos fatos e provas envolvidos, mormente no que atine aos efeitos de um ato que, em tese, é nulo. A Administração costuma então decretar:

> - [...]. *Assim, o ato Z que eu prolatei no momento X desrespeitou determinada lei, ou interpretação da lei (lei lato sensu, e produzida a qualquer tempo), e por isso é ilegal, e por ser ilegal é nulo, e por ser nulo não produz quaisquer efeitos, de modo que declaro nulo o ato Z, retornando ao momento X, e desconsiderando os efeitos de todos os atos que eu mesma, Administração, prolatei desde então.*

Será que é essa a solução acertada para todos os casos, mesmo para aqueles em que não se comprova qualquer conduta de má-fé do beneficiado? Será esse o entendimento que serve ao Estado de direito moderno e a todas as Constituições e direitos fundamentais nele representados?

Na relação política tradicional, representantes e administradores devem respeitar os seus mandantes e representados como sujeitos participantes do processo político, inserindo-os em uma pedagogia para o exercício da cidadania. Não são os representados um mero objeto, a ser manipulado pelos representantes em uma espécie de racionalidade instrumental meio-fim. Enfim, o cidadão não é apenas um sujeito passivo detentor dos direitos que a ideologia de momento lhe oferece. Ele tem, sim, papel ativo e intersubjetivo importante nas escolhas e decisões do Estado.

E esse aspecto tem sido bastante negligenciado, no cotidiano do Estado brasileiro, no qual os seus agentes têm pouca capacidade crítica em relação à legalidade exigida nos casos específicos que se encontram sob suas análises. Luiz Werneck Vianna pondera acerca da necessidade de uma pedagogia para o exercício das virtudes cívicas, abrindo um debate acerca do papel crucial dos representados politicamente, ao afirmar:

> Fazer com que a efetividade dos direitos sociais seja subsumida ao campo do direito, por fora, portanto, do terreno livre da sociedade civil, conduziria a uma cidadania passiva de clientes, em nada propícia a uma cultura cívica e às instituições da democracia, na chave negativa com que Tocqueville registrou a possibilidade de que a igualdade pudesse trazer perda à dimensão da liberdade. A igualdade somente daria bons frutos quando acompanhada por uma cidadania ativa, cujas práticas levassem ao contínuo aperfeiçoamento dos procedimentos democráticos, pelos quais o direito deveria zelar, abrindo a todos a possibilidade de intervenção no processo de formação da vontade majoritária.

Designa-se, aqui, esse eixo analítico como procedimentalista, identificando-se a sua representação em obras como as de J. Habermas e de A. Garapon. Desse eixo viria a compreensão de que a invasão da política pelo direito, mesmo que reclamada em nome da igualdade, levaria à perda da liberdade, 'ao gozo passivo de direitos', 'à privatização da cidadania', ao paternalismo estatal, na caracterização de Habermas, e, na de Garapon, 'à clericalização da burocracia', 'a uma justiça de salvação', com a redução dos cidadãos ao estatuto de indivíduos-clientes de um Estado providencial. Em um outro pólo, compondo um eixo explicativo a que se pode denominar de substancialista, aqui associado às obras de M. Cappelletti e R. Dworkin, as novas relações entre direito e política, muito particularmente por meio da criação jurisprudencial do direito, seriam tomadas como, além de inevitáveis – diagnóstico mais forte em Cappelletti do que em Dworkin -, favoráveis ao enriquecimento das realizações da agenda igualitária, sem prejuízo da liberdade. Especialmente nesse eixo, valoriza-se o juiz como personagem de uma intelligentzia especializada em declarar como direito princípios já admitidos socialmente – vale dizer, não arbitrários – e como intérprete do justo na prática social. Esse caminho, porém, de 'confiar ao terceiro poder, de modo muito mais acentuado do que em outras épocas, a responsabilidade pela evolução do direito', longe de significar uma indicação ingênua de seus autores, é visto como 'arriscado e aventureiro', na medida em que, embora pleno de promessas, pode importar ameaças a uma cidadania ativa. Controvérsias à parte, esses dois eixos analíticos teriam em comum o reconhecimento do Poder Judiciário como instituição estratégica nas democracias contemporâneas, não limitada às funções meramente declarativas do direito, impondo-se, entre os demais Poderes, como uma agência indutora de um efetivo checks and balances e da garantia da autonomia individual e cidadã. (VIANNA, 1999, pp. 23-24)

Ora, como impedir que ideologias objetivantes, traduzidas em uma perspectiva de racionalidade instrumental, exemplificadas no modelo de um Estado-babá, tutor do cidadão (mero detentor de direitos), predominem?

Uma das formas de se evitar esse perfil objetivante é analisar a racionalidade no processo de representação política, por meio de sua eticidade e moralidade. Neste sentido, por exemplo, sabe-se que representantes do povo são eleitos para cumprir os objetivos da Carta Política, que, no caso do Brasil, estão descritos sucintamente nos objetivos fundamentais do art. 3º da Constituição: construção de uma sociedade livre, justa e solidária, a redução de desigualdades e a promoção do bem de todos, sem preconceitos.

É comum que padrões éticos sejam compatíveis com padrões morais e presidam a escolha das pautas jurídicas e axiológicas da sociedade civil organizada na forma do Estado, mas também não é incomum que determinada conduta seja entendida como ética, por determinada coletividade, mas seja vista como imoral sob os olhos do conjunto da sociedade, ou ilícita sob os olhos do Estado organizado.

Ora, se os parlamentares representam os cidadãos que os elegeram, e manejam o poder em seu nome, os limites da atuação destes representantes são encontrados por meio da análise da inter-relação existente entre representantes e representados. Uma vez encontrado algum descompasso entre as vontades manifestas dos dois polos desta relação política, de dois equívocos um deve restar: ou a soberania popular que elegeu os representantes estava equivocada ou os representantes não sabem captar a vontade de seus representados!

Analisando as relações entre representantes e representados, sabe-se que as atitudes (concretizadas ou não em normas) tomadas por estes atores sociais devem ter sua validade permanentemente colocada em debate, buscando a simetria intersubjetivante nestas relações. O Poder Legislativo, em sua função clássica de edição de normas gerais, por intermédio dos representantes eleitos pelo povo, deve respeitar postulados racionais em suas escolhas. Assim, quando edita uma norma jurídica qualquer, o legislador deve agir de acordo com aqueles que são por ele representados, pois somente assim as normas produzidas por estes representantes possuirão a legitimidade necessária à sua eficácia. Isto não quer dizer que o representante eleito apenas detém uma espécie de procuração de seus eleitores para trabalhar, nem que deva, a todo tempo, perquirir o que o seu eleitor faria ou decidiria se estivesse em seu lugar. Não obstante essa situação, na análise dos deveres atinentes a todo parlamentar, uma premissa deve restar clara: a sociedade que está ali sendo representada pelo parlamentar não deve ser tratada como um meio para atingir algum objetivo que não seja por ela pretendido e com ela acordado.

Não é possível, portanto, que entre representantes e representados se construam relações sociais assimétricas, em que um se utilize do outro apenas como um meio em si, sem qualquer finalidade. A lógica do utilitarismo não pode sobrepujar a lógica do acordo e do consenso comunicativo. O representado deve compreender a importância do trabalho dos parlamentares na condução de debates sociais de alta relevância democrática para a sociedade, e permitir-lhe um trabalho condizente com a dignidade do cargo que ocupa, valorizando as boas ações; enquanto o representante, em busca de sua legitimidade, deve estar conectado à realidade social que o cerca e à população que representa, sendo verdadeiro e leal em seus propósitos, com o fim de melhor representar os interesses da sociedade.

Ian Shapiro aborda essa temática:

> Penso que o compromisso com a verdade na política é um elemento essencial da legitimidade, porque a maioria das pessoas reconhece que tem interesse em conhecê-la e em agir de acordo com ela. [...] uma das razões pelas quais as pessoas se sentem incomodadas com a identificação feita pelo utilitarismo clássico entre o bem viver e o prazer é que elas precisam acreditar que suas experiências são autênticas – isto é, têm suas raízes na realidade. (SHAPIRO, 2006, p. 260).

Dessa forma, é possível que uma norma, uma lei, um ato administrativo de efeitos gerais, seja proveniente de uma relação assimétrica entre seus idealizadores e os representados. Nestes casos, em se tratando de ato estatal mais gravoso, afetando a base da confiança do indivíduo, caso se comprove alguma assimetria nessa relação, o controle deste ato não pode ser aferido apenas pela ótica do respeito à legalidade.

É possível que uma lei seja comprada, uma lei seja encomendada, uma lei seja destinada a um objetivo escuso[68]. E, avançando sobre outros campos normativos do Estado, também é possível que atos jurisdicionais ou administrativos, de efeitos gerais, tais quais uma lei, também estejam sendo prolatados com esses mesmos propósitos escusos. Nesse sentido, basta uma rápida pesquisa em sítios de notícias, para se ter conhecimento de processos criminais em que se constatou corrupção na prática de atos estatais que tinham o poder de afetar as pessoas difusamente, como por exemplo no caso da 'compra' das Medidas Provisórias 512/2010 e 627/2013 e da manipulação de resultados de recursos administrativos no CARF (Conselho Administrativo de Recursos Fiscais), na conhecida Operação Zelotes[69], conduzida pela Polícia Federal do DF. Tratavam as medidas provisórias de incentivos fiscais gerais, e, por outro lado, as decisões do Conselho podem representar precedentes administrativos a serem adotados pelas demais autoridades hierarquicamente inferiores.

Não há, portanto, como defender a legalidade como substrato único para a validade dos atos estatais, especialmente quando um número indeterminado de pessoas pode ser afetado negativamente por essas decisões estatais de origem escusa e há alguma assimetria na relação Estado-indivíduo. Não há como defender e analisar esses atos estatais assimétricos, na forma única e exclusiva do princípio da legalidade. Não é possível entender que a legalidade se sobrepõe à segurança jurídica, sem afetar o Estado de Direito.

Na nossa opinião, antes de automaticamente se arvorar no princípio da legalidade, o agente estatal, atento ao Estado de Direito, deve observar com muito cuidado a origem da manifestação estatal, para se certificar de que está fazendo a coisa certa ao aplicar um entendimento mais prejudicial ao indivíduo, e de origem escusa.

Deve o agente estatal, inclusive, aferir com cuidado o estado subjetivo daqueles que teriam sido, em tese, beneficiados pelas normas moralmente escusas,

---

[68] Nesse sentido, denotando uma descrição muito precisa a respeito dos tempos atuais no Brasil, eis o que afirma Zagrebelsky: *"En estos campos, en los que las leyes actúan sobre todo como medidas de apoyo a este o aquel sujeto social y vienen determinadas más por cambiantes relaciones de fuerza que por diseños generales y coherentes, la inestabilidad es máxima y se hace acuciante la exigencia de protección frente a la ocasionalidad de los acuerdos particulares que impulsan la legislación. La amplia 'contractualización' de la ley, de la que ya se ha hablado, da lugar a una situación en la que la mayoría legislativa política es sustituida, cada vez con más frecuencia, por cambiantes coaliciones legislativas de intereses que operan mediante sistemas de do ut des. La consecuencia es el carácter cada vez más compromisorio del producto legislativo, tanto más en la medida en que la negociación se extienda a fuerzas numerosas y con intereses heterogéneos. Las leyes pactadas, para poder conseguir el acuerdo político y social al que aspiran, son contradictorias, caóticas, oscuras y, sobre todo, expresan la idea de que – para conseguir el acuerdo – todo es susceptible de transacción entre las partes, incluso los más altos valores, los derechos más intangibles."* (ZAGREBELSKY, 2011, p. 38).

[69] Disponível em: < http://politica.estadao.com.br/blogs/fausto-macedo/mpf-denuncia-14-por-compra-de-medida-provisoria-e-de-decisao-no-carf/> Acesso em: 14 jan. 2018.

tendo em vista que esses beneficiados poderão até alegar a ofensa a suas confianças. Todavia, nesses casos, seriam suas confianças legítimas, autorizadas?

Nesse diapasão, a fim de que se evitem eventuais *abusos de poder* por parte da Administração Pública Previdenciária, na cotidiana autotutela invocada como fundamento para a invalidação de atos administrativos de que decorram efeitos favoráveis ao cidadão, em um primeiro momento, deve ser investigado se o princípio da proporcionalidade exerceria alguma correlação epistêmica entre o poder-dever de autotutela e o tríplice fundamento da proporcionalidade: adequação, necessidade e proporcionalidade em sentido estrito.

Em outras palavras: o meio empregado para a invalidação do ato administrativo favorável ao cidadão foi adequado a este fim? Não havia um outro meio menos gravoso ou oneroso ao cidadão para a invalidação do ato administrativo que lhe era favorável? As vantagens ao patrimônio público e às instituições estatais, no caso concreto, eram superiores às desvantagens de uma invalidação do ato administrativo que tivesse sido feita de um outro modo? O tempo do processo e a isonomia foram propiciados em níveis adequados, necessários e proporcionais, em momento anterior à invalidação de um ato administrativo de efeitos favoráveis?

É imperativa, portanto, a simetria, e é pela comunicação e participação que ela é obtida. Tal simetria propiciará maior confiança do cidadão no Estado que, por sua vez, atuará com maior legitimidade, na defesa do interesse público.

A legalidade, nesse panorama de viés participativo-legitimatório, certamente acarretaria maior proteção e promoção da confiança do cidadão, exigindo um apurado aprofundamento argumentativo dos agentes públicos.

Haveria, portanto, algo a se sobrepor em relação à legalidade, demostrando a relevância de uma análise crítica de normas estatais utilizadas como escudo protetivo das decisões em relação à sociedade?

Sim, é possível encontrar algo que se sobrepõe à legalidade, fiscalizando a existência da simetria na relação Estado-cidadão.

Esse 'algo' está na própria origem da legalidade: o Estado de Direito, a juridicidade.

4.6 - JURIDICIDADE, IGUALDADE E CONFIANÇA

Chegamos, portanto, a uma fonte mais adequada para a origem e avaliação, *in concreto,* do princípio da proteção da confiança: o Estado de Direito, de onde provém a necessidade de defesa da juridicidade, do bloco de legalidade.

Não cabe mais analisar atos administrativos apenas sob o prisma da lei. É como descreveu Patrícia Baptista, em sua tese de doutorado, publicada em formato de livro eletrônico:

> A rigor, a hipótese de um conflito entre o princípio da legalidade e o princípio da segurança jurídica não deixa de causar certa perplexidade. Uma vez que a legalidade representa uma densificação da segurança jurídica construída no

Estado de Direito, simplesmente não poderia haver, na origem, conflito entre uma e outra. Ambas operam como instrumentos destinados a assegurar a estabilidade e a previsibilidade da ordem jurídica. [...] Sucede, porém, que houve, historicamente, um esgarçamento da legalidade como parâmetro da segurança jurídica. A inflação legislativa, a instabilidade das leis e a imprecisão do seu conteúdo são fatores que contribuíram para que a legalidade deixasse de ser a única expressão da segurança jurídica. (BAPTISTA, 2014, pos. 1152).

O Direito e a segurança por ele buscados não estão mais apenas na lei, naquilo que dizem e determinam os legisladores. Há que se buscar fundamentos mais profundos que a legalidade, especialmente em se tratando de alterações legislativas que demandem atenção à previsibilidade do conteúdo mínimo de todo e qualquer direito fundamental. Neste sentido, eis como nos ensina o catedrático administrativista espanhol, David Blanquer:

> [...] en el Estado Democrático de Derecho aparecen nuevos cauces de control que tienen como finalidad primordial que determinadas materias (por su importancia y trascendencia en la vida de la comunidad política) deben ser debatidas y resueltas em sede parlamentaria. Es decir, no basta la previa intervención de Legislativo, sino que se exige que esa intervención previa tenga um 'contenido mínimo'; no basta la previa habilitación legislativa cualquiera que sea su 'densidad normativa', sino que el 'núcleo esencial' de la materia debe ser decidido em sede parlamentaria y com participación de los grupos minoritarios en el debate sobre ese núcleo esencial. Según la jurisprudência constitucional alemana e italiana, la intervención parlamentaria debe ser de una intensidad tal que la posterior actividad administrativa sea 'previsible' y 'mensurable' con el sólo examen del texto de la ley. Sin necesidad de esperar al desarrollo reglamentario la densidade normativa debe permitir al ciudadano hacer uma 'previsión' mínimamente certa y segura sobre el contenido de la habilitación en favor de la Administración Pública (el alcance y limite de las potestades que la ley confiere a la Administración, en especial la potestade reglamentaria), y además deve permitir a los tribunales 'medir' el grado de sometimiento de esa actividad administrativa al marco de ejercicio de las potestades contenido de la ley. (BLANQUER, 2010, p. 1.214).

O professor Diogo de Figueiredo Moreira Neto, em seu ensaio *'Novas funções constitucionais no Estado Democrático de Direito'*, bem expõe essa nova realidade, de superação da legalidade:

> Assim é que, com o objetivo de maximizar a efetivação destes direitos fundamentais da cidadania, como auspicioso rebento que veio a florescer nos Estados Democráticos de Direito, conheceram extraordinário desenvolvimento contemporâneo as funções neutrais, sobrevindas para ampliar e processualizar os canais participativos, concorrendo para possibilitar cada vez maior visibilidade e controle sobre as funções de governança, com o que, atendem à sua primária destinação societal, tudo com ampliados ganhos, tanto de legitimidade corrente como da legitimidade finalística, que, com as novas funções, lograram destaque. É razoável, portanto, afirmar que a renovação juspolítica sistemática

proporcionada por esta expansão da juridicidade, ultrapassando o tradicional e concentrado, quando não autocrático e elitista, sistema moderno de produção da lei, veio possibilitar o surgimento e a multiplicação de novos, variados e ampliados sistemas pós-modernos de produção do Direito. (MOREIRA NETO, 2011, p. 88).

Assim, nota-se que a legalidade, em se tratando de Administração Pública, sempre foi um dogma, seja ele de ordem legislativa, administrativa ou jurisdicional. Esse dogma cerceava a atuação eficiente da Administração, em qualquer de seus aspectos, ora permitindo-se que o administrador, aplicador da lei *"in concreto"*, escolhesse a interpretação da lei que melhor lhe aprouvesse (ou melhor aprouvesse aos interesses políticos de seus superiores hierárquicos), o que poderia lesar direitos fundamentais dos cidadãos, como a segurança jurídica; ora sendo a legalidade utilizada como um escudo protetivo da Administração para justificar indeferimentos e tratamentos diferenciados entre situações jurídicas pessoais idênticas, o que poderia lesar outros direitos fundamentais dos cidadãos, como a isonomia. É a aplicação do velho ditado, conhecido amplamente na sociedade brasileira: 'aos amigos, tudo, aos inimigos, a lei'.

Nunca deveria, contudo, ter sido assim.

A ofensa à segurança jurídica, por vezes, também representa uma ofensa ao postulado da igualdade. Nesses termos:

> O comportamento estatal que decepciona uma expectativa legítima também pode violar simultaneamente o princípio da igualdade. A expectativa do cidadão de receber, do Estado, um tratamento isonômico em relação àqueles que se encontram numa mesma situação que a sua é legítima e deve merecer respeito. Dentro da ideia de segurança jurídica, de certeza e de previsibilidade está, consoante adverte Luís Roberto Barroso, a necessidade de adoção de soluções isonômicas. Nesse contexto, a desconsideração da situação específica do indivíduo titular de uma expectativa, e que o singulariza em relação aos demais cidadãos, representaria, em princípio, uma agressão ao princípio da igualdade. [...] **Uma vez que existe uma nítida diferença entre os particulares detentores de uma expectativa legítima e aqueles que não a possuem, o princípio da igualdade pode desempenhar um papel relevante na concretização do princípio da proteção da confiança. Ele exigirá a proteção da expectativa legítima do particular, a fim de que a diferenciação fática seja respeitada e, com isso, que o princípio da igualdade se torne uma realidade. Desigualdades não podem ser tratadas de forma igual**. (ARAÚJO, 2016, p. 167-168). (grifo nosso)

A legalidade, portanto, pode estar patrocinando desigualdades odiosas, o que deve ser evitado.

Ainda – e o que nos parece bem grave e corriqueiro na realidade em que vivemos, a própria ideia de segurança jurídica pode servir de mote para a manutenção de um único caso isolado, ilegal ou inconstitucional, de um único indivíduo, em detrimento de vários outros em tudo similares, sem respeito à igualdade e à segurança jurídica *lato sensu*. Nesses casos, promove-se a segurança isoladamente, tanto em relação à pessoa quanto em relação ao momento a ser considerado; promove-se a segurança de um, em detrimento da insegurança dos desigualados, o que notoriamente não está correto. Nesse sentido, Humberto Ávila:

> O 'estado de segurança', embora possa e deva ser desmembrado analiticamente em unidades conceitualmente autônomas de tempo, só pode ter a sua realização examinada em seu conjunto. Para o Direito Tributário – como será analisado na parte deste trabalho relativa ao conteúdo da segurança jurídica – essa constatação é decisiva, porque a manutenção dos efeitos de leis tributárias inconstitucionais, a pretexto de promover a segurança jurídica, pode causar, na verdade, e em maior medida, sua restrição. Essas considerações justificam a tese, sustentada neste trabalho, no sentido de que a segurança jurídica precisa ser analisada em todos os seus aspectos e, no aspecto temporal, na sua dimensão global 'passado-presente-futuro'. A 'natureza ambivalente' do princípio da segurança, que exige, a um só tempo, manutenção e inovação, rigidez e flexibilidade, não pode, pois, ser desconsiderada. (ÁVILA, 2016, p. 183).

Além disso, a lei *stricto sensu* não é a única norma administrativa possível. Antes, a Constituição e seus paradigmas axiológicos devem ser preconizados, em detrimento de interpretações mecanicistas e literais de dispositivos legislativos. Não se quer dizer que o administrador possa dispensar autorização legislativa para realizar determinadas despesas ou adotar alguma política pública específica. Todavia, uma vez delimitado o campo de atuação do administrador, por parte do legislador, aquele não pode desempenhar seu mister sem observar que a sua função deve concretizar direitos fundamentais dispostos na Constituição e formatar o comportamento do Estado-Administração de acordo com os deveres do moderno Estado de Bem-Estar Social, sem meras amarras literais, descompromissadas com a realidade dos fatos sociais envolvidos.

Desse modo, o administrador deve estar atento ao fato de que a complexidade da vida cotidiana cobra pronta intervenção do Estado, cujo cidadão não pode aguardar a conclusão de processos legislativos autorizativos por tempo indeterminado, especialmente quando estiverem em jogo direitos das minorias ou questões polêmicas não totalmente solucionadas pelo Estado. A lei *stricto sensu* é um instrumento jurídico de crucial importância no processo de definição de políticas públicas, mas não é o único, especialmente diante de uma conjuntura de enfraquecimento do Estado-legislador, cuja legitimidade se põe diariamente à prova, e do fortalecimento de estruturas estatais autônomas e regulamentadoras, como as agências reguladoras.

Assim, tal qual ocorreu com o Direito Civil, deve ser buscada também a constitucionalização do Direito Administrativo, de modo que todo administrador passe a analisar suas condutas e decisões sob a ótica de princípios e regras constitucionais, e não apenas por meio de determinações legais ou infralegais. O Estado Democrático de Direito seria aperfeiçoado, em detrimento de uma base axiológica autoritária, de modo que todo um conjunto de procedimentos legitimatórios de abertura e participação poderia permear o direito administrativo moderno, exigindo do administrador uma atenção dedicada aos princípios e regras constitucionais, antes de qualquer lei. Segundo BINENBOJM:

> A ideia de juridicidade administrativa, elaborada a partir da interpretação dos princípios e regras constitucionais, passa, destarte, a englobar o campo da legalidade administrativa, como um de seus princípios internos, mas não mais altaneiro e soberano como outrora. Isso significa que a atividade administrativa continua a realizar-se, via de regra, (i) segundo a lei, quando esta for constitucional (atividade secundum legem), (ii) mas pode encontrar fundamento direto na Constituição, independente ou para além da lei (atividade praeter legem), ou, eventualmente, (iii) legitimar-se perante o direito, ainda que contra a lei, porém com fulcro numa ponderação da legalidade com outros princípios constitucionais (atividade contra legem, mas com fundamento numa otimizada aplicação da Constituição). (BINENBOJM, 2014, p. 37-38).

A doutrina lusitana, por sua vez, menciona a juridicidade como um *"bloco de legalidade"*, para que seja diferenciado da legalidade *"stricto sensu"*, entendendo que esta é espécie inserida no gênero "juridicidade". Eis como os distingue, Pedro Moniz Lopes:

> Não existe, portanto, qualquer confusão possível entre (i) princípio da legalidade e (ii) (bloco de) legalidade, na medida em que, enquanto a segunda realidade expressa as normas do ordenamento jurídico, a primeira consubstancia uma norma, ou comando deôntico regulador do exercício da função, que impõe um relacionamento de conformidade e respeito pelo objecto da segunda (o bloco de legalidade). Como também já se referiu, a natureza de princípio da norma de legalidade administrativa subordina-se a todas as características assacadas às normas de princípio, designadamente, a (i) optimização de um efeito normativo de conformidade de condutas às regras do ordenamento inerente à típica expansibilidade da previsão da norma de princípio e, consequentemente, (ii) a cedência condicional, em casos concretos, face a normas de princípio de sinal contrário. Nestes termos, o princípio da legalidade, aqui analisado sob o ponto de vista exclusivamente normativo-principial, é também ele uma norma que ordena prima facie na medida em que se limita a incluir na sua previsão, sob o já relatado modo indutivo, todas as formas hipotizáveis do exercício da função administrativa, subordinando aquelas a uma imposição de relacionamento de conformidade com o determinado em normas jurídicas vigentes e aprovadas por órgãos com competência e no respeito pelo procedimento legislativo adequado para o efeito. Os pressupostos de acção da norma, que determinam o efeito normativo de conformidade (ou compatibilidade) não são, portanto, conhecidos a priori, na medida em que não se concebem todas e cada uma das formas de actuação administrativa. (LOPES, 2011, p. 148)

A juridicidade, portanto, vai permitir, e por vezes indicar, a superação do dogma da legalidade estrita, demandando do administrador a fundamentação adequada de seus atos, com base em valores constitucionais que melhor ajustem a proteção de direitos fundamentais, tais como a igualdade. Nessa perspectiva, se insere a confiança do administrado, pois a sua proteção, excluindo a eficácia de alguns atos administrativos ilegais, poderá, às vezes, parecer ofensiva à legalidade, mas nestas ocasiões tem por substrato a necessidade de se proteger a segurança jurídica, que é base do Estado Democrático de Direito.

4.7 - BOA-FÉ OBJETIVA, *VENIRE CONTRA FACTUM PROPRIUM*, ATOS PRÓPRIOS E PROTEÇÃO DA CONFIANÇA

Já percebemos, portanto, que o princípio da proteção da confiança não se confunde com conceitos como Estado de Direito, legalidade, juridicidade e segurança jurídica. A origem do princípio advém do Estado de Direito, juntamente com a segurança jurídica, e com esses princípios não se confundem.

Mas, há, ainda, alguns outros institutos jurídicos que também precisam ser diferenciados, para se identificar o campo preciso de atuação do princípio da proteção da confiança.

A proteção da confiança (*Vertrauensschutz*), por exemplo, não se confunde com a boa-fé objetiva (*Treu und Glauben*).

Por meio da boa-fé objetiva, delineada como norma fundamental do direito civil (arts. 113, 187 e 422 do Código Civil) e do direito processual civil (orientando a elaboração de exordiais e de sentenças - arts. 5º, 322, §2º e 489, §3º, do CPC), reprimem-se abusos de direitos e condutas dolosas, omissivas ou comissivas, dos sujeitos de uma relação jurídica, processual ou material, vedando-se comportamentos contraditórios e buscando-se lealdade e lisura entre as pessoas e partes.

Por conseguinte, tanto a proteção da confiança quanto a boa-fé objetiva exteriorizam uma busca permanente de segurança, confiabilidade e continuidade das relações jurídicas, com a preservação de direitos e posições jurídicas dos indivíduos. Porém, a boa-fé objetiva, instituto cuja origem se assenta no direito privado, atua em face de comportamentos desleais e desonestos; mas essa avaliação do estado subjetivo do agente estatal, de sua lealdade ou honestidade, por outro lado, é dispensável, por ocasião da análise de seu comportamento. Ainda que não tenha havido deslealdade ou desonestidade por parte do agente estatal, as expectativas legítimas do cidadão, do indivíduo, precisam ser respeitadas.

A boa-fé objetiva, ainda, pode ser suscitada por qualquer das partes em uma relação jurídica, diferentemente da proteção da confiança, na qual o Estado não pode pugnar por sua aplicação, em detrimento do cidadão.

Por outro lado, é irrelevante o grau de proximidade entre os envolvidos em uma relação em que esteja sendo avaliada a proteção da confiança, diferentemente da boa-fé objetiva, em que se exige tal proximidade.

Nesse sentido:

> O princípio da proteção da confiança volta sua atenção para a proteção de expectativas legítimas de um particular, mesmo que não haja desonestidade ou

deslealdade por parte do Estado. A preocupação ética inerente à boa-fé objetiva não está presente, necessariamente, nas situações que merecem uma tutela com amparo no princípio da proteção da confiança. Nem sempre uma mudança de comportamento estatal ou a alteração de regras modificadoras do status jurídico de um indivíduo ocorrem por conta de uma desonestidade ou deslealdade do Estado. Ao contrário. Na maioria dos casos, isso decorre de uma necessidade justificável – e não de um ato desonesto – da sociedade. Esse raciocínio dificulta, inclusive, a aceitação da tese de que o princípio da proteção da confiança teria seu fundamento na boa-fé objetiva. A maior amplitude das hipóteses de aplicação daquele primeiro impossibilita sua derivação deste último. Uma outra diferença entre os dois institutos tem relação com a noção de que o princípio da boa-fé objetiva apenas pode ser utilizado nas situações em que há um vínculo específico entre as partes. (ARAÚJO, 2016, p. 154).

Outro instituto que deve ser diferenciado, em relação à proteção da confiança, é a proibição do *venire contra factum proprium*[70]. Instituto de origem romana, também proveniente do direito privado, o *venire* também se aplica no direito público[71]. Trata-se da vedação de comportamento contraditório, protegendo, da mesma forma, as posições jurídicas pessoais constituídas. Segundo Antonio do Passo Cabral, aplica-se o *venire*, quando encontrarmos:

---

[70] Eis alguns precedentes paradigmáticos do STJ a respeito: "[...] Ressalte-se que a ninguém é dado criar e valer-se de situação enganosa, quando lhe for conveniente e vantajoso, e posteriormente voltar-se contra ela quando não mais lhe convier, objetivando que seu direito prevaleça sobre o de quem confiou na expectativa gerada, ante o princípio do nemo potest venire contra factum proprium." (STJ, 4ª Turma, REsp 1.154.737/MT, Rel. Min. Luís Felipe Salomão, julgado em 21/10/2010, DJe 07/02/2011) e "Os princípios da segurança jurídica e da boa-fé objetiva, bem como a vedação ao comportamento contraditório (venire contra factum proprium), impedem que a parte, após praticar ato em determinado sentido, venha a adotar comportamento posterior e contraditório." (STJ, 5ª Turma, AgRg no REsp 1.099.550/SP, Rel. Min. Arnaldo Esteves Lima, julgado em 02.03.2010, DJe 29.03.2010).

[71] "[...] Com efeito, mostra-se desarrazoado por parte da Administração Publica após a edição do ato conferindo aos servidores o não comparecimento ao trabalho em razão do ponto facultativo, a reposição dos dias 20, 23 e 26 de junho de 2014, revelando-se em comportamento contraditório (venire contra factum proprium), porquanto, a situação encontrava-se consolidada no tempo." (STJ, REsp 1.629.888, Min. Mauro Campbell, 2ª Turma, DJe:21/02/2018); "DIREITO ADMINISTRATIVO E PROCESSUAL CIVIL - EMBARGOS DE DECLARAÇÃO - CONSTATAÇÃO DE ERRO DE PREMISSA FÁTICA - EMBARGOS ACOLHIDOS - POLICIAL FEDERAL "SUB-JUDICE" - APOSTILAMENTO - ATENDIMENTO DOS REQUISITOS DO DESPACHO MINISTERIAL Nº 312/2003 - PRINCÍPIOS DA RAZOABILIDADE E DA BOA-FÉ - "VENIRE CONTRA FACTUM PROPRIUM" - SEGURANÇA CONCEDIDA. [...] 3. A Administração Pública fere os Princípios da Razoabilidade e da Boa-fé quando exije a desistência de todas as ações promovidas contra a União ao mesmo tempo em que estabelece exigências não previstas expressamente no Despacho Ministerial nº 312/2003, regulamentado pela Portaria nº 2.369/2003-DGP/DPF para a concessão do apostilamento. 4. "Nemo potest venire contra factum proprium". 5. Embargos de declaração acolhidos para, reconhecendo o erro de premissa fática, conceder a segurança para os fins especificados." (STJ, EDMS 200901840922, Min. Moura Ribeiro, 3ª Seção, DJe:06/03/2014) e "[...]No campo ético, a concessão do pleito importa grave violação ao princípio da boa-fé, e ao subprincípio do venire contra factum proprium, o qual veda o comportamento sinuoso, contraditório, inclusive nas relações entre a Administração Pública e o particular.". (STJ, ROMS 201303022015, Min. Mauro Campbell, 2ª Turma, DJe: 07/05/2015).

[...] (1) A existência de dois atos sucessivos no tempo (o factum proprium e um segundo comportamento) praticados com identidade subjetiva do agente; (2) a incompatibilidade da segunda conduta com o comportamento anterior; (3) a verificação de uma legítima confiança na conservação da primeira conduta; e (4) a quebra da confiança pela contradição comportamental. O primeiro requisito é a adoção de dois comportamentos por um mesmo sujeito: o factum (primeiro comportamento), que é aquele que vai gerar confiança; e a segunda conduta, questionada por ser incompatível com a anterior. Além disso, é peremptório existir identidade subjetiva na prática de ambas as condutas: o agente que praticou o factum deve ser o mesmo a praticar o ato incompatível, e daí dizer-se que o segundo ato deve ser proprium. (CABRAL, 2013, p. 132)

Do mesmo modo ocorre com a teoria dos atos próprios, que nada mais são que atos jurídicos praticados de modo potestativo, emulativo, abusivo, que, embora possíveis, violam a boa-fé, na situação concreta. Assim, pela teoria dos atos próprios, devem ser vedados os atos jurídicos e condutas abusivas que ponham em risco expectativas legítimas, tais como: as condutas inesperadas e surpreendentes de uma parte da relação jurídica, que almejam modificações fáticas na relação, desprezando a confiança da outra parte (*tu quoque*), as condutas de se abandonar uma posição jurídica por um lapso de tempo razoável, para exercê-la repentinamente, apenas para atingir uma determinada pessoa ou objetivo (*supressio*), as condutas de se buscar o rompimento de uma inércia por um lapso de tempo razoável afetando, de modo surpreendente, uma posição jurídica adquirida e consolidada por essa mesma inércia (*surrectio*), as condutas que não mitiguem perdas próprias[72] (*duty to mitigate the loss*), as condutas de induzir alguém a acreditar em uma informação, ainda que produzida por outrem, e se beneficiar do erro ou da falsidade desta (*estoppel*) e as condutas que desprezem o adimplemento substancial da obrigação, buscando a retomada de um patrimônio pelo credor, quando boa parte do contrato já foi cumprido pelo devedor (*substancial performance*).

Tanto a proibição do *venire* quanto a teoria dos atos próprios, todavia, são normas de aplicação subsidiária, sendo utilizáveis apenas quando não houver uma norma específica autorizativa ou proibitiva. Ou seja, são normas utilizáveis apenas quando, no caso específico, não for possível identificar a regra a ser utilizada para solucionar a situação litigiosa, diferentemente do princípio da proteção da confiança, cujo respeito pode e deve ser avaliado, sempre que se observar alteração de entendimento estatal mais gravosa.

Além disso, também o Estado pode cobrar do cidadão comportamentos que respeitem a proibição de *venire contra factum proprium*, assim como na boa-fé objetiva.

Por fim, pode haver confiança a ser protegida, mesmo que o comportamento do Estado não seja contraditório, visto que o princípio da proteção da confiança está muito mais preocupado com o estado subjetivo do cidadão ao

---

72 Enunciado 169 das Jornadas de Direito Civil: "O princípio da boa-fé objetiva deve levar o credor a evitar o agravamento do próprio prejuízo."

qual se dirige uma alteração mais gravosa do comportamento estatal, enquanto o *venire* se destina mais a investigar o estado subjetivo daquele que pratica, em tese, um ato contraditório. Mais uma vez, Valter Shuenquener nos auxilia:

> Primeiramente, vale rememorar que o objetivo primário do venire contra factum proprium não é o de proteger as expectativas de particulares. Seu principal propósito é, por outro lado, o de efetivamente impedir que uma pessoa possa, com o objetivo de se beneficiar indevidamente, agir contrariamente a um comportamento anterior. É, dessa maneira, um instituto que volta sua atenção, essencialmente, para aquele que age. Apenas reflexamente é que existirá uma preocupação com o destinatário do comportamento contraditório. O venire contra factum proprium não pode, portanto, ser confundido com o princípio da proteção da confiança. Há, ainda, uma adicional distinção no que concerne aos sujeitos que podem invocar os dois institutos. Enquanto o primeiro pode ser empregado tanto pelo particular quanto pelo Estado, o princípio da proteção da confiança não poderá ser manuseado por este último. Uma outra diferença entre os dois princípios decorre das características do ato estatal que vem a causar efeitos prejudiciais a uma expectativa. Diversamente do que ocorre com o venire contra factum proprium, a adoção do princípio da proteção da confiança independe da existência de um comportamento estatal contraditório praticado com abuso do direito. A expectativa de um particular pode merecer proteção com amparo no princípio da proteção da confiança, ainda que o ato estatal não seja qualificado como um abuso de direito típico do venire contra factum proprium. (ARAÚJO, 2016, p. 178-179).

Delimitados os espaços de atuação do princípio da proteção da confiança, é preciso, nessa avaliação de seus contornos, identificar quais são os meios de sua efetivação, nos casos concretos.

4.8 - EFETIVAÇÃO DO PRINCÍPIO DA PROTEÇÃO DA CONFIANÇA

Não adianta conhecer o princípio da proteção da confiança, se não se souber como efetivá-lo, quando é desrespeitado no caso concreto, como nas situações delineadas anteriormente.

Como veremos no capítulo 6 *infra*, analisando a base prognóstica da confiança, uma forma de proteger a confiança do cidadão é por meio da promoção da confiança, enquanto rotina procedimental interna dos atos e processos estatais.

Não é dessa forma de efetivação, todavia, que estamos tratando, nesse momento, mas sim de medidas protetivas diretas.

Também não se está a tratar, nesse momento, da eficácia de outros institutos jurídicos voltados para a proteção da segurança, e que já analisamos nos capítulo 3 e 4, em seu subtítulo 4.7. O ordenamento já prevê a consolidação eficacial de atos jurídicos nulos ou anuláveis, se estivermos diante de situações onde a prescrição, a decadência, a coisa julgada, o direito adquirido, o ato jurídico perfeito, a boa-fé objetiva, o *venire* e a teoria dos atos próprios possam proteger a pessoa afetada pela gravosidade de uma nova medida estatal. Trato, portanto, das hipóteses em que não se possa afirmar a incidência de nenhuma das hipóteses dos capítulos 3 e 4, subtítulo 4.7. Como propiciar eficácia direta, portanto, ao princípio da proteção da confiança?

Em relação a estas proteções diretas do princípio da proteção da confiança, notam-se algumas formas de tutela que podem ser buscadas, a fim de dirimir lides em que se questione o respeito à segurança jurídica.

As tutelas são, basicamente, três: para casos concretos e individualizados, a preservação do ato estatal írrito ou a modulação da anulação do ato estatal nos casos específicos; e, para situações genéricas ou coletivamente, a criação de regras de transição, determinadas em dispositivo de decisão/sentença judicial, por norma jurídica ou por ato administrativo, que suavizem a alteração estatal desfavorável.

Almiro do Couto e Silva assim resume as consequências do descumprimento do princípio:

> Modernamente, no direito comparado, a doutrina prefere admitir a existência de dois princípios distintos, apesar das estreitas correlações existentes entre eles. Falam os autores, assim, em princípio da segurança jurídica quando designam o que prestigia o aspecto objetivo da estabilidade das relações jurídicas, e em princípio da proteção à confiança, quando aludem ao que atenta para o aspecto subjetivo. Este último princípio (a) impõe ao Estado limitações na liberdade de alterar sua conduta e de modificar atos que produziram vantagens para os destinatários, mesmo quando ilegais, ou (b) atribui-lhe consequências patrimoniais por essas alterações, sempre em virtude da crença gerada nos beneficiários, nos administrados ou na sociedade em geral de que aqueles atos eram legítimos, tudo fazendo razoavelmente supor que seriam mantidos. (SILVA, 2015, p. 47).

Por sua vez, Rafael Valim também minudencia formas de efetivação do princípio da proteção da confiança, no texto 'O princípio da segurança jurídica no direito administrativo':

> No Direito Brasileiro, os mecanismos preordenados a assegurar a confiança do administrado podem ser assim reconduzidos: concessão de efeitos ex nunc à invalidação de atos ampliativos; convalidação de atos ampliativos; estabilização de atos administrativos ampliativos; dever de adoção de regras transitórias para mudanças radicais de regime jurídico; invalidação de normas atentatórias à confiança legítima; responsabilização do Estado por mudanças de regime jurídico; e, finalmente, a chamada 'coisa julgada administrativa'. (*In* VALIM; OLIVEIRA; DAL POZZO, 2013, p. 89).

Antônio do Passo Cabral, também embasado na experiência alemã sobre o tema da proteção à segurança jurídica e à confiança depositadas nos atos estatais, aborda a aplicação de regras de transição por parte do Poder Judiciário como uma das soluções equilibrantes possíveis:

Sempre que se concluir pela necessidade da mudança, deve-se procurar atenuar o impacto da modificação. Nesse contexto, imperioso é indagar a respeito de mecanismos compensatórios para a superação da estabilidade, que funcionarão como regra de fechamento sistêmico para o formato da segurança-continuidade. Técnica compensatória interessante, que permite a mudança do ato processual e combate os efeitos deletérios que a alteração pudesse trazer, corresponde à edição de regras de transição. O estabelecimento de regras de transição vem sendo, na última década, referido como uma grande característica do Estado contemporâneo. No quadro das atuais atribuições estatais, a mudança e a adaptação de posições jurídicas passaram a ser aspectos essenciais. Todavia, ao mesmo tempo, deve-se garantir segurança jurídica, e é a procura pelo ponto ótimo entre mudança e estabilidade que justifica a formulação de regras transicionais. Conhecidas na prática legislativa, as regras de transição começam a ser estudadas no campo das decisões da jurisdição constitucional e administrativa, e pensamos que possam ser aplicadas à atividade jurisdicional em geral e, portanto, ao processo civil. (CABRAL, 2013, p. 535).

Mas, é bom registrar que a manutenção de um ato estatal, cuja ilegalidade restou posteriormente comprovada, é medida excepcional, e não costuma ser a regra. Em geral, deve se respeitar a necessidade de anulação do ato estatal ilegal, se não se aplicar nenhuma das medidas dos capítulos 3 e 4, subtítulo 4.7; mas, por outro lado, segundo a ótica da proteção da confiança, permite-se a modulação dos efeitos de tal anulação, caso o representante estatal compreenda que a decisão anulatória pode afetar a segurança jurídica (do indivíduo diretamente interessado e também de terceiros) e excepcional interesse social.

Essa possibilidade de modulação já é uma referência nos processos de competência do STF, à luz do que dispõe o art. 27 da Lei 9.868/99, como bem expôs o ministro Carlos Ayres Britto, ao julgar os embargos declaratórios na ADI 2797, em 16/05/2012:

> EMENTA: EMBARGOS DE DECLARAÇÃO EM AÇÃO DIRETA DE INCONSTITUCIONALIDADE. PEDIDO DE MODULAÇÃO TEMPORAL DOS EFEITOS DA DECISÃO DE MÉRITO. POSSIBILIDADE. AÇÕES PENAIS E DE IMPROBIDADE ADMINISTRATIVA CONTRA OCUPANTES E EX-OCUPANTES DE CARGOS COM PRERROGATIVA DE FORO. PRESERVAÇÃO DOS ATOS PROCESSUAIS PRATICADOS ATÉ 15 DE SETEMBRO DE 2005. 1. A proposição nuclear, em sede de fiscalização de constitucionalidade, é a da nulidade das leis e demais atos do Poder Público, eventualmente contrários à normatividade constitucional. Todavia, situações há que demandam uma decisão judicial excepcional ou de efeitos limitados ou restritos, porque somente assim é que se preservam princípios constitucionais outros, também revestidos de superlativa importância sistêmica. 2. **Quando, no julgamento de mérito dessa ou daquela controvérsia, o STF deixa de se pronunciar acerca da eficácia temporal do julgado, é de se presumir que o Tribunal deu pela ausência de razões de segurança jurídica ou de interesse social. Presunção, porém, que apenas se torna absoluta com o trânsito em julgado da ação direta. O Supremo Tribunal Federal, ao tomar conhecimento, em sede de embargos de declaração (antes, portanto, do trânsito em julgado de sua decisão), de razões de segurança**

> jurídica ou de excepcional interesse social que justifiquem a modulação de efeitos da declaração de inconstitucionalidade, não deve considerar a mera presunção (ainda relativa) obstáculo intransponível para a preservação da própria unidade material da Constituição. 3. Os embargos de declaração constituem a última fronteira processual apta a impedir que a decisão de inconstitucionalidade com efeito retroativo rasgue nos horizontes do Direito panoramas caóticos, do ângulo dos fatos e relações sociais. Panoramas em que a não salvaguarda do protovalor da segurança jurídica implica ofensa à Constituição ainda maior do que aquela declarada na ação direta. 4. Durante quase três anos os tribunais brasileiros processaram e julgaram ações penais e de improbidade administrativa contra ocupantes e ex-ocupantes de cargos com prerrogativa de foro, com fundamento nos §§ 1º e 2º do art. 84 do Código de Processo Penal. Como esses dispositivos legais cuidavam de competência dos órgãos do Poder Judiciário, todos os processos por eles alcançados retornariam à estaca zero, com evidentes impactos negativos à segurança jurídica e à efetividade da prestação jurisdicional. 5. Embargos de declaração conhecidos e acolhidos para fixar a data de 15 de setembro de 2005 como termo inicial dos efeitos da declaração de inconstitucionalidade dos §§ 1º e 2º do Código de Processo Penal, preservando-se, assim, a validade dos atos processuais até então praticados e devendo as ações ainda não transitadas em julgado seguirem na instância adequada. (grifo nosso)

Há de haver, portanto, uma regular ponderação quando estivermos diante de alterações mais gravosas de entendimento estatal: o que causa maior ofensa ao Estado de Direito protegido pela Constituição? A modulação temporal de uma declaração de ilegalidade ou inconstitucionalidade, para que produza efeitos *ex-nunc*, ou em momento futuro ou uma acrítica retroatividade na mudança mais gravosa de entendimento? Esta ponderação para fins de modulação, inclusive, pode ser feita pelos juízes, monocraticamente, eis que exercem controle de legalidade e difuso de constitucionalidade, quanto à Administração Pública.

Humberto Ávila, manifestando a opinião de que a modulação deve ser medida excepcional, expõe como funciona o sistema alemão de controle de constitucionalidade e as medidas de eficácia de suas decisões:

> Em algumas hipóteses, e mediante a observância de determinados requisito, ela [a modulação] pode – e deve – ser aplicada conforme a Constituição. Quer-se, em vez disso, demonstrar que o seu espaço, dentro do âmbito dos princípios do Estado de Direito e da segurança jurídica, é muito pequeno – demasiadamente pequeno. Por isso mesmo, é preciso saber, da forma mais precisa possível, o que significam 'razões de segurança' e em que medida essas razões podem justificar a manutenção dos efeitos de lei declarada inconstitucional. Esse desiderato pode ser mais bem cumprido por meio da análise do Direito alemão. Isso porque a previsão legal brasileira foi inspirada na jurisprudência do Tribunal Constitucional Federal da Alemanha, que desenvolveu várias formas para atribuir efeitos a suas decisões (*Teorierungsformen*). Normalmente, quando entende que a lei é incompatível com a Constituição, o Tribunal profere uma declaração de inconstitucionalidade (*Verfassungswidrigkeitserklärung*), cujo efeito

é a declaração de nulidade (*Nichtigkeitserklarung*) desde o início da vigência da lei incompatível com a Constituição (*ex tunc*), com a sua consequente cassação. Ao lado desse tipo de decisão, há também a declaração de incompatibilidade (*Unvereinbarkeitserklarung*). Na declaração de incompatibilidade, o Tribunal, apesar de considerar que a lei viola a Constituição, decide manter os efeitos da lei para o passado ou para algum momento do futuro, por entender que a só declaração de nulidade da lei não restauraria, ou, pelo menos, não automaticamente, o estado de constitucionalidade. A segurança jurídica é uma das justificativas utilizadas pelo Tribunal para adotar esse tipo de decisão: em alguns casos, para evitar o surgimento de um 'vácuo jurídico' (*rechtliches vakuum*) ou de 'insegurança sobre a situação jurídica' (*unsicherheit uber die Rechtslage*); para assegurar 'segurança jurídica e clareza do Direito' (*Rechtssicherheit und Rechtsklarheit*), o Tribunal mantém os efeitos da lei inquinada de inconstitucional. (ÁVILA, 2016, p. 523)

Assim, apenas excepcionalmente, em exercício de ponderação entre o interesse público consubstanciado na legalidade (que demanda o cancelamento do ato ilegal) e o interesse privado consubstanciado na segurança jurídica (que demanda a manutenção do ato ilegal), caso se comprove que haja confiança a ser protegida e que o indivíduo procedeu a alterações drásticas e duradouras de sua vida e de seu patrimônio em face do ato estatal inicial, em nome da proporcionalidade, deverá o ato estatal ilegal ser mantido; do contrário, não havendo alterações drásticas na vida do indivíduo, o ato não poderá ser mantido, mas será indicado avaliar a possibilidade de modulação temporal desta anulação. Esse é, inclusive, o entendimento da jurisprudência alemã a respeito da possibilidade ou não de manutenção do ato estatal ilegal, conforme pesquisa realizada por Valter Shuenquener:

> É preciso registrar que, de um modo geral, a jurisprudência do *Bundesverwaltungsgericht* apenas tem admitido a manutenção de atos ilegais com efeitos contínuos em situações excepcionais. Não se tratando de uma hipótese anormal, o ato viciado e benéfico de efeitos duradouros tem sido anulado com efeitos para o passado (*Rücknahme ex tunc*), o que será a medida mais forte, com efeitos apenas para o futuro (*Rücknahme ex nunc*), ou com efeitos a partir de uma data específica no futuro. Diante de uma ilegalidade, portanto, existem, ao menos, quatro possibilidades: manutenção do ato, anulação do ato com efeitos pretéritos (gerando o desfazimento de todos os seus efeitos jurídicos), anulação do ato com efeitos apenas para o futuro (ficando preservados os efeitos pretéritos) e anulação do ato pro futuro (gerando o desfazimento dos efeitos apenas em um momento específico no futuro). O princípio da proteção da confiança possibilita que o administrador público, mesmo diante de uma ilegalidade de um ato favorável a um particular, não fique compelido a desfazê-lo em todas as circunstâncias. Ademais, caso tenha necessidade de o desconstituir, poderá manter seus efeitos pretéritos. No dizer de HARTMUT MAURER, a Administração estaria autorizada (*berechtigt*), mas não obrigada (*verpflichtet*) a desfazer atos ilegais em toda e qualquer situação. Embora a Administração tenha, em princípio, de anular um ato contendo vícios, outros valores e normas jurídicas (paz social, proteção da confiança, segurança jurídica etc.) podem autorizar a sua manutenção. (ARAÚJO, 2016, p. 139-140).

Em suma, a nulidade decretada, por ilegalidade ou inconstitucionalidade, em regra, terá eficácia *ex-tunc*. Todavia, a eficácia poderá ser modulada, *pro futuro* ou *ex nunc*, podendo haver o estabelecimento de um prazo para que o Poder Legislativo institua novas regras, que poderão ter efeitos retroativos ou não; ou, então, o próprio Poder Judiciário estabelece suas regras de transição.

Um bom exemplo de regras de transição sendo aplicadas no Poder Judiciário é extraído do RE 631.240, no qual o STF, analisando o art. 5º, XXXV, da CF, alterou o clássico entendimento pelo acesso pleno à jurisdição nas lides previdenciárias, agravando a situação do indivíduo que estivesse pensando em ajuizar ação em face do INSS, para exigir-lhe que comprove o requerimento administrativo, não se caracterizando ameaça ou lesão a direito antes de sua apreciação e indeferimento pelo INSS, se não houver excesso de prazo na sua análise. Em um trecho do acórdão, o Relator, Min. Luís Roberto Barroso, prescreveu as seguintes regras de transição, prestigiadoras do princípio da proteção da confiança em matéria jurisdicional:

> [...] 6. Quanto às ações ajuizadas até a conclusão do presente julgamento (03.09.2014), sem que tenha havido prévio requerimento administrativo nas hipóteses em que exigível, será observado o seguinte: (i) caso a ação tenha sido ajuizada no âmbito de Juizado Itinerante, a ausência de anterior pedido administrativo não deverá implicar a extinção do feito; (ii) caso o INSS já tenha apresentado contestação de mérito, está caracterizado o interesse em agir pela resistência à pretensão; (iii) as demais ações que não se enquadrem nos itens (i) e (ii) ficarão sobrestadas, observando-se a sistemática a seguir. 7. Nas ações sobrestadas, o autor será intimado a dar entrada no pedido administrativo em 30 dias, sob pena de extinção do processo. Comprovada a postulação administrativa, o INSS será intimado a se manifestar acerca do pedido em até 90 dias, prazo dentro do qual a Autarquia deverá colher todas as provas eventualmente necessárias e proferir decisão. Se o pedido for acolhido administrativamente ou não puder ter o seu mérito analisado devido a razões imputáveis ao próprio requerente, extingue-se a ação. Do contrário, estará caracterizado o interesse em agir e o feito deverá prosseguir. 8. Em todos os casos acima – itens (i), (ii) e (iii) –, tanto a análise administrativa quanto a judicial deverão levar em conta a data do início da ação como data de entrada do requerimento, para todos os efeitos legais[73].

Uma regra de transição, por sua própria natureza de norma transicional destinada a um grupo específico de pessoas, nunca pode ser a única possível a ser aplicada. O interessado pode dela declinar, se perceber que seus direitos poderão ser prejudicados por uma regra de transição que se demonstre mal elaborada, mais gravosa que as novas regras. Ou seja, o interessado pode escolher entre a regra de transição ou a regra nova, cálculo este que, se objetivamente possível (como na comparação entre rendas iniciais de benefícios de acordo com as duas regras possíveis), deve ser feito automaticamente pelos

---

73 Disponível em: <http://redir.stf.jus.br/paginadorpub/paginador.jsp?docTP=TP&docID=7168938>. Acesso em: 12 jan. 2018.

sistemas da Previdência Social. Nesse sentido, afirmam João Batista Lazzari e Carlos Alberto Pereira de Castro:

> Embora a Lei 9.876/99 não tenha previsto expressamente, há que ser entendido que o segurado poderá optar pela regra nova na sua integralidade, ou seja, a média dos 80% maiores salários de contribuição de todo o período em que se contribuiu ao sistema e não apenas a partir de julho de 1994. Como paradigma para essa interpretação podemos citar o art 9º da Emenda Constitucional n. 20/1998, que ao alterar as regras de concessão da aposentadoria por tempo de contribuição permitiu ao segurado optar pelas regras de transição ou pelas novas regras permanentes do art. 201 da Constituição. Além disso, ao tratarmos de regras de transição no direito previdenciário, sua estipulação é exatamente para facilitar a adaptação dos segurados que já estavam contribuindo, mas que ainda não tinham implementado as condições para o benefício. Portanto, não havendo direito adquirido à regra anterior, o segurado teria sempre duas opções: a regra nova ou a regra de transição, podendo sempre optar pela que lhe for mais benéfica. (CASTRO; LAZZARI, 2018, p. 642).

Se nenhuma dessas medidas de proteção (manutenção do ato ou regra de transição) for possível, daí decorrerá solução supletiva. Trata-se da única solução possível diante de um ilícito que cuja tutela específica não é possível: a tutela reparatória[74].

Ou seja, não sendo possível preservar o ato estatal e seus efeitos, nem modular seus efeitos no tempo, com a produção de uma suave regra de transição, entra em cena a necessidade de recomposição, por parte do Estado, do prejuízo havido com a supressão da confiança legitimamente depositada pelo indivíduo lesado. Assim sendo, a desconsideração da segurança jurídica e da proteção da confiança legítima das pessoas nos atos estatais, praticada por

---

[74] Frederico Menezes Breyner, diferentemente, entende que as tutelas são passíveis de serem deferidas conjuntamente, em se tratando de alterações de entendimento a respeito de incentivos fiscais: *"Independentemente de o incentivo fiscal oneroso ser outorgado por prazo certo, a frustração decorrente de exigência retroativa pela Fazenda em caso de declaração de inconstitucionalidade alcança todo o investimento realizado pelo contribuinte. A expectativa fundada no contribuinte é de que, cumprindo as condições onerosamente impostas para a fruição do incentivo, poderá aproveitar as benesses para recuperar os dispêndios incorridos. Fato é que, para que a demanda do contribuinte que objetive manter os efeitos do incentivo até a recuperação do investimento seja exitosa, deverá ser produzida prova nesse sentido. Nesse caso, a tutela negativa da confiança, mediante indenização, dependerá de prova que quantifique os gastos realizados em função do incentivo fiscal. Ressalte-se que gastos ordinários do empreendimento não serão indenizáveis, e a indenização versará apenas sobre aqueles gastos que decorreram diretamente do incentivo, ou seja, gastos que só tiveram lugar para que fosse possível cumprir os requisitos do incentivo. Já para uma tutela positiva, a prova consistirá em demonstrar o tempo necessário para que os dispêndios realizados em função do incentivo fiscal sejam recuperados, o que, a nosso ver, somente poderá ser realizado com prova pericial que quantifique os gastos, cotejando-os, mediante projeções e estimativas de mercado, com o retorno que seria de se esperar do empreendimento. A tutela seria efetivada então com a determinação de manutenção dos efeitos do incentivo até o lapso de tempo estimado para recuperação do investimento. No entanto, como entendemos que ambos os pedidos são juridicamente possíveis (tanto de tutela positiva quanto negativa), ficará a critério do contribuinte a escolha da modalidade que melhor atenda ao seu direito violado, mediante especificação do pedido no processo."* (BREYNER, 2013, p. 119-120).

meio de atos que desrespeitam as possibilidades e os limites idôneos de atuação do Estado, pode gerar consequências financeiras prejudiciais a este mesmo Estado, com a possível condenação ao pagamento de verba indenizatória, o que deve ser uma preocupação diária de qualquer agente do Estado. Assim Patrícia Ferreira Baptista nos descreve o caminho da efetividade do princípio da proteção da confiança:

> Demonstrado que o princípio da proteção da confiança legítima presta-se a tutelar as legítimas expectativas que os administrados depositaram na permanência de uma regulamentação, faz-se necessário indicar os efeitos decorrentes dessa tutela. Em suma, deve-se investigar como as expectativas legítimas serão tuteladas diante de uma alteração do regime normativo em que se confiou. Segundo a doutrina e a jurisprudência comparadas, quatro em tese são as consequências possíveis: (4.1) o estabelecimento de medidas transitórias ou de um período de vacatio; (4.2) a observância do termo de vigência fixado para a norma revogada; (4.3) a outorga de uma indenização compensatória pela frustração da confiança; e (4.4) a exclusão do administrado da incidência da nova regulamentação, preservando-se a posição jurídica obtida em face da regulamentação revogada. A escolha de um dentre esses efeitos dependerá das circunstâncias do caso concreto, mediante um juízo de ponderação entre o interesse do particular na preservação da sua posição e o interesse público na aplicação imediata das novas regras. Deverá ser adotada a medida que imponha o menor grau de sacrifício aos interesses em jogo. (BAPTISTA, 2014, pos. 5976).

Conclui-se que, não sendo possível a manutenção de atos estatais que são base da confiança e de sua frustração, e devendo a confiança do cidadão, existente e exercitada, ser protegida, tal princípio demanda ou por regras claras de transição ou por indenizações compensatórias justas, ampliando a estabilidade e a proteção jurídica do cidadão perante a Administração Pública e demais órgãos estatais, sendo estas as medidas diretas de efetivação do princípio da proteção da confiança, nos casos concretos a serem demandados perante o Estado, quando não aplicáveis os institutos jurídicos de estabilização dos atos, descritos nos capítulos 3 e 4, subtítulo 4.7.

CAPÍTULO 5

BASE NORMATIVA: O PRINCÍPIO DA PROTEÇÃO DA CONFIANÇA NO DIREITO POSITIVO MODERNO

Vimos, no terceiro capítulo, que existem diversos institutos jurídicos que historicamente visavam à proteção da segurança jurídica do cidadão, como a vedação à irretroatividade integral da lei, o direito adquirido, o ato jurídico perfeito, a coisa julgada, a prescrição e a decadência. Mas, vimos, também, que esse conjunto de institutos é insuficiente e não protege o cidadão em todas as situações em que sua segurança jurídica deva ser protegida, visto que não avaliam o estado subjetivo do cidadão envolvido no caso específico. Ferindo a segurança jurídica sem a proteção adequada, o próprio Estado de Direito corre riscos e se deslegitima.

Também observamos, no quarto capítulo, os contornos do princípio da proteção da confiança, as distinções devidas em sua análise e o quanto o princípio pode colaborar na apuração do estado subjetivo do cidadão, cuja confiança e expectativa legítimas mereçam proteção.

Além desses contornos doutrinários abordados no quarto capítulo, é importante registrar que o princípio da proteção da confiança atualmente já se apresenta positivado em nosso ordenamento, como veremos neste capítulo, devendo ser aferida a presença de seus requisitos e pressupostos, quando houver uma mudança de entendimento mais drástica ao cidadão, para o fim de se consolidar uma cultura de respeito à segurança jurídica por parte dos agentes estatais.

Em verdade, a proteção à confiança não é novidade no ordenamento, já que, desde a edição das Leis ns. 9.868/99 (art. 27) e 9.882/99 (art. 11), o princípio já existe, enquanto norma positivada. Conforme esses diplomas previram, desde então é amplamente utilizada pelo Supremo Tribunal Federal a prerrogativa de restringir, em processos de controle concentrado de constitucionalidade, a eficácia da declaração de inconstitucionalidade de lei ou ato normativo (invalidação *lato sensu*), definindo que a eficácia desta invalidação só se dará a partir do trânsito em julgado ou a partir de qualquer outro momento a ser fixado, posterior ou anterior à decisão, tendo em vista razões de segurança jurídica, base axiológica do Estado de Direito e da proteção da confiança legítima de cada cidadão.

Mais recentemente, com a edição do Código de Processo Civil de 2015, denotando um código de natureza supraprocessual[75], contendo normas de natureza material e substancial (e não apenas processual), o princípio da proteção da confiança viria a ser definitivamente consagrado no direito positivo, com aplicabilidade ampla a todo e qualquer tipo de processo, seja ele judicial (de qualquer espécie), administrativo ou mesmo legislativo.

É relevante salientar a importância do Código de Processo Civil de 2015 para algo que é muito caro à sociedade brasileira: a constitucionalização de direitos processuais. Não mais se poderia interpretar o direito processual brasileiro a partir do CPC, tornando irrelevante as determinações da Constituição. O CPC é, assim, a consagração da CF/88, quanto aos direitos e garantias processuais nela estabelecidos. Confirma nossa assertiva o fato de que diversos direitos fundamentais trazidos pela CF/88, são reiterados como pilares deste CPC, norteando a interpretação e a condução de processos, sejam eles judiciais ou administrativos. Desta forma, direitos e garantias constitucionais como a inafastabilidade da jurisdição estatal, a razoável duração do processo, a legalidade, a eficiência, a publicidade, o dever de fundamentação, o efetivo contraditório e a ampla defesa, o dever de lealdade e boa-fé das partes, a igualdade e a segurança jurídica representada pela confiança e pelo Estado de Direito, estão previstos como normas fundamentais do CPC (arts. 1º, 3º, 4º, 5º, 6º, 7º, 8º, 9º, 10 e 11). Em relação a estes dispositivos, Fredie Didier Jr. comenta que:

> [...] o processo deve estar adequado à tutela efetiva dos direitos fundamentais (dimensão subjetiva) e, além disso, ele próprio deve ser estruturado de acordo com os direitos fundamentais (dimensão objetiva). No primeiro caso, as regras processuais devem ser criadas de maneira adequada à tutela dos direitos fundamentais (daí, por exemplo, o §1º do art. 536 do CPC permitir ao magistrado a determinação de qualquer medida executiva para efetivar a sua decisão, escolhendo-a à luz das peculiaridades do caso concreto). No segundo caso, o legislador deve criar regras processuais adequadas aos direitos fundamentais, aqui encarados como normas, respeitando, por exemplo, a igualdade das partes e o contraditório. [...] Encaradas as normas constitucionais processuais como garantidoras de verdadeiros direitos fundamentais processuais, e tendo em vista a dimensão objetiva já mencionada, tiram-se as seguintes consequências: a) o magistrado deve compreender esses direitos como se compreendem os direitos fundamentais, ou seja, de modo a dar-lhes o máximo de eficácia; b) o magistrado afastará, aplicada a máxima da proporcionalidade, qualquer regra que se coloque como obstáculo irrazoável/desproporcional à efetivação de um

---

75 CPC, "Art. 15. Na ausência de normas que regulem processos eleitorais, trabalhistas ou administrativos, as disposições deste Código lhes serão aplicadas supletiva e subsidiariamente."

direito fundamental; c) o magistrado deve levar em consideração, 'na realização de um direito fundamental, eventuais restrições a este impostas pelo respeito a outros direitos fundamentais'. (DIDIER JR., 2015, p. 55)

Qualquer estruturação e interpretação de atos processuais que estejam dissociadas dessas normas fundamentais do CPC, tais quais a segurança jurídica e a igualdade, por conseguinte, além de ilegal, estará ofendendo a Constituição Federal de 1988.

Esse perfil de constitucionalização de toda e qualquer espécie de processo demonstra a relevância que o CPC possui para a organização e condução dos processos. É o CPC, portanto, atualmente, o pilar infraconstitucional do Estado de Direito, da segurança jurídica e do princípio da proteção da confiança, como veremos a seguir.

5.1 - O NOVO CPC, A JURISPRUDÊNCIA DO STF E DO STJ E O PRINCÍPIO DA PROTEÇÃO DA CONFIANÇA EM RELAÇÃO A ATOS JURISDICIONAIS

O Código de Processo Civil, em vigor até 16 de março de 2016 (Lei 5.869/73), não fazia qualquer menção textual à proteção da confiança e da segurança jurídica no âmbito do Poder Judiciário. Do mesmo modo, não há qualquer menção explícita e direta à proteção da confiança em outros diplomas legislativos. Essa proteção – como já se disse – extrai-se pura e simplesmente da existência do Estado de Direito, do qual se extrai a imperiosa proteção à segurança jurídica.

Com o novo Código de Processo Civil, essa situação claramente mudou, *ex vi* do conteúdo do art. 927 da Lei 13.105/2015. No novo Código, a diferença entre validade e eficácia de determinado ato jurídico foi bem delineada no tratamento dado aos efeitos de uma tutela antecipada requerida em caráter antecedente (art. 303), que podem ser preservados se da tutela deferida não for interposto recurso, mesmo se a tutela for posteriormente anulada, reformada ou revista por ação revocatória, como se observa no art. 304 do novo CPC, especialmente em seu §6º[76].

---

76 "Art. 304. A tutela antecipada, concedida nos termos do art. 303, torna-se estável se da decisão que a conceder não for interposto o respectivo recurso. § 1º No caso previsto no caput, o processo será extinto. § 2º Qualquer das partes poderá demandar a outra com o intuito de rever, reformar ou invalidar a tutela antecipada estabilizada nos termos do caput. § 3º A tutela antecipada conservará seus efeitos enquanto não revista, reformada ou invalidada por decisão de mérito proferida na ação de que trata o § 2º. § 4º Qualquer das partes poderá requerer o desarquivamento dos autos em que foi concedida a medida, para instruir a petição inicial da ação a que se refere o § 2º, prevento o juízo em que a tutela antecipada foi concedida. § 5º O direito de rever, reformar ou invalidar a tutela antecipada, previsto no § 2º deste artigo, extingue-se após 2 (dois) anos, contados da ciência da decisão que extinguiu o processo, nos termos do § 1o. § 6º A decisão que concede a tutela não fará coisa julgada, **mas a estabilidade dos respectivos efeitos só será afastada por decisão que**

Com isso, o legislador optou por permitir a proteção da confiança daquela parte que obteve a tutela antecedente, na decisão judicial da qual a outra parte não apresentou o recurso pertinente, mantendo os efeitos do ato, mesmo que ele venha a ser revisto posteriormente em cognição exauriente, nos termos do parágrafo 6º do art. 304.

Além disso, o princípio da proteção da confiança também vem sendo reiteradamente abordado em recentes decisões do Supremo Tribunal Federal, STJ e TRF's, não somente em relações de Direito Administrativo entre Estado e indivíduos, mas também no Direito Penal e no Processo Penal[77]. Isto justificou nossa opção por apresentar ao leitor o integral conteúdo da pesquisa realizada na jurisprudência da Corte Suprema e demais tribunais inferiores, em ordem decrescente de data da decisão, dada a relevância do tema central, sublinhado em cada ementa de acórdão. Diante da significativa quantidade de decisões encontradas em que se analisou a possibilidade de aplicação do princípio da proteção da confiança, remetemos o leitor ao Anexo, ao fim do texto da presente tese. Contudo, observará o leitor que o tema da confiança, especificamente no âmbito do Direito Previdenciário, ainda pode ser abordado em sua potencial plenitude pelos tribunais do país.

Em relação à *aplicação do princípio da proteção da confiança no exercício da jurisdição*, historicamente havia certa prevalência e absolutismo do princípio da independência judicial, a impedir interferências na atividade judicial, em detrimento de maior estabilidade e uniformidade das manifestações do Poder Judiciário.

Após a Emenda Constitucional 45/2004, no entanto, com a introdução de uma teoria dos precedentes melhor sistematizada e das súmulas vinculantes, prepondera a ideia de que ambos os princípios são compatíveis, sendo possível que a independência judicial conviva com a necessidade de se respeitar a estabilidade jurisprudencial, em nome da proteção da confiança do jurisdicionado. Neste sentido, Teresa Wambier aborda importante comparação entre o comportamento dos juízes ingleses com os juízes brasileiros:

<u>a revir, reformar ou invalidar, proferida em ação ajuizada por uma das partes, nos termos do § 2º deste artigo.</u>" (grifo nosso).

77 Daniel Sarmento afirma que: *"Não há dúvida de que os princípios de proteção à confiança e de vedação ao comportamento contraditório incidem sobre o instituto da colaboração premiada. Ao celebrar o acordo – que o STF definiu como verdadeiro negócio jurídico processual (HC 127.483, Rel. Min. Dias Toffoli) -, o agente colaborador sempre parte da premissa de que o Estado honrará os compromissos assumidos, desde que ele também honre os seus. [...] No caso em discussão, fazem-se presentes todos os pressupostos para aplicação do princípio da proteção à confiança ressaltados: (i) a base da confiança é o acordo, que foi celebrado com o próprio Procurador-Geral da República e homologado judicialmente por Ministro do STF; (ii) a presença subjetiva da confiança se evidencia pela conduta dos agentes colaboradores, no cumprimento das obrigações assumidas; (iii) os atos praticados com base na confiança foram inúmeros, envolvendo declarações prestadas com acusações a mais de 1.800 autoridades, inclusive o atual Presidente da República, realização de gravações ambientais e telefônicas, participação em ação controlada, dentre diversas medidas de grande impacto; e (iv) o ato estatal de frustração da confiança ocorreria se o acordo fosse invalidado ou se os seus termos fossem revistos em desfavor dos agentes colaboradores."* (SARMENTO, 2018, p. 466-467).

A ideia de que os juízes ingleses possam não respeitar precedentes é tratada com estranhamento pela doutrina, simplesmente porque este comportamento não ocorre. Não há uma sanção aplicável aos juízes que não respeitam o stare decisis. Eles o fazem por razões 'ligadas à sua reputação e por medo de críticas'. Quando precedentes não são seguidos, justifica-se a conduta com base num distinguish ou se faz um overruling, com apoio em convincentes argumentos. Juiz que se recusa, sistematicamente, a seguir precedentes na Inglaterra é algo que se vê muito raramente, ou não se vê, fora da literatura de ficção. Interessante, como observamos antes, na parte introdutória, haver juízes no Brasil que se sentem diminuídos, pelo fato de terem de curvar-se a jurisprudência dominante de um tribunal superior ou a uma súmula vinculante. Há quem reconheça, felizmente, que a dispersão da jurisprudência e a falta de estabilidade comprometem fundamentalmente a credibilidade do Poder Judiciário como um todo. [...] Penso que isso ocorre também no Brasil: excesso de dispersão jurisprudencial desacredita o Judiciário e decepciona o jurisdicionado. É um mal para a sociedade. (WAMBIER, 2012, p. 39-40).

Assim, a aplicação do princípio da proteção da confiança em relação à atividade judicial advém do fato de ser imprescindível uma compatibilização mínima da necessidade de proteção de expectativas com a independência judicial, já que alterações bruscas de entendimentos jurisprudenciais consolidados nos tribunais, sem atentar para as expectativas legítimas do jurisdicionado, devem ser impedidas. Essas alterações até poderiam ocorrer, mas desde que haja fundamentação minuciosa, racional e segura, com abertura interpretativa às partes e com um contraditório amplo e material, envolvendo a participação efetiva das partes do caso concreto e de eventuais terceiros interessados na permanência ou alteração daquele *status quo*.

De se grifar, por outro lado, que estas necessidades conflagradas pelo princípio da proteção da confiança do jurisdicionado se fazem ainda mais presentes, com a possibilidade de produção de verdadeiras normas judiciais de vinculação ampla e imediata, por intermédio da teoria dos precedentes judiciais e das súmulas vinculantes[78]. Ora, a confiança não deve engessar o Direito

---

78 O STF, na qualidade de guardião e intérprete-mor da Constituição (art. 102, CF), produzirá argumentos em contextos jurídicos seja na formulação de suas decisões (em ADI, ADC, ADPF, RE) ou edição das súmulas vinculantes, seja na sua aplicação, por ocasião de reclamações constitucionais (arts. 102, I, l, e 103-A, §3°, da CF). O efeito vinculante de específicas decisões do STF, resumidamente, é o poder de suas decisões de transcender a definição de constitucionalidade adotada, do caso concreto (inter partes) para um universo subjetivo mais amplo. A característica mais importante que vai distinguir se há efeito vinculante é a presença ou não de algum instrumento que possibilite, a quem se sentir afetado por determinado ato que entenda desrespeitoso à decisão vinculante do STF, exigir uma providência reparadora por parte do Tribunal. Presente este instrumento, entendemos que tais decisões vinculantes são normas jurídicas estritas, ante a subsunção ao conceito de imperativo despsicologizado (FERRAZ JUNIOR, 1994, p. 123). Com isso, temos que a edição, por parte do Supremo Tribunal Federal, de decisões com efeitos vinculantes consubstancia nítida produção de normas jurídicas, que serão limitadas pelo enunciado textual a ser aprovado, bem como pelos julgados reiterados sobre a matéria constitucional que embasou a decisão judicial do STF. Ainda, frise-se que a existência de um instrumento processual para o descumprimento de decisões do STF com efeitos vinculantes: a reclamação constitucional.

e sua interpretação; mas o cidadão que confia na interpretação até então existente nos tribunais, em especial nas cortes constitucionais, deve ser respeitado.

Reitera-se: não se está a cercear a independência judicial, mas é possível que a mudança de entendimento, em especial decisões vinculantes ou de cunho coletivo emanadas das cortes superiores – já que existem os recursos, que visam à correção de erros e distorções – venha a incidir apenas sobre fatos ocorridos após seu devido conhecimento.

Mais uma vez, importante referir a obra de Valter Shuenquener de Araújo, que, por sua vez, é embasada em importante estudo de Luís Roberto Barroso sobre modificações de entendimento do Supremo Tribunal Federal:

> Uma modificação na jurisprudência em matéria tributária, por exemplo, poderia acarretar, indevidamente, a necessidade de pagamento de um tributo por um particular que, em razão de um entendimento anterior, não era considerado sujeito passivo tributário. Uma alteração jurisprudencial dessa maneira pode, portanto, prejudicar um particular com a mesma gravidade que uma alteração promovida por uma lei. [...] Na visão do particular, inclusive, é indiferente se a alteração de sua situação jurídica decorre de uma alteração legal ou jurisprudencial. Em algumas circunstâncias, aliás, uma substancial modificação de uma determinada orientação jurisprudencial pode ser até mais dramática que uma mudança de menor relevância em um texto legal. Seria justo transferir apenas ao particular todos os ônus oriundos de uma mudança de jurisprudência que lhe é desfavorável? (ARAÚJO, 2016, p. 227).

Outro fator que justifica a aplicação de tal princípio ao Poder Judiciário é a necessidade de coerência sistêmica e unidade de tal Poder, de modo que decisões diretamente conflitantes em matéria unicamente de direito não são justificáveis, se existentes precedentes vinculativos sobre a matéria. O cidadão, embora deva estar ciente de que o Judiciário funcione por intermédio de instâncias hierarquizadas, confia em que essas instâncias se comuniquem e estabeleçam comportamentos harmônicos, e não consegue acreditar que haja justificação possível para a conduta de um tribunal inferior ou juiz singular que afronta, sem qualquer fundamentação plausível (*distinguish*), um precedente vinculativo de corte superior. Apenas se este ainda não existe, seja na forma de decisão definitiva do caso concreto, seja na forma de precedente superior, é que sua confiança prescinde de proteção, pois a reforma do entendimento ainda será possível. Do contrário, deverá ser protegida.

Finalmente, com o advento do novo Código de Processo Civil (Lei 13.105/2015), a proteção da confiança e a segurança jurídica passaram a outros níveis mais explicitamente delineados pelo legislador, pois o respeito a tais princípios é tratado como condição indispensável à validade das decisões judiciais modificativas de enunciado de súmula, de jurisprudência pacificada ou

---

As decisões do plenário do STF, portanto, detêm o caráter de norma jurídica, posto que passíveis de ensejar reclamação constitucional.

de tese adotada em julgamento de casos repetitivos, conforme dispõe o art. 927, §§ 3 e 4º do CPC[79].

Dessa forma, sob o aspecto objetivo da segurança jurídica, diante da possibilidade de alteração da jurisprudência dominante do STF e demais tribunais superiores, ou mesmo da alteração de jurisprudência oriunda de julgamentos de **casos** (isto é, causas, e não apenas recursos) repetitivos (como nos casos dos arts. 543-A e 543-B do CPC/73), o órgão julgador poderá modular *os efeitos* da alteração de jurisprudência, e, na fundamentação dessa decisão, deverá abordar, adequada e especificamente, os princípios da segurança jurídica, proteção da confiança e isonomia.

Todas essas perplexidades relacionadas ao Poder Judiciário conduziam, por exemplo, ao questionamento acerca da jurisprudência que envolve a possibilidade de relativização da coisa julgada delimitada pelos arts. 475-L, § 1º e 741, parágrafo único[80], do Código de Processo Civil brasileiro de 1973. Segundo o Superior Tribunal de Justiça, no julgamento do REsp 1.189.619, sob a égide do art. 543-C do CPC/73 (recursos repetitivos), esses dispositivos são plenamente aplicáveis a fatos pretéritos à decisão judicial que relativiza a coisa julgada, respeitados, porém, os requisitos materiais (exercício do controle de constitucionalidade pelo STF) e temporais (respeito à data de suas inserções no ordenamento). Eis um acórdão representativo da jurisprudência do STJ[81]:

---

[79] Art. 927. Os juízes e os tribunais observarão: I – as decisões do Supremo Tribunal Federal em controle concentrado de constitucionalidade; II – os enunciados de súmula vinculante; III – os acórdãos em incidente de assunção de competência ou de resolução de demandas repetitivas e em julgamento de recursos extraordinário e especial repetitivos; IV – os enunciados das súmulas do Supremo Tribunal Federal em matéria constitucional e do Superior Tribunal de Justiça em matéria infraconstitucional; V – a orientação do plenário ou do órgão especial aos quais estiverem vinculados.

§ 1º Os juízes e os tribunais observarão o disposto no art. 10 e no art. 489, § 1o, quando decidirem com fundamento neste artigo. § 2o A alteração de tese jurídica adotada em enunciado de súmula ou em julgamento de casos repetitivos poderá ser precedida de audiências públicas e da participação de pessoas, órgãos ou entidades que possam contribuir para a rediscussão da tese. § 3o Na hipótese de alteração de jurisprudência dominante do Supremo Tribunal Federal e dos tribunais superiores ou daquela oriunda de julgamento de casos repetitivos, pode haver **modulação dos efeitos da alteração** no interesse social e no da **segurança jurídica**. § 4o A modificação de enunciado de súmula, de jurisprudência pacificada ou de tese adotada em julgamento de casos repetitivos observará a necessidade de fundamentação adequada e específica, considerando os princípios da segurança jurídica, da **proteção da confiança** e da isonomia. § 5o Os tribunais darão publicidade a seus precedentes, organizando-os por questão jurídica decidida e divulgando-os, preferencialmente, na rede mundial de computadores. (grifo nosso).

[80] Art. 741. Na execução contra a Fazenda Pública, os embargos só poderão versar sobre: (Redação dada pela Lei nº 11.232, de 2005): [...] II - inexigibilidade do título; [...] Parágrafo único. Para efeito do disposto no inciso II do **caput** deste artigo, considera-se também inexigível o título judicial fundado em lei ou ato normativo declarados inconstitucionais pelo Supremo Tribunal Federal, ou fundado em aplicação ou interpretação da lei ou ato normativo tidas pelo Supremo Tribunal Federal como incompatíveis com a Constituição Federal. (Redação pela Lei nº 11.232, de 2005).

[81] Vide, ainda: AGRESP 200801003960 e AGRESP 201201029119.

PROCESSUAL CIVIL. ADMINISTRATIVO. OMISSÃO. ALEGAÇÃO GENÉRICA. SÚMULA 284/STF. IRREGULARIDADE NA REPRESENTAÇÃO. SÚMULAS 283/STF E 7/STJ. EMBARGOS À EXECUÇÃO. INEXISTÊNCIA DE TÍTULO FUNDADO EM NORMA INCONSTITUCIONAL. INAPLICABILIDADE DO ART. 741, PARÁGRAFO ÚNICO, DO CPC. ENTENDIMENTO FIRMADO EM RECURSO REPETITIVO (ART. 543-C DO CPC). RESP PARADIGMA 1189619/PE. SÚMULA 83/STJ. 1. É dever da parte apontar especificamente em que consiste a omissão, a contradição ou a obscuridade do julgado, não cabendo ao STJ, em sede de recurso especial, investigar tais máculas no acórdão recorrido, se as razões recursais não se incumbem de tal ônus. Incidência da Súmula 284/STF. 2. As razões do recurso especial não impugnam a alegação de que a irregularidade na representação não impõe a extinção do feito executivo, mas o saneamento do vício, o que atrai a incidência da Súmula 283/STF: "É inadmissível o recurso extraordinário, quando a decisão recorrida assenta em mais de um fundamento suficiente e o recurso não abrange todos eles." 3. Se a Corte a quo concluiu que "constata-se nos autos a regularidade da representação de todos os autores", entendimento contrário encontra óbice na Súmula 7/STJ. 4. A Primeira Seção desta Corte Superior, sob a égide dos recursos repetitivos, art. 543-C do CPC, no julgamento do REsp 1.189.619/PE, de relatoria do Min. Castro Meira, firmou o posicionamento de que: 4.1 - O art. 741, parágrafo único, do CPC, deve ser interpretado restritivamente, porque excepciona o princípio da imutabilidade da coisa julgada, abarcando tão somente as sentenças fundadas em norma inconstitucional, assim consideradas as que: (a) aplicaram norma declarada inconstitucional; (b) aplicaram norma em situação tida por inconstitucional; ou (c) aplicaram norma com um sentido tido por inconstitucional; 4.2 - necessária a declaração de inconstitucionalidade em precedente do Supremo Tribunal Federal, em controle concentrado ou difuso, mediante: (a) declaração de inconstitucionalidade com ou sem redução de texto; ou (b) interpretação conforme a Constituição; 4.3 - outras hipóteses de sentenças inconstitucionais não são alcançadas pelo disposto no art. 741, parágrafo único, do CPC, ainda que tenham decidido em sentido diverso da orientação firmada no STF. A exemplo, as que (a) deixaram de aplicar norma declarada constitucional, ainda que em controle concentrado; (b) aplicaram dispositivo da Constituição que o STF considerou sem autoaplicabilidade; (c) deixaram de aplicar dispositivo da Constituição que o STF considerou autoaplicável; e (d) aplicaram preceito normativo que o STF considerou revogado ou não recepcionado; e, 4.4 - as sentenças cujo trânsito em julgado tenha ocorrido em data anterior à vigência do parágrafo único do art. 741 do CPC também estão fora do alcance do dispositivo. 5. O Tribunal de origem deixa expressamente delineado que a legislação de regência embasadora do acórdão executado nunca fora declarado inconstitucional. 6. Pretensão da embargante em postergar o pagamento devido aos exequentes, aduzindo novas razões para reconhecer como "inconstitucional" o aresto exarado na ação de conhecimento, manobra esta anteriormente já tentada e rejeitada, diante do não provimento de duas ações rescisórias. 7. O Tribunal a quo decidiu a questão da viabilidade de flexibilização da coisa julgada em embargos à execução (art. 741, parágrafo único, do CPC) de acordo com jurisprudência desta Corte, de modo que se aplica à espécie o enunciado da Súmula 83/STJ, *verbis*: "Não se conhece do recurso especial pela divergência, quando a orientação do Tribunal se firmou no mesmo sentido da decisão recorrida." Agravo regimental improvido. (STJ,

AGARESP 201301623628, HUMBERTO MARTINS, STJ - SEGUNDA TURMA, DJE DATA:11/09/2013)

De outro lado, superando o tratamento legal da matéria, feito pelos arts. 475-L, § 1º e 741, parágrafo único[82], do Código de Processo Civil brasileiro de 1973, o novel Código de Processo Civil sistematizou a possibilidade de relativização da coisa julgada e a aplicação do princípio da proteção da confiança e da segurança jurídica, em seus arts. 525[83] (impugnação à fase de cumprimento de obrigação de pagar), 535[84] (impugnação da Fazenda Pública à obrigação de

---

[82] "Art. 741. Na execução contra a Fazenda Pública, os embargos só poderão versar sobre: (Redação dada pela Lei nº 11.232, de 2005): [...] II - inexigibilidade do título; [...] Parágrafo único. Para efeito do disposto no inciso II do caput deste artigo, considera-se também inexigível o título judicial fundado em lei ou ato normativo declarados inconstitucionais pelo Supremo Tribunal Federal, ou fundado em aplicação ou interpretação da lei ou ato normativo tidas pelo Supremo Tribunal Federal como incompatíveis com a Constituição Federal. (Redação pela Lei nº 11.232, de 2005)."

[83] "Art. 525. Transcorrido o prazo previsto no art. 523 sem o pagamento voluntário, inicia-se o prazo de 15 (quinze) dias para que o executado, independentemente de penhora ou nova intimação, apresente, nos próprios autos, sua impugnação. § 1o Na impugnação, o executado poderá alegar: I – falta ou nulidade da citação se, na fase de conhecimento, o processo correu à revelia; II – ilegitimidade de parte; **III – inexequibilidade do título ou inexigibilidade da obrigação;** IV – penhora incorreta ou avaliação errônea; V – excesso de execução ou cumulação indevida de execuções; VI – incompetência absoluta ou relativa do juízo da execução; VII – qualquer causa modificativa ou extintiva da obrigação, como pagamento, novação, compensação, transação ou prescrição, desde que supervenientes à sentença. [...] § 12. Para efeito do disposto no inciso III do § 1o deste artigo, considera-se também inexigível a obrigação reconhecida em título executivo judicial fundado em lei ou ato normativo considerado inconstitucional pelo Supremo Tribunal Federal, ou fundado em aplicação ou interpretação da lei ou do ato normativo tido pelo Supremo Tribunal Federal como incompatível com a Constituição Federal, em controle de constitucionalidade concentrado ou difuso. § 13. No caso do § 12, **os efeitos da decisão do Supremo Tribunal Federal poderão ser modulados no tempo, em atenção à segurança jurídica**. § 14. A decisão do Supremo Tribunal Federal referida no § 12 deve ser anterior ao trânsito em julgado da decisão exequenda. § 15. Se a decisão referida no § 12 for proferida após o trânsito em julgado da decisão exequenda, caberá ação rescisória, cujo prazo será contado do trânsito em julgado da decisão proferida pelo Supremo Tribunal Federal." (grifo nosso)

[84] "Art. 535. A Fazenda Pública será intimada na pessoa de seu representante judicial, por carga, remessa ou meio eletrônico, para, querendo, no prazo de 30 (trinta) dias e nos próprios autos, impugnar a execução, podendo arguir: I – falta ou nulidade da citação se, na fase de conhecimento, o processo correu à revelia;

II – ilegitimidade de parte; **III – inexequibilidade do título ou inexigibilidade da obrigação;** IV – excesso de execução ou cumulação indevida de execuções; V – incompetência absoluta ou relativa do juízo da execução; VI – qualquer causa modificativa ou extintiva da obrigação, como pagamento, novação, compensação, transação ou prescrição, desde que supervenientes ao trânsito em julgado da sentença. [...] § 5o Para efeito do disposto no inciso III do caput deste artigo, considera-se também inexigível a obrigação reconhecida em título executivo judicial fundado em lei ou ato normativo considerado inconstitucional pelo Supremo Tribunal Federal, ou fundado em aplicação ou interpretação da lei ou do ato normativo tido pelo Supremo Tribunal Federal como incompatível com a Constituição Federal, em controle de constitucionalidade concentrado ou difuso. § 6o No caso do § 5o, os efeitos da decisão do Supremo Tribunal Federal **poderão ser modulados no tempo, de modo a favorecer a segurança jurídica.** § 7o A decisão do Supremo Tribunal Federal referida no § 5o deve ter

pagar), 536[85] (impugnação à obrigação de fazer ou não fazer), 910[86] (embargos à execução de título extrajudicial contra a Fazenda Pública) e 1.057[87] (disposições transitórias).

Dessa forma, com o novo tratamento legal, qualquer decisão do Supremo Tribunal Federal, em sede de controle de constitucionalidade difuso ou concentrado, pode justificar a inexequibilidade de um título judicial transitado em julgado que tenha se embasado em lei ou ato normativo considerado inconstitucional pela Corte Suprema, na forma do § 12 do art. 525 e do § 5º do art. 535 do CPC/2015.

Para aplicação da decisão do STF, em detrimento do título judicial transitado em julgado, bastaria a simples petição de impugnação, caso a decisão do STF seja anterior à coisa julgada do título judicial. Nessa situação, é como se o título judicial já nascesse com o defeito insanável da inconstitucionalidade perante a interpretação da Corte Suprema, e parece claro que a mácula do título judicial é mais grave.

Diferentemente, se a decisão do STF for posterior à formação da coisa julgada, caberá ação rescisória, com prazo para ajuizamento contado apenas a partir do trânsito em julgado da decisão do STF. Essa sistemática é inegavelmente mais agressiva ao direito fundamental à coisa julgada, de modo que torna, *a priori*, qualquer decisão judicial instável perante a possibilidade de modificações do panorama jurisprudencial por parte do Supremo Tribunal Federal.

Neste passo, não se desconhece que o Supremo Tribunal Federal optou, em regra, pela natureza declaratória da decisão judicial de controle de constitucionalidade, de modo que a *regra de preferência* é aquela que, com base na presunção de constitucionalidade das leis, determina que uma inconstitucionalidade opera efeitos *ex-tunc*, retroagindo à eficácia da decisão do STF desde o momento em que a norma tida por inconstitucional foi editada. Apenas excepcionalmente admitir-se-ia a irretroatividade ou o uso de *regra de calibração*, como

---

sido proferida antes do trânsito em julgado da decisão exequenda. § 8o Se a decisão referida no § 5o for proferida após o trânsito em julgado da decisão exequenda, caberá ação rescisória, cujo prazo será contado do trânsito em julgado da decisão proferida pelo Supremo Tribunal Federal". (grifo nosso)

85 "Art. 536. No cumprimento de sentença que reconheça a exigibilidade de obrigação de fazer ou de não fazer, o juiz poderá, de ofício ou a requerimento, para a efetivação da tutela específica ou a obtenção de tutela pelo resultado prático equivalente, determinar as medidas necessárias à satisfação do exequente. [...] § 4o No cumprimento de sentença que reconheça a exigibilidade de obrigação de fazer ou de não fazer, **aplica-se o art. 525, no que couber**. § 5º O disposto neste artigo aplica-se, no que couber, ao cumprimento de sentença que reconheça deveres de fazer e de não fazer de natureza não obrigacional". (grifo nosso)

86 "Art. 910. Na execução fundada em título extrajudicial, a Fazenda Pública será citada para opor embargos em 30 (trinta) dias. [...] § 3o Aplica-se a este Capítulo, no que couber, o disposto nos artigos 534 e 535."

87 "Art. 1.057. O disposto no art. 525, §§ 14 e 15, e no art. 535, §§ 7o e 8o, aplica-se às decisões transitadas em julgado após a entrada em vigor deste Código, e, às decisões transitadas em julgado anteriormente, aplica-se o disposto no art. 475-L, § 1o, e no art. 741, parágrafo único, da Lei no 5.869, de 11 de janeiro de 1973."

a modulação dos efeitos da decisão de controle de constitucionalidade ou a boa-fé[88]. Dimitri Dimoulis e Soraya Lunardi assim comentam a respeito das diferenças entre estas duas regras de eficácia de controle de constitucionalidade:

> O modelo de declaração de inconstitucionalidade que gera efeitos *ex tunc* foi adotado inicialmente nos EUA. Mas nas últimas décadas passou-se a admitir a necessidade de flexibilizar os efeitos da declaração de inconstitucionalidade, em particular após a decisão da Suprema Corte Linkletter vc. Walker, de 1965. Um outro modelo considera que a norma inconstitucional sofre de vício que a torna anulável. Por isso produz efeitos jurídicos até ser declarada inconstitucional. A decisão da inconstitucionalidade seria constitutiva com efeitos *ex nunc*. [...] Isso mostra a convergência entre os modelos da nulidade e da anulabilidade, surgindo um terceiro: a possibilidade de modular os efeitos, conforme decisão que leve em consideração as circunstâncias. Nesse modelo, a liberdade do julgador pode ser maior ou menor, dependendo da existência de critérios legais para a modulação. A regra da nulidade gera problemas quando a lei vigorou por longo período. Além disso, quando se declara a inconstitucionalidade de leis tributárias, previdenciárias ou trabalhistas, a retroatividade cria problemas de cunho financeiro para o erário público. Em outros casos, uma situação consolidada pode ser alterada repentinamente. Como declarar nula a criação de um município que funcionou por décadas, tendo estrutura administrativa, produção normativa e aplicação de políticas públicas? E como declarar retroativamente inconstitucional uma lei educacional que foi aplicada por décadas, questionando a validade dos diplomas concedidos? Por outro lado, a decisão constitutiva com seus efeitos ex nunc pode equivaler a um incentivo à criação de normas inconstitucionais. Sendo adotado esse modelo, o Estado poderia, por décadas, prejudicar uma categoria com a cobrança de impostos, sem o risco de devolução de tributos indevidamente cobrados, tutelando o ordenamento um suposto "direito adquirido" gerado pela inconstitucionalidade. (DIMOULIS; LUNARDI, 2013, p.197-198).

Mas, como proceder quando o STF se omitir em afirmar qual o marco temporal da eficácia de sua decisão em controle de constitucionalidade? Como proceder se o Supremo Tribunal Federal nada argumentar, em sua decisão, a

---

[88] Torquato Castro Jr. assim justifica e exemplifica a necessidade de regras de calibração do sistema: *"Essas 'regras de calibração', como o termostato de uma geladeira, servem para regular a dinâmica funcional do sistema, de modo a conservar o seu equilíbrio, impedindo que ele incorra em disfunção. Vários lugares-comuns atendem a necessidades assim. Entre eles, a 'boa-fé' é um dos mais interessantes, precisamente por sua surpreendente imprecisão, um conceito jurídico aberto ou uma cláusula geral, como se passou a dizer. No que diz respeito às nulidades, a boa-fé patentemente desenvolve uma função que é assistêmica. [...] Também noutras situações a boa-fé opera esse efeito de ruptura da consequencialidade sistêmica. Faz valer o pagamento a quem não é o credor, mas apenas aparenta sê-lo (art. 309 do CC); faz boa a consumação dos frutos por quem, não sendo dono do principal, nem tendo autorização sua, tinha a coisa consigo (art. 1214 do CC), etc. Isso ocorre não somente no direito privado, mas também em matéria de controle de constitucionalidade das leis, o que ficou inclusive assegurado expressamente com a edição das Leis 9.868/99 e 9.882/99, que permitem a atribuição excepcional de eficácia a uma lei inconstitucional, aproximando o modelo de controle de constitucionalidade 'ontológico', como é o brasileiro, no qual a lei inconstitucional não é lei, àquele 'pragmático', como o austríaco, de inspiração kelseniana, em que nenhuma lei é, a princípio, inconstitucional."* (CASTRO JR., 2009, p. 140-142).

respeito do grau de presunção de constitucionalidade[89] que havia na norma tida por inconstitucional?

É exatamente neste ponto em que (retomando o que já se disse acerca do art. 927, §§ 3º e 4º, do novo CPC) o princípio da proteção da confiança deverá ser profundamente conhecido dos julgadores da ação rescisória (ou mesmo em petição de impugnação ou em ação anulatória[90]) que seja proveniente da alteração do entendimento constitucional, pois ele estará presente, indubitavelmente, nas causas de pedir das petições iniciais e defesas das partes de uma ação rescisória nesta condição, devendo o magistrado/relator estar ciente do tema, para manejo na fundamentação de sua decisão.

Ademais, com o novo CPC e as regras que vedam a surpresa judicial às partes e impõem uma fundamentação que respeite a boa-fé[91], os efeitos temporais das decisões do Supremo Tribunal Federal deverão estar bem explícitos e delineados em suas decisões, de modo que, em regra, a técnica decisional no STF seja, na forma do § 13º do art. 525 e do § 6º do art. 535 do CPC/2015, minudenciar eventuais termos iniciais e/ou finais de eficácia de suas decisões (ainda que seja para reafirmar, na maioria das vezes, a retroatividade da decisão), para que estejam em posição de equilíbrio tanto o direito fundamental à coisa julgada quanto a isonomia e a segurança jurídica.

Entende-se, portanto, que o novo CPC, por meio dos dispositivos citados *supra*, consagra definitivamente a possibilidade da relativização da coisa julgada, mas com a perspectiva de respeito à segurança jurídica (medida objetiva da proteção da confiança), o que sinaliza que a decisão do STF *possa-deva* ter seus efeitos modulados no tempo, mesmo em casos de controle difuso e *inter*

---

[89] Neste aspecto, acerca dos limites do princípio da presunção de constitucionalidade das leis, é indispensável a leitura de SOUZA NETO: "A teoria constitucional contemporânea caminha em direção a uma posição com mais nuances sobre a presunção de constitucionalidade e a autocontenção judicial. A tendência atual é a de se conceber a presunção de constitucionalidade de forma graduada e heterogênea, de acordo com diversas variáveis. Ela será mais intensa em alguns casos, demandando uma postura judicial mais deferente diante das escolhas feitas por outros poderes, e mais suave em outras hipóteses, em que se aceitará um escrutínio jurisdicional mais rigoroso sobre o ato normativo. No constitucionalismo norte-americano, a graduação da presunção de constitucionalidade e do ativismo judicial legítimo é uma característica central da jurisprudência constitucional." (SOUZA NETO; SARMENTO, 2013, p. 459).

[90] É possível, por exemplo, que o STF decida pela inconstitucionalidade de determinada legislação com modulação de efeitos a partir de um determinado marco temporal futuro, e, antes que tal ocorra, haja o trânsito em julgado de decisão judicial contrária ao posicionamento do STF, que venha a ser impugnada em sede de cumprimento de sentença; ao revés, excepcionalmente, subsiste a possibilidade de ação anulatória para além do prazo da ação rescisória, com base em entendimento do STF pela inconstitucionalidade de norma determinada, com efeitos retroativos *ab initio*, em se tratando de atos de disposição de direitos homologados pelo juízo anteriormente à decisão do Supremo, nos termos do art. 966, § 4o do CPC, *in verbis*: "*Os atos de disposição de direitos, praticados pelas partes ou por outros participantes do processo e homologados pelo juízo, bem como os atos homologatórios praticados no curso da execução, estão sujeitos à anulação, nos termos da lei.*"

[91] Neste sentido, atente-se para o art. 10 e em especial o art. 489, § 3º, do CPC: "A decisão judicial deve ser interpretada a partir da conjugação de todos os seus elementos e em conformidade com o princípio da boa-fé."

partes, como nos recursos extraordinários, o que é uma superação da interpretação literal dos arts. 27 da Lei 9868/99 e 11 da Lei 9882/99, que previam a hipótese da modulação temporal apenas para o controle concentrado[92].

Retornando ao art. 927 do novo CPC/2015, pode-se concluir que a modulação temporal dos efeitos da decisão judicial não ocorre apenas no Supremo Tribunal Federal, em sede de controle concentrado de constitucionalidade, mas também no controle difuso, e, de forma inédita, diante de qualquer *"alteração de jurisprudência dominante do Supremo Tribunal Federal e dos tribunais superiores ou daquela oriunda de julgamento de casos repetitivos"*. Assim, o Superior Tribunal de Justiça poderá vir a modular temporalmente os efeitos de uma decisão em Recurso Especial repetitivo que entenda corporificar alteração de sua jurisprudência, assim como os Tribunais de Justiça e Tribunais Regionais Federais também poderão efetivar tal modulação, no julgamento de incidentes de resolução de demandas repetitivas, nos termos dos arts. 928 e 976 do CPC/2015.

Uma vez firmada a tese definitiva sobre qualquer tema, seja em jurisprudência do STF, em recursos especiais repetitivos no STJ, ou em IRDR nos TJ's ou TRF's, a tese deverá ser aplicada pelos órgãos inferiores do Poder Judiciário, e em nome da segurança jurídica, será possível modular os efeitos da decisão no tempo, indicando irretroatividade (efeitos *ex nunc*), retroatividade total (efeitos *ex tunc*) ou parcial (efeitos retroativos relativos a um momento passado específico e determinado), ou protraindo seus efeitos para um momento futuro específico, determinado ou indeterminado.

Com isso, a decisão das instâncias superiores nestes casos deverá estar atenta para o estabelecimento adequado do início da eficácia da decisão de alteração de jurisprudência, a fim de se respeitar a confiança legítima do jurisdicionado no entendimento que até então prevalecia na jurisprudência.

Alguns bons parâmetros trazidos da experiência alemã com a proteção da confiança legítima no âmbito dos atos administrativos podem ser utilizados, para fins de aferir, no caso concreto, se a confiança depositada pelo jurisdicionado nos atos jurisdicionais é legítima. Assim, concretamente, na modulação temporal de efeitos de decisões judiciais nos termos do art. 927 do CPC/2015, em nosso entendimento, o órgão julgador deverá verificar: *(a) se há eventual desuso ou overruling da jurisprudência manejada pelo jurisdicionado como fundamento de seu pleito; (b) se há erro judicial conhecido do jurisdicionado; (c) se há erro judicial, causado pelo jurisdicionado, ainda que sem culpa; e (d) se o jurisdicionado não tomou positivamente qualquer atitude ou iniciativa correspondente ao ato judicial que mereça proteção estatal*.

Assim, é de se entender que, havendo uma mudança de jurisprudência de decisão com efeitos vinculantes, nos termos do art. 927 do CPC/2015, os julgadores poderão estabelecer a retroatividade ou a eficácia prospectiva de suas

---

92 Não obstante o STF tenha exercido tal modulação no RE 197.917 (número de vereadores e princípio da proporcionalidade), e a tenha discutido intensamente, para a indeferir, no RE 590.809 (creditamento do IPI incidente sobre produtos não tributados ou tributados com alíquota zero).

decisões, a fim de proteger expectativas legítimas dos jurisdicionados bem como fatos e expectativas passadas, em aplicação da substância do art. 27 da Lei 9.868/99. Ravi Peixoto faz importante análise da eficácia temporal dessas mudanças jurisprudenciais:

> Mesmo nas hipóteses em que não há o desgaste prévio, por vezes, aquela ratio decidendi originária sofre mutações com o decorrer do tempo, aumentando ou diminuindo o seu âmbito de incidência, dificultando mais ainda definir se aquela viragem jurisprudencial quebrou as expectativas dos jurisdicionados. O único momento em que a superação de precedentes se aproxima da alteração do texto normativo é quando um determinado entendimento consolidado e que não tenha sido alvo de inúmeras modificações no decorrer do tempo é superado sem qualquer espécie de sinalização anterior. Por vezes, não será sequer possível identificar o exato momento da superação. Mas essa é apenas uma situação dentre várias possíveis, não se devendo tomar como regra geral, sendo ainda viável estabelecer outras diferenças entre essas duas atividades. Além do mais, a atividade judiciária é voltada ao passado, não ao futuro, como essencialmente o é a atividade legislativa, muito embora essa relação seja mitigada na teoria dos precedentes. O tempo da decisão judicial na teoria dos precedentes é dialético, por requerer uma consolidação do passado, do presente e do futuro. Do futuro, por almejar tornar-se condutor das atividades dos jurisdicionados; do passado, porque os fatos jurídicos assim ocorreram; do presente, pela junção da visão do passado. Mas, ainda assim, diverge do tempo da legislação, que não leva em conta o passado. Como aponta Humberto Ávila, 'enquanto a lei se destina ao futuro, as decisões judiciais, em regra, vertem sobre o passado'. Isso faz com que a regra seja a retroatividade na superação de precedentes, sendo a modulação dependente de razões fático-jurídicas relevantes. (PEIXOTO, 2018, p. 586)

Foi assim, inclusive, que o ministro Hermann Benjamin, do STJ, expôs seu raciocínio em voto de vanguarda nos Embargos de Divergência no REsp 738.689. Eis importante excerto do longo acórdão:

> Tenho para mim que, também no âmbito do STJ, as decisões que alterem jurisprudência reiterada, abalando forte e inesperadamente expectativas dos jurisdicionados, devem ter sopesados os limites de seus efeitos no tempo, buscando a integridade do sistema e a valorização da segurança jurídica. É que o reconhecimento da 'sombra de juridicidade', decorrente da atividade jurisdicional do Estado, revela indiscutível a necessidade de resguardarem-se os atos praticados pelos contribuintes sob a expectativa de que aquela era a melhor interpretação do Direito, já que consubstanciada em uma jurisprudência reiterada, em sentido favorável às suas pretensões, pela Corte que tem a competência constitucional para dar a última palavra no assunto. Essa necessidade de privilegiar-se a segurança jurídica e, por consequência, os atos praticados pelos contribuintes sob a 'sombra de juridicidade' exige do STJ o manejo do termo a quo dos efeitos de seu novo entendimento jurisprudencial. Repito que não se trata de, simplesmente, aplicar-se as normas veiculadas pelas Leis ns. 9.868 e 9.882, ambas de 1999, por analogia, mas sim de adotar como válidos e inafastáveis os pressupostos valorativos e principiológicos que fundamentam essas normas e que, independentemente da produção

legislativa ordinária, haveriam de ser observados tanto pelo STF quanto pelo STJ. No caso dos Vereadores [em que o STF limitou os efeitos da declaração de inconstitucionalidade], parece evidente que eventual inexistência de lei federal prevendo expressamente a modulação temporal dos efeitos da decisão judicial não impediria o STF de sopesar os efeitos de seu acórdão, por conta do imperativo da segurança jurídica. Da mesma forma, a inexistência de norma ordinária expressa que regule o assunto não tem o condão de impedir os Tribunais Superiores de adequarem sua atividade, ou o produto da ação jurisdicional, aos ditames da segurança jurídica. O STF adota esse entendimento, ao modular temporalmente os efeitos de suas decisões, mesmo em se tratando de controle difuso de constitucionalidade, não abarcado expressamente pelo regime das Leis ns. 9.868 e 9.882, ambas de 1999.

Luís Roberto Barroso, por sua vez, afirma que:

[...] quando se opta pela modulação temporal, não existe uma ponderação entre o princípio da supremacia da Constituição e o da segurança jurídica. O que ocorre, na realidade, é um sopesamento entre os valores constitucionais que reforçam a necessidade de afastamento, desde a origem, do dispositivo inconstitucional e aqueles que justificam a sua manutenção. (BARROSO, 2004, p. 92).

Neste diapasão, o Poder Judiciário não pode restar afastado das discussões acerca da aplicação do princípio da proteção da confiança. A jurisprudência e os magistrados laboram sempre em torno dos conceitos de permanência e evolução, mas não é aceitável que mudanças de jurisprudência acerca de determinado tema tenham eficácia retrospectiva sem qualquer proteção transicional dos jurisdicionados que legitimamente se viam protegidos pela jurisprudência até então prevalecente e se veem subitamente atingidos com a mudança de sua base de confiança.

5.2 - A PROTEÇÃO DA CONFIANÇA DO NOVO CPC E SEUS REFLEXOS NOS ATOS E PROCESSOS ADMINISTRATIVOS

A necessidade de coerência sistêmica indica que no processo administrativo seja aplicada a mesma lógica determinada pelo CPC aos processos judiciais, de forma que não continuem sendo confundidas a invalidação em si com os efeitos do ato invalidado. Ora, se um ato considerado inconstitucional ou ilegal, mesmo após decisão do STF, ou do STJ em recursos especiais repetitivos, ou dos TJ's/TRF's em IRDR's, pode manter efeitos prospectivos no tempo, por que o ato administrativo nulo, invalidado pela própria Administração, não poderia ter seus efeitos respeitados?

Algumas vezes, as mutações de direcionamento dos compromissos assumidos pelos órgãos do poder administrativo têm como concausa a participação do indivíduo, como costuma ocorrer quando há má-fé ou dolo de sua parte, provocando o erro da Administração Pública. Porém, na grande maioria das ocorrências, as instituições estatais é que procedem à alteração, sem qualquer participação do cidadão, a ensejar esta modificação de vontade.

Quando não é a própria Administração que causa a alteração, ela provém também de outros órgãos de controle externo, como os Tribunais de Contas e até mesmo do Poder Judiciário, mas igualmente administrativos. Neste sentido, no exercício de suas funções, a Administração, além de controlar internamente seus próprios atos, sujeita-se a controle judicial e legislativo, com a finalidade de assegurar, *a priori* ou *a posteriori*, repressiva ou preventivamente, o respeito às regras e princípios determinados pelo ordenamento, como a moralidade, a legalidade, a eficiência, a publicidade, etc. A Constituição Federal prevê o controle externo, a cargo do Congresso Nacional, com o auxílio do Tribunal de Contas (art. 71), e o controle interno sobre seus próprios atos, nos arts. 70 e 74, o que é feito, normalmente, por auditorias e processos administrativos.

O controle interno feito pela própria Administração, ainda, tem como fundamento o poder de autotutela que a permite rever os próprios atos quando foram ilegais, e é amplamente reconhecido pelo Judiciário (vide Súmulas 346 e 473 do Supremo Tribunal Federal). Essa autotutela encontra sustentação nos princípios aos quais se submete a Administração Pública (art. 37 da Constituição), especialmente o princípio da legalidade, pois, se a Administração está sujeita à observância rigorosa da lei e à defesa do interesse e do patrimônio públicos, não há como impedir-lhe o controle dos próprios atos, que pode e deve ser exercido espontaneamente, quando a autoridade competente observar a ilegalidade de seus atos ou de seus subordinados.

Nessas ocasiões, o que costuma ocorrer é que, sob a fundamentação de que o ato ofenderia o princípio da legalidade e que o Estado teria que tutelar o interesse público, dever-se-ia invalidar o ato administrativo, desconsiderando quaisquer efeitos produzidos pelo ato inquinado de nulo. Ocorre, porém, que essa é uma premissa insuficiente.

Ora, sabe-se que a diferença entre atos nulos e atos anuláveis provém do Direito Privado, sendo descritas as duas categorias nos arts. 166 e 171 do Código Civil. Assim, segundo este diploma, duas notas básicas diferenciariam os dois tipos de atos inválidos: os atos nulos podem ser invalidados *ex officio* e não admitem confirmação ou convalidação, enquanto os anuláveis admitem convalidação e precisam de manifestação do interessado para decretar sua anulabilidade. Essa dicotomia entre atos nulos e anuláveis também foi abordada nos arts. 2º e 3º da Lei 4.717/65, e demonstra nítida transposição acrítica de institutos do direito privado para o direito público, sem a devida atualização e constitucionalização.

Esse processo de atualização interpretativa e constitucionalização adequada é feito por meio de normas de calibração de caráter principiológico aberto, como a boa-fé, a segurança jurídica e a proteção da confiança, e é permanentemente demandado pelo próprio sistema jurídico, sob pena de disfunção do conjunto de normas estruturais do ordenamento, como ocorre em uma crise profunda de legitimidade. Esta é uma das principais teses desenvolvidas por Tércio Sampaio Ferraz Jr.:

> Em suma, os valores de dever-ser e de ser correspondem a regras de calibração ou de regulagem (regras estruturais) do sistema. Pois bem, nossa hipótese é de que os ordenamentos ou sistemas normativos jurídicos são constituídos primariamente por normas (repertório do sistema) que guardam entre si relações de validade reguladas por regras de calibração (estrutura do sistema). Como sistema, eles atuam num meio ambiente, a vida social, que lhes impõe demandas (pede decisão de conflitos). Para esta atuação ou funcionamento, as normas têm de estar imunizadas contra a indiferença, o que ocorre pela constituição de séries hierárquicas de validade, que culminam em uma norma-origem. Quando, porém, uma série não dá conta das demandas, o sistema exige uma mudança em seu padrão de funcionamento, o que ocorre pela criação de nova norma-origem e, em consequência, de nova série hierárquica. O que regula esta criação e, portanto, a mudança de padrão, são suas regras de calibração. Graças a elas, o sistema muda de padrão, mas não se desintegra: continua funcionando. Esta mudança de padrão é dinâmica: o sistema vai de um padrão a outro, volta a um padrão anterior, adquire um novo, num processo de câmbios estruturais, cuja velocidade depende da flexibilidade de suas regras de calibração. Neste sentido, alguns sistemas são mais rígidos, outros o são menos. (FERRAZ JR., 1994, p. 190-191).

Com base nesta antiga diferenciação entre atos nulos e anuláveis, presente desde os tempos do Código Civil de 1916, o Supremo Tribunal Federal editou as Súmulas 346 (em 13/12/1963) e 473 (em 03/12/1969). Desde então, tanto a jurisprudência como a doutrina vêm afirmando majoritariamente que, dos atos administrativos nulos, invalidados pela própria Administração, em exercício de autotutela, não se gerariam quaisquer direitos a serem protegidos.

Essas súmulas do STF, em especial a Súmula 473, ditaram o entendimento que prevaleceu na edição da lei de processo administrativo, pois, segundo a Lei 9.784/99: a Administração tem o poder-dever de anular seus atos quando ilegais, ou revogá-los por motivo de conveniência ou oportunidade, respeitando-se os direitos adquiridos (art. 53); para invalidar atos nulos de que decorram efeitos favoráveis aos destinatários, a Administração terá o prazo de 5 (cinco) anos, salvo comprovada má-fé (art. 54), ocasião em que este prazo da Administração não será observado; de outro lado, se estes atos forem sanáveis, poderão ser convalidados, desde que não afetem interesse público (*lato sensu*) nem prejudiquem terceiros (art. 55). Deste modo, segundo a Lei 9.784/99, tem-se que atos administrativos ilícitos podem ser anulados ou revogados, mas também convalidados.

Diante desta sistemática, adotada no ordenamento brasileiro, pergunta-se: atos administrativos nulos podem ser convalidados e ter seus efeitos preservados, ainda que padeçam de nulidade insanável? Uma vez declarada a nulidade do ato, o que fazer com a confiabilidade do administrado que acreditou na aparência de legalidade e na presunção de legitimidade daquele, e pautou ativamente sua conduta por meio das emanações daquele ato, como, por exemplo, no caso de um servidor público exonerado do cargo que ocupava (por alguma nulidade em sua nomeação), três anos após tal ato?

Nesse sentido, até mesmo um ato administrativo em tese inexistente (como no caso de atos administrativos praticados por pessoa que não era servidor público, mas que pode ser entendido como 'servidor de fato') pode ter seus efeitos protegidos, o que tornaria a diferença entre atos nulos e inexistentes irrelevantes[93].

Nesse ponto, especificamente, é relevante observar recente modificação legislativa que carecerá de atenção dos aplicadores do direito, em todas as esferas de poder do Estado. Trata-se do novo art. 20 da Lei de Introdução às Normas do Direito Brasileiro, o DL 4.657/42, com as alterações da Lei 13.665, de 25/04/2018:

> Art. 20. Nas esferas administrativa, controladora e judicial, não se decidirá com base em valores jurídicos abstratos sem que sejam consideradas as consequências práticas da decisão.
>
> Parágrafo único. A motivação demonstrará a necessidade e a adequação da medida imposta ou da invalidação de ato, contrato, ajuste, processo ou norma administrativa, inclusive em face das possíveis alternativas.

Ou seja, qualquer agente estatal, de qualquer dos poderes, só poderá alterar entendimentos favoráveis, invalidando atos estatais anteriores, se demonstrar adequadamente a necessidade, a adequação e as consequências de suas decisões em face de possíveis alternativas, ou seja, se demonstrar a proporcionalidade de sua medida.

Entendemos, portanto, que a sistemática que foi criada pelas súmulas do STF e posteriormente positivada na Lei 9.784/99, acerca de uma ineficácia integral de um ato administrativo nulo que macule o "interesse público" padece de uma cegueira seletiva que precisa ser corrigida: quase sempre é a Administração Pública quem, na sua atuação, é responsável, ainda que parcialmente, por algum erro que conduz à anulação do ato administrativo. De outro lado, é difícil verificar um aperfeiçoamento do princípio da eficiência administrativa (*caput* do art. 37 da Constituição Federal), com a concessão legislativa de um prazo de 5 anos para anulação de atos administrativos de que decorram efeitos

---

[93] Nesse sentido, note-se que a produção de efeitos dos atos jurídicos, sejam eles nulos ou inexistentes, pode ser garantida por regras de calibração. Dentre elas, podemos citar a cláusula geral do princípio da proteção da confiança, bem fundamentada sua aplicação pelo órgão decisório: "*Um dos critérios para distinguir o nulo do inexistente costuma ser pela diferente eficácia de um e de outro. Diz-se que o ato inexistente nenhum efeito de direito pode produzir, exatamente por estar fora do mundo do direito. O ato nulo, ao contrário, produziria efeitos. Ora, essa eficácia, a rigor, não decorre da incidência da regra que o ato nulo, intencionalmente, visava a alcançar, porque por essa porta ele não entra no mundo do direito. Como no caso do casamento putativo, outra norma é que incide para produzir os efeitos 'excepcionais' do ato nulo. Então, tanto o nulo quanto o inexistente, a rigor, nenhum efeito produzem, igualmente. O que nada quer dizer, já que esses efeitos sempre podem ser produzidos por regras colaterais, 'regras de calibração', que atendem a imposições pragmáticas relacionadas à prudência do decidir.*" (CASTRO JR., 2009, p. 142).

favoráveis ao cidadão (e de 10 anos, no caso de atos relacionados ao Regime Geral da Previdência Social), pois com prazo tão dilatado há, inexoravelmente, um desestímulo à correção da atuação administrativa, o que só aumenta as demandas de massa em face da Administração Pública.

O princípio da proteção da confiança, agora positivado no art. 927 do CPC/2015, pode colaborar para evitar e solucionar as lides decorrentes da invalidação de atos estatais e os efeitos jurídicos destes. Isto induz, por sua vez, a uma releitura ampla da Súmula 473 do STF e à aceitação de que, embora seja, em regra, permitida a invalidação de um ato a qualquer tempo (respeitado o prazo decadencial de 5 anos do art. 54 da Lei 9.784/99 ou de 10 anos do art. 103-A da Lei 8.213/91, se não houver prova de má-fé) a contar da data do ato administrativo a ser invalidado, os efeitos desta invalidação quando o ato for favorável ao administrado, devem ser diferenciados da invalidação em si, em nome da segurança jurídica e da confiança legítima. É como demonstra Bruno Aurélio:

> [...] comprovada a boa-fé do destinatário do ato sob invalidação, a segurança jurídica, especialmente quanto à proteção da confiança e da boa-fé, imporá sua proteção, resguardando os efeitos jurídicos já produzidos e fixando o dever de ressarcimento. A incidência desses princípios resultou na consequente e imprescindível reavaliação dos possíveis efeitos que a invalidação pode gerar. Desta sorte, a vetusta posição no sentido de que a invalidação apenas opera efeitos *ex tunc* não deve mais prevalecer sobre os atos ampliativos de direito, para os quais a retirada deverá operar efeitos *ex nunc*. Isso porque tais atos, pressupondo-se válidos antes de ocorrida sua retirada, produziram efeitos positivos sobre a esfera de direitos do particular de boa-fé, situação jurídica protegida pelo sistema normativo. (AURÉLIO, 2011, p. 224-225).

Consequentemente, em nome da segurança jurídica e da proteção da confiança, os efeitos da invalidação do ato administrativo poderão retroagir ou não, independentemente de o ato ser nulo ou anulável; salvo se, em juízo de ponderação de princípios, perceber-se que a proteção à confiança deve ser negada, o que ocorrerá, como já se viu, quando: (a) o ato caiu em desuso; (b) o ato administrativo adveio de dolo ou má-fé do administrado; (b) a ilegalidade do ato era conhecida do administrado; (c) a ilegalidade do ato (ou erro da administração) foi causada pelo administrado, ainda que sem culpa; e (d) o administrado não tomou positivamente qualquer atitude ou iniciativa correspondente ao ato administrativo que mereça proteção. Ainda, se comprovada a má-fé do interessado, o prazo decadencial não mais será contado da data em que o ato administrativo a ser invalidado foi praticado, mas sim a partir do momento em que a autoridade administrativa toma conhecimento desse ato, o que explicaria a expressão "salvo comprovada má-fé" contida no *caput* do art. 54 da Lei 9.784/99.

Para a tutela pragmática desta proteção da confiança dos administrados, é importante transcrever parte substancial da dissertação de mestrado de Lucio Picanço Facci, apresentada à Universidade Federal Fluminense, acerca do tema, na qual enumera e classifica diversos casos práticos:

No Direito comparado e mesmo no Brasil, a tutela jurisdicional da confiança legítima tem sido amplamente permitida para várias finalidades, dentre as quais sobressaem a garantia de tratamento isonômico entre os administrados; limitação ao exercício da autotutela administrativa; e o dever de ressarcir decorrente da frustração da expectativa legítima pelo Poder Público. Neste sentido, seria possível ordenar os efeitos extraídos da aplicação da proteção da confiança legítima em dois grupos: (i) negativos, nos casos em que a Administração Pública deve se abster de praticar atos restritivos ou ablativos como a revogação ou anulação de ato favorável ao administrado ou a imposição de uma sanção administrativa; e (ii) positivos, hipóteses em que o Poder Público tem o dever de levar a efeito atos administrativos benéficos de reconhecimento ou ampliação dos direitos do administrado, de que seriam exemplos: dever de nomeação em concurso público dos aprovados dentro do número de vagas previsto no edital; dever de ressarcir os administrados que tiveram a confiança violada, como no caso de revogação de permissão de uso condicionada antes do prazo determinado; responsabilidade civil da Administração Pública em decorrência dos atos praticados por agente público de fato putativo; dever de pagamento dos valores decorrentes de contratos administrativos verbais; dever de conceder autorização para exercício de certas atividades quando o beneficiário se encontra na mesma situação fático-jurídica dos demais autorizatários etc. Em todos os casos acima mencionados, a tutela jurisdicional da confiança legítima funciona como um instrumento de redução (parcial ou até mesmo integral) da discricionariedade administrativa. (FACCI, 2015, p. 150-151).

Especificamente em relação à aplicação do princípio da proteção da confiança trazido no novo CPC aos processos administrativos, deve ser grifado que as decisões do STF ou do STJ em recursos extraordinários e especiais repetitivos, ou as decisões dos TJ's/TRF's em IRDR's, são vinculantes não somente nos processos judiciais, como também à Administração Pública, pois eventual descumprimento enseja o manejo de reclamação perante o respectivo Tribunal, como se observa do art. 985, § 1º, do novo CPC, para fins de que seja respeitada a coisa julgada relativa à decisão do incidente respectivo. Neste aspecto, atente-se para a opinião do professor Aluisio Gonçalves de Castro Mendes acerca dos efeitos da decisão do Incidente de Resolução de Demandas Repetitivas:

> Por outro lado, o efeito vinculante, quando previsto, pressupõe a observância do comando normativo em geral, tanto pelos órgãos judiciários como administrativos. Por conseguinte, não haveria sequer a necessidade da propositura de demandas individuais. Não se trata da espécie, porque o incidente somente servirá na aplicação da tese jurídica vitoriosa aos processos pendentes de julgamento. Por fim e salvo melhor juízo, a hipótese parece ser de extensão da coisa julgada, pois tanto no sistema brasileiro, como no alemão, os titulares dos direitos e interesses dos processos individuais suspensos assumem uma condição potencial de intervenientes, aos quais é aberta a possibilidade de participação no contraditório, ficando, assim, submetidos à coisa julgada. Portanto, a aplicação posterior do julgado proferido no incidente nada mais representa do que o efeito positivo da coisa julgada. A inobservância da tese

jurídica adotada na decisão proferida no incidente de resolução de demandas repetitivas ensejará a interposição de reclamação perante o tribunal prolator do acórdão. (MENDES, 2012, p. 286).

A propósito, é de se grifar a importância do instituto do Incidente de Resolução de Demandas Repetitivas (IRDR), aposto nos arts. 976[94] a 987 do Código de Processo Civil/2015, visto que há ligação intrínseca do IRDR com o princípio da proteção da confiança e com a segurança jurídica. Trata-se, resumidamente, de técnica de resolução de conflitos de massa (assim como no procedimento para solução de recursos extraordinários e recursos especiais repetitivos), em que o objeto da lide é exclusivamente questão de direito, e no qual haja risco de ofensa à segurança jurídica e à igualdade, diante da produção de difusas decisões judiciais em sentidos conflitantes[95].

A relevância de tal instituto é tamanha que permite ao julgador singular, uma vez decidido o incidente, julgar liminarmente improcedente o pedido que contrariar o entendimento firmado no IRDR específico (art. 332, III, CPC/2015), sem necessidade de citação, conciliação ou contraditório.

Pois bem! Não há como não pensar no manejo do IRDR em ações que envolvem a Administração Pública e o cidadão, especialmente nas áreas tributária e previdenciária. Podemos citar, dentre temas que possuem julgamentos conflitantes no seio das próprias instâncias superiores, os processos repetitivos que discutem o local de ocorrência do fato gerador do ISS (local do estabelecimento X, local da prestação do serviço), creditamento de IPI incidente com alíquota zero, a reapontação e a inacumulabilidade entre aposentadoria e auxílio-acidente quando um dos benefícios é anterior à Lei 9.528/97.

---

[94] "Art. 976. É cabível a instauração do incidente de resolução de demandas repetitivas quando houver, simultaneamente: I - efetiva repetição de processos que contenham controvérsia sobre a mesma questão unicamente de direito; II - risco de ofensa à isonomia e à segurança jurídica."

[95] Assim Aluísio Gonçalves de Castro Mendes justifica a imperiosa necessidade de um instrumento processual como o IRDR: *"Com a multiplicação de ações individuais, que tramitam perante diversos órgãos judiciais, por vezes espalhados por todo o território nacional, os juízes chegam, com frequência, a conclusões e decisões variadas e até mesmo antagônicas. Não raramente essas decisões de variado teor acabam por transitar em julgado, diante da não interposição tempestiva de recurso cabível ou pelo não conhecimento deste em razão de outra causa de inadmissibilidade. Por conseguinte, pessoas em situações fáticas absolutamente idênticas, sob o ponto de vista do direito material, recebem tratamento diferenciado diante da lei, decorrente tão somente da relação processual. O direito processual passa a ter, assim, caráter determinante e não apenas instrumental. E, sob o prisma do direito substancial, a desigualdade diante da lei torna-se fato rotineiro e não apenas esporádico, consubstanciando, portanto, ameaça ao princípio da isonomia. A miscelânea de pronunciamentos, liminares e definitivos, diferenciados e antagônicos, do Poder Judiciário passa a ser fonte de descrédito para a própria função judicante, ensejando enorme insegurança jurídica para a sociedade. Consequentemente, quando ocorre tal anomalia, a função jurisdicional deixa de cumprir a sua missão de pacificar as relações sociais. O Incidente de Resolução de Demandas Repetitivas pode, entretanto, cumprir um grande papel, no sentido de serem eliminadas as disfunções supramencionadas, na medida em que concentra a resolução de questões comuns, eliminando ou reduzindo drasticamente a possibilidade de soluções singulares e contraditórias, para questões jurídicas, no âmbito do direito material e processual."* (MENDES, 2017, p. 21-22).

Por fim, vale afirmar que, de acordo com a finalidade de se imprimir maior coerência sistêmica ao ordenamento e o respeito aos precedentes, o instituto da reclamação foi bastante potencializado, nos termos dos arts. 988 a 993 do novo CPC, e pode vir a ser utilizado em qualquer Tribunal, para preservar a sua competência, a autoridade de suas decisões, a observância das decisões do STF em controle concentrado, bem como para garantir a observância de enunciado de súmula vinculante e de precedente proferido em julgamento de casos repetitivos ou em incidente de assunção de competência.

Assim, diferentemente do que pode parecer ao se analisar literalmente as disposições acerca do IRDR, os precedentes advindos nestes incidentes, assim como os julgamentos de recursos extraordinários e especiais repetitivos (todos espécies do mesmo microssistema de solução de demandas repetitivas), serão vinculantes não somente aos processos judiciais sobre o mesmo tema, mas também afetarão a Administração Pública, impondo a adoção de medidas administrativas que se coadunem com a decisão adotada no IRDR.

5.3 - A PROTEÇÃO DA CONFIANÇA NA UNIÃO EUROPEIA E O TRANSCONSTITUCIONALISMO

Como já vimos ao analisar as origens do princípio da proteção da confiança, no capítulo 4, subtítulo 4.1, após a sua consolidação nos tribunais alemães, o princípio passou a se espraiar pela União Europeia, batizado como princípio da proteção à confiança legítima, vindo a se consolidar, entre os anos de 1957 e 1978, na jurisprudência de tribunais europeus e comunitários.

A União Europeia é regida por seu Tratado de Funcionamento (o TFUE, com as alterações do Tratado de Lisboa), que é complementado por 37 protocolos, 2 anexos e 65 declarações, como suas fontes jurídicas principais, às quais são adicionadas a Carta de Direitos Fundamentais da União Europeia (conhecida como Carta de Nice) e os princípios gerais do direito da União. Segundo o Tratado de Lisboa, estas fontes jurídicas estão em pé de igualdade, não havendo prevalência do Tratado ou da Carta em relação aos princípios.

Na União Europeia, os princípios gerais de direito são extraídos dos atos interpretativos praticados e desenvolvidos pelo Tribunal de Justiça da União Europeia, antigo Tribunal de Justiça das Comunidades Europeias.

Um desses princípios gerais de direito que viria a ser consagrado no TJUE foi o princípio da proteção da confiança. A história do princípio na corte europeia é muito bem relatada pela professora Patrícia Baptista:

> A primeira vez em que o TJCE se considerou o princípio, ainda que implicitamente, foi no caso S.N.U.P.A.T vs. Alta Autoridade da Comunidade (casos reunidos 42 e 49/59), julgado em 22 de março de 1961. Nessa decisão, impediu-se a revisão de um ato gerador de direitos individuais com efeitos retroativos. No entanto, a primeira alusão expressa à proteção da confiança ocorreu no julgamento de 13 de julho de 1965 (caso 111/63). A demandante, a sociedade de responsabilidade limitada alemã Lemmerz-Werk, se insurgia

contra a revogação, em 1963, de um ato comunitário editado em 1957, por meio do qual lhe havia sido concedida uma isenção do pagamento de determinadas verbas compensatórias comunitárias. No acórdão, o argumento da existência de uma confiança suscetível de proteção por parte da demandante foi rejeitado pelo Tribunal, ao fundamento de que ela 'nunca pôde ter certeza da legalidade da dispensa do pagamento compensatório'. A incidência do princípio da proteção da confiança somente veio a ser admitida pelo TJCE na decisão de 5 de junho de 1973 (caso 81/72). Tratava-se de conflito entre a Comissão e o Conselho da EU acerca da aplicação do artigo 65 do estatuto dos funcionários da Comunidade, referente à política remuneratória adotada para esses funcionários. O Tribunal reconheceu a vinculação do Conselho à respectiva decisão de março de 1972, em que se havia fixado um determinado critério de reajuste da remuneração. Em consequência, declarou a ineficácia de decisão posterior do mesmo órgão que, em dezembro de 1972, alterou esses critérios. Em 1975, no caso CNTA, (74/74), o TJCE estendeu de forma inédita a aplicação do princípio para o campo da retroatividade normativa. Outorgou à demandante, empresa que tem por objeto o comércio de produtos agrícolas, uma indenização por perdas sofridas em consequência de uma alteração súbita do Regulamento 189/72, efetuada pela Comissão Europeia sem prévia notificação ou adoção de medidas transitórias. Esse caso, indicado por alguns como o *leading case* do TJCE na matéria, marca o reconhecimento inequívoco do princípio da proteção da confiança legítima como uma 'norma superior' do direito comunitário europeu. [...] De 1975 em diante, como noticia R. Garcia Macho, o princípio da proteção da confiança legítima passou a ser invocado pela jurisprudência do TJCE com frequência cada vez maior. A despeito da ausência de uma base positiva explícita nos Tratados da União Europeia, consolidou-se sua posição como um 'princípio fundamental' do ordenamento comunitário, vinculando não só a Administração como também a legislação comunitária. (BAPTISTA, 2014, pos. 1714).

Sua confirmação também se extrai dos seguintes excertos de acórdãos, mais recentes:

- Processo C-322/16, envolvendo ato do Conselho de Estado italiano, julgado em 20/12/2017[96]:
[...] 46 Há que sublinhar que o princípio da segurança jurídica, que tem como corolário o princípio da proteção da confiança legítima, exige, nomeadamente, que as normas jurídicas sejam claras, precisas e previsíveis nos seus efeitos, em particular quando podem ter consequências desfavoráveis para os indivíduos e as empresas (v., neste sentido, acórdão de 11 de junho de 2015, Berlington Hungary e o., C-98/14, EU:C:2015:386, n.º 77 e jurisprudência referida).

47 No entanto, um operador económico não pode confiar na inexistência total de alteração legislativa, mas apenas pôr em causa as modalidades de aplicação de tal alteração (v., neste sentido, acórdão de 11 de junho de 2015, Berlington Hungary e o., C-98/14, EU:C:2015:386, n.º 78 e jurisprudência referida).

48 A este propósito, importa observar que incumbe ao legislador nacional prever um período transitório com uma duração suficiente que permita aos

---

96 Disponível em: <http://eur-lex.europa.eu/legal-content/PT/TXT/?qid=1515592840919&uri =CELEX:62016CJ0322>. Acesso em: 10 jan. 2018.

operadores económicos adaptarem-se ou um sistema de compensação razoável (v., neste sentido, acórdão de 11 de junho de 2015, Berlington Hungary e o., C-98/14, EU:C:2015:386, n.° 85 e jurisprudência referida).

49 Embora caiba ao órgão jurisdicional de reenvio analisar, à luz da jurisprudência referida nos números anteriores, e procedendo a uma avaliação global de todas as circunstâncias pertinentes, se a legislação nacional em causa no processo principal é conforme com o princípio da proteção da confiança legítima, há que observar que resulta da decisão de reenvio que a Lei n.° 220/2010 previa um prazo de 180 dias, a partir da sua entrada em vigor, para a introdução das novas condições por ela estabelecidas, através da assinatura de uma adenda ao contrato; esse prazo é, em princípio, suficiente para permitir aos concessionários adaptarem-se a essas condições.

- Processo T-580/16, envolvendo ato administrativo do próprio Parlamento Europeu, julgado em 28/04/2017[97]:

[...] 44. O direito de reclamar a proteção da confiança legítima pressupõe a reunião de três requisitos. Em primeiro lugar, garantias precisas, incondicionais e concordantes, emanadas de fontes autorizadas e fiáveis, devem ter sido fornecidas ao interessado pela administração. Em segundo lugar, essas garantias devem ser de molde a criar uma expectativa legítima no espírito daquele a quem se dirigem. Em terceiro lugar, as garantias dadas devem ser conformes com as normas aplicáveis (acórdão de 7 de novembro de 2002, G/Comissão, T-199/01, EU:T:2002:271, n.o 38).

- Processo T-28/16, envolvendo ato administrativo da República da Alemanha, julgado em 03/04/2017[98]:

[...] 93 Segundo jurisprudência constante, o princípio da proteção da confiança legítima faz parte dos princípios fundamentais da União. O direito de invocar este princípio estende-se a todo o particular a quem uma instituição da União tenha feito surgir expectativas fundadas (v. acórdão de 14 de março de 2013, Agrargenossenschaft Neuzelle, C-545/11, EU:C:2013:169, n.ºs 23 e 24 e jurisprudência referida).

94 Constituem garantias suscetíveis de fazer surgir tais expectativas, qualquer que seja a forma como são comunicadas, as informações precisas, incondicionais e concordantes que emanam de fontes autorizadas e fiáveis. Em contrapartida, não se pode invocar uma violação deste princípio na falta de garantias precisas que lhe tenham sido fornecidas pela Administração (acórdão de 14 de março de 2013, Agrargenossenschaft Neuzelle, C-545/11, EU:C:2013:169, n.° 25).

- Processo C-362/12, envolvendo atos administrativos britânicos e jurisdicional da Suprema Corte do Reino Unido, julgado em 05/09/2013[99]:

---

[97] Disponível em: <http://eur-lex.europa.eu/legal-content/PT/TXT/?qid=1515592840919&uri=CELEX:62016TJ0580>.Acesso em: 10 jan. 2018.

[98] Disponível em: <http://eur-lex.europa.eu/legal-content/PT/TXT/?qid=1515592840919&uri=CELEX:62016TJ0028>. Acesso em: 10 jan. 2018.

[99] Disponível em: <http://eur-lex.europa.eu/legal-content/PT/TXT/?qid=1515591004113&uri=CELEX:62012CC0362>. Acesso em: 10 jan. 2018.

[...] No caso de, nos termos do direito de um Estado-Membro, um contribuinte poder optar entre duas vias de ação para reclamar o reembolso de impostos cobrados em violação dos artigos 49.º TFUE e 63.º TFUE e uma delas permitir beneficiar de um prazo de prescrição mais longo, os princípios da efetividade, da segurança jurídica e da proteção da confiança legítima opõem-se a uma legislação desse Estado-Membro, adotada posteriormente à propositura dessa ação, que prevê a redução desse prazo de prescrição mais longo sem aviso prévio e com efeitos retroativos.

Na França, por sua vez, não houve uma adoção explícita do princípio, no modo como foi formulado e adotado em terras alemãs, certamente pelo fato de que o Direito Administrativo francês é muito menos influenciado pela jurisprudência do que pelas decisões acerca da estabilidade dos atos administrativos, igualdade, direito adquirido e irretroatividade das normas, entendidas como suficientes à proteção da segurança jurídica dos indivíduos e adotadas por seu Conselho de Estado, consolidado no ordenamento francês há cerca de um século, na ocasião do surgimento do princípio na Alemanha. A professora Sylvia Calmes, em sua tese de doutorado, intitulada "Du príncipe de protection de la confiance legitime em droits allemand, communautaire et français", assim bem resumiu:

> Se o princípio da proteção da confiança legítima não teve dificuldades de se implantar em um sistema de direito tradicionalmente subjetivo (suíço), em um sistema de direito em renovação no pós-guerra (alemão), e em um sistema de direito novo (comunitário), ele provoca, em oposição, bastante desordem e ceticismo em um sistema de direito fixo e objetivo – que, certo ou errado, nunca foi posto em causa – como é o da França [...] A questão da transposição do princípio da proteção da confiança legítima parece ainda menos pertinente quando se constata que a 'ratio legis' desse princípio já existe no direito francês: o essencial já foi adquirido, na medida em que o juiz e o legislador responderam às exigências temporais da segurança jurídica subjetiva, mas por meio de outros mecanismos – às vezes a serem renovados ou aperfeiçoados –, diversos e variados (a proteção dos direitos fundamentais, a exigência da proporcionalidade, a teoria da aparência do direito privado, o apelo à doutrina administrativa do direito fiscal, a teoria da responsabilidade administrativa, a teoria dos funcionários de fato, a não-retroatividade dos atos administrativos, ou ainda as regras de retratação ou ab-rogação (*apud* BAPTISTA, 2014, pos. 1786).

Há, portanto, certa resistência da jurisprudência francesa (Conselho de Estado e Conselho Constitucional) em adotar o princípio, que só é aplicado, excepcionalmente, por determinação regida pelo direito comunitário europeu.

Na Itália, por sua vez, o princípio é reconhecido pelo Conselho de Estado italiano, desde o início do século XX, como relatam autores, como Francesco Manganaro e Fábio Merusi, com base em um ideário de não contradição do ordenamento, lealdade da Administração e proteção dos destinatários de atos administrativos. Entretanto, a jurisprudência ainda confunde o princípio com institutos como a boa-fé, que é tratada como um princípio de origem constitucional implícita. Essa confusão é muito criticada por doutrinadores italianos, que veem na boa-fé critérios subjetivos de convicção psicológica, que podem ser dispensados na avaliação da necessidade de proteção à confiança legítima.

Em Portugal e na Espanha, influenciados pelo direito comunitário, houve a positivação do princípio em suas leis de procedimento administrativo.

Na Espanha, com base no art. 9.3 da Constituição de 1978, a Lei do Regime Jurídico das Administrações Públicas e do Procedimento Administrativo (Ley 30/1992), com as alterações da Ley 4/1999, assim determina a aplicação do princípio da proteção da confiança legítima, em seu art. 3º:

> **Artículo 3. Principios generales.**
>
> 1. Las Administraciones públicas sirven con objetividad los intereses generales y actúan de acuerdo con los principios de eficacia, jerarquía, descentralización, desconcentración y coordinación, con sometimiento pleno a la Constitución, a la Ley y al Derecho.
>
> **Igualmente, deberán respetar en su actuación los principios de buena fe y de confianza legítima.**
>
> 2. Las Administraciones públicas, en sus relaciones, se rigen por el principio de cooperación y colaboración, y en su actuación por los criterios de eficiencia y servicio a los ciudadanos.
>
> 3. Bajo la dirección del Gobierno de la Nación, de los órganos de gobierno de las Comunidades Autónomas y de los correspondientes de las Entidades que integran la Administración Local, la actuación de la Administración pública respectiva se desarrolla para alcanzar los objetivos que establecen las leyes y el resto del ordenamiento jurídico.
>
> 4. Cada una de las Administraciones públicas actúa para el cumplimiento de sus fines con personalidad jurídica única.
>
> 5. En sus relaciones con los ciudadanos las Administraciones públicas actúan de conformidad con los principios de transparencia y de participación. (grifo nosso)

Em Portugal, tanto quanto na Itália e na Espanha, houve certa confusão conceitual entre confiança legítima e boa-fé, como se nota do art. 6º-A do antigo Código do Procedimento Administrativo (Decreto-Lei 442/91):

> **Artigo 6.º-A - Princípio da boa fé**
>
> 1 - No exercício da actividade administrativa e em todas as suas formas e fases, a Administração Pública e os particulares devem agir e relacionar-se segundo as regras da boa fé.
>
> 2 - No cumprimento do disposto nos números anteriores, devem ponderar-se os valores fundamentais do direito, relevantes em face das situações consideradas, e, em especial:
>
> a) A confiança suscitada na contraparte pela actuação em causa;
>
> b) O objectivo a alcançar com a actuação empreendida.

Esse dispositivo foi revogado pelo atual Código de Procedimento Administrativo (Decreto-Lei 04, de 07/01/2015), que, sem alterações de profundidade, assim dispôs, em seu art. 10º:

Artigo 10.º - Princípio da boa-fé

1 - No exercício da atividade administrativa e em todas as suas formas e fases, a Administração Pública e os particulares devem agir e relacionar-se segundo as regras da boa-fé.

2 - No cumprimento do disposto no número anterior, devem ponderar-se os valores fundamentais do Direito relevantes em face das situações consideradas, e, em especial, a confiança suscitada na contraparte pela atuação em causa e o objetivo a alcançar com a atuação empreendida.

O Supremo Tribunal Administrativo português possui importantes precedentes a respeito da aplicação do princípio, vinculando-o a temas relevantes como o princípio da livre revisibilidade das leis e o princípio *tempus regit actum*. Eis os mais recentes precedentes[100]:

> Deve admitir-se a revista de acórdão que negou a relevância invalidante aos efeitos putativos emergentes de uma situação de facto constituída ao abrigo de actos nulos. (Processo 0200/2018, STA, 1ª Secção, Data do acórdão: 15/03/2018)

> [...] IV - A aplicação imediata das alterações legislativas verificadas, além de não ser proibida por lei (cfr. art. 12º, nº 2, do Código Civil), foi já admitida pelo Tribunal Constitucional, tendo em conta *o "princípio da livre revisibilidade das leis"*.
> V - Postula este princípio que não há um direito à não frustração de expectativas jurídicas ou à manutenção do regime legal no âmbito de relações jurídicas duradouras ou relativamente a factos complexos já parcialmente realizados, dado que o legislador não pode estar impedido de proceder às necessárias alterações legais, mesmo afetando relações jurídicas constituídas, sendo essa uma necessária decorrência da autorevisibilidade das leis.
> VI – Se a "adenda" ao contrato mais não faz do que proceder à aplicação da legislação que passou a vigorar, não consubstancia sequer qualquer modificação unilateral do contrato, efectuada por iniciativa do contraente público, ao abrigo do disposto no art. 302º, al. c) do CCP, mas antes dá cabal cumprimento ao estabelecido nos referidos diplomas, trata-se aqui de um acto vinculado que, enquanto tal é insusceptível de violar os princípios da confiança e segurança jurídica, por obedecer vinculadamente à lei. (Processo 01071/16, STA, 1ª Secção, Data do acórdão 01/02/2018)

> I - Na fase da audiência final e julgamento, a intervenção do MP apenas se colocará se tiver invocado causas de invalidade diversas das que tenham sido arguidas na petição inicial e solicitado a realização de diligências instrutórias para a respetiva prova.

---

100 Pesquisa realizada em: <http://www.dgsi.pt/jsta.nsf/02eae0bd4de5026e80256b480065970d?CreateDocument>. Acesso em 24 abr. 2018.

II - Sendo a Lei n.º 62/2014, de 26 de Agosto, uma lei interpretativa da Lei n.º 55/2010, de 24 de Dezembro na redação que lhe foi dada pela Lei n.º 1/2013, de 3 de Janeiro, os seus efeitos retroagem até à entrada em vigor da lei antiga, desde que não estejam em causa quaisquer efeitos já produzidos pelo cumprimento de obrigação, por sentença passada em julgado, por transacção, ainda que não homologada, ou por actos de análoga natureza.

III - O princípio "tempus regit actum" não contende com a situação específica das leis interpretativas, por existir regulamentação própria para o efeito.

IV - A Lei n.º 62/2014, de 26 de Agosto não é inconstitucional por violação dos princípios da segurança e confiança dos cidadãos já que os seus efeitos derivam do art. 13º do CC, pelo que, a haver qualquer inconstitucionalidade seria deste ao permitir a retroactividade da lei interpretativa à data da lei interpretada. (Processo 0617/2014, STA, Pleno, Data do acórdão: 25/01/2018)

RESPONSABILIDADE CIVIL EXTRACONTRATUAL DAS AUTARQUIAS LOCAIS. ILICITUDE. PRINCÍPIO DA PROTECÇÃO DA CONFIANÇA DANO. INDEMNIZAÇÃO. ALVARÁ DE LICENCIAMENTO. A indemnização por prejuízos decorrentes da invalidade dos actos de licenciamento de operações urbanísticas só pode ser reduzida ou excluída com fundamento no contributo do requerente para a ilegalidade do licenciamento, e consequentemente, para a produção do prejuízo que pretende ver ressarcido." (Processo 01167/2016, STA, 1ª Secção, Data do acórdão: 16/02/2017

I - Tendo os beneficiários de deferimento tácito de operações de loteamento manifestado estarem disponíveis para procederem à celebração de um protocolo com a Câmara para a realização das obras por esta exigidas e que não se encontravam contempladas no projeto de loteamento tacitamente deferido - e que resultou na aceitação do juízo de inutilidade da lide na ação de reconhecimento da existência do deferimento tácito - renunciaram ao mesmo aceitando no procedimento a necessidade duma reformulação da referida pretensão.

II - Este entendimento implica que o ato impugnado não viole, também, os artigos 22º do DL 448/91 e 140º do CPTA e ainda que alguns dos fundamentos utilizados na decisão recorrida não sejam os mais adequados ou até os mais relevantes.

III - Não se pode falar em violação do princípio da boa-fé se ao requerente não foram criadas expectativas minimamente sólidas. (Processo 01632/2015, STA, 1ª Secção, Data do acórdão: 30/06/2016).

No Reino Unido, apesar da influência do TJUE quanto à existência do princípio e a necessidade de sua observância, a proteção da confiança é restrita à aferição de comportamentos procedimentais não contraditórios por parte da Administração, em decorrência da tradição do *common law* de limitar a intervenção do Judiciário em questões governamentais, conforme relatam os professores Robert Thomas e SØren SchØnberg. Neste sentido, segundo Patrícia Baptista:

> Com efeito, diferentemente do que ocorre nos ordenamentos até aqui analisados, a proteção da confiança reconhecida pelos tribunais britânicos

limita-se à esfera procedimental. Trata-se, segundo expressiva jurisprudência, de assegurar àquele que confiou na conduta administrativa o direito à lealdade procedimental (*procedural fairness*). Essa garantia se traduz no direito do cidadão de ser adequadamente ouvido antes da prática de um ato que importe em frustração de sua expectativa (*right to a fair hearing*). Assim, se a Administração, por qualquer conduta que lhe seja imputável, explícita ou implicitamente, indicar que algo será feito, ou de que não será feito, ela ficará adstrita a observar um determinado procedimento, caso não honre aquilo a que originariamente se comprometeu. No entendimento predominante dos tribunais no Reino Unido, não existe o direito de ver efetivado materialmente o que prometido, mas apenas o direito a que seja observado um determinado procedimento antes da frustração da expectativa gerada do cidadão.[..] Portanto, a partir da jurisprudência dos tribunais da Grã-Bretanha sobre o tema, podem ser indicadas as seguintes expressões da tutela da confiança no direito administrativo inglês: (1) alguma forma de audiência do interessado é necessária antes da revisão do ato, nos casos em que o cidadão tinha o direito de acreditar que a vantagem seria mantida (como, por exemplo, no caso da renovação de uma licença); (2) se a Administração tiver indicado que um procedimento será seguido, esse procedimento deverá ser respeitado; (3) se a oitiva prévia ou a observância de outro procedimento qualquer constituir uma prática regular da Administração, esses procedimentos deverão ser respeitados no futuro; (4) se a Administração, por qualquer meio, tiver anunciado que uma determinada decisão seria tomada, ou que um determinado critério seria aplicado, ela estará vinculada a assegurar que o interessado possa se manifestar antes de aplicar um outro critério ou tomar uma decisão diversa da anunciada (*natural justice*). (BAPTISTA, 2014, pos. 2081).

Nota-se, assim, que o princípio da proteção da confiança encontra-se difundido e consolidado no direito interno da maioria dos Estados Democráticos com configuração constitucional similar à brasileira e, principalmente, no direito comunitário europeu, havendo o respeito e a prática deste princípio pelos Estados que fazem parte desta comunidade de países.

E mesmo nos países onde o princípio não é expressamente adotado, ou é adotado *cum grano salis*, isto só ocorre porque, de algum modo, o ordenamento respectivo prevê medidas de proteção à segurança jurídica do indivíduo, em face do Estado. São medidas que se entendem como suficientes a esta proteção, seja por meio de uma bem construída irretroatividade de leis, atos normativos, atos administrativos e interpretações mais restritivas, ou por meio de atualizações do conceito de direito adquirido, pela aplicação do princípio da legalidade à luz da juridicidade e também pela aplicação de princípios originados no direito privado e acatados pela jurisprudência, pela jurisdição administrativa e pela própria Administração Pública desses países, como no caso de aplicação do *venire contra factum proprium*, do *estoppel*, da boa-fé objetiva, *tu quoque, supressio, surrectio* e *duty to mitigate the loss*, sempre de acordo com os fatos e a realidade vivenciada nas experiências constitucionais de cada país.

Essas experiências constitucionais, de seu turno, não poderiam passar despercebidas pelo ordenamento jurídico brasileiro, porquanto é possível a transversalização constitucional de tais soluções jurídicas, por meio do que denominamos, modernamente, de transconstitucionalismo.

Nas constituições modernas, paralelamente ao surgimento de um extenso rol de direitos fundamentais a serem urgentemente propiciados pelo Estado a uma sociedade sistematicamente complexa e heterogênea adveio, paradoxalmente, a imposição de se organizar e especializar com eficiência este Estado moderno, hipertrofiado e sujeito passivo de direitos fundamentais, juntamente com os indispensáveis meios de limitações e contenção do poder deste mesmo Estado (incluindo aí uma maior participação social nos atos estatais).

Essa fixação de limites pode ser lida em outros termos: como a Justiça pode controlar os atos da Administração sem prejudicar a eficiência da ação estatal e a consecução de direitos fundamentais? Como ela pode reagir à realidade social e consolidar a legitimidade de sua atuação, consistente no aprimoramento dos resultados práticos da correção dos efeitos deletérios de um comportamento sem controles do Estado? Não são mais pertinentes as concepções de uma Justiça que convivam com privilégios exacerbados da Administração Pública perante o cidadão. É necessário que a dogmática e a jurisprudência busquem racionalizar o Estado contemporâneo à luz dos direitos fundamentais, modernizando definitivamente a Justiça, porquanto não mais podem subsistir sem confrontações argumentativas os dogmas da legalidade, da autotutela ilimitada, da presunção de legitimidade, da indisponibilidade plena dos bens públicos e do positivismo clássico corporificado na doutrina dualista de invalidação de atos administrativos.

É preciso, ademais, realizar reformas legislativas processuais e ampliar a celeridade e a participação cidadã no processo administrativo e no controle judicial da Administração e isso passa pela percepção de que o Estado Democrático de Direito contemporâneo e a Justiça devem existir não apenas por intermédio do cidadão, mas também para assegurar direitos deste cidadão, como determina o preâmbulo da Constituição.

Nesse viés, não é possível abdicar do mutualismo constitucional que é propiciado pela aceleração da comunicação e informação em redes interacionais e níveis internacionais. Assim, o Estado brasileiro tem que atentar para a transversalização dos discursos constitucionais de ordens jurídicas distintas, buscar entender suas divergências com estas ordens, e convergir com soluções constitucionais mais eficazes adotadas por outros países, no diálogo entre Constituições. Esse é o papel dogmático do transconstitucionalismo.

Marcelo Neves assim delimita o transconstitucionalismo:

> O que caracteriza o transconstitucionalismo entre ordens jurídicas é, portanto, ser um constitucionalismo relativo a (soluções de) problemas jurídico-constitucionais que se apresentam simultaneamente a diversas ordens. Quando questões de direitos fundamentais ou de direitos humanos submetem-se ao tratamento jurídico concreto, perpassando ordens jurídicas diversas, a 'conversação' constitucional é indispensável. Da mesma maneira, surgindo questões organizacionais básicas da limitação e controle de um poder que

se entrecruza entre ordens jurídicas, afetando os direitos dos respectivos destinatários, impõe-se a construção de 'pontes de transição' entre as estruturas reflexivas das respectivas ordens. Portanto, para que o transconstitucionalismo se desenvolva plenamente é fundamental que, nas respectivas ordens envolvidas, estejam presentes princípios e regras de organização que levem a sério os problemas básicos do constitucionalismo. (NEVES: 2009, p. 129)

Ora, quem desconhece o fato inarredável de que problemas sociais não mais se isolam em uma única ordem jurídica, em um único território? A corrupção, o crime organizado, o tráfico de pessoas e de entorpecentes, a lavagem de dinheiro, a ineficiência da Administração, a falta de segurança jurídica dos cidadãos, a desigual distribuição de renda, os crimes ambientais, enfim, uma série de problemas sociais são, em verdade, universais, e, na maioria das vezes, as causas são também transnacionais e complexas[101]. A fim de propiciar maior controle de constitucionalidade e de convencionalidade dos atos estatais e maior segurança a direitos humanos e fundamentais para a sociedade, o transconstitucionalismo proporciona uma ideal conexão entre diversas ordens jurídicas e constitucionais.

A tese não vem sem limitações, como haveria de se esperar, ante a nítida percepção de que, por exemplo, a soberania do Estado pode ser ameaçada, e assim encontraria óbices a serem enfrentados pelos juízes, na interpretação constitucional, como aqueles provenientes da fonte do direito transnacional, a importância do direito internacional e do direito constitucional comparado e a devida contextualização dos problemas transnacionais, de acordo com a realidade nacional. Mas, em resposta a estas limitações, Marcelo Neves expõe:

Por fim, cabe observar que o transconstitucionalismo tem-se desenvolvido intensa e rapidamente no plano estrutural do sistema jurídico, mas ele ainda se encontra muito limitado no âmbito da semântica constitucional da sociedade mundial. Isso, em parte, deve-se à persistência do provincianismo constitucional, especialmente no âmbito do direito estatal. É claro que o transconstitucionalismo não pode eliminar a dogmática constitucional clássica no interior de uma ordem jurídica estatal: essa ainda constitui uma dimensão importante do sistema jurídico da sociedade mundial e há problemas constitucionais intraestatais de suma importância. Mas a abertura do direito constitucional para além do Estado, tendo em vista a transterritorialização dos problemas jurídico-constitucionais e as diversas ordens para as quais eles são relevantes, torna necessário o incremento de uma teoria e uma dogmática do direito transconstitucional. (NEVES, 2009, p. 131).

---

101 Como, por exemplo, no flagelo social vivido pelos gregos, decorrente, ainda que não exclusivamente, da crise econômica iniciada em 2008 no sistema bancário dos Estados Unidos, ou na falta de compromisso com o meio ambiente por parte das nações poluidoras e industriais, que não colaboram adequadamente para o estabelecimento de padrões para um desenvolvimento econômico ecologicamente sustentável.

Com efeito, o Brasil, há alguns anos, não tem estado alheio a experiências transconstitucionais, como pode ser observado de diversos julgamentos do STF em que são acatados, tanto como *obter dictum* como *ratio decidendi*, fundamentos de decisões estrangeiras. Tome-se como exemplos: o HC 82.424, em que se invocou experiência constitucional dos Estados Unidos e da Inglaterra[102], para se entender como crime de racismo a publicação de livro com conteúdo antissemita; a ADI 3112, em que se julgou a constitucionalidade de dispositivos da Lei 10.826/2003 (Estatuto do Desarmamento), manejando-se diversas decisões do Tribunal Constitucional Alemão de controle de constitucionalidade de legislação penal; a ADI 4277, em que se julgou a equiparação das uniões homoafetivas com a união entre homem e mulher, utilizando-se do direito à felicidade previsto na Declaração de Direitos do Estado da Virgínia; ou na ADI 3510 acerca da Lei de Biossegurança (Lei 11.105/2005), em que nos votos foram discutidos pelos ministros diversos dispositivos constitucionais e legais de países distintos (Portugal, Espanha e Canadá, v.g.), ante a novidade do tema em debate: a utilização de células-tronco embrionárias para fins de pesquisa e terapia.

Fabíola Utzig Haselof, em sua obra acerca de jurisdições mistas de *common law* e *civil law*, relata a relevância dos precedentes persuasivos de direito estrangeiro e sua atualidade:

> Os precedentes persuasivos, utilizados como reforço na exposição da argumentação, são importantes especialmente no uso de uma técnica que tem sido bastante adotada pelos magistrados, quando partem de um preceito de lei e utilizam o precedente persuasivo na interpretação que o caso tenha recebido na sua aplicação ao caso concreto. Tal técnica, que tem se tornado comum entre nós, foi identificada como uma técnica típica de sistemas de jurisdição mista, e denominada double reasoning por Palmer, pois encontra dupla fundamentação, primeiro na previsão genérica e abstrata da lei, e, no segundo momento, na interpretação que recebeu das instâncias superiores nos casos precedentes. Também a utilização de decisões proferidas no estrangeiro como reforço à fundamentação de decisões no âmbito doméstico, com efeito de reforço persuasivo, é um fenômeno que vem sendo observado cada vez com maior frequência, tanto entre nós quanto no direito estrangeiro, e a tendência, aparentemente, é que tal prática assuma uma relevância cada vez maior. No âmbito das cortes internacionais, com frequência, vê-se que os julgados da Corte Interamericana de Direitos Humanos utilizam decisões da Corte Europeia de Direitos Humanos, e vice-versa, com força persuasiva, pois, obviamente, não estão vinculadas. (HASELOF, 2018, p. 158).

Essa recepção e aplicação de experiências transconstitucionais, porém, não podem ser feitas sem cuidados dogmáticos, pois há o risco de se fazer

---

102 Conforme decisões da Suprema Corte Norte-Americana, da Câmara dos Lordes da Inglaterra e da Corte de Apelação da Califórnia nos Estados Unidos que consagraram entendimento que aplicam sanções àqueles que transgridem as regras de boa convivência social com grupos humanos que simbolizem a prática de racismo.

prevalecer uma falsa erudição vernacular apenas com finalidades persuasivas e formalistas. Ou seja, deve haver uma filtragem comparativa, doutrinária e social destas experiências estrangeiras previamente à aplicação dos precedentes nos problemas a serem resolvidos pelos tribunais, o que é papel importantíssimo das universidades e do sistema educacional. Isto evitaria, inclusive, um colonialismo cultural e jurídico. Como afirma criticamente Jorge Miranda, acerca dos limites do direito comparado:

> O Direito comparado visa, no domínio das funções científicas, duas ordens de finalidades. Serve, antes de mais, como elemento coadjuvante do estudo e da elaboração do Direito constitucional de cada Estado e serve, numa visão mais larga, como base do conhecimento em geral dos sistemas constitucionais existentes no mundo. [...] A contribuição da comparação é, em regra, mais forte no Direito constitucional do que em qualquer outro ramo do Direito. Mas seria errôneo julgar que não tem limites e que adquire sempre igual importância. Um primeiro limite resulta do fato evidente de a comparação não ser, nem de longe, o único dado a que se tem de atender na investigação e na exposição de um sistema positivo. Outros elementos avultam, além do comparativo, como sejam o histórico, o sociológico, o filosófico, o prático e o sistemático (o mais determinante de todos); com eles tem de se conjugar a comparação; e pode, por vezes, não merecer nenhuma relevância. Um segundo limite prende-se à concepção de interpretação jurídica que, com a grande maioria da doutrina, perfilhamos: objetivista e atualista, e não subjetivista. Admitida essa concepção, cada preceito constitucional – como qualquer preceito jurídico – em vez de manter o sentido que lhe tenha sido emprestado pelo seu autor material, há de possuir o sentido objetivo nele impresso por força da pertença ao ordenamento como um todo; e não só tal sentido objetivo pode dever ser preferido logo no momento da edição da norma ao que foi querido pelo legislador constituinte encarnado numa pessoa física como, posteriormente, deve ser o que se concilie com as restantes normas do sistema jurídico em vigor no momento da interpretação, normas essas que, destinando-se a uma sociedade em evolução, têm também de ser pensadas evolutivamente. (MIRANDA, 1990, p. 47-48).

Ana Lúcia de Lyra Tavares, por sua vez, discorre acerca da relevância e da atualidade do estudo de toda e qualquer recepção de institutos e soluções de direito estrangeiro:

> No Brasil, o direito comparado, em sua acepção restrita de direito estrangeiro, sempre desempenhou um papel de relevo, seja na elaboração legislativa, seja na confecção das decisões judiciárias. As fontes de inspiração provêm, de regra, de trabalhos doutrinários. A Constituição de 1988 ilustra essa assertiva. Recorde-se que os juristas, pela natureza sincrética do direito brasileiro, são bastante receptivos às experiências jurídicas estrangeiras. Atualmente, eles se mostram mais alertas quanto à necessidade de saber adaptar os elementos jurídicos importados ao perfil do direito brasileiro e à realidade sociojurídica. No quadro do judiciário, constatamos que os juízes fazem referência, crescentemente, ao direito comparado em suas decisões e tem se elevado o número dos que participam de reuniões nacionais e internacionais sobre a matéria. Cabe

assinalar, também, que os estudos de recepções de direito e os casos de circulação de modelos jurídicos têm suscitado um interesse considerável de nossos juristas. Essas análises atraem sua atenção, não apenas pelo fato de o nosso direito ser pródigo em exemplos desse tipo de fenômeno, mas também pela relevância desses movimentos em termos regionais, como aqueles que partem da União Europeia em direção ao Mercosul. (TAVARES, 2006, p. 82-83).

A experiência transconstitucional, portanto, tem que ser feita de modo crítico e participativo, não se admitindo paradigmas estrangeiros incorporados de forma açodada e acriticamente; do contrário, apenas se reproduzirão soluções adequadas a realidades distintas (como na alegoria de se recortar a pintura para que caiba na moldura), em vez de serem produzidas soluções próprias (reconstruindo os limites e a forma da moldura para enquadrar a pintura).

Por fim, a aplicação dogmática do transconstitucionalismo deve seguir o compasso do controle difuso de convencionalidade de leis e atos administrativos, pois não será incomum que, por meio do simples controle judicial difuso de convencionalidade, se percebam violações a direitos fundamentais consagrados em convenções de direitos humanos, tais como a segurança jurídica e a proteção da confiança, ainda que esses direitos não estejam expressamente previstos na Constituição. É como assinala Valerio de Oliveira Mazzuoli:

> [...] o Poder Judiciário interno não deve se prender à solicitação das partes, mas controlar a convencionalidade das leis *ex officio* sempre que estiver diante de um caso concreto cuja solução possa ser encontrada em tratado internacional de direitos humanos em que a República Federativa do Brasil seja parte: *iura novit curia*. Destaque-se que todo e qualquer tratado de direitos humanos é paradigma para o controle de convencionalidade, e não somente a Convenção Americana. [...]. Enfim, a negativa do Poder Judiciário em controlar a convencionalidade pela via difusa, sob o argumento de que não solicitado pelas partes ou de que não é possível exercê-lo *ex officio*, é motivo suficiente para acarretar a responsabilidade internacional do Estado por violação de direito humanos. (MAZZUOLI, 2011, p. 87)

Vale afirmar que o controle de convencionalidade difuso restou referendado pelo Supremo Tribunal Federal, ao afirmar, no RE 466343-SP e no HC 87585-TO (em que se determinou que as normas internas sobre prisão do depositário infiel estariam derrogadas pelo Pacto de San Jose), que os tratados internacionais de direitos humanos ratificados e vigentes no Brasil estão no nível da supralegalidade, sendo, no ordenamento, normas imperativas superiores às leis; diferentemente das convenções aprovadas com a maioria qualificada do art. 5º, §3º, da Constituição, quórum que confere a tais instrumentos *status* de normas constitucionais, e sob os quais pode ser exercido o controle difuso e o controle concentrado pelo STF.

Essas são, em suma, formas de colaboração que podem ser hauridas de outros ordenamentos estrangeiros similares, e que não podem ser desprezadas em qualquer argumentação jurídica.

Em âmbito externo e internacional, não haverá representação política de qualquer país que alcance progresso e paz social sem a observação de como funcionam as demais sociedades similares. A soberania estatal não tem mais o mesmo perfil do século XIX. O Direito interno, especialmente o Direito Constitucional (em que são definidas as premissas de funcionamento do Estado), não depende mais apenas de si para funcionar eficazmente. As experiências bem-sucedidas de constituições e de ordenamentos de origem comum ou próxima são sempre bem-vindas e, adaptadas à realidade sociológica de cada país observador, podem se transformar em práticas sociais bastante interessantes.

A aplicação do princípio da proteção da confiança pela comunidade jurídica brasileira, como vimos, iniciou-se pela transversalização de soluções constitucionais e legais de outros países, haurindo-o desde sua origem tedesca. Tal aplicação se realizou de maneira adequada, possibilitando a defesa mais eficaz da segurança jurídica do indivíduo, em face do Estado.

É nesta toada que se insere o transconstitucionalismo, técnica jurídica essencial para a compreensão de possíveis soluções inovadoras que podem ser encontradas em democracias similares ao Brasil, e foi utilizada como metodologia dogmática para manejo do princípio da proteção da confiança, em seus primórdios.

Conclui-se, portanto, que o princípio da proteção da confiança, além de se encontrar positivado desde 2015, no CPC atual, também tem sua existência ratificada pelas Leis 9.868 e 9.882/99, bem como pela experiência internacional e transconstitucional que o consagrou desde a década de 70, nos tribunais alemães e europeus (comunitário e outros tribunais nacionais), e pela própria acepção de Estado de Direito, do qual emana o pilar axiológico da segurança jurídica, do qual deriva a proteção da confiança.

Capítulo 6

BASE PROGNÓSTICA: A PROMOÇÃO DA CONFIANÇA

Já percebemos a gama de fatos sociais e jurídicos que denotam práticas estatais que não respeitam a confiança legitimamente expectada pelo cidadão na manutenção de sua situação pessoal, propiciando relações de desconfiança individualizada e desigualadora (capítulo 2), já apresentamos os tradicionais institutos jurídicos utilizados para preservação e proteção da segurança jurídica do cidadão, mas que não têm sido suficientes à proteção desta segurança (capítulo 3), bem como debatemos quais são os contornos e limites, requisitos e finalidade do princípio da proteção da confiança, sua tipologia no Direito Constitucional e na Teoria do Direito, demonstrando medidas para sua efetivação em cada caso concreto (capítulo 4). Por fim, no capítulo antecedente, vimos como a proteção da confiança já se encontra positivada e consagrada em nossa legislação e jurisprudência, e no direito internacional, o que comprova a necessidade de sua plena aplicação e respeito, por parte de todos os agentes estatais brasileiros, de todos os Poderes.

Mas, se assim o é, o que nos reserva o futuro, em relação à proteção da confiança?

Pensamos que é necessário criar uma cultura de respeito e incentivo à confiança do cidadão no Estado, para que tal confiança possa ser defendida e protegida. Não basta a tutela judicial nos casos concretos em que ela é desrespeitada. Como já vimos, é mais difícil e desgastante viver em desconfiança e a ruptura de padrões sociais se faz imprescindível, no que atine à sociedade brasileira especificamente. Como afirma Luhmann:

> [...] un sistema social que requiere, o no puede evitar, el comportamiento desconfiado entre sus miembros para ciertas funciones, necesita al mismo tiempo mecanismos que impidan que la desconfianza se imponga y sea correspondida en un proceso de escalada, volviéndose así una fuerza destructiva. Sobre todo, debe haber estrategias y clases de comportamientos individuales que sean reconocidos socialmente y fácilmente comprendidos para que puedan interceptar y neutralizar los actos de desconfianza, transformándolos de esta

manera – desde el punto de vista del sistema – en aberraciones accidentales, insignificantes y, por lo mismo, sin función. Esta función es cumplida ante todo por ciertas formas de presentación, o por la explicación posterior de los actos de desconfianza como acciones involuntarias, como determinados puramente por la experiencia, como errores, como molestias causadas por factores externos, o como deberes requeridos por los roles; esto es, interpretaciones que permiten la ejecución de acciones de desconfianza, pero que niegan la desconfianza como actitud. [...] Por supuesto, no pueden evitar con toda seguridad el surgimiento de la desconfianza, pero al menos pueden filtrar las numerosas oportunidades no consideradas para tal desarrollo. De este modo, reducen la probabilidad de que un sistema social sea imediatamente destruido por el aumento de la desconfianza entre sus membros, lo cual puede significar uma ganancia crítica em tiempo para la sobrevivencia del sistema, en tanto que el sistema pueda emplearla para aprender la confianza y acumular capital de confianza, con la ayuda de la cual luego llegue a ser menos sensible y pueda también sobrevivir a situaciones más serias. (LUHMANN, 2005, p. 132/133).

A nosso ver, se combate desconfiança com mais confiança, promovendo a confiança, para que as pessoas e a sociedade vivam em condições de menor complexidade e tenham maior reserva de energia e recursos para o planejamento e a participação em atos jurídicos que demandem menos riscos. Somente assim poderemos evitar a desconfiança e imaginar um mundo mais seguro, com um futuro em que os fatos sociais relatados no capítulo 2 passem a ser bem episódicos e excepcionais, na forma como sugeria Luhmann.

Para que haja uma confiança a ser protegida, como vimos, é necessário comprovar que o indivíduo confiou na continuidade do ato estatal, depositando racionalmente suas expectativas em tal ato. Assim, a ausência das condições fáticas para o princípio da proteção da confiança, exclui alguns atos do âmbito de aplicação do princípio. Isso ocorre, por exemplo, caso não fique comprovado que o cidadão depositou suas esperanças na manutenção do ato estatal (existência da confiança).

Nesse aspecto, vimos que há alguns conflitos de publicidade e comunicação dos atos estatais que não permitem entender pela presunção de que a base da confiança era do integral conhecimento do interessado ou de que ele saberia (ou deveria saber) da ilegalidade ou inconstitucionalidade de tal base da confiança (que posteriormente passaria a uma situação mais gravosa para o cidadão).

É exatamente para estes conflitos informativos sobre a base da confiança e a existência subjetiva da confiança que pensamos ser possível adotarem-se comportamentos promotores de confiança, induzindo-a a níveis que permitam uma elevação qualitativa das relações entre Estado e particulares.

A fim de adotar um viés sistematizado na análise da aplicabilidade direta de direitos fundamentais, bem como de sua proteção e promoção, George Marmelstein sistematiza a seguinte linha de entendimento para o direito fundamental à liberdade de expressão, adotando essa linha, analogamente, em suas conclusões, para qualquer direito fundamental:

[...] existem algumas obrigações decorrentes da proteção constitucional à liberdade de expressão que exigirão, em certa medida, a intervenção do legislador. Afinal, o pleno exercício da liberdade de expressão, elemento fundamental da democracia, exige não somente o dever de respeito, mas também que sejam criadas as condições para que a comunidade, na hora de manifestar suas opiniões, esteja suficientemente educada e informada, até porque 'uma sociedade em que só os ricos têm acesso aos jornais, à televisão e a outros meios de comunicação pública não garante o verdadeiro direito de liberdade de expressão'. Por isso, o dever de proteção e de promoção exigirá a adoção de ações capazes de possibilitar que a liberdade de expressão ocorra não apenas de forma livre, mas também plural e democrática, obrigando o Estado a desenvolver políticas públicas nesse sentido, com vistas a possibilitar que o acesso à cultura e à informação esteja disponível para o maior número possível de pessoas. A garantia do direito de meia-entrada para estudantes assistirem a uma peça de teatro ou a um filme ilustra essa dimensão. Isso sem falar, por exemplo, na obrigação decorrente do art. 221 da Constituição de 88, que obviamente exige que o Estado crie medidas normativas capazes de possibilitar a mais ampla concretização dos princípios ali previstos, o que não deixa de ser um desdobramento da liberdade de expressão. **Para finalizar, algumas conclusões podem ser feitas: a) em primeiro lugar, os direitos fundamentais geram um complexo de tarefas decorrentes dos deveres de respeito, proteção e promoção; b) em princípio, essas tarefas possuem aplicação imediata, não dependendo de qualquer regulamentação para surtirem desde logo os seus efeitos principais; c) por fim, algumas medidas a serem adotadas, sobretudo em razão do dever de proteção e de promoção, poderão, eventualmente, necessitar de uma integração normativa para serem realizadas em sua plenitude.** (MARMELSTEIN, 2018, p. 313) (grifo nosso)

Sucede o mesmo com o direito à segurança jurídica e a relações de confiança com o Estado, compreendidos como direitos fundamentais. Carecem de proteção, mas, sobretudo, de promoção.

Partindo desse pressuposto, de que todo direito fundamental necessita de medidas de proteção e promoção, como forma de dogmatizar a promoção da confiança, adotamos como pontos de partida as condições para aplicação do princípio da proteção da confiança que são formadas por aspectos objetivos (base da confiança e frustração da confiança) e aspectos subjetivos (existência subjetiva da confiança e exercício da confiança por meio de atos concretos). Assim, para promover maior confiança objetivamente falando, o Estado deverá adotar posturas que permitam a todas as pessoas acessar sem dificuldades as bases da confiança e as frustrações possíveis dessa confiança, ambas praticadas por esse mesmo Estado; já para promover maior confiança subjetivamente falando, o Estado deverá adotar posturas que permitam às pessoas calcularem e decidirem os atos de suas vidas, de acordo com padrões de previsibilidade esperados para todas as pessoas que se encontrem em um mesmo padrão social, em um mesmo patamar de igualdade, respeitadas as diferenças naturais existentes entre as pessoas.

Destarte, a promoção da confiança ocorrerá, em nosso entendimento, de acordo com direitos fundamentais que se interligam com a segurança jurídica, e cuja eficácia é diretamente proporcional à concretude desta segurança jurídica. Trato, aqui, dos di-

reitos fundamentais ao devido processo legal, contraditório e ampla defesa, à razoável duração do processo, à igualdade e de acesso à informação, que devem ser promovidos diuturnamente pelo Estado e acarretarão na promoção da confiança. Quanto mais a confiança venha a ser promovida pelo Estado, objetiva e subjetivamente falando, mais se dispensará a atuação do cidadão, judicial ou extrajudicialmente, no sentido de sua proteção. Em síntese: o que é promovido por alguém, não precisa ser demandado a este mesmo alguém.

Analisemos, nesse momento, como podemos divisar critérios para a promoção da confiança, a partir dos direitos fundamentais supracitados.

6.1 - PROMOÇÃO SUBJETIVA DA CONFIANÇA. IGUALDADE E DIREITOS FUNDAMENTAIS PROCESSUAIS

Promove-se subjetivamente a confiança entre Estado e indivíduos, garantindo-se o exercício e a existência salutar de confiança entre ambos, pela indispensável e intransigente defesa de nobres conhecidos direitos fundamentais: a igualdade, o contraditório e a ampla defesa, o devido processo legal e o direito à razoável duração do processo. Só que é indispensável buscar a efetividade de todos esses direitos fundamentais, pois promover um direito é buscar a maximização de sua eficácia.

No Brasil, é costume ouvir da doutrina, processualista e administrativista, que previamente à anulação de um ato administrativo, o particular deveria ter direito ao devido processo legal, no qual possa ser ouvido e se manifestar, de preferência pessoalmente, acerca de uma possível supressão de alguma expectativa sua. E esta manifestação individual deve ser considerada e abordada na fundamentação do ato estatal, tanto quanto e do mesmo modo que as manifestações de outras pessoas que estejam em uma mesma situação fática, ainda que, ao final, sua confiança não seja protegida e haja a supressão do direito.

Essa busca pela efetividade de direitos fundamentais, como a igualdade e o devido processo legal, torna a experiência democrática maior, de modo que a vontade estatal seja mais legitimada, e reduz sentimentos de desigualdade, imprevisibilidade e frustração de expectativas, caso o direito venha a ser realmente suprimido.

Mas, infelizmente, o Brasil ainda está distante desta realidade, no que atine à sua Administração Pública. Veja-se, por exemplo, a grave disposição existente no art. 2º, § 4º da Portaria Conjunta AGU/INSS, de 16/01/2018 (DOU 22/01/2018), que estabeleceu um procedimento para cobrança de valores pagos a título de tutela antecipada posteriormente revogada:

> Art. 2º [...] §4º. Não haverá instrução, nem a necessidade de oportunizar prazo para defesa no âmbito do processo administrativo de cobrança, resguardando-se a eficácia preclusiva da coisa julgada formada pelo processo judicial já transitado em julgado, no bojo do qual o segurado já pôde exercer o seu direito à ampla defesa e ao contraditório, em feito conduzido pelo Poder Judiciário de

acordo com a legislação processual civil, que culminou na formação de um título executivo judicial apto a ser exigido, na forma do art. 515, I, do Código de Processo Civil/2015. (grifo nosso)

Além disso, para a promoção subjetiva da confiança, será que essa oitiva do interessado pode ocorrer no tempo em que o agente estatal bem entender?

O ato de concessão de uma aposentadoria ou pensão deve ser tratado como um ato administrativo complexo, resultante de manifestação de vontade de, no mínimo, dois agentes públicos, entendimento que é consagrado na jurisprudência do Supremo Tribunal Federal (MS 31736 e MS 28576, v.g.). O próprio TCU editou a Súmula 278, em 13/06/2012, a respeito deste tema:

> Os atos de aposentadoria, reforma e pensão têm natureza jurídica de atos complexos, razão pela qual os prazos decadenciais a que se referem o § 2º do art. 260 do Regimento Interno e o art. 54 da Lei nº 9.784/99 começam a fluir a partir do momento em que se aperfeiçoam com a decisão do TCU que os considera legais ou ilegais, respectivamente.

Esse entendimento sumulado pelo TCU, contudo, gera uma arbitrariedade ao Estado, que passa a controlar o início do prazo decadencial que correrá a seu desfavor, desprezando fatores objetivos de segurança jurídica daqueles que se relacionam com o Estado. Ou seja, o prazo decadencial começa na data em que o TCU desejar, ao julgar a legalidade do ato de concessão. Mas, será que esse controle feito pelo Tribunal de Contas da União pode realmente ser feito a qualquer tempo?

O Supremo Tribunal Federal validou esse entendimento do Tribunal de Contas da União, ao editar a Súmula Vinculante nº 3, especialmente em sua parte final, *in verbis*:

> Nos processos perante o Tribunal de Contas da União asseguram-se o contraditório e a ampla defesa quando da decisão puder resultar anulação ou revogação de ato administrativo que beneficie o interessado, <u>excetuada a apreciação da legalidade do ato de concessão inicial de aposentadoria, reforma e pensão</u>. (grifo nosso).

Depreende-se da leitura desta parte final que, quando da decisão administrativa do TCU a respeito da apreciação da legalidade do ato de concessão inicial de aposentadoria, reforma ou pensão, puder resultar anulação ou revogação de ato administrativo que beneficie o interessado, não será necessário respeitar contraditório ou ampla defesa ou mesmo a legítima confiança depositada pelo cidadão na correção de sua aposentadoria, *e isso poderá ser feito a qualquer tempo*.

Com essa súmula do TCU, os núcleos mínimos do direito à segurança jurídica e do conceito de direito adquirido mudaram sensivelmente. Um universo incalculável de cidadãos está desprotegido, pois a revisão, pelo TCU, dos atos de concessão de aposentadorias ou pensões, pode ocorrer a qualquer tempo, e sem respeito a contraditório ou a ampla defesa. O que é isso, senão a afirmação de que o cidadão não possui qualquer direito adquirido ao seu benefício ou qualquer segurança jurídica a ser protegida? Não há sequer a previsão de um prazo mínimo para que a Corte de Contas exerça o seu mister. Mesmo superado o prazo decadencial para a revisão do benefício pela entidade administrativa que o concedeu, pode o TCU desrespeitar a segurança jurídica e determinar a anulação ou revogação de tal ato. O mínimo existencial atinente a tal direito fundamental, portanto, não foi observado pelo Plenário do Supremo Tribunal Federal, carecendo de reforma tal Súmula Vinculante.

Toda essa discussão acerca da Súmula Vinculante nº 3, entretanto, deverá ser retomada pelo STF, no julgamento de mérito do RE 636.553, com repercussão geral já reconhecida pela Corte Suprema, nos seguintes termos:

> *Recurso extraordinário. 2. Servidor público. Aposentadoria. 3. Anulação do ato pelo TCU. Discussão sobre a incidência do prazo decadencial de 5 anos, previsto na Lei 9.784/99, para a Administração anular seus atos, quando eivados de ilegalidade. Súmula 473 do STF. Observância dos princípios do contraditório e da ampla defesa. Repercussão geral reconhecida.* (STF, RE 636.553, Rel. Min. Gilmar Mendes, julg. em 23/06/2011).

Entendemos que, mesmo a prevalência irrestrita do respeito ao contraditório e à ampla defesa, ao devido processo legal, à razoável duração do processo, não produzirão efeitos sem uma promoção adequada das condições objetivas da confiança, que são, em suma, a abertura transparente à informação estatal e a participação das pessoas nos atos que lhes sejam acessíveis, seja no conhecimento das versões iniciais dos atos estatais, seja no conhecimento das suas alterações.

6.2 - PROMOÇÃO OBJETIVA DA CONFIANÇA. PUBLICIDADE, PARTICIPAÇÃO E DIREITO DE ACESSO À INFORMAÇÃO

Um importante direito fundamental que pode ser especialmente eficaz no aspecto objetivo da promoção da confiança é o direito de acesso à informação, que deve ser acompanhado pelo incremento na publicidade, na participação e na transparência dos atos estatais.

Promove-se objetivamente a confiança com maior participação, publicidade e acesso à informação estatal, pois um Estado hermético, que crie dificuldades para o acesso às fundamentações de suas decisões, é um Estado que está consolidando sua ilegitimidade, na relação com o cidadão, alimentando relações mútuas e destrutivas de desconfiança.

A reação a essa indesejável consolidação de ilegitimidade é agir em sentido contrário, reconstruindo as estruturas institucionais que ligam Estado, sociedade e cidadão. Essa ação, portanto, depende de atitudes do próprio Estado, inicialmente, como afirma Michael Walzer:

As associações voluntárias coexistem com as involuntárias; os homens e mulheres que escolheram estar onde estão ladeiam homens e mulheres que permaneceram nos lugares onde se descobriram. Apesar das atrações da liberdade de escolha e da agitação das idas e vindas, os apelos da filiação e do pertencimento ao grupo, da tradição e do hábito, e até mesmo da desigualdade e da autoridade são muito fortes. Os teóricos políticos liberais apenas começaram a compreender isso. Devido à 'previsibilidade' frequentemente não-liberal e hierárquica da sociedade civil, quaisquer versões da liberdade e do pluralismo só serão possíveis se forem uma conquista política; elas não serão alcançadas pela ação solitária dos indivíduos, nem mesmo pela cooperação voluntária, por maior que seja o espaço de tempo transcorrido. E essa política só pode ser levada a cabo e promovida por um agente. Entre os grupos e no interior deles, no topo ou na base da hierarquia de status, a ação do Estado é necessária para que a sociedade civil funcione. (WALZER, 2008, p. 111-112).

É necessário, portanto, uma postura ativa do Estado brasileiro, propiciando maior acesso à informação estatal, para que sejam menores os conflitos de comunicação entre os agentes estatais e os indivíduos, de modo que, nas eventuais modificações de entendimentos estatais, mais gravosas aos cidadãos, estes indivíduos não possam alegar, em sua defesa, que não tinham conhecimento de que sua situação pessoal poderia ser modificada.

A fim de promover a confiança entre indivíduos e Estado, a publicidade ostensiva, com maior transparência dos atos estatais, também é outra medida que se apresenta indispensável. Para tanto, a disposição clara das fundamentações dos atos estatais decisórios à avaliação dos envolvidos também se apresentam como medidas que incrementarão e promoverão a confiança entre indivíduos e agentes estatais.

Essas atitudes, por outro lado, devem ser adotadas de modo estruturalmente institucional, considerando condicionantes comportamentais e psicológicas, como bem afirma Arthur Badin:

> Diferentes visões entre as instituições aqui consideradas – academia, prefeitura, Legislativo e Judiciário – ocorrem porque a forma com que são desenhadas explica grande parte de como serão suas decisões. Por desenho institucional refiro-me aqui às regras, formais e informais (como, por exemplo, tradição e cultura organizacional), que condicionam seu modus operandi, a moldura de incentivos ou de constrições à ação de seus agentes e sua interação com demais agentes e/ou instituições. As instituições são formadas por pessoas 'de carne e osso', ou uomini nati da ventre di donna, na graciosa expressão de Tulio Ascarelli (*apud* Comparato, 2005:334). O resultado institucional depende, portanto, da ação dessas pessoas, como são selecionadas, como são remuneradas, o que levam em consideração, a que informações têm acesso, como se relacionam entre si e com outras instituições, quantos e como decidem, quais recursos dispõem para decisão, a quais ritos e solenidades está submetido o processo de decisão etc. É possível explicar o comportamento individual a partir de uma análise psicológica e comportamental de seus agentes. Assim, por exemplo, interessantes pesquisas interdisciplinares vêm sendo desenvolvidas a partir da chamada 'Law and Psychology', que engloba

pesquisa empírica e psicológica sobre o direito, o Judiciário e as pessoas que participam do processo judicial. De que maneira as condicionantes psicológicas influenciam a decisão do juiz na sentença e dos jurados no júri? Qual o papel da intuição e das emoções no processo de formação do convencimento? De que maneira as condicionantes psicológicas do juiz (como os arquétipos da sombra, da anima/animus etc.) influenciam sua decisão? Entretanto, as instituições não estão totalmente reféns das idiossincrasias das pessoas que as compõem. O papel principal das instituições, sua raison d'être, enquanto conjunto de regras que ditam o que os agentes podem e não podem fazer, é justamente o de reduzir as incertezas existentes no ambiente, criando estruturas estáveis que regulem as relações entre indivíduos. (BADIN, 2013, p. 98-99).

O direito de acesso à informação encartado em nossa Constituição Federal (CF), como diversos outros preceptivos ali dispostos, trata-se de direito fundamental conectado aos ditames da democracia e da cidadania – art. 1º, caput e II, da CF).

Como qualquer direito fundamental, é imperioso anotar que o direito de acesso à informação tem uma evolução histórica imprescindível ao entendimento da conjuntura social em que atualmente se pretende implementar. No Brasil, a discussão atual acerca deste direito fundamental centraliza-se no debate acerca da Lei de Acesso à Informação (Lei nº 12.527/2011).

A garantia de eficácia deste direito fundamental de acesso à informação efetiva-se não somente exigindo que o Estado o respeite, franqueando passivamente tal acesso, como também buscando formas de impelir o Estado à prática diuturna desses direitos, o que somente passou a ser tomado em conta a partir de interpretação dos direitos fundamentais como ações positivas estatais, sejam elas prestações fáticas ou prestações normativas.

A base constitucional para o direito de acesso à informação está no rol de direitos fundamentais do art. 5º, em seus incisos IV, X, XII, XIV, XXXIII, XXXIV (alínea "b"), LX, LXXII, da CF; bem como no art. 37, § 3º, inciso II; no art. 93, inciso IX; no art. 216, § 2º; e no art. 220, caput e parágrafos, da mesma CF/88. Por sua vez, tutela-se o acesso à informação no âmbito da Administração Pública nos arts. 37, § 3º, inciso II, e 216, § 2º, da CF/88; enquanto o acesso à informação no Poder Judiciário encontra-se protegido pelo art. 93, inciso IX, da Constituição Federal.

A Convenção Americana sobre Direitos Humanos (promulgada no Brasil pelo Decreto 678/92), em seu artigo 13, item 1, dispõe que:

> 1. Toda pessoa tem direito à liberdade de pensamento e de expressão. Esse direito compreende a liberdade de buscar, receber e difundir informações e ideias de toda natureza, sem consideração de fronteiras, verbalmente ou por escrito, ou em forma impressa ou artística, ou por qualquer outro processo de sua escolha.

Comentando este dispositivo sob a ótica do direito de acesso à informação, assim Pablo Ángel Gutiérrez Colantuono delineia seu marco mínimo, no artigo *El acceso a la información pública: una doble mirada convencional y del derecho argentino*:

> Se establece así un marco mínimo homogéneo en todos los Estados miembros, a partir de los cuales estos están obligados a: a) promover tal derecho; b) eliminar cualquier traba en el sistema interno que impida directa o indirectamente su validez y eficacia; c) interpretar los alcances de tal derecho conforme las pautas que proporciona el sistema convencional o en su caso el interno, según sea de mayor protección uno u otro; d) aumentar los niveles internos de protección más no a disminuirlos, siendo posible su reglamentación sólo bajo los principios y mecanismos que el propio PSCR establece. (*In* VALIM; MALHEIROS; BACARIÇA, 2015, p. 193-194).

No mesmo sentido é a jurisprudência da Corte Interamericana de Direitos Humanos, que foi o primeiro tribunal internacional a reconhecer que o acesso à informação pública é um direito humano fundamental, protegido por tratados de direitos humanos, ainda em 2006. Nesse sentido:

> [...] 75. A jurisprudência do Tribunal deu um amplo conteúdo ao direito à liberdade de pensamento e de expressão consagrado no artigo 13 da Convenção, através da descrição de suas dimensões individual e social, das quais observou uma série de direitos que se encontram protegidos neste artigo. 76. Nesse sentido, a Corte estabeleceu que, de acordo com a proteção concedida pela Convenção Americana, o direito à liberdade de pensamento e de expressão compreende "não apenas o direito e a liberdade de expressar seu próprio pensamento, mas também o direito e a liberdade de buscar, receber e difundir informações e ideias de toda natureza". Assim como a Convenção Americana, outros instrumentos internacionais de direitos humanos, tais como a Declaração Universal de Direitos Humanos e o Pacto Internacional sobre Direitos Civis e Políticos estabelecem um direito positivo a buscar e a receber informação. 77. No tocante aos fatos do presente caso, a Corte considera que o artigo 13 da Convenção, ao estipular expressamente os direitos a "buscar" e a "receber" "informações", protege o direito de toda pessoa de solicitar o acesso à informação sob controle do Estado, com as exceções permitidas sob o regime de restrições da Convenção. Consequentemente, este artigo ampara o direito das pessoas a receberem esta informação e a <u>obrigação positiva do Estado de fornecê-la, de tal forma que a pessoa possa ter acesso a conhecer essa informação ou receba uma resposta fundamentada quando, por algum motivo permitido pela Convenção, o Estado possa limitar o acesso à mesma para o caso concreto</u>. Esta informação deve ser entregue sem necessidade de comprovar um interesse direto para sua obtenção ou uma interferência pessoal, exceto nos casos em que se aplique uma restrição legítima. Sua entrega a uma pessoa pode permitir, por sua vez, que esta circule na sociedade de maneira que possa conhecê-la, ter acesso a ela e avaliá-la. Desta forma, o direito à liberdade de pensamento e de expressão contempla a proteção do direito de acesso à informação sob controle do Estado, o qual também contém de maneira clara as duas dimensões, individual e social, do direito à liberdade de pensamento e de expressão, as quais devem ser garantidas pelo Estado de forma simultânea. (grifo nosso)

(Corte I.D.H., Caso Claude Reyes e outros. Sentença de 19 de setembro de 2006. Série C, N° 151, § 86 e 87)[103].

Perceba-se, portanto, a relevância do aspecto ativo no fornecimento de informação público, por parte do Estado, das informações em seu poder.

Não é assim, todavia, que as autoridades administrativas brasileiras costumam proceder. Veja-se, por exemplo, o que dispõe o art. 29-A da Lei 8.213/91:

> Art. 29-A. O INSS utilizará as informações constantes no Cadastro Nacional de Informações Sociais – CNIS sobre os vínculos e as remunerações dos segurados, para fins de cálculo do salário-de-benefício, comprovação de filiação ao Regime Geral de Previdência Social, tempo de contribuição e relação de emprego. § 1º O INSS terá até 180 (cento e oitenta) dias, contados a partir da solicitação do pedido, para fornecer ao segurado as informações previstas no caput deste artigo. § 2º O segurado poderá solicitar, a qualquer momento, a inclusão, exclusão ou retificação de informações constantes do CNIS, com a apresentação de documentos comprobatórios dos dados divergentes, conforme critérios definidos pelo INSS.

O INSS e o Estado têm que pensar em formas de apresentar, em tempo real, as informações de que dispõem, sem aguardar qualquer requerimento específico de qualquer pessoa, respondendo e atualizando seus bancos de dados de modo célere, o que não parece existir quando se concede um prazo de 180 dias para responder a um mero pedido de informações em poder do Estado, sobre a vida laborativa do administrado.

Conclui-se, portanto, que o direito de acesso à informação não pode prescindir de sua feição ativa. Com o acesso à informação estatal, diminuirão os argumentos individuais de que o Estado não protegeu as expectativas por ele geradas. Mudando seu comportamento, o Estado muda o comportamento de seus cidadãos, promovendo a confiança entre pessoas e instituições. Vejamos, a seguir, as formas pelas quais há necessidade de aprimoramentos no acesso aos atos estatais.

6.3 - CONFIANÇA E ACESSO AO ATO JURISDICIONAL

6.3.1 - Acesso ao ato jurisdicional pela maior autocontenção de posturas normatizantes

Decisões judiciais são raciocínios argumentativos de natureza dialética, cuja conclusão é sempre proveniente de uma controvérsia com argumentos parciais e distintos igualmente possíveis; diferentemente dos raciocínios analíticos, nos quais a conclusão é necessária. Neste sentido, a validade da funda-

---

103 Disponível em: <http://www.cnj.jus.br/files/conteudo/arquivo/2016/04/aabaaf52ad8b7668bf2b28e75b0df183.pdf>. Acesso em: 15 jan. 2018.

mentação de qualquer decisão judicial variará conforme a racionalidade dos argumentos expendidos.

Assim, quanto mais a fundamentação da decisão judicial obtiver a adesão (ou aceitação) por parte dos cidadãos a que se dirigem (auditório), mais racionalmente válida ela será, e maior será a aproximação com o nível de segurança jurídica e paz social que se deseja em uma sociedade, pois é em função de um 'auditório' que qualquer argumentação se desenvolve[104]. Robert Alexy, analisando a teoria da argumentação de Perelman, afirma:

> O conceito básico da teoria de Perelman é o de auditório (auditoire). Este é o conjunto daqueles sobre os quais o orador quer influir por meio de sua argumentação. Para determinar o auditório ao qual se dirige um orador, é necessário conhecer as intenções deste. Assim, o auditório de um orador no parlamento pode ser sua fração, o parlamento ou todo o povo. A finalidade de toda argumentação é alcançar ou fortalecer a adesão do auditório. (ALEXY, 2011, p. 159)

A ilustração feita por Alexy refere-se a um orador parlamentar, mas pode ser remetida sem dificuldades ao Supremo Tribunal Federal, bem como a qualquer outro agente estatal que edite normas jurídicas de cunho obrigatório aos indivíduos.

Destarte, os membros do STF, ao fundamentar suas decisões nos termos do art. 93, inciso IX, da CF, também estão produzindo argumentação jurídica perante seu *auditório*, principalmente se levada em conta que sua decisão terá efeitos vinculantes. Assim, seu *auditório* será a sociedade civil inteira, e não apenas as partes do processo constitucional. A compreensão do *auditório*, inclusive, passa necessariamente pela identificação das decisões vinculantes com as fundamentações delineadas pelos demais órgãos do Poder Judiciário, tendo em vista a necessidade de evitar indevida incoerência sistêmica causada pela violação ao princípio da unidade do Poder Judiciário[105].

---

104 Nesse aspecto, vale grifar que não se trata de um conceito literal de auditório, em que há um conjunto definido de pessoas que estão a ouvir um determinado orador, pois: "[...] *todo discurso se dirige a um auditório, sendo muito frequente esquecer que se dá o mesmo com todo escrito. Enquanto o discurso é concebido em função direta do auditório, a ausência material de leitores pode levar o escritor a crer que está sozinho no mundo, conquanto, na verdade, seu texto seja sempre condicionado, consciente ou inconscientemente, por aqueles a quem pretende dirigir-se.*" (PERELMAN; OLBRECHTS-TYTECA, 2005, p. 6-7).

105 A esse respeito, Perelman vaticina: "*Pareto observou admiravelmente, em páginas penetrantes, que o consentimento universal invocado o mais das vezes não passa da generalização ilegítima de uma intuição particular. É por esta razão que é sempre temerário identificar com a lógica a argumentação para uso do auditório universal, tal como a própria pessoa o concebeu. As concepções que os homens criaram no curso da história dos 'fatos objetivos' ou das 'verdades evidentes' variaram o bastante para que nos mostremos desconfiados a esse respeito. Em vez de se crer na existência de um auditório universal, análogo ao espírito divino que tem de dar seu consentimento à 'verdade', poder-se-ia, com mais razão, caracterizar cada orador pela imagem que ele próprio forma do auditório universal que busca conquistar para suas opiniões. O auditório universal é constituído por cada qual a partir do que sabe de seus semelhantes, de modo a transcender as poucas oposições de que tem consciência. Assim, cada*

Essa abertura às demais fundamentações realizadas pelos órgãos do Poder Judiciário se faz ainda mais importante, se observado que, das duas técnicas argumentativas de flexibilização da teoria dos precedentes mais utilizadas – o *overruling* (reconhecimento de superação do precedente) e o *distinguishing* (desidentificação do caso concreto em relação ao precedente) – os juízes singulares, em contato direto com o cidadão que busca uma resposta do Poder Judiciário, somente podem fazer uso da desidentificação (o que pode levar inclusive a uma mutação constitucional do precedente)[106].

Assim posto, o Supremo Tribunal Federal, no exercício da interpretação constitucional levada a efeito na fundamentação de suas decisões, deve estar atento a seu auditório, já que a ele está condicionado, bem como tem o dever de zelar pela coerência sistêmica do Poder Judiciário, necessária à segurança jurídica, ínsita ao Estado Democrático de Direito.

É importante notar que a eficácia das decisões judiciais não é mais restrita às partes e ao objeto específico de uma lide individual, transcendendo os limites subjetivos usuais do processo e atingindo a sociedade inteira, o que é observado por meio da maior quantidade de casos nos quais as decisões do Supremo Tribunal Federal passam a ter efeitos vinculantes perante toda a sociedade, o que se confirma também pela possibilidade do manejo de ações como a reclamação, para o cumprimento e respeito destas decisões, e mesmo por quem sequer foi parte no processo do qual emanou a decisão.

Para que haja maior legitimidade democrática dessas decisões normativas, portanto, é indispensável aprimorar o acesso aos atos jurisdicionais, o que depende, dentre outras medidas e possibilidades, de maior autocontenção dos atos judiciais normativos. Assim, deve o Supremo Tribunal Federal estimular a participação direta deste auditório em suas decisões, a fim de legitimar democraticamente as normas jurídicas que por ele são produzidas na edição de decisões com efeitos vinculantes *erga omnes*.

Não se quer dizer com isso que as decisões do STF dependam da literal adesão ou aceitação de seu auditório, mas sim que, quanto mais aceitação e abertura para participação do auditório houver, melhor fundamentada e válida será a decisão judicial, que terá sido legitimada por um processo constitucional democrático. Esta mudança para um paradigma de participação, por

---

cultura, cada indivíduo tem sua própria concepção do auditório universal, e o estudo dessas variações seria muito instrutivo, pois nos faria conhecer o que os homens consideraram, no decorrer da história, real, verdadeiro e objetivamente válido." (PERELMAN; OLBRECHTS-TYTECA, 2005, p. 36-37).

106 Erik Navarro Wolkart, no texto doutrinário '*Súmula vinculante - necessidade e implicações práticas de sua adoção (o processo civil em movimento)*', comunga deste entendimento: "No Brasil, portanto, só a mais alta Corte do país – aquela que detém legitimidade exclusiva para criar o precedente vinculante – é quem poderá operar o overruling, sempre de forma explícita. Desse modo, o overruling não é técnica acessível às demais instâncias do poder judiciário para o afastamento de precedentes. Já o distinguishing parece estar à disposição dos nossos juízes, para, no caso concreto, afastar a aplicação do precedente sumulado. Naturalmente, tal postura é restrita a circunstâncias muito especiais. O juiz reconhece a existência do precedente, mas, identificando peculiaridades da causa sob julgamento, adapta a regra, sem abandoná-la por completo." (*In* WAMBIER, 2012, p. 295-296).

sua vez, implicará, indubitavelmente, uma maior estabilidade social e segurança jurídica para o Estado de Direito, e em muito difere – saliente-se – do conceito impreciso e de duvidosa existência de "opinião pública", que de fato não deve presidir debates técnico-jurídicos, pois costumeiramente está acompanhado de preconceitos e confunde-se com o senso comum (MORETZSOHN, 2007 p. 90).

O Supremo Tribunal Federal passou a ser um importante centro emanador de normas jurídicas consubstanciadas em decisões de eficácia e vinculação geral, passíveis de coerção por meio de reclamação constitucional, por vezes ocupando o vazio institucional deixado pelo Poder Legislativo, cuja representatividade se vê cada vez mais questionada. Deste modo, com atribuições e competências em abstrato que sobejam a normalidade da separação institucional entre os poderes, somadas ao seu comportamento concreto perante a comunidade jurídica e a sociedade, o Supremo Tribunal Federal deve ter o cuidado de não se transformar em uma instituição hiper-relativizada, sobrepujando-se aos demais poderes da República. Neste ponto, a chave para o sucesso do equilíbrio institucional é simples: acesso democrático a todos os mecanismos de poder e de formulação de decisões, mas sem perspectivas oníricas contraditórias de que a corte constitucional seria a detentora única da interpretação fiel da Constituição. Jurgen Habermas explana a visão que deve presidir os trabalhos de uma corte constitucional:

> A discussão sobre o tribunal constitucional – sobre seu ativismo ou automodéstia – não pode ser conduzida in abstracto. Quando se entende a constituição como interpretação e configuração de um sistema de direitos que faz valer o nexo interno entre autonomia privada e pública, é bem-vinda uma jurisprudência constitucional ofensiva (offensiv) em casos nos quais se trata da imposição do procedimento democrático e da forma deliberativa da formação política da opinião e da vontade: tal jurisprudência é até exigida normativamente. Todavia, temos que livrar o conceito de política deliberativa de conotações excessivas que colocariam o tribunal constitucional sob pressão permanente. Ele não pode assumir o papel de um regente que entra no lugar de um sucessor menor de idade. Sob os olhares críticos de uma esfera pública jurídica politizada – da cidadania que se transformou na 'comunidade dos intérpretes da constituição' – o tribunal constitucional pode assumir, no melhor dos casos, o papel de um tutor. A idealização desse papel, levada a cabo por juristas ufanos, só faz sentido quando se procura um fiel depositário para um processo político idealisticamente acentuado. Essa idealização, por sua vez, provém de um estreitamento ético de discursos políticos, não estando ligada necessariamente ao conceito de política deliberativa. Ela não é convincente sob pontos de vista da lógica da argumentação, nem exigida para a defesa de um princípio intersubjetivista. (HABERMAS, 1997, p. 346-7).

Ora, a menção à 'comunidade dos intérpretes da constituição' feita pelo filósofo alemão remete aos pontos de partida da interpretação constitucional supracitados: a interpretação constitucional como concretização axiológica e participação da sociedade civil democraticamente organizada, de modo indissociável à realidade fática (HABERLE, 1997 e HESSE, 1991). Em suma: é necessária a maior participação da sociedade no processo de interpretação e concretização da Constituição, e quanto mais bem-sucedido for este processo, mais próximo de um Estado Democrático de Direito real estaremos.

Sob esse aspecto, o ordenamento permite a participação da sociedade civil no processo comum e no processo de índole constitucional, por meio da figura do *amicus curiae*, o que se colhe, por exemplo, do art. 14, §7° da Lei 10.259/2001 (recursos nos JEF's), do art. 482, §3° do Código de Processo Civil (controle de constitucionalidade nos Tribunais), dos arts. 7°, §2° e 18 da Lei 9.868/99 (ADI's e ADC's), do art. 6°, §1°, da Lei 9.882/99 (ADPF), do art. 3°, §2°, da Lei 11.417/2006 (súmulas vinculantes), e do art. 543-A, §6°, do CPC (repercussão geral do recurso extraordinário). Observe-se, em relação a todos estes exemplos, que se tratam exatamente de processos que podem culminar em decisões de efeitos vinculantes a todas as esferas de Poder, com reflexos diretos à sociedade.

A participação da sociedade civil organizada no processo constitucional, portanto, deve ser conciliada com a constatação de que o STF não é apenas um órgão produtor de decisões judiciais *inter partes*, mas também um guardião da Constituição emanador de inúmeras decisões judiciais com efeitos vinculantes. Essa conciliação perpassa pela busca da diminuição do campo de discricionariedade do STF na produção de suas "normas judiciais" e no respeito e consideração às opiniões dissonantes do *auditório* ao qual se dirigem suas decisões, porquanto o Poder Judiciário carece de representação democrática direta, e, ao editar suas "normas judiciais", o STF não pode prescindir do respeito às opiniões de seu *auditório*, ao qual dirigirá suas decisões judiciais de efeitos vinculantes, e isto passa pelo acréscimo de legitimidade democrática com a estimulação da participação da sociedade civil em seus processos constitucionais e pelo decréscimo da discricionariedade judicial dos membros do Supremo Tribunal Federal.

Há, porém, dois bons exemplos extraídos da vida real de que o STF não vem se portando com o perfil habermasiano de protetor (e não de regente) do debate democrático constitucional.

O primeiro deles é o fato de que o STF já editou 55 súmulas vinculantes (1 a 29, 31 e 56)[107], mas destas 55 súmulas, apenas quatro delas (menos de 10%) adveio de provocação por parte de ente legitimado a tanto, nos termos do art. 3° da Lei 11.417/2006. Tratam-se das Súmulas Vinculantes n° 14 e 47, propostas pelo Conselho Federal da OAB, da Súmula Vinculante n° 35, proposta pelo Procurador-Geral da República, e da Súmula Vinculante n° 56, proposta pelo Defensor Público-Geral da União. Todas as demais súmulas vinculantes existentes foram editadas *ex officio* pelo próprio STF, a imensa maioria por iniciativa de algum de seus ministros, especialmente os ministros Gilmar Mendes e Ricardo Lewandowski. Em todas as súmulas vinculantes, não houve o amplo

---

107 Disponível em: <http://portal.stf.jus.br/textos/verTexto.asp?servico=jurisprudenciaSumula Vinculante>. Acesso em 14 jan. 2018.

e necessário debate público entre a sociedade civil organizada, e demais entes legitimados, anteriormente às suas edições, não se observando razoabilidade na duração dos processos de suas formações. O debate foi circunstancial, cingindo-se ao Plenário da Corte, não tendo havido qualquer abertura democrática legitimatória ao *auditório* destinatário das decisões da Corte. Patrícia Perrone, avaliando os mecanismos de comunicação e diálogo entre o STF e a sociedade, assim afirma:

> Um estudo crítico desenvolvido a partir das cinco primeiras audiências públicas realizadas pelo Supremo Tribunal Federal indicou a necessidade de aperfeiçoamento de três aspectos principais do instituto: i) a definição de critérios objetivos para inadmissão de participantes, já que a finalidade das audiências públicas é garantir a participação da sociedade na interpretação da Constituição; ii) a realização de um debate amplo, não limitado a aspectos técnicos, mas voltado igualmente para a compreensão da 'vontade social' relacionada ao assunto em apreciação; e iii) a necessidade de que as informações e os argumentos apresentados nas audiências sejam realmente considerados e enfrentados pelo STF em seu processo de decisão. O ajuste desses três pontos, alega-se, possibilitaria maior abertura democrática do Tribunal e evitaria a utilização das audiências como mera forma de legitimar uma visão predefinida do problema. (MELLO, 2015, p. 341).

Atente-se, ainda, à leitura da tímida regulamentação da participação de terceiros no processo de edição, cancelamento e revisão de súmulas do STF, trazido pela Resolução 388/2008, misturando-se, inclusive, aquelas que sejam vinculantes com as não vinculantes e meramente persuasivas. Leia-se a resolução, firmada pelo então presidente do STF, Min. Gilmar Mendes:

> Art. 1º Recebendo proposta de edição, revisão ou cancelamento de súmula, vinculante ou não, a Secretaria Judiciária a registrará e autuará, publicando edital no sítio do Tribunal e no Diário da Justiça Eletrônico, para ciência e manifestação de interessados no prazo de 5 (cinco) dias, encaminhando a seguir os autos à Comissão de Jurisprudência, para apreciação dos integrantes, no prazo sucessivo de 5 (cinco) dias, quanto à adequação formal da proposta.
>
> Art. 2º Devolvidos os autos com a manifestação da Comissão de Jurisprudência, a Secretaria Judiciária encaminhará cópias desta manifestação e da proposta de edição, revisão ou cancelamento de súmula aos demais Ministros e ao Procurador-Geral da República, e fará os autos conclusos ao Ministro Presidente, que submeterá a proposta à deliberação do Tribunal Pleno, mediante inclusão em pauta.
>
> Art. 3º A manifestação de eventuais interessados e do Procurador-Geral da República dar-se-á em sessão plenária, quando for o caso.
>
> Art. 4º A proposta de edição, revisão ou cancelamento de súmula tramitará sob a forma eletrônica e as informações correspondentes ficarão disponíveis aos interessados no sítio do STF.
>
> Art. 5º Esta Resolução entra em vigor na data de sua publicação.[108]

---

108 Disponível em: <http://www.stf.jus.br/ARQUIVO/NORMA/RESOLUCAO388-2008.PDF>. Acesso em: 14 jan. 2018.

O segundo exemplo é extraído do que ocorreu especificamente na arguição de descumprimento de preceito fundamental n. 54, cujo objeto era a descriminalização do aborto de fetos anencéfalos, e na qual o ministro relator entendeu inoportuna a admissão do *amicus curiae*, e que não havia um direito subjetivo público de ingresso nos processos constitucionais por parte de instituições que quiseram apresentar seus argumentos favoráveis e contrários à tese ali debatida. Posteriormente, contudo, o ministro entendeu pela necessidade de convocar uma audiência pública para ouvir estes mesmos segmentos da sociedade civil, o que, na prática, ensejou abertura no processo, mas criou, ao fim, um precedente de prática procedimental autoritária dos processos constitucionais de eficácia *erga omnes*.

Por meio desses dois exemplos percebe-se que o Supremo Tribunal Federal tem demonstrado uma atuação defensiva e controladora da participação da sociedade em seu processos, agindo como regente único de processos de interesse público amplo e aberto, contrariamente ao apregoado acertadamente por Jurgen Habermas; o Tribunal deveria apenas tutelar e proteger o amplo acesso da sociedade civil organizada à fundamentação desses processos, já que os efeitos de suas decisões a todos vinculariam, mesmo que estas instituições da sociedade civil não tivessem sido partes no processo ou não houvesse legitimidade para o ajuizamento da ação constitucional respectiva. Cassio Scarpinella Bueno, ao analisar a decisão na ADPF 54, assim se manifestou:

> Não obstante o acerto dessa decisão, é difícil não ver na recusa do Ministro Marco Aurélio de 'simplesmente' admitir a intervenção de *amici curiae* nas arguições de descumprimento fundamental na linha do que é expressamente previsto para as ações diretas de inconstitucionalidade uma forma de evitar a criação de um precedente. Precedente no sentido de que, em casos futuros, não restaria ao Supremo Tribunal Federal outra solução que não a de admitir, sempre, a maior abertura possível para a manifestação organizada de todos os valores difusos na sociedade que, de uma forma ou de outra, fazem-se presentes nas várias arguições de descumprimento fundamental que estão em trâmite perante aquela corte e, ainda, naquelas que serão ajuizadas. Entendemos que deve ser louvada a iniciativa de Sua Excelência na realização do que ele chamou de 'audiência pública'. Seus efeitos práticos, não há como negar, são os mesmos que adviriam de manifestações espontâneas de *amici curiae*. O que releva destacar, no entanto, é que a 'convocação' da audiência pública por parte do Relator é forma, ainda que indireta, de inibir a voluntariedade na manifestação e, pois, de reduzir ou, quando menos, controlar a forma de acesso ao Supremo Tribunal Federal nas hipóteses em que o controle concentrado de constitucionalidade está sendo exercido. É buscar 'transformar' uma intervenção que pode ser 'espontânea' em uma intervenção 'provocada', partindo do pressuposto de que, com essa alteração, o juiz pode manter maior controle daqueles que intervêm no processo, mesmo que na qualidade de *amicus curiae*. (BUENO, 2012, p.195-196).

Da mesma forma, Gustavo Santana Nogueira, ampliando essa discussão para o ambiente de todos os Tribunais:

O *amicus* deve ser valorizado, sobretudo em julgamentos que terão a aptidão de produzir um precedente para o futuro. Para que o ingresso do *amicus* comece a ser assimilado pela comunidade jurídica, até virar um hábito, é preciso que os Tribunais façam uma divulgação maior da intimação que estão fazendo para permitir o seu ingresso. Ainda que inicialmente a procura seja pequena, com o tempo, com a maior valorização do precedente, a tendência é que haja uma maior participação da sociedade. Defendemos ainda a ampliação para pessoas físicas, não podendo ser descartada a colaboração que valorosos doutrinadores brasileiros podem fornecer para o enriquecimento do debate. Mas obviamente não basta a ampliação do ingresso do *amicus*, sendo necessário que o Tribunal não só ouça o *amicus* mas também, e principalmente, que ele leve em consideração os argumentos do *amicus*. Permitir o ingresso do amigo da Corte para que ele se manifeste, e depois decidir a causa como se não tivesse o terceiro manifestado opinião nenhuma é tornar a democratização do processo – condição necessária para a vinculação do precedente – letra morta. O ingresso do *amicus curiae* só vai efetivamente surtir efeitos a partir do momento em que os Tribunais começarem a debater as questões jurídicas envolvidas no litígio junto com os *amici curiae*, ou seja, dialogando com a sociedade. Se a sociedade pode, e deve, participar do julgamento dos casos que servirão para criar um precedente para o futuro, é primordial que seus argumentos sejam discutidos pelo órgão julgador. (NOGUEIRA, 2013, p. 242-243).

Não se olvide que, com seu comportamento normatizante, o Supremo Tribunal Federal está apenas trazendo para seu espaço, de modo desnecessário, um problema que deveria ser resolvido no Poder Legislativo. Dir-se-á, em contradita, que o STF é guardião da Constituição e por ela deve velar ativamente; se há determinações de sua atuação, que assim se proceda. Porém, em réplica, responde-se: a continuar na forma como está, o Supremo Tribunal Federal está apenas aumentando o *déficit* de democracia, cidadania e confiança, não colaborando para a construção de uma sociedade civil que participe ativamente da vida política por meio do bastante combalido e criticado Poder Legislativo. Deste modo, apenas o corpo técnico que está ordinariamente legitimado ao processo constitucional é que vivenciará debates sobre a Constituição havidos na lida forense, o que não se deseja em um Estado que almeja estar democraticamente legitimado. O Estado Democrático de Direito, dependente de uma clara separação de Poderes, tende a se tornar um indesejado peso, um Leviatã de proporções assustadoras em relação a uma sociedade tíbia e uma democracia jovem.

Além disso, antes de qualquer decisão com efeito vinculante, o STF deve refletir consideravelmente sobre a pré-compreensão que possui sobre o tema e sobre o *auditório* ao qual se dirigirá tal efeito vinculante, em vez de apenas considerar argumentos puramente racionais e lógicos em suas decisões, sob pena de se transformar em um órgão judiciário de perfil ditatorial, em réplica análoga, *mutatis mutandis*, a pretéritos (e atuais) perfis estatais caracterizados por um Executivo hipertrofiado e um Legislativo de baixa representatividade.

Desse modo, cabe aos ministros do STF, incrementando o acesso à jurisdição e promovendo a confiança do cidadão no Estado-juiz, *"em vez de man-*

terem os indivíduos à parte da república, se constituir, dependendo dos operadores sociais, em uma pedagogia para o exercício das virtudes cívicas" (VIANNA, 1999, p. 150), construindo e reconstruindo a imagem de seu *auditório* (sociedade civil), transcendendo-lhes a opinião e incrementando sua participação na interpretação constitucional, a fim de conferir concretização constitucional e legitimidade democrática a suas decisões de efeitos vinculantes, sob pena de estas se tornarem ineficazes e inválidas pela natural desconsideração que a realidade social vivenciada pelo *auditório* eventualmente lhes imponha[109].

Se assim se desenvolver o processo constitucional no Supremo Tribunal Federal, em especial aquele que resulte em decisões judiciais detentoras de efeito vinculante, o que *a priori* se revelou como excesso de normatização judicial e desequilíbrio entre os Poderes, poderá se caracterizar em um exemplar processo indutivo de abertura, transparência, cidadania e democracia, pautas sociais e axiológicas tão ausentes no Brasil.

O Estado de Direito se fortalecerá, com reforço significativo à segurança jurídica e à promoção da confiança do cidadão no acerto das decisões do Estado-juiz.

6.3.2 - Acesso ao ato jurisdicional por meio da maior participação do jurisdicionado nos atos do processo

O ambiente do Poder Judiciário, não raras vezes, é agressivo ao cidadão comum, às pessoas que desconhecem os procedimentos adotados por juízes, servidores e demais órgãos essenciais à Justiça. Assim, a parte de um determinado processo deve ter real conhecimento de que sua situação pessoal poderá ser agravada com alguma mudança potencial de entendimentos jurisprudenciais, não podendo ser surpreendida com decisões inovadoras.

Essa maior intensidade de acesso ao ato jurisdicional pode se dar por meio da atuação judicial mais próxima da parte, com a realização de atos pro-

---

[109] "O Brasil é o único país do mundo que tem súmulas. A origem das nossas súmulas no direito comparado, o assento português, desapareceu há algum tempo e foi substituído por um recurso que produz um precedente que tem a mesma função da súmula: orientar o julgador para um caso futuro semelhante. Hoje consideramos quase impossível que o STF e o STJ simplesmente renunciem ao direito de editar enunciados que traduzam o resumo da ratio decidendi de alguns precedentes, mas o que propomos não é a pura e simples eliminação das súmulas, mas sim uma eliminação gradual, acompanhada de outras medidas. O problema das súmulas é a sua pretensão de sintetizar uma ratio decidendi extraída dos precedentes escolhidos para justificar a sua edição em poucas linhas. É muito difícil conseguir, via súmula, expressar o verdadeiro significado de um precedente, e isso provoca a sua má aplicação, e ainda diminui a sua força. A partir do momento em que um precedente – verdadeiro leading case – é decidido pelo Tribunal com a consciência de que está diante de um leading e paradigmático case, a tendência desse Tribunal é debater com mais intensidade as questões de direito que ali se colocam, produzindo assim um julgamento mais rico e de mais qualidade. Julgamentos posteriores, que deveriam ser reduzidos – quiçá eliminados – produzem uma frutificação inútil de precedentes que vão tornando o leading case mais distante e mais empobrecido, até que ele 'morre' de vez quando aqueles reiterados precedentes são sintetizados em uma súmula." (NOGUEIRA, 2013, p. 248).

cessuais diretos com a parte, como a realização de audiências (de instrução ou conciliação), depoimentos pessoais, audiências públicas, inspeções judiciais, o que fará com que partes e Magistratura se aproximem, e o acesso ao ato jurisdicional seja ampliado.

Ainda, a respeito de propiciar maior acesso e participação nos atos judiciais, se faz necessária uma referência à ausência de conciliação entre o Estado e o cidadão, nos processos envolvendo direito previdenciário, o que vem prejudicando um acesso direto e efetivo do cidadão ao ato jurisdicional.

De acordo com estudos que realizamos no conjunto de sentenças prolatadas pelos cinco Juizados Especiais Federais especializados em matéria previdenciária[110] do centro do Rio de Janeiro/RJ, em uma pesquisa desenvolvida no curso deste doutoramento para avaliação da audiência prevista no art. 334 do então recentíssimo CPC, apenas entre janeiro de 2014 e fevereiro de 2015 foram proferidas 34.297 (trinta e quatro mil, duzentas e noventa e sete) sentenças de primeiro grau, em processos entre os cidadãos e a Administração Pública Previdenciária (INSS). Dessas, devem ser excluídas aquelas sentenças que se refiram à extinção do feito sem o julgamento do mérito e aquelas prolatadas em embargos de declaração. Estas espécies de sentença foram exatamente 5.892 (cinco mil, oitocentos e noventa e duas). Desta forma, tem-se um universo de 28.405 (vinte e oito mil, quatrocentos e cinco) processos nos quais o magistrado produziu sentença com a análise de seu mérito. Porém, destas, houve <u>apenas 428 sentenças</u> em que as partes se dispuseram a alguma espécie de conciliação, em sua imensa maioria por escrito, sem a presença física de representante do INSS e sem a participação direta do cidadão. Ou seja, em apenas 1,5% (um e meio por cento) das sentenças de processos envolvendo a Administração Pública Previdenciária e o cidadão houve a possibilidade de conciliação.

Essa realidade apenas vem a confirmar a tese esposada por José Antonio Savaris, acerca dos motivos que levam o INSS e os advogados previdenciários a destinar pouca importância à conciliação e a outros meios alternativos de solução de conflitos que o envolvam:

> Na esfera judicial, a entidade previdenciária não raro aparenta assumir a vocação de retardar, o quanto possível, a satisfação do direito material buscada pelo indivíduo, muitas vezes deixando de lado, com evasivas diversas, a possibilidade de conciliação e, consequentemente, de uma grande e louvável – esta sim – redução de despesas. O problema da falta de acordos nos processos previdenciários, mormente nos juizados especiais federais, passa pela ausência de uma cultura favorável à transação. Os efeitos negativos desta propensão ao exaurimento dos efeitos de um litígio são sentidos dramaticamente por aquele que, via de regra, tem menos voz à pergunta conciliatória. Percebe-se do cotidiano que ao procurador da autarquia federal não interessa entrar em

---

110 O estudo foi realizado nos arquivos eletrônicos das sentenças de cada um dos processos, disponíveis no sistema de banco de dados processuais da Justiça Federal do Estado do Rio de Janeiro, conhecido como Apolo, acessível mediante autorização, respeitado o sigilo individual de dados pessoais de cada uma das partes envolvidas.

acordo porque isto constitui postura discricionária com potencialidade de expô-lo à eventual supervisão do ato. Nutre-se a ideia de que sem uma pauta bem definida para a transação, a exposição à auditagem representa um custo excessivo, um risco desproporcional se comparado aos efeitos da postura mecânica de exaurir toda possibilidade de recurso. Aliás, a lógica do mau pagador é ainda o paradigma da atuação do Poder Público em juízo. Também ao advogado da parte autora a ausência de acordo pode traduzir uma via de conveniência, por motivos óbvios: a contratação da verba honorária se dá, na maioria das vezes, sobre eventuais diferenças devidas pelo instituto do seguro social. Se o profissional consegue antever o sucesso da demanda como uma questão de tempo, pode não ser incentivado a conciliar, já que não se encontra sob o jugo da destituição. A cultura do litígio ainda é estimulada pela gratuidade de justiça e pela ausência de ônus sucumbenciais imediatos propiciada pela assistência judiciária – que nestes feitos é regra. Isso conduz a uma litigância abusiva com sua contribuição para a demora e congestionamento. Do outro lado do triângulo, o magistrado acaba por não criar um espaço ou ambiente processual para o acordo. A tentativa de conciliação pode ser vista como um ataque à celeridade. A elaboração da sentença pode ser mais rápida e menos desgastante que a atividade conciliatória. Por isso esta é desempenhada muitas vezes por conciliadores que não são magistrados. Conciliadores que não oferecem nada à conciliação, conciliadores de nome, em uma cultura que prefere a forma ao conteúdo. (SAVARIS, 2018, p. 151-152).

Notou-se, nesse estudo empírico, ser muito mais fácil encontrar no cotidiano forense ações individualizas, repetitivas e atomizadas de megaconflitos, passíveis de solução coletiva, do que presenciar a disposição das partes ao consenso e à conciliação. Essa cultura adversarial e de litigiosidade finca raízes sociológicas em uma realidade perversa de competitividade extrema, típica de países com economia embasada em um liberalismo primitivo e com desenvolvimento social e econômico tardio como o Brasil. Essas raízes sociológicas afastam e dificultam o acesso do cidadão ao ato jurisdicional e quebrantam sua confiança no Estado-Juiz.

O caráter adversarial das lides brasileiras e o processamento individualizado de demandas idênticas, juntamente com a quase total ausência de conciliação em matéria previdenciária demonstram o distanciamento indesejado entre Estado-juiz e jurisdicionado, o que afeta sua segurança jurídica; nota-se, portanto, como é relevante incrementar esta segurança, promovendo a confiança com a alteração destes comportamentos para aproximar todos os envolvidos, seja no ajuizamento, na conciliação, na instrução ou no julgamento de demandas. Como afirma Leonardo José Carneiro da Cunha:

> O direito brasileiro, a partir da Resolução 125/2010 do Conselho Nacional de Justiça e com o Código de Processo Civil de 2015, construiu um sistema de justiça muiltiportas, com cada caso sendo indicado para o método ou técnica mais adequada para a solução do conflito. O Judiciário deixa de ser um lugar de julgamento apenas para ser um local de resolução de disputas. Trata-se de uma importante mudança paradigmática. Não basta que o caso seja julgado; é preciso que seja conferida uma solução adequada que faça com que as partes

saiam satisfeitas com o resultado. A partir da exigência de uma Administração Pública eficiente (CF, art. 37), que desenvolva um adequado modelo de gestão e incorpore técnicas da administração gerencial, e diante do incremento das ideias democráticas, a atividade administrativa passou a exigir maior participação social institucionalizada; o particular passa a poder participar da construção das decisões administrativas, sendo compartícipe da gestão pública. Há enfim, uma atuação administrativa consensual. (CUNHA, 2018, p. 686).

Nesse sentido, o amplo acesso aos atos jurisdicionais, com publicidade e com a participação direta do jurisdicionado, com conciliações efetivas e diretas, por exemplo, são medidas que se fazem necessárias à promoção da segurança jurídica e da confiança do cidadão.

Além disso, bons exemplos dessa participação direta também são extraídos dos procedimentos de juizados especiais, nos quais a parte pode ingressar com ação judicial inclusive sem advogado, nos quais a oralidade e a informalidade são princípios norteadores do curso processual.

Note-se, ainda, que o CPC de 2015 prevê medidas que corporificam o ideário de um processo judicial mais participativo e cooperativo, como determinar que *"Todos os sujeitos do processo devem cooperar entre si para que se obtenha, em tempo razoável, decisão de mérito justa e efetiva"* (art. 6º) e ao dispor que o juiz poderá designar audiência para saneamento do processo em cooperação com as partes (art. 357, §3º)[111]. Entretanto, essa busca por maior cooperação precisa ser praticada e identificada na realidade social, o que ainda não ocorreu, pois o ideário conciliatório já era teorizado e idealizado no Código de Processo Civil de 1973, sem muita eficácia, contudo.

---

111 Algumas ideias promotoras da confiança e da segurança jurídica, com maior acesso ao ato jurisdicional, especialmente no que atine a conciliações e mediações, podem vir de uma interpretação, no caso concreto, do interesse de agir e do direito de defesa pela perspectiva cooperativa. Ou seja, conjugando os arts. 6º e o art. 334, § 5º do CPC de 2015, as partes não podem ter o direito potestativo de se negar à composição por meio da audiência de conciliação ou mediação, meramente indicando seu desinteresse, *sem qualquer justificativa razoável*. Assim, as partes e seus representantes devem apresentar, de modo claro e preciso, os motivos pelos quais não podem fazer a conciliação ou a mediação e preferem ocupar o tempo e os recursos do Poder Judiciário para tanto. O magistrado, em seguida, deve realizar um juízo de proporcionalidade de tais justificativas, de modo a impedir o abuso do direito de ação e do direito de defesa, utilizando-se com maior frequência, se for o caso, do *contempt of court* trazido no 334, §8º do CPC de 2015; da extinção do feito sem julgamento do mérito com base no art. 330, III, CPC/2015, por falta de interesse de agir com o indeferimento da petição inicial (em caso de abuso do direito de ação); ou da extinção do feito com julgamento antecipado, total ou parcial, do mérito, na forma dos arts. 355 e 356 do novo CPC (em caso de abuso do direito de defesa). Some-se a isso a interpretação que deve ser dada ao art. 334, §4º, II, do CPC/2015, não aceitando argumentos potestativos da Fazenda Pública pela impossibilidade *a priori* de autocomposição em lides que a envolvam. E, ainda, a flexibilização da distribuição do ônus da prova pelo magistrado, possibilitada pelo art. 373, §1º do novo CPC, e a suspensão da audiência de conciliação ou mediação (art. 334, §2º do novo CPC), que podem ser melhor utilizadas, quando se está diante de processos envolvendo litigantes habituais, como empresas concessionárias e a Fazenda Pública.

O processo judicial desenvolvido com o acesso à informação jurisdicional e aberto à participação legitimatória pertinente, certamente, aumentará a relação de confiança entre o cidadão e o Estado-juiz, e permitirá que o Estado possa demonstrar a inexistência de confiança individual a ser protegida no caso concreto (dado o cumprimento da obrigação de permitir o devido acesso prévio à informação estatal e a participação plena do jurisdicionado no curso do processo). Consequentemente, representará um incremento de legitimidade dos atos jurisdicionais.

6.3.3 - Acesso ao ato jurisdicional por meio da coletivização das demandas

Complementarmente ao capítulo precedente, a ampliação de acesso ao ato jurisdicional, em patamares significativos de promoção da igualdade, também poderá ser feita por meio de incremento do manejo de ações coletivas, ajuizadas por instituições com representatividade adequada ou pelo Ministério Público ou Defensoria Pública, em defesa do maior número possível de pessoas a serem beneficiadas por eventual decisão favorável.

O tratamento coletivo de ações relativas a pleitos individuais repetitivos, desse modo, é medida de modernização da Justiça, pois evitaria grande quantidade de processos, reais ou potenciais. Neste ponto, não pode ser desprezada a importante inovação trazida nos arts. 976 a 987 do CPC de 2015, com o Incidente de Resolução de Demandas Repetitivas, o IRDR. A priorização às ações individuais em detrimento de medidas coletivas pode vir a causar evidentes inseguranças jurídicas e desigualdades, já que os órgãos jurisdicionais podem julgar as causas de modo distinto, se não houver uma uniformização do entendimento entre os órgãos julgadores. É esse o panorama no qual o Brasil se encontra atualmente, onde essas divergências propiciadas por um processo mais individualizado fazem com que o sistema obtenha índices de legitimação e confiança ruins, essencialmente conectados com uma visão egoísta de que os interesses individuais devem ser preconizados. Tudo isso leva a descrédito e desconfiança com a prestação jurisdicional, extremamente perniciosos para as relações entre a sociedade e o Estado, exatamente o contrário do que ocorre quando se priorizam meios como a mediação, conciliação e arbitragem.

Um exemplo de aplicação concreta do princípio da proteção da confiança em questões previdenciárias coletivas pode ocorrer, por exemplo, quando a Administração Previdenciária vem a estabelecer, por algum instrumento infralegal (como decretos, portarias, instruções normativas, etc.), de maneira geral, para todos os segurados, dependentes e beneficiários, alguma regulamentação mais gravosa que extrapole os limites legais e constitucionais que lhes são impostos. Isto pode ocorrer, por exemplo, na definição de formas de cálculo de benefícios, em critérios de exclusão de determinados salários de contribuição do PBC de um segurado, no aumento do rigor interpretativo de categorias como carência e qualidade de segurado, etc.

Marcelo Borsio e Fabiano Targino, no artigo *'Pensão por morte no RGPS: qualidade de dependente. Aspectos polêmicos. Relações afetivas heterodoxos'*, comentando sobre a caracterização de dependentes previdenciários, demonstram a relevância histórica da ação civil pública, para fins de proteção de minorias sociais:

> Como apontado anteriormente, não raro, a legislação previdenciária se mostra mais vanguardista que a civil, a exemplo do reconhecimento da união homoafetiva estável para fins de habilitação concorrente como dependente reconhecido pioneiramente em decisão proferida na ACP 2000.71.00.009347-0, Vara Previdenciária de Porto Alegre/RS, posteriormente convalidada na Portaria MPS n° 513/10, muito antes da decisão do STF acerca da mesma matéria, que só veio a lume em 2011. Insta lembrar que a evolução legislativa e doutrinária previdenciária tem caminhado no sentido de se desapegar da noção de entidade familiar, strito sensu, umbilicalmente ligada à vocação hereditária, para estabelecer progressivamente a qualificação de vocação previdenciária, passando a considerar como fator norteador a questão da dependência econômica. (*In* ROCHA et al (coord.), 2018, p. 294).

Podemos citar, além dessa ação civil pública relevante para a história da justiça brasileira, algumas outras causas de pedir previdenciárias coletivas que foram relevantes para o direito previdenciário:

- Ação Civil Pública n.º 5017267-34.2013.4.04.7100, da Justiça Federal de Porto Alegre/RS, na qual se reconheceu que o INSS não pode fixar idade mínima para o reconhecimento de tempo de serviço e de contribuição, de modo que menores e infantes poderão ter direito a benefícios previdenciários, mesmo que tenham exercido atividades em idade que seu trabalho é considerado ilegal[112];

- Ação Civil Pública n.º 5051528-83.2017.4.04.7100, da Justiça Federal de Porto Alegre/RS, na qual se reconheceu que as hipóteses em que a carência para a concessão de benefícios é dispensada, para fins de permitir que seguradas gestantes com gravidez de alto risco possam pleitear auxílio-doença[113];

- Ação Civil Pública n.º 0216249-77.2017.4.02.5101, da Justiça Federal do Rio de Janeiro/RJ, por meio da qual se garantiu aos segurados de todo o país que o INSS computasse, para fins de carência, os períodos em que foram percebidos benefícios por incapacidade temporária ou definitiva, desde que intercalados com períodos de contribuição (a IN n° 86/2016 do INSS apenas previa o direito aos beneficiários da região sul do Brasil)[114];

---

112 Disponível em: <https://www.conjur.com.br/2018-abr-12/inss-obrigado-reconhecer-tempo-trabalho-exercido-infancia>. Acesso em: 15 abr. 2018.

113 Disponível em: <https://www.conjur.com.br/2018-jan-12/gestacao-risco-nao-carencia-deferir-auxilio-doenca>. Acesso em: 15 abr. 2018.

114 Disponível em: <http://www.mpf.mp.br/rj/sala-de-imprensa/noticias-rj/mpf-rj-move-acao-para-contagem-igualitaria-de-prazo-na-concessao-de-beneficio-previdenciario-em-todo-o-brasil>. Acesso em: 15 abr. 2018.

- Ação Civil Pública n.º 5000295-09.2015.4.04.7200, da Justiça Federal de Santa Catarina, por meio da qual o TRF da 4 Região determinou que o INSS, em virtude de seu dever legal de oferecer acesso integral às medidas necessárias para a conclusão técnica de seu próprio perito, é obrigado a disponibilizar, gratuita e integralmente, exames complementares e pareceres especializados solicitados por peritos médicos da Previdência Social para concessão de benefício previdenciário ou assistencial, de modo que os segurados não são obrigados a custear os exames ou pareceres para concessão inicial, renovação ou restabelecimento de benefícios, nem realizá-los em instituições vinculadas ao Sistema Único de Saúde (SUS)[115];

- Ação Civil Pública n.º 0004911-28.2011.4.03.6183, da Justiça Federal de São Paulo/SP, por meio da qual, após acordo homologado judicialmente, o INSS se dispôs a efetuar administrativamente a revisão da renda mensal atual e o recálculo dos benefícios concedidos antes da vigência dos novos tetos do RGPS, estabelecidos pelo art. 14 da EC n.º 20/98 e pelo art. 5º da EC n.º 41/2003, que tenham sido abarcados pelo STF na decisão do RE n.º 564.354, em favor de cerca de 117.000 beneficiários de todo o país. O STF, recentemente, em 05/04/2017, no ARE 1.034.533, fixou a tese de que tal ação coletiva "interrompeu a prescrição, para fins do pagamento das parcelas vencidas referente revisão do teto da previdência previsto na EC nº 20/98 e nº 41/2003"[116]

- Ação Civil Pública n.º 5009219-91.2010.4.04.7100, da Justiça Federal de Porto Alegre/RS, por meio da qual se garantiu ao segurado contribuinte individual a equiparação ao segurado trabalhador empregado, para fins de prorrogação da qualidade de segurado a até 36 meses, para fins de desemprego, que poderá ser comprovado por qualquer meio de prova[117]

Uma outra ação coletiva relevante é aquela sobre tema que se convencionou nominar de 'revisão do art. 29, II da Lei 8.213/91'. Trata-se de revisão da RMI dos benefícios (auxílio-doença, aposentadoria por invalidez e pensão por morte deles decorrente) com DIB situada entre 29/11/1999 (data da edição do Dec. 3.265/99) e 19/08/2009 (data da edição Decreto 6.939/2009). Possuem direito à revisão, em tese, em razão da não observância da forma de cálculo prevista no artigo 29, II, da Lei nº 8.213/91, sonoramente desrespeitado, por quase dez anos, por textos infralegais, pois o Decreto 3.265/99, ao incluir o §3º do art. 188-A do RPS, estabeleceu sistemática de cálculo incompatível com o art. 29 da Lei 8.213/91. Eis a antiga redação do 3º do art. 188-A do RPS:

§ 3º Nos casos de auxílio-doença e de aposentadoria por invalidez, contando o segurado com salários-de-contribuição em número inferior a sessenta por cento

---

115 Disponível em: <https://www.conjur.com.br/2017-nov-14/exame-complementar-solicitado-perito-pago-inss>. Acesso em: 15 abr. 2018.

116 Disponível em: <http://www.stf.jus.br/portal/jurisprudencia/visualizarEmenta.asp?s1=000330122&base=baseMonocraticas>. Acesso em: 24 abr. 2018.

117 Disponível em: <https://www.conjur.com.br/2013-fev-19/trf-amplia-prazo-autonomo-desempregado-pedir-beneficios-inss>. Acesso em: 15 abr. 2018.

do número de meses decorridos desde a competência julho de 1994 até a data do início do benefício, o salário-de-benefício corresponderá à soma dos salários-de-contribuição dividido pelo número de contribuições mensais apurado.

Do mesmo modo, o Decreto 5.545/2005 instituiu regra divorciada do texto legal, ao incluir o §20 no art. 30 do RPS:

> § 20. Nos casos de auxílio-doença e de aposentadoria por invalidez, contando o segurado com menos de cento e quarenta e quatro contribuições mensais no período contributivo, o salário-de-benefício corresponderá à soma dos salários-de-contribuição dividido pelo número de contribuições apurado.

As ilegalidades somente foram corrigidas com a edição do Decreto 6.939/2009, que revogou o §20 do art. 30 e conferiu nova redação ao §4º do artigo 18 8-A do RPS, a saber:

> § 4º Nos casos de auxílio-doença e de aposentadoria por invalidez, o salário-de-benefício consiste na média aritmética simples dos maiores salários-de-contribuição correspondentes a oitenta por cento do período contributivo decorrido desde a competência julho de 1994 até a data do início do benefício.

É possível notar, portanto, que os decretos inovavam a ordem jurídica, superando o texto legal, ao permitir a consideração, na média de salários do trabalhador, das 20% menores contribuições, o que reduzia, na maior parte das situações, o benefício do interessado.

Note-se que o próprio INSS reconheceu administrativamente a ilegalidade, ao editar Memorando-Circular Conjunto nº 21/DIRBEN/PFEINSS, em 15/04/2010, pelo qual passou a conceder administrativamente os benefícios de auxílio-doença e aposentadoria por invalidez já com a correta observância do artigo 29, II, da Lei nº 8.213/91, reconhecendo o direito do segurado à revisão administrativa dos benefícios em manutenção. João Batista Lazzari e Carlos Alberto Pereira de Castro trazem a lume o histórico da relevante ação coletiva, que defendeu a segurança jurídica dos segurados atingidos pelo comportamento mais gravoso e ilegal da autarquia previdenciária, ocasionando, inclusive, alterações extrajudiciais de comportamento da autarquia:

> Cabe destacar também a propositura, em 22.3.2012, da Ação Civil Pública n. 0002320-59.2012.4.03.6183, proposta pela Procuradoria Regional dos Direitos do Cidadão de São Paulo e pelo Sindicato Nacional dos Aposentados para que o Instituto Nacional do Seguro Social (INSS) seja obrigado a realizar, de ofício, no prazo máximo de 90 dias, a revisão de todas as aposentadorias por invalidez, auxílio-doença e pensões por morte concedidas a partir de 29 de novembro de 1999, calculadas com base em 100% dos salários de contribuição. A liminar foi deferida com abrangência em todo o território nacional, para condenar o INSS a revisar, nos termos do artigo 188-A do Decreto n. 3.049/1999, com a redação dada pelo Decreto n. 6.939/2009, os benefícios de auxílio-doença, de aposentadoria

por invalidez e as pensões deles decorrentes que foram concedidos com base nos Decretos n. 3.265/1999 e n. 5.545/05, vale dizer, que foram calculados com base em 100% dos salários de contribuição, salvo em relação aos benefícios já corrigidos administrativamente, bem como aqueles casos em que já se operou a decadência (Decisão disponibilizada no Diário Eletrônico de 10.4.2012, Seção Judiciária de São Paulo). Para cumprimento da liminar o INSS propôs o seguinte calendário de pagamento: 'Os segurados com benefícios ativos passam a receber o aumento na folha de pagamento de janeiro de 2013, paga no início do mês de fevereiro do próximo ano. Para os segurados com mais de 60 anos, os atrasados já serão pagos na folha de fevereiro, que tem início no mês de março de 2013. De 2014 a 2016, recebem os atrasados os segurados com benefício ativo e que têm de 46 a 59 anos. Na sequência, de 2016 a 2019, recebem aqueles com até 45 anos. Já os segurados que já tiveram o benefício cancelado, mas cujo valor do benefício era inferior ao que é devido, receberão os atrasados entre 2019 a 2022'. (CASTRO; LAZZARI, 2018, p. 637-638).

É possível, portanto, a adoção de soluções processuais coletivas e ações civis públicas, ajuizadas pelo Ministério Público, associações ou pela Defensoria Pública, em defesa da segurança jurídica e da confiança, independentemente de se tratar de direito individual homogêneo, coletivo ou difuso, pois sempre haverá um interesse social qualificado a ele adjunto.

Nesse aspecto, o acompanhamento judicial e extrajudicial de medidas de caráter coletivo, vem enriquecendo a igualdade, a segurança jurídica e a efetividade da tutela da coletividade, e podem ser melhor exploradas no âmbito da instituições e associações, quando diante de relações conflitantes entre atos da administração e interesses de coletividades.

Em todos estes casos, o impacto das decisões dos conflitos previdenciários deve ser geograficamente definido (nacional, regional ou localmente) e, por essa mesma razão, costuma ter um impacto financeiro variável, pois nesses conflitos teremos em contraposição uma decisão da Administração Pública que poderá afetar interesses individuais homogêneos, de uma coletividade específica ou o direito difuso da sociedade à proteção previdenciária[118]. Essa observação nos conduz à constatação de que um conflito previdenciário pode exigir dos interessados maior capacidade de sinergia e organização em busca da defesa de seus interesses transindividuais, o que demandará um apoio jurídico e informacional intenso.

---

118 Assim a Lei 8.078/90 os diferencia: "Art. 81. A defesa dos interesses e direitos dos consumidores e das vítimas poderá ser exercida em juízo individualmente, ou a título coletivo. Parágrafo único. A defesa coletiva será exercida quando se tratar de: I - interesses ou direitos difusos, assim entendidos, para efeitos deste código, os transindividuais, de natureza indivisível, de que sejam titulares pessoas indeterminadas e ligadas por circunstâncias de fato; II - interesses ou direitos coletivos, assim entendidos, para efeitos deste código, os transindividuais, de natureza indivisível de que seja titular grupo, categoria ou classe de pessoas ligadas entre si ou com a parte contrária por uma relação jurídica base; III - interesses ou direitos individuais homogêneos, assim entendidos os decorrentes de origem comum."

6.4 - CONFIANÇA E ACESSO AO ATO ADMINISTRATIVO

6.4.1 - Acesso ao ato administrativo por meio do processo administrativo

O direito de petição não tem sido o bastante para permitir a maior participação do cidadão-administrado nos processos administrativos.

Tem sido comum que a autoridade administrativa decida os pleitos e processos sem qualquer participação adequada do cidadão, e sem a intimação direta do interessado. A realidade tem demonstrado que a Administração Pública cada vez mais dificulta o acesso direto do administrado à instrução dos processos administrativos de seu interesse, e cada vez mais se utiliza de ficções jurídicas, como a intimação por edital por exemplo, para comunicar suas decisões aos interessados, mesmo em se tratando de alterações mais gravosas de seus entendimentos.

Há, inclusive, quem entenda que a simples existência do princípio da proteção da confiança faça com que administradores evitem a divulgação das razões e fundamentação dos atos administrativos, o que é um raciocínio equivocado, de fácil objeção, pela ofensa da segurança jurídica que é proporcionada. É esclarecedora a explanação de Valter Shuenquener de Araújo:

> Existe também uma outra crítica à aplicação do instituto da tutela da confiança que parte da premissa de que a proteção das expectativas dos particulares produziria o danoso efeito de reduzir a vontade dos administradores de fornecer ou divulgar informações por conta do receio de que elas poderiam ser usadas contrariamente aos seus interesses. Com isso, com um número menor de informações disponíveis, o planejamento individual ficaria mais difícil e incerto. Quanto a esta objeção, vale lembrar que não existem provas de que a aplicação do princípio da proteção da confiança realmente provoca uma redução do volume de informações, especialmente, porque onde ele tem sido empregado não há indícios de que isso tenha ocorrido. Ao contrário, nos últimos anos tem havido um forte movimento no sentido de se assegurar transparência à Administração. Ainda que aconteça uma eventual diminuição do volume de informações transmitidas pelo Poder Público em razão da adoção do aludido princípio, isso precisa ser analisado em conjunto com o aumento na qualidade dessas manifestações. Se o administrador vier a fornecer alguma orientação, certamente disponibilizará aquela cuja certeza de preservação seja maior. A existência de uma expectativa legítima deve tornar-se, portanto, um importante aspecto a ser avaliado pelos agentes estatais quando da formulação de políticas públicas e da elaboração de seus atos. O princípio da proteção da confiança tende, dessa forma, a garantir um nível melhor das informações divulgadas, e isso deve ser considerado na hipótese de potencial redução do seu volume. (ARAÚJO, 2016, p. 124).

Dessa forma, a parte interessada em um determinado processo administrativo deve ter real conhecimento de que sua situação pessoal poderá ser agravada com alguma mudança potencial de entendimentos administrativos, não podendo ser surpreendida com decisões inovadoras. Do mesmo modo, é imperioso que seja diretamente intimada de decisões mais gravosas a suas situações jurídicas perante a Administração Pública e sejam criados bancos de dados de precedentes administrativos, que, assim como os precedentes judiciais, têm por fim uniformizar o tratamento de cidadãos que estejam em uma mesma situação jurídica perante o Estado[119].

Essa maior intensidade de acesso ao ato administrativo pode se dar por meio da atuação estatal mais próxima da parte, com a realização de atos, decisórios ou instrutórios, em contato direto com o administrado, como a convocação para esclarecimentos pessoais, audiências públicas, o que fará com que Administração e administrado se aproximem, e o acesso ao ato administrativo seja ampliado. Para tanto, acreditamos que é preciso criar e/ou ampliar uma cultura dialógica no âmbito do processo administrativo brasileiro.

No ordenamento brasileiro, a Lei do Processo Administrativo Federal, nº 9.784/99, é o principal instrumento legal apto a promover relações de confiança entre a Administração Pública e o cidadão, aprimorando seu acesso aos atos administrativos.

Segundo a Lei 9.784/99, a Administração tem o poder-dever de anular seus atos quando ilegais, ou revogá-los por motivo de conveniência ou oportunidade, mas respeitando-se os direitos adquiridos (art. 53); bem como tem o poder-dever de invalidar atos nulos de que decorram efeitos favoráveis aos destinatários, no prazo de 5 (cinco) anos, salvo comprovada má-fé (art. 54). De outro lado, se estes atos forem sanáveis, poderão ser convalidados, desde que não afetem interesse público (*lato sensu*) nem prejudiquem terceiros (art. 55). Deste modo, segundo a Lei 9.784/99, tem-se que atos administrativos ilícitos podem ser anulados ou revogados, e também convalidados. Mas, qualquer mudança de entendimento da Administração precisará respeitar a segurança jurídica, princípio advindo do Estado de Direito, e que deve presidir os processos administrativos, conforme determina o art. 2º da Lei 9.784/99. A mesma Lei 9.784/99 também dispõe, em seu art. 4º:

---

[119] Gustavo Marinho de Carvalho assim minudencia as vantagens de um sistema de precedentes administrativos: "Este verdadeiro dever de aplicação in concreto do princípio da igualdade, de uniformização da atuação administrativa, garante à Administração Pública maior credibilidade, robustece o senso de justiça nas pessoas e as torna mais confiantes na veracidade do conteúdo das decisões tomadas. Este incremento na credibilidade da Administração Pública caminha ao lado de outra vantagem dos precedentes administrativos, qual seja, a melhoria da qualidade das decisões a serem tomadas. Como vimos, os núcleos das decisões (ratio decidendi) tomadas pela Administração Pública servirão de paradigma obrigatório para casos substancialmente similares e posteriores, circunstância que exige do administrador maior cuidado na tomada de decisões e na fundamentação das mesmas. Também não podemos nos esquecer de que a superação de um precedente ou o emprego da técnica das distinções exigem uma alta carga argumentativa, que tem por consequência a necessidade de que a decisão que não observar o precedente incidente ou supostamente incidente seja de melhor qualidade, sob pena de ser invalidada, quer pela própria Administração Pública, quer pelo Poder Judiciário. Outra vantagem significativa de se utilizar os precedentes administrativos é que estes podem proporcionar maior celeridade das decisões administrativas. Armazenar nos arquivos da Administração Pública um repertório de precedentes bem classificados e organizados, faz com que seja mais fácil a tomada de decisões, já que o administrador não partirá da estaca zero a cada situação que lhe for apresentada." (CARVALHO, 2015, p. 181-182).

Art. 4º São deveres do administrado perante a Administração, sem prejuízo de outros previstos em ato normativo: I - expor os fatos conforme a verdade; II - proceder com lealdade, urbanidade e boa-fé; III - não agir de modo temerário; IV - prestar as informações que lhe forem solicitadas e colaborar para o esclarecimento dos fatos.

Ou seja, no curso de um processo administrativo, a regra é que o cidadão preste informações e colabore para o esclarecimento de fatos, expondo-os conforme a verdade, sem conduta temerária e procedendo com lealdade, urbanidade e boa-fé.

Mas, do mesmo modo, a Administração é a responsável por facilitar o cumprimento das obrigações do particular. Neste sentido, eis como dispõe o art. 3º, inciso I, da mesma Lei 9.784/99:

Art. 3º O administrado tem os seguintes direitos perante a Administração, sem prejuízo de outros que lhe sejam assegurados: I - ser tratado com respeito pelas autoridades e servidores, que deverão facilitar o exercício de seus direitos e o cumprimento de suas obrigações;

Quanto ao acesso ao ato administrativo, uma das chaves para promover confiança e evitar discussões a respeito da existência de expectativa legítima a ser protegida em algum procedimento administrativo, passa, necessariamente, pela redução de erros administrativos violadores da segurança jurídica dos particulares, o que pode ser obtido pelo aperfeiçoamento da comunicação entre Estado e cidadão, por meio de um procedimento administrativo aprimorado. Havendo necessidade de mudança de entendimento estatal, com agravamento para o particular, para fins de se evitar a alegação individual de que a confiança depositada nos atos estatais fora violada, deverá haver o aperfeiçoamento da comunicação entre Estado-Administrador e administrado.

Já há, inclusive, a previsão legal de que, em nome da segurança jurídica, o administrador possa estabelecer *termo de compromisso* com o administrado, visando esclarecer incertezas, o que confirma a necessidade da busca por acesso ao ato administrativo como forma de promoção da confiança. Neste sentido, eis o que dispõe o art. 26 do Decreto-Lei 4.657/42, nossa Lei de Introdução às Normas do Direito Brasileiro, com as alterações da Lei 13.655, de 25/04/2018:

Art. 26. Para eliminar irregularidade, incerteza jurídica ou situação contenciosa na aplicação do direito público, inclusive no caso de expedição de licença, a autoridade administrativa poderá, após oitiva do órgão jurídico e, quando for o caso, após realização de consulta pública, e presentes razões de relevante interesse geral, celebrar compromisso com os interessados, observada a legislação aplicável, o qual só produzirá efeitos a partir de sua publicação oficial.
§ 1º O compromisso referido no *caput* deste artigo:
I - buscará solução jurídica proporcional, equânime, eficiente e compatível com os interesses gerais;

II - (VETADO);

III - não poderá conferir desoneração permanente de dever ou condicionamento de direito reconhecidos por orientação geral;

IV - deverá prever com clareza as obrigações das partes, o prazo para seu cumprimento e as sanções aplicáveis em caso de descumprimento.

§ 2º (VETADO)

O Estado, assim, pode se deparar com a necessidade incontornável de modificar seu entendimento sobre determinada matéria, mas, para isso, deverá atentar para uma abertura participativa (o que se confirma com a consulta pública sugerida no dispositivo supracitado) dos cidadãos em seus procedimentos administrativos, o que tornará mais legítima sua decisão, inclusive com o estudo de todas as possíveis alternativas, em relação à eficácia de suas decisões agravadoras, e a cientificação do(s) indivíduo(s) interessado(s). Não poderá justificar o motivo pelo qual não estará mantendo o ato, nem poderá olvidar de regras de transição proporcionais e adequadas, ou outras medidas reparatórias, para qualquer mudança mais gravosa para o indivíduo. Não se pode vedar que atue buscando mudanças que potencialmente afetam a vida do cidadão, mas essas mudanças não podem ser feitas sem abertura participativa e argumentativa a todos os potencialmente afetados e legítimos envolvidos pelo ato.

Pensamos, portanto, que o procedimento administrativo é o melhor dos meios para que a própria Administração Pública reconheça a necessidade de proteção da segurança jurídica e da confiança legítima, seja como tema único do referido procedimento, seja como análise indissociável de um procedimento no qual se esteja observando alguma mudança de entendimento mais gravosa ao interessado. Neste sentido, eis o teor do art. 2º da Lei 9.784/99: *"A Administração Pública obedecerá, dentre outros, aos princípios da legalidade, finalidade, motivação, razoabilidade, proporcionalidade, moralidade, ampla defesa, contraditório, <u>segurança jurídica</u>, interesse público e eficiência."*

A título exemplificativo, devemos relatar que não é incomum que um determinado cidadão seja intimado por órgãos de controle como tribunais de contas[120] para apresentar os documentos que embasaram a concessão de sua aposentadoria, no que o cidadão alega, v.g, que as provas que embasam um determinado direito que vem usufruindo não se encontram mais consigo, seja porque os documentos foram perdidos, foram roubados ou porque foram destruídos por motivos naturais como enchentes e incêndios. Esse procedimento administrativo pode se iniciar e ser impulsionado *ex officio* pela autoridade administrativa.

---

120 Constituição Federal de 1988: "Art. 71. O controle externo, a cargo do Congresso Nacional, será exercido com o auxílio do Tribunal de Contas da União, ao qual compete: [...] III - apreciar, para fins de registro, a legalidade dos atos de admissão de pessoal, a qualquer título, na administração direta e indireta, incluídas as fundações instituídas e mantidas pelo Poder Público, excetuadas as nomeações para cargo de provimento em comissão, bem como a das concessões de aposentadorias, reformas e pensões, ressalvadas as melhorias posteriores que não alterem o fundamento legal do ato concessório."

Mas não é só. Também a instrução pode ser feita *ex officio,* conforme dispõe o art. 37 da Lei 9.784/99:

> Quando o interessado declarar que fatos e dados estão registrados em documentos existentes na própria Administração responsável pelo processo ou em outro órgão administrativo, o órgão competente para a instrução proverá, de ofício, à obtenção dos documentos ou das respectivas cópias.

Assim sendo, é justo que essa aposentadoria seja suspensa pelo simples fato de que o cidadão não apresentou os documentos ao tribunal de contas respectivo? Não deveria o órgão administrativo ter se utilizado de seus poderes instrutórios no procedimento administrativo para tentar investigar adequadamente as razões do ato investigado antes de suspendê-lo? No nosso entendimento, todos esses poderes instrutórios da autoridade administrativa, no curso do procedimento administrativo, devem ser melhor explorados, atentos aos princípios do procedimento supramencionados, tais como a segurança jurídica e sua feição subjetiva consistente na proteção da confiança.

Por outro lado, tendo em vista que decisões administrativas que neguem, limitem ou afetem direitos ou interesses ou importem em anulação, revogação, suspensão ou convalidação de atos administrativos precisam ser adequadamente motivadas, com indicação do contexto fático-jurídico em que foram prolatadas (art. 50, inc. I e VIII, da Lei n.º 9.784/99), também será preciso demonstrar que a Administração, no caso concreto, ponderou a possibilidade real de participação dos administrados. É o que determina o art. 29 da LINDB, com a redação da Lei 13.655/2018:

> Art. 29. Em qualquer órgão ou Poder, a edição de atos normativos por autoridade administrativa, salvo os de mera organização interna, poderá ser precedida de consulta pública para manifestação de interessados, preferencialmente por meio eletrônico, a qual será considerada na decisão.
>
> § 1º A convocação conterá a minuta do ato normativo e fixará o prazo e demais condições da consulta pública, observadas as normas legais e regulamentares específicas, se houver.

O acesso aos atos administrativos, com publicidade e a participação direta do administrado, é medida que se faz necessária, especialmente em se verificando a possibilidade de alteração mais gravosa de algum entendimento anterior mais benéfico. Um ato ou processo administrativo desenvolvido com o acesso à informação administrativa pertinente certamente aumentará a relação de confiança entre o cidadão e o Estado, e permitirá que o Estado possa demonstrar a inexistência de confiança individual a ser protegida no caso concreto (dado o cumprimento da obrigação de permitir o devido acesso prévio à informação estatal), e, consequentemente, representará um incremento de legitimidade dos atos estatais administrativos, e especialmente de eficiência destes mesmos atos, importando em maior respeito ao art. 37, *caput,* da CF.

Fica claro, portanto, que o acesso ao ato administrativo, de efeitos individuais ou coletivos, padece das mesmas necessidades de aprimoramento de qualquer ato estatal, para fins de promoção da confiança do administrado na segurança das decisões administrativas às quais se encontra submetido, o que pode ser obtido com o aperfeiçoamento e a prática de um processo administrativo de caráter dialógico.

6.4.2 - Acesso ao ato administrativo pela oralidade e pelo processo eletrônico

Tecnologias podem contribuir no acesso ao ato administrativo previdenciário.

O uso intensivo de tecnologias da informação é uma realidade incontornável. Não há como imaginar o funcionamento de sistemas processuais do Poder Judiciário, de controle de tráfego aéreo e rodoviário, de funcionamento dos sistemas de audiências públicas e votações no Poder Legislativo, de regulação de mercados mobiliários, de fiscalização de condutas urbanas, de sistemas de telecomunicações, sem o uso pleno de tais tecnologias.

No direito previdenciário especificamente, entendemos que é possível se utilizar de tecnologias que permitam a gravação da primeira entrevista com o requerente do benefício ou com seu representante, por simples arquivos de vídeo (ou mesmo apenas de áudio) que poderiam ficar temporariamente gravados, conforme regulamento. Essa seria uma medida que permitiria melhor controle da atuação do Estado, evitando as alegações de que a pessoa fora desrespeitada pelo agente público, além de tornar mais célere a análise do pedido do cidadão. Com a adoção de medidas estatais (administrativas ou judiciais) mais oralizadas, o processo (administrativo ou judicial) ganharia em celeridade e autenticidade, especialmente para fins de controle dos atos praticados pelo representante estatal.

Uma outra tecnologia que poderia ser muito bem aplicada no processo administrativo é transformá-lo, tal qual ocorreu com o processo judicial, em eletrônico. Por meio de digitalizações de documentos, o processo iria sendo formado e transformado em um arquivo de fácil mobilidade, para que se permitisse, em casos em que os órgãos decisórios fossem distintos daqueles que instruíram o processo administrativo, que as decisões jurídicas a respeito dos pedidos dos cidadãos fossem feitas inclusive por agentes estatais que não tiveram contato físico com os documentos e papeis do processo administrativo. Sob esse prisma, um agente com poder de decisão em alguma APS de Salvador, da Bahia, poderia decidir um processo eletrônico que foi instruído em Boa Vista/RR, permitindo uma transparente flexibilidade na condução de processos administrativos de natureza previdenciária. Isto inegavelmente representaria severa redução do tempo do processo, evitaria as constantes reclamações a respeito da perda de autos físicos (muito frequentes quando o cidadão ajuíza uma ação em face do INSS) e permitiria um relevante incremento da promoção da segurança e da confiança do cidadão.

A respeito da utilização do processo administrativo eletrônico, é relevante citar a existência, desde 08/10/2015, de previsão em norma infralegal, de sua existência, no âmbito federal. Trata-se do inovador Decreto 8.539[121], que dispõe sobre o uso do meio eletrônico para a realização do processo administrativo no âmbito dos órgãos e das entidades da administração pública federal direta, autárquica e fundacional. Pelo texto do referido decreto, processo administrativo eletrônico seria *"aquele em que os atos processuais são registrados e disponibilizados em meio eletrônico"*, conforme seu art. 2º, III.

No direito previdenciário, especificamente, cumprindo a previsão do art. 22 do Decreto 8.359/2015[122], note-se a recente notícia (outubro de 2017) acerca da implantação deste tipo de tecnologia, no âmbito do INSS:

INSS Digital: uma nova forma de atender ao cidadão

Projeto consiste na construção de um novo fluxo de atendimento – combinando aspectos presenciais e remotos – e promete revolucionar a atual forma de atender

O Instituto Nacional do Seguro Social (INSS) está testando, desde o início do ano, novos fluxos de atendimento e de trabalho para facilitar a vida do segurado, promover qualidade de vida para os seus funcionários e mitigar problemas como falta de servidores e de agências físicas. O chamado INSS Digital é um projeto que consiste na construção de um novo fluxo de atendimento – combinando aspectos presenciais e remotos – e promete revolucionar a atual forma de atender.

O quê?

O INSS Digital consiste na construção de um novo fluxo de atendimento para aumentar a capacidade da autarquia de reconhecer direitos. Os pilares do projeto são o **processo eletrônico** – agendamento e concessão de benefício pela Internet para o segurado (deverá ser testado futuramente) ou por meio de entidade representativa que tenha celebrado Acordo de Cooperação Técnica com o INSS – e a **distribuição das demandas entre as unidades**.

Meu INSS – envio online

Também no conjunto de ações pensadas dentro do INSS Digital está a mudança na forma de contato entre o Instituto e o cidadão. O Meu INSS (meu.inss.gov.

---

[121] Disponível em: < http://www.planalto.gov.br/ccivil_03/_Ato2015-2018/2015/Decreto/D8539.htm>. Acesso em: 19 jan. 2018.

[122] "Art. 22. No prazo de seis meses, contado da data de publicação deste Decreto, os órgãos e as entidades da administração pública federal direta, autárquica e fundacional deverão apresentar cronograma de implementação do uso do meio eletrônico para a realização do processo administrativo à Secretaria de Logística e Tecnologia da Informação do Ministério do Planejamento, Orçamento e Gestão. § 1º O uso do meio eletrônico para a realização de processo administrativo deverá estar implementado no prazo de dois anos, contado da data de publicação deste Decreto. § 2º Os órgãos e as entidades de que tratam o caput que já utilizam processo administrativo eletrônico deverão adaptar-se ao disposto neste Decreto no prazo de três anos, contado da data de sua publicação."

br) é uma central de serviços do cidadão acessível por meio de senha validada diretamente pela Internet. Por meio do Meu INSS é possível a emissão de extratos e consultas.

Por meio do Meu INSS já é possível o envio online dos documentos necessários para o reconhecimento do seu direito. Ao fazer o agendamento, o cidadão é avisado sobre a possibilidade do envio de documentos diretamente pela Internet.

Esta forma de interação com o usuário ainda está sendo avaliada e é uma forma de familiarizar o segurado com o cerne principal do INSS Digital: conceder o direito do cidadão sem que ele tenha que ir a uma agência. No site Meu INSS estão descritos os procedimentos de como devem ser enviados os documentos. Os originais dos documentos digitalizados devem ser apresentados no dia do atendimento agendado.

Agência Digital

Outra vertente da nova forma de atendimento que está sendo pensada no INSS é a Agência Digital, em que os requerimentos dos segurados são trabalhados totalmente em meio eletrônico. Os documentos são digitalizados e todo o processamento dos benefícios é feito sem a geração de papéis ou processos físicos.[123]

No âmbito da concessão de benefícios, o processo eletrônico para sua análise foi regulamentado pelo INSS, na prática, pela Portaria Conjunta nº 1/DIRBEN/DIRAT/INSS, de 07 de maio de 2018. Segundo tal ato normativo:

> Art. 2º. Processo eletrônico de benefício é aquele que, formado eletronicamente pela digitalização de documentos ou pelo processamento de sistemas, tenha por objetivo o reconhecimento de direitos. §1º Os requerimentos de manutenção, de revisão, ou de atualização realizados no processo eletrônico de benefício são caracterizados como uma sequência do requerimento inicial, fazendo parte deste. §2º Os requerimentos de recurso, bem como os procedimentos de apuração de irregularidade, constituirão novo processo administrativo associado ao processo de benefício originário.

É possível, portanto, se utilizar de uma espécie de processo administrativo eletrônico, para fins de aprimoramento e promoção da confiança. Assim, o grande desafio dos tempos atuais é interconectar as tecnologias que cada instituição utiliza, juntamente com a compilação e a apresentação de tais informações ao indivíduo, que se enxerga minúsculo em relação à infinitude de sistemas, tecnologias e informações produzidas em cada instituição conectada com esse indivíduo. Conforme relata Remis Balaniuk, em seu artigo "Novas tecnologias aplicadas ao controle", ao tratar de governos abertos:

> A expressão governo aberto refere-se a projetos e ações que visam à promoção da transparência, à luta contra a corrupção, ao incremento da participação social

---

[123] Disponível em: <https://www.inss.gov.br/inss-digital-nova-forma-de-atender-aos-segurados/>. Acesso em: 19 jan. 2018.

e ao desenvolvimento de novas tecnologias, de modo a tornar os governos mais abertos, efetivos e responsáveis. Fortalece a democracia e reduz as distâncias entre governo e cidadão. A prática de governo aberto no que diz respeito à informação e à transparência governamental passou gradativamente a se apropriar dos recursos de processamento e disseminação de dados eletrônicos em grande volume e alta velocidade. Atualmente, a transparência está fortemente associada à disponibilização dos chamados dados abertos, através dos quais é possível, a princípio, escrutinar o universo de ações governamentais em todos seus detalhes. [...] A legislação vigente estabelece uma ampla abertura das informações geradas ou custodiadas pelos entes públicos, obrigando esses entes a responderem a demandas pontuais dos cidadãos por informação, como também os incitando a disponibilizarem bases de dados completas na Internet. Para viabilizar e uniformizar essa disponibilização de bases de dados foi criada a Infraestrutura Nacional de Dados Abertos (INDA), um conjunto de padrões, tecnologias, procedimentos e mecanismos de controle necessários para atender às condições de disseminação e compartilhamento de dados e informações públicas no modelo de Dados Abertos. (*In* OLIVEIRA, 2016, p. 327-328).

Ou seja, cada Administração Pública específica detém uma infinitude de informações em seus bancos de dados, mas o particular tem o direito (com o dever correlato do Estado) de que seus dados estejam sempre integralmente corretos, devendo com eles interagir, o que, com a internet e as redes sociais, restou bastante ampliado. Juliano Heinen assim expõe:

> Percebemos, hoje, um franco avanço na disponibilização dos atos administrativos por meio da rede mundial de computadores, fator que tem provocado alterações na sistemática de publicação. Dessa forma, os bancos de dados abertos à consulta pública vêm ganhando espaço, facilitando as pesquisas online. Busca-se, assim, cada vez mais a constituição de um governo eletrônico, momento em que a relação do administrado para com a Administração Pública poderá ser estabelecida muito ou quase que exclusivamente pela rede mundial de computadores. (HEINEN, 2014, p. 138-139).

Os procedimentos administrativos, portanto, não podem estar desatentos a este novo perfil de governo eletrônico, conectando-o à autodeterminação informativa, para fins de aperfeiçoar a comunicação entre Estado e Administrado, e promover a confiança do cidadão.

Com uma atuação mais transparente e proativa do Estado e com um uso mais intensificado de bancos de dados dinamizados e abertos à participação controlada do administrado, no que pertine a seus dados pessoais em poder do Estado, teremos procedimentos administrativos nos quais estaremos, para além de evitar ofensas à confiança legítima do cidadão, promovendo tal confiança, o que conduzirá ao fortalecimento da segurança jurídica e da legitimidade do Estado de Direito.

6.5 - CONFIANÇA E ACESSO AO ATO LEGISLATIVO

É certo que, diferentemente dos Poderes Executivo e Judiciário, os membros do Poder Legislativo possuem uma liberdade criadora maior, para aperfeiçoar o ordenamento e mudar as regras que precisem ser modificadas, nos limites e formas permitidos pela Constituição e legislação respectiva.

O legislador, todavia, não pode violar as expectativas legítimas dos cidadãos e editar uma lei ou alterar a Constituição, pondo de lado o princípio da proteção da confiança, desconsiderando a situação de todos aqueles que eram protegidos pela regra até então vigente, gerando, com isso, frustrações e inseguranças. Um comportamento como esse, por parte do próprio Estado-legislador, traz ao cidadão a sensação de que a legislação até então vigente não tinha valor ou eficácia alguma, e, com isso, abala os fundamentos que legitimam o princípio da legalidade, e, por decorrência, o próprio Estado Democrático de Direito.

Valter Shuenquener de Araújo, mais uma vez de modo acertado, assim descreve o entendimento prevalecente:

> Segundo BEATRICE WEBER-DÜRLER, não se deve obstar a proteção de uma expectativa nos casos de mudança legislativa, sob o argumento de que o particular sempre deverá contar com essas alterações. A supressão da tutela de expectativas com base nesse pensamento esvaziaria, por completo, o objetivo do princípio da proteção da confiança. Embora as leis não sejam perpétuas, especialmente nos dias de hoje, as alterações que elas sofrem devem levar em consideração a confiança que nelas foi depositada pelos seus destinatários. Consoante adverte KARL LARENZ, o legislador nunca elabora uma lei para toda a eternidade, mas ele também não a cria para que tenha vigência por um único dia e, por isso, 'las leyes deben regir un futuro previsible'. Sobre o tema, também é oportuna a assertiva de KATHARINA SOBOTA de que 'o que hoje é uma lei não deveria, dentro do que seja possível, sofrer uma abrupta e infundada modificação'. O legislador não tem liberdade ilimitada na criação de normas, e um dos objetivos do princípio da proteção da confiança é justamente o de fixar alguns limites. Nesse contexto, a Constituição exercerá uma valiosa função na preservação de expectativas legítimas. O Estado de Direito do século XX, e que se estende pelo século XXI, tem como um de seus principais fundamentos a necessidade de que a Constituição seja observada por todas as demais normas jurídicas. Isso serve para conter eventuais impulsos de uma maioria circunstancial tendente a abolir direitos previstos no texto supremo. [...] A Constituição, portanto, também desempenha um relevante papel para o alcance da estabilidade das relações sociais e deve servir como instrumento para possibilitar uma firme tutela das expectativas legítimas dos cidadãos contra inesperadas alterações legais. Sendo assim, o legislador também pode sofrer uma vinculação futura da sua atuação. Um dispositivo legal ou constitucional criado no passado poderá, portanto, com amparo no princípio da proteção da confiança, restringir, sem agredir a democracia, a atuação do parlamento no futuro. (ARAÚJO, 2016, p. 218-219).

Mais uma vez, as lições da professora Patrícia Baptista, em sua tese, devem ser reproduzidas, a respeito da aplicação do princípio em relação ao legislador:

> De um modo geral, os tribunais constitucionais alemão, espanhol, italiano e português têm admitido a oposição do princípio da proteção da confiança ao legislador como parâmetro para o controle de constitucionalidade das leis. [...] A ninguém é dado confiar na vigência eterna de uma lei. Da mesma forma, a proteção da confiança não incide – porque a confiança não pode surgir legitimamente nesses casos – se há controvérsia sobre a constitucionalidade da lei, se esta era assumidamente provisória, se uma nova legislação estava em vias de aprovação ou, ainda, se a própria interpretação da legislação vigente é confusa e controvertida. A situação será outra, porém, na hipótese de retroatividade normativa. No Estado de Direito, o cidadão deve poder confiar em que as posições jurídicas por ele assumidas, com base em normas válidas e vigentes, alcancem os efeitos originalmente previstos. Mesmo que o regime legal vigente tenha de ser alterado por força de um interesse público prevalente, o particular deve poder contar com a proteção de sua posição jurídica, seja pela previsão de uma norma transitória, seja por meio de uma compensação em dinheiro. Nessas circunstâncias, a autonomia do legislador não se mantém absoluta, mas pode ser limitada para a proteção das expectativas que o cidadão legitimamente depositou na estabilidade da lei. (BAPTISTA, 2014, pos. 2705).

O acesso ao ato legislativo, com publicidade e transparência, e com a participação permanente do cidadão, é medida que se faz necessária. Um dos mecanismos capazes de promover esse acesso é o devido processo de elaboração normativa. Um processo legislativo desenvolvido com o acesso à informação legislativa pertinente certamente aumentará a relação de confiança entre o cidadão e o Estado, permitirá que o Estado possa demonstrar a inexistência de confiança individual a ser protegida no caso concreto (dado o cumprimento da obrigação de permitir o devido acesso prévio à informação estatal), e, consequentemente, representará um incremento de legitimidade dos atos legislativos. Nesse sentido, eis como aborda o tema Ana Paula de Barcellos:

> É certo, como registrado, que o Estado não estará obrigado a produzir todo e qualquer tipo de informação e lhe dar publicidade. Nada obstante, e como já discutido, dentre todas as atividades estatais, a criação do direito é provavelmente a mais dramática e relevante: a que demanda mais justificativas. Trata-se da criação de direitos e obrigações, em caráter geral, para cuja observância a estrutura estatal será mobilizada, recursos serão arrecadados, sendo certo que a violência poderá ser empregada para garantir sua obediência. Sob outra perspectiva e, no mais das vezes, as normas a serem criadas se destinam a assegurar que os direitos das pessoas sejam efetivamente respeitados e garantidos. Ou seja: quer sob a perspectiva da norma como elemento que restringe a liberdade, quer sob a ótica da norma como veículo de proteção e promoção de direitos, em qualquer hipótese, a produção normativa não é uma coisa qualquer. Se o Estado pretende editar norma sobre um assunto, informações sobre ele são necessariamente de interesse geral ou

coletivo e precisam existir. Tais informações serão indispensáveis não apenas para compreensão e avaliação da proposta normativa como também para o acompanhamento da execução da norma em si, caso ela seja aprovada pelos órgãos competentes e passe a viger. Ou seja: o direito de acesso à informação gerará, no caso, o dever de o Poder Público produzir a informação e divulgá-la. (BARCELLOS, 2016, p. 138).

Ainda, as crises de representatividade do Poder Legislativo não podem ser esquecidas, nesse processo de aperfeiçoamento e ampliação do acesso do cidadão ao ato legislativo. Essa crise de representatividade constitui-se em aparente processo de pulverização da vontade popular, coarctada por mecanismos de indução exercidos por grupos sociais de pressão política, grupos estes que no momento do exercício do poder fecham-se, tecnocraticamente e sob as mais variadas formas, à participação deste mesmo corpo social do qual são uma minoria de representantes.

Noutros termos: esta minoria que exerce o poder e representa o povo, no momento em que se faz necessária a manifestação de vontade do povo (leia--se: eleição), introduz elementos de identidade entre ela e seus representados; entretanto, posteriormente, quando exerce o poder que lhe foi repassado pelos cidadãos, não permite a estes a continuidade do exercício de seus direitos de participação e cidadania.

No mundo, este panorama de crise e de desconstrução da representatividade das funções estatais também é visível, ao menos desde a derrocada do nazi-fascismo ao fim da Segunda Grande Guerra, em resposta às demandas por "direitos humanos" em detrimento das "tiranias de maioria" verificadas outrora nestes governos fascistas, que podem ser acusados de múltiplos crimes e condutas ilícitas, menos de não terem sido eleitos democraticamente.

Mais recentemente, a crise econômica americana e suas tumultuadas eleições (influenciadas por mídia estrangeira), a fragilização da União Europeia em decorrência do terrorismo, do *Brexit* e da entrada maciça de imigrantes e a Primavera Árabe também expuseram o grande descompasso que está havendo entre as vontades de 'representantes' e 'representados', a desconstruir a legitimidade e a racionalidade da ação daqueles, a partir do conceito weberiano de legitimação. Simone-Goyard-Fabre ilustra bem este panorama universal de crise nas instituições e poderes do Estado:

> Admitindo-se que a força de uma legitimação depende da capacidade de fundação e de justificação que ela contém, ou seja, do tipo de razões que ela é capaz de produzir, constata-se que hoje se abre uma brecha entre o crédito que o Poder reclama e as justificações que dá das exigências impostas por ele aos cidadãos. Essa falha, que Paul Ricoeur chama de 'brecha de legitimação', significa que o Poder que se diz democrático está habitado por uma crise fundamental, que nada mais é que uma crise de identidade: o povo soberano não se reconhece mais no aparelho do Estado que o governa. (GOYARD-FABRE, 2003, p. 282).

Vale ressaltar, especialmente no Brasil, que a crise de representatividade que permeia o Poder Legislativo advém de fatores diversos, dentre os quais poderíamos pontuar a existência de uma corrupção endêmica, espraiada pelos Poderes e instituições, conforme as operações da Polícia Federal e ações judiciais correlatas demonstraram; e um sistema eleitoral deficiente e de um "presidencialismo de coalizão", figura criada pelos partidos políticos com fins à "governabilidade", de modo que os parlamentares não conseguem dialogar com os diversos setores da sociedade, principalmente com aqueles alijados do sistema ou que não são representados proporcional e adequadamente (VIANNA, 1999, p. 50). Não é por outro motivo que, no Brasil, há muitos anos se discute acerca da necessidade de uma reforma política, de cujo debate poucas conclusões e mudanças foram produzidas.

Esse estado de coisas inconstitucional em relação ao acesso ao ato legislativo, portanto, precisa ser urgentemente modificado, para que tenhamos maior segurança e confiança nos atos do Estado-legislador. Nesse sentido, uma reforma política, constitucional e infraconstitucional, parece-nos indispensável, buscando maior legitimidade e representatividade do sistema político, o que poderá nos conduzir a um Estado de Direito mais acessível e atento à segurança jurídica e à confiança dos cidadãos.

CAPÍTULO 7

PROPOSIÇÕES CONCLUSIVAS: O FUTURO DA SEGURANÇA JURÍDICA NO DIREITO PREVIDENCIÁRIO

Diante de mudanças bruscas e mais gravosas de entendimentos estatais para o indivíduo, temos como premissa o fato de que as medidas de manutenção da estabilidade da ordem jurídica listadas no capítulo 3, especialmente os conhecidos institutos do direito adquirido, do ato jurídico perfeito e da coisa julgada, mostraram-se insuficientes à proteção da segurança jurídica dos indivíduos, especialmente quando o indivíduo não tenha contribuído para a alteração mais gravosa e nas quais haja direitos legitimamente expectados, não usufruídos ou ainda em formação.

As razões dessa premissa já foram expostas, mas não custa mencionar as já antigas deficiências, incoerências e lacunas do sistema brasileiro de proteção da segurança jurídica do cidadão, a partir da leitura da obra de Wilson Batalha, com constatações feitas nas décadas de 1970 e 1980, mas que se apresentam extremamente atuais:

> Os problemas fundamentais do direito intertemporal –
> 1. As situações jurídicas no tempo:
> Até hoje não se conseguiu atingir definição adequada do direito adquirido, não obstante os ingentes esforços da doutrina. A distinção entre direito adquirido e expectativa de direito é oscilante, ensejando disputas doutrinárias e frequentes dissídios jurisprudenciais. As definições que a tradição nos trouxe, traduzidas em texto constitucional e reproduzidas em nossa Lei de Introdução ao Código Civil em vigor, são tautológicas, ambíguas e anfibológicas. Define-se o direito adquirido não por suas características essenciais, mas por sua possibilidade de exercício (pelo titular ou por alguém por ele), mesmo pendente condição ou termo. Indica-se como algo diverso o ato jurídico perfeito, que na realidade seria apenas fonte de aquisição de direito. Ele é definido tautologicamente como o 'já consumado', entendendo-se ato consumado como ato perfeito. Finalmente,

a coisa julgada, que completa a trilogia constitucional, é toscamente definida como a decisão judicial de que já não caiba recurso, sem se aludir à possibilidade de ação rescisória. Sob o ponto de vista doutrinário, portanto, as soluções do direito positivo brasileiro são insuficientes e precárias, o que é desvendado pelos inúmeros dissídios jurisprudenciais a propósito dos temas que envolvem o discernimento entre direito adquirido e expectativa de direito. Consideramos preferível, não obstante as críticas a que tem sido sujeita, a distinção, formulada por Julien Bonnecase entre situações jurídicas abstratas e situações jurídicas concretas, com as elucidações decorrentes dos ensinamentos de Luiz da Cunha Gonçalves ao distinguir as situações jurídicas positivas e negativas. (BATALHA, 1980, p. 160-161).

Considerando essas situações jurídicas, abstratas ou concretas, negativas ou positivas, relatadas no excerto supra, passamos a expor nossas proposições sobre o que entendemos por parâmetros interpretativos mínimos para o futuro da segurança jurídica, que atualmente não são integralmente adotados como praxes estatais, tendo como ponto de partida tanto o rol de medidas concretas possíveis, na busca por efetivação do princípio da proteção da confiança (capítulo 4, subtítulo 4.8 da tese, *supra*), como as ideias surgidas durante o desenvolvimento do princípio da promoção da confiança e da segurança jurídica (capítulo 6).

Além disso, apresentaremos medidas e proposições que entendemos como mudanças razoáveis para o futuro da segurança jurídica no Direito Previdenciário. Advertimos, por oportuno, que sempre que o leitor se deparar com orações escritas em *itálico* neste capítulo (e também no apêndice), isto significará que o leitor estará diante de uma síntese de nossa proposição, para cada tema específico.

Há propostas, para o futuro da Previdência e de sua(s) reforma(s), que serão apresentadas adiante, em apêndice, mas que não se circunscrevem diretamente aos temas da segurança jurídica e da confiança. É de notar-se que estas sugestões de mudanças, que serão abordadas em apêndice, poderão afetar a proteção da confiança dos indivíduos no Estado-Legislador, se realizadas sem aferir a estes indivíduos, no processo legislativo, sua maior participação, seu direito de acesso à informação e seu direito à isonomia, garantidos pela Constituição Federal.

Assim, a maior abertura participativa do cidadão no processo legislativo da reforma da Previdência, é medida indispensável; do contrário, será uma reforma ilegítima, na qual as pessoas atingidas, real ou potencialmente, não teriam conhecimento da matéria a ser reformada, e teriam sua segurança jurídica e sua confiança, de algum modo e grau, afetadas.

Nesse sentido, já foi visto que não há Estado de Direito sem segurança jurídica. Um Estado sem segurança jurídica não é um Estado, é só um arremedo de Estado.

O Estado brasileiro, destarte, precisa oferecer segurança jurídica. Os representantes do Estado brasileiro, por qualquer de seus Poderes, precisam estar atentos a essa necessidade, sob pena de deslegitimar a atuação desse Estado do qual fazem parte, perante os representados.

Há, portanto, que se estabelecer parâmetros interpretativos mínimos, que servirão como norte ao agente estatal, a fim de avaliar se sua conduta, ainda que justificada na autotutela e no interesse público em anular atos estatais, revisá-los ou limitá-los, extrapolou limites e desrespeitou a segurança jurídica, especialmente a confiança do indivíduo e da sociedade no próprio Estado.

Para tanto, as alterações de entendimentos estatais mais relevantes no direito previdenciário, no que atine à aplicação dos princípios da proteção e da promoção da confiança, são aquelas relativas às suas concessões e posteriores cancelamentos ou suspensões de benefícios, por alterações interpretativas ou normativas, bem como às revisões para diminuição da renda mensal inicial do benefício (e, consequentemente, de sua renda atualizada), em alguma das fases de seu cálculo (essencial, específica ou delimitadora). Nessas situações específicas, o Estado pode atuar com comportamentos consistentes em relações de desconfiança individualizada e/ou desigualadora, em relação às pessoas com que se relaciona, conforme vimos no capítulo 2.

Essas alterações vêm ocorrendo em órgãos estatais de quaisquer de seus Poderes e têm sido muito corriqueiras no direito previdenciário, em detrimento da premência e necessidade das pessoas que se encontrem em alguma situação de risco social, como veremos nos próximos itens.

Relevantes modificações legislativas acerca da segurança jurídica foram inseridas na Lei de Introdução às Normas do Direito Brasileiro pela Lei 13.655, de 25/04/2018[124], que tinha por objetivo incluir na LINDB "disposições sobre

---

124 "**Art. 1º** O Decreto-Lei nº 4.657, de 4 de setembro de 1942 (Lei de Introdução às Normas do Direito Brasileiro), passa a vigorar acrescido dos seguintes artigos: "**Art. 20**. Nas esferas administrativa, controladora e judicial, não se decidirá com base em valores jurídicos abstratos sem que sejam consideradas as consequências práticas da decisão. Parágrafo único. A motivação demonstrará a necessidade e a adequação da medida imposta ou da invalidação de ato, contrato, ajuste, processo ou norma administrativa, inclusive em face das possíveis alternativas." "**Art. 21**. A decisão que, nas esferas administrativa, controladora ou judicial, decretar a invalidação de ato, contrato, ajuste, processo ou norma administrativa deverá indicar de modo expresso suas consequências jurídicas e administrativas. Parágrafo único. A decisão a que se refere o caput deste artigo deverá, quando for o caso, indicar as condições para que a regularização ocorra de modo proporcional e equânime e sem prejuízo aos interesses gerais, não se podendo impor aos sujeitos atingidos ônus ou perdas que, em função das peculiaridades do caso, sejam anormais ou excessivos." "**Art. 22**. Na interpretação de normas sobre gestão pública, serão considerados os obstáculos e as dificuldades reais do gestor e as exigências das políticas públicas a seu cargo, sem prejuízo dos direitos dos administrados. § 1º Em decisão sobre regularidade de conduta ou validade de ato, contrato, ajuste, processo ou norma administrativa, serão consideradas as circunstâncias práticas que houverem imposto, limitado ou condicionado a ação do agente. § 2º Na aplicação de sanções, serão consideradas a natureza e a gravidade da infração cometida, os danos que dela provierem para a administração pública, as circunstâncias agravantes ou atenuantes e os antecedentes do agente. § 3º As sanções aplicadas ao agente serão levadas em conta na dosimetria das demais sanções de mesma natureza e relativas ao mesmo fato." "**Art. 23**. A decisão administrativa, controladora ou judicial que estabelecer interpretação ou orientação nova sobre norma de conteúdo indeterminado, impondo novo dever ou novo

segurança jurídica e eficiência na criação e na aplicação do direito público". Estas novidades legislativas exigirão uma mudança de comportamento por parte dos agentes estatais brasileiros, nas mais diversas esferas de exercício do poder.

Comentando a natureza jurídica da Lei de Introdução às Normas do Direito Brasileiro, que substituiu a antiga Lei de Introdução ao Código Civil, por meio da alteração feita no DL 4.657/42, pela Lei nº 12.376/2010, assim afirma Maria Helena Diniz:

> A Lei de Introdução é uma *lex legum*, ou seja, um conjunto de normas sobre normas, constituindo um direito sobre direito (*'ein Recht der Rechtsordenung'*, *'Recht ueber Recht' Uberrecht*, *'surdroit'*, *'jus supra jura'*), um superdireito, um

---

condicionamento de direito, deverá prever regime de transição quando indispensável para que o novo dever ou condicionamento de direito seja cumprido de modo proporcional, equânime e eficiente e sem prejuízo aos interesses gerais." "**Art. 24**. A revisão, nas esferas administrativa, controladora ou judicial, quanto à validade de ato, contrato, ajuste, processo ou norma administrativa cuja produção já se houver completado levará em conta as orientações gerais da época, sendo vedado que, com base em mudança posterior de orientação geral, se declarem inválidas situações plenamente constituídas. Parágrafo único. Consideram-se orientações gerais as interpretações e especificações contidas em atos públicos de caráter geral ou em jurisprudência judicial ou administrativa majoritária, e ainda as adotadas por prática administrativa reiterada e de amplo conhecimento público." "Art. 25. (VETADO)."
"**Art. 26**. Para eliminar irregularidade, incerteza jurídica ou situação contenciosa na aplicação do direito público, inclusive no caso de expedição de licença, a autoridade administrativa poderá, após oitiva do órgão jurídico e, quando for o caso, após realização de consulta pública, e presentes razões de relevante interesse geral, celebrar compromisso com os interessados, observada a legislação aplicável, o qual só produzirá efeitos a partir de sua publicação oficial. § 1º O compromisso referido no caput deste artigo: I - buscará solução jurídica proporcional, equânime, eficiente e compatível com os interesses gerais; II – (VETADO); III - não poderá conferir desoneração permanente de dever ou condicionamento de direito reconhecidos por orientação geral; IV - deverá prever com clareza as obrigações das partes, o prazo para seu cumprimento e as sanções aplicáveis em caso de descumprimento. § 2º (VETADO)." "**Art. 27**. A decisão do processo, nas esferas administrativa, controladora ou judicial, poderá impor compensação por benefícios indevidos ou prejuízos anormais ou injustos resultantes do processo ou da conduta dos envolvidos. § 1º A decisão sobre a compensação será motivada, ouvidas previamente as partes sobre seu cabimento, sua forma e, se for o caso, seu valor. § 2º Para prevenir ou regular a compensação, poderá ser celebrado compromisso processual entre os envolvidos." "**Art. 28**. O agente público responderá pessoalmente por suas decisões ou opiniões técnicas em caso de dolo ou erro grosseiro. § 1º (VETADO). § 2º (VETADO). § 3º (VETADO)." "**Art. 29**. Em qualquer órgão ou Poder, a edição de atos normativos por autoridade administrativa, salvo os de mera organização interna, poderá ser precedida de consulta pública para manifestação de interessados, preferencialmente por meio eletrônico, a qual será considerada na decisão. § 1º A convocação conterá a minuta do ato normativo e fixará o prazo e demais condições da consulta pública, observadas as normas legais e regulamentares específicas, se houver. § 2º (VETADO)." "**Art. 30**. As autoridades públicas devem atuar para aumentar a segurança jurídica na aplicação das normas, inclusive por meio de regulamentos, súmulas administrativas e respostas a consultas. Parágrafo único. Os instrumentos previstos no caput deste artigo terão caráter vinculante em relação ao órgão ou entidade a que se destinam, até ulterior revisão." Art. 2º Esta Lei entra em vigor na data de sua publicação, salvo quanto ao art. 29 acrescido à Lei nº 4.657, de 4 de setembro de 1942 (Lei de Introdução às Normas do Direito Brasileiro), pelo art. 1º desta Lei, que entrará em vigor após decorridos 180 (cento e oitenta) dias de sua publicação oficial.".

direito coordenador de direito. Não rege as relações de vida, mas sim as normas, uma vez que indica como interpretá-las ou aplica-las, determinando-lhes a vigência e eficácia, suas dimensões espaciotemporais, assinalando suas projeções nas situações conflitivas de ordenamentos jurídicos nacionais e alienígenas, evidenciando os respectivos elementos de conexão. Como se vê, engloba não só o direito civil, mas também os diversos ramos do direito privado e público, notadamente a seara do direito internacional privado, por isso exata é a denominação que lhe foi dada pela Lei n. 12.376/2010. A Lei de Introdução é o Estatuto de Direito Internacional Privado; é uma norma cogente brasileira, por determinação legislativa da soberania nacional, aplicável a todas as leis. (DINIZ, 2017, p. 22).

Assim sendo, por se tratar de uma norma sobre como redigir e interpretar todas as outras normas, a Lei de Introdução às Normas do Direito Brasileiro precisa ser tratada como sendo uma norma materialmente constitucional, ainda que seja uma norma que não se situe no texto da Constituição. Daniel Sarmento e Cláudio Pereira de Souza Neto mencionam a existência de normas constitucionais fora do texto constitucional, incluindo entre estas normas materialmente constitucionais as normas sobre elaboração de outras normas:

> Também se fala em Constituição 'em sentido material'. A expressão 'Constituição em sentido material' é ambígua, pois é usada com diversos significados diferentes, sendo dois os mais comuns. No primeiro, ela é associada às chamadas 'normas materialmente constitucionais', que são aquelas que tratam de temas considerados como de natureza essencialmente constitucional – notadamente a organização do Estado e os direitos fundamentais – não importa onde estejam positivadas. Em todos os Estados modernos existem normas jurídicas, escritas ou não, que organizam o exercício do poder político, distribuindo competências e **fixando procedimentos para a elaboração de outras normas**. Daí porque, todos os Estados possuem Constituição, nesse sentido material, embora nem todos tenham Constituição em sentido formal ou em sentido instrumental. No sentido acima, a Constituição material se refere a normas jurídicas e não à realidade social subjacente. Tal como a Constituição formal, ela está na esfera do 'dever ser', e não no plano do fato social. Porém, Constituição material e Constituição formal não se confundem, representando dois círculos que se tangenciam. Por um lado, há, na Constituição formal, preceitos que não versam sobre temas tipicamente constitucionais – e estes abundam na Constituição de 88. **Mas, por outro, podem existir normas materialmente constitucionais situadas fora da Constituição formal**. (SOUZA NETO; SARMENTO, 2013, p. 50) (grifo nosso)

O professor Jorge Miranda, tratando ainda de nossa antiga Lei de Introdução ao Código Civil, é explícito em afirmar que haverá sempre a necessidade de se adotar como costume constitucional o respeito às "normas sobre as normas" como mandamentos interpretativos:

> O art. 9º do Código Civil português e o art. 5º da lei brasileira de introdução ao Código Civil (e preceitos análogos noutras legislações), que estabelecem

regras sobre interpretação da lei, condicionam o intérprete da Constituição? Para responder, haveria, primeiro, que indagar por que motivo se entende comumente que tais preceitos obrigam o intérprete da legislação ordinária. E a conclusão para a qual se propõe é que regras como estas são válidas e eficazes, não por constarem do Código Civil ou de lei de introdução ao Código Civil – que não ocupa, nenhum lugar proeminente no sistema jurídico – mas, diretamente, enquanto tais, por traduzirem uma vontade legislativa, não contrariada por nenhumas outras disposições, a respeito dos problemas de interpretação (que não são apenas técnico-jurídicos) de que curam. Regras sobre estas matérias podem considerar-se substancialmente constitucionais e, enquanto tais, também se dirigindo ao intérprete da Constituição, não repugnando, mesmo, vê-las dotadas do valor de costume constitucional. (MIRANDA, 2011, p.324-325)

Para que a igualdade, a eficácia e a segurança jurídica sejam garantidas aos indivíduos e a LINDB colabore à consolidação do Estado de Direito em nosso cotidiano, portanto, deve ser exigido de qualquer agente estatal que pretenda realizar quaisquer modificações de entendimentos estatais, que respeite a LINDB e adote o costume constitucional de sempre aferir a possibilidade de aplicação das novas regras da Lei 13.655/2018 aos casos concretos de suas responsabilidades. Esta exigência implicará em que haja maior ônus argumentativo a qualquer agente estatal que pretenda proceder a alguma alteração de entendimento estatal, sem observar as inovações e ressignificações sistêmicas, acerca de segurança jurídica, trazidas pela Lei 13.655/2018.

Coadunando-se às inovações e ressignificações sistêmicas da Lei 13.655/2018, passemos às nossas proposições e sugestões acerca de boas medidas para o futuro da segurança jurídica.

7.1 - AVALIAÇÃO DO COMPORTAMENTO SUBJETIVO DO INTERESSADO (BOA-FÉ X MÁ-FÉ) E PRESERVAÇÃO DO ATO ESTATAL

Não respeita o princípio da proteção da confiança qualquer ato estatal de frustração da base da confiança que não teça qualquer consideração a respeito da postura, da conduta, do ânimo subjetivo do interessado na manutenção da base inicial de confiança.

Em nossa pesquisa, foi possível observar que o princípio da proteção da confiança se aplica a cada um dos grupos de fatos sociais trazidos no capítulo 2, e toda essa realidade sociológica vem sendo decidida pelos agentes estatais sem a devida atenção à segurança jurídica e à proteção da confiança do indivíduo, o que requer alterações comportamentais dos agentes estatais.

Em algum dos diversos casos reais listados no capítulo 2, subtítulo 2.1 (acumulação de auxílio-acidente com aposentadoria, percepção de pensão por morte sem divisão com outros dependentes, recebimento de pensão decorrente de benefício anterior irregular e suspensão de benefício sem prova de culpa e sem análise de outra aposentadoria possível), por exemplo, se tiver sido comprovado que a parte envolvida não atuou de má-fé e que ela não tinha qualquer condição de racionalmente compreender a ilicitude, total ou parcial, alegada pelo Estado (base da confiança), a preservação do ato de concessão do benefício, do qual o interessado depende economicamente (exercício da confiança), é medida que se impõe, à luz da necessidade de efetivação do princípio da proteção da confiança.

Nos casos de processos listados no capítulo 2, subtítulo 2.2.2, também é possível concentrarmos atenção a esta proposição: é preciso avaliar o estado subjetivo daquele que vem a receber uma tutela antecipada que venha ulteriormente a ser revogada.

Dessa forma, é importante assentar que o entendimento da decisão proferida no REsp 1.401.560, quando feito de modo autômato e generalizado, patrocina uma espécie de responsabilidade civil objetiva, pois obriga aquele que se beneficiou da tutela antecipada a devolver valores recebidos, sem que haja qualquer avaliação da existência de culpa do beneficiado. Todavia, não há embasamento plausível para tal entendimento. O art. 927, parágrafo único, do Código Civil[125], dispõe que a responsabilidade civil da pessoa que, em tese, vier a praticar algum ato ilícito, na dicção dos arts. 186 e 187 do Código Civil (como, p. ex., não devolver os valores recebidos por tutela antecipada posteriormente revogada), só pode ser considerada sem a análise de culpa (objetiva), se estiver prevista em lei. Vejamos o que dispõe o art. 302 do Código de Processo Civil, único dispositivo que prevê hipóteses de responsabilidade civil envolvendo tutelas processuais:

> Art. 302. Independentemente da reparação por dano processual, a parte responde pelo prejuízo que a efetivação da tutela de urgência causar à parte adversa, se: I - a sentença lhe for desfavorável; II - obtida liminarmente a tutela em caráter antecedente, não fornecer os meios necessários para a citação do requerido no prazo de 5 (cinco) dias; III - ocorrer a cessação da eficácia da medida em qualquer hipótese legal; IV - o juiz acolher a alegação de decadência ou prescrição da pretensão do autor. Parágrafo único. A indenização será liquidada nos autos em que a medida tiver sido concedida, sempre que possível.

As hipóteses dos incisos II e III se referem a decisões de tutela de urgência que são concedidas e, posteriormente, são cessadas sem que haja precisamente uma análise do mérito do processo, seja porque o autor não providenciou a citação da outra parte, seja porque a eficácia da medida liminar cessou, como nos casos descritos no art. 309 do CPC; já as hipóteses dos incisos I e IV se referem, especificamente, a casos em que há análise de mérito do pedido, com sentença de improcedência, posterior a uma decisão concessiva de tutela à parte autora.

Assim Daniel Mitidiero descreve a interpretação que deve ser feita a respeito deste dispositivo:

---

125 "Art. 927. [...] Parágrafo único. Haverá obrigação de reparar o dano, independentemente de culpa, nos casos especificados em lei, ou quando a atividade normalmente desenvolvida pelo autor do dano implicar, por sua natureza, risco para os direitos de outrem."

Na verdade, nosso Código é omisso em um ponto crucial da matéria. É verdade que há responsabilidade objetiva no caso da não promoção da citação, uma vez obtida a liminar cautelar (art. 302, II), e em determinados casos de cessação da eficácia da medida (art. 302, III). Nesses casos, a parte interessada não tem de alegar e provar dolo ou culpa da parte que deu azo ao dano injusto por ela experimentado. Todavia, não é possível reconhecer a existência de responsabilidade objetiva quando a parte logra obter antecipação da tutela – seja cautelar, seja satisfativa – e posteriormente o pedido final é julgado definitivamente improcedente. Fazê-lo importaria apagar a existência de um efetivo juízo de cognição sumária sobre a probabilidade de existência do direito. Se a tutela sumária é necessária e devida, conforme a apreciação sumária do juízo, torná-la posteriormente indevida e atribuir responsabilidade objetiva pela sua fruição implica ignorar a efetiva existência da decisão que anteriormente a concedeu. Em outras palavras, significa desconsiderar o juízo sumário, como se nunca houvesse existido, apagando-o retroativamente. É claro que o juiz pode considerar inexistente o direito antes reconhecido como provável. Não pode, contudo, apagar a existência do juízo sumário. O juízo exauriente substitui o juízo sumário, mas não apaga a sua existência. Nesses casos, a responsabilidade civil pela fruição da antecipação da tutela depende da alegação e prova de dolo ou culpa. Vale dizer: é subjetiva, não objetiva. Em outras palavras, é preciso deixar claro que o art. 302, I, CPC, não incide quando a parte logra obter regularmente antecipação de tutela e essa é simplesmente revogada na sentença ou em outro provimento posterior definitivo das instâncias recursais. Na verdade, a responsabilidade objetiva em caso de sentença de improcedência só existe se a antecipação de tutela é obtida de forma injustificada, isto é, com violação à ordem jurídica (por exemplo, com base em prova falsa). Aliás, é exatamente nessa hipótese que o direito alemão prevê responsabilidade objetiva – apenas quando a providência antecipada pode ser considerada 'injustificada desde o início' *('von Anfanganungerechtfertigt'*, §945, ZPO) é que há responsabilidade objetiva no caso de antecipação de tutela revogada posteriormente pela sentença. (MITIDIERO, 2017, p. 188).

Da mesma forma, eis o entendimento do professor Leonardo Greco:

Diferente é a situação do credor que promove a execução ou do requerente da tutela de urgência. Ele não aufere nenhum benefício, no plano do direito material, da instauração do processo, que não representa para ele nenhuma atividade de que lhe resulte um novo proveito ou um novo lucro. Ao contrário, exerce ele um direito constitucionalmente assegurado de perseguir em juízo um direito preexistente. Por isso, a responsabilidade objetiva, defendida pela doutrina, é a meu ver incompatível com os direitos e garantias fundamentais. Com efeito, a paridade de armas, repercussão processual do princípio constitucional da isonomia, encontra atuação também na tutela de urgência. A responsabilidade objetiva vulnera também o direito de acesso à Justiça do requerente (Constituição, art. 5º, inc. XXXV), criando obstáculo imensurável ao exercício do direito de ação. Com efeito, os riscos que o litigante de boa-fé enfrenta em decorrência do ingresso em juízo devem existir apenas no plano do direito processual e hão de ser predeterminados e módicos, limitando-se aos encargos da sucumbência, para que, devidamente sopesados pelo autor antes do ajuizamento da demanda, influam objetivamente na decisão de vir a juízo, refreando apenas o litigante temerário, e não criando efeito intimidativo excessivo em relação àquele que tem convicção do seu direito. (GRECO, 2015, p. 367).

Além disso, reputar-se como de responsabilidade objetiva a hipótese do art. 302, inciso I, do CPC implicaria em também aceitar que, inversamente, em caso de sentença de procedência do pedido com deferimento de tutela apenas na sentença, após decisão inicial indeferindo a tutela, deveria haver a mesma responsabilidade objetiva em relação à outra parte. Só que essa hipótese sequer foi mencionada no art. 302 do CPC ou em qualquer outro dispositivo legal. Ou seja, por império da igualdade (art. 5º, I, da Constituição e arts. 7º e 139, I, do CPC), se não há responsabilidade civil objetiva para esta hipótese (sentença de procedência do pedido com deferimento de tutela na sentença, após decisão inicial indeferindo a tutela), também não pode haver responsabilidade civil objetiva para a hipótese de sentença de improcedência do pedido com a revogação da tutela concedida por decisão inicial. Nos dois casos, em respeito ao art. 927, *caput* e parágrafo único, do Código Civil, a responsabilidade civil deve ser subjetiva. Apenas após comprovação de dolo ou culpa é que se permite a cobrança, nos mesmos autos ou em ação autônoma (respeitados o contraditório e a ampla defesa daquele que se beneficiara), dos valores recebidos por decisão de antecipação de tutela posteriormente revogada em sentença.

Enfim, nesses casos, não se deve presumir a má-fé de qualquer pessoa. O agente estatal possuirá o ônus de demonstrar que o indivíduo atuou de má--fé, se o objetivo for anular um ato estatal inicial, de modo retroativo.

Conclui-se, portanto, que *sempre que o objetivo for alterar um entendimento, com vistas à anulação de um ato estatal anterior, à sua revisão, ao seu cancelamento, ou à sua revogação, notando-se a possibilidade de algum prejuízo efetivo ao interessado, o comportamento subjetivo deste indivíduo não poderá ser desprezado pelo Estado, devendo a fundamentação do novo ato estatal abordar tal comportamento.*

7.2 - A MODULAÇÃO DOS EFEITOS DAS ALTERAÇÕES DE ENTENDIMENTO ESTATAIS

Tendo em vista que o princípio da legalidade pauta a atuação do Estado (art. 37 da CF), é possível que a preservação de um ato estatal em nome da segurança jurídica não seja possível, especialmente quando a ofensa for flagrante e literal a algum dispositivo legal. Nessa ponderação entre segurança e legalidade, contudo, é possível um norte interpretativo que preserve ambos os princípios em colisão.

Assim, o agente estatal, de qualquer dos Poderes, deve estar atento ao fato de que, ao anular ou rever um ato estatal, caso se encontre diante de um indivíduo cuja confiança mereça ser protegida, nada impede que a invalidação desse ato estatal possa ser feita e ser modulada, produzindo efeitos apenas prospectivamente, *ex-nunc*.

É o que se determinará, por exemplo, quando se perceber uma cumulação indevida de benefícios ou um benefício que foi irregularmente concedido, mas sem má-fé do cidadão. Nesses casos, é devida a anulação do ato de concessão do benefício ilicitamente concedido ou acumulado, mas, sendo possível, mantém-se o outro benefício ou concede-se um novo, regular, sem quaisquer cobranças de valores pagos indevidamente, a não ser que haja prova de má-fé do indivíduo.

Esta postura, inclusive, permitirá aperfeiçoamentos em busca da eficiência do Estado, que tem o dever de se manter vigilante no controle de seus próprios atos, evitando erros administrativos que demandem atuação corretiva constante.

Do mesmo modo, também podem ser modulados os efeitos das alterações de entendimento do Estado, como por exemplo, por ocasião do exercício da jurisdição, no que atine às desaposentações que foram deferidas judicialmente mas não transitaram em julgado e às revogações de tutelas antecipadas concedidas no curso de um processo (capítulo 2, subtítulos 2.2.1 e 2.2.2.), pois, nesse caso, tratam-se de decisões que detinham caráter de precariedade, mas nas quais há colisão da legalidade com o exercício da jurisdição em sua plenitude, na qual, até então, o cidadão estava confiante no acerto (pois, se não confiasse, nem ajuizaria a demanda).

Essa percepção também se extrai se for observado o art. 24 da LINDB, incluído pela Lei 13.655/2018, dirigido tanto a atos administrativos quanto judiciais:

> Art. 24. A revisão, nas esferas administrativa, controladora ou judicial, quanto à validade de ato, contrato, ajuste, processo ou norma administrativa cuja produção já se houver completado levará em conta as orientações gerais da época, sendo vedado que, com base em mudança posterior de orientação geral, se declarem inválidas situações plenamente constituídas.
>
> Parágrafo único. Consideram-se orientações gerais as interpretações e especificações contidas em atos públicos de caráter geral ou em jurisprudência judicial ou administrativa majoritária, e ainda as adotadas por prática administrativa reiterada e de amplo conhecimento público.

No texto "Modulação: um olhar a partir da Lei 13.655/18", com breves comentários a respeito dos arts. 23 e 24 da LINDB, recentemente editados, assim Teresa Arruda Alvim leciona:

> O art. 24, por sua vez, tem o alcance que, a nosso ver, deve ser efetivamente atribuído ao instituto da modulação. Diz que, quando o Judiciário revê certo ato, contrato, ajuste etc., que tenha se completado à luz de 'orientações gerais da época', para se verificar da sua validade, devem-se levar em conta, como parâmetro, exatamente as orientações urgentes à época da ocorrência do ato, do contato etc. e não aquelas decorrentes de mudança de posicionamento posterior. No parágrafo único desse mesmo dispositivo, consta que estas 'orientações gerais' compreendem a 'jurisprudência judicial'. Parece-nos, portanto, que este dispositivo significa que, aquele que agiu reiteradamente com base em orientação

pacificada dos tribunais, a respeito do sentido de certa norma jurídica, quando tem seus atos avaliados pelo Judiciário, quanto à sua validade, faz jus a que seja julgado à luz dos parâmetros existentes à época em que a conduta se realizou, ainda que a orientação deste mesmo tribunal tenha sido alterada. Portanto, apesar dos sérios problemas de redação apresentados por esta lei, inclusive nos dois dispositivos aqui mencionados, a nosso ver, duas relevantes dimensões do instituto da modulação foram abarcadas por esses arts. 23 e 24: (i) tanto a possibilidade de que não se rescinda sentença proferida com base em orientação jurisprudencial superada, quando era esta a predominante na época da prática do ato ou da conduta *sub judice*, (ii) quanto a necessidade de que a regularidade dos atos ou das condutas das partes sejam avaliadas em conformidade com as normas jurídicas existentes à época em que praticados. Quando nos referimos, aqui, à norma jurídica, queremos significar a lei interpretada pelos tribunais, de acordo com a doutrina.[126]

Retomando as discussões a respeito das relações de desconfiança que delineamos no capítulo 2, a operacionalização de distinções acerca do REsp 1.401.560 ganha substancial relevância quando nos deparamos com algumas hipóteses concretas, em que seja possível uma modulação de efeitos. A aplicação do REsp 1.401.560 sem critérios adequados de distinção, na seara previdenciária, poderá causar prejuízos aos segurados e à própria prestação jurisdicional, produzindo algumas severas injustiças.

As situações "falam por si". Pensemos no caso de uma tutela judicial concedida em cognição definitiva, isto é, quando já concedida liminarmente e ratificada na sentença, ou deferida na sentença ou em sede recursal, ou quando a tutela concedida seja de evidência e de cognição exauriente. O recebimento do benefício pelo segurado, quando já transcorrido certo período entre o indeferimento administrativo e a decisão judicial, é medida de inevitável necessidade. A ratificação em decisão final do processo na primeira instância, ou após a instrução do processo, traz um grau de confiança razoável ao postulante do benefício, e é, na maioria dos casos, a única fonte de renda possível, para sobreviver com vida digna.

O INSS, não raras vezes, recorre de decisões/sentenças com o intuito de discutir índices de correção monetária e critério de juros legais, recursos processuais que, não raras vezes, perduram anos aguardando decisão do STJ ou do STF, para uniformização. Nesse sentido, relembramos a tramitação do RE 870.947 (Tema 810), pelo STF, no qual se decidiu, no último dia 20.09.2017, a questão relativa à validade da TR (taxa referencial) como índice de correção monetária para pagamentos de débitos do INSS em causas previdenciárias. A corte, por maioria, reconheceu a existência de repercussão geral da questão constitucional, suscitada em 17.04.2015. Ou seja, o STF demorou mais de dois anos para o julgamento da questão, após sua admissibilidade, o que resultou no sobrestamento de milhares de processos no Brasil.

---

126 Disponível em: <http://www.migalhas.com.br/dePeso/16,MI279384,81042-Modulacao+um+olhar+a+partir+da+lei+1365518>. Acesso em: 08 mai. 2018.

Bastando que haja recursos similares sobre determinada matéria de direito para que sejam suspensas centenas ou milhares de outros processos sobre essa mesma matéria, não importará se há outros fundamentos a serem analisados nesses mesmos recursos.

E é exatamente nesse ponto onde reside o problema.

É que, na realidade do Direito Previdenciário, tantos outros recursos interpostos pelo INSS não guardam relação unicamente com esses consectários legais, mas sim com a matéria de mérito específica (o direito à aposentadoria, ao auxílio-doença, à pensão, ao benefício assistencial, etc.). Em tais situações, o deferimento da tutela é quase decorrência lógica da situação retratada no processo (sendo facilmente dedutíveis o *periculum in mora* e o *fumus boni iuris*). Porém, com o entendimento pela presunção de necessidade de devolução de todo e qualquer caso de tutela provisória que venha a ser revogada posteriormente, deferir uma tutela (ou mesmo mantê-la em vigor) poderá se tornar uma atividade judiciária de risco, a impedir o deferimento de uma tutela e, com isso, ferir o art. 5º, XXXV, da CF. Concedida judicialmente uma tutela antecipada que posteriormente não seja confirmada, tal decisão de concessão de tutela para a implantação do benefício terá que ser muito bem analisada e confrontada com os parâmetros de distinção necessários, a fim de se evitar cobranças injustas a quem apenas estava aguardando uma definição do entendimento jurídico pelas cortes superiores.

Conciliar a espera com a efetividade torna-se prioridade em casos tais quais o relatado, o que só poderá ser feito mediante a distinção do REsp 1.401.560 em relação ao caso concreto. E, de outro lado, não há como se pensar na espera sem fim da solução de temas relacionados a tribunais superiores quando o segurado demonstra, de fato, o *periculum in mora* caso não obtenha a tutela e o *fumus boni iuris* consagrado na apreciação judicial de sua postulação.

Por outro lado, são comuns as hipóteses em que o magistrado concede o benefício previdenciário *ex-officio*, via tutela de urgência. Em ocorrendo uma situação como essa, algumas perguntas parecem pertinentes. Assim, caso o segurado, por intermédio de seu advogado, reprimido quanto à ideia da urgência, não queira correr o risco de perceber as parcelas antecipadas, como deverá proceder? Aguardar uma definição jurídica suprema de seu pleito para se alimentar? O juiz deverá fechar os olhos ao art. 5º, XXXV, da Constituição Federal? Como conciliar o suposto grau de certeza do acerto no deferimento da medida com a possibilidade de alteração da decisão mediante a interposição de recursos pelo INSS? E, em caso de oposição ao deferimento da medida, que foi deferida de ofício, caberia a interposição de qual remédio processual, por parte do segurado? Agravo de medida cautelar? Embargos de declaração? Ou recurso inominado? O cidadão deveria agravar da decisão que lhe deferiu alimentos com base em qual fundamento? Ele será ilegalmente constrangido a afirmar que não há *periculum in mora* no seu pleito? Ou a afirmar que o direito que postula é de frágil argumentação? Ao final, no caso da necessidade de devolução, como negar a boa-fé do autor da demanda, se não foi ele quem postulou a medida de urgência? Acreditamos que o leitor, a essa altura, já pôde perceber os diversos contrassensos que podem ser produzidos pela aplicação automatizada do REsp 1.401.560, sem qualquer possibilidade de modulação.

A promoção do *distinguish* da decisão do REsp 1.401.560, e a modulação dos efeitos de qualquer decisão judicial posterior que se utilize desse precedente, permitirão tolerar que a parte hipossuficiente da relação previdenciária, o beneficiário, não seja a única responsabilizada pela alteração do entendimento no processo específico, sob pena de se criar incentivo para a ofensa ao princípio da efetividade, delineado no art. 5º, XXXV, da CF. Isto, decerto e por si só, já é causa de repercussão geral, a justificar a superação do entendimento da própria Suprema Corte, no ARE 722421, e, desta forma, permitir a análise da questão constitucional que absorve o que se decidiu no REsp 1.401.560.

Nestes termos, é importante transcrever recentes precedentes, dos mais diversos desembargadores, do Tribunal Regional Federal da 4ª Região, sobre o estado da arte do tema em epígrafe (capítulo 2, subtítulo 2.2.2 da tese), em especial da lavra da desembargadora Vânia Hack, nos quais, sem qualquer desapreço à decisão do STJ, se realizaram imprescindíveis *distinguishs* acerca deste REsp 1.401.560. Por outro lado, ainda não se vislumbraram as necessárias distinções em relação ao REsp 1.401.560, nos precedentes dos outros quatro Tribunais Regionais Federais. Eis os precedentes do TRF da 4ª Região, que, pela relevância e pertinência temática e para a compreensão adequada, necessitam de transcrição integral de suas ementas:

> AGRAVO DE INSTRUMENTO. PROCESSO CIVIL. PREVIDENCIÁRIO. BENEFÍCIO PERCEBIDO POR FORÇA DE ANTECIPAÇÃO DE TUTELA POSTERIORMENTE REVOGADA. RECURSO ESPECIAL REPETITIVO 1.401.560. INTERPRETAÇÃO COM TEMPERAMENTOS. TUTELA ANTECIPADA DEFERIDA NO CURSO DA DEMANDA E CONFIRMADA NA SENTENÇA. IRREPETIBILIDADE. 1. O STJ, no julgamento do REsp nº 1.401.560, exarado em regime de recurso repetitivo, entendeu ser repetível a verba percebida por força de tutela antecipada posteriormente revogada, em cumprimento ao art. 115, II, da Lei nº 8.213/91. 2. A interpretação do repetitivo deve ser observada com temperamentos, impondo-se a devolução apenas nos casos em que a medida antecipatória/liminar não tenha sido confirmada em sentença ou em acórdão, porquanto nas demais situações, embora permaneça o caráter precário do provimento, presente se fez uma cognição exauriente acerca das provas e do direito postulado, o que concretiza a boa-fé objetiva do segurado. 3. Neste contexto, a melhor interpretação a ser conferida aos casos em que se discute a (ir)repetibilidade da verba alimentar previdenciária, deve ser a seguinte: a) deferida a liminar/tutela antecipada no curso do processo, posteriormente não ratificada em sentença, forçoso é a devolução da verba recebida precariamente; b) deferida a liminar/tutela antecipada no curso do processo e ratificada em sentença, ou deferida na própria sentença, tem-se por irrepetível o montante percebido; c) deferido o benefício em sede recursal, por força do art. 461 do CPC, igualmente tem-se por irrepetível a verba. 4. No caso dos autos, a parte autora percebeu benefício previdenciário por força de tutela antecipada deferida no curso do processo e confirmada na sentença, de modo que o montante recebido

a título de aposentadoria por idade rural é irrepetível, mormente porque o título transitado em julgado nada referiu acerca da (des)necessidade de devolução dos valores. (TRF4, AG 5007103-62.2016.4.04.0000, SEXTA TURMA, Relatora VÂNIA HACK DE ALMEIDA, juntado aos autos em 20/05/2016)

PREVIDENCIÁRIO. VALORES RECEBIDOS DE BOA-FÉ. TUTELA POSTERIORMENTE REVOGADA. DEVOLUÇÃO. IMPOSSIBILIDADE. NATUREZA ALIMENTAR. IRREPETIBILIDADE. 1. Apesar do caráter precário do provimento concedido por tutela antecipada, mostra-se presente a boa-fé de quem o recebe, pois se é dado ao homem médio criar expectativa legítima (boa-fé objetiva) na irrepetibilidade de verba paga por interpretação errônea ou inadequada da lei por servidor da administração, diga-se, da Autarquia - matéria reconhecida pela União por meio da edição da Súmula nº 34/AGU - com muito mais força mostra-se presente a boa-fé objetiva nos casos em que o direito é reconhecido por um magistrado durante a tramitação de uma ação judicial. 2. Presente a boa-fé e considerando a natureza alimentar dos valores recebidos por força de antecipação dos efeitos da tutela, mesmo que posteriormente revogada, não podem ser considerados indevidos os pagamentos realizados, não havendo que se falar, por consequência, em restituição, devolução ou desconto. (TRF4, AC 0016866-22.2014.4.04.9999, SEXTA TURMA, Relatora VÂNIA HACK DE ALMEIDA, D.E. 02/05/2017)

PREVIDENCIÁRIO. MANDADO DE SEGURANÇA. ERRO ADMINISTRATIVO. MANUTENÇÃO DO PAGAMENTO APÓS PERÍCIA MÉDICA CONTRÁRIA. IMPOSSIBILIDADE. VALORES RECEBIDOS DE BOA-FÉ. DEVOLUÇÃO. DESCABIMENTO. NATUREZA ALIMENTAR. 1. A decisão do STJ em sede de recurso repetitivo (REsp nº 1.401.560), que tratou da repetibilidade de valores recebidos por antecipação da tutela posteriormente revogada (tendo em vista o caráter precário da decisão antecipatória e a reversibilidade da medida), não alcança os pagamentos decorrentes de erro administrativo, pois nesses casos está presente a boa-fé objetiva do segurado, que recebeu os valores pagos pela autarquia na presunção da definitividade do pagamento. 2. Tratando-se de prestações previdenciárias pagas por erro administrativo, tem-se caracterizada a boa-fé do segurado, não havendo que se falar em restituição, desconto ou devolução desses valores ainda que constatada eventual irregularidade. 3. Incontroverso o erro administrativo, reconhecido pelo INSS na via administrativa e na judicial, levando em conta o caráter alimentar dos benefícios, e ausente comprovação de eventual má-fé do segurado, devem ser relativizadas as normas dos arts. 115, II, da Lei nº 8213/91 e 154, § 3º, do Decreto nº 3048/99. 4. A ineficiência do INSS no exercício do poder-dever de fiscalização não afasta o erro da Autarquia, nem justifica o ressarcimento ao INSS, e menos ainda transfere ao segurado a responsabilidade e o ônus por pagamentos indevidos. (TRF4, AC 5014750-27.2016.4.04.7108, SEXTA TURMA, Relatora VÂNIA HACK DE ALMEIDA, juntado aos autos em 05/06/2017)

PREVIDENCIÁRIO E PROCESSUAL CIVIL. AGRAVO DE INSTRUMENTO. BENEFÍCIO PERCEBIDO POR FORÇA DE ANTECIPAÇÃO DE TUTELA POSTERIORMENTE REVOGADA OU TORNADA SEM EFEITO EM RAZÃO DE DESISTÊNCIA DA EXECUÇÃO. NATUREZA ALIMENTAR. BOA-FÉ. IRREPE-

TIBILIDADE. ERRO DA AUTARQUIA. 1. Presente a boa-fé e considerando a natureza alimentar dos valores recebidos por força de antecipação dos efeitos da tutela, mesmo que posteriormente revogada, ou em caso de erro administrativo, não podem ser considerados indevidos os pagamentos realizados, não havendo que se falar, por consequência, em restituição, devolução ou desconto. 2. Na linha da jurisprudência do Supremo Tribunal Federal, é descabida a cobrança de valores recebidos em razão de decisão judicial posteriormente revogada. Precedentes da Terceira Seção deste Tribunal. (TRF4, AG 5005191-59.2018.4.04.0000, SEXTA TURMA, Relator JOÃO BATISTA PINTO SILVEIRA, juntado aos autos em 19/04/2018)

AGRAVO DE INSTRUMENTO. PREVIDENCIÁRIO. TEMA 692 DO STJ. VALORES RECEBIDOS POR FORÇA DE ANTECIPAÇÃO DOS EFEITOS DA TUTELA POSTERIORMENTE REVOGADA. DEVOLUÇÃO. IMPOSSIBILIDADE 1. É incabível a restituição dos valores recebidos pelo segurado em razão de antecipação de tutela posteriormente revogada, em face do seu caráter alimentar e da inexistência de má-fé. Precedentes deste TRF. 2. Prevalência do princípio da boa-fé. 3. O tema referente ao pedido subsequente (autorizar o segurado a optar pelo cancelamento do benefício concedido) deverá ser objeto de deliberação na sentença exauriente em face de inexistir urgência na apreciação. 4. Agravo de instrumento provido em parte. (TRF4, AG 5055245-63.2017.4.04.0000, QUINTA TURMA, Relator LUIZ CARLOS CANALLI, juntado aos autos em 18/04/2018)

PREVIDENCIÁRIO. PENSÃO POR MORTE DE FILHO. DEPENDÊNCIA ECONÔMICA NÃO COMPROVADA. BENEFÍCIO INDEVIDO. DEVOLUÇÃO DE VALORES. IMPOSSIBILIDADE. BOA-FÉ. REVOGAÇÃO. ANTECIPAÇÃO DE TUTELA. 1. Para a obtenção do benefício de pensão por morte deve a parte interessada preencher os requisitos estabelecidos na legislação previdenciária vigente à data do óbito, consoante iterativa jurisprudência dos Tribunais Superiores e desta Corte. 2.Não tendo sido comprovada a dependência econômica, ainda que não exclusiva, da requerente em relação ao falecido filho, inexiste direito à pensão por morte. 3. O Superior Tribunal de Justiça, no julgamento do REsp nº 1.401.560, efetuado em regime de recurso repetitivo, compreendeu possível a repetição de valores recebidos do erário no influxo dos efeitos de antecipação de tutela posteriormente revogada, em face da precariedade da decisão judicial que a justifica, ainda que se trate de verba alimentar e esteja caracterizada a boa-fé subjetiva. A desnecessidade de devolução de valores somente estaria autorizada no caso de recebimento com boa-fé objetiva, pela presunção de pagamento em caráter definitivo. 4. Por se tratar de verba alimentar, pelo cunho social peculiar às questões envolvendo benefícios previdenciários e, ainda, pelo fato de se verificarem decisões em sentidos opostos no âmbito do próprio STJ, tenho que deve ser prestigiado o entendimento consolidado da jurisprudência do STF para a questão em exame, ou seja, pela irrepetibilidade dos valores. (TRF4, AC 5045479-59.2017.4.04.9999, SEXTA TURMA, Relator ARTUR CÉSAR DE SOUZA, juntado aos autos em 18/04/2018)

ADMINISTRATIVO. SERVIDOR PÚBLICO CIVIL. ATO ADMINISTRATIVO. URP/1989. DECADÊNCIA. ART. 54 DA LEI Nº 9.784/99. AFASTADA. PRES-

CRIÇÃO. INOCORRÊNCIA. PARCELA RECEBIDA POR FORÇA DE ANTECI-PAÇÃO DE TUTELA POSTERIORMENTE REVOGADA. RECURSO ESPECIAL REPETITIVO Nº 1.401.560. INTERPRETAÇÃO COM TEMPERAMENTOS. TUTELA ANTECIPADA CONFIRMADA PELA SENTENÇA. IRREPETIBILIDADE. MANDADO DE SEGURANÇA Nº 27965 do STF. JURISPRUDÊNCIA CONSOLIDADA POSTERIORMENTE MODIFICADA. 1. O prazo decadencial previsto no art. 54 da Lei nº 9.784/99 é incompatível com o caso em apreço, tendo em vista que o pagamento da parcela remuneratória (URP/1989) não decorreu de ato administrativo, mas sim de decisão judicial à qual a Administração encontrava-se adstrita. Por consequência, a devolução dos valores em comento não advém da anulação de ato administrativo, mas sim de decisão administrativa originária. 2. A contagem do prazo prescricional de 05 (anos), por analogia ao art. 1º do Decreto nº 20.910/1932, tem início com o trânsito em julgado da ação que reconheceu ser indevido o pagamento da rubrica, face ao princípio da actio nata, pois somente a partir daí surge para a Administração o direito de recobrar os valores pagos indevidamente. 3. O Superior Tribunal de Justiça, no julgamento do REsp nº 1.401.560, efetuado em regime de recurso repetitivo, entendeu possível a repetição de valores recebidos do erário no influxo dos efeitos de antecipação de tutela posteriormente revogada, em face da precariedade da decisão judicial que a justifica, sob pena de caracterização de enriquecimento ilícito, ainda que se trate de verba alimentar e esteja caracterizada a boa-fé subjetiva. 4. A interpretação do repetitivo deve ser observada com temperamentos, impondo-se a devolução apenas nos casos em que a medida antecipatória/liminar não tenha sido confirmada em sentença ou em acórdão, porquanto nas demais situações, embora permaneça o caráter precário do provimento, presente se fez uma cognição exauriente acerca das provas e do direito postulado, o que concretiza a boa-fé objetiva do servidor. 5. Neste contexto, a melhor interpretação a ser conferida aos casos em que se discute a (ir)repetibilidade da verba alimentar de servidor público, deve ser a seguinte: a) deferida a liminar/tutela antecipada no curso do processo, posteriormente não ratificada em sentença, forçoso é a devolução da verba recebida precariamente; b) deferida a liminar/tutela antecipada no curso do processo e ratificada em sentença, ou deferida na própria sentença, tem-se por irrepetível o montante percebido; c) deferido o benefício em sede recursal, igualmente tem-se por irrepetível a verba. 6. No caso dos autos, a parte autora percebeu a parcela URP/1989 por força de tutela antecipada confirmada pela sentença, mas revogada por este Regional, de modo que o montante recebido afigura-se irrepetível. 7. Ademais, conforme entendimento do Supremo Tribunal Federal (MS 27965 AgR), em função dos princípios da boa-fé e da segurança jurídica, é indevida a devolução de parcela vencimental (verbas recebidas a título de URP) incorporada à remuneração do servidor por força de decisão judicial, tendo em conta expressiva mudança de jurisprudência relativamente à eventual ofensa à coisa julgada. (TRF4, AC 5002261-30.2017.4.04.7202, TERCEIRA TURMA, Relatora VÂNIA HACK DE ALMEIDA, juntado aos autos em 27/03/2018)

PREVIDENCIÁRIO. AUXÍLIO-DOENÇA. ESPECIALIZAÇÃO DO PERITO. NULIDADE DA PERÍCIA NÃO VERIFICADA. INCAPACIDADE. AUSÊNCIA DE COMPROVAÇÃO. IMPORTÂNCIAS INDEVIDAS RECEBIDAS POR FORÇA DE ANTECIPAÇÃO DE TUTELA POSTERIORMENTE REVOGADA. BOA-FÉ PRESUMIDA. IMPOSSIBILIDADE DE DEVOLUÇÃO DOS VALORES.

1. Em regra, o clínico geral ou médico de diferente especialidade acha-se profissionalmente habilitado para reconhecer a existência de incapacidade para o trabalho nos casos de ações previdenciárias. 2. Quando, porém, a situação fática implica a necessidade de conhecimentos especializados diante da natureza ou complexidade da doença alegada, justifica-se a designação de médico especialista, situação não configurada nos autos. 3. Tratando-se de auxílio-doença ou aposentadoria por invalidez, o Julgador firma sua convicção, via de regra, por meio da prova pericial. 4. Tendo o laudo médico oficial concluído pela inexistência de qualquer mal incapacitante para o exercício de atividades laborais, não há direito a benefício por incapacidade. 5. Os valores recebidos indevidamente pela segurada em razão de antecipação de tutela que posteriormente veio a ser revogada não são sujeitos à restituição, diante do seu caráter alimentar e da inexistência de má-fé. 6. Não importa declaração de inconstitucionalidade do art. 115, da Lei 8.213/91, o reconhecimento da impossibilidade de devolução ou desconto dos valores indevidamente percebidos. A hipótese é de não incidência do dispositivo legal, porque não concretizado o seu suporte fático. Precedentes do STF (ARE 734199, Rel. Min. Rosa Weber). 7. Recentemente, o STF reafirmou o mesmo entendimento, definindo que verbas recebidas em virtude de liminar deferida não devem ser devolvidas, em função dos princípios da boa-fé, da segurança jurídica e em razão de alterações na jurisprudência (MS AgR 26125, Rel. Min. Edson Fachin). 8. O próprio STJ, em decisão de Corte Especial, no julgamento do EREsp 1086154, Relatora Ministra Nancy Andrighy, relativizou precedente resultante do julgamento do 1.401.560, Rel. Min. Ary Pargendler, em regime de recursos repetitivos. (TRF4, AC 0012983-96.2016.4.04.9999, SEXTA TURMA, Relatora TAÍS SCHILLING FERRAZ, D.E. 17/04/2018)

PREVIDENCIÁRIO. CONCESSÃO DE BENEFÍCIO POR INCAPACIDADE. AUXÍLIO-DOENÇA. INCAPACIDADE TEMPORÁRIA. DOENÇA DIVERSA SURGIDA NO CURSO DA AÇÃO. INTERESSE DE AGIR CONFIGURADO. RETORNO AO TRABALHO. ABATIMENTO DE VALORES PAGOS POR FORÇA DE ANTECIPAÇÃO DE TUTELA. IRREPETIBILIDADE. SISTEMÁTICA DE ATUALIZAÇÃO DO PASSIVO. TEMA Nº 810 DO STF. *REFORMATIO IN PEJUS*. COISA JULGADA MATERIAL. OFENSA. NÃO OCORRÊNCIA 1. Demonstrado que a parte autora esteve incapacitada para o exercício das atividades laborativas em período determinado, correta a sentença que concede auxílio-doença no lapso indicado em perícia. 2. O surgimento de nova doença no curso da ação não representa alteração da causa de pedir, que é a incapacidade para o trabalho, e não a existência de uma moléstia ou outra. Assim, não há falar em ausência de interesse de agir se houve prévio requerimento administrativo, ainda que em decorrência de doença diversa. Admitir-se o contrário e extinguir o feito por essa razão, implicaria desconsiderar o princípio da economia processual e os valores sociais que permeiam a Previdência Social. Precedentes deste TRF. 3. Se a parte autora, mesmo incapaz para o labor, teve obstado o seu benefício na via administrativa - justifica-se eventual retorno ao trabalho para a sua sobrevivência ou o recolhimento de contribuições previdenciárias. Tal situação, contudo, não obsta o recebimento do benefício, tampouco enseja eventual devolução dos valores pagos a título de contribuição previdenciária. 4. Descabida a devolução dos valores recebidos a título de tutela antecipada posteriormente revogada, em razão do caráter alimentar dos recursos recebidos de boa-fé. Precedente da Terceira Seção desta Corte. 5. Sistemática de atualização do passivo observará a decisão do STF consubstanciada no seu Tema nº 810. Procedimento que não implica *reformatio in pejus* ou ofensa à coisa julgada material. (TRF4, AC 5052976-27.2017.4.04.9999, QUINTA TURMA, Relator LUIZ CARLOS CANALLI, juntado aos autos em 15/12/2017)

PREVIDENCIÁRIO. JUÍZO DE RETRATAÇÃO. ARTIGO 543-C, § 7º, II, DO CPC. BENEFÍCIO PERCEBIDO POR FORÇA DE ANTECIPAÇÃO DE TUTELA POSTERIORMENTE REVOGADA. RECURSO ESPECIAL REPETITIVO 1.401.560. INTERPRETAÇÃO COM TEMPERAMENTOS. DEVOLUÇÃO DOS VALORES. POSSIBILIDADE. [...] 3. Neste contexto, a melhor interpretação a ser conferida aos casos em que se discute a (ir)repetibilidade da verba alimentar previdenciária, deve ser a seguinte: a) deferida a liminar/tutela antecipada no curso do processo, posteriormente não ratificada em sentença, forçoso é a devolução da verba recebida precariamente; b) deferida a liminar/tutela antecipada no curso do processo e ratificada em sentença, ou deferida na própria sentença, tem-se por irrepetível o montante percebido; c) deferido o benefício em sede recursal, por força do art. 461 do CPC, igualmente tem-se por irrepetível a verba. [...].

(TRF4, Proc. 0016671-42.2011.404.9999/RS, 6ª T., Relª. p/acórdão: VÂNIA HACK DE ALMEIDA, j. em 27/01/2016, D.E. 17/02/2016).

A condução destas alterações de entendimentos jurisdicionais, portanto, não pode, em nenhum caso, deixar de analisar o grau de afetação patrimonial e extrapatrimonial dos interessados e atingidos (reais ou potenciais) pela nova decisão, para fins de observar se e como a confiança legítima desses interessados foi atingida. A nova decisão, portanto, deve ser pensada de modo ou a propiciar regras de transição, ou modulações de efeitos, ou mesmo medidas compensatórias, em substituição às duas primeiras medidas.

Assim, o órgão jurisdicional não pode violar as expectativas legítimas dos cidadãos e alterar um entendimento jurisprudencial, especialmente aquele que tenha efeitos *erga omnes*, pondo de lado o princípio da proteção da confiança, desconsiderando a situação de todos aqueles que eram protegidos pela jurisprudência obrigatória até então vigente, gerando, com isso, frustrações e inseguranças. Um comportamento como esse, por parte do próprio Estado-juiz, traz ao jurisdicionado a sensação de que a jurisprudência até então vigente não tinha valor ou eficácia alguma, e, com isso, abala os fundamentos do próprio Estado Democrático de Direito.

Situação idêntica à aplicação sem distinção ao caso concreto da decisão do REsp 1.401.560 é aquela relacionada com o deferimento de tutela de urgência acerca de tese já pacificada no Superior Tribunal de Justiça ou no Supremo Tribunal Federal, quando, *no curso da ação*, o tribunal respectivo modifica seu entendimento, mas não modula os efeitos de sua decisão. Ganha relevância a presente hipótese considerando que na área previdenciária não é incomum isto acontecer.

Alguns casos passados são paradigmáticos nesse sentido, como as alterações no limite quantitativo do nível de decibéis no agente ruído, para fins de aposentadoria especial, a questão do uso do EPI, a possibilidade de acumulação de auxílio-acidente com aposentadoria, a desaposentação, a conversão invertida para atividade exercida sob condições especiais, dentre muitas outras situações em que o STJ ou o STF promoveram algum *overruling* tácito, ou seja, alteraram seu posicionamento sobre determinados temas, sem maiores arrazoados sobre o momento em que a alteração passou a valer. Ou seja, houve patente omissão da análise da proteção da confiança nas cortes superiores.

As mudanças bruscas na jurisprudência, as quais transformam as teses das petições iniciais em algo contrário ao precedente, ante o deferimento de tutelas de urgência, ocasionarão situações peculiares, em especial no que tange à necessidade da devolução. Observar pia e cegamente o REsp 1.401.560, sem proceder ao devido *distinguish*, poderá representar, nesses casos, severa agressão à segurança jurídica e à proteção da confiança. O Poder Judiciário, representado por suas cortes superiores, não pode se afastar da confiança depositada pelos jurisdicionados. A jurisprudência de um tribunal gravita em torno de permanências e evoluções, mas não se pode aceitar que mutações jurisprudenciais possam ter eficácia retrospectiva, sem qualquer proteção dos jurisdicionados que legitimamente se viam protegidos e vêm a perder o direito a uma tutela judicial, e ainda serão cobrados a devolver valores que legitimamente estavam recebendo.

A própria tese da repetibilidade dos valores correspondentes aos benefícios previdenciários recebidos em virtude de decisão que antecipa os efeitos da tutela posteriormente revogada, hoje em tramitação na primeira seção do STJ, é importante exemplo do *overruling*, pois já foi alterada em mais de uma ocasião.

Destarte, *com base no princípio da proteção da confiança, havendo algum risco de prejuízo com a nova decisão que alterou a jurisprudência ou a decisão administrativa, agravando-a, caso a anulação da base da confiança seja inafastável, a nova decisão deve avaliar a possibilidade de modulações de seus efeitos, caso haja confiança legítima a ser protegida, manifestando-se específica e fundamentadamente sobre segurança e confiança legítima na decisão alteradora, judicial ou administrativa, tendo em vista o dever constitucional e legal de fundamentação dos atos estatais. Sendo impossível a modulação, mas sendo a confiança passível de proteção estatal, é recomendável avaliar a possibilidade de regras de transição ou medidas compensatórias.*

7.3 - REGRAS DE TRANSIÇÃO PROSPECTIVAS

Nenhum agente estatal pode adotar interpretação ou impor novas condições ao exercício de um direito que sejam mais gravosas aos indivíduos e que não prevejam regras de transição para alguma alteração substancial de seus entendimentos, sob pena de ofensa à confiança que o cidadão depositava no entendimento até então vigente.

Essa hermenêutica deve ser aplicada a qualquer alteração de entendimento estatal. O estabelecimento de regras de transição, portanto, não é atinente apenas a atos legislativos. Há normas gerais de cunho administrativo, bem como decisões jurisdicionais que, quando alteradas com gravames aos indivíduos, comportarão e exigirão, sem sombra de dúvidas, espaço para a criação de regras de transição.

Esta percepção, inclusive, virou lei.

É o que se conclui, analisando o novo art. 23 da Lei de Introdução às Normas do Direito Brasileiro (Decreto-Lei nº 4.657/42), inserido pela Lei 13.655, de 25 de abril de 2018:

> Art. 23. A decisão administrativa, controladora ou judicial que estabelecer interpretação ou orientação nova sobre norma de conteúdo indeterminado, impondo novo dever ou novo condicionamento de direito, **deverá prever regime de transição quando indispensável para que o novo dever ou condicionamento de direito seja cumprido** de modo proporcional, equânime e eficiente e sem prejuízo aos interesses gerais. (grifo nosso)

Ou seja, todos os atos estatais, normativos, administrativos ou judiciais, que estabelecerem novas interpretações ou orientações, impondo novos deveres ou condições ao exercício de um direito, agravando-os, deverão, obrigatoriamente, prever regras de transição, de acordo com a proporcionalidade do caso concreto, buscando também a eficiência do ato estatal e o respeito a regras gerais e igualitárias.

Dessa forma, os atos legislativos previstos e descritos no capítulo 2, subtítulo 2.3.4 (Reforma da Previdência atual), precisam observar a segurança jurídica e a proteção da confiança. Ao legislador não é permitido inovar o ordenamento, com graves e relevantes endurecimentos de requisitos legais para a concessão de benefícios previdenciários, sem a previsão de qualquer regra de transição adequada, exatamente como estava pretendendo fazer com trabalhadores celetistas (especialmente no que atine à nova forma de cálculo pretendida) e servidores públicos que estavam em vias de se aposentar, nos termos da legislação em vigor, com o direito à integralidade e à paridade e sem idade mínima alta, ou com a nova forma de cálculo de aposentadorias e pensões (que é muito pior que a atual e se aplicará imediatamente, a partir de eventual e futura Emenda Constitucional, sem qualquer regra de transição).

Essas regras de transição, por sua vez, precisam estar conectadas com a realidade que até então vigia, e não faz sentido que sejam regras de transição piores que as normas novas, já mais severas que as normas antigas, pois, desta forma, estará sendo ofendida a proporcionalidade exigida para o regime de transição, conforme o texto do art. 23 da LINDB. É o que ocorre, por exemplo, quanto a algumas das regras de transição da Lei 9.876/99, descritas no capítulo 2, subtítulo 2.3.3, que desrespeitam essa previsão legal do art. 23 da LINDB.

Não há confiança a ser protegida, se o cidadão sequer tem conhecimento do valor de aposentadoria que teria direito, conforme a regra de transição e conforme a regra nova. Mas, é possível exigir esse conhecimento do indivíduo, especialmente diante de cálculos que se demonstram notoriamente complexos? Neste sentido, eis como Hermes Arrais vaticina:

> A regra da igualdade constitucional admite diferenciação de tratamento em prol dos filiados antes da lei nova maléfica (regra de transição para proteção a expectativa de direito), mas não tolera o tratamento mais severo dos que há mais tempo são filiados em comparação aos recém-ingressos na previdência. Por esse motivo, o Decreto 3.048/99 teve seu art. 188 retificado justamente para afastar os dizeres gravosos copiados do art. 9º, caput e incisos I e II, da EC n. 20/98, assegurando ao antigo filiado a igualdade de tratamento dado pela Previdência aos filiados depois de dezembro de 1998. Nossa reflexão leva à inviabilidade do regramento contido no art. 3º, §2º, da Lei 9.876/99, por firmar critério severo (divisor mínimo) no cálculo de benefício previdenciário de benefício programável unicamente para antigos filiados, violando a isonomia constitucional. A ausência de eficácia do §2º do art. 3º dá-se pelas mesmas razões que a Administração Pública reconheceu para não exigir (fazendo letra morta) o quanto determina a norma constitucional do art. 9º, caput e incisos I e II, da EC n. 20/98. De lege ferenda, considerável prudente a revogação do art. 3 da Lei n. 9.876/99, firmando como regra mais sensata aplicável a todos os segurados (ressalvado obviamente direito adquirido) unicamente a contida no art. 29 da Lei n. 8.213/91, para o fim de o cálculo conter sempre os 80% maiores SC considerando-se toda a vida contributiva, sem a restrição temporal a julho de 1994. (ALENCAR, 2017, p. 342).

Assim posto, fica claro que não se poderia exigir, em hipótese alguma, que o segurado tivesse conhecimento de seu cálculo, conforme o regramento de transição da Lei 9.876/99 ou conforme a regra nova do art. 29 da Lei 8.213/91 (modificada por esta mesma Lei 9.876/99). O Estado deveria, sim, propiciar ao segurado os dois cálculos, para que ele tenha a capacidade de verificar se sua confiança, previsibilidade e calculabilidade, no caso concreto, foram protegidas.

Lembre-se que a regra de transição do art. 3º da Lei 9.876/99, por sua própria condição de direito transicional, é uma opção. Regra de transição alguma pode ser obrigatória, pois do contrário ofende a proporcionalidade que lhe é ínsita e pressuposta (art. 23 da LINDB). Assim, quando o cidadão não preencher os requisitos para a concessão de uma aposentadoria anteriormente à mudança da Lei 9.876/99, poderá optar por normas que sejam um ponto intermédio entre a norma antiga e a norma nova.

Mas, para exercer essa opção, deverá ser informado das duas possibilidades, para poder compreender qual norma melhor lhe protege. Se não houver essa informação, a regra de transição não foi adequadamente prevista, de modo que essa inadequação pode ser interpretada como inconstitucional, por violação à segurança jurídica, base de todo e qualquer Estado de Direito. Há violação à confiança do cidadão nos atos legislativos em vigor, especialmente no art. 122 da Lei 8.213/91, se uma nova regra é criada, juntamente com uma regra de transição, e o cidadão não é informado de qual delas pode melhor proteger seus interesses.

O direito transicional, portanto, representa uma garantia que o cidadão possui, em nome de sua segurança jurídica e da proporcionalidade no caso concreto. O Estado não é titular de direitos subjetivos perante o cidadão, mas sim o contrário. *Não é um direito do Estado, em hipótese alguma, alegar a existência de uma norma de transição por ele redigida, em seu favor e em prejuízo do cidadão, para excluí-lo da aplicação de uma nova norma, que possa ser mais benéfica. Seria o equivalente a alegar sua própria torpeza em seu favor - nemo auditur suam turpitudinem allegans, o que sabemos ser inaceitável, especialmente em se tratando do Estado.* A regra de transição, portanto, não pode ser usada em desfavor do cidadão, especialmente se a calculabilidade das opções de aposentadoria lhe era impossível ou extremamente difícil, e com uma dificuldade criada pelo próprio Estado.

A aplicação automatizada do art. 3º da Lei 9.876/99 e de seu cálculo é, portanto, uma flagrante violação à segurança jurídica e ao princípio da proteção da confiança nos atos legislativos, em se fazer obrigar que a regra de transição (às vezes mais gravosa), seja imperativa ao segurado, em vez de se efetuarem ambos os cálculos e se aplicar a norma mais vantajosa ao segurado. Nessas situações, a segurança jurídica e o princípio da proteção da confiança determinam que a regra mais favorável ao cidadão, se assim ficar comprovada, seja utilizada em seu favor, seja ela a norma de transição (inaplicável a quem ingressou após a Lei 9.876/99) ou a norma nova (art. 29, I e II, da Lei 8.213/91).

Não permitir essa opção é não respeitar a exigência de proporcionalidade dos novos condicionamentos, e não respeitar o princípio da proteção da confiança e a segurança jurídica de quem ingressou no RGPS antes da Lei 9.876/99, e possui as provas dos recolhimentos anteriores a 07/94, aptos a serem inseridos em seu PBC. Em outros termos: ao INSS deve ser impedido de presumir e decidir pelo cidadão, aplicando a regra de transição do art. 3º da Lei 9.876/99, sem lhe demonstrar que o cálculo do art. 29, I e II, da Lei 8.213/91, com as modificações feitas pela mesma Lei, é desvantajoso.

Esse argumento, inclusive, é o que delineia os contornos do art. 122 da Lei 8.213/91 e presidiu o debate, no Supremo Tribunal Federal, no RE 630.501, acerca do "direito ao melhor benefício", no qual foi fixada a seguinte tese, com vinculação *erga omnes*, em repercussão geral:

> Para o cálculo da renda mensal inicial, cumpre observar o quadro mais favorável ao beneficiário, pouco importando o decesso remuneratório ocorrido em data posterior ao implemento das condições legais para a aposentadoria, respeitadas a decadência do direito à revisão e a prescrição quanto às prestações vencidas.

Ora, é exatamente o que pode acontecer com alguns segurados que, não tendo completado os requisitos para se aposentar em momento anterior à edição da Lei 9.876/99, podem optar, quando mais favoráveis, pelas novas regras de cálculo de sua RMI, do art. 29 da Lei 8.213/91, cuja aplicabilidade não foi restringida a quem ingressou no RGPS após 29/11/1999 (restrição que, em verdade, sequer teria fundamento, pois também ofenderia a isonomia do art. 5º, caput, da CF/88), não lhes importando a regra de transição do art. 3º da Lei 9.876/99.

Nesses casos, a nova regra permite, simples e corretamente, que, no cálculo da etapa *essencial*, seja adotado como PBC todo o período contributivo do trabalhador, e a média dos 80% maiores salários de contribuição, o que pode ensejar, em diversas situações, um cálculo mais vantajoso ao cidadão, desprezando-se uma regra de transição que, ao se demonstrar mais gravosa que a nova regra, viola regras de segurança jurídica e proteção da confiança (maculando o Estado de Direito), e se utiliza de uma forma de cálculo com evidente nível de inconstitucionalidade, ao desconsiderar salários de contribuição mais antigos, que tenham sido economicamente relevantes para a vida profissional do segurado.

No sentido ora defendido, é paradigmático o excerto do seguinte acórdão do Tribunal Regional Federal da 3ª Região (processo 0008472-26.2012.4.03.6183, AC 0008472-26.2012.4.03.6183, Relator Douglas Camarinha, julgado em 03/02/2014), no qual houve a análise da constitucionalidade do art. 3º da Lei 9.876/99 e da qual o INSS sequer apresentou recurso:

> [...]
>
> Portanto, extrai-se do texto da lei que são três situações distintas a serem consideradas:
>
> 1) Segurado que implementou todos os requisitos antes da edição da Lei nº 9.876/99;
>
> 2) Segurado que, apesar de filiado anteriormente, somente preencheu os requisitos após a vigência da Lei nº 9.876/99;
>
> 3) Segurado cuja filiação ocorreu após a Lei nº 9.876/99.
>
> Para o primeiro, considerar-se-á o disposto no artigo 29 da Lei nº 8.213/91, em sua redação original. Trata-se de mero exercício de direito adquirido daquele que já tinha plenas condições para o pleito de aposentadoria, de sorte que não houve inovação. Considera-se, pois, as 36 (trinta e seis) últimas contribuições do segurado, em período não superior a 48 meses.
>
> A terceira regra tem aplicação ex nunc, de sorte que só se aplica aqueles que ingressaram ao sistema previdenciário após sua vigência. Vê-se, pois, que a instituição dessa regra como permanente, eis que abarca todas as contribuições (salário-de-contribuição) do segurado para efeito de cômputo do salário-de-benefício - como regra necessária do caráter contributivo do sistema.
>
> Note-se, assim, que esse comando representa a regra permanente ao sistema: ao prestigiar o princípio regente da participação no custeio da Previdência, ao não apresentar exceção temporal para o cômputo do salário-de-contribuição do segurado para o cômputo do respectivo salário-de-benefício - até porque o sistema é por natureza contributivo justamente para preservar o equilíbrio atuarial da Previdência - regra basilar de qualquer Previdência.

Nessa perspectiva, o segundo caso (para aqueles já filiados ao sistema) insere-se nitidamente como regra de transição, ao ressalvar a apreciação do período contributivo do segurado no cômputo do salário-de-benefício tão somente para aquelas a partir de julho de 1994. Ora, justamente por se tratar de uma regra transitória, sua aplicação só resta viável se não houver prejuízo ao segurado, segundo a regra permanente (a análise de todo período contributivo do segurado), sob pena de mitigação ao princípio da isonomia.

Tal assertiva guarda legitimidade diretamente na Teoria Geral do Direito, porquanto toda regra transitória tem como fundamento erigir uma regra mais suave para aqueles que integravam um sistema, fiel ao princípio da confiança e da segurança jurídica, para assim sofrerem menos com a mudança de orientação jurídica do sistema, segundo a regra permanente. Sua razão de ser é justamente mitigar os efeitos danosos da mudança de orientação. Logo, se houver piora da situação ao administrado pela aplicação da regra transitória, é perfeitamente viável a aplicação da regra permanente para esse.

Essa é a diretriz constitucional sedimentada para a Reforma da Previdência na aplicação das regras transitórias (conhecida como regra do pedágio), diante do disposto no art. 9º da EC nº 20/98 e do disposto na regra permanente do art. 201, § 7º, I, da Constituição Federal.

Na lição de Marisa Santos, vige a inaplicabilidade da regra transitória (...) reconhecida administrativamente pelo INSS no art. 102, I da Instrução Normativa n. 95, de 07.10.2003 (in, Direito Previdenciário Esquematizado, 2ª Ed, São Paulo: Saraiva, 2012, p. 243).

Deveras, essa orientação encontra amparo imediato no princípio da isonomia, porquanto não resta legítimo que alguns tenham tratamento segundo a regra permanente e outros não, ao passo que essa é mais benéfica que a regra transitória. Sobretudo, porquanto a principiologia do sistema é baseado no caráter contributivo, de sorte que a regra é considerar, pois, todo o período contributivo do segurado.

Assim, considerando que o autor esteve filiado à Previdência Social até março de 1993, voltando a contribuir em março/2004, o cálculo de seu salário-de-benefício, a princípio, insere-se na hipótese prevista na regra de transição, que dispõe acerca dos salários-de-contribuição a partir de julho de 1994 para fins de cálculo da benesse. Contudo, verifico que no presente caso a regra permanente, na atual redação do artigo 29 da Lei nº 9.876/99, ao considerar todo o período contributivo para fins de cálculo do salário-de-benefício, é mais favorável à parte autora que a regra de transição, prevista no artigo 3º da Lei nº 9.876/99 - uma vez que essa última limita as contribuições vertidas após julho de 1994.

Neste ponto, cumpre observar que a regra de transição não pode impor condições ou limites não previstos nas regras permanentes, sob pena de ferir a isonomia entre os segurados. Nesse passo, resta incensurável a sentença a quo proferida pelo MM. Juiz Marcus Orione Correia, ao explicitar que a única forma de se equacionar esta aparente tensão entre a regra permanente e a transitória é aplicar a permanente, justamente quando existirem salários-de-contribuição anteriores ao marco legal, porquanto se cuida de regra de interpretação inerente ao sistema.

Nesse passo, ratifico essa orientação interpretativa, até porque interpretação contrária implicaria menoscabo à isonomia, como salientou o magistrado a quo, ao explicitar que ao se desconsiderar parte dos salários-de-contribuição com base em mero caráter de data (julho/94), não há como considerá-lo legítimo discrímen - pois para uns admite-se o cálculo com base em toda a vida contributiva, e, para outros, não se admite. Como lembra Celso Antonio Bandeira de Mello, há ofensa ao princípio da isonomia quando: " a norma adota como critério discriminador, para fins de diferenciação de regimes, elemento não residente nos fatos, situações ou pessoas por tal modo desequiparadas. É o que ocorre quando pretende tomar o fator "tempo" - que não descansa no objeto - como critério diferencial (*In* "Conteúdo Jurídico do Princípio da Igualdade". 3ª ed. São Paulo: Malheiros, 2004, p. 47).

Com efeito, a regra de transição foi instituída para beneficiar aquele que já era filiado ao Regime Geral da Previdência Social, não podendo ser utilizada para prejudicá-lo.

Neste sentido, segue decisão proferida por essa Corte, em caso análogo de apreciação da regra permanente em detrimento da provisória:

> AGRAVO LEGAL EM APELAÇÃO CÍVEL Nº 0000230- 28.2007.4.03.6127/SP
> RELATORA: Desembargadora Federal CECILIA MELLO
>
> PROCESSO CIVIL: AGRAVO LEGAL. ARTIGO 557 DO CPC. DECISÃO TERMINATIVA. REVISÃO DE BENEFÍCIO PREVIDENCIÁRIO. AUXÍLIO-DOENÇA. HONORÁRIOS ADVOCATÍCIOS. CORREÇÃO MONETÁRIA. JUROS DE MORA.
>
> I - O agravo em exame não reúne condições de acolhimento, visto desafiar decisão que, após exauriente análise dos elementos constantes dos autos, alcançou conclusão no sentido do não acolhimento da insurgência aviada através do recurso interposto contra a r. decisão de primeiro grau.
>
> II - O recorrente não trouxe nenhum elemento capaz de ensejar a reforma da decisão guerreada, limitando-se a mera reiteração do quanto já expendido nos autos. Na verdade, o agravante busca reabrir discussão sobre a questão de mérito, não atacando os fundamentos da decisão, lastreada em jurisprudência dominante.
>
> III - A matéria em debate reside na possibilidade ou não de se calcular a renda mensal inicial do benefício de auxílio-doença previdenciário com data de início em 16.05.05, deixando de ser considerado o que preceitua o art. 29, inciso III, da Lei 8.213/91, com a redação dada pela MP 242/2005. A Lei 9.876/99, com vigência a partir de 29.11.99, alterou a forma de cálculo dos benefícios previdenciários e acidentários previstos na Lei 8.213/91. Nesse rumo, o art. 29, inciso II, da Lei de benefícios, com a redação dada pela Lei 9.876/99, passou a dispor nos seguintes termos: "Art. 29. O salário-de-benefício consiste: (...) II - para os benefícios de que tratam as alíneas "a", "d", "e" e "h" do inciso I do art. 18, na média aritmética simples dos maiores salários-de-contribuição correspondentes a oitenta por cento de todo o período contributivo.
>
> (...)
>
> XI - É viável que o benefício do segurado conte com a revisão de sua renda mensal inicial, nos moldes da legislação previdenciária permanente (art. 29 e incisos, Lei 8.213/91), a fim de evitar que distorções provocadas pela mencionada norma provisória (MP 242/2005) se perpetuem nas mensalidades futuras, donde verifica-se a procedência do pedido. Destaque-

se que os pagamentos efetuados no âmbito administrativo deverão ser compensados na fase executória, para não configuração de enriquecimento sem causa. Esclareça-se, enfim, que aguarda julgamento pelo Pleno do Col. Supremo Tribunal Federal Arguição de Descumprimento de Preceito Fundamental (ADPF) 84/DF, que versa a respeito dos efeitos do parágrafo 11 do art. 62 da CF/88, relativamente à Medida Provisória em questão, tendo como relator o Exmo. Min. Dias Tóffoli.

Impõe-se, por isso, a manutenção da r. sentença para o fim de manter o cômputo do salário-de-benefício de todo o período contributivo do segurado. Eis a interpretação que harmoniza a norma em pauta, segundo sua leitura de interpretação conforme a Constituição, sem qualquer necessidade de pronunciamento de inconstitucionalidade. De certo, em face de tais razões o INSS sequer apelou quanto a esse aspecto da sentença, de sorte que os aprecio em razão do reexame necessário.

Do mesmo modo, seguindo este importante precedente, eis alguns exemplos de decisões jurisprudenciais recentes, dos Tribunais Regionais Federais e Turmas Recursais dos JEF's:

PREVIDENCIÁRIO. APOSENTADORIA POR TEMPO DE CONTRIBUIÇÃO. CÁLCULO DA RMI. FATOR PREVIDENCIÁRIO. REGRAS DE TRANSIÇÃO. ART. 3º, LEI 9.876/99. SISTEMÁTICA APLICÁVEL. APLICAÇÃO DA REGRA NOVA SE MAIS BENÉFICA. VIGÊNCIA DE REGRAS DE TRANSIÇÃO DECORRENTE DE REFORMA PREVIDENCIÁRIA.
1. Se do cálculo da aposentadoria resultar RMI mais favorável, deve ser permitida a aplicação de regra nova ao segurado, mesmo que enquadrado na regra de transição.
2. Trata-se de uma interpretação teleológica do sistema, permitindo a aplicação da nova regra, com vigência indeterminada, aos segurados cuja evolução contributiva se demonstre prejudicial a aplicação da regra de transição.
3. Diferente seria o entendimento se a pretensão fosse de um segurado enquadrado legalmente na nova regra buscar a aplicação da norma antiga, de vigência temporária, aos segurados inscritos anteriormente, pois estaria pleiteando a incidência de uma norma em que o legislador entendeu ultrapassada e destinada a situação transitória. (TRF4, EINF 5004130-10.2012.404.7200, TERCEIRA SEÇÃO, Relator para Acórdão ROGERIO FAVRETO, juntado aos autos em 20/01/2017)

CONSTITUCIONAL E PREVIDENCIÁRIO. LEI Nº 9876/99. CÁLCULO DO SALÁRIO DE BENEFÍCIO LEVANDO-SE EM CONTA OS SALÁRIOS DE CONTRIBUIÇÃO A PARTIR DE JULHO DE 1994. NORMA DE TRANSIÇÃO EM EVIDENTE PREJUÍZO AOS SEGURADOS QUE ESTAVAM CONTRIBUINDO PARA O REGIME GERAL ANTES DE JULHO DE 1994. APOSENTADORIA É DIREITO CONSTITUCIONAL FUNDAMENTAL. PRINCÍPIO DA VEDAÇÃO DO RETROCESSO. INTERPRETAÇÃO NOS TERMOS DA CONSTITUIÇÃO. O DISPOSTO NO ART. 3º DA LEI Nº 9876/99 É REGRA DE OPÇÃO, PARA QUE O SEGURADO OBTENHA O MELHOR BENEFÍCIO. SENTENÇA REFORMADA.

RECURSO PROVIDO. (Proc. 0160027-70.2016.4.02.5151/01, 3ª Turma Recursal dos JEF's do Rio de Janeiro, Rel. Guilherme Bollorini, 06.07.2017)

RECURSO INOMINADO. DIREITO PREVIDENCIÁRIO. REVISÃO DA RENDA MENSAL INICIAL. APOSENTADORIA POR IDADE. REQUISITOS IMPLEMENTADOS APÓS O INÍCIO DE VIGÊNCIA DA LEI Nº 9.876/99. REGRA DE TRANSIÇÃO. DIVISOR MÍNIMO. APLICAÇÃO DA REGRA DEFINITIVA. 1. Implementados os requisitos para obtenção de aposentadoria por idade após o início de vigência da Lei nº 9.876/99, o pedido inicial foi julgado improcedente, por entender que o cálculo efetuado pela autarquia previdenciária está correto ao usar como divisor o correspondente a 60% do período decorrido da competência de julho de 1994 até a data de início do benefício. 2. A regra de transição prevista na Lei nº 9.876/99, no entanto, não pode prevalecer nas situações em que o número de contribuições recolhidas no período básico de cálculo é inferior ao divisor mínimo. Nesses casos, em que a regra de transitória é prejudicial ao segurado, deve ser aplicada a regra definitiva, prevista no artigo 29, inciso I, da Lei nº 8.213/91, com a redação definida pela Lei nº 9.876/99. 3. Nesse exato sentido é a orientação jurisprudencial firmada ao interpretar a regra transitória prevista no artigo 9º, da Emenda Constitucional nº 20/98, que estabeleceu, além do tempo de contribuição, idade mínima e "pedágio", para obtenção de aposentadoria por tempo de contribuição integral, enquanto o texto permanente (art. 201, § 7º, inc. I, CF/88) exige tão somente tempo de contribuição. A solução definida pela jurisprudência determina a aplicação da regra definitiva, já que a regra de transição é prejudicial ao segurado, por exigir requisitos (idade mínima e "pedágio") não previstos no texto definitivo. 4. Recurso parcialmente provido, para determinar a aplicação da regra definitiva, prevista no artigo 29, inciso I, da Lei nº 8.213/91, com a redação estabelecida pela Lei nº 9.876/99, ressalvado que, se a RMI revisada for inferior àquela concedida pelo INSS, deverá ser mantido o valor original, nos termos do artigo 122, da Lei nº 8.213/991 (RECURSO 50258439320114047000, FLÁVIA DA SILVA XAVIER - TERCEIRA TURMA RECURSAL DO PR.)

Diante do dever de respeito à segurança jurídica (previsibilidade, calculabilidade e princípio da proteção da confiança) e do direito fundamental à isonomia aludido no art. 5º, II, da CF, portanto, é inconstitucional o art. 3º, §2º, *in fine*, da Lei 9.876/99, no que atine ao cálculo da RMI das aposentadorias com a aplicação da sistemática do que se conhece como "divisor mínimo".

Além disso, como o art. 3º e o art. 5º da Lei 9.876/99 são normas de direito transitório, conforme a interpretação literal dos próprios dispositivos, nessa condição, devem ser interpretadas como facultativas, especialmente quando se mostrarem desproporcionais ou desvantajosas em relação à norma mais nova (art. 29, I e II, da Lei 8.213/91); caso contrário, estarão ofendendo o princípio da proteção da confiança, o direito ao benefício mais vantajoso (art. 122 da Lei 8.213/91 e STF, RE 630.501) e o próprio art. 23 da LINDB.

Conclui-se, por outro lado, que o art. 5º da Lei 9.876/99 se traduz em verdadeira e adequada regra de transição, na qual, de maneira simples, o legislador conseguiu produzir uma verdadeira norma intermediária, por ocasião da alteração legislativa da forma de cálculo das aposentadorias; contudo, o art. 3º dessa mesma Lei, além de portar a inconstitucional medida do divisor mínimo, violadora da igualdade e da razoabilidade, não se traduz como uma boa regra de transição prospectiva, pois não é uma pauta média proporcional entre a regra antiga e a nova, a não ser que sejam produzidos, regularmente, cálculos segundo sua incidência e segundo a lei nova, para que o cidadão possa avaliar qual seria o melhor benefício.

Assim sendo, pragmaticamente, por ocasião do cálculo das aposentadorias de segurados que ingressaram no RGPS em data anterior à publicação da Lei 9.876/99, mas que implementaram os requisitos para aposentadoria posteriormente, o INSS deverá adotar a rotina de proceder ao cálculo conforme a regra nova (PBC de todo o período contributivo e média das 80% maiores contribuições de todo esse período) e conforme a regra de transição, sem a aplicação do inconstitucional "divisor mínimo" (PBC de 07/94 até a data da aposentadoria e média das 80% maiores contribuições desse período), para que se analise qual será a regra mais favorável a ser aplicada, de modo proporcional, ao caso concreto do indivíduo.

Diante de tudo o que acima foi exposto, *é necessário que o Estado rotineiramente avalie a possibilidade de adotar regras de transição prospectivas, diante de toda e qualquer alteração mais gravosa de entendimento estatal, seja de cunho legislativo, administrativo ou jurisdicional. Estas regras de transição de cunho prospectivo deverão ser proporcionais, eficientes e equânimes, para a proteção da confiança e da segurança jurídica do cidadão, mas, sobretudo, deverão ser opcionais, aplicando-se o novo regramento, se a regra de transição, no caso concreto, se demonstrar carecedora de proporcionalidade e for mais gravosa que a regra nova. Em nome da isonomia constitucional, tais regras prospectivas, por outro lado, deverão ser aplicadas a todos os casos idênticos, se forem favoráveis, ainda que não haja requerimento individual.*

7.4 - REGRAS DE TRANSIÇÃO RETROATIVAS

Como vimos no citado art. 23 da LINDB, as regras de transição devem ser determinadas para que novos deveres e condicionamentos de direitos sejam feitos de modo "proporcional, equânime e eficiente e sem prejuízo aos interesses gerais". Destarte, é um dever do legislador prever normas universalizantes e de fácil compreensão, sem ofensas à isonomia. A dúvida é: se a norma universalizante e propiciadora de igualdade é a norma posterior, ela também não seria retroativa, para casos idênticos anteriores, especialmente quando for mais benéfica?

Wilson Batalha já há muitos anos abordava, de modo bastante simples e direto, a possibilidade da retroatividade de normas mais benéficas:

> A propósito da doutrina que sustenta a retroatividade das leis favoráveis, Reynaldo Porchat (op. cit., p. 64) entendeu aceitável esse ponto de vista, desde que se considerassem leis favoráveis aquelas que não ferissem direitos adquiridos. 'Se, porém, ao aplicar-se uma nova lei favorável a um indivíduo, houver lesão ao

direito adquirido de outrem, não é possível dar a essa lei efeito retroativo. Tudo se resolve, pois, em uma questão de direito adquirido. A teoria da retroatividade das leis favoráveis ao indivíduo somente pode ser aceita na esfera do direito criminal, em virtude do princípio – *nulla poena sine lege*, e em homenagem a *humanitas causa'*.[...] Há, diz Faggella, leis favoráveis que deixam íntegras as relações e os direitos dos cidadãos e não têm, portanto, força retroativa, como há leis favoráveis que são retroativas ou em vista do escopo a que se propõem, ou pela vontade do legislador (salvo, naturalmente, havendo óbice constitucional, como ocorre entre nós). Ademais, o critério é substancialmente relativo: todas as leis podem ser favoráveis a uma classe ou a uma categoria de pessoas, e danosas a outras. [...] Efetivamente, o caráter favorável ou desfavorável da lei nova depende sempre do ponto de vista de cada um dos sujeitos da relação jurídica. (BATALHA, 1980, p. 127/129).

Ou seja, o Estado, que não detém direito fundamental ao direito adquirido, jamais poderá alegar a proteção do direito adquirido, para impedir que determinado direito individual fundamental seja exercido de modo retroativo, mesmo quando a lei que o previra tenha sido omissa. A retroatividade da norma posterior mais benéfica, portanto, é mandamental, nas relações entre particulares e Estados, não sendo mais possível a este alegar que a lei deve ser expressa. Se não é expressa, a interpretação que melhor se coadune aos interesses da massa de indivíduos, bem como ao caso concreto, é a que deve presidir quaisquer temas correlatos ao presente.

Este é o momento de estabelecer conexões entre dois direitos fundamentais essenciais a qualquer Estado de Direito: segurança jurídica e igualdade.

Em uma das mais singulares obras acadêmicas do Direito brasileiro, já traduzida para o alemão, o inglês e o espanhol, difundida por toda a Europa, o professor Humberto Ávila, em sua "Teoria da Segurança Jurídica", estabelece o conteúdo e a eficácia da segurança jurídica, e organiza critérios para aferição desta segurança em sua dimensão dinâmica, no curso dos fatos jurídicos. Nessa organização criteriosa, estipula requisitos para a aferição da segurança jurídica considerando duas espécies de ordens fáticas que não poderiam ser desprezadas, em razão da necessidade de oferecer aos indivíduos calculabilidade normativa. A primeira delas é a 'segurança de transição do passado ao presente', pela qual se deve buscar a 'estabilidade normativa' (por meio da própria proteção da confiança ou pelos institutos já citados nos capítulos 3 e 4, subtítulo 4.7) e a 'eficácia normativa' (com a segurança de realização dos atos e proteção judicial respectiva). A outra ordem fática é a 'segurança de transição do presente ao futuro', pela qual se deve propiciar tal calculabilidade normativa por meio de institutos como a anterioridade, a suavização da continuidade normativa por meios de regras de transição prospectivas (observadas no capítulo anterior), e a vinculatividade normativa por meio de limites formais e materiais ao poder de reforma, prazos razoáveis para a realização de reformas e vedação a arbitrariedades nestas reformas.

Gostaríamos de, nesse momento, acrescentar mais uma ordem fática que não poderia ser desprezada, em razão da necessidade de oferecer aos indivíduos calculabilidade normativa. Trata-se da segurança de transição do presente ao passado. A igualdade determina que o Estado esteja atento não só às consequências de seus atos para o futuro, como também aos efeitos desigualadores que as suas mudanças de entendimento podem refletir nas relações jurídicas havidas no passado. O passado e suas consequências não podem ser injustamente olvidados, pois o desapreço na transição 'do presente ao passado', estabelecendo que um direito (ou a facilitação do acesso a um direito já existente) só existirá a partir da lei de criação desse direito, além de ofender a igualdade (tratando desigualmente situações fáticas idênticas), gera a mesma insegurança da transição do 'presente ao futuro', afinal, quem pode garantir que esse mesmo Estado não exclua ou volte a dificultar o acesso a este direito, para quem se encontrava em situação favorável?

A igualdade, portanto, deve presidir essa transição 'do presente ao passado' e determinar que o Estado, ao instituir um direito ou ao facilitar o acesso a um direito, preveja medidas que retroajam para beneficiar o indivíduo, ainda que suavizando as regras para efeitos pretéritos. São as medidas que chamamos de regras de transição retroativas, que devem ser utilizadas tão rotineiramente quanto as regras de transição prospectivas vistas no capítulo antecedente. Perceba-se que, ao não editar uma regra de transição retroativa, o Estado, especialmente ao editar normas pelo Poder Legislativo, proporciona ao particular a incômoda sensação de que não deve confiar nas normas estatais porque delas não se poderia esperar o respeito aos fatos passados e ao tratamento indispensavelmente igualitário a fatos idênticos. Em outras palavras: o cidadão que não tinha um determinado direito ou que, para acessá-lo, devia preencher requisitos inviáveis, repentinamente se vê atingido, em sua confiança e seu direito à igualdade, pelo estabelecimento de uma norma que permita o exercício desse direito em condições mais brandas, mas só para aqueles que se inserirem na situação fática a partir da edição da norma. Este cidadão não teria o direito à calculabilidade normativa de considerar que o Estado não o desprezaria, na edição de uma norma mais benéfica que envolva fatos nos quais se subsuma? Pensamos que sim. E o Direito Previdenciário possui exemplos que demonstram que o Estado, indevidamente, dispensou tratamento desigualador entre cidadãos que incorriam aos mesmos fatos, ao estipular normas novas mais benéficas.

O primeiro desses exemplos ocorreu com a edição da Medida Provisória 676, de 17/06/2015, que criou a regra que permite a aposentadoria por tempo de contribuição com a opção pela exclusão do fator previdenciário, notoriamente mais benéfica. A MP foi convertida na Lei 13.183/2015, e não se previu qualquer regra de transição retroativa para as pessoas que se inserissem naquela mesma condição definida em lei – para obtenção de aposentadoria com fator previdenciário opcional, o trabalhador teria que ter 95/85 (h/m) pontos da soma de sua idade com seu tempo de contribuição. Nesse caso, trabalhadores que se aposentaram antes de 17/06/2015, com a incidência de fator previdenciário, mas que tinham a soma de 95/85 pontos, poderiam pleitear a reconsideração do valor de suas aposentadorias, para serem adequadamente igualados aos trabalhadores que, nessa mesma condição, se aposentarem posteriormente.

Do mesmo modo, assim poderíamos pensar em relação às diversas alterações dos percentuais de pensão por morte, tendo a última ocorrido na Lei

9.032/95, de 80% + 10% por dependente para 100% (art. 75 da Lei 8.213/91), e à alteração do percentual do auxílio-acidente de 30% ou 40% para 50%, na forma da mesma Lei 9.032/95. As pessoas que se encontravam na percepção de benefício anteriormente a esta Lei, deveriam ter o direito de terem seus benefícios revistos, para fins de adequação isonômica às pessoas que tiveram seus benefícios concedidos após a lei nova mais benéfica.

Em geral, o Estado, quando edita normas com esse perfil beneficamente irretroativo alega o conhecido princípio *tempus regit actum*. Parece-nos que o princípio, nessas condições, é um mero argumento de autoridade, que não justifica medidas desigualadoras.

É preciso conjugar segurança jurídica à igualdade, com uma 'segurança de transição do presente ao passado'.

E isso é possível, claramente, por meio de regras de transição retroativas.

Vamos expor alguns exemplos de alterações legislativas previdenciárias mais benéficas que poderiam ser adotadas retroativamente, em favor de determinados grupos de pessoas, injustamente desigualadas pelo Estado.

Para o caso da aposentadoria por tempo de contribuição com fator previdenciário opcional, poderia ser adotada uma tabela decrescente simples, com uma gradatividade para quem tivesse completado os requisitos desde a edição do fator previdenciário em norma publicada em 29/11/99, do mesmo modo que aqueles atingidos pela nova regra, na seguinte proporção:

ANO EM QUE COMPLETOU OS 95/85 PONTOS:	POSSIBILIDADES PARA A RMI DE SUA APOSENTADORIA:
Entre 18/06/2013 e 17/06/2015	Salário de benefício com a opção pela exclusão do fator previdenciário
Entre 18/06/2011 e 17/06/2013	Salário de benefício X fator previdenciário X 0,98
Entre 18/06/2009 e 17/06/2011	Salário de benefício X fator previdenciário X 0,96
Entre 18/06/2007 e 17/06/2009	Salário de benefício X fator previdenciário X 0,94
Entre 18/06/2005 e 17/06/2007	Salário de benefício X fator previdenciário X 0,92
Entre 18/06/2003 e 17/06/2005	Salário de benefício X fator previdenciário X 0,90
Entre 18/06/2001 e 17/06/2003	Salário de benefício X fator previdenciário X 0,88
Entre 29/11/1999 e 17/06/2001	Salário de benefício X fator previdenciário X 0,86

Obviamente, *como seria uma regra de transição, seria opcional, de modo que, sendo a aplicação da tabela mais desvantajosa, manter-se-ia o valor da RMI, com o fator previdenciário, tal como foi calculada inicialmente.*

Também poderia ser previsto que os valores decorrentes de uma eventual revisão a ser feita com base em uma regra de transição retroativa restringiriam-se aos últimos cinco anos, tal qual o prazo prescricional em desfavor da Administração Pública.

Tabelas idênticas, em regras de transição retroativas, poderiam ter sido estipuladas por ocasião do aumento dos percentuais de pensões e auxílios-acidentes, trazido pela Lei 9.032/95, o que não foi feito, findando o STF por priorizar o princípio *tempus regit actum*, na ausência de lei retroativa explícita.

Há uma outra situação do Direito Previdenciário em que, expressamente, o legislador editou norma mais benéfica e não previu regras de transição retroativa.

Trata-se da edição da Lei Complementar nº 142/2013, de 8 de maio de 2013, que regulamentou o art. 201, §1º, da Constituição Federal, permitindo condições mais favoráveis para a aposentadoria de pessoas com deficiência. O art. 3º da referida Lei assim previu:

> Art. 3º É assegurada a concessão de aposentadoria pelo RGPS ao segurado com deficiência, observadas as seguintes condições:
>
> I - aos 25 (vinte e cinco) anos de tempo de contribuição, se homem, e 20 (vinte) anos, se mulher, no caso de segurado com deficiência grave;
>
> II - aos 29 (vinte e nove) anos de tempo de contribuição, se homem, e 24 (vinte e quatro) anos, se mulher, no caso de segurado com deficiência moderada;
>
> III - aos 33 (trinta e três) anos de tempo de contribuição, se homem, e 28 (vinte e oito) anos, se mulher, no caso de segurado com deficiência leve; ou
>
> IV - aos 60 (sessenta) anos de idade, se homem, e 55 (cinquenta e cinco) anos de idade, se mulher, independentemente do grau de deficiência, desde que cumprido tempo mínimo de contribuição de 15 (quinze) anos e comprovada a existência de deficiência durante igual período.
>
> Parágrafo único. Regulamento do Poder Executivo definirá as deficiências grave, moderada e leve para os fins desta Lei Complementar.

Ainda, estabeleceu o art. 9º, I, desta mesma lei, que a estas pessoas com deficiência só se aplicaria o fator previdenciário se resultasse em renda mensal mais elevada, ou seja, se o fator fosse superior a 1.

Imaginem, então, um trabalhador com deficiência moderada que tenha se aposentado por tempo de contribuição proporcional, em 2011, com 33 anos e 4 meses de contribuições. É justo e isonômico pensar que esse mesmo trabalhador, se tivesse aguardado e se aposentado a partir de 08/05/2013, poderia se aposentar de modo integral e sem fator previdenciário? A diferença financeira é significativa e abrupta, e o Estado deveria ter previsto regras de transição retroativas para, em nome da isonomia, beneficiar segurados com deficiência que tenham se aposentado por tempo de contribuição, integral ou proporcionalmente, entre a data da edição da Emenda Constitucional nº 47, de 05/07/2005[127], e a edição da Lei Complementar 142, de 08/05/2013.

---

127 Essa foi a Emenda Constitucional que, em 05/07/2005, permitiu a concessão de aposentadoria à pessoa com deficiência em condições especiais em relação às demais pessoas, alterando o art. 201, §1º, da CF para os seguintes termos: "§ 1º *É vedada a adoção de requisitos e critérios diferenciados para a concessão de aposentadoria aos beneficiários do regime geral de previdência social,*

Em situação idêntica, o juiz federal Eduardo André Brandão de Brito Fernandes, da 25ª Vara Federal do Rio de Janeiro/RJ, no processo 0014494-07.2014.4.02.5101, assim se pronunciou, em sentença vanguardista:

[...]
O direito das pessoas portadoras de deficiência a regras específicas de Aposentadoria vem previsto no Artigo 201, §1º da Constituição Federal com a redação dada pela EC 47/05.
> Art. 201. A previdência social será organizada sob a forma de regime geral, de caráter contributivo e de filiação obrigatória, observados critérios que preservem o equilíbrio financeiro e atuarial, e atenderá, nos termos da lei, a: (Redação dada pela Emenda Constitucional nº 20, de 1998)
> § 1º É vedada a adoção de requisitos e critérios diferenciados para a concessão de aposentadoria aos beneficiários do regime geral de previdência social, ressalvados os casos de atividades exercidas sob condições especiais que prejudiquem a saúde ou a integridade física e quando se tratar de segurados portadores de deficiência, nos termos definidos em lei complementar. (Redação dada pela Emenda Constitucional nº 47, de 2005)

Dessa forma, estamos diante de uma omissão constitucional que só veio a ser suprida em 2013 com a Lei Complementar 142. Esta exclusão do fator previdenciário para os deficientes deve ser enquadrada como requisito e critério diferenciado, estando inserida no referido Artigo 201, §1º, da Constituição Federal. É importante frisar que não há dúvidas de que a Autora é deficiente visual desde os 13 anos, tendo sempre contribuído para a Previdência Social nesta condição.

Como a Aposentadoria por Tempo de Contribuição da Autora foi concedida em 2009, quando já havia previsão constitucional de requisitos e critérios diferenciados para os portadores de deficiência, inexistindo apenas a Lei Complementar que regulou a matéria, entendo que a situação é distinta, não se podendo alegar ato jurídico perfeito. Pelo contrário, a revisão se faz necessária para reduzir os danos da omissão constitucional que perdurou de 2005 até 2013 (EC 47/2005 até a edição da Lei Complementar 142/2013).

A esses casos, poderia ter sido estabelecida uma tabela similar à que lançamos acima, nos seguintes termos:

ANO EM QUE A PESSOA COM DEFICIÊNCIA PREENCHEU OS REQUISITOS DA LC 142/2013:	POSSIBILIDADES PARA A RMI DE SUA APOSENTADORIA:
Entre 09/05/2011 e 08/05/2013	Salário de benefício recalculado, inclusive em relação ao percentual da aposentadoria, com a opção pela exclusão do fator previdenciário

---

ressalvados os casos de atividades exercidas sob condições especiais que prejudiquem a saúde ou a integridade física e quando se tratar de segurados portadores de deficiência, nos termos definidos em lei complementar."

ANO EM QUE A PESSOA COM DEFICIÊNCIA PREENCHEU OS REQUISITOS DA LC 142/2013:	POSSIBILIDADES PARA A RMI DE SUA APOSENTADORIA:
Entre 09/05/2009 e 08/05/2011	Salário de benefício recalculado, inclusive em relação ao percentual da aposentadoria X fator previdenciário X 0,98
Entre 09/05/2007 e 08/05/2009	Salário de benefício recalculado, inclusive em relação ao percentual da aposentadoria X fator previdenciário X 0,96
Entre 05/07/2005 e 08/05/2007	Salário de benefício recalculado, inclusive em relação ao percentual da aposentadoria X fator previdenciário X 0,94

Do mesmo modo, como seria uma regra de transição retroativa opcional, em sendo a aplicação da tabela mais desvantajosa, manter-se-ia o valor da RMI, com o fator previdenciário, tal como foi calculada inicialmente.

Também poderia ser previsto que os valores decorrentes de uma eventual revisão a ser feita com base em uma regra de transição retroativa restringiriam-se aos últimos cinco anos, tal qual o prazo prescricional em desfavor da Administração Pública.

Ainda, basta imaginar um hipotético direito previdenciário mais benéfico que venha a ser implantado futuramente pelo Poder Legislativo, como o aumento do percentual da aposentadoria por idade, ou a definitiva implantação da desaposentação, e perceberemos a importância de definirmos sempre regras de transição retroativas, que permitam, em respeito à igualdade, protegermos cidadãos que estejam sob as mesmas condições fáticas, com as mesmas medidas jurídicas.

Por fim, *essas regras de transição retroativas não devem avaliar se a confiança do cidadão foi efetivamente afetada, mas sim genérica e potencialmente afetada, aplicando-se a todos que se encontrem em uma mesma situação, pois – deve ser ressaltado – o embasamento para sua existência é a igualdade real, de matiz constitucional.* Humberto Ávila, em sua obra Teoria da Segurança Jurídica, assim afirma:

> Ao se vincular a retroatividade à proteção da confiança deve-se ter o cuidado de não se desconsiderar as particularidades de abstração e de generalidade dos atos legislativos. A generalidade das leis exige que elas sejam aplicadas a todos os que se enquadrem na sua hipótese. Permitir que a avaliação da retroatividade dependa de o destinatário ter efetivamente baseado seu comportamento na lei significaria que pessoas responsáveis pelo mesmo comportamento em idêntico momento estariam sujeitas a diferentes leis, dependendo da consideração subjetiva de terem baseado a sua conduta na lei ao tempo da ação. Quem baseou o seu comportamento na lei alterada estaria fora do alcance da lei retroativa posterior, mas quem ignorava a lei anterior, ou era ambivalente em relação a esta, seria atingido pela lei retroativa posterior. É por isso que, com relação à retroatividade legal, a confiança a ser considerada não é a efetiva, mas a presumida: o aplicador deve assumir que as condutas adotadas ao tempo da

lei sofreram ou poderiam sofrer a sua influência. A confiança necessária para admitir a retroatividade não pressupõe, portanto, o conhecimento efetivo da norma anterior, mas sim a aptidão para tomar conhecimento dela. (ÁVILA, 2016, p. 443-444)

Enfim, *o direito fundamental à igualdade deve estar coordenado com a segurança jurídica, e comandar a interpretação de fatos anteriores e posteriores a alguma mudança legislativa mais benéfica ao cidadão, no Direito Previdenciário, de modo a se buscar a efetividade dessa igualdade por meio do estabelecimento de normas de transição retroativas, que não são vedadas pelo ordenamento; muito ao contrário, se demonstram indispensáveis, como se extrai do art. 23 da LINDB.*

7.5 - DO AUTORITARISMO AO ACESSO, DA PROTEÇÃO À PROMOÇÃO, DA AUTARQUIA À AGÊNCIA

O tratamento legal dado à regulação do funcionalismo público precisa deixar de ser compreendido como um direito administrativo de autoridades para se transformar em um direito de acesso ao Estado. Segundo Carlos Ari Sundfeld:

> A ideia de que o direito administrativo é o direito das prerrogativas públicas, dos atos de autoridade, continua muito forte no Brasil. O que se pode dizer dessa concepção? Conhecer e entender o regime jurídico do exercício, por agentes administrativos, do poder de autoridade nos casos em que a legislação o prevê – seus condicionamentos, sua extensão, seus limites – é, por certo, algo bem importante. Faz sentido também, em certos casos, alguma comparação com as relações jurídicas nascidas do acordo de vontades entre sujeitos iguais. Mas não há fundamento jurídico-constitucional ou legal para presumir poderes para o Estado, presunção que vem de um paradigma autoritário. Além disso, boa parte de suas atividades não envolve diretamente o exercício de autoridade, de modo que, se o conceito de direito administrativo estivesse necessariamente vinculado a esse critério, muitas daquelas atividades cairiam fora desse ramo. (SUNDFELD, 2017, p. 130-131).

É necessário, para tanto, que haja uma intensa modificação de cultura profissional no âmbito do serviço público.

Um incremento da segurança jurídica e da confiança não se concretizará com autoridades administrativas muito mais preocupadas com a hierarquia que lhes subjaz do que com a independência e a efetividade de sua atuação.

A Administração Pública não pode violar as expectativas legítimas dos cidadãos e coletividades e alterar um entendimento administrativo, desprezando o princípio da proteção da confiança, desconsiderando a situação de todos aqueles que eram protegidos pelo entendimento até então vigente, gerando, com isso, frustrações e inseguranças. Um comportamento como esse, por parte do próprio Estado-administrador, traz ao administrado a sensação de que a jurisprudência administrativa até então vigente não tinha valor ou eficácia alguma, e, com isso, abala os fundamentos do próprio Estado Democrático de Direito. Quando o Estado desrespeita a confiança legitimamente depositada em seus atos, a bem da verdade, está praticando, em algum grau, autoritarismo estatal.

Por conseguinte, a confiança e a segurança são promovidas e protegidas por profundas mudanças de culturas e comportamentos, para fins de incremento eficacial da segurança jurídica dos indivíduos. Estas mudanças devem se iniciar no âmbito do serviço público, especialmente pela forma como os servidores públicos tratam e veem os cargos que ocupam, que, no Brasil, possui traços peculiares.

É de se esperar que o acesso às funções públicas, em um Estado que se vê agigantado de funções, responsabilidades e expectativas, seja uma das ambições de parcela significativa da população. Agente econômico de suma importância, produtor de moeda, controlador e fomentador de relações produtivas, o Estado é o empregador dos sonhos de muitos cidadãos que buscam espaço no mercado de trabalho. Afinal, quem não gostaria de trabalhar em uma carreira na qual se prestigia o mérito demonstrado pela aprovação em um republicano concurso público (art. 37, II, da CF), com irredutibilidade de vencimentos (art. 37, XV, da CF), com estabilidade no cargo após cumprimento de alguns requisitos (art. 41 da CF) e com Regime Próprio de Previdência Social para si e para sua família (art. 40 da CF)?

Essa estabilidade profissional, uma vez obtida, contudo, pode conduzir a autoridade estatal a uma postura de autossuficiência e estagnação, que não lhe permita agir com o enlevo de um olhar incomodado com a evolução dos fatos sociais que envolvam sua rotina laborativa diária. Acomodada em um universo particular em que o cargo público é parte de seu patrimônio privado, a autoridade estatal brasileira (especialmente aquela que atue como autoridade administrativa, submetida ao poder hierárquico de seus superiores), sob essa perspectiva, com o temor de sofrer punições disciplinares de seus superiores hierárquicos, adota entendimentos e toma decisões que, por vezes, distorcem seus deveres funcionais e desrespeitam a juridicidade vigente e direitos fundamentais do indivíduo como isonomia, razoável duração do processo, tutela jurisdicional efetiva, e o respeito à segurança jurídica.

Esse tratamento patrimonialista dos cargos públicos, portanto, precisa ser modificado, cobrando-se a promoção de posturas mais abertas, republicanas e democráticas dos agentes estatais.

Uma outra mudança de cultura, por outro lado, faz-se imprescindível: o incremento à independência das atuais autoridades administrativas, minorando-se a relevância exagerada que a atual conjuntura concede ao poder hierárquico.

Não é todo e qualquer agente público que toma decisões e pratica atos administrativos com reflexos para a Administração, mas sim as autoridades administrativas que detenham o poder decisional para o caso específico, na forma delineada na legislação. Com isso, a estruturação de um regime hierárquico no seio da Administração deve obedecer a critérios organizacionais que prevejam claramente a delimitação das competências administrativas de cada agente público, prevendo quem são as autoridades administrativas responsáveis pela prática de um ato administrativo, ou por seu desfazimento, quando incorretamente praticado. Essa definição é essencial, para que se afira quem são as "autoridades administrativas" e seu nível de independência ou subordinação.

De outro lado, não se pode obnubilar o exercício da independência das autoridades administrativas, na amplitude decisional que o ordenamento lhes permitir. O respeito ao devido processo legal e ao dever de fundamentação de suas decisões por parte destes agentes estatais deve ser permanente. O poder hierárquico não detém uma finalidade autopoiética e retroalimentante, eis que a independência das autoridades administrativas é fator legitimador de estabilidade e aprimoramento técnico das decisões da Administração Pública. Esse objetivo retroalimentante é identificado, por exemplo, quando programas governamentais e políticas públicas são alterados pelos grupos de pressão que assumem o poder político e querem ver suas ideologias sobrepujarem o ideário dos grupos anteriores, ou que lhe rivalizem.

Uma das técnicas de controle político, aplicada no seio das relações do Estado e que pode vir a ter especial eficácia na finalidade de se manter no "poder", é o cerceamento da independência das autoridades administrativas, que, mesmo sendo formada por servidores estáveis, devem obedecer à pauta determinada por seus superiores hierárquicos (invariavelmente indicados para ocupar funções comissionadas, sem a realização de concurso público), sob pena de serem punidos disciplinarmente ou de serem constrangidos a situações pessoais particularmente prejudiciais (como remoção compulsória, no "interesse da Administração").

Esse cerceamento poderia ser impedido se, por exemplo, o INSS pudesse ser transformado em uma espécie de "agência reguladora" dos serviços públicos de seguridade social, com orçamento próprio e seus dirigentes nacionais tivessem independência e estabilidade, com mandato independente de influências políticas conjunturais.

O controle da Administração Pública, portanto, não pode estar alheio às ponderações entre hierarquia e independência, eis que exerce o controle dos atos decisórios das autoridades administrativas. Inevitavelmente, será a jurisdição administrativa quem fiscalizará o equilíbrio da relação entre poder hierárquico e independência das autoridades administrativas, sopesando o respeito entre os poderes estatais e a estabilidade dos atos da Administração Pública, sem descurar para a realidade atual em que vivemos, em tempos de maior deferência técnica à Administração e autocontenção jurisdicional[128].

---

128 Segundo Jordão, a respeito das evidências encontradas em sua pesquisa acadêmica acerca do controle judicial de uma administração pública complexa: *"[...] a pesquisa efetuada para a realização do trabalho evidenciou a recorrência do argumento da politicidade de uma ação administrativa na determinação da intensidade do controle judicial. Há pouco acordo sobre quais atividades de fato deteriam tal natureza e, mesmo, sobre o tanto da retração judicial correspondente; mas é fato que*

É inegável, todavia, que, para agentes públicos sem poder decisório ou para autoridades administrativas ou mesmo colegiados e autoridades administrativas totalmente independentes, o raciocínio deve ser o mesmo: os motivos de seus atos devem ser claros e explícitos, especialmente quando afetarem a segurança jurídica e a confiança do administrado, ocasião na qual devem fortalecer e cuidar de uma comunicação aberta e sem ruídos entre Estado e indivíduo, tratando seus cargos republicana e democraticamente.

Por fim, anote-se que a adoção de proposta como essa, de maior independência às autoridades administrativas, enfrentaria o problema do tratamento patrimonialista de cargos públicos, modernizaria a máquina administrativa com um tratamento respeitoso e deferente à sua *expertise* e evitaria a judicialização de demandas.

Por conseguinte, *o Estado precisa aperfeiçoar os mecanismos de independência e estabilidade das autoridades administrativas previdenciárias, com o aperfeiçoamento de seus procedimentos administrativos por meio de um direito administrativo de acesso ao Estado, bem como com a adoção dos institutos jurídicos peculiares às suas agências reguladoras, permitindo-se, com isso, deferência técnica e autocontenção jurisdicional na matéria previdenciária; enquanto o servidor público, abandonando posturas patrimoniais, autoritárias e meramente reativas, necessita modificar culturas profissionais internas, passando a tratar o serviço público como um agente promotor de modificações estruturais positivas à sociedade, especialmente em se tratando de segurança jurídica e acesso aos atos estatais.*

---

a circunstância da politicidade, quando reconhecida, desempenha usualmente papel favorável a um controle judicial deferente. O raciocínio mais básico que subjaz a esta orientação é conhecido: uma decisão de natureza política deve caber precipuamente à instituição com maior legitimidade democrática (item 2.1). Esta visão está fundamentada na ideia de que nas decisões políticas não há necessariamente soluções corretas ou incorretas, jurídicas ou não jurídicas, mas soluções mais ou menos adaptadas à consagração de finalidades públicas diversas. A escolha de quais finalidades públicas perseguir ou de como balancear interesses públicos conflitantes deve caber, de regra, àquelas entidades públicas às quais se atribuiu tal poder. Como as entidades da administração pública possuem, de regra, maior pedigree democrático, os tribunais deveriam evitar submetê-las a um controle intenso, sob pena de lhes usurparem esta competência, impondo seu próprio ponto de vista sobre a matéria controvertida. Uma segunda razão para a adoção de uma orientação judicial deferente é menos clara e menos difundida. Ela tem um viés consequencialista: fundamenta-se nos efeitos benéficos que a autorrestrição judicial promoveria no âmbito destas manifestações políticas. A iedia é a de que a deferência judicial nestas matérias amplia a transparência e a responsabilidade das autoridades administrativas em relação às opções que realizam (item 2.2)." (JORDÃO, 2016, p. 84-85).

CONSIDERAÇÕES FINAIS

Vimos como a confiança é um fato básico da vida social e a ausência de confiança impediria a realização de atividades elementares, como se alimentar, se locomover, dormir, andar, se levantar da cama, pois o ser humano não seria capaz sequer de adotar medidas preventivas para evitar suas fragilidades. Agindo desse modo, sua desconfiança estaria elevando os níveis de desgaste e desperdício de energia pessoal, com situações que poderiam ser facilmente previsíveis e passíveis de serem tratadas com tranquilidade e segurança. Além disso, em se tratando de uma relação com algum representante estatal, presume-se que essa tranquilidade e segurança sejam até mesmo um pressuposto de sua atuação.

Atentos a estas realidades, iniciamos o presente trabalho apresentando uma série de casos práticos do Direito Previdenciário, colhidos no período entre 2014 e 2018, por meio da compilação de processos judiciais em que fora observada alguma relação de desconfiança entre o Estado e o cidadão, individualizada e desigualadora, enquadrando essa realidade sociológica em um breve panorama estrutural e histórico do direito previdenciário brasileiro.

Observamos como pode ser vasto o rol de situações em que o Estado promove alterações mais gravosas à vida dos indivíduos, no Direito Previdenciário, com revogações, cancelamentos e anulações de atos estatais anteriores, mais benéficos a estes indivíduos, ocasionados, muitas vezes, por uma resposta estatal inicial apressada ou demorada demais, fora do tempo razoável de duração do processo administrativo, ou por uma instrução processual deficiente.

Dentre os fatos extraídos da realidade sociológica do Direito Previdenciário que mais chamaram a atenção, pudemos catalogar as seguintes relações de desconfiança: i) *entre o Estado-Administração e os indivíduos* (capítulo 2, subtítulo 2.1), em temas como a suspensão de benefício com cobrança de valores recebidos em acumulação de aposentadoria com auxílio-acidente, a cobrança de valores recebidos de pensão por morte (quando outro dependente é incluído posteriormente no benefício, com retroativos a receber), a suspensão de benefício com cobrança de valores recebidos (quando a pensão por morte deriva de anterior aposentadoria supostamente irregular) e a suspensão de aposentadoria irregular, com cobrança de valores recebidos (sem a aferição do estado subjetivo do beneficiário e sem a análise do direito a alguma outra espécie de aposentadoria residualmente possível); ii) *entre o Estado-Juiz e os indivíduos* (capítulo 2, subtítulo 2.2), em temas como as cobranças havidas em processos judiciais de desaposentação e reaposentação, após a alteração jurisprudencial (STF, RE's 381367, 661256 e 827833) que invalidou o entendimento que até então permitia a desaposentação e as cobranças havidas em processos judiciais em que houve a posterior revogação de tutela antecipada concedida anteriormente, sem prova de responsabilidade subjetiva da parte que se beneficiava da decisão judicial de tutela; e iii) *entre o Estado-Legislador e os indivíduos* (capítulo 2, subtítulo 2.3), como se viu em medidas provisórias no direito Previdenciário, em interpretações a respeito do princípio *tempus regit actum,* nas determinações da primeira Reforma da Previdência (EC 20/98) e no texto da mais recente proposta de Reforma da Previdência, em trâmite no Congresso Nacional.

Em todos esses casos, notamos como é presente a realidade em que há alterações mais gravosas de entendimento da Administração, sem qualquer preocupação com as expectativas legítimas dos indivíduos envolvidos, bem como alterações de entendimento para aplicação de normas e interpretações mais favoráveis, sem preocupação com a igualdade entre indivíduos submetidos a situações fáticas idênticas, afetando, severamente, a segurança jurídica das pessoas que, em geral, dependem sensivelmente do Estado, nesses casos.

Analisamos, no curso do nosso trabalho, como alguns institutos jurídicos foram insuficientes para a proteção da segurança jurídica dos indivíduos. Não é mais suficiente, ao cidadão, garantir-lhe a irretroatividade das leis, o direito adquirido, o ato jurídico perfeito e a coisa julgada, posto que são institutos que vêm sendo relativizados pela jurisprudência do STF e não se destinam à proteção de atos que ainda estejam em formação, ou de expectativas legítimas do cidadão, geradas pelo próprio Estado; de outro lado, a prescrição e a decadência são medidas de proteção dos efeitos de um ato jurídico, mas sempre relacionadas a um dado objetivo, que é o lapso de tempo que o legislador entende razoável aguardar alguma impugnação ao ato estatal. A proteção da segurança jurídica pela teoria dos atos próprios e demais institutos do capítulo 4, subtítulo 4.7, também não se demonstrou eficiente, para a proteção de direitos em formação.

Avaliamos, portanto, a necessidade de serem observados os aspectos subjetivos daquele indivíduo que confia na estabilidade de um ato estatal, especialmente atentos para as circunstâncias nas quais o agente estatal despreza esses elementos e rompe com a segurança jurídica que dele se esperava, provocando, com isso, crises de credibilidade e confiança nas relações entre Estado e indivíduos. Do mesmo modo, percebemos como o agente estatal não pode estar alheio à distinção entre existência, validade e eficácia de seus atos, demonstrando-se perfeitamente possível a invalidação de um ato estatal, sem efeitos retroativos.

Percebemos, ainda, como o princípio da proteção da confiança pode ser precisamente definido e diferenciado de outros institutos jurídicos, tais como a segurança jurídica, da qual decorre. Avaliamos a origem comum de segurança jurídica e proteção da confiança, no Estado de Direito. Observamos as condições e os potenciais beneficiários da aplicação do princípio, para que não fosse confundido com questões atinentes à legalidade e à juridicidade (conceito mais amplo, ligado diretamente ao Estado de Direito), firmando que a juridicidade se sobrepõe à análise fria da legalidade estrita. Foram estudados, ainda, diversos aspectos que demonstram a fragilidade da análise de mera legalidade, tais como as crises de credibilidade do Poder Legislativo, a hipertrofia do Poder Executivo, o autoritarismo, as fragilidades na legitimidade das ações de Estado, a ausência de racionalidades no debate legislativo e a existência de constantes e escusas relações assimétricas entre representantes parlamentares e a sociedade, representada.

Tratamos das origens alemãs do princípio da proteção da confiança e de sua difusão em solo europeu, no direito comunitário. Explicitamos sua definição e quais seriam, nos casos concretos, as condições para aplicação do princípio pelo intérprete, cuja classificação sugerida foi a de condições objetivas (base e frustração da confiança) e subjetivas (existência e exercício da confiança). Ainda, apresentamos situações que não se adequariam ao princípio, como, por exemplo, quando não houver propriamente uma alteração de entendimento, mas sim um simples indeferimento de um pleito individual. No que atine à prova da ciência da existência de confiança, foi explicitada a impossibilidade da certeza e do conhecimento pleno das alterações dos atos estatais e da dispensa de que o exercício da confiança se faça apenas por atos de caráter patrimonial. Além disso, outros institutos foram diferenciados da proteção da confiança, tais como a boa-fé objetiva e o *venire contra factum proprium*, especialmente por que a confiança deve ser protegida, mesmo diante de alterações de entendimentos estatais que não tenham sido desleais, desonestos ou contraditórios.

Todos esses aspectos do princípio da proteção da confiança devem ser analisados notadamente sob a ótica do comportamento do Estado, não sendo determinante para a utilização do princípio da proteção da confiança, conferir se o destinatário do ato estatal mais gravoso é uma pessoa física, uma pessoa jurídica ou mesmo uma coletividade despersonalizada. Essa proteção ampla consagrará o tratamento coletivo e igualitário entre cidadãos que se enquadrem em um mesmo padrão de afetação estatal, o que também pode ocorrer no Direito Previdenciário, como, por exemplo, em atos administrativos de efeitos gerais, tais como as revisões administrativas, mais gravosas, de benefícios previdenciários.

Em todas essas situações (já consolidadas na jurisprudência europeia, por exemplo), o que deve ser sobrelevado é, claramente, o comportamento do Estado perante as pessoas, e a existência de confiança legítima a ser protegida, e não a natureza jurídica de seus destinatários ou as técnicas processuais de proteção da confiança e da segurança jurídica, tais como ações coletivas.

Foram observadas, ademais, as diversas formas de efetivar o princípio da proteção da confiança, tutelando-se o interessado em sua proteção, seja por meio da manutenção do ato entendido como ilegal, seja por meio da anulação do ato com efeitos *ex-nunc* ou apenas a partir de momento futuro, a depender da existência de confiança a ser protegida. Não havendo confiança a ser protegida, a anulação poderá ser feita com efeitos pretéritos. Excepcionalmente, desfaz-se o ato e indeniza-se aquele que teve sua confiança desprotegida injustamente.

Observamos, por outro lado, que o princípio da proteção da confiança já se encontra positivado na legislação brasileira desde as Leis 9.868 e 9.882/99, havendo, agora, um reforço significativo de sua aplicação, com o Código de Processo Civil de 2015, no qual consta menção expressa ao princípio, na seara jurisdicional. Vimos, também, como o STF e o STJ já consolidaram a aplicação do princípio nos processos de suas jurisdições. Para além disso, a partir de uma perspectiva transconstitucional, notou-se que o princípio da proteção da confiança está plenamente consagrado em tribunais de justiça nacionais e comunitários de países da Europa, especialmente na Alemanha, onde nasceu. Dessa forma, não há mais qualquer justificativa para que não seja adotado no Brasil e não seja observado obrigatoriamente pelos agentes do Estado brasileiro.

Não há mais, portanto, qualquer razão para que o Estado desconsidere o princípio da proteção da confiança e despreze expectativas legítimas de seus cidadãos, quando entenda necessário alterar mais gravosamente algum entendimento estatal.

Pareceu-nos claro, portanto, que as mencionadas crises de credibilidade e confiança nas instituições estatais estão sendo causadas pelo distanciamento e pela inconciliabilidade entre os pontos de vista de cidadãos e dos agentes estatais, que vêm sendo geradas principalmente pela desconfiança que vem sendo retroalimentada entre ambos. De um lado, notam-se abusos de poder na autotutela estatal, que tem sido exercida, muitas vezes, cegamente, sem respeito aos princípios da proporcionalidade e da razoabilidade; de outro lado, cidadãos imaginam-se detentores de direitos fundamentais dos quais não decorra qualquer limitação ou ônus. Somam-se a isto as crises de legitimidade dos representantes estatais, advindas de conjunturas, tais como rotineiros escândalos de corrupção e abuso de poder político e econômico, aumentando a desconfiança e a inconciliabilidade de seus pontos de vista.

No decorrer de nossa tese, demonstramos como o Direito Público ainda pode contribuir para a solução ou a atenuação dos efeitos dessas crises. Ora, vimos que é possível conciliar a proteção ao patrimônio público administrado por instituições estatais com o estado subjetivo, o ânimo, do cidadão que recebe rendimentos administrados por estas mesmas instituições. Observamos que o Estado e suas instituições devem lidar com eficiência, em relação ao fator tempo, na realização de seus misteres constitucionais, atentando-se para a transparência e publicidade de seus atos, com o devido acesso à informação pública. Diante de uma baixa compreensão intelectiva das informações apresentadas – o que é bastante corriqueiro, esse mesmo Estado deve buscar observar a "melhor proteção social" do cidadão, atuando até mesmo sem que tenha sido adequadamente provocado por este mesmo cidadão.

Concluímos que a confiança depositada pelos cidadãos na estabilidade de suas expectativas em relação aos atos estatais deve ser não apenas um princípio a ser protegido, como também uma política de permanente *promoção*. Instrumentos de contenção estatais, internas e externas, pertinentes a cada um dos Poderes, deverão ser viabilizados e implementados, no cotidiano da proteção e promoção da confiança. Assim, serão conciliados os postulados axiológicos da 'segurança jurídica' e da 'justiça', especialmente quando houver uma mudança de entendimento por parte dos agentes estatais.

Observamos como é possível e necessário promover a confiança do cidadão, nesse sentido, alterando comportamentos normatizadores por parte do Poder Judiciário (que têm sido muito corriqueiros, especialmente em se tratando de súmulas vinculantes, como vimos), o que infringe, necessariamente, o vigor e a qualidade da democracia e de sua legitimidade; de outro lado, ponderamos a necessidade de o Supremo Tribunal Federal não poder estar alheio à necessidade de fixação de marcos temporais de eficácia de suas decisões, mesma lógica que deve permear os demais órgãos do Poder Judiciário, especialmente aqueles que decidem IRDR's e outros conflitos de massa. Até mesmo decisões monocráticas de processos coletivos poderão ter repercussão na segurança jurídica e confiança de indivíduos e coletividades. A participação de terceiros, como os *amici curiae*, portanto, se faz indispensável, bem como o incentivo a soluções coletivas para problemas de amplo espectro social, na promoção da confiança do cidadão nos atos estatais jurisdicionais.

Outra mudança de cultura estatal que necessitamos está atrelada ao adequado equilíbrio das autoridades administrativas, servidores públicos que precisam estar atentos à sua independência decisional, defendendo-a sem perderem o respeito à hierarquia. Decidindo qualitativamente, sem amarras e sem ameaças, sem tratarem de seus cargos como se fossem um mero objeto de seus patrimônios, assim como já é realidade em relação às autoridades judiciais, é possível obter mais racionalidade e simetria na relação Administração-administrado e um melhor serviço público, de modo geral.

Entendemos que o estudo e a aplicação prática do princípio da proteção da confiança legítima, ora positivado no novo CPC, também é capaz de promover tal confiança nas rotinas estatais e o respeito à segurança jurídica, como norte interpretativo de alterações de entendimento, tais como a criação e mutação de precedentes administrativos, ou o julgamento de processos em que se requer a relativização da coisa julgada ou a aplicação do microssistema de solução de demandas repetitivas. Tratam-se de relevantes tecnologias jurídicas que podem colaborar na solução de fragilidades dos processos judiciais e administrativos brasileiros, especialmente quando estas fragilidades denotam atecnias que respondem pela quantidade expressiva de lides judiciais de massa, geradas a partir do comportamento da Administração Pública e/ou de alguma incoerência sistêmica no tratamento do sistema de precedentes judiciais de nossa jurisprudência.

Como se viu, ao Estado, nos processos judiciais e administrativos, é vedado surpreender a sociedade e seus indivíduos e a confiança por estes depositada, sem a proteção transicional às suas expectativas legítimas. Ademais, maior será a confiabilidade na Justiça e na Administração Pública na medida em que maior for a proteção e a promoção da segurança jurídica e da confiança legítima dos cidadãos em seus comportamentos.

Sob o predomínio da visão estática e generalista do princípio da legalidade, diversas situações de fato mais benéficas ao particular são desprezadas pelo Estado brasileiro, por ocasião de suas mudanças de entendimento, em quaisquer dos Poderes, mas especialmente por sua Administração Pública. É cotidiano o desrespeito à segurança jurídica, como vimos no capítulo segundo, mesmo com as modificações legislativas e jurisprudenciais a respeito. Denotando o desprezo às realidades subjetivas do indivíduo, o Estado brasileiro prioriza uma Administração Pública conduzida por um rígido regime hierárquico, em detrimento da independência de suas autoridades administrativas e da jurisdição administrativa correlata.

De tudo isto resulta um Estado de perfil autoritário, formado por autoridades administrativas com o mesmo perfil, todos desinteressados na confiança e na boa-fé do indivíduo em seus atos, e despreocupados com os prejuízos causados por mudanças de posturas estatais e com os atos concretos deste indivíduo, patrimoniais ou extrapatrimoniais. Erros administrativos são cometidos e o prejuízo costuma ser imputado ao cidadão/administrado.

Uma das formas de evitar esse quadro social notoriamente indesejável é avançar para além da proteção da confiança, abordando-a pela necessidade de promoção da confiança, o que pode ser obtido, objetiva ou subjetivamente, com a prática diária do direito de acesso aos atos estatais de quaisquer dos Poderes, o direito à igualdade, ao contraditório e à ampla defesa, ao devido processo legal e à razoável duração do processo.

Em nosso estudo, vimos como, historicamente, o direito de acesso à informação é ainda um debate constitucional e legal recente no Brasil, e como ele é relevante, especialmente quando tratado sob a perspectiva de um Estado que necessita colocar à disposição de todo e qualquer cidadão as informações de que disponha. Adotando a defesa intransigente desse direito, poderemos pensar em vias de acesso aos atos estatais de quaisquer dos Poderes, eliminando ruídos na comunicação entre Estado e indivíduo.

Essa promoção da confiança depende da ampliação do acesso aos atos estatais, como vimos, o que também depende de aperfeiçoamentos às medidas de participação *real e efetiva* dos indivíduos nos processos judicial, administrativo e legislativo (com mais audiências públicas, depoimentos pessoais, inspeções, provas materiais *in loco*), bem como com a ampliação e maximização de medidas reais de conciliação, mediação e resolução de conflitos, especialmente os administrativos e judiciais.

Outros dois vetores de promoção da confiança que identificamos são observados quando se percebe a necessidade do predomínio e da defesa intransigente de dois excelentes canais de comunicação entre o indivíduo e o Estado: o contraditório e a ampla defesa plenos.

Os ambientes de trabalho e de ligação entre indivíduo e Estado também precisam ser mais inteligíveis e acessíveis, no sentido mais estrito da palavra, especialmente para aqueles cidadãos de pouco conhecimento intelectual e escassa informação.

Dessa forma, teremos um Estado aberto e transparente, em relação ao qual a sociedade e o indivíduo não poderão afirmar que não compreenderam a informação prestada. O número de erros e fraudes, inevitavelmente, diminuirá, não havendo necessidade de alteração mais gravosa (anulação ou revogação de um ato administrativo), desestabilizadora de expectativas geradas no ânimo do indivíduo.

Tecnologias informáticas, tais como a gravação de áudio e/ou vídeo de requerimentos e petições a agentes estatais, e o processo administrativo eletrônico (permitindo a tramitação do processo à distância e decisões por outros agentes estatais que estejam distantes fisicamente), podem colaborar no aprimoramento dos procedimentos administrativos para que estes sejam tratados como meios ativos de abertura participativa dos administrados, com vistas ao direito de retificarem e inserirem dados pessoais, diminuindo os erros administrativos muito frequentes na análise de dados pessoais para fins de exercícios de direitos perante o Estado.

Com uma atuação mais proativa do Estado e um uso mais intensificado de bancos de dados dinamizados e abertos à participação controlada do administrado, no que pertine a seus dados pessoais em poder do Estado, teremos procedimentos administrativos nos quais estaremos, para além de evitar ofensas à segurança jurídica e à confiança do cidadão, promovendo tal confiança, o que conduzirá ao fortalecimento da segurança jurídica e da legitimidade do Estado de Direito.

REFERÊNCIAS

ABRANCHES, Sérgio. **A era do imprevisto:** a grande transição do século XXI. São Paulo: Companhia das Letras, 2017.

ALENCAR, Hermes Arrais. **Cálculo de benefícios previdenciários**: Regime Geral de Previdência Social. 8. ed. São Paulo: Saraiva, 2017.

ALEXY, Robert. **Teoria da argumentação jurídica**: a teoria do discurso racional como teoria da fundamentação jurídica. 3. ed. Rio de Janeiro: Forense, 2011.

ALMEIDA, Lilian Barros de Oliveira. **Direito adquirido**: uma questão em aberto. São Paulo: Saraiva, 2012.

ANTUNES, Luís Filipe Colaço. **A ciência jurídica administrativa**: noções fundamentais. Coimbra: Almedina, 2012.

ARAÚJO, Valter Shuenquener de. **O princípio da proteção da confiança**: uma nova forma de tutela do cidadão diante do Estado. 2. ed. Niterói: Impetus, 2016.

AURÉLIO, Bruno. **Atos administrativos ampliativos de direitos**: revogação e invalidação. São Paulo: Malheiros, 2011.

ÁVILA, Humberto. **Teoria da segurança jurídica**. 4. ed. São Paulo: Malheiros, 2016.

BADIN, Arthur Sanchez. **Controle judicial das políticas públicas**: contribuição ao estudo do tema da judicialização da política pela abordagem da análise institucional comparada de Neil K. Komesar. São Paulo: Malheiros, 2013.

BAPTISTA, Patrícia Ferreira. **A tutela da confiança legítima como limite ao exercício do poder normativo da Administração Pública. A proteção das expectativas legítimas dos cidadãos como limite à retroatividade normativa.** *In* Revista Eletrônica de Direito do Estado, n. 11, jul/set. 2007, Salvador.

_____. **Segurança jurídica e proteção da confiança legítima no direito administrativo: análise sistemática e critérios de aplicação no direito administrativo brasileiro**. CreateSpace Independent Publishing Platform, 2014. E-Book. ISBN: 1507683863. Disponível em: <https://www.amazon.com/Seguranca-Juridica-Protecao-Confianca-Administrativo/dp/1507683863>. Acesso em: 20 fev. 2015.

BARCELLOS, Ana Paula de. **Curso de Direito Constitucional**. Rio de Janeiro, Forense, 2018.

_____. **Direitos fundamentais e direito à justificativa**: devido procedimento na elaboração normativa. Belo Horizonte: Fórum, 2016.

BARROSO, Luís Roberto. **Curso de Direito Constitucional Contemporâneo**. 7. ed. São Paulo: Saraiva Educação, 2018.

_____. **O controle de constitucionalidade no direito brasileiro**. São Paulo: Saraiva, 2004.

BATALHA, Wilson de Souza Campos. **Direito intertemporal**. Rio de Janeiro: Forense, 1980.

BERNARDES, Juliano Taveira; FERREIRA, Olavo Augusto Vianna Alves. **Direito Constitucional. Tomo I. Teoria da Constituição**. 2. ed. Salvador: JusPodivm, 2012.

BERWANGER, Jane Lucia Wilhelm. **Segurado especial**: novas teses e discussões. Curitiba: Juruá, 2016.

BINENBOJM, Gustavo. **Uma teoria do Direito Administrativo**: direitos fundamentais, democracia e constitucionalização. 3. ed. Rio de Janeiro: Renovar, 2014.

BLANQUER, David. **Derecho administrativo**: los sujetos, la actividad y los principios. Valencia: Tirant lo blanch, 2010.

BONAVIDES, Paulo. **Ciência política**. 18. ed. São Paulo: Malheiros, 2011.

BRANCO, Paulo Gustavo Gonet; MENDES, Gilmar Ferreira. **Curso de Direito Constitucional**. 6. ed. São Paulo: Saraiva, 2011.

BREYNER, Frederico Menezes. **Benefícios fiscais inconstitucionais e a proteção da confiança do contribuinte**. Rio de Janeiro: Lumen Juris, 2013.

BUENO, Cassio Scarpinella. **Amicus curiae no processo civil brasileiro**: um terceiro enigmático. 3. ed. São Paulo: Saraiva, 2012.

CABRAL, Antonio do Passo. **Coisa julgada e preclusões dinâmicas**: entre continuidade, mudança e transição de posições processuais estáveis. Salvador: JusPodivm, 2013.

CAMPOS, Marcelo Barroso Lima Brito de. **Direitos previdenciários expectados**: a segurança na relação jurídica previdenciária dos servidores públicos. Curitiba: Juruá, 2012.

CANOTILHO, José Joaquim Gomes. **Direito Constitucional**. 6. ed. Coimbra: Almedina, 1993.

CANOTILHO, José Joaquim Gomes; MENDES, Gilmar F.; SARLET, Ingo W.; STRECK, Lenio L. (coords.). **Comentários à Constituição do Brasil**. São Paulo: Saraiva/Almedina, 2013.

CANOTILHO, José Joaquim Gomes; MOREIRA, Vital. **Constituição da República Portuguesa Anotada**. Volume I, 4. ed. Coimbra: Coimbra Editora, 2007.

CARVALHO, Gustavo Marinho de. **Precedentes administrativos no Direito brasileiro**. São Paulo: Contracorrente, 2015.

CASTRO, Carlos Alberto Pereira de; LAZZARI, João Batista. **Manual de Direito Previdenciário**. 21. ed. Rio de Janeiro: Forense, 2018.

CASTRO JR., Torquato da Silva. **A pragmática das nulidades e a teoria do ato jurídico inexistente**: reflexões sobre metáforas e paradoxos da dogmática privatista. São Paulo: Noeses, 2009.

CUNHA, Leonardo José Carneiro da. **A Fazenda Pública em juízo**. 15. ed. Rio de Janeiro: Forense, 2018.

DIAS, Maria Berenice. **Manual de direito das famílias**. 10. ed. São Paulo: Revista dos Tribunais, 2015.

DIDIER JR., Fredie. **Curso de Direito Processual Civil**. Vol. I. 17. ed. Salvador: JusPodivm, 2015.

DIDIER JR., Fredie; BRAGA, Paula Sarno; OLIVEIRA, Rafael Alexandria de. **Curso de Direito Processual Civil**: teoria da prova, direito probatório, ações probatórias, decisão, precedente, coisa julgada e antecipação dos efeitos da tutela. 10. ed. Salvador: JusPodivm, 2015.

DIMOULIS, Dimitri; LUNARDI, Soraya. **Curso de Processo Constitucional**. 2. ed. São Paulo: Atlas, 2013.

DINIZ, Maria Helena. **Lei de introdução às normas do direito brasileiro interpretada**. 19. ed. São Paulo: Saraiva, 2017.

FACCI, Lucio Picanço. **Administração Pública e Segurança Jurídica**: a tutela da confiança nas relações jurídico-administrativas. Porto Alegre: Sergio Antonio Fabris Editor, 2015.

FERRAZ, Carolina Valença; LEITE, Glauber Salomão (coord.). **Direito à diversidade**. São Paulo: Atlas, 2014.

FERRAZ JR., Tércio Sampaio. **Introdução ao Estudo do Direito**: técnica, decisão, dominação. 2. ed. São Paulo: Atlas, 1994.

FOLMANN, Melissa; SERAU JUNIOR, Marco Aurélio (coord.). **Interlocuções entre o direito previdenciário, o direito tributário e a economia**. Porto Alegre: Paixão Editores, 2017.

FRANÇA, Rubens Limongi. **A irretroatividade das leis e o direito adquirido**. 3. ed. São Paulo: Revista dos Tribunais, 1982.

GARAPON, Antoine. **O juiz e a democracia**. Rio de Janeiro: Revan, 2005.

GOYARD-FABRE, Simone. **O que é democracia?** São Paulo: Martins Fontes, 2003.

GRECO, Leonardo. **Instituições de Processo Civil**. Vol. II. 3. ed. Rio de Janeiro: Forense, 2015.

HÄBERLE, Peter. **Hermenêutica Constitucional**: a sociedade aberta dos intérpretes da constituição: contribuição para a interpretação pluralista e procedimental da constituição. Porto Alegre: Sergio Antonio Fabris Editor, 1997.

HABERMAS, Jurgen. **Direito e democracia**: entre facticidade e validade. Volume I. Rio de Janeiro: Tempo Brasileiro, 1997.

HASELOF, Fabíola Utzig. **Jurisdições mistas**: um novo conceito de jurisdição. Belo Horizonte: Fórum, 2018.

HEINEN, Juliano. **Comentários à Lei de Acesso à Informação**: Lei 12.527/2011. Belo Horizonte: Fórum, 2014.

HESSE, Konrad. **A força normativa da Constituição**. Porto Alegre: Sergio Antonio Fabris Editor, 1991.

HORVATH JÚNIOR, Miguel. **Direito Previdenciário**. 11. ed. São Paulo: Quartier Latin, 2018.

IBRAHIM, Fábio Zambitte. **Curso de Direito Previdenciário**. 23. ed. Rio de Janeiro: Impetus, 2018.

JORDÃO, Eduardo. **Controle judicial de uma administração pública complexa**: a experiência estrangeira na adaptação da intensidade do controle. São Paulo: Malheiros, 2016.

LADENTHIN, Adriane Bramante de Castro. **Aposentadoria especial**: teoria e prática. 2. ed. Curitiba: Juruá, 2014.

LEAL, Bruno Bianco; PORTELA, Felipe Mêmolo. **Previdência em crise**: diagnóstico e análise econômica do direito previdenciário. São Paulo: Thomson Reuters Brasil, 2018.

LEMES, Emerson Costa. **Manual dos cálculos previdenciários**: benefícios e revisões. 3. ed. Curitiba: Juruá, 2016.

LOPES, Pedro Moniz. **Princípio da boa fé e decisão administrativa**. Coimbra: Almedina, 2011.

LUHMANN, Niklas. **Confianza**. Barcelona: Anthropos Editorial, 2005.

MACCORMICK, Neil. **Retórica e o estado de direito**. Rio de Janeiro: Elsevier, 2008.

MARMELSTEIN, George. **Curso de direitos fundamentais**. 7. ed. São Paulo: Atlas, 2018.

MAURER, Hartmut. **Direito Administrativo Geral**. Barueri: Manole, 2006.

MAUSS, Adriano; TRICHES, Alexandre Schumacher. **Processo administrativo previdenciário eficiente**. São Paulo: LTr, 2017.

MAXIMILIANO, Carlos. **Direito intertemporal ou Teoria da retroatividade das leis**. 2. ed. Rio de Janeiro: Freitas Bastos, 1955.

MAZZUOLI, Valerio de Oliveira. **O controle jurisdicional da convencionalidade das leis**. 2. ed. São Paulo: RT, 2011.

MELLO, Patrícia Perrone Campos. **Nos bastidores do STF**. Rio de Janeiro: Forense, 2015.

MENDES, Aluísio Gonçalves de Castro. **Ações coletivas e meios de resolução de conflitos no direito comparado e nacional**. 3. ed. São Paulo: Revista dos Tribunais, 2012.

_____. **Incidente de resolução de demandas repetitivas**: sistematização, análise e interpretação do novo instituto processual. Rio de Janeiro: Forense, 2017.

MIESSA, Élisson; CORREIA, Henrique (orgs.). **A reforma trabalhista e seus impactos conforme MP 808, de 14.11.2017**. Salvador: JusPodivm, 2018.

MIRANDA, Jorge. **Sobre o direito constitucional comparado**. *In* Revista Brasileira de Direito Comparado, Vol. V, n. 9, p. 37-58, 1990.

_____. **Teoria do Estado e da Constituição**. 3. ed. Rio de Janeiro: Forense, 2011.

MITIDIERO, Daniel. **Antecipação da tutela**: da tutela cautelar à técnica antecipatória. 3. ed. São Paulo: Editora Revista dos Tribunais, 2017.

MOREIRA, José Carlos Barbosa. **Temas de Direito Processual Civil**. Vol. III. 2. ed. São Paulo: Saraiva, 1984.

MOREIRA NETO, Diogo de Figueiredo. **Poder, direito e Estado**: o Direito Administrativo em tempos de globalização. Belo Horizonte: Fórum, 2011.

MORETZSOHN, Sylvia. **Pensando contra os fatos**: jornalismo e cotidiano: do senso comum ao senso crítico. Rio de Janeiro: Revan, 2007.

NEVES, Marcelo. **Transconstitucionalismo**. São Paulo: WMF Martins Fontes, 2009.

NIEVA-FENOLL, Jordi. **Coisa julgada**. São Paulo: Revista dos Tribunais, 2016.

NOGUEIRA, Gustavo Santana. **Precedentes vinculantes no direito comparado e brasileiro**. 2. ed. *Salvador: JusPodivm, 2013*.

NUSDEO, Ana Maria de Oliveira. **Pagamento por serviços ambientais**: sustentabilidade e disciplina jurídica. São Paulo: Atlas, 2012.

OLIVEIRA, Aroldo Cedraz (coord.). **O controle da administração na era digital**. Belo Horizonte: Fórum, 2016.

OST, François. **O tempo do direito**. Bauru: EDUSC, 2005.

PEIXOTO, Ravi (coord.). **Enunciados FPPC Fórum Permanente de Processualistas Civis organizados por assunto, anotados e comentados**. Salvador: JusPodivm, 2018.

PERELMAN, Chaïm; OLBRECHTS-TYTECA, Lucie. **Tratado da argumentação**: a nova retórica. 2. ed. São Paulo: Martins Fontes, 2005.

PERLINGEIRO, Ricardo. Princípios e regras da jurisdição administrativa brasileira. *In* **Revista da EMARF**, Rio de Janeiro, v. 23, n. 1, p. 311/365, 2015.

PEYREFITTE, Alain. **A sociedade de confiança**. Lisboa: Instituto Piaget, 1995.

QUINTELA, Guilherme Camargos. **Segurança jurídica e proteção da confiança**: a justiça prospectiva na estabilização das expectativas no direito tributário brasileiro. Belo Horizonte: Fórum, 2013.

RÁO, Vicente. **O direito e a vida dos direitos**. 5. ed. Anotada e atualizada por Ovídio Rosa Barros Sandoval. São Paulo: Revista dos Tribunais, 1999.

REGO, Werson (coord.). **Segurança jurídica e protagonismo judicial**: desafios em tempos de incertezas – Estudos jurídicos em homenagem ao Ministro Carlos Mário da Silva Velloso. Rio de Janeiro: GZ Editora, 2017.

RIBEIRO, Ricardo Lodi. **A segurança jurídica do contribuinte**: legalidade, não-surpresa e proteção à confiança legítima. Rio de Janeiro: Lumen Juris, 2008.

ROCHA, Cármen Lúcia Antunes (coord.). **Constituição e segurança jurídica**: direito adquirido, ato jurídico perfeito e coisa julgada. 2. ed. Belo Horizonte: Fórum, 2009.

ROCHA, Cláudio Jannotti da; PORTO, Lorena Vasconcelosç BORSIO, Marcelo Fernando; MELO, Raimundo Simão de (coord.). **Seguridade Social e meio ambiente do trabalho**: direitos humanos nas relações sociais. Tomo I, vol. I. Belo Horizonte: Editora RTM, 2018.

ROCHA, Daniel Machado da. **Comentários à Lei de Benefícios da Previdência Social**. 16. ed. São Paulo: Atlas, 2018.

SANTOS, Bruno Henrique Silva. **Prescrição e decadência no Direito Previdenciário**. Curitiba: Alteridade, 2016.

SANTOS, Marisa Ferreira dos. **Direito previdenciário esquematizado**. 8. ed. São Paulo: Saraiva, 2018.

SARMENTO, Daniel. **Direitos, Democracia e República**: escritos de Direito Constitucional. Belo Horizonte: Fórum, 2018.

SAVARIS, José Antonio. **Direito processual previdenciário**. 7. ed. Curitiba: Alteridade, 2018.

SERAU JUNIOR, Marco Aurélio (coord.). **Terceirização**: conceito, crítica, reflexos trabalhistas e previdenciários. São Paulo: LTr, 2018.

SHAPIRO, Ian. **Os fundamentos morais da política**. São Paulo: Martins Fontes, 2006.

SILVA, Almiro do Couto e. **Conceitos fundamentais do Direito no Estado Constitucional**. São Paulo: Malheiros, 2015.

SILVA, José Afonso da. **Comentário contextual à Constituição**. 3. ed. São Paulo: Malheiros, 2007.

SIMONETTI, José Augusto. **O princípio da proteção da confiança no direito administrativo brasileiro**: estabilidade de atos e limitação da discricionariedade administrativa. Rio de Janeiro: Lumen Juris, 2017.

SOUZA, Victor Roberto Corrêa de. **A credibilidade de Têmis e a argumentação jurídica**: medidas endojudiciais e extrajudiciais. Brasília: Conselho da Justiça Federal, Centro de Estudos Judiciários, 2016. Disponível em: <https://www.conpedi.org.br/publicacoes/9105o6b2/01g3h599/f10Z900kWThu5GnZ.pdf>. Acesso em: 22 abr. 2018.

SOUZA NETO, Cláudio Pereira de; SARMENTO, Daniel. **Direito constitucional**: teoria, história e métodos de trabalho. Belo Horizonte: Fórum, 2013.

SUNDFELD, Carlos Ari. **Direito Administrativo para céticos**. 2. ed. São Paulo: Malheiros, 2017.

TAVARES, Ana Lúcia de Lyra. O ensino do direito comparado no Brasil contemporâneo. *In* **Revista Direito, Estado e Sociedade**, v. 9, n. 29, p. 69-86, jul/dez 2006.

TAVARES, Marcelo Leonardo. **Direito Previdenciário**. 16. ed. Niterói: Impetus, 2015.

TENÓRIO, Rodrigo. **Regime de Previdência**: é hora de migrar? E-Book, 2018, ISBN: 8592443415. Disponível em: <https://www.amazon.co.uk/Regime-previd%C3%AAncia-definitivo-desvantagens-complementar/dp/8592443415>. Acesso em: 09 mai. 2018.

TEPEDINO, Gustavo; BARBOZA, Heloiza Helena; MORAES, Maria Celina Bodin de. **Código Civil Interpretado conforme a Constituição da República**. Vol. I. 2. ed. Rio de Janeiro: Renovar, 2007.

THAMAY, Rennan Faria Kruger. **A estabilidade das decisões no controle de constitucionalidade abstrato**. São Paulo: Almedina Brasil, 2016.

TRICHES, Alexandre Schumacher. **Direito processual administrativo previdenciário**. São Paulo: Editora Revista dos Tribunais, 2014.

VALIM, Rafael; MALHEIROS, Antônio Carlos; BACARIÇA, Josephina (coord.). **Acesso à informação pública**. Belo Horizonte: Fórum, 2015.

VALIM, Rafael; OLIVEIRA, José Roberto Pimenta; DAL POZZO, Augusto Neves (coord.). **Tratado sobre o princípio da segurança jurídica no Direito Administrativo.** Belo Horizonte: Fórum, 2013.

VIANNA, Luiz Werneck *et al.* **A judicialização da política e das relações sociais no Brasil.** Rio de Janeiro: Revan, 1999.

WALZER, Michael. **Política e paixão:** rumo a um liberalismo igualitário. São Paulo: WMF Martins Fontes, 2008.

WAMBIER, Teresa Arruda Alvim (coord.). **Direito Jurisprudencial.** São Paulo: Revista dos Tribunais, 2012.

ZAGREBELSKY, Gustavo. **El derecho dúctil:** ley, derechos, justicia. 10. ed. Madrid: Editorial Trotta, 2011.

BIBLIOGRAFIA CONSULTADA

ALMEIDA FILHO, José Carlos de Araújo. **Processo eletrônico e teoria geral do processo eletrônico**: a informatização judicial no Brasil. 5. ed. Rio de Janeiro: Forense, 2015.

BARBOZA, Estefânia Maria de Queiroz. **Precedentes judiciais e segurança jurídica**: fundamentos e possibilidades para a jurisdição constitucional brasileira. São Paulo: Saraiva, 2014.

CAMPOS, Marcelo Barroso Lima Brito de. **Regime próprio de Previdência Social dos Servidores Públicos**. 8. ed. Curitiba: Juruá, 2017.

CLÈVE, Clèmerson Merlin. **Medidas provisórias**. 3. ed. São Paulo: Revista dos Tribunais, 2010.

COELHO, Sacha Calmon Navarro (coord). **Segurança jurídica**: irretroatividade das decisões judiciais prejudiciais aos contribuintes. Rio de Janeiro: Forense, 2013.

CUNHA, Ricarlos Almagro Vitoriano. **Segurança jurídica e crise no direito**. Belo Horizonte: Arraes Editores, 2012.

FITZPATRICK, Peter. **A mitologia na lei moderna**. São Leopoldo: Unisinos, 2007.

GONÇALVES, Camila de Jesus Mello. **Princípio da boa-fé**: perspectivas e aplicações. Rio de Janeiro: Elsevier, 2008.

HORBACH, Carlos Bastide *et al.* (org.). **Direito constitucional, Estado de Direito e democracia**: homenagem ao prof. Manoel Gonçalves Ferreira Filho. São Paulo: Quartier Latin, 2011.

_____. **Teoria das nulidades do ato administrativo**. 2. ed. São Paulo: Revista dos Tribunais, 2010.

LISBOA, Roberto Senise. **Confiança contratual**. São Paulo: Atlas, 2012.

MACEDO, Alan da Costa; MACEDO, Fernanda Carvalho Campos E. **Ônus da prova no processo judicial previdenciário, à luz do Novo Código de Processo Civil**. Curitiba: Juruá, 2018.

MAFFINI, Rafael da Cás. **Proteção substancial da confiança no direito administrativo brasileiro**. Tese [Doutorado]. UFRGS. Porto Alegre: biblioteca da Faculdade de Direito – UFRGS, 01/02/2006. 253 f.

MANCUSO, Rodolfo de Camargo. **Acesso à justiça**: condicionantes legítimas e ilegítimas. São Paulo: RT, 2011.

MANILI, Pablo L. **La seguridad jurídica**: una deuda pendiente. Buenos Aires: Hammurabi, 2011.

MARTÍNEZ MOYA, José Antonio. **El principio de confianza legítima en la administración. Su origen y tratamiento jurisprudencial**. Murcia: Diego Marin Librero Editor, 2012.

MARTINS, Leonardo. **Tribunal Constitucional Federal Alemão**: decisões anotadas sobre direitos fundamentais. Vol. I. São Paulo: Konrad Adenauer Stiftung, 2016.

MARTINS, Ricardo Marcondes. **Efeitos dos vícios do ato administrativo**. São Paulo: Malheiros, 2008.

MOISÉS, José Álvaro (org.). **Democracia e confiança**: por que os cidadãos desconfiam das instituições públicas? São Paulo: EDUSP, 2010.

NEVES, Marcelo. **A constitucionalização simbólica**. São Paulo: WMF Martins Fontes, 2011.

_____. **Entre Hidra e Hércules**. São Paulo: WMF Martins Fontes, 2013.

_____. **Entre Têmis e Leviatã**: uma relação difícil. São Paulo: Martins Fontes, 2008.

NOBRE JR., Edilson Pereira. **Direito administrativo contemporâneo**: temas fundamentais. Salvador: JusPodivm, 2016.

NUNES, Dierle José Coelho. **Processo jurisdicional democrático**: uma análise das reformas processuais. Curitiba: Juruá, 2011.

PEIXOTO, Ravi (coord.). **Superação do precedente e segurança jurídica**. Salvador: JusPodivm, 2015.

SOUSA, Guilherme Carvalho E. **A responsabilidade do Estado e o princípio da confiança legítima**: a experiência para o direito brasileiro. Rio de Janeiro: Lumen Juris, 2014.

Anexo

JURISPRUDÊNCIA SOBRE CONFIANÇA

SUPREMO TRIBUNAL FEDERAL

DIREITO ADMINISTRATIVO. AGRAVO INTERNO EM RECURSO EXTRAORDINÁRIO COM AGRAVO. SERVIDOR PÚBLICO. PROVIMENTO DERIVADO. SUBISTÊNCIA DO ATO ADMINISTRATIVO. PECULIARIDADES DO CASO CONCRETO. APLICAÇAO DOS PRINCÍPIOS DA SEGURANÇA JURÍDICA E DA PROTEÇÃO DA CONFIANÇA. 1. O Supremo Tribunal Federal, em algumas oportunidades, e sempre ponderando as particularidades de cada caso, já reconheceu a subsistência dos atos administrativos de provimento derivado de cargos públicos aperfeiçoados antes da pacificação da matéria neste Tribunal, em homenagem ao princípio da segurança jurídica. Precedentes. 2. **O princípio da segurança jurídica, em um enfoque objetivo, veda a retroação da lei, tutelando o direito adquirido, o ato jurídico perfeito e a coisa julgada. Em sua perspectiva subjetiva, a segurança jurídica protege a confiança legítima**, procurando preservar fatos pretéritos de eventuais modificações na interpretação jurídica, bem como resguardando efeitos jurídicos de atos considerados inválidos por qualquer razão. Em última análise, o princípio da confiança legítima destina-se precipuamente a proteger expectativas legitimamente criadas em indivíduos por atos estatais. 3. Inaplicável o art. 85, § 11, do CPC/2015, uma vez que não é cabível, na hipótese, condenação em honorários advocatícios (arts. 17 e 18 da Lei nº 7.347/1985). 4. Agravo interno a que se nega provimento. (ARE 823985 AgR, Relator(a): Min. LUÍS ROBERTO BARROSO, Primeira Turma, julgado em 23/03/2018, DJe-070 DIVULG 11-04-2018 PUBLIC 12-04-2018)[129]

DIREITO CONSTITUCIONAL E ADMINISTRATIVO. NOVO MARCO REGULATÓRIO DA TELEVISÃO POR ASSINATURA (LEI N. 12.485/2011). SERVIÇO DE ACESSO CONDICIONADO (SeAC). INCONSTITUCIONALIDADE FORMAL NÃO CONFIGURADA. [...] VALIDADE DA IMPOSIÇÃO ÀS CONCESSIONÁRIAS DE RADIODIFUSÃO DE SONS E IMAGENS DO DEVER DE DISPONIBILIZAÇÃO GRATUITA DOS CANAIS DE SINAL ABERTO ÀS DIS-

---

[129] São nossos todos os grifos que se encontram nas referências jurisprudenciais.

TRIBUIDORAS DO SeAC (ART. 32). COMPATIBILIDADE COM A SISTEMÁTICA CONSTITUCIONAL DO ICMS (CRFB, ART. 155, §2º, X, "d"). HIGIDEZ DO CANCELAMENTO DO REGISTRO DE AGENTE ECONÔMICO PERANTE A ANCINE EM RAZÃO DE DESCUMPRIMENTO DAS OBRIGAÇÕES CRIADAS PELA LEI (ART. 36). GARANTIA DE EFICÁCIA DAS NORMAS JURÍDICAS. CONSTITUCIONALIDADE DO REGIME DE TRANSIÇÃO (ART. 37, §§ 1º, 5º, 6º, 7º e 11). INEXISTÊNCIA DE DIREITO ADQUIRIDO A REGIME JURÍDICO. ACOMODAÇÃO OTIMIZADA ENTRE SEGURANÇA E MODERNIZAÇÃO. INAPLICABILIDADE À ESPÉCIE DA GARANTIA DO EQUILÍBRIO FINANCEIRO DO CONTRATO ADMINISTRATIVO. SETOR ECONÔMICO DOTADO DE LIBERDADE DE PREÇOS. 1. A revisão judicial de marcos regulatórios editados pelo legislador requer uma postura de autocontenção em respeito tanto à investidura popular que caracteriza o Poder Legislativo quanto à complexidade técnica inerente aos temas a que o Poder Judiciário é chamado a analisar pela ótica estrita da validade jurídica. [...] 20. O art. 36 da Lei nº 12.485/11, ao permitir o cancelamento do registro de agente econômico perante a ANCINE por descumprimento de obrigações legais, representa garantia de eficácia das normas jurídicas aplicáveis ao setor, sendo certo que haveria evidente contradição ao se impedir o início da atividade sem o registro (por não preenchimento originário das exigências legais) e, ao mesmo tempo, permitir a continuidade de sua exploração quando configurada a perda superveniente da regularidade. Destarte, a possibilidade de cancelamento do registro é análoga à do seu indeferimento inicial, já chancelada nos itens 10 e 11 supra. 21. **A existência de um regime jurídico de transição justo, ainda que que consubstancie garantia individual diretamente emanada do princípio constitucional da segurança jurídica e da proteção da confiança legítima (CRFB, art. 5º, XXXVI), não impede a redefinição e a atualização dos marcos regulatórios setoriais, tão caras à boa ordenação da vida em sociedade**. 22. In casu, o art. 37, §§ 6º, 7º e 11, da Lei nº 12.485/11, ao fixar regras sobre a renovação das outorgas após o fim do respectivo prazo original de vigência e regras pertinentes às alterações subjetivas sobre a figura do prestador do serviço, é constitucionalmente válido ante a inexistência, ab initio, de direito definitivo à renovação automática da outorga, bem como da existência de margem de conformação do legislador para induzir os antigos prestadores a migrem para o novo regime. 23. O art. 37, §§ 1º e 5º, da Lei nº 12.485/11, ao vedar o pagamento de indenização aos antigos prestadores do serviço em virtude das novas obrigações não previstas no ato de outorga original, não viola qualquer previsão constitucional, porquanto, em um cenário contratual e regulatório marcado pela liberdade de preços, descabe cogitar de qualquer indenização pela criação de novas obrigações legais (desde que constitucionalmente válidas). Eventuais aumentos de custos que possam surgir deverão ser administrados exclusivamente pelas próprias empresas, que tanto podem repassá-los aos consumidores quanto retê-los em definitivo. Impertinência da invocação do equilíbrio econômico e financeiro dos contratos administrativos (CRFB, art. 37, XXI). 24. Conclusão. Relativamente à ADI 4679, julgo o pedido procedente em parte, apenas para declarar a inconstitucionalidade material do art. 25 da Lei nº 12.485/2011; relativamente às ADI 4747, 4756 e 4923, julgo os pedidos improcedentes. (ADI 4756, Relator(a): Min. LUIZ FUX, Tribunal Pleno, julgado em 08/11/2017, DJe-064 DIVULG 04-04-2018 PUBLIC 05-04-2018)

DIREITO ADMINISTRATIVO. AGRAVO INTERNO EM MANDADO DE SEGURANÇA. TCU. APOSENTADORIA. EXCLUSÃO DE ÍNDICES DE PLANOS ECONÔMICOS. REPOSIÇÃO AO ERÁRIO. VALORES RECEBIDOS ATÉ A REVOGAÇÃO DE MEDIDA LIMINAR ANTES DEFERIDA. 1. Esta Corte vem reconhecendo que a revogação da liminar opera-se, excepcionalmente, com efeitos ex nunc nos mandados de segurança denegados com base no entendimento resultante do RE 596.663-RG, mas que tiveram a medida precária concedida anteriormente com fundamento na jurisprudência vigente à época, favorável aos impetrantes. **Proteção da confiança legítima.** Nesse sentido: MS 25.430 (Rel. Min. Eros Graus, redator para o acórdão Min. Edson Fachin) e MS 30.556 AgR (Rel. Min. Rosa Weber). 2. Agravo a que se nega provimento. (MS 34350 AgR, Relator(a): Min. LUÍS ROBERTO BARROSO, Primeira Turma, julgado em 07/11/2017, DJe-261 DIVULG 16-11-2017 PUBLIC 17-11-2017)

AGRAVO DE INSTRUMENTO – ATO DECISÓRIO QUE DECLARA A EXTINÇÃO DA PUNIBILIDADE – CONSUMAÇÃO DA PRESCRIÇÃO DA PRETENSÃO PUNITIVA DO ESTADO (PRESCRIÇÃO "IN CONCRETO") – SUBSISTÊNCIA DOS FUNDAMENTOS QUE DÃO SUPORTE À DECISÃO RECORRIDA PROLATADA EM MOMENTO QUE PRECEDEU A CONSOLIDAÇÃO DA NOVA ORIENTAÇÃO CONCERNENTE AO CÔMPUTO DO LAPSO PRESCRICIONAL – REVISÃO SUBSTANCIAL, NA MATÉRIA, DA JURISPRUDÊNCIA DO TRIBUNAL – NOVO ENTENDIMENTO QUE CONFERE EFICÁCIA "EX TUNC", PARA EFEITO DE PRESCRIÇÃO PENAL, AO JUÍZO NEGATIVO DE ADMISSIBILIDADE DE RECURSO EXTRAORDINÁRIO CONFIRMADO PELO SUPREMO TRIBUNAL FEDERAL – TÍPICA HIPÓTESE DE RUPTURA DE PARADIGMA – NÃO INCIDÊNCIA SOBRE SITUAÇÕES QUE SE DESENVOLVERAM SOB A ÉGIDE DE ANTERIOR E MAIS FAVORÁVEL DIRETRIZ JURISPRUDENCIAL – "PROSPECTIVE OVERRULING" – FUNÇÃO E IMPORTÂNCIA DOS PRECEDENTES – **PREVALÊNCIA DOS PRINCÍPIOS DA SEGURANÇA JURÍDICA, DA BOA-FÉ OBJETIVA E DA PROTEÇÃO DA CONFIANÇA** – PRECEDENTES – RECURSO DE AGRAVO IMPROVIDO – CONCESSÃO, DE OFÍCIO, DE ORDEM DE "HABEAS CORPUS". (ARE 652469 AgR, Relator(a): Min. CELSO DE MELLO, Segunda Turma, julgado em 26/09/2017, DJe-024 DIVULG 08-02-2018 PUBLIC 09-02-2018)

Agravo regimental no mandado de segurança. 2. Direito Administrativo. 3. Concurso público. Prazo de validade. Suspensão do curso do prazo de validade dos certames por ato administrativo do TJ/MT. Retomada do curso do prazo após mais de dois anos, com a consequente nomeação dos aprovados no certame. 4. Decisão do CNJ que declarou a nulidade do ato e determinou a exoneração dos servidores nomeados em período posterior àquele previsto no art. 37, III, da CF. 5. Situação excepcional. Exercício das funções públicas por mais de dez anos. 6. Presunção de legitimidade dos atos da Administração Pública. Demora na tramitação dos feitos administrativos e judiciais relacionados aos fatos. Princípio da razoável duração do processo, da segurança jurídica e da **proteção da confiança legítima.** 7. Agravo regimental a que se nega provimento. (MS 30662 AgR, Relator(a): Min. GILMAR MENDES, Segunda Turma, julgado em 25/08/2017, DJe-202 DIVULG 05-09-2017 PUBLIC 06-09-2017)

AGRAVO REGIMENTAL EM MANDADO DE SEGURANÇA. RECURSO INTERPOSTO SOB A ÉGIDE DO CPC/1973. REVOGAÇÃO DE MEDIDA LIMI-

NAR. EFEITOS PROSPECTIVOS. MUDANÇA JURISPRUDENCIAL QUE, EM CONJUGAÇÃO COM OS PRINCÍPIOS DA BOA-FÉ, DA PROTEÇÃO DA CONFIANÇA E DA SEGURANÇA JURÍDICA, AUTORIZA EXCEPCIONAL E PONTUAL AFASTAMENTO DA REGRA DO ART. 46, § 3º, DA LEI Nº 8.112/1990. PRECEDENTES DO PLENÁRIO E DE AMBAS AS TURMAS. 1. Quando da publicação da decisão que deferiu o pedido de medida liminar, a jurisprudência hegemônica do Supremo Tribunal Federal era no sentido de que a glosa, pelo TCU, de percentuais pagos em virtude de decisões judiciais transitadas em julgado importava em afronta à garantia prevista no art. 5º, XXXVI, da Magna Carta. Esse contexto, sem dúvida, alimentou no impetrante justificada expectativa por provimento final favorável, ou seja, pela concessão da ordem, com a confirmação da liminar deferida. 2. Houve, contudo, alteração da jurisprudência desta Suprema Corte, que passou a rechaçar a tese de afronta à coisa julgada, ao fundamento de que o Tribunal de Contas da União, em casos como o presente, apenas identifica o exaurimento da eficácia de comandos judiciais transitados em julgado, ante a superveniência de alterações legislativas que promovem reestruturações remuneratórias e absorvem parcelas judicialmente reconhecidas. 3. A mudança jurisprudencial solapou projeção razoavelmente nutrida pelo impetrante e descortinou cenário suscetível de afastar, de modo pontual e excepcional, considerados os princípios da boa-fé, da segurança jurídica e da **proteção da confiança**, a regra do art. 46, § 3º, da Lei nº 8.112/1990. Precedentes: MS 25.430, Tribunal Pleno, Rel. Min. Edson Fachin, DJe de 12.5.2016; MS 31543 AgR, Primeira Turma, Rel. Min. Edson Fachin, DJe de 08.11.2016; e MS 26132 AgR, Segunda Turma, Rel. Min. Dias Toffoli, DJe de 1º.12.2016). 4. Agravo regimental conhecido e não provido. (MS 30556 AgR, Relator(a): Min. ROSA WEBER, Primeira Turma, julgado em 26/05/2017, DJe-133 DIVULG 19-06-2017 PUBLIC 20-06-2017)

Recurso ordinário constitucional. Habeas corpus. Execução Penal. Remição (arts. 33 e 126 da Lei de Execução Penal). Trabalho do preso. Jornada diária de 4 (quatro) horas. Cômputo para fins de remição de pena. Admissibilidade. Jornada atribuída pela própria administração penitenciária. Inexistência de ato de insubmissão ou de indisciplina do preso. Impossibilidade de se desprezarem as horas trabalhadas pelo só fato de serem inferiores ao mínimo legal de 6 (seis) horas. **Princípio da proteção da confiança**. Recurso provido. Ordem de habeas corpus concedida para que seja considerado, para fins de remição de pena, o total de horas trabalhadas pelo recorrente em jornada diária inferior a 6 (seis) horas. 1. O direito à remição pressupõe o efetivo exercício de atividades laborais ou estudantis por parte do preso, o qual deve comprovar, de modo inequívoco, seu real envolvimento no processo ressocializador. 2. É obrigatório o cômputo de tempo de trabalho nas hipóteses em que o sentenciado, por determinação da administração penitenciária, cumpra jornada inferior ao mínimo legal de 6 (seis) horas, vale dizer, em que essa jornada não derive de ato insubmissão ou de indisciplina do preso. 3. Os princípios da segurança jurídica e da **proteção da confiança** tornam indeclinável o dever estatal de honrar o compromisso de remir a pena do sentenciado, legítima contraprestação ao trabalho prestado por ele na forma estipulada pela administração penitenciária, sob pena de desestímulo ao trabalho e à ressocialização. 4. Recurso provido. Ordem de habeas corpus concedida para que seja considerado, para fins de remição de pena, o total de horas trabalhadas pelo recorrente em jornada diária inferior a 6 (seis) horas. (RHC 136509, Relator(a): Min. DIAS TOFFOLI, Segunda Turma, julgado em 04/04/2017, DJe-087 DIVULG 26-04-2017 PUBLIC 27-04-2017)

AGRAVO REGIMENTAL EM MANDADO DE SEGURANÇA. INTERPOSIÇÃO SOB A ÉGIDE DO CPC/1973. APOSENTADORIA. CÔMPUTO DE TEMPO DE ALUNO-APRENDIZ. Na apreciação da legalidade, para fins de registro, de ato inicial concessivo de aposentadoria, a jurisprudência desta Suprema Corte, fundada nos princípios da segurança jurídica e da **proteção da confiança**, reputa inviável a aplicação retroativa da interpretação restritiva da Súmula nº 96/TCU assentada por meio do Acórdão nº 2024/2005 do Plenário do Tribunal de Contas da União. Agravo regimental conhecido e não provido. (MS 28223 AgR-segundo, Relator(a): Min. ROSA WEBER, Primeira Turma, julgado em 24/03/2017, DJe-068 DIVULG 04-04-2017 PUBLIC 05-04-2017)

MANDADO DE SEGURANÇA IMPETRADO CONTRA ATO DO CONSELHO NACIONAL DE JUSTIÇA QUE EXAMINOU A VALIDADE DA LISTA DE ANTIGUIDADE DE MAGISTRADOS ELABORADA PELO TRIBUNAL DE JUSTIÇA DO ESTADO DE PERNAMBUCO. AUSÊNCIA DE ILEGALIDADE OU ABUSIVIDADE. 1. Ao invalidar ato administrativo concreto do Tribunal de Justiça do Estado de Pernambuco – elaboração de lista de antiguidade, para fins de concursos de remoção e promoção -, que não observara a preponderância do critério de classificação no concurso de ingresso na magistratura, para desempate entre juízes com posse ocorrida na mesma data, a autoridade impetrada atuou dentro dos limites de suas atribuições constitucionais de zelar pelo cumprimento do Estatuto da Magistratura e de controlar a atuação administrativa do Judiciário (art. 103-B, § 4º, I e II, da Carta Magna). 2. O exame da validade da lista de antiguidade de magistrados elaborada pelo Tribunal de Justiça do Estado de Pernambuco, à luz de critério extraído dos arts. 93, I, da Magna Carta e 80, § 1º, I, da Lei Orgânica da Magistratura Nacional, em absoluto se confunde com o controle de constitucionalidade do art. 129 da Lei Complementar estadual pernambucana nº 100/2007 (Código de Organização Judiciária do Estado de Pernambuco). Admitida, por outro lado, a remissão a julgados desta Corte, em controle concentrado de constitucionalidade, a título de reforço na fundamentação de decisão administrativa do Conselho Nacional de Justiça. Precedentes. 3. Não está eivado de ilegalidade ou abusividade ato do CNJ que, calcado nos arts. 93, I, da Constituição da República e 80, § 1º, I, da Lei Complementar nº 35/1979, determina a observância da ordem de classificação no concurso de ingresso na magistratura, como critério preponderante de desempate, na elaboração de lista de antiguidade, entre juízes cuja posse tenha ocorrido no mesmo dia. Nesse sentido decidiu esta Turma, ao julgamento do MS 28.494, sob a relatoria do Ministro Luiz Fux. **4. Não há afronta aos princípios da segurança jurídica e da proteção da confiança, pois o ato impugnado não alcança remoções e promoções já aperfeiçoadas.** 5. Segurança denegada. (MS 34076, Relator(a): Min. ROSA WEBER, Primeira Turma, julgado em 25/10/2016, DJe-242 DIVULG 14-11-2016 PUBLIC 16-11-2016)

MANDADO DE SEGURANÇA – APRECIAÇÃO, PELO TRIBUNAL DE CONTAS DA UNIÃO, DA LEGALIDADE DE ATOS DE CONCESSÃO INICIAL DE APOSENTADORIA – DELIBERAÇÃO QUE IMPLICOU SUPRESSÃO DE PARCELA DOS PROVENTOS DE SERVIDORAS PÚBLICAS – "QUINTOS" – ACUMULAÇÃO DESSA VANTAGEM COM AQUELA DO ART. 184, II, DA LEI Nº

1.711/52 – VEDAÇÃO PREVISTA NO ART. 5º DA LEI Nº 6.732/79 – INAPLICABILIDADE – APOSENTADORIAS CONCEDIDAS SOB A ÉGIDE DA LEI Nº 8.112/90 (QUE OPEROU A REVOGAÇÃO TÁCITA DA LEI Nº 6.732/79) E EM ABSOLUTA CONFORMIDADE COM OS REQUISITOS ESTABELECIDOS NO ART. 250 DESSE NOVO DIPLOMA NORMATIVO – INCIDÊNCIA DA SÚMULA 359/STF – EXISTÊNCIA, AINDA, DE OUTRO FUNDAMENTO CONSTITUCIONALMENTE RELEVANTE: O PRINCÍPIO DA SEGURANÇA JURÍDICA – A BOA-FÉ E A **PROTEÇÃO DA CONFIANÇA COMO PROJEÇÕES ESPECÍFICAS DO POSTULADO DA SEGURANÇA JURÍDICA** – SITUAÇÃO DE FATO JÁ CONSOLIDADA NO TEMPO QUE DEVE SER MANTIDA EM RESPEITO À BOA-FÉ E À **CONFIANÇA** DO ADMINISTRADO, INCLUSIVE DO SERVIDOR PÚBLICO – NECESSIDADE DE PRESERVAÇÃO, EM TAL CONTEXTO, DAS SITUAÇÕES CONSTITUÍDAS NO ÂMBITO DA ADMINISTRAÇÃO PÚBLICA – CARÁTER ESSENCIALMENTE ALIMENTAR DO ESTIPÊNDIO FUNCIONAL – PRECEDENTES – PARECER DA PROCURADORIA-GERAL DA REPÚBLICA PELO NÃO PROVIMENTO DO RECURSO – RECURSO DE AGRAVO IMPROVIDO. (MS 27006 AgR, Relator(a): Min. CELSO DE MELLO, Segunda Turma, julgado em 15/03/2016, DJe-065 DIVULG 07-04-2016 PUBLIC 08-04-2016)

Agravo regimental em mandado de segurança. 2. Concurso público. Alteração de regras contidas no edital de concurso público após a homologação do resultado do certame. Impossibilidade. 3. Desrespeito aos **princípios da proteção da confiança e da segurança jurídica**. 4. Ausência de argumentos capazes de infirmar a decisão agravada. 5. Agravo regimental a que se nega provimento. (MS 29314 AgR, Relator(a): Min. GILMAR MENDES, Segunda Turma, julgado em 08/03/2016, DJe-072 DIVULG 15-04-2016 PUBLIC 18-04-2016)

RECURSO EXTRAORDINÁRIO. CONSTITUCIONAL E ADMINISTRATIVO. REPERCUSSÃO GERAL RECONHECIDA. TEMA 784 DO PLENÁRIO VIRTUAL. CONTROVÉRSIA SOBRE O DIREITO SUBJETIVO À NOMEAÇÃO DE CANDIDATOS APROVADOS ALÉM DO NÚMERO DE VAGAS PREVISTAS NO EDITAL DE CONCURSO PÚBLICO NO CASO DE SURGIMENTO DE NOVAS VAGAS DURANTE O PRAZO DE VALIDADE DO CERTAME. MERA EXPECTATIVA DE DIREITO À NOMEAÇÃO. ADMINISTRAÇÃO PÚBLICA. SITUAÇÕES EXCEPCIONAIS. IN CASU, A ABERTURA DE NOVO CONCURSO PÚBLICO FOI ACOMPANHADA DA DEMONSTRAÇÃO INEQUÍVOCA DA NECESSIDADE PREMENTE E INADIÁVEL DE PROVIMENTO DOS CARGOS. INTERPRETAÇÃO DO ART. 37, IV, DA CONSTITUIÇÃO DA REPÚBLICA DE 1988. ARBÍTRIO. PRETERIÇÃO. CONVOLAÇÃO EXCEPCIONAL DA MERA EXPECTATIVA EM DIREITO SUBJETIVO À NOMEAÇÃO. **PRINCÍPIOS DA EFICIÊNCIA, BOA-FÉ, MORALIDADE, IMPESSOALIDADE E DA PROTEÇÃO DA CONFIANÇA. FORÇA NORMATIVA DO CONCURSO PÚBLICO**. INTERESSE DA SOCIEDADE. RESPEITO À ORDEM DE APROVAÇÃO. ACÓRDÃO RECORRIDO EM SINTONIA COM A TESE ORA DELIMITADA. RECURSO EXTRAORDINÁRIO A QUE SE NEGA PROVIMENTO. [...] 7. A tese objetiva assentada em sede desta repercussão geral é a de que o surgimento de novas vagas ou a abertura de novo concurso para o mesmo cargo, durante o prazo de validade do certame anterior, não gera automaticamente o direito à nomeação dos candidatos aprovados fora das vagas previstas no edital, ressalvadas as hipóteses de preterição arbitrária e imotivada por parte da administração, caracterizadas por comportamento tácito ou expresso do Poder Público capaz de revelar a inequívoca necessidade de nomeação do aprovado durante o período de validade do certame, a ser demonstrada de forma cabal pelo candidato. Assim, a discricionariedade da Administração quanto à convocação de aprovados em concurso público fica reduzida ao patamar zero (Ermessensreduzierung auf Null), fazendo exsurgir o direito subjetivo à nomeação, verbi gratia, nas seguintes hipóteses excepcionais: i) Quando a aprovação ocorrer dentro do número de vagas dentro do edital (RE 598.099); ii) Quando houver preterição na nomeação por não observância da ordem de classificação (Súmula 15 do STF); iii) Quando surgirem novas vagas, ou for aberto novo concurso durante a validade do certame anterior, e ocorrer a preterição de candidatos aprovados fora das vagas de forma arbitrária e imotivada por parte da administração nos termos acima. 8. In casu, reconhece-se, excepcionalmente, o direito subjetivo à nomeação aos candidatos devidamente aprovados no concurso público, pois houve, dentro da validade do processo seletivo e, também, logo após expirado o referido prazo, manifestações inequívocas da Administração piauiense acerca da existência de vagas e, sobretudo, da necessidade de chamamento de novos Defensores Públicos para o Estado. 9. Recurso Extraordinário a que se nega provimento. (RE 837311, Relator(a): Min. LUIZ FUX, Tribunal Pleno, julgado em 09/12/2015, REPERCUSSÃO GERAL - MÉRITO DJe-072 DIVULG 15-04-2016 PUBLIC 18-04-2016)

AGRAVO REGIMENTAL EM MANDADO DE SEGURANÇA. ATO DO TRIBUNAL DE CONTAS DA UNIÃO. EX-JUIZ CLASSISTA. RESSARCIMENTO DE VALORES RECEBIDOS REFERENTES A FÉRIAS CONCEDIDAS INDEVIDAMENTE. DECADÊNCIA EM RELAÇÃO À DEVOLUÇÃO DOS VALORES PERCEBIDOS ATÉ 01/2001. EM RELAÇÃO ÀS DEMAIS PARCELAS, CONSTATAÇÃO DE EVIDENTE BOA-FÉ DO IMPETRANTE, DA INTERPRETAÇÃO ERRÔNEA DA LEI E DO CARÁTER ALIMENTÍCIO DOS VALORES PERCEBIDOS. NÃO DEMONSTRAÇÃO, PELA RECORRENTE, DE INEXISTÊNCIA DE DÚVIDA RAZOÁVEL EM RELAÇÃO À MATÉRIA TRATADA NO MANDADO DE SEGURANÇA. GOZO DAS FÉRIAS CONFORME REGIMENTO INTERNO DO TRIBUNAL REGIONAL DO TRABALHO VIGENTE À ÉPOCA. DEVOLUÇÃO DOS VALORES CONSISTE EM OFENSA AO PRINCÍPIO DA SEGURANÇA JURÍDICA E **PROTEÇÃO DA CONFIANÇA**. AGRAVO REGIMENTAL A QUE SE NEGA PROVIMENTO. 1. As férias concedidas de forma indevida foram gozadas na forma prevista no regimento interno do TRT 15ª Região vigente à época. 2. Os valores cuja devolução foi determinada pelo TCU referem-se ao período de 21/5/1999 a 20/12/2004. Quanto às parcelas percebidas antes de 01/2001, o lapso temporal entre a data de recebimento destas pelo impetrante e a data de 05/1/2006, quando obteve ciência sobre a decisão do TCU que, primeiramente, determinou a devolução dos valores, é superior aos cinco anos previstos no art. 54 da Lei nº 9.784/1999. 4. Em relação às demais parcelas, ou seja, posteriores a 01/2001, constatei a presença dos requisitos da boa-fé do impetrante, aliado à ocorrência de errônea interpretação da Lei e ao caráter alimentício dos valores percebidos 5. Ademais, não houve demonstração, pela recorrente, que a matéria tratada no presente mandado de segurança, qual seja, o direito a férias de 60 dias para juízes classistas, resta pacificada nesta Corte. 6. Agravo regimental a que se nega provimento. (MS 27467 AgR, Relator(a): Min. LUIZ FUX, Primeira Turma, julgado em 08/09/2015, DJe-193 DIVULG 25-09-2015 PUBLIC 28-09-2015)

Habeas corpus. Impetração contra ato de Ministro do Supremo Tribunal Federal. Conhecimento. Empate na votação. Prevalência da decisão mais favorável ao paciente (art. 146, parágrafo único, do Regimento Interno do Supremo Tribunal Federal). Inteligência do art. 102, I, i, da Constituição Federal. Mérito. Acordo de colaboração premiada. Homologação judicial (art. 4º, § 7º, da Lei nº 12.850/13). Competência do relator (art. 21, I e II, do Regimento Interno do Supremo Tribunal Federal). Decisão que, no exercício de atividade de delibação, se limita a aferir a regularidade, a voluntariedade e a legalidade do acordo. Ausência de emissão de qualquer juízo de valor sobre as declarações do colaborador. Negócio jurídico processual personalíssimo. Impugnação por coautores ou partícipes do colaborador. Inadmissibilidade. Possibilidade de, em juízo, os partícipes ou os coautores confrontarem as declarações do colaborador e de impugnarem, a qualquer tempo, medidas restritivas de direitos fundamentais adotadas em seu desfavor. Personalidade do colaborador. Pretendida valoração como requisito de validade do acordo de colaboração. Descabimento. Vetor a ser considerado no estabelecimento das cláusulas do acordo de colaboração - notadamente na escolha da sanção premial a que fará jus o colaborador -, bem como no momento da aplicação dessa sanção pelo juiz na sentença (art. 4º, § 11, da Lei nº 12.850/13). Descumprimento de anterior acordo de colaboração. Irrelevância. Inadimplemento que se restringiu ao negócio jurídico pretérito, sem o condão de contaminar, a priori, futuros acordos de mesma natureza. Confisco. Disposição, no acordo de colaboração, sobre os efeitos extrapenais de natureza patrimonial da condenação. Admissibilidade. Interpretação do art. 26.1 da Convenção das Nações Unidas contra o Crime Organizado Transnacional (Convenção de Palermo), e do art. 37.2 da Convenção das Nações Unidas Contra a Corrupção (Convenção de Mérida). Sanção premial. Direito subjetivo do colaborador caso sua colaboração seja efetiva e produza os resultados almejados. Incidência dos princípios da segurança jurídica e da **proteção da confiança.** Precedente. Habeas corpus do qual se conhece. Ordem denegada. [...] 11. Os princípios da segurança jurídica e da **proteção da confiança** tornam indeclinável o dever estatal de honrar o compromisso assumido no acordo de colaboração, concedendo a sanção premial estipulada, legítima contraprestação ao adimplemento da obrigação por parte do colaborador. 12. Habeas corpus do qual se conhece. Ordem denegada. (HC 127483, Relator(a): Min. DIAS TOFFOLI, Tribunal Pleno, julgado em 27/08/2015, DJe-021 DIVULG 03-02-2016 PUBLIC 04-02-2016)

EMBARGOS DE DECLARAÇÃO NA AÇÃO DIRETA DE INCONSTITUCIONALIDADE. ARTIGOS 79 e 85 DA LEI COMPLEMENTAR N. 64, DE 25 DE MARÇO DE 2002, DO ESTADO DE MINAS GERAIS. REDAÇÃO ALTERADA PELA LEI COMPLEMENTAR N. 70, DE 30 DE JULHO DE 2003. REGIME PRÓPRIO DE PREVIDÊNCIA PRIVADA E ASSISTÊNCIA SOCIAL DOS SERVIDORES DO ESTADO DE MINAS GERAIS. APOSENTADORIA E BENEFÍCIOS ASSEGURADOS A SERVIDORES NÃO-TITULARES DE CARGO EFETIVO. ALEGADA VIOLAÇÃO AOS ARTIGOS 40, §13, E 149, §1º, DA CONSTITUIÇÃO FEDERAL. AÇÃO DIRETA JULGADA PARCIALMENTE PROCEDENTE, DECLARANDO-SE INCONSTITUCIONAIS AS EXPRESSÕES "COMPULSORIAMENTE" e "DEFINIDOS NO ART. 79". INEXISTÊNCIA DE "PERDA DE OBJETO" PELA REVOGAÇÃO DA NORMA OBJETO DE CONTROLE. PRETENSÃO DE MODULAÇÃO DE EFEITOS. PROCEDÊNCIA. EMBARGOS DE DECLARAÇÃO ACOLHIDOS PARCIALMENTE. 1. A revogação da norma objeto de controle abstrato de constitucionalidade não gera a perda superveniente do interesse de agir, devendo a Ação Direta de Inconstitucionalidade prosseguir para regular as relações jurídicas afetadas pela norma impugnada. Precedentes do STF: ADI nº 3.306, rel. Min. Gilmar Mendes, e ADI nº 3.232, rel. Min. Cezar Pelluso. 2. A modulação temporal das decisões em controle judicial de constitucionalidade decorre diretamente da Carta de 1988 ao consubstanciar instrumento voltado à acomodação otimizada entre o princípio da nulidade das leis inconstitucionais e outros valores constitucionais relevantes, notadamente a segurança jurídica e a **proteção da confiança legítima**, além de encontrar lastro também no plano infraconstitucional (Lei nº 9.868/99, art. 27). Precedentes do STF: ADI nº 2.240; ADI nº 2.501; ADI nº 2.904; ADI nº 2.907; ADI nº 3.022; ADI nº 3.315; ADI nº 3.316; ADI nº 3.430; ADI nº 3.458; ADI nº 3.489; ADI nº 3.660; ADI nº 3.682; ADI nº 3.689; ADI nº 3.819; ADI nº 4.001; ADI nº 4.009; ADI nº 4.029. 3. In casu, a concessão de efeitos retroativos à decisão do STF implicaria o dever de devolução por parte do Estado de Minas Gerais de contribuições recolhidas por duradouro período de tempo, além de desconsiderar que os serviços médicos, hospitalares, odontológicos, sociais e farmacêuticos foram colocados à disposição dos servidores estaduais para utilização imediata quando necessária. 4. Embargos de declaração acolhidos parcialmente para (i) rejeitar a alegação de contradição do acórdão embargado, uma vez que a revogação parcial do ato normativo impugnado na ação direta não prejudica o pedido original; (ii) conferir efeitos prospectivos (eficácia ex nunc) à declaração de inconstitucionalidade proferida pelo Supremo Tribunal Federal no julgamento de mérito da presente ação direta, fixando como marco temporal de início da sua vigência a data de conclusão daquele julgamento (14 de abril de 2010) e reconhecendo a impossibilidade de repetição das contribuições recolhidas junto aos servidores públicos do Estado de Minas Gerais até a referida data. (ADI 3106 ED, Relator(a): Min. LUIZ FUX, Tribunal Pleno, julgado em 20/05/2015, DJe-158 DIVULG 12-08-2015 PUBLIC 13-08-2015)

QUESTÃO DE ORDEM. MODULAÇÃO TEMPORAL DOS EFEITOS DE DECISÃO DECLARATÓRIA DE INCONSTITUCIONALIDADE (LEI 9.868/99, ART. 27). POSSIBILIDADE. NECESSIDADE DE ACOMODAÇÃO OTIMIZADA DE VALORES CONSTITUCIONAIS CONFLITANTES. PRECEDENTES DO STF. REGIME DE EXECUÇÃO DA FAZENDA PÚBLICA MEDIANTE PRECATÓRIO. EMENDA CONSTITUCIONAL Nº 62/2009. **EXISTÊNCIA DE RAZÕES DE SEGURANÇA JURÍDICA QUE JUSTIFICAM A MANUTENÇÃO TEMPORÁRIA DO REGIME ESPECIAL NOS TERMOS EM QUE DECIDIDO PELO PLENÁRIO DO SUPREMO TRIBUNAL FEDERAL. 1. A modulação temporal das decisões em controle judicial de constitucionalidade decorre diretamente da Carta de 1988 ao consubstanciar instrumento voltado à acomodação otimizada entre o princípio da nulidade das leis inconstitucionais e outros valores constitucionais relevantes, notadamente a segurança jurídica e a proteção da confiança legítima, além de encontrar lastro também no plano infraconstitucional** (Lei nº 9.868/99, art. 27). Precedentes do STF: ADI nº 2.240; ADI nº 2.501; ADI nº 2.904; ADI nº 2.907; ADI nº 3.022; ADI nº 3.315; ADI nº 3.316; ADI nº 3.430; ADI nº 3.458; ADI nº 3.489; ADI nº 3.660; ADI nº 3.682; ADI nº 3.689; ADI nº 3.819; ADI nº 4.001; ADI nº 4.009; ADI nº 4.029. 2. In casu, modulam-se os efeitos das decisões declaratórias de inconstitucionalidade proferidas nas ADIs nº 4.357 e 4.425 para manter a vigência do regime especial de pagamento de precatórios instituído pela Emenda Constitucional nº 62/2009 por 5 (cinco) exercícios financeiros a contar de primeiro de janeiro de 2016. 3. Confere-se eficácia prospectiva à declaração de inconstitucionalidade dos seguintes aspectos da ADI, fixando como marco inicial a data de conclusão do julgamento da presente questão de ordem (25.03.2015) e mantendo-se válidos os precatórios expedidos ou pagos até esta data, a saber: (i) fica mantida a aplicação do índice oficial de remuneração básica da caderneta de poupança (TR), nos termos da Emenda Constitucional nº 62/2009, até 25.03.2015, data após a qual (a) os créditos em precatórios deverão ser corrigidos pelo Índice de Preços ao Consumidor Amplo Especial (IPCA-E) e (b) os precatórios tributários deverão observar os mesmos critérios pelos quais a Fazenda Pública corrige seus créditos tributários; e (ii) ficam resguardados os precatórios expedidos, no âmbito da administração pública federal, com base nos arts. 27 das Leis nº 12.919/13 e nº 13.080/15, que fixam o IPCA-E como índice de correção monetária. 4. Quanto às formas alternativas de pagamento previstas no regime especial: (i) consideram-se válidas as compensações, os leilões e os pagamentos à vista por ordem crescente de crédito previstos na Emenda Constitucional nº 62/2009, desde que realizados até 25.03.2015, data a partir da qual não será possível a quitação de precatórios por tais modalidades; (ii) fica mantida a possibilidade de realização de acordos diretos, observada a ordem de preferência dos credores e de acordo com lei própria da entidade devedora, com redução máxima de 40% do valor do crédito atualizado. 5. Durante o período fixado no item 2 acima, ficam mantidas (i) a vinculação de percentuais mínimos da receita corrente líquida ao pagamento dos precatórios (art. 97, § 10, do ADCT) e (ii) as sanções para o caso de não liberação tempestiva dos recursos destinados ao pagamento de precatórios (art. 97, §10, do ADCT). 6. Delega-se competência ao Conselho Nacional de Justiça para que considere a apresentação de proposta normativa que discipline (i) a utilização compulsória de 50% dos recursos da conta de depósitos judiciais tributários para o pagamento de precatórios e (ii) a possibilidade de compensação de precatórios vencidos, próprios ou de terceiros, com o estoque de créditos inscritos em dívida ativa até 25.03.2015, por opção do credor do precatório. 7. Atribui-se competência ao Conselho Nacional de Justiça para que monitore e supervisione o pagamento dos precatórios pelos entes públicos na forma da presente decisão. (ADI 4425 QO, Relator(a): Min. LUIZ FUX, Tribunal Pleno, julgado em 25/03/2015, DJe-152 DIVULG 03-08-2015 PUBLIC 04-08-2015)

MANDADO DE SEGURANÇA. PROMOÇÃO POR ANTIGUIDADE DE MAGISTRADOS. CRITÉRIO DE DESEMPATE. TEMPO DE SERVIÇO PRESTADO AO ESTADO. NORMA POSTERIOR. EFEITOS RETROATIVOS. IMPOSSIBILIDADE. OFENSA AOS PRINCÍPIOS DA IRRETROATIVIDADE DA NORMA, DA SEGURANÇA JURÍDICA E DA PROTEÇÃO DA CONFIANÇA. CRITÉRIOS DIFERENTES DAQUELES PREVISTOS NA LEI ORGÂNICA DA MAGISTRATURA NACIONAL - LOMAN. CONTRARIEDADE AO ART. 93 DA CONSTITUIÇÃO DA REPÚBLICA. ORDEM DENEGADA. 1. **O princípio da irretroatividade das normas e da segurança jurídica, na sua dimensão subjetiva densificada pelo princípio da proteção da confiança, veda que norma posterior que fixe critérios de desempate entre magistrados produza efeitos retroativos capazes de desconstituir uma lista de antiguidade já publicada e em vigor por vários anos**. 2. Cuida-se de writ contra decisão do Conselho Nacional de Justiça que afastou critério de desempate aplicado pelo Tribunal de Justiça do Estado de Mato Grosso em promoção de magistrados. 3. O tempo de serviço público como critério de desempate em detrimento da ordem de classificação no concurso para o cargo de juiz foi introduzido pela Lei Complementar estadual nº 281, de 27/09/2007, que inseriu o parágrafo único no art. 159 do Código de Organização Judiciária do Estado do Mato Grosso (Lei nº 4.964/85). 4. A legislação estadual não pode modificar matéria de competência de Lei Complementar nacional da magistratura, disciplinando critérios de desempate entre magistrados, esvaziando o animus do constituinte de criar regras de caráter nacional. Precedentes: ADI nº 4042, Relator Min. Gilmar Mendes, DJ 30/04/2009; ADI nº 2.494, Relator Min. Eros Grau, DJ 13/10/2006 e na ADI 1422 Relator Min. Ilmar Galvão, 12/11/1999. 5. Ordem denegada. (MS 28494, Relator(a): Min. LUIZ FUX, Primeira Turma, julgado em 02/09/2014, DJe-180 DIVULG 16-09-2014 PUBLIC 17-09-2014)

CONSTITUCIONAL. ADMINISTRATIVO. CONCURSO PÚBLICO. CANDIDATO REPROVADO QUE ASSUMIU O CARGO POR FORÇA DE LIMINAR. SUPERVENIENTE REVOGAÇÃO DA MEDIDA. RETORNO AO STATUS QUO ANTE. "TEORIA DO FATO CONSUMADO", DA PROTEÇÃO DA CONFIANÇA LEGÍTIMA E DA SEGURANÇA JURÍDICA. INAPLICABILIDADE. RECURSO PROVIDO. 1. Não é compatível com o regime constitucional de acesso aos cargos públicos a manutenção no cargo, sob fundamento de fato consumado, de candidato não aprovado que nele tomou posse em decorrência de execução provisória de medida liminar ou outro provimento judicial de natureza precária, supervenientemente revogado ou modificado. 2. **Igualmente incabível, em casos tais, invocar o princípio da segurança jurídica ou o da proteção da confiança legítima. É que, por imposição do sistema normativo, a execução provisória das decisões judiciais, fundadas que são em títulos de natureza precária e revogável**, se dá, invariavelmente, sob a inteira responsabilidade de quem a requer, sendo certo que a sua revogação acarreta efeito ex tunc, circunstâncias que evidenciam sua inaptidão para conferir segurança ou estabilidade à situação jurídica a que se refere. 3. Recurso extraordinário provido. (RE 608482, Relator(a): Min. TEORI ZAVASCKI, Tribunal Pleno, julgado em 07/08/2014, REPERCUSSÃO GERAL - MÉRITO DJe-213 DIVULG 29-10-2014 PUBLIC 30-10-2014)

MANDADO DE SEGURANÇA. SERVENTIA EXTRAJUDICIAL. INGRESSO. SUBSTITUTO EFETIVADO COMO TITULAR DE SERVENTIA APÓS A PROMULGAÇÃO DA CONSTITUIÇÃO DA REPÚBLICA. IMPOSSIBILIDADE. DIREITO ADQUIRIDO. INEXISTÊNCIA. CONCURSO PÚBLICO. EXIGÊNCIA. ARTIGO 236, § 3º, DA CRFB/88. NORMA AUTOAPLICÁVEL. DECADÊNCIA PREVISTA NO ARTIGO 54 DA LEI 9.784/1999. INAPLICABILIDADE. PRINCÍPIO DA PROTEÇÃO DA CONFIANÇA. PRINCÍPIO DA BOA-FÉ. OFENSA DIRETA À CARTA MAGNA. SEGURANÇA DENEGADA. 1. O postulado do concurso público traduz-se na necessidade essencial de o Estado conferir efetividade ao princípio constitucional da igualdade (CRFB/88, art. 5º, caput), vedando-se a prática intolerável do Poder Público conceder privilégios a alguns, ou de dispensar tratamento discriminatório e arbitrário a outros. Precedentes: ADI 3978, Rel. Min. Eros Grau, Tribunal Pleno, DJe 11.12.2009; ADI 363, Rel. Min. Sydney Sanches, Tribunal Pleno, DJ 03.05.1996. [...] 6. Consectariamente, a edição de leis de ocasião para a preservação de situações notoriamente inconstitucionais, ainda que subsistam por longo período de tempo, não ostentam o caráter de base da confiança a legitimar a incidência do **princípio da proteção da confiança** e, muito menos, terão o condão de restringir o poder da Administração de rever seus atos. 7. A redução da eficácia normativa do texto constitucional, ínsita na aplicação do diploma legal, e a consequente superação do vício pelo decurso do prazo decadencial, permitindo, por via reflexa, o ingresso na atividade notarial e registral sem a prévia aprovação em concurso público de provas e títulos, traduz-se na perpetuação de ato manifestamente inconstitucional, mercê de sinalizar a possibilidade juridicamente impensável de normas infraconstitucionais normatizarem mandamentos constitucionais autônomos, autoaplicáveis. 8. O desrespeito à imposição constitucional da necessidade de concurso público de provas e títulos para ingresso da carreira notarial, além de gerar os claros efeitos advindos da consequente nulidade do ato (CRFB/88, art. 37, II e §2º, c/c art. 236, §3º), fere frontalmente a Constituição da República de 1988, restando a efetivação na titularidade dos cartórios por outros meios um ato desprezível sob os ângulos constitucional e moral. 9. Ordem denegada. (MS 26860, Relator(a): Min. LUIZ FUX, Tribunal Pleno, julgado em 02/04/2014, DJe-184 DIVULG 22-09-2014 PUBLIC 23-09-2014)

RECURSO ORDINÁRIO EM MANDADO DE SEGURANÇA – MEDIDA CAUTELAR – PRESSUPOSTOS NECESSÁRIOS À CONCESSÃO DO PROVIMENTO CAUTELAR – AGENTE DE POLÍCIA FEDERAL – APOSTILAMENTO DE ATO DE NOMEAÇÃO – INDEFERIMENTO PELA ADMINISTRAÇÃO PÚBLICA – CUMULATIVA OCORRÊNCIA, NA ESPÉCIE, DOS REQUISITOS CONCERNENTES À PLAUSIBILIDADE JURÍDICA E AO "PERICULUM IN MORA" – SUSPENSÃO CAUTELAR DE EFICÁCIA DA PORTARIA QUE, DECORRIDOS QUASE 15 (QUINZE) ANOS APÓS A INVESTIDURA FUNCIONAL DO SERVIDOR PÚBLICO, REVOGOU-LHE A NOMEAÇÃO PARA O CARGO DE AGENTE DE POLÍCIA FEDERAL – PROVIMENTO CAUTELAR DEFERIDO EM RESPEITO AOS **POSTULADOS DA SEGURANÇA JURÍDICA, DA BOA-FÉ OBJETIVA E DA PROTEÇÃO DA CONFIANÇA – DOUTRINA – PRECEDENTES – CARÁTER ALIMENTAR DO ESTIPÊNDIO FUNCIONAL – INVIABILIDADE DE SUA ABRUPTA SUSTAÇÃO** – JURISPRUDÊNCIA – RECURSO DE AGRAVO IMPROVIDO. (AC 3172 MC-AgR, Relator(a): Min. CELSO DE MELLO, Segunda Turma, julgado em 19/02/2013, DJe-087 DIVULG 09-05-2013 PUBLIC 10-05-2013)

SEGUNDO AGRAVO REGIMENTAL NO RECURSO EXTRAORDINÁRIO. ADMINISTRATIVO. SERVIDOR PÚBLICO. ACUMULAÇÃO DE PROVENTOS DE DOIS CARGOS PÚBLICOS CIVIS ANTES DA EMENDA CONSTITUCIONAL Nº 20/98. POSSIBILIDADE. DECISÃO RECORRIDA EM HARMONIA COM O ENTENDIMENTO DESTA CORTE. SEGUNDO AGRAVO REGIMENTAL A QUE SE NEGA PROVIMENTO. 1. Esta Corte possui entendimento segundo o qual a "Constituição do Brasil de 1967, bem como a de 1988, esta na redação anterior à Emenda Constitucional nº 20/98, não obstavam o retorno ao serviço público e a posterior aposentadoria, acumulando os respectivos proventos" (MS nº 27.572, Relator o Ministro Eros Grau, DJe de 08/10/2008). 2. In casu, a primeira aposentadoria se deu em 1987, na vigência da Carta de 1967; e a segunda ocorreu em 1997, logo, antes da publicação da Emenda Constitucional nº 20/98. 3. **O artigo 11 da EC nº 20/98, ao vedar a acumulação de aposentadorias em cargos inacumuláveis na ativa, não pode retroagir para ferir o direito adquirido e o ato jurídico perfeito. Observância da boa-fé do servidor aliada ao princípio da proteção da confiança, dimensão subjetiva da segurança jurídica.** 4. Segundo agravo regimental desprovido. (RE 635011 AgR-segundo, Relator(a): Min. LUIZ FUX, Primeira Turma, julgado em 18/09/2012, DJe-195 DIVULG 03-10-2012 PUBLIC 04-10-2012)

MANDADO DE SEGURANÇA. CONSELHO NACIONAL DE JUSTIÇA. DECISÃO QUE DETERMINA AO TRIBUNAL DE JUSTIÇA DO ESTADO DA PA-

RAÍBA QUE PROCEDA À REMOÇÃO DE SERVIDORES PREVIAMENTE À NOMEAÇÃO DE CANDIDATOS APROVADOS EM CONCURSO PÚBLICO E INTEGRANTES DE CADASTRO DE RESERVA. NÃO SE DECLARA A NULIDADE PROCESSUAL DECORRENTE DA AUSÊNCIA DE CITAÇÃO DE TODOS OS SERVIDORES INTERESSADOS, QUANDO O MÉRITO FOR FAVORÁVEL, TAL COMO IN CASU, À PARTE A QUEM A NULIDADE APROVEITAR (ART. 249, §2°, DO CPC). MODIFICAÇÃO DA LEGISLAÇÃO ESTATUTÁRIA DOS SERVIDORES DA JUSTIÇA PARAIBANA QUE NÃO ALTERA A SISTEMÁTICA ADOTADA PARA A REMOÇÃO E NOMEAÇÃO DE SERVIDORES. OBRIGATORIEDADE DA PRECEDÊNCIA DA REMOÇÃO SOBRE A INVESTIDURA DE CONCURSADOS. DISCRICIONARIEDADE DA ADMINISTRAÇÃO DA JUSTIÇA PARAIBANA NA ALOCAÇÃO DOS RESPECTIVOS RECURSOS HUMANOS NÃO É IRRESTRITA E FICA ENTRINCHEIRADA PELA LEI E PELO PRINCÍPIO DA PROTEÇÃO DA CONFIANÇA QUE ASSEGURA AOS SERVIDORES O DIREITO DE PRECEDÊNCIA SOBRE OS CANDIDATOS APROVADOS. 1. O art. 249, §2°, do CPC impõe o não reconhecimento da nulidade processual quando, tal como na hipótese dos autos, o mérito for favorável à parte a quem a nulidade aproveitar. A ausência de citação de todos os servidores antigos é nulidade que, caso fosse declarada, prejudicaria os próprios servidores e em ofensa ao preceito acima referido do codex processual civil. 2. **A precedência da remoção sobre a investidura de candidatos inseridos em cadastro de reserva – e, portanto, excedentes ao número de vagas disponibilizadas no edital do concurso em que lograram aprovação – é obrigatória, máxime à luz do regime jurídico atualmente vigente e em decorrência do princípio da proteção da confiança.** 3. O juízo discricionário da Administração da Justiça paraibana, sob o enfoque da sua avaliação de conveniência e oportunidade, encarta o poder de decidir quanto à alocação de seus quadros funcionais dentro dos limites da legalidade e dos princípios constitucionais, sob pena de incidir em arbitrariedade. 4. In casu, tem-se que: a) o regime anterior, que atrelava a remoção entre comarcas de entrâncias distintas à promoção – mobilidade vertical na carreira de uma classe a outra imediatamente superior – não foi modificado por nova sistemática. A disciplina dos atos de remoção, prevista na Lei nº 7.409/2003, não foi revogada pela Lei estadual nº 8.385/2007, à medida que a unificação dos cargos em carreira não implica alteração na atual sistemática de movimentação do servidor; b) as expectativas legítimas dos servidores alicerçadas na legislação de 2003 devem ser respeitadas, sob pena de ofensa ao princípio da proteção da confiança. 5. Segurança denegada, para manter o acórdão proferido pelo Conselho Nacional de Justiça em Pedido de Providências e consignar a existência de obrigatoriedade da precedência da remoção de servidores públicos sobre a investidura dos Impetrantes, ficando cassada a liminar e prejudicados os agravos regimentais. (MS 29350, Relator(a): Min. LUIZ FUX, Tribunal Pleno, julgado em 20/06/2012, DJe-150 DIVULG 31-07-2012 PUBLIC 01-08-2012)

ATO ADMINISTRATIVO. Terras públicas estaduais. Concessão de domínio para fins de colonização. Área superiores a dez mil hectares. Falta de autorização prévia do Senado Federal. Ofensa ao art. 156, § 2º, da Constituição Federal de 1946, incidente à data dos negócios jurídicos translativos de domínio. Inconstitucionalidade reconhecida. Nulidade não pronunciada. Atos celebrados há 53 anos. Boa-fé e confiança legítima dos adquirentes de lotes. Colonização que implicou, ao longo do tempo, criação de cidades, fixação de famílias, construção de hospitais, estradas, aeroportos, residências, estabelecimentos comerciais, industriais e de serviços, etc.. **Situação factual consolidada. Impossibilidade jurídica de anulação dos negócios, diante das consequências desastrosas que, do ponto de vista pessoal e socioeconômico, acarretaria. Aplicação dos princípios da segurança jurídica e da proteção à confiança legítima, como resultado da ponderação de valores constitucionais**. Ação julgada improcedente, perante a singularidade do caso. Votos vencidos. Sob pena de ofensa aos princípios constitucionais da segurança jurídica e da proteção à confiança legítima, não podem ser anuladas, meio século depois, por falta de necessária autorização prévia do Legislativo, concessões de domínio de terras públicas, celebradas para fins de colonização, quando esta, sob absoluta boa-fé e convicção de validez dos negócios por parte dos adquirentes e sucessores, se consolidou, ao longo do tempo, com criação de cidades, fixação de famílias, construção de hospitais, estradas, aeroportos, residências, estabelecimentos comerciais, industriais e de serviços, etc. (ACO 79, Relator(a): Min. CEZAR PELUSO (Presidente), Tribunal Pleno, julgado em 15/03/2012, DJe-103 DIVULG 25-05-2012 PUBLIC 28-05-2012)

RECURSO EXTRAORDINÁRIO. AGRAVO REGIMENTAL. LEI COMPLEMENTAR Nº 135/10 (LEI DA FICHA LIMPA). INAPLICABILIDADE ÀS ELEIÇÕES GERAIS OCORRIDAS EM 2010. PRECEDENTE FIRMADO NO JULGAMENTO DO RE Nº 633.703, SESSÃO PLENÁRIA DE 23.03.2011. AUTORIZAÇÃO PARA APLICAÇÃO MONOCRÁTICA DA TESE. INDEFERIMENTO DE REGISTRO DE CANDIDATURA A SENADOR DA REPÚBLICA. CONDENAÇÃO PROFERIDA POR ÓRGÃO COLEGIADO FUNDADA EM CAPTAÇÃO ILÍCITA DE SUFRÁGIO. PROCESSUAL. ARGUIÇÃO DE NULIDADE DE ATOS PROCESSUAIS PRATICADOS APÓS SUSCITADA A SUSPEIÇÃO DE MINISTRO DO SUPREMO TRIBUNAL FEDERAL. ALEGADA CAUSA DE SUSPENSÃO DO PROCESSO (CPC, ART. 265, III). SUSPEIÇÃO DESINFLUENTE PARA O JULGAMENTO MONOCRÁTICO DO RECURSO, DE VEZ QUE NÃO DIRIGIDA AO RELATOR. MANIFESTA IMPERTIÊNCIA QUE AFASTA A SUSPENSÃO AUTOMÁTICA DO PROCESSO. PUBLICAÇÃO DE ACÓRDÃO "EM SESSÃO" NO ÂMBITO DA JUSTIÇA ELEITORAL. AUSÊNCIA DE INTEIRO TEOR DO ACÓRDÃO RECORRIDO OU DE NOTAS TAQUIGRÁFICAS NOS AUTOS. DEFEITO NÃO IMPUTÁVEL AO RECORRENTE. JUNTADA POSTERIOR DO ACÓRDÃO EM RESPOSTA A OFÍCIO EXPEDIDO À PRESIDÊNCIA DO TSE. INOCORRÊNCIA DE INADMISSIBILIDADE. GARANTIA DA IMPARCIALIDADE. ALEGAÇÃO DE IMPEDIMENTO DE MINISTRO DO SUPREMO TRIBUNAL FEDERAL QUE PARTICIPOU DE VOTAÇÃO EM LEADING CASE NO QUAL SE FIRMOU A TESE JURÍDICA A SER APLICADA AOS RECURSOS SOBRE IDÊNTICA CONTROVÉRSIA. VÍCIO DE IMPARCIALIDADE QUE DEMANDA CONFIGURAÇÃO IN CONCRETO NO PROCESSO SUBJETIVO. SISTEMÁTICA DA REPERCUSSÃO GERAL CONFORME REGIME INSTITUÍDO PELA LEI Nº 11.418/08. INOCORRÊNCIA DE VIOLAÇÃO ÀS GARANTIAS DO JUIZ NATURAL, DO DEVIDO PROCESSO LEGAL E DA VEDAÇÃO AOS TRIBUNAIS DE EXCEÇÃO. DIREITO ELEITORAL. PRECEDENTE DO PLENÁRIO DO SUPREMO TRIBUNAL FEDERAL NO RE Nº 634.250/PB, REL. MIN. JOAQUIM BARBOSA. INAPLICABILIDADE DA CLÁUSULA DE RESERVA DE PLENÁRIO (CF, ART. 97) À HIPÓTESE DE REJEIÇÃO DE TESE DE INCONSTITUCIONALIDADE POR ÓRGÃO FRACIONÁRIO. AGRAVO REGIMENTAL AO QUAL SE NEGA PROVIMENTO. 1. A cognominada Lei da Ficha Limpa não é aplicável às eleições realizadas no ano de 2010, por força da incidência do art. 16 da Constituição Federal e dos **princípios constitucionais da segurança jurídica e da proteção**

da confiança legítima, que asseguram a estabilidade nas regras do processo eleitoral (RE nº 633.703, Relator o Ministro Gilmar Mendes, sessão Plenária de 23.6.2011). [...] 9. Agravo regimental ao qual se nega provimento. Ações cautelares e Reclamação julgadas prejudicadas. (RE 636359 AgR-segundo, Relator(a): Min. LUIZ FUX, Tribunal Pleno, julgado em 03/11/2011, DJe-224 DIVULG 24-11-2011 PUBLIC 25-11-2011 EMENT VOL-02633-01 PP-00086)

DIREITO TRIBUTÁRIO – LEI INTERPRETATIVA – APLICAÇÃO RETROATIVA DA LEI COMPLEMENTAR Nº 118/2005 – DESCABIMENTO – VIOLAÇÃO À SEGURANÇA JURÍDICA – NECESSIDADE DE OBSERVÂNCIA DA VACACIO LEGIS – APLICAÇÃO DO PRAZO REDUZIDO PARA REPETIÇÃO OU COMPENSAÇÃO DE INDÉBITOS AOS PROCESSOS AJUIZADOS A PARTIR DE 9 DE JUNHO DE 2005. Quando do advento da LC 118/05, estava consolidada a orientação da Primeira Seção do STJ no sentido de que, para os tributos sujeitos a lançamento por homologação, o prazo para repetição ou compensação de indébito era de 10 anos contados do seu fato gerador, tendo em conta a aplicação combinada dos arts. 150, § 4º, 156, VII, e 168, I, do CTN. A LC 118/05, embora tenha se auto-proclamado interpretativa, implicou inovação normativa, tendo reduzido o prazo de 10 anos contados do fato gerador para 5 anos contados do pagamento indevido. Lei supostamente interpretativa que, em verdade, inova no mundo jurídico deve ser considerada como lei nova. Inocorrência de violação à autonomia e independência dos Poderes, porquanto a lei expressamente interpretativa também se submete, como qualquer outra, ao controle judicial quanto à sua natureza, validade e aplicação. **A aplicação retroativa de novo e reduzido prazo para a repetição ou compensação de indébito tributário estipulado por lei nova, fulminando, de imediato, pretensões deduzidas tempestivamente à luz do prazo então aplicável, bem como a aplicação imediata às pretensões pendentes de ajuizamento quando da publicação da lei, sem resguardo de nenhuma regra de transição, implicam ofensa ao princípio da segurança jurídica em seus conteúdos de proteção da confiança e de garantia do acesso à Justiça.** Afastando-se as aplicações inconstitucionais e resguardando-se, no mais, a eficácia da norma, permite-se a aplicação do prazo reduzido relativamente às ações ajuizadas após a vacatio legis, conforme entendimento consolidado por esta Corte no enunciado 445 da Súmula do Tribunal. O prazo de vacatio legis de 120 dias permitiu aos contribuintes não apenas que tomassem ciência do novo prazo, mas também que ajuizassem as ações necessárias à tutela dos seus direitos. Inaplicabilidade do art. 2.028 do Código Civil, pois, não havendo lacuna na LC 118/08, que pretendeu a aplicação do novo prazo na maior extensão possível, descabida sua aplicação por analogia. Além disso, não se trata de lei geral, tampouco impede iniciativa legislativa em contrário. Reconhecida a inconstitucionalidade art. 4º, segunda parte, da LC 118/05, considerando-se válida a aplicação do novo prazo de 5 anos tão-somente às ações ajuizadas após o decurso da vacatio legis de 120 dias, ou seja, a partir de 9 de junho de 2005. Aplicação do art. 543-B, § 3º, do CPC aos recursos sobrestados. Recurso extraordinário desprovido. (RE 566621, Relator(a): Min. ELLEN GRACIE, Tribunal Pleno, julgado em 04/08/2011, REPERCUSSÃO GERAL - MÉRITO DJe-195 DIVULG 10-10-2011 PUBLIC 11-10-2011 EMENT VOL-02605-02 PP-00273 RTJ VOL-00223-01 PP-00540)

Mandado de Segurança. 2. Acórdão da 2ª Câmara do Tribunal de Contas da União (TCU). Competência do Supremo Tribunal Federal. 3. Controle externo de legalidade dos atos concessivos de aposentadorias, reformas e pensões. Inaplicabilidade ao caso da decadência prevista no art. 54 da Lei 9.784/99. 4. Negativa de registro de aposentadoria julgada ilegal pelo TCU. Decisão proferida após mais de 5 (cinco) anos da chegada do processo administrativo ao TCU e após mais de 10 (dez) anos da concessão da aposentadoria pelo órgão de origem. Princípio da segurança jurídica (confiança legítima). Garantias constitucionais do contraditório e da ampla defesa. Exigência. 5. Concessão parcial da segurança. I – Nos termos dos precedentes firmados pelo Plenário desta Corte, não se opera a decadência prevista no art. 54 da Lei 9.784/99 no período compreendido entre o ato administrativo concessivo de aposentadoria ou pensão e o posterior julgamento de sua legalidade e registro pelo Tribunal de Contas da União – que consubstancia o exercício da competência constitucional de controle externo (art. 71, III, CF). II – **A recente jurisprudência consolidada do STF passou a se manifestar no sentido de exigir que o TCU assegure a ampla defesa e o contraditório nos casos em que o controle externo de legalidade exercido pela Corte de Contas, para registro de aposentadorias e pensões, ultrapassar o prazo de cinco anos, sob pena de ofensa ao princípio da confiança – face subjetiva do princípio da segurança jurídica. Precedentes**. III – Nesses casos, conforme o entendimento fixado no presente julgado, o prazo de 5 (cinco) anos deve ser contado a partir da data de chegada ao TCU do processo administrativo de aposentadoria ou pensão encaminhado pelo órgão de origem para julgamento da legalidade do ato concessivo de aposentadoria ou pensão e posterior registro pela Corte de Contas. IV – Concessão parcial da segurança para anular o acórdão impugnado e determinar ao TCU que assegure ao impetrante o direito ao contraditório e à ampla defesa no processo administrativo de julgamento da legalidade e registro de sua aposentadoria, assim como para determinar a não devolução das quantias já recebidas. V – Vencidas (i) a tese que concedia integralmente a segurança (por reconhecer a decadência) e (ii) a tese que concedia parcialmente a segurança apenas para dispensar a devolução das importâncias pretéritas recebidas, na forma do que dispõe a Súmula 106 do TCU. (MS 24781, Relator(a): Min. ELLEN GRACIE, Relator(a) p/ Acórdão: Min. GILMAR MENDES, Tribunal Pleno, julgado em 02/03/2011, DJe-110 DIVULG 08-06-2011 PUBLIC 09-06-2011 EMENT VOL-02540-01 PP-00018)

SUPERIOR TRIBUNAL DE JUSTIÇA

CONSTITUCIONAL E ADMINISTRATIVO. PROCESSUAL CIVIL. SERVIDOR PÚBLICO. ASCENSÃO FUNCIONAL. TRANSPOSIÇÃO DE CARGO. NECESSIDADE DE REALIZAÇÃO DE CONCURSO PARA PROVIMENTO. COMPETÊNCIA DA JUSTIÇA FEDERAL.
PRESCRIÇÃO. OCORRÊNCIA. PRECEDENTES.
I - Cinge-se o cerne da questão controvertida à ocorrência, ou não, da prescrição. [...]
VI - Assiste razão à União e aos demais recorrentes. **A prescrição, muito mais que mera reprimenda por inércia, é instituto jungido à proteção da confiança legítima e da segurança jurídica ao jurisdicionado (e ao próprio estado) a garantir que, após determinado tempo, não será mais exposto ao risco de se ver demandado naquilo que legitimamente o levara a confiar ser seu direito**, mormente nas legítimas expectativas geradas pela administração, no presente caso defendido pela própria União.

VII - A prescrição visa à estabilização das relações sociais, mormente na relação estado-indivíduo, na qual deve se desenvolver uma perspectiva de mútua confiança, sem que paire sobre um ou outro uma eterna ameaça a perpetuar a possibilidade de uma pretensão contrária ao direito do outro, sendo que suas causas interruptivas devem ser interpretadas restritivamente.

VIII - In casu, conquanto se esteja de fronte a uma demanda fundada no princípio constitucional do concurso público, isonômico e de amplo acesso, põe-se em conflito princípio de mesma envergadura - quiçá mais ampla -, na medida em que tanto um quanto o outro se originam do devido processo legal material que informa o estado democrático de direito.

IX - Nada obstante, no caso concreto não há como sublevar o princípio da segurança e da confiança legítima espelhados no instituto da prescrição, a se erigir a instauração de inquérito civil público a uma nova e pretensa causa supralegal de interrupção da prescrição, para a qual não existe previsão no ordenamento jurídico.

[...]

XIV - Agravo interno improvido. (AgInt no REsp 1621940/AM, Rel. Ministro FRANCISCO FALCÃO, SEGUNDA TURMA, julgado em 01/03/2018, DJe 06/03/2018)

RECURSO ESPECIAL AFETADO AO RITO DOS REPETITIVOS PARA FINS DE REVISÃO DO TEMA N. 157. APLICAÇÃO DO PRINCÍPIO DA INSIGNIFICÂNCIA AOS CRIMES TRIBUTÁRIOS FEDERAIS E DE DESCAMINHO, CUJO DÉBITO NÃO EXCEDA R$ 10.000,00 (DEZ MIL REAIS). ART. 20 DA LEI N. 10.522/2002. ENTENDIMENTO QUE DESTOA DA ORIENTAÇÃO CONSOLIDADA NO STF, QUE TEM RECONHECIDO A ATIPICIDADE MATERIAL COM BASE NO PARÂMETRO FIXADO NAS PORTARIAS N. 75 E 130/MF - R$ 20.000,00 (VINTE MIL REAIS). ADEQUAÇÃO.

1. Considerando os princípios da segurança jurídica, da proteção da confiança e da isonomia, deve ser revisto o entendimento firmado, pelo julgamento, sob o rito dos repetitivos, do REsp n. 1.112.748/TO - Tema 157, de forma a adequá-lo ao entendimento externado pela Suprema Corte, o qual tem considerado o parâmetro fixado nas Portarias n. 75 e 130/MF - R$ 20.000,00 (vinte mil reais) para aplicação do princípio da insignificância aos crimes tributários federais e de descaminho.

2. Assim, a tese fixada passa a ser a seguinte: incide o princípio da insignificância aos crimes tributários federais e de descaminho quando o débito tributário verificado não ultrapassar o limite de R$ 20.000,00 (vinte mil reais), a teor do disposto no art. 20 da Lei n. 10.522/2002, com as atualizações efetivadas pelas Portarias n. 75 e 130, ambas do Ministério da Fazenda.

3. Recurso especial provido para cassar o acórdão proferido no julgamento do Recurso em Sentido Estrito n. 0000196-17.2015.4.01.3803/MG, restabelecendo a decisão do Juízo da 2ª Vara Federal de Uberlândia - SJ/MG, que rejeitou a denúncia ofertada em desfavor do recorrente pela suposta prática do crime previsto no art. 334 do Código Penal, ante a atipicidade material da conduta (princípio da insignificância). Tema 157 modificado nos termos da tese ora fixada. (REsp 1709029/MG, Rel. Ministro SEBASTIÃO REIS JÚNIOR, TERCEIRA SEÇÃO, julgado em 28/02/2018, DJe 04/04/2018)

AGRAVO INTERNO NO AGRAVO EM RECURSO ESPECIAL. EXECUÇÃO DE ENCARGOS CONDOMINIAIS. 1. EDITAL DE PRAÇA. OMISSÃO QUANTO

ÀS DÍVIDAS CONDOMINIAIS PRETÉRITAS À HASTA PÚBLICA. AUSÊNCIA DE RESPONSABILIDADE DO ARREMATANTE EM RELAÇÃO ÀS ALUDIDAS OBRIGAÇÕES. PRECEDENTES. 2. AGRAVO INTERNO IMPROVIDO.
1. O Tribunal de Justiça bandeirante asseverou ser impossível o redirecionamento da execução contra o ora recorrido, uma vez que este não participou do processo de conhecimento, destacando ainda que o edital de praça era omisso em relação às dívidas condominiais.
1.1. Ciente disso, não se vislumbra nenhuma ilegalidade, porquanto, nas hipóteses em que há omissão no edital da hasta pública, acerca dos débitos condominiais anteriores à praça, o arrematante não responderá por tais **obrigações, as quais serão satisfeitas pela quantia arrecadada, em atenção aos princípios da segurança jurídica e da proteção da confiança.**
1.2. Ademais, não é possível acolher a irresignação vertida na Petição n. 363668/2017, tendo em vista que o juízo sobre a ciência da parte recorrida acerca dos débitos condominiais por meio de outros elementos de prova, além da previsão dos encargos no edital de praça, demanda revolvimento do acervo fático-probatório dos autos, situação vedada pela Súmula 7 do STJ, sobretudo quando tal pretensão tenha passado ao largo da apreciação da Corte originária.
2. Agravo interno improvido. (AgInt no AREsp 1100752/SP, Rel. Ministro MARCO AURÉLIO BELLIZZE, TERCEIRA TURMA, julgado em 05/12/2017, DJe 15/12/2017)

AGRAVO REGIMENTAL NO RECURSO ESPECIAL. EXECUÇÃO DA PENA. CÁLCULO DA REMIÇÃO. DIAS TRABALHADOS. NOVO POSICIONAMENTO DO STF. SITUAÇÃO EXCEPCIONAL. HIPÓTESES EM QUE O TEMPO DE TRABALHO É DETERMINADO PELA ADMINISTRAÇÃO PENITENCIÁRIA. CÔMPUTO. **PRINCÍPIOS DA SEGURANÇA JURÍDICA E DA PROTEÇÃO DA CONFIANÇA. NOVO ENTENDIMENTO DO SUPREMO TRIBUNAL FEDERAL.** DECISÃO MONOCRÁTICA REFORMADA. AGRAVO REGIMENTAL PROVIDO.
1. A remição de pena se dá por dias trabalhados, e não por horas, sendo que a contagem de tempo será feita à razão de um dia de pena a cada 3 dias trabalhados, exigindo-se, para cada dia a ser remido, o labor de no mínimo 6 e no máximo 8 horas (AgRg no REsp 1653679/MG, Rel. Ministro Rogerio Schietti Cruz, Sexta Turma, julgado em 06/04/2017, DJe 20/04/2017).
2. Em recente julgado, no entanto, a Segunda Turma do Supremo Tribunal Federal firmou posicionamento segundo o qual É obrigatório o cômputo de tempo de trabalho nas hipóteses em que o sentenciado, por determinação da administração penitenciária, cumpra jornada inferior ao mínimo legal de 6 (seis) horas, vale dizer, em que essa jornada não derive de ato insubmissão ou de indisciplina do preso, diante dos princípios da segurança jurídica e da proteção da confiança, que tornam indeclinável o dever estatal de honrar o compromisso de remir a pena do sentenciado, legítima contraprestação ao trabalho prestado por ele na forma estipulada pela administração penitenciária, sob pena de desestímulo ao trabalho e à ressocialização (RHC 136509, Relator(a): Min. DIAS TOFFOLI, Segunda Turma, julgado em 04/04/2017, PROCESSO ELETRÔNICO DJe-087 DIVULG 26-04-2017 PUBLIC 27-04-2017).
3. Agravo regimental provido. (AgRg no REsp 1558562/MG, Rel. Ministro NEFI CORDEIRO, SEXTA TURMA, julgado em 17/10/2017, DJe 23/10/2017)

ADMINISTRATIVO. MANDADO DE SEGURANÇA. ATO ADMINISTRATIVO DO MINISTRO DE ESTADO DA CASA CIVIL QUE DECLAROU NULO ATOS

PRATICADOS PELO CONSELHO DE ADMINISTRAÇÃO DA GEAP - GRUPO DE AUTOGESTÃO EM SAÚDE. LIMINAR CONCEDIDA EM OUTRA AÇÃO MANDAMENTAL NÃO CONSTITUI PREJUDICIALIDADE EXTERNA A ENSEJAR A CARÊNCIA SUPERVENIENTE DE INTERESSE PROCESSUAL. CONEXÃO. MODIFICAÇÃO DE COMPETÊNCIA ABSOLUTA. IMPOSSIBILIDADE DE REUNIÃO DAS AÇÕES. PREJUDICIALIDADE NÃO RECONHECIDA. PROVIMENTO JUDICIAL DE COGNIÇÃO SUMÁRIA. JUÍZO DE PROBABILIDADE. **PRINCÍPIOS DA SEGURANÇA JURÍDICA. BOA FÉ DO JURISDICIONADO E PROTEÇÃO DA CONFIANÇA.**
I - Mandado de segurança, com pedido de liminar, impetrado em face de ato administrativo do Sr. Ministro de Estado da Casa Civil da Presidência da República, que declarou nulos os atos praticados pelo Conselho de Administração da GEAP AUTOGESTÃO EM SAÚDE a partir de 27.04.2016 e indicou representantes para compor tal órgão, com a consequente destituição do Impetrante.
II - Entendimento pacífico desta Corte Superior no sentido de não ser possível a reunião de processos por conexão quando implicar modificação de competência absoluta.
III - A prejudicialidade consiste em um liame de dependência lógica entre duas ou mais causas, de modo que o julgamento daquela dita prejudicial influirá, de maneira lógica, no teor do julgamento de outra a qual se subordina.
IV - Há prejudicialidade lógica entre duas causas quando exigido que o pronunciamento sobre uma delas seja tomado como precedente lógico para o pronunciamento sobre a outra.
V - A prejudicialidade do presente mandado de segurança não pode ser reconhecida com base na decisão liminar que deferiu tutela de urgência concedida em outra ação mandamental, dado ao seu caráter provisório, instrumental e não exauriente.
VI - Os provimentos judiciais de cognição sumária fundam-se na mera aparência de realidade, de verossimilhança entre as alegações e as provas já trazidas aos autos, ou seja, em mero juízo de probabilidade.
VII - Em nome dos princípios da segurança jurídica (art. 5º, caput, da Constituição da República), da boa-fé do jurisdicionado (art. 5º do Código de Processo Civil de 2015) e da proteção da confiança (art. 927, § 4º, do CPC/2015), o provimento liminar pode ser objeto de avaliação concreta e proporcional do magistrado, acerca da presença de seus pressupostos e sua consequente manutenção.
IX - O reconhecimento da prejudicialidade externa imporia ao Impetrante a ausência da efetiva prestação da tutela jurisdicional mandamental, na qual se pretende reconhecer ilegalidade de ato do Senhor Ministro de Estado.
X - Prejudicialidade externa não reconhecida. Processamento da ação mandamental.
(MS 22.703/DF, Rel. Ministro NAPOLEÃO NUNES MAIA FILHO, Rel. p/ Acórdão Ministra REGINA HELENA COSTA, PRIMEIRA SEÇÃO, julgado em 23/08/2017, DJe 30/11/2017)

ADMINISTRATIVO E PROCESSUAL CIVIL. VESTIBULAR. INGRESSO EM CURSO SUPERIOR DE MEDICINA. FUNDAÇÃO PÚBLICA DO DISTRITO FEDERAL. ERRO NA CORREÇÃO DA REDAÇÃO QUE, POSTERIORMENTE RETIFICADO, ALTEROU O RESULTADO INICIALMENTE DIVULGADO, COM BASE NO QUAL A AGRAVANTE SE MATRICULOU E INICIOU A FREQUÊNCIA ACADÊMICA. EXCLUSÃO DO NOME DA AUTORA DA LISTAGEM FI-

NAL DOS APROVADOS. OBTENÇÃO, PELA ALUNA, DE TUTELA JUDICIAL LIMINAR QUE LHE ASSEGUROU A CONTINUIDADE NO CURSO DESDE 10.4.2014, QUANDO PROFERIDA, ATÉ 8.9.2016, QUANDO EFETIVAMENTE CUMPRIDO O ACÓRDÃO RECORRIDO. CONQUANTO SEJAM VERDADEIRAS AS PREMISSAS DO ACÓRDÃO QUE DEU PROVIMENTO AO RECURSO DA FUNDAÇÃO E REVOGOU A TUTELA DE PROTEÇÃO, NÃO SE PODE, NO PRESENTE CASO, ANTE OS POSTULADOS SUPERIORES DA JUSTIÇA E DA SEGURANÇA JURÍDICA, FAZER A DISCENTE, QUE SOB A ÉGIDE DA TUTELA PROVISÓRIA CURSOU QUASE METADE DA SUA GRADUAÇÃO, RETORNAR À SITUAÇÃO ANTERIOR, SOBRETUDO QUANDO SE VERIFICA QUE INEXISTIRÁ QUALQUER PREJUÍZO À INSTITUIÇÃO DE ENSINO, QUE NÃO SUPRIRÁ A REFERIDA VAGA. AGRAVO DA PARTE AUTORA CONHECIDO E RECURSO ESPECIAL PROVIDO PARA SE DETERMINAR O RESTABELECIMENTO DA SENTENÇA DE PRIMEIRO GRAU, PORÉM SOB FUNDAMENTAÇÃO DIVERSA.

1. Esta Corte Superior possui firme entendimento que, em determinadas situações, como ocorre no presente caso, os postulados da boa-fé, da segurança jurídica, da confiança, da razoabilidade, da proporcionalidade e da justiça recomendam a manutenção da situação fática que não gera prejuízo à parte contrária, a pretexto de se evitar um mal maior à que está sendo beneficiada. Precedentes: AgRg no REsp. 1.467.032/RJ, Rel. Min. SÉRGIO KUKINA, DJe 11.11.2014; AgRg no AREsp. 460.157/PI, Rel. Min. MAURO CAMPBELL MARQUES, DJe 26.3.2014; REsp. 1.394.719/DF, Rel. Min. MAURO CAMPBELL MARQUES, DJe 18.11.2013; REsp. 1.289.424/SE, Rel. Min. ELIANA CALMON, DJe 19.6.2013; AgRg no REsp. 1.267.594/RS, Rel. Min. HUMBERTO MARTINS, DJe 21.5.2012; e REsp. 1.262.673/SE, Rel. Min. CASTRO MEIRA, DJe 30.8.2011.

2. Por não se tratar de hipótese de concurso público para provimento de cargo efetivo, mas sim de mero ingresso em Curso Superior, não se aplica à presente hipótese o julgado do STF com repercussão geral (RE 608.482/RN, Rel. Min. TEORI ZAVASCKI, DJe 30.10.2014).

3. Agravo da parte autora conhecido e Recurso Especial provido para restabelecer a sentença de primeiro grau, porém, com fundamentação diversa, por não se tratar de hipótese de concurso público para provimento de cargo efetivo, mas sim de mero ingresso em Curso Superior. (AREsp 1029717/DF, Rel. Ministro NAPOLEÃO NUNES MAIA FILHO, PRIMEIRA TURMA, julgado em 27/06/2017, DJe 03/08/2017)

ADMINISTRATIVO. AGRAVO INTERNO NO AGRAVO EM RECURSO ESPECIAL. MENOR. EXAME SUPLETIVO. REALIZAÇÃO POR CONCESSÃO DE LIMINAR. CASSAÇÃO DA LIMINAR. ALEGAÇÃO DA TEORIA DO FATO CONSUMADO. IMPOSSIBILIDADE. PRECARIEDADE DA MEDIDA.

1. Nos casos em que, por meio de decisão liminar, o estudante menor de idade é submetido e aprovado em exame supletivo a fim de efetuar a matrícula em curso superior, **não é possível invocar o princípio da proteção da confiança diante do conhecimento da precariedade da medida.**

2. A jurisprudência desta Corte pacificou-se no sentido de que não se aplica a teoria do fato consumado a caso de situações amparadas por medidas de natureza precária, como liminar e antecipação do efeito da tutela, não havendo se falar em situação consolidada pelo decurso do tempo.

3. Agravo interno a que se nega provimento. (AgInt no AREsp 840.119/DF, Rel. Ministro OG FERNANDES, SEGUNDA TURMA, julgado em 20/06/2017, DJe 26/06/2017)

ADMINISTRATIVO E PROCESSUAL CIVIL. AGRAVO INTERNO NO AGRAVO EM RECURSO ESPECIAL. CONCURSO PÚBLICO. VIOLAÇÃO AO ART. 535, II, DO CPC/73. ALEGAÇÃO GENÉRICA. DEFICIÊNCIA DE FUNDAMENTAÇÃO. SÚMULA 284/STF, APLICADA POR ANALOGIA. OFENSA AO ART. 6º DA LINDB. PREQUESTIONAMENTO. AUSÊNCIA. SÚMULAS 282/STF, POR ANALOGIA, E 211/STJ. INTERPRETAÇÃO DE CLÁUSULAS EDITALÍCIAS. IMPOSSIBILIDADE. SÚMULA 5/STJ. TEORIA DO FATO CONSUMADO. DEFICIÊNCIA DE FUNDAMENTAÇÃO. AUSÊNCIA DE INDICAÇÃO DO DISPOSITIVO DE LEI FEDERAL TIDO POR VIOLADO. INCIDÊNCIA DA SÚMULA 284/STF, POR ANALOGIA. MATÉRIA DE ÍNDOLE CONSTITUCIONAL. AGRAVO INTERNO IMPROVIDO.

[...]

V. Quanto à teoria do fato consumado, não indicou a agravante, no Recurso Especial, de forma clara e precisa, o dispositivo legal tido por violado, no particular, pelo que incide a Súmula 284/STF, no ponto.

VI. De qualquer sorte, a chamada teoria do fato consumado trata de matéria constitucional, porquanto vinculada aos princípios da segurança jurídica, da boa-fé e da proteção da confiança legítima do administrado, consoante decidido pelo Supremo Tribunal Federal, no julgamento do RE 608.482/RN (Rel. Ministro TEORI ZAVASCKI, TRIBUNAL PLENO, DJe de 29/10/2014), que entendeu que tais princípios não podem amparar a pretensão do candidato cuja nomeação e posse no cargo não decorreram de equívoco da Administração na interpretação da lei ou dos fatos, mas de provocação do próprio candidato e contra a vontade da Administração, que apresentara resistência, no plano processual. Isso porque a concessão de medidas antecipatórias ou a execução provisória de liminar ou de outro provimento judicial de natureza precária, supervenientemente revogado ou modificado, correm por conta e responsabilidade daquele que requer a medida.

VII. Caso concreto em que não há falar em inaplicabilidade do referido precedente da Suprema Corte, haja vista que pretende a impetrante, ora agravante, a aplicação da chamada teoria do fato consumado, pelo simples fato de que, em momento processual anterior, havia realizado o curso de formação do certame, por força de decisão liminar, posteriormente cassada, em virtude da denegação da segurança, logo após a conclusão do curso de formação.

VIII. Agravo interno improvido. (AgInt no AREsp 491.956/SP, Rel. Ministra ASSUSETE MAGALHÃES, SEGUNDA TURMA, julgado em 27/09/2016, DJe 13/10/2016)

ADMINISTRATIVO. AGRAVO REGIMENTAL NO RECURSO ESPECIAL. CONTRATOS. PRESTAÇÃO DE SERVIÇOS. PRESUNÇÃO DA LEGITIMIDADE DAS CONTRATAÇÕES. PRINCÍPIO DA MORALIDADE.

1. O Direito não pode servir de proteção àquele que, após empenhar uma despesa, firma o contrato de aquisição de serviço, recebe a devida e integral prestação deste, deixa de afastar a correta realização da despesa e procede à liquidação para finalmente efetuar o pagamento, sobretudo diante da **proteção da confiança** dos administrados, da presunção da legitimidade das contratações administrativas e do princípio da moralidade 2. Agravo regimental a que se nega provimento. (AgRg no REsp 1317333/PE, Rel. Ministra DIVA MALERBI (DESEMBARGADORA CONVOCADA TRF 3ª REGIÃO), SEGUNDA TURMA, julgado em 18/02/2016, DJe 26/02/2016)

TRIBUTÁRIO. PROCESSO ADMINISTRATIVO FISCAL. LANÇAMENTO TRIBUTÁRIO. REVISÃO. POSSIBILIDADE. FRAUDE. CARACTERIZAÇÃO. ART. 149, VII, DO CTN. REEXAME DE FATOS E PROVAS. IMPOSSIBILIDADE. INCIDÊNCIA DA SÚMULA 7/STJ.
1. A revisão do lançamento tributário, como consectário do poder-dever de autotutela da Administração, somente pode ser exercido nas hipóteses do art. 149 do CTN, observado o prazo decadencial para a constituição do crédito tributário. **Assim, a revisão do lançamento tributário por erro de direito (equívoco na valoração jurídica dos fatos) revela-se impossível, máxime em virtude do princípio da proteção à confiança, encartado no art. 146 do CTN.**
2. No caso dos autos, ficou assente na origem que a revisão do lançamento se deu em virtude do reconhecimento de fraude, nos termos do art. 149, inciso VII, do CTN. Logo, considerando que a revisão não se deu por erro de direito, verifica-se justa causa para sua modificação.
3. Ademais, reformar o acórdão recorrido para afastar o fundamento adotado pelo TRF da 4ª Região quanto à ocorrência de fraude, requer, necessariamente, o reexame de fatos e provas, o que é vedado ao STJ, em recurso especial, por esbarrar no óbice da Súmula 7/STJ.
Agravo regimental improvido. (AgRg no REsp 1506189/RS, Rel. Ministro HUMBERTO MARTINS, SEGUNDA TURMA, julgado em 01/10/2015, DJe 09/10/2015)

PROCESSUAL CIVIL. MANDADO DE SEGURANÇA INDIVIDUAL. SERVIDOR PÚBLICO FEDERAL. ASSISTENTE DE CHANCELARIA DO MINISTÉRIO DAS RELAÇÕES EXTERIORES. MISSÃO PERMANENTE NO EXTERIOR. REEMBOLSO DE RESIDÊNCIA FUNCIONAL (RF). NOVO REGRAMENTO. PORTARIA MRE 282/2015. ALEGADA VIOLAÇÃO AOS PRINCÍPIOS DA CONFIANÇA E PROTEÇÃO À SEGURANÇA JURÍDICA. INADEQUAÇÃO DA VIA ELEITA. INSURGÊNCIA CONTRA LEI EM TESE. INCIDÊNCIA DA SÚMULA 266/STF. AGRAVO REGIMENTAL NÃO PROVIDO.
1. É firme o entendimento doutrinário e jurisprudencial no sentido de que não cabe postular através da via do mandado de segurança a invalidação de norma abstrata e geral, mas tão-somente o desfazimento de ato que, escorado em norma abstrata, tenha violado direito líquido e certo do impetrante. Nesse condão, é os termos do Enunciado da Súmula 266/STF, segundo a qual "não cabe mandado de segurança contra lei em tese".
2. In casu, do exame da peça inicial e da leitura dos pedidos formulados, observa-se que a pretensão da impetrante cinge-se ao reconhecimento de ilegalidade da Portaria MRE 282/2015 - que, modificou, de forma abstrata e geral, os itens 6.5 e 6.6 do Guia de Administração dos Postos (GAP-2011), do Ministério das Relações Exteriores, regulamentado os limites para o ressarcimento com despesas de moradia dos servidores designados pelo Ministério das Relações Exteriores para missão permanente ou transitória no exterior -, por **afronta aos princípios da segurança jurídica, da confiança, daquele que veda o comportamento contraditório e da interpretação retroativa.**
3. Portanto, trata-se de mandado de segurança impetrado contra norma de caráter abstrato e geral, hipótese essa que deve ser objeto de ação própria, especialmente quando a alegação de ilegalidade de norma em questão não se ampara em efeitos concretos resultantes da sua própria aplicação.
4. Ainda que a agravante sustente que não objetiva a declaração de ilegalidade da Portaria MRE 282/2015, mas apenas afastar a sua aplicabilidade ao seu caso, ao fundamento de que em casos similares a Administração entendeu que as

novas regras relativas ao reembolso de residência funcional (RF) não seriam aplicáveis à remoções ocorridas anteriormente à modificação legislativa, certo é que tal alegação não encontra amparo, isto porque **em nenhum momento a agravante logrou demonstrar a aplicabilidade de tal norma ao seu caso, nem a recusa da Administração em aplicar a ela as normas anteriores, ou seja, sequer demonstrou a existência de atos concretos amparados na referida norma, o que evidencia que objetiva, em verdade, o reconhecimento da ilegalidade da aplicabilidade de norma abstrata e geral a ela, em razão do princípio que veda o comportamento contraditório, à legalidade, à segurança jurídica, à confiança e expectativa legítima e ao direito à moradia digna, o que não é possível na via mandamental, por força do óbice na Súmula 266/STF.**
5. A impetração se dirige contra norma genérica e abstrata, sem indicação de fato concreto que viole o direito líquido e certo dos impetrantes, uma vez que atinge todos os interessados ao financiamento estudantil do ensino superior, sendo caso da incidência do óbice previsto na Súmula 266/STF, segundo a qual 'Não cabe mandado de segurança contra lei em tese'. 2. Com efeito, não houve a indicação pelos impetrantes de qual o ato de efeitos concretos da autoridade impetrada teria violado direito líquido e certo seus. Apenas se insurgem contra a publicação da Portaria Normativa MEC nº 17, de 6 de setembro de 2012, que dispõe sobre procedimentos para a inscrição e contratação de financiamento estudantil a ser concedido pelo FIES e contra o artigo 5º, inciso VII, da Lei 10.260/01, pelo que incabível a presente impetração. [...] (MS 19.544/DF, Rel. Ministro Mauro Campbell Marques, Primeira Seção, julgado em 13/03/2013, DJe 16/08/2013).
6. Agravo regimental não provido. (AgRg no MS 21.940/DF, Rel. Ministro MAURO CAMPBELL MARQUES, PRIMEIRA SEÇÃO, julgado em 23/09/2015, DJe 30/09/2015)

TRIBUNAL REGIONAL FEDERAL DA 1ª REGIÃO

[...] Lei supostamente interpretativa que, em verdade, inova no mundo jurídico deve ser considerada como lei nova. Inocorrência de violação à autonomia e independência dos Poderes, porquanto a lei expressamente interpretativa também se submete, como qualquer outra, ao controle judicial quanto à sua natureza, validade e aplicação. **A aplicação retroativa de novo e reduzido prazo para a repetição ou compensação de indébito tributário estipulado por lei nova, fulminando, de imediato, pretensões deduzidas tempestivamente à luz do prazo então aplicável, bem como a aplicação imediata às pretensões pendentes de ajuizamento quando da publicação da lei, sem resguardo de nenhuma regra de transição, implicam ofensa ao princípio da segurança jurídica em seus conteúdos de proteção da confiança e de garantia do acesso à Justiça.** Afastando-se as aplicações inconstitucionais e resguardando-se, no mais, a eficácia da norma, permite-se a aplicação do prazo reduzido relativamente às ações ajuizadas após a vacatio legis, conforme entendimento consolidado por esta Corte no enunciado 445 da Súmula do Tribunal. O prazo de vacatio legis de 120 dias permitiu aos contribuintes não apenas que tomassem ciência do novo prazo, mas também que ajuizassem as ações necessárias à tutela dos seus direitos. Inaplicabilidade do art. 2.028 do Código Civil, pois, não havendo lacuna na LC n. 118/2005, que pretendeu a aplicação do novo prazo na maior extensão possível, descabida sua aplicação por analogia. Além disso, não se trata de lei geral, tampouco impede iniciativa legislativa em contrário. Reconhecida a inconstitucionalidade do art. 4º, segunda parte, da LC n. 118/2005, considerando-se válida a aplicação do novo prazo de 5 anos tão somente às ações ajuizadas após o decurso da ¿vacatio legis¿ de 120 dias, ou seja, a partir de 9 de junho de 2005. Aplicação do art. 543-b, § 3º, do CPC aos recursos sobrestados. Recurso extraordinário desprovido. (RE n. 566.621/RS, STF, Tribunal Pleno, Rel. Min. Ellen Gracie, julgado em 04/08/2011, REPERCUSSÃO GERAL, DJe 11/10/2011). [...] (REEXAME 00000660720084013307, DESEMBARGADOR FEDERAL MARCOS AUGUSTO DE SOUSA, TRF1, 13/03/2018.)

PREVIDENCIÁRIO. ADMINISTRATIVO. PENSÃO POR MORTE, ORIUNDA DE APOSENTADORIA POR TEMPO DE SERVIÇO DE EX-COMBATENTE. REVISÃO DE CRITÉRIOS DE REAJUSTE. BENEFÍCIO ORIGINÁRIO CONCEDIDO NA VIGÊNCIA DA LEI 4.297/1963. REAJUSTAMENTOS POSTERIORES EM CONFORMIDADE COM A LEI 5.698/1971. NÃO CABIMENTO. PRECEDENTES. SEGURANÇA JURÍDICA E BOA-FÉ OBJETIVA. CONSECTÁRIOS LEGAIS. 1. O Superior Tribunal de Justiça firmou a compreensão no sentido de que "preenchidos os requisitos na vigência das Leis 1.756/1952 e 4.297/1963, o ex-combatente deve ter seus proventos iniciais calculados em valor correspondente ao de sua remuneração à época da inativação e reajustados conforme preceituam referidos diplomas legais, sem as modificações introduzidas pela Lei 5.698/1971." (EREsp nº 500.740/RN, Relator o Ministro Arnaldo Esteves Lima, DJU de 20/11/2006). 2. A mesma Corte Superior tem entendimento consolidado no sentido de que, preenchidos os requisitos para a concessão da aposentadoria por tempo de serviço na vigência da Lei 4.297/1963, o reajuste também deverá ser feito nos termos da referida Lei, vigente à época da consolidação do direito, sem as modificações introduzidas pela Lei 5.698/1971, tanto no que se refere a seus proventos, quanto no que tange à pensão por morte (REsp 1684670/PE, Rel. Ministro HERMAN BENJAMIN, SEGUNDA TURMA, julgado em 26/09/2017, DJe 10/10/2017). 3. No caso em apreço, a aposentadoria por tempo de serviço de ex-combatente do segurado instituidor, Moacyr de Abreu Castro, foi-lhe concedida em 14/08/1969 (f. 52). Preenchidos os requisitos para a percepção do benefício originário, na vigência das Leis 1.756/1952 e 4.297/1963, o ex-combatente tinha direito, definitivamente incorporado a seu patrimônio, de ter seus proventos iniciais calculados em valor correspondente ao de sua remuneração à época da inativação e reajustados conforme preceituam referidos diplomas legais, sem as modificações introduzidas pela Lei 5.698/1971. Por consequência, idêntico tratamento deve continuar a ser conferido à pensão oriunda da aposentadoria. 4. **Ademais, a mudança abrupta no regime de atualização do benefício previdenciário de titularidade da autora após o decurso de mais de 40 (quarenta) anos da concessão da aposentadoria do segurado instituidor contraria os cânones da segurança jurídica, da boa-fé objetiva e da proteção da confiança, tornando necessária a garantia de estabilidade das situações jurídicas criadas pela própria Administração, quando delas decorram efeitos favoráveis aos particulares.** 5. Correção monetária e juros de mora de acordo com a versão mais atualizada do Manual de Orientação de Procedimentos para os Cálculos da Justiça Federal, devendo ser observada, quanto à atualização monetária, a orientação do Supremo Tribunal Federal no julgamento do RE 870.947 (repercussão geral, tema 810), que declarou a inconstitucionalidade da TR para esse fim. 6. A matéria relativa a juros e correção monetária é de ordem pública e cognoscível, portanto, de ofício, inclusive em reexame necessário, razão por que se afasta eventual alegação de reformatio in pejus contra a Fazenda nesses casos, tampouco se pode falar em ofensa ao princípio da inércia da jurisdição. Precedentes citados no voto. 7. Apelação a que se nega provimento. Remessa necessária parcialmente provida (juros e atualização monetária). (APELAÇÃO 00553798420124013800, JUIZ FEDERAL HENRIQUE GOUVEIA DA CUNHA, TRF1 - 2ª CÂMARA REGIONAL PREVIDENCIÁRIA DE MINAS GERAIS, e--DJF1 DATA:09/03/2018 PAGINA:)

PROCESSUAL CIVIL E ADMINISTRATIVO. SERVIDOR. DEMISSÃO. ANULAÇÃO JUDICIAL DO ATO ADMINISTRATIVO. REINTEGRAÇÃO AO SERVIÇO PÚBLICO. EXTINÇÃO DO CARGO DE ORIGEM. REESTRUTURAÇÃO. EFEITO EX TUNC. RELAÇÃO ESTATUTÁRIA QUE RETROAGE ATÉ A ORIGEM DA ILEGALIDADE. PRINCÍPIO DA PROTEÇÃO DA CONFIANÇA LEGÍTIMA. LEI 10.855/04. COISA JULGADA. 1. O título executivo judicial reconheceu a ilegalidade do ato de demissão do servidor, determinando sua reintegração ao serviço público, com o ressarcimento de todas as vantagens e remunerações que o autor ficou impedido de receber, como se em exercício estivesse, retroativamente à data de sua demissão, com os acréscimos legais. 2. A teor do artigo 28 da Lei 8.112/90, a reintegração é a reinvestidura do servidor estável no cargo anteriormente ocupado, ou no cargo resultante de sua transformação, quando invalidada a sua demissão por decisão administrativa ou judicial, com ressarcimento de todas as vantagens. 3. Partindo de tais comandos legais, chega-se a conclusão de que o servidor reintegrado terá direito a todas as vantagens, pessoais ou legalmente inseridas e típicas do cargo, bem como aos vencimentos não percebidos durante o afastamento ilegal, como se nunca tivesse sido afastado, uma vez que a decisão anulatória do ato ilegal que ocasionou a extinção da relação estatutária possui efeitos ex tunc, ou seja, retroagem até a origem da ilegalidade. 4. Considerando que o ato demissional invalidado data de 30 de outubro de 2003 e que o título judicial datado de 02/02/2011, determinou o retorno ao status quo antes, faz jus o servidor a todas as vantagens decorrentes, inclusive quanto a opção no cargo resultante de sua transformação, instituído pela Lei 10.855, publicada em 1º de abril de 2004. 5**. O Estado deve ser positivamente responsabilizado por tal situação, pois ela gerou uma confiança legítima no administrado, que não pôde, por motivos alheios à sua vontade, exercer seu lídimo direito de opção. A pretensão do apelante não deixa de ser digna de proteção, na medida em que impossibilitado injustamente pela administração de exercer seu direito a tempo e modo, este fato, na forma como ocorrido, feriu o princípio da proteção da confiança, que como um soldado de reserva, revela toda a sua pujança no direito público, justamente para suprir as lacunas das garantias existentes no próprio Ordenamento Jurídico**. 6. Apelação provida. (APELAÇÃO 00193337820114013300, DESEMBARGADOR FEDERAL CARLOS AUGUSTO PIRES BRANDÃO, TRF1 - PRIMEIRA TURMA, e-DJF1 DATA:21/02/2018)

CONSTITUCIONAL. ADMINISTRATIVO E PROCESSUAL CIVIL. APOSENTADORIA. REVISÃO POR ACÓRDÃO DO TCU. POSSIBILIDADE. DECADÊNCIA NÃO CONFIGURADA. INOBSERVÂNCIA DO CONTRADITÓRIO E DA AMPLA DEFESA. REPERCUSSÃO GERAL RECONHECIDA PELO STF. SENTENÇA REFORMADA. 1. A autoridade legitimada para figurar no polo passivo do mandado de segurança é aquela que pratica o ato impugnado, a que tem o dever funcional de responder pelo seu fiel cumprimento ou a que dispõe de competência para corrigir eventual ilegalidade. 2. Segundo entendimento jurisprudencial do STJ e do STF, o ato de aposentadoria, por ser complexo, só se aperfeiçoa com o registro do TCU. Assim, o prazo decadencial previsto no art. 57 da Lei nº 9.784/99 só tem início a partir da decisão proferida pela Corte de Contas. 3. **No caso em exame, não restou configurada a decadência**, visto que as aposentadorias dos servidores prejudicados, enquanto não confirmadas pelo TCU, ficam sujeitas à revisão, e não há informação nos autos a esse respeito. 4. **No entanto, tendo sido concedida e implantada a aposentadoria em 20/11/1997, em decorrência de erro administrativo, a revisão do ato em 2009, ou seja, mais de doze anos depois, peca por ofensa aos princípios da segurança jurídica, da boa-fé, da proteção à confiança do administrado nos atos da Administração (presunção de legalidade e legitimidade) e da razoável duração do processo.** 5. Por outro lado, **a jurisprudência dominante do STF tem se posicionado no sentido de que, caso o julgamento da legalidade da aposentadoria pelo TCU seja realizado após 5 anos contados da concessão do benefício, é necessária a observância dos princípios constitucionais do contraditório e da ampla defesa para que seja preservada a segurança nas relações jurídicas.** A questão constitucional foi reconhecida como de repercussão geral, nos autos do RE 636.553/RS, aguardando ainda julgamento pela Suprema Corte. 6. No julgamento do referido RE 594.296, também sob o regime da repercussão geral, o STF reconheceu serem facultadas ao Estado a revogação e a anulação de atos administrativos que repute ilegalmente praticados, com base no poder de autotutela da Administração Pública. Se sua formalização, porém, repercutiu no campo de interesses individuais, ou seja, se deles já decorreram efeitos concretos, seu desfazimento deve ser precedido de regular processo administrativo. 7. Apelação da parte autora provida para determinar o retorno dos autos à origem para que seja finalizado procedimento administrativo, em que se oportunize à prejudicada o contraditório e a ampla defesa. (APELAÇÃO 00020473120104013815, DESEMBARGADORA FEDERAL GILDA SIGMARINGA SEIXAS, TRF1 - PRIMEIRA TURMA, e-DJF1 DATA:31/01/2018)

ADMINISTRATIVO. SERVIDOR PÚBLICO. APOSENTADORIA CONCEDIDA HÁ MAIS DE CINCO ANOS. CASSAÇÃO POR ACÓRDÃO DO TCU. DECADÊNCIA (LEI Nº 9.784/99, ART. 54). NÃO OCORRÊNCIA. SÚMULA 74 DO TCU. DANOS MATERIAIS E MORAIS. IMPOSSIBILIDADE. PRECEDENTES DA PRIMEIRA TURMA. 1. O ato de concessão ou revisão de aposentadoria, pensão ou reforma configura-se um ato complexo que se perfaz com a manifestação do órgão concedente em conjunto com a aprovação do Tribunal de Contas acerca da sua legalidade. Sendo assim, o prazo decadencial para a Administração rever a concessão de aposentadoria ou pensão tem início a partir de sua homologação pelo Tribunal de Contas da União e não do deferimento provisório pelo Poder Executivo. 2. Por outro lado, a jurisprudência dominante do STF tem se posicionado no sentido de que, caso o julgamento da legalidade da aposentadoria pelo TCU seja realizado após 5 anos contados da concessão do benefício, como no caso dos autos, é necessária a observância dos princípios constitucionais do contraditório e da ampla defesa para que seja preservada a segurança nas relações jurídicas. A questão constitucional foi reconhecida como de repercussão geral, nos autos do RE 636.553/RS, aguardando ainda julgamento pela Suprema Corte. 3. **No caso concreto, não resta configurada a decadência prevista no art. 54 da Lei nº 9.784/99,** visto que a aposentadoria do autor, enquanto não confirmada pelo TCU, estava sujeita à revisão. O ato de aposentadoria da autora foi publicada em 01/04/1997 sendo proferido o Acórdão 6.397/2010, que deter-

minou a cassação da aposentadoria, pelo TCU, em 09/11/2010, oportunidade em
que foi facultada à autora o contraditório e a ampla defesa. 4. No entanto, tendo
sido concedida e implantada a aposentadoria em 01/04/1997, em decorrência
de erro administrativo, a revisão do ato em 09/11/2010, ou seja, mais de cinco
anos depois, peca por ofensa aos princípios da segurança jurídica, da boa-fé, da
proteção à confiança do administrado nos atos da Administração (presunção de
legalidade e legitimidade) e da razoável duração do processo. 5. **Situações como
a presente justificam a consolidação da situação fática verificada, a fim de se
evitar uma inoportuna reversão de servidores antigos, o que se evidencia
ainda mais no caso dos autos, sendo que a exigência do TCU, teria ensejado
o seu retorno à ativa, em 2011, quando já contava com 59 (cinquenta e nove)
anos de idade.** 6. Nesse contexto, deve-se aplicar, por analogia, o disposto na
Súmula 74/TCU, de modo que o período de inatividade do autor seja computado para novo cálculo de tempo de serviço, para evitar o seu retorno à atividade, redução do valor de seus proventos ou a própria cassação do benefício
concedido. Precedentes deste Tribunal. [...] (APELAÇÃO 00444956620114013400,
DESEMBARGADORA FEDERAL GILDA SIGMARINGA SEIXAS, TRF1 - PRIMEIRA TURMA, e-DJF1 DATA:24/01/2018)

ADMINISTRATIVO. SERVIDOR PÚBLICO. APOSENTADORIA CONCEDIDA HÁ MAIS DE QUATORZE ANOS. CASSAÇÃO POR ACÓRDÃO DO TCU.
DECADÊNCIA (LEI N° 9.784/99, ART. 54). SÚMULA 74 DO TCU. INVALIDEZ
PERMANENTE. CONTAGEM DO PERÍODO DE INATIVIDADE. POSSIBILIDADE. SENTENÇA REFORMADA. 1. A parte autora moveu a presente ação
com o objetivo de afastar os efeitos do Acórdão 4047/2013-TCU, que declarou a
ilegalidade de sua aposentadoria, por considerar que as moléstias constantes do
laudo médico não se encontram no rol das doenças especificadas no art. 186, I, §
1º, da Lei 8.112/90. 2. O ato de concessão ou revisão de aposentadoria, pensão ou
reforma configura-se um ato complexo que se perfaz com a manifestação do órgão concedente em conjunto com a aprovação do Tribunal de Contas acerca da
sua legalidade. Sendo assim, o prazo decadencial para a Administração rever a
concessão de aposentadoria ou pensão tem início a partir de sua homologação
pelo Tribunal de Contas da União e não do deferimento provisório pelo Poder
Executivo. 3. Por outro lado, a jurisprudência dominante do STF tem se posicionado no sentido de que, caso o julgamento da legalidade da aposentadoria
pelo TCU seja realizado após 5 anos contados da concessão do benefício, como
no caso dos autos, é necessária a observância dos princípios constitucionais do
contraditório e da ampla defesa para que seja preservada a segurança nas relações jurídicas. A questão constitucional foi reconhecida como de repercussão
geral, nos autos do RE 636.553/RS, aguardando ainda julgamento pela Suprema
Corte. **4. No caso concreto, não resta configurada a decadência prevista no
art. 54 da Lei n° 9.784/99, visto que a aposentadoria do autor, enquanto não
confirmada pelo TCU, estava sujeita à revisão, e não há informação nos autos
quanto à data em que foi feito seu registro junto ao Tribunal de Contas. Do
mesmo modo, não há alegação específica da autora, nem elementos nos autos
que indiquem que a Administração não observou o contraditório e a ampla
defesa. 5. No entanto, tendo sido concedida e implantada a aposentadoria em
1999, em decorrência de erro administrativo, a revisão do ato em 2013, ou
seja, mais de quatorze anos depois, peca por ofensa aos princípios da segurança jurídica, da boa-fé, da proteção à confiança do administrado nos atos
da Administração (presunção de legalidade e legitimidade) e da razoável**

duração do processo. 6. Situações como a presente justificam a consolidação da situação fática verificada, a fim de se evitar uma inoportuna reversão de servidores antigos, o que se evidencia ainda mais no caso dos autos, em que tal exigência teria ensejado o retorno à ativa da autora, em 2013, quando já contava com 62 (sessenta e dois) anos de idade. 7. Assim, faz jus a parte autora ao restabelecimento do valor integral da aposentadoria, na forma em que foi originalmente concedida. O termo inicial do restabelecimento dos valores integrais do benefício é a partir do indevido desconto, compensadas as parcelas, porventura, pagas, em sede administrativa. 8. Juros e correção monetária nos termos do Manual de Cálculos da Justiça Federal, em sua versão mais atual à época da execução. 9. Verba honorária fixada em 10% sobre o valor da condenação, correspondente às parcelas vencidas até o momento da prolação da sentença, de acordo com a Súmula n. 111 do Superior Tribunal de Justiça e artigo 20, § 3º, do CPC/73 (tempus regit actum). 10. Presentes os pressupostos legais necessários, defere-se o pedido de antecipação da tutela recursal, para determinar que a União proceda ao restabelecimento do benefício integral em comento, no prazo de 30 (trinta) dias, caso já não o tenha feito. 11. Apelação da parte autora provida. (APELAÇÃO 00629068920134013400, DESEMBARGADORA FEDERAL GILDA SIGMARINGA SEIXAS, TRF1 - PRIMEIRA TURMA, e-DJF1 DATA:15/12/2017 PAGINA:)

MANDADO DE SEGURANÇA - PREVIDENCIÁRIO - DESAPOSENTAÇÃO (PEDIDO IMPROCEDENTE) - EMBARGOS DE DECLARAÇÃO DO INSS PARA COMPELIR A PARTE AUTORA (SEGURADO) A RESTITUIR VERBA ALIMENTAR AUFERIDA PROVISORIAMENTE - IMPOSSIBILIDADE - ATO JUDICIAL (DECISÃO, SENTENÇA OU ACÓRDÃO), FAVORÁVEL AO SEGURADO, QUE ERA ENTÃO CONSENTÂNEO COM A JURISPRUDÊNCIA (STJ/TRF1), DENOTANDO BOA-FÉ QUE PARTICULARIZA O CASO DIANTE DO CONTEXTO MAIS ESTREITO E GENÉRICO EXAMINADO NO RG-RESP Nº 1.401.560/MT (FEV/2014) - GUINADA JURISPRUDENCIAL SÓ HAVIDA EM OUT/2016 (STF, RG-RE Nº 661.256/SC) - SEGURANÇA JURÍDICA - PROTEÇÃO DA ISONOMIA - CONFIANÇA - PROVIMENTO PARCIAL. 1 - O acórdão embargado foi explícito ao afirmar, acostando fundamentos, do STF, inclusive, ser indevida a restituição de verbas alimentares auferidas por força de boa-fé. Considerando, todavia, que o citado julgado do STF é oriundo de Turma e não tramitou sob o signo dos recursos repetitivos, a questão exige novo olhar e mais ponderações. 2 - O STJ (RG-REsp nº 1.401.560/MT, FEV/2014), em precedente que tramitou sob o ritmo dos recursos especiais repetitivos, concluiu que os valores, mesmo de cunho previdenciário, que sejam recebidos por força de tutela antecipada (ou de evidência/urgência) são passíveis de restituição, pois a natureza provisória/reversível do ato judicial é patente ou intrínseca, apontamento que restaria reforçado pelo art. 115, II, da Lei nº 8.213/1991, norma que se presume constitucional. 3 - **Dita orientação genérica do STJ, que - de rigor - se deve seguir à risca, em regra, à luz do CPC/2015, consoante leitura conjugada dos arts. 926 e 927, IV, para manutenção de jurisprudência "estável, íntegra e coerente", sofre, todavia, o influxo do sopesamento da matéria de fundo em si: a provisoriedade ou não do ato judicial não se examine isoladamente pela só natureza do ato judicial apenas, tendo-se que se perquirir o estado da jurisprudência contemporânea quanto ao âmago da lide, já que as partes, juízes e tribunais por ela balizam seu agir.** 4 - Até o instante em que o STF (OUT/2016, RG-RE Nº 661.256/SC), portanto, concluiu ser ilegítimo o pleito da desaposentação c/c reaposentação, tanto a jurisprudência do STJ (aliás, em sede de recurso especial repetitivo: REsp nº 1.348.301/SC) quanto a do TRF1, e mesmo de outros TRF´s, acenava, com relevante carga de convicção/confiança, que o pronto recálculo do benefício era medida de extrema juridicidade, retirando, de tal panorama, pois, qualquer possível ar de provisoriedade a que se refere o STJ, não se podendo afirmar que as verbas previdenciárias/alimentares auferidas no curso da lide fossem, pois, indevidas para assegurar a repetição a que alude o art. 115, II, da Lei nº 8.213/1991, regra que, sim, é válida, mas cuja norma não se aplica ao caso, que - em essência - é diverso. 5 - Agregue-se que, **tanto para o fim de antecipação de tutela (art. 273 do CPC/1973), quanto para o objetivo de tutela provisória de urgência/evidência (CPC/2015), o próprio julgador poderia e deverá, se entender que o tema de fundo é oscilante ou pouco concretizável, condicionar a percepção de valores a prévia caução ou, ainda, reverter a tutela a todo tempo, o que não ocorreu, mais densificando a expectativa da parte sobre a aparente legitimidade e definitividade da percepção. 6 - Tenha-se em conta, por derradeiro, que o CPC/2015 (§4º do art. 927) carreia ao Poder Judiciário a obrigação de, nas eventuais guinadas jurisprudenciais (como no tema da desaposentação), apresentar "fundamentação adequada e específica" para tanto e, de toda sorte, de atentar para "os princípios da segurança jurídica, da proteção da confiança e da isonomia", preceitos que claramente derruem, no caso concreto, a rudeza do art. 115, II, da Lei nº 8.213/1991.** 7 - Não cabe condenação em honorários de advogado na ação de mandado de segurança (Súmula 512 - STF). 8 - **Embargos de declaração providos parcialmente apenas para compelir a parte autora a devolver valores auferidos a partir da publicação do RG-RE nº 661.256/SC**. (APELAÇÃO 00581890320104013800, DESEMBARGADORA FEDERAL GILDA SIGMARINGA SEIXAS, TRF1 - PRIMEIRA TURMA, e-DJF1 DATA:15/12/2017)

PREVIDENCIÁRIO. CONSTITUCIONAL. PROCESSUAL CIVIL. DESAPOSENTAÇÃO. RENÚNCIA À APOSENTADORIA POR TEMPO DE CONTRIBUIÇÃO. PRECEDENTE DO STF. REPERCUSSÃO GERAL. TEMA 503. DISTINÇÃO DO PRESENTE CASO EM RELAÇÃO AO PARADIGMA FIRMADO PELO STF. AUSENCIA DE SAQUE DO BENEFÍCIO, BEM COMO DOS VALORES CORRESPONDENTES AO FGTS E PIS. CESSAÇÃO ADMINISTRATIVA. 1. No julgamento dos Recursos Extraordinários 381.367, 827.833 e 661.256, este último com repercussão geral reconhecida (Tema 503), o Plenário do STF firmou o entendimento de que somente por meio de lei é possível fixar critérios para que os benefícios sejam recalculados com base em novas contribuições decorrentes da permanência ou volta do segurado ao mercado de trabalho após concessão do benefício da aposentadoria. A tese firmada no procedente foi a seguinte: "No âmbito do Regime Geral de Previdência Social (RGPS), somente lei pode criar benefícios e vantagens previdenciárias, não havendo, por ora, previsão legal do direito à 'desaposentação', sendo constitucional a regra do art. 18, § 2º, da Lei nº. 8.213/91". 2. O caso em apreço apresenta, no entanto, contornos que o singularizam e o distinguem, completamente, das hipóteses abarcadas pela tese firmada pelo Supremo Tribunal Federal por ocasião do julgamento do RE 661.256, sob o signo da repercussão geral. 3. Verifica-se, da análise dos autos, especialmente dos documentos anexados às fls. 11/13, que o benefício da aposentadoria por tempo de contribuição concedida ao autor, com data de início em 30/12/2005 (DER/DIB), foi suspensa pelo INSS em razão da ausência de saque pelo titular do direito e, por essa razão, cancelada, definitivamente, em 07/06/2006. 4. Além de não ter chegado a perceber qualquer parcela do benefício, a informação prestada pela Caixa Econômica Federal para fins de comprovação perante o INSS demonstra que o autor não movimentou a conta vinculada ao Fundo de Garantia por Tempo de Serviço - FGTS, nem promoveu qualquer saque na conta dos valores relativos ao PIS (f. 13), continuando a contribuir para o Regime Geral da Previdência Social após a concessão e cancelamento - por força da ausência de saque - do benefício com data de início em 30/12/2005. 5. O INSS negou o pedido de cancelamento da aposentadoria com data de início em 30/12/2005 para fins de recebimento de outra, a partir do novo requerimento em 30/01/2009, com fundamento na redação do parágrafo único do art. 181-B, do Decreto 3.048/1999, conferida pelo Decreto nº 4.729, de 09/06/2003. 6. O exercício da competência regulamentar (dever-poder) resulta na edição de atos normativos infralegais sem eficácia inovadora na ordem jurídica, devendo os enunciados prescritivos dessa hierarquia guardar observância rigorosa aos termos da lei a ser regulamentada. Vale dizer: o decreto não poderá criar impedimento ao exercício de um ato não proibido pela legislação. 7. Nessa perspectiva, a restrição estabelecida no regulamento não prevalece diante da hipótese do cancelamento do benefício próprio INSS, em razão da ausência de saque das parcelas e também da ausência de saque dos valores relativos ao PIS e ao FGTS, porquanto essa realidade se equipara, em tudo e por tudo, à dos segurados que não obtiveram sequer a concessão do benefício. 8. Diante do cancelamento do benefício pelo próprio INSS na esfera administrativa, em razão da ausência de saque, não haveria que se falar, rigorosamente, nem mesmo em desaposentação, porquanto o ato administrativo de concessão do benefício originário não chegou sequer a produzir efeitos patrimoniais em relação ao segurado, tendo sido cessada em 07/10/2006. O autor não realizou o saque de nenhuma parcela do benefício, nem movimentou as contas do FGTS e PIS, manifestando, assim, a intenção clara de não recebê-lo. Não havendo duplicidade de aposentadorias, pois o ato de uma delas foi cancelado e não teve eficácia patrimonial, não há sequer necessidade de renúncia ao primeiro benefício, como também torna-se inaplicável a vedação legal prevista no art. 18, § 2º, da Lei 8.213/91 e, por consequência, a vedação estabelecida no regulamento. 9. **O quadro fático delineado nos presentes autos permite concluir que a pretensão deduzida na presente ação acabou sendo atendida pelo próprio INSS, em razão do ato administrativo juridicamente perfeito de cancelamento do primeiro benefício, produzindo consenso tácito entre as partes quanto ao não pagamento, de tal sorte que a resistência manifestada pela autarquia quando do requerimento do segundo benefício e nesta ação caracteriza inequívoco venire contra factum proprium, contrário à boa-fé objetiva e à proteção da confiança.** 10. O princípio da boa-fé deve ser atendido também pela administração pública, e até com mais razão por ela, e o seu comportamento nas relações com os cidadãos pode ser controlado pela teoria dos atos próprios, que não lhe permite voltar sobre os próprios passos depois de estabelecer relações em cuja seriedade os cidadãos confiaram. (REsp 141.879/SP, 4ª Turma, DJ de 22/06/1998.) 11. Apelação e remessa necessária às quais se nega provimento. (APELAÇÃO 00043450520104013812, JUIZ FEDERAL HENRIQUE GOUVEIA DA CUNHA, TRF1 - 2ª CÂMARA REGIONAL PREVIDENCIÁRIA DE MINAS GERAIS, e-DJF1 DATA:22/11/2017 PAGINA:)

TRIBUTÁRIO E ADMINISTRATIVO. AGRAVOS INTERNOS EM AGRAVO DE INSTRUMENTO. TARIFAS DE USO DOS SISTEMAS DE TRANSMISSÃO E DISTRIBUIÇÃO - TUST E TUSD. OPERAÇÕES DE COMPRA E VENDA DE ENER-

GIA ELÉTRICA INCENTIVADA. RECONTABILIZAÇÃO. TRANSFORMAÇÃO DE DESCONTOS. MUDANÇA DE INTERPRETAÇÃO DAS REGRAS DE COMERCIALIZAÇÃO. IRRETROATIVIDADE DE ATO DO PODER EXECUTIVO. PRINCÍPIOS DA SEGURANÇA JURÍDICA E PROTEÇÃO DA CONFIANÇA. BOA-FÉ DOS COMERCIALIZADORES. SISTEMA OPERACIONAL LACUNOSO. FALHA EM SOFTWARE. MA-FÉ, CONLUIO DOS BENEFICIÁRIOS DO DESCONTO COM TERCEIROS E/OU DOLO EM PREJUÍZO DA ADMINISTRAÇÃO PÚBLICA. NÃO COMPROVAÇÃO. DECISÃO MANTIDA. AGRAVOS INTERNOS NÃO PROVIDOS. AGRAVO DE INSTRUMENTO PROVIDO. [...] 3. Na verdade, qualquer órgão colegiado competente pode, ao interpretar uma norma, dar novo sentido objetivo a um ato de vontade seu, desde que o faça para frente, respeitando as situações de fato e de direito já consolidadas em período pretérito. 4. **Embora não haja na Constituição previsão expressa de irretroatividade dos atos do Poder Executivo, é mais do que cediço, na jurisprudência desta Corte, a observância, em seus atos, aos princípios da segurança jurídica e da proteção da confiança, impedindo sua aplicação retroativa a situações pretéritas.** Precedentes. 5. Ademais, no caso em exame, a novel interpretação foi um meio de superação de situação fática criada por uma lacuna do sistema operacional disponibilizado aos comercializadores de energia, os quais corretamente preenchiam os dados que alimentavam o software, que, por não conter trava aos descontos incabíveis, admitia a transformação dos descontos. 6. A atuação dos órgãos que agem em nome do Poder Executivo goza de presunção de legitimidade e, por isso, princípios como o da boa-fé objetiva ressurgem como garantias de defesa dos indivíduos, ainda mais quando os erros adviveram da própria Administração. [...] 9. Agravos internos de fls. 1.293/1.323 e 1.345/1.356 a que se nega provimento e Agravo de Instrumento a que se dá provimento. (AGRAVO 00100814720174010000, DESEMBARGADORA FEDERAL ÂNGELA CATÃO, TRF1 - SÉTIMA TURMA, e-DJF1 DATA:18/08/2017 PAGINA:)

PREVIDENCIÁRIO. APOSENTADORIA POR INVALIDEZ. INCAPACIDADE TOTAL E PERMANENTE. PERÍCIA ADMINISTRATIVA. CONSTATAÇÃO DE AUSÊNCIA DE INCAPACIDADE. PERÍCIA JUDICIAL. ALEGAÇÃO DO INSS DE INCAPACIDADE À ÉPOCA DA PERÍCIA ADMINISTRATIVA. MESMAS PATOLOGIAS. COMPORTAMENTO CONTRADITÓRIO LESIVO. DESCONSIDERAÇÃO DA ALEGAÇÃO. REQUISITOS COMPROVADOS. BENEFÍCIO DEVIDO. [...] 6. **Caracteriza-se como manifesto comportamento contraditório da Administração lesivo à boa-fé as condutas de reconhecimento, após regular perícia médica, da aptidão da segurada para o exercício de sua atividade profissional e posteriormente, de pretensão à desconsideração deste fato, alegando-se que estas mesmas doenças (artrose e hipertensão) geraram incapacidade naquela mesma época da realização da perícia administrativa na qual a autora ainda não havia reingressado no RPPS. Incide à espécie o princípio de proibição de comportamento contraditório lesivo ("nemo potest venire contra factum proprium").** 7. A sentença analisa precisamente toda a matéria fática, na linha das constatações precedentes, razão pela qual deve ser mantida pelos seus próprios fundamentos. 8. Apelação do INSS improvida. (APELAÇÃO 00024273320124019199, JUIZ FEDERAL WAGNER MOTA ALVES DE SOUZA, TRF1 - PRIMEIRA TURMA, e-DJF1 DATA:12/02/2016 PAGINA:241.)

TRIBUNAL REGIONAL FEDERAL DA 2ª REGIÃO

APELAÇÃO E REMESSA NECESSÁRIA. DIREITO ADMINISTRATIVO. TERRENO DE MARINHA. TAXA DE OCUPAÇÃO, FORO E LAUDÊMIO. PROCEDIMENTO DE DEMARCAÇÃO. REGISTRO DE IMÓVEIS. PRESUNÇÃO DE PROPRIEDADE PARTICULAR. DESPROVIMENTO. 1. A pretensão recursal adstringe-se a perscrutar sobre a viabilidade da ré, por meio de ato administrativo, de forma unilateral, classificar imóvel como terreno/acrescido de marinha, para fins de cobrança de receitas patrimoniais daí resultantes, incidentes sobre tal bem, como taxa de ocupação, foro e laudêmio, de quem detém justo título de propriedade regularmente registrada no Registro de Imóveis, em cuja cadeia dominial ela não figure como proprietária imobiliária. [...] 6. Não se cogita de denegar, na espécie, a propriedade da ré sobre o bem imóvel em pauta, tampouco de se opor título de propriedade particular à alegação de domínio dela. Assevera-se tão só que, em razão do 1 sistema registral vigente, deve-se exigir da ré o devido registro de sua propriedade originária, de raiz constitucional - consistente em terreno de marinha e acrescido reconhecidos como tal por intermédio de procedimento administrativo-demarcatório, validamente desenvolvido e conforme ao Decreto-Lei nº 9.760/46 -, perante o pertinente Registro de Imóvel, para fins de conferir publicidade oficial de seu domínio a terceiros, **de forma que estes se conduzam de boa-fé nas suas transações negociais e, por efeito consequencial, dar efetiva concreção ao princípio maior da segurança jurídica, em suas dimensões objetiva (estabilidade das relações jurígenas, mediante a tutela ao direito adquirido, ao ato jurídico-perfeito e à coisa julgada - art. 5º, inciso XXXVI, da CF) e subjetiva (proteção da confiança legítima), derivado do princípio reitor do Estado de Direito (Canotilho).** 7. Apelação e remessa necessária desprovidas. (AC 01247343820154025001, GUILHERME CALMON NOGUEIRA DA GAMA, TRF2 - 6ª TURMA ESPECIALIZADA., 30/06/2017)

APELAÇAO. BENEFÍCIO PREVIDENCIÁRIO. RESSARCIMENTO AO ERÁRIO. CONFIANÇA LEGÍTIMA. DESNECESSIDADE. 1. Remessa necessária e Recurso de apelação interposto contra sentença que julgou procedente pedido formulado em ação ordinária, para determinar que o INSS se abstivesse de cobrar quaisquer valores a título de ressarcimento ao erário ao demandante, bem como de realizar descontos em seus proventos. 2. Pagamento indevido de auxílio doença, tendo em vista erro na retroação da data de início de incapacidade do beneficiário. A retroação da data de início da incapacidade (DII) para 11.09.2006, por doença isenta de carência, decorreu de decisão de ofício da perícia médica do INSS, evidenciando que o erro na aferição da DII do beneficiário é proveniente da Administração. Tal fato, inclusive, não é contestado pelo INSS, que não aponta qualquer emprego de meio fraudulento pelo recorrido a fim de modificar seu benefício**. 3. Aplicabilidade dos pressupostos da proteção da confiança legítima. As atuações administrativas podem conter vícios de forma e de conteúdo, do ponto de vista fático ou jurídico. A margem de apreciação das autoridades, quando equivocadamente exercida, pode implicar diversos graus de invalidade: nulidade absoluta, nulidade relativa, anulabilidade, irregularidade. Seja qual for o grau de invalidade ou a natureza do vício - salvo para os atos inexistentes -, deve a Administração Pública responder pelos danos que causar aos que nela confiarem e merecerem proteção. A despeito da espécie de erro verificado na atuação administrativa, sendo** meramente material ou de cunho interpretativo, deve a Administração arcar com equívocos por ela cometidos quando presentes os pressupostos da proteção da confiança. 4. Presunção de que não estaria ao alcance do recorrido, pelo espectro de regularidade constituído pela Administração, aferir que houve indevida retroação em seu benefício. Portanto, vislumbra-se no caso concreto a legítima expectativa gerada ao interessado, não lhe sendo possível duvidar, diante do comportamento da Administração Pública, da exatidão dos critérios adotados para determinar o termo inicial de sua incapacidade. Em conclusão, deve ser mantida a sentença, assegurando-se ao apelado o direito de não sofrer descontos em seus proventos a título de reposição ao erário, sendo vedada a cobrança de valores correspondentes. 5. Remessa necessária e recurso de apelação não providos. (AC 00011583220114025006, RICARDO PERLINGEIRO, TRF2 - 5ª TURMA ESPECIALIZADA, 30/06/2017.)

ADMINISTRATIVO. SERVIDOR PÚBLICO. APOSENTADORIA. REVISÃO DE PROVENTOS. PARIDADE E INTEGRALIDADE. INEXISTÊNCIA. EMENDA CONSTITUCIONAL 70/2012. INAPLICABILIDADE. DEVOLUÇÃO DE VALORES. ERRO INTERPRETATIVO DA ADMINISTRAÇÃO. CONFIANÇA LEGÍTIMA. DISPENSA DE RESSARCIMENTO. 1. Remessa necessária e recursos de apelação contra sentença julgou procedente, em parte, pedido formulado em ação ordinária, tendo por objeto a declaração de ilegalidade da revisão de proventos de aposentadoria efetivada pela Administração, reconhecimento das garantias de paridade e integralidade e dispensa de restituição de qualquer montante aos cofres públicos. 2. Aposentadoria proporcional por invalidez concedida à recorrente com fundamento no artigo 40, § 1º, inciso I, da Constituição, com proventos proporcionais calculados na forma do artigo 1º da Lei nº 10.887/2004. 3. A Emenda Constitucional nº 70/2012 estabeleceu critérios para o cálculo e a correção dos proventos da aposentadoria por invalidez dos servidores públicos que ingressaram no serviço público até a data da publicação da Emenda Constitucional nº 41/2003, em 31.12.2003. Recorrente que ingressou nos quadros de pessoal do INSS em 06/07/2006. Inaplicabilidade, em conseguinte, da Emenda Constitucional nº 70/2012 ao caso em tela. 4. As aposentadorias permanentes decorrentes de acidente em serviço, moléstia profissional ou doença grave, contagiosa ou incurável, prevista no rol taxativo da legislação regente, foram expressamente excetuadas pela Constituição da República, de modo que, em tais casos, os proventos não serão proporcionalmente calculados ao tempo de contribuição, e sim integrais, com base na remuneração total do servidor. Dessa forma, a Lei nº 10.887/04 não pode ser aplicada em tais hipóteses, eis que regula as disposições insculpidas no artigo 40, § 3º, da Constituição. No caso concreto, o benefício foi deferido com base na invalidez da demandante para o exercício das atividades laborais. Tal aposentadoria não foi concedida em função de doença prevista no artigo 186, § 1º, da Lei nº 8.112/90, acidente em serviço ou doença profissional, razão pela qual não há que se falar em direito à integralidade para a recorrente. 5. Aplicabilidade, por outro lado, dos pressupostos da proteção da confiança legítima. As atuações administrativas podem conter vícios de forma e de conteúdo, do ponto de vista fático ou jurídico. A margem de apreciação das autoridades, quando equivocadamente exercida, pode implicar diversos graus de invalidade: nulidade absoluta, nulidade relativa, anulabilidade, irregularidade. Seja qual for o grau de invalidade ou a natureza do vício - salvo para os atos inexistentes -, deve a Administração Pública responder pelos danos que causar aos que nela confiarem e merecerem proteção. 6. Equívoco no deferimento da aposentadoria que se refere à aplicabilidade de normas legais e constitucionais, que não foram corretamente conjugadas pela autoridade administrativa. Benefício concedido em 2008, de maneira que somente em 2012 a Administração constatou sua incorreção. Depreende-se, assim, que o pagamento a maior se protraiu por quatro anos, sem que Administração sinalizasse à interessada o equívoco cometido. De tal sorte, constata-se que a Administração proporcionou à recorrente, por certo lapso temporal e sem qualquer contestação, uma atmosfera de regularidade acerca dos valores que lhe eram pagos a título de aposentadoria, contribuindo para configuração de circunstância concreta de confiança por ela criada. 7. Necessidade de distinção, no ponto, de duas hipóteses em que poderia incorrer a Administração. **No que diz respeito à constituição de um benefício, o reconhecimento da confiança legítima implica não apenas efeitos ex tunc, mas também efeitos ex nunc, na medida em que não estaria na margem de discricionariedade da autoridade e tampouco de uma lei revogar um benefício concedido. Porém, quando referente ao cálculo do valor das prestações mensais (base de cálculo, critério de cálculo, cálculo aritmético), as quais são suscetíveis de modificação futura, seja por ato administrativo, seja por lei, sem que necessariamente haja ofensa a direito adquirido, a confiança legítima surtiria efeitos tão somente ex tunc.** (TRF2, 5ª Turma Especializada, AC 201150010127180, Rel. Des. Fed. MARCUS ABRAHAM, DJF2R 12.06.2015; TRF2, 5ª Turma Especializada, AC 200851010163241, Rel. Des. Fed. RICARDO PERLINGEIRO, DJF2R 17.03.2015). 8. Discussão dos autos que refere a critério de cálculo de aposentadoria, tendo em vista que reduzida de 1/3 para 2/30 avos. Nessa circunstância, a Administração apenas fica impedida de cobrar quaisquer valores recebidos anteriormente, não havendo óbice, porém, para que proceda aos ajustes que se façam necessários na quantificação do benefício. 9 Conclui-se, portanto, pela manutenção da sentença recorrida, a fim de possibilitar que a Administração proceda à revisão do benefício da interessada, sem, contudo, cobrar-lhe qualquer valor recebido a anteriormente a título de restituição aos cofres públicos. 10. Remessa necessária e recursos de apelação não providos. (APELREEX 00028086120134025001, RICARDO PERLINGEIRO, TRF2 - 5ª TURMA ESPECIALIZADA, 22/06/2017)

APELAÇÃO CÍVEL - PROPRIEDADE INDUSTRIAL - PROCESSUAL CIVIL - NULIDADE DE PATENTE SUBMETIDA AO SISTEMA MAILBOX - READEQUAÇÃO DO PRAZO DE VIGÊNCIA - ART. 229, PARÁGRAFO ÚNICO C/C ART. 40, CAPUT, DA LPI - RECURSO DE APELAÇÃO PROVIDO. I - É lídima a pretensão da Autarquia Patentária no que toca à revisão dos atos administrativos que deferiram patentes mailbox com prazo de vigência alicerçado no parágrafo único do art. 40, da Lei nº 9.279/96, ao invés do caput do aludido artigo, em face da limitação imposta no parágrafo único do art. 229, do citado diploma legal, que é de clareza solar ao dispor que o prazo da proteção garantida às patentes mailbox é contado a partir da data do seu depósito e limitado ao prazo estabelecido no caput do art. 40, que é de 20 (vinte) anos; II - Não há que se falar em quebra da isonomia, ou que foi desconsiderada a interpretação sistemática da legislação patentária, no caso, porquanto o disposto no art. 229, da LPI, que instituiu o mecanismo mailbox, é regra específica de caráter transitório, que tem aplicação limitada no tempo, devendo por isso mesmo ser interpretada de forma diferenciada em relação às normas que regem as demais patentes de invenção; III - Verificando-se que a ilegalidade na concessão da patente era fácil de ser vista, ante a clareza do dispositivo legal violado (inobservância do prazo previsto no parágrafo único do art. 229 c/c o caput do art. 40, da Lei nº 9.279/96), inclusive pelo titular da patente, **não há que se cogitar na aplicação dos princípios da boa-fé e da confiança legítima, no caso concreto, uma vez que o mesmo preferiu se manter inerte, beneficiando-se do erro da Administração, não se depreendendo que daí decorra boa-fé, ou expectativa de direito legítimo que mereça ser protegida**; IV - Recurso de apelação provido. (AC 01322783920134025101, ANTONIO IVAN ATHIÉ, TRF2 - 1ª TURMA ESPECIALIZADA, 28/04/2017)

ADMINISTRATIVO. SERVIDOR PÚBLICO. PENSIONISTAS. COTAS DE PENSÃO POR MORTE. APLICABILIDADE DA EC Nº 41/2003 E DA LEI Nº 10.887/2004. REPOSIÇÃO AO ERÁRIO MEDIANTE DESCONTO ESTIPENDIAL. PRINCÍPIOS DA BOA-FÉ E SEGURANÇA JURÍDICA. RESP REPETITIVO. - As cotas de pensão por morte de servidor público devem ser pagas em conformidade com a EC nº 41/2003 e a Lei nº 10.887/2004, se o falecimento de seu instituidor se deu em momento posterior. - **Os ditames categóricos do art. 46 da Lei nº 8.112/1990 vêm passando por uma filtragem interpretativa bastante consolidada, a partir dos princípios da boa-fé e segurança jurídica, com os deveres de proteção da confiança e da legítima expectativa, e não-surpresa, os quais, impostos à própria Administração Pública, autorizariam a reposição ao erário mediante desconto estipendial de vencimento ou vantagem pecuniária cuja percepção é tomada como indevida apenas diante da percepção com boa-fé objetiva, sem influência, com dúvida plausível sobre a respectiva regra e com interpretação razoável (embora errônea) da mesma pela Administração Pública** — entendimento este corroborado quando da apreciação do REsp repetitivo nº 1.244.182/PB (Tema nº 531), STJ, Primeira Seção, Rel. Min. BENEDITO GONÇALVES, julg. em 10/10/2012. - Remessa necessária e recurso interposto pela União providos. Recurso interposto pelos pensionistas não provido. (APELREEX 00228269420134025101, SERGIO SCHWAITZER, TRF2 - 7ª TURMA ESPECIALIZADA, 20/03/2017)

ADMINISTRATIVO. RESSARCIMENTO AO ERÁRIO. ESPÓLIO. PAGAMENTO INDEVIDO DE APOSENTADORIA APÓS O ÓBITO. ILEGITIMIDADE PASSIVA DA INSTITUIÇÃO FINANCEIRA DEPOSITÁRIA. 1. Recursos de apelação contra sentença que condenou espólio a restituir à Universidade Federal do Rio de Janeiro (UFRJ) o valor de R$ 1.046,47, tendo em vista o depósito indevido de proventos de aposentadoria após o falecimento do de cujus. Reconhecimento, ainda, da inexistência de responsabilidade do Banco do Brasil S/A, instituição financeira gestora da conta corrente na qual foram efetuados os depósitos em questão. 2. Razões de apelação da UFRJ que discutem a responsabilidade do Banco do Brasil S/A pelo ressarcimento, bem como os honorários de sucumbência fixados em favor da mencionada instituição financeira. 3. O Banco do Brasil S/A atuava como mero banco depositário, creditando os proventos em conta corrente do então servidor mediante autorização prévia da UFRJ. Não teria, portanto, ingerência sobre o contexto em que os respectivos valores foram creditados, tampouco quanto a eventuais saques realizados, limitando-se a cumprir o que determinado pela fonte pagadora. Jurisprudência do TRF2 que, em casos semelhantes, reconhece não apenas a ausência de responsabilidade da instituição financeira, mas também a sua ilegitimidade passiva para integrar o feito. (TRF2, 5ª Turma Especializada, AC 2000.51.01.0306247, Rel. Des. Fed. RICARDO PERLINGEIRO, EDJF2R 19.06.2012; TRF2, 6ª Turma Especializada,

AC 2010.51.01.0044362, Rel. Des. Fed. GUILHERME CALMON NOGUEIRA DA GAMA, EDJF2R 02.09.2010). Sendo a legitimidade passiva de uma das condições da ação, há possibilidade de que sua ausência seja apreciada de ofício, impondo--se, na espécie, a extinção do feito sem resolução de mérito quanto ao Banco do Brasil S/A. 4. Em relação aos honorários advocatícios a serem suportados pela UFRJ quanto ao Banco do Brasil S/A, subsiste a responsabilidade pelo pagamento mesmo após ser reconhecida a ilegitimidade passiva da instituição financeira. A exclusão da lide de demandado considerado ilegítimo em litisconsórcio passivo inicial torna inequívoco o cabimento de verba honorária pelo sujeito processual responsável pela inclusão indevida, por força da sucumbência informada pelo princípio da causalidade. Verba fixada pela sentença em dez por cento do valor da causa, o que totaliza o montante de R$ 540,00. Razoabilidade do valor estabelecido, que se ajusta aos parâmetros do art. 20,§3º CPC/73, aplicável à espécie. 5. As razões de apelo do espólio se referem à suposta existência de julgamento extra petita, bem como à impossibilidade de restituição dos valores pretendidos, tendo em vista seu caráter alimentar. 6. Pedido apresentado pela UFRJ em sua petição inicial que tinha por objeto "a restituição ao domínio da 1 autora dos bens fungíveis irregularmente creditados em conta corrente de titularidade do de cujus citado". Embora tenha indicado em sua petição inicial o período de maio de 2000 como data de realização dos depósitos indevidos, a própria UFRJ esclareceu posteriormente o equívoco de ordem material cometido, indicando a data correta dos créditos em conta corrente do de cujus (setembro de 1999). O erro na indicação das datas dos depósitos na petição inicial não obsta que, com base em documentação idônea apresentada, o julgador reconheça a procedência do pedido (existência de depósitos irregulares a serem ressarcidos) e corrija o erro material verificado, não havendo que se cogitar de julgamento extra petita. **7. Quanto à restituição dos valores em apreço, tem-se que as atuações administrativas podem conter vícios de forma e de conteúdo, do ponto de vista fático ou jurídico. A margem de apreciação das autoridades, quando equivocadamente exercida, pode implicar diversos graus de invalidade: nulidade absoluta, nulidade relativa, anulabilidade, irregularidade. Em observância ao princípio da proteção da confiança legítima, é possível a manutenção dos efeitos favoráveis oriundos de atuações administrativas inválidas, quando as condições postas pela Administração Pública tenham levado o interessado a crer na efetiva segurança e na imutabilidade da situação que até então lhe era proporcionada. Todavia, o reconhecimento definitivo da confiança legítima exigirá, ainda, um juízo de apreciação individual acerca do grau de cogniscibilidade/capacidade de reconhecimento do erro pelo administrado, consideradas suas características pessoais e as circunstâncias específicas do caso concreto. 8. A partir do óbito do servidor, seria possível aferir que a continuidade do pagamento de sua aposentadoria não seria legítima. Com a ocorrência do óbito em 09.08.1999, não subsiste, quanto aos valores depositados e sacados a título de aposentadoria após tal período, aspecto de proteção da confiança legítima, eis que notório aos envolvidos o erro da Administração. As consequências do crédito indevido de valores na conta do ex-servidor após seu óbito, bem como os respectivos saques, devem ser suportados pelo espólio.** 9. Remessa necessária e recursos de apelação não providos. Reconhecimento, de ofício, da ilegitimidade passiva do Banco do Brasil S/A. (AC 00295706220004025101, RICARDO PERLINGEIRO, TRF2 - 5ª TURMA ESPECIALIZADA, 09/02/2017)

ADMINISTRATIVO. PENSÃO POR MORTE. MILITAR. REVERSÃO DE QUOTA-PARTE. D ESCONTOS DE VALORES RECEBIDOS. IMPOSSIBILIDADE. CONFIANÇA LEGÍTIMA. 1. Recurso de apelação interposto contra sentença que determinou à Administração que se abstivesse de realizar descontos em pensão por morte, bem como procedesse à devolução dos valores já descontados. 2. Pensão militar partilhada entre companheira e ex-esposa pensionada de militar. Benefício deferido com quota parte de ½ a cada pensionista. Posterior revisão do benefício, para atribuir maior quota-parte à ex-esposa (9/12), tendo em vista a existência de filhas em comum com o instituidor. Discussão acerca da possibilidade de cobrança dos valores repassados para a companheira, referentes ao período anterior ao novo cálculo da pensão, no qual percebeu o benefício com quota-parte de 50%. **3. Relaciona-se o princípio da segurança jurídica, na sua origem, com a previsibilidade, desdobrando-se nos princípios da publicidade dos atos públicos, da precisão ou clareza das regras de direito e da boa-fé, da qual se deriva, finalmente, o princípio da confiança legítima. 4. O princípio da confiança legítima rompeu com as bases tradicionais do direito administrativo fundadas no princípio da legalidade, possibilitando a manutenção dos efeitos favoráveis oriundos de atuações administrativas inválidas, quando as condições postas pela Administração Pública tenham levado o interessado a crer na efetiva segurança e na imutabilidade da situação que até então lhe era proporcionada.** 5. A despeito da espécie de erro verificado na atuação administrativa, sendo meramente material ou de cunho interpretativo, deve a Administração arcar com equívocos por ela cometidos quando presentes os pressupostos da proteção da confiança. 6. Reconhecimento da confiança legítima que, todavia, não se conduz unicamente por um critério objetivo, calcado na mera existência de ato administrativo viciado que venha produzindo efeitos e traga vantagens a certo particular. Constatação que exige sempre um juízo de apreciação individual acerca do grau de c ogniscibilidade/capacidade de reconhecimento do erro pelo administrado. 7. O ônus de transferir as quotas-partes pertinentes às filhas do instituidor à ex-esposa pensionada caberia à Administração. Ao que se infere dos autos, embora não desconhecesse a existência de tais filhas, a Administração, ao deferir o benefício, o dividiu em partes iguais para a companheira, ora apelada, e a ex- e sposa pensionada. 8. Razoável suposição de que a apelada, enquanto ex-companheira do instituidor, também tivesse conhecimento da existência de filhas oriundas de casamento anterior. No entanto, questões afetas à sua eventual habilitação enquanto pensionistas, bem como a transferência de quotas-partes entre essas e sua genitora, não estaria na esfera de ingerência da recorrida. Repise-se, ademais, que entre as três filhas do instituidor, duas já eram maiores de idade à época do óbito, sendo razoável presumir que, para a ex- companheira, não fariam mais jus a qualquer benefício (ressalvadas as hipóteses legais de pensionamento d e filhas maiores solteiras). 9. Consequências da não atribuição da quota-parte correta às beneficiárias da pensão por morte que devem 1 ser suportadas pela Administração. Descabimento da imputação de responsabilidade por qualquer r estituição de valores. 10. Remessa necessária e recurso de apelação não providos. (APELREEX 01243901920134025101, RICARDO PERLINGEIRO, TRF2 - 5ª TURMA ESPECIALIZADA, 09/02/2017)

ADMINISTRATIVO. APELAÇÃO. EXECUÇÃO FISCAL. MULTA. EXCEÇÃO DE PRÉ- EXECUTIVIDADE. QUITAÇÃO ANTES DO AJUIZAMENTO DA EXECUÇÃO. INEXIGIBILIDADE. 1. A sentença acolheu a exceção de pré-executividade e deu por quitado o débito cobrado, extinguindo o processo, forte em que os documentos idôneos apresentados pelo devedor demonstram cabalmente o adimplemento do valor integral do crédito em 31/05/2013. 2. **"O princípio da confiança decorre da cláusula geral de boa-fé objetiva, dever geral de lealdade e confiança recíproca entre as partes, sendo certo que o ordenamento jurídico prevê, implicitamente, deveres de conduta a serem obrigatoriamente observados por ambas as partes da relação obrigacional, os quais se traduzem na ordem genérica de cooperação, proteção e informação mútuos, tutelando-se a dignidade do devedor e o crédito do titular ativo"** (STJ, EDEREsp 1143216, Rel. Min. Luiz Fux, Primeira Seção, DJE 25/8/2016). 3. Viola os deveres de confiança e boa-fé a conduta administrativa de emitir extrato da dívida em 21/5/2013 com valor indicado para pagamento até 31/5/2013 e, no ínterim, em 28/5/2013, alterar esse valor, ainda que mediante inscrição em dívida. O pagamento integral, na data limite indicada pela própria Administração, evidentemente conduz à satisfação do crédito fiscal, descabendo, a esta altura, surpreender o administrado e promover a cobrança de quantia que já supera 1/3 de tudo o que foi pago. 4. Apelação desprovida. (AC 00193484420144025101, NIZETE LOBATO CARMO, TRF2 - 6ª TURMA ESPECIALIZADA, 12/09/2016)

DIREITO DA PROPRIEDADE INDUSTRIAL E PROCESSUAL CIVIL. REMESSA NECESSÁRIA E APELAÇÃO DE SENTENÇA QUE, COM RELAÇÃO A UM DOS RÉUS, JULGOU IMPROCEDENTE O PEDIDO DE INVALIDAÇÃO DE REGISTRO DE PATENTE REFERENTE A MEDICAMENTO, EM RAZÃO DA VIOLAÇÃO AO PARÁGRAFO ÚNICO DO ARTIGO 229 DA LEI Nº 9.279-96 EM INTERPRETAÇÃO CONJUNTA COM O CAPUT DO ARTIGO 40 DO MESMO DIPLOMA. EXTINÇÃO DO PROCESSO, COM APRECIAÇÃO DO MÉRITO, NOS TERMOS DO ARTIGO 269, III, DO CÓDIGO DE PROCESSO CIVIL, EM RELAÇÃO AOS DEMAIS RÉUS, DEVIDO À HOMOLOGAÇÃO DOS ACORDOS FIRMADOS ENTRE OS RÉUS E O INSTITUTO NACIONAL DA PROPRIEDADE INDUSTRIAL - INPI. I - O parágrafo único do artigo 40 da Lei nº 9.279-96 ofende o caráter temporário dos privilégios sobre patente (inciso XXIX do artigo 5º) ao conferir prazo indefinido à vigência desses registros. II - Ao prever a proteção, anteriormente à data de entrada em vigor da Lei nº 9.279-96, de patente de produtos cujo registro era vedado nos termos da legislação pretérita, o parágrafo único do artigo 229 e o artigo 229-B, acrescentados à referida lei pela Medida Provisória nº 2006-99 (convertida posteriormente na Lei nº 10.196-2001) viola o direito adquirido da coletividade (inciso XXXVI do artigo 5º da Constituição da República) quanto ao acesso a uma série de inventos que estavam em domínio público. III - Não tem o Poder Legislativo competência para editar leis que atribuam patentes para o que já se encontra no estado da técnica e no domínio público como res communis omnium. IV - O "TRIPS" (Acordo sobre os Aspectos da Propriedade Intelectual relativos ao Comércio) constitui uma normativa internacional que tem como destinatário o Estado-Membro, motivo pelo qual não pode ser suscitado pelo titular de patente como fundamento à sua pretensão de manutenção do seu privilégio sobre invenção. V - Conforme o disposto no parágrafo único do artigo 229 da Lei nº 9.279-96, em interpretação conjunta com o caput do artigo 40 do mesmo diploma, os requerimentos de patentes referentes a produtos farmacêuticos e produtos químicos para agricultura que tenham sido depositados entre 1º de janeiro de 1995 e 14 de maio de 1997, devem ter seu prazo de vigência fixados no patamar máximo de vinte anos, contados a partir da data do depósito, e não data da concessão. **VI - O princípio da proteção da** confiança legítima, que é corolário do princípio da segurança jurídica, deve ser ponderado com o princípio da legalidade e sopesado com interesse público inerente ao deferimento e manutenção dos privilégios sobre patentes. VII - A confiança legítima não se confunde com o erro de direito, não obstante se valha de fato individual que afete a emissão de vontade no pressuposto de que procede segundo certo preceito legal, além de se exigir a escusabilidade. É situação que afeta o homem do povo que desconhece o direito e não os técnicos e especialistas doutores que o dominam plenamente. VIII - A confiança legítima tem sua origem na situação de elevado e extremo teor social, que não permite que o indivíduo sofra com a sanção do Estado em sua esfera jurídica, por manifesta ignorância da lei. A proeminência técnica excepcional de um laboratório não permite que se lhe atribuam ignorância com é próprio da pessoa natural, para se eximir de cumprir a lei. IX - A celebração de acordo entre o autor INPI e os réus da presente ação, que tem por objetivo a invalidação, mesmo que parcial, de registros de patentes, não é apta a ensejar, por si só, a sua extinção, com apreciação do mérito, nos termos do artigo 269, III, do Código de Processo Civil, tendo em vista a impossibilidade de disposição de direito que envolva interesse público, como é o caso dos privilégios deferidos sobre invenção, que tem fundamento constitucional (inciso XXIX do artigo 5º) e são sempre deferidos por prazo certo X - Em sede prévia, pronunciamento no sentido de submeter à apreciação do Órgão Especial desta Corte (artigo 97 da Constituição da República e artigo 12, VII do Regimento Interno) o reconhecimento da inconstitucionalidade do parágrafo único do artigo 40 da Lei nº 9.279-96, bem como do parágrafo único do artigo 229 e do artigo 229-B da Lei nº 9.279-96, acrescentados pela Medida Provisória nº 2006-99 (convertida posteriormente na Lei nº 10.196-2001). XI - Em sede preliminar, afastar a alegada ilegitimidade ativa do INPI, haja vista o prerrogativa expressa prevista no artigo 56 da Lei nº 9.279-96, assim como reconhecer a existência de interesse jurídico da autarquia federal no ajuizamento da presente ação, haja vista a evidente necessidade e utilidade do provimento jurisdicional a fim de que sejam invalidados os registros de patentes cujos prazos de vigência foram fixados em contrariedade à lei. XII - No mérito, provimento da remessa necessária e da apelação do INPI para reformar in totum a sentença recorrida, julgando procedente o pedido subsidiário de invalidação parcial dos registros das patentes dos réus de modo a determinar a retificação dos seus prazos de vigência, nos termos do disposto no parágrafo único do artigo 229 da Lei nº 9.279-96, em interpretação conjunta com o caput do artigo 40 do mesmo diploma. (APELREEX 01322792420134025101, ANDRÉ FONTES, TRF2 - 2ª TURMA ESPECIALIZADA, 01/08/2016)

TRIBUNAL REGIONAL FEDERAL DA 3ª REGIÃO

CONSTITUCIONAL E ADMINISTRATIVO. AUDITORIA REALIZADA PELO TRIBUNAL DE CONTAS. DECADÊNCIA E VIOLAÇÃO AO DEVIDO PROCESSO LEGAL. INOCORRÊNCIA. NULIDADE DE ATOS CONCESSIVOS DE LICENÇA-PRÊMIO A MAGISTRADOS. VEDAÇÃO À APLICAÇÃO RETROATIVA DE NOVA INTERPRETAÇÃO ADMINISTRATIVA. PROTEÇÃO DA BOA-FÉ OBJETIVA. IMPOSSIBILIDADE DE DESCONSTUIÇÃO DOS ATOS PRETÉRITOS E DEVOLUÇÃO DE VALORES. SUCUMBENCIA RECÍPROCA.
1. No caso das auditorias realizadas pelo Tribunal de Contas não é realizado o exame de ato específico do qual decorre efeito favorável ao administrado, mas,

de outro modo, é analisada a regularidade da gestão administrativa do órgão. A repercussão sobre eventual direito individual é apenas indireta. 2. Consoante entendimento do Supremo Tribunal Federal, em casos de "fiscalização linear exercida pelo Tribunal de Contas", nos termos do art. 71, IV, da CF/88, não se aplica o prazo de decadência previsto no art. 54 da Lei nº 9.784/99. 3. Ainda que se entenda pela aplicabilidade do prazo decadencial da Lei 9.784/99, o STJ já decidiu que "a vigência do dispositivo, dentro da lógica interpretativa, tem início a partir da publicação da lei, não sendo possível retroagir a norma para limitar a Administração em relação ao passado" (STJ, Corte Especial, MS 9112/DF, Rel. Ministra Eliana Calmon, julgado em 16/02/2005, DJ 14/11/2005 p. 174). 4. A edição da Lei nº 9.784, de 29 de janeiro de 1999, constitui o marco para o início do prazo decadencial para que a Administração passasse a rever os seus atos tidos por ilegais. No caso concreto, a decisão do Tribunal de Contas, ora impugnada, foi proferida em 04/10/2000, ou seja, dentro do prazo decadencial contado a partir da edição da Lei 9.784/99. Decadência não consumada. 5. Inexiste direito ao contraditório conferido aos terceiros indiretamente afetados por decisão da Corte de Contas que seja proferida no exercício de sua competência de efetivar o controle externo sobre a gestão administrativa dos órgãos da Administração em procedimento fiscalizatório abstrato. 6. A decisão proveniente de auditoria realizada pelo TCU em controle abstrato e genérico deverá ser posteriormente aplicada pelo órgão administrativo submetido à fiscalização, quando apenas então as situações individuais e concretas passarão a ser analisadas. Apenas nesse posterior momento o exercício do contraditório deverá ser assegurado aos servidores, em observância à Súmula Vinculante n.º 3 do STF. Precedentes do STF. 7. Correto o apontamento do Tribunal de Contas no sentido de que os atos concessivos de licença-prêmio aos magistrados após a vigência da LOMAN são eivados do vício de ilegalidade, sendo, portanto, nulos. Em regra, se entende que não se originam direitos dos atos administrativos nulos, razão pela qual a declaração da nulidade possui efeitos ex tunc, de modo que o ato é desconstituído desde a origem, nos termos da Súmula 473 do STF. **Contudo, aludido entendimento possui mitigações no que se refere à alteração de orientação administrativa da qual decorra a declaração de nulidade de vantagem remuneratória recebida de boa-fé. 8. O art. 2º, XIII, da Lei 9784/99 expressamente veda a aplicação retroativa de nova interpretação 9. É indevido qualquer desconto nos vencimentos e proventos bem como cobrança a título de ressarcimento por valores recebidos de boa-fé pelos magistrados, já que decorreram de erro interpretativo por parte da Administração Pública, na medida em que o pagamento efetuado possuía aparência de legalidade. 10. Tendo em vista a impossibilidade de retroação de nova orientação administrativa, as razões de segurança jurídica, a proteção à confiança legítima e à boa-fé objetiva, bem como a observância do postulado da razoabilidade, é descabida a desconstituição dos atos concessórios de licença-prêmio no período de 1979 a 1995, assim como a restituição de quaisquer valores decorrentes de tais atos.** 11. Ambas as partes foram parcialmente vencidas, de modo que deve ser reconhecida a existência de sucumbência recíproca e proporcional, de forma a incidir o disposto no artigo 21 do CPC/1973, vigente à época da sentença, razão pela qual os honorários advocatícios devem ser compensados. 12. Apelação da União e remessa oficial parcialmente providas. (ApReeNec 00132141820044036105, JUÍZA CONVOCADA LOUISE FILGUEIRAS, TRF3 - QUINTA TURMA, e-DJF3 DATA:30/01/2018)

CONSTITUCIONAL. ADMINISTRATIVO. PROCESSUAL CIVIL. MANDADO DE SEGURANÇA. SERVIDOR MILITAR INATIVO. PERCEPÇÃO DE BENEFÍCIOS CUMULATIVOS. TAIFEIRO-MOR E SEGUNDO-TENENTE. DIREITO ADQUIRIDO. SEGURANÇA JURÍDICA. IMPOSSIBILIDADE. LEIS 6880/1980 E 12158/2009. DECRETO 7188/2010. REVISÃO DE ATO ADMINISTRATIVO. PRAZO DECADENCIAL. INOCORRÊNCIA. DEVOLUÇÃO DAS PARCELAS AO ERÁRIO. IMPOSSIBILIDADE. VALORES RECEBIDOS DE BOA-FÉ. SENTENÇA MANTIDA. RECURSO DA PARTE IMPETRANTE DESPROVIDO. 1- Não restou configurada a decadência do direito da Administração Militar de revisar o ato que concedeu segunda promoção na inatividade ao apelante, porquanto não decorrido lapso temporal superior a cinco anos entre a edição da portaria que promoveu a majoração de seus proventos, com efeitos financeiros e a deflagração de processo administrativo de revisão. 2- Não há se falar em violação do contraditório e da ampla defesa, porquanto oportunizada a sua manifestação na esfera administrativa. [...]. 6- **Inexiste violação ao princípio da proteção à confiança legítima ou da segurança jurídica, pois a anulação do ato administrativo possui eficácia ex nunc, de modo que não houve aplicação retroativa.** 7- Também não tem o servidor público, civil ou militar, direito adquirido a regime jurídico, sendo-lhe assegurada tão somente a irredutibilidade de vencimentos. 8- No que diz respeito à devolução das parcelas ao erário, ainda que não tivesse sido reconhecida a impossibilidade de interrupção do pagamento da rubrica em questão, não é possível a restituição dos valores, porquanto recebidos de boa-fé pelo demandante. Precedente: RESP n. 1244182/PB, na sistemática do artigo 543-C do CPC/1973. 9- Apelação da parte impetrante a que se nega provimento. Sentença mantida. (Ap 00030122920164036115, DESEMBARGADOR FEDERAL HÉLIO NOGUEIRA, TRF3 - 1ª TURMA, e-DJF3 DATA:30/01/2018

ADMINISTRATIVO. SERVIDORA PÚBLICA. APOSENTADORIA POR INVALIDEZ COM PROVENTOS PROPORCIONAIS. REVISÃO. PROVENTOS INTEGRAIS. TAXATIVIDADE DO ROL LEGAL DE DOENÇAS GRAVES. INCIDÊNCIA DA NORMA VIGENTE AO TEMPO DA INATIVIDADE. DANOS MORAIS NÃO CONFIGURADOS. 1. O Supremo Tribunal Federal fixou tese de repercussão geral no julgamento do Recurso Extraordinário n.º 656.860/MT no sentido de que: "A concessão de aposentadoria de servidor público por invalidez com proventos integrais exige que a doença incapacitante esteja prevista em rol taxativo da legislação de regência". 2. O §1º do art. 186 da Lei 8.112/90 estabelece o rol de doenças incapacitantes que fundamentam a concessão de aposentado por invalidez com proventos integrais aos servidores públicos federais. No caso concreto, as doenças que acometem a aposentada não se enquadram no rol, o que torna seu pleito de pagamentos integrais improcedente. **3. Os proventos da aposentadoria são regulados pela norma em vigor ao tempo do preenchimento dos requisitos para a inatividade. Ademais, o vínculo funcional existente entre o servidor e a Administração Pública é de direito público, inexistindo fundamento que possibilite a invocação de expectativa de direito em face de nova ordem constitucional, ante a prevalência dos princípios da segurança jurídica e da proteção da confiança legítima.** 4. Não houve afronta a direito adquirido, nos termos do art. 5º, inciso XXXVI, da Constituição Federal e do art. 6º da Lei de Introdução às Normas do Direito Brasileiro - LINDB, uma vez que a apelante somente reuniu os requisitos para a aposentação por invalidez permanente sob a égide da EC 41/2003. 5. No que concerne aos danos morais pleiteados pela autora, o artigo 5º, X, da Constituição Federal assegurou, expressamente, a todos que sofram violação do direito à imagem, à intimidade, à vida privada e à honra a indenização por danos morais. Além disso, a Lei Maior, em seu artigo 37, §6º, estabeleceu a responsabilidade civil objetiva do Estado pelos danos causados por seus agentes a terceiros. 6. Incabível a condenação da União Federal ao pagamento de danos morais, pois não houve infringência às normas legais concernentes aos danos alegados pela parte autora. Não ocorreu lesão ao direito da personalidade da apelante, na medida em que o benefício de aposentadoria por invalidez fora concedido em observância ao princípio da legalidade estrita. 7. Recurso de apelação não provido. (Ap 00194343720104036100, JUÍZA CONVOCADA LOUISE FILGUEIRAS, TRF3 - QUINTA TURMA, e-DJF3 DATA:01/12/2017)

TRIBUTÁRIO. APELAÇÃO. DÉBITOS DA CPMF. MIGRAÇÃO DE PARCELAMENTO FISCAL. PAES E LEI Nº 11.941/2009. POSSIBILIDADE. ENTENDIMENTO SEDIMENTADO PELO STJ. - A jurisprudência do STJ dá respaldo à tese da impetrante no sentido de que é possível a inclusão de débitos relativos à CPMF no programa de parcelamento instituído pela Lei n. 11.491/2009, ainda que justificada a negativa da inclusão pela vedação prevista no art. 15 da Lei n. 9.311/96 (AgRg no REsp 1404686/SC, 2ª Turma, Rel. Min. Humberto Martins, DJe de 16/12/2013; AgRg no REsp 1405613/PE, 2ª Turma, Rel. Min. Mauro Campbell Marques, DJe de 04/12/2013; REsp 1361805/PR, 2ª Turma, Rel. Min. Eliana Calmon, DJe de 26/06/2013. [...] a alteração do entendimento da receita federal sobre o parcelamento, autorizado até então no PAES e vedado no REFIS IV (ressalte-se, após 8 anos), promove **flagrante insegurança jurídica e compromete o planejamento financeiro do contribuinte, procedimento vedado pelo art. 146 do CTN, o qual positiva em nível infraconstitucional a proteção da confiança do contribuinte na administração tributária**. Se a Administração identifica como correta uma determinada interpretação da norma e depois verifica não ser ela a mais adequada, tem o poder-dever de, em face da legalidade, promover a alteração do seu posicionamento. Entretanto, em respeito ao postulado da proteção da confiança legítima, deve resguardar o direito do contribuinte em relação a atos administrativos consolidados à luz de critério anteriormente adotado. (...) Ante a inexistência de dispositivo legal vigente, estabelecendo expressa proibição de inclusão dos débitos da CPMF em programas de parcelamento e, em respeito ao princípio da segurança jurídica, deve-se reconhecer estar o comportamento do Fisco, no caso, vinculado na relação com o contribuinte, devendo, portanto, especialmente em face as peculiaridades do caso concreto, ser autorizada a inclusão dos débitos relativos à falta de recolhimento da CPMF no parcelamento autorizado pela Lei n. 11.491/2009." - Ressalte-se por fim, que o art. 41 da Lei 13.043/2014, dispõs: Os débitos relativos à Contribuição Provisória sobre Movimentação ou Transmissão de Valores e de Créditos e Direitos de Natureza Financeira - CPMF podem ser parcelados nos termos da Lei no 12.996, de 18 junho de 2014, não se aplicando a vedação contida no art. 15 da Lei no 9.311, de 24 de outubro de 1996. - No caso concreto, há de ser mantida a r sentença de primeiro grau, que concedeu a segurança. - Apelação e remessa oficial improvidas. (AMS 00063021620114036119, JUIZA CONVOCADO SIDMAR MARTINS, TRF3 - QUARTA TURMA, e-DJF3 DATA:27/03/2017)

PROCESSO CIVIL: AGRAVO LEGAL. ARTIGO 557 DO CPC. APELAÇÃO EM MANDADO DE SEGURANÇA. NULIDADE DE ATO ADMINISTRATIVO.

VALORES DE CONTRIBUIÇÕES PREVIDENCIÁRIAS DEVIDAS MAS NÃO DESCONTADAS NA ÉPOCA CERTA. I - Observa-se que o artigo 557, caput, do Código de Processo Civil, com a redação dada pela Lei nº 9.756, de 17 de dezembro de 1998, trouxe inovações ao sistema recursal, com a finalidade de permitir maior celeridade à tramitação dos feitos, vindo a autorizar o relator, por mera decisão monocrática, a negar seguimento a recurso manifestamente inadmissível, improcedente, prejudicado ou em confronto com súmula ou jurisprudência dominante do respectivo tribunal, do Supremo Tribunal Federal, ou de Tribunal Superior. Da mesma forma, o parágrafo 1º-A do referido artigo prevê que o relator poderá dar provimento ao recurso se a decisão recorrida estiver em manifesto confronto com súmula ou com jurisprudência dominante do Supremo Tribunal Federal ou de Tribunal Superior. Justificada, portanto, a decisão solitária deste Relator. II - Rejeito a matéria preliminar arguida. A Autarquia é parte legítima para figurar no pólo passivo da presente ação, uma vez que em sede de mandado de segurança deve figurar no pólo passivo a autoridade que por ação ou omissão deu causa à lesão jurídica. O Instituto de Previdência é o órgão gestor e pagador do benefício da qual usufrui a impetrante. Assim, rejeito a matéria preliminar. III - No mérito, o Superior Tribunal de Justiça pacificou o entendimento no sentido de que **descabe a restituição ao erário sobre valores percebidos pelos servidores públicos em decorrência de erro da Administração Pública, inadequada ou errônea interpretação da lei, desde que constatada a boa-fé do beneficiado, uma vez que em virtude do princípio da legítima confiança, o servidor em regra, tem a justa expectativa de que são legais os valores pagos pela Administração Pública, visto que gozam de presunção de legalidade.** IV - Agravo legal não provido. (AMS 00189586220114036100, DESEMBARGADOR FEDERAL ANTONIO CEDENHO, TRF3 - SEGUNDA TURMA, e-DJF3 DATA:16/07/2015)

TRIBUNAL REGIONAL FEDERAL DA 4ª REGIÃO

TRIBUTÁRIO. PIS E COFINS. LEI Nº 11.196, DE 2005. PRODUTOS DE INFORMÁTICA. **PROTEÇÃO DA CONFIANÇA. SEGURANÇA JURÍDICA**. VAREJISTAS. ALÍQUOTA ZERO. LEI Nº 13.241, DE 2015. REVOGAÇÃO. VALIDADE. 1. A proteção da confiança impede que benefícios fiscais concedidos por prazo certo e mediante o implemento de certas condições fixadas por lei venham a ser livremente suprimidos. As expectativas depositadas pelos contribuintes na continuidade do benefício dentro do prazo fixado não podem ser frustradas pelo legislador quando se tratar de benefícios condicionais. 2. A redução para zero das alíquotas do PIS/COFINS era simples favor fiscal para os varejistas. Não havia condição alguma para que o contribuinte tivesse direito ao benefício, cuja revogação observou a anterioridade nonagesimal, não havendo violação aos princípios da segurança jurídica, moralidade e boa-fé objetiva. 3. São válidas as disposições do art. 9º da MP 690/15 e sua conversão na Lei nº 13.241, de 2015. (TRF4, AC 5003140-65.2016.4.04.7204, PRIMEIRA TURMA, Relator ALEXANDRE ROSSATO DA SILVA ÁVILA, juntado aos autos em 27/03/2018)

Embargos à execução fiscal. IBAMA. Descabimento da multa. Concessão de prazo para regularização ambiental descumprido. 1. Não pode a Administração conceder prazo para que sejam sanadas eventuais irregularidades e, cumprido o prazo, lavrar auto de infração relativo ao período concedido. **Isto** é consequência do princípio da proteção da confiança, que veda a prática de comportamentos contraditórios no curso do tempo. 2. Ainda que tenha ficado a SUPRG sem o plano de emergência individual, nos termos exigidos, no interregno compreendido entre 18/04/2006 e 19/10/2007, o fato de ter o IBAMA expressamente permitido a apresentação do referido documento até outubro de 2007 fulmina a autuação levada a cabo pelo órgão ambiental. (TRF4, AC 5003172-59.2014.4.04.7101, TERCEIRA TURMA, Relatora MARGA INGE BARTH TESSLER, juntado aos autos em 26/03/2018)

PREVIDENCIÁRIO. EMBARGOS À EXECUÇÃO. ALTERAÇÃO INDEVIDA DOS SALÁRIOS-DE-CONTRIBUIÇÃO. 1. Tendo o título executivo judicial se limitado a alterar o percentual da renda mensal inicial, é indevida a alteração dos salários-de-contribuição anteriormente utilizados pelo INSS, no momento do cumprimento da sentença. 2. Admitir que o INSS altere os valores dos salários-de-contribuição conduz a **situação de grave violação à segurança jurídica, no seu aspecto de proteção da confiança do segurado em relação à correta utilização original dos salários-de-contribuição**, que embasou a manutenção do benefício por longos anos. 3. Apelação improvida. (TRF4, AC 5001369-57.2013.4.04.7204, SEXTA TURMA, Relator ARTUR CÉSAR DE SOUZA, juntado aos autos em 19/03/2018)

TRIBUTÁRIO. Medida Provisória n.º 774/2017. ALTERAÇÃO DA FORMA DE RECOLHIMENTO. A alteração abrupta da forma de recolhimento da contribuição previdenciária, ainda que não viole a anterioridade mitigada, **representa flagrante inobservância à segurança jurídica, à proteção da confiança legítima e à boa-fé objetiva do contribuinte, princípios esses que são balizas à integridade do sistema tributário.** Mantido o regime de cobrança da contribuição previdenciária patronal sobre a receita bruta ou faturamento até dezembro de 2017. (TRF4 5006762-30.2017.4.04.7201, SEGUNDA TURMA, Relator SEBASTIÃO OGÊ MUNIZ, juntado aos autos em 04/10/2017)

TRIBUTÁRIO. PIS. COFINS. LEI Nº 11.196/2005. "LEI DO BEM". PROGRAMA DE INCLUSÃO DIGITAL. PRODUTOS DE INFORMÁTICA. ALÍQUOTA ZERO. MP Nº 690/2015. AUMENTO ALÍQUOTA. LEGALIDADE. Segundo o entendimento prevalente neste Colegido, a Medida Provisória 690/2015, convertida na Lei nº 13.241/2015, não está revogando uma isenção concedida por prazo certo e sob determinadas condições, mas simplesmente majorando alíquota em conformidade com todos os critérios constitucionais exigidos, sendo, pois, inaplicável o disposto no artigo 178 do Código Tributário Nacional. Ressalva do entendimento do relator, no sentido de que à revogação de alíquota zero, concedida por prazo certo e sob condições, aplica-se o disposto no art. 178 do CTN, que, interpretado a contrario sensu, veda a revogação das isenções onerosas antes de decorrido integralmente o prazo originalmente estabelecido para a sua vigência. Isso porque **tal preceito da codificação tributária não é senão uma projeção específica dos princípios constitucionais da segurança jurídica e da proteção da confiança** e, por essa razão, o seu comando haveria de ser respeitado mesmo que o CTN silenciasse a respeito. Deve ser considerada, contudo, a peculiaridade de a revogação estabelecida pela MP nº 690/2015 alcançar mera prorrogação do incentivo, e não o prazo originalmente fixado pela Lei nº 11.196/2005. (TRF4, AC 5007055-13.2016.4.04.7111, SEGUNDA TURMA, Relator ANDREI PITTEN VELLOSO, juntado aos autos em 27/09/2017)

DIREITO ADMINISTRATIVO. ADUANEIRO. ANVISA. LIBERAÇÃO DE MERCADORIA IMPORTADA. Embora a empresa tenha comunicado à ANVISA a alteração de nome do fabricante, assim como a inclusão do termo 'Classic' no rótulo do produto ainda no ano de 2013, constata-se que o expediente não foi ultimado, não sendo registradas as devidas alterações em razão da forma errônea pela qual havia sido veiculada a petição contendo tais informações. A despeito da irregularidade existente quanto ao registro do nome do fabricante e da denominação constante no rótulo do produto importado, sua importação vinha sendo deferida pela ANVISA nesses moldes, quando, subitamente, sem qualquer novo elemento que justificasse a alteração de comportamento, passou a exigir a regularização dos aludidos itens para deferir sua importação. **Tal comportamento vai de encontro à proteção da confiança do administrado que, de boa-fé, supunha regularizada a situação, tendo em vista os repetidos atos de deferimento de importação, os quais, gozam, inclusive, de presunção de legitimidade, ao que há de somar-se o fato de as irregularidades aventadas pela autarquia ré serem de ordem meramente formal**. (TRF4, AC 5073199-36.2015.4.04.7100, QUARTA TURMA, Relatora VIVIAN JOSETE PANTALEÃO CAMINHA, juntado aos autos em 28/08/2017)

Agravo de instrumento. Processo sletivo. Sisu/enem. Vagas. Lei 13.409/2016. Edital. Retroação. Impossibilidade. 1. **A pretensão do autor de alterar as disposições do edital em questão, encontra óbice na necessária observância, pela UFPR, ao princípio da vinculação ao instrumento convocatório, ao princípio da segurança jurídica, bem como aos princípios da proteção da confiança e da boa-fé**. 2. O edital constitui a lei do concurso público, vinculando não apenas os administrados que a ele aderem como, também, a Administração Pública. Tal é a essência do princípio da vinculação ao instrumento convocatório. 3. Por força do princípio *tempus regit actum*, tem-se que, se à época da veiculação do edital inexistia lei versando sobre política de ações afirmativas, o diploma legal superveniente não retroage para modificar o instrumento convocatório já consolidado, sendo aplicável somente aos concursos vindouros. 4. No caso dos autos, embora a divulgação do edital da UFPR tenha sido divulgado na internet 20 dias após a vigência da Lei 13.409/2016, que veio acrescentar a previsão de cotas também para as pessoas com deficiência, o fato é que a adesão da instituição de ensino ao sistema SISU, se deu anteriormente (02/12/2016) à vigência da referida lei, consoante se vê no site da UFPR. Tal fato é de suma importância, porquanto é no ato de adesão da instituição de ensino ao sistema do SISU, é que ela informa à Secretaria de Educação Superior - SESu do MEC, com precisão e em caráter definitivo, o número de vagas disponibilizadas curso a curso, pelo acesso universal e pelo sistema de cotas, e este, ainda dividido entre egressos de escola pública, renda familiar, e e raciais de acordo com o censo do IBGE, na forma dos art.s 1º e 3º da Lei 12.711/2012. (TRF4, AG 5005466-42.2017.4.04.0000, TERCEIRA TURMA, Relatora MARGA INGE BARTH TESSLER, juntado aos autos em 14/06/2017)

ADMINISTRATIVO. SERVIDOR PÚBLICO. ADICIONAL DE QUALIFICAÇÃO. SUPRESSÃO. DESCABIMENTO. PRAZO DECADENCIAL. 1. A Lei 9.784/99, em seu art. 54, §1º, prevê o prazo decadencial de cinco anos para a Administração anular os atos administrativos de que decorram efeitos favoráveis ao destinatário, salvo comprovada má-fé. 2. **Muito embora a Administração Pública esteja submetida ao princípio da legalidade estrita do art. 37 da Carta**

Magna, **há de se reconhecer a existência de situações em que se impõe a sua ponderação com o princípio da segurança jurídica, no intuito de evitar prejuízo desproporcional a este outro valor, igualmente protegido pelo ordenamento e integrante da noção de Estado de Direito.** Dessa linha de raciocínio, consagrou-se a possibilidade de preservação, após o decurso de razoável lapso de tempo, de atos administrativos ilegais que tragam efeitos favoráveis a seus destinatários e que estejam revestidos de aparência de legalidade, privilegiando-se, assim, a estabilidade das relações jurídicas e a proteção da confiança do administrado. 3. O exame dos juros e correção monetária sobre o valor da condenação deve ser diferido para a fase de execução da sentença, conforme esta 3ª Turma decidiu na Questão de Ordem nº 0019958-57.2009.404.7000/PR, julgada em 10/12/2014. (TRF4 5002127-56.2015.4.04.7110, TERCEIRA TURMA, Relatora MARGA INGE BARTH TESSLER, juntado aos autos em 17/05/2017)

ADMINISTRATIVO. SERVIDOR PÚBLICO CIVIL. UFRGS. REMUNERAÇÃO. HORAS EXTRAS. CONCESSÃO PERANTE A JUSTIÇA DO TRABALHO. REVISÃO ADMINISTRATIVA. DECADÊNCIA. REPOSIÇÃO AO ERÁRIO. BOA-FÉ. INVIABILIDADE. JUROS DE MORA E CORREÇÃO MONETÁRIA. 1. A supressão guerreada fora decorrente dos atos de gestão funcional da instituição de ensino em relação aos seus servidores, na administração de seu orçamento, ante sua autonomia financeira, não merecendo acolhida a aventada ilegitimidade passiva. 2. A circunstância de a autarquia haver dado cumprimento a uma decisão do Tribunal de Contas da União é irrelevante para conferir legitimidade à União, ou ao TCU. 3. Não obstante o entendimento de que a aposentadoria somente está perfeitamente acabada por ocasião da última manifestação do Tribunal de Contas ao apreciar sua legalidade, há que se considerar que, no caso concreto, não se trata de decadência do prazo para a revisão do ato de aposentadoria, mas do prazo decadencial de revisar o ato que manteve a incorporação das horas extras posteriormente ao início da vigência da Lei nº 8.112/90. Daí se concluir que a Administração não pode ignorar a vantagem para fins de cálculo dos proventos de aposentadoria e de pensão. Ainda que se tratem de atos praticados anteriormente à vigência da Lei nº 9.784/99, já se afigurava excessivo conceder à Administração o direito de revisar seus atos a qualquer tempo. *Precedentes.* 4. **Consagrou-se a possibilidade de preservação, após o decurso de razoável lapso de tempo, de atos administrativos ilegais que tragam efeitos favoráveis a seus destinatários e que estejam revestidos de aparência de legalidade, privilegiando-se, assim, a estabilidade das relações jurídicas e a proteção da confiança do administrado.** 5. Diante da natureza alimentar das verbas salariais, a jurisprudência é pacífica no sentido de ser **incabível o desconto quando o equívoco resulta de erro administrativo e/ou a quantia é recebida de boa-fé pelo servidor.** 6. O exame da matéria referente aos juros de mora e correção monetária deve ser diferido para a fase de execução da sentença, conforme já decidiu esta 3ª Turma (Questão de Ordem nº 0019958-57.2009.404.7000/PR). 7. Apelação e remessa oficial parcialmente providas. (TRF4 5003098-37.2016.4.04.7100, TERCEIRA TURMA, Relator FRIEDMANN ANDERSON WENDPAP, juntado aos autos em 23/02/2017)

RESTABELECIMENTO DE RENDA MENSAL DE BENEFÍCIO. REVISÃO. EXERCENTE DE MANDATO ELETIVO. VICE-PREFEITO. CONTRIBUIÇÕES PREVIDENCIÁRIAS. DESCONTOS. CARÁTER ALIMENTAR DAS PRESTAÇÕES PREVIDENCIÁRIAS. AUSÊNCIA DE MÁ-FÉ. 1. A Administração, em atenção ao princípio da legalidade, tem o poder-dever de anular seus próprios atos quando eivados de vícios que os tornem ilegais (Súmulas 346 e 473 do STF), **o que, porém, tendo em vista os princípios da segurança jurídica e da proteção da confiança, deve ser limitado no tempo seja em face da decadência, seja quando, associada ao transcurso de um certo período, encontrar-se situação que, frente a peculiares circunstâncias (significativo tempo decorrido entre a data da concessão do benefício e a da sua revisão administrativa, causas da concessão do benefício, condições sociais do interessado, sua idade, etc), exija a proteção jurídica de beneficiários de boa-fé, ressalvadas hipóteses de fraude**. 2. Até o advento da Lei nº 10.887/04, o reconhecimento do labor de exercente de mandato eletivo - como é o caso do vice-prefeito - para fins previdenciários exige a devida prova do recolhimento das contribuições respectivas; a partir de então, tal ônus passa ao encargo do Município a que aquele é vinculado, de forma que fica dispensada tal comprovação. 3. Esta Corte vem se manifestando no sentido da impossibilidade de repetição dos valores recebidos de boa-fé pelo segurado, dado o caráter alimentar das prestações previdenciárias, sendo relativizadas as normas dos arts. 115, II, da Lei nº 8.213/91, e 154, § 3º, do Decreto nº 3.048/99. 4. Hipótese em que, diante do princípio da irrepetibilidade ou da não-devolução dos alimentos, deve ser afastada a cobrança dos valores determinada pela autarquia. (TRF4, APELREEX 0009233-86.2016.4.04.9999, QUINTA TURMA, Relator ROGERIO FAVRETO, D.E. 26/01/2017)

ADMINISTRATIVO. Reexame necessário. PROGRAMA CIÊNCIA SEM FRONTEIRAS. NOTA DO ENEM. REQUISITO. MANUTENÇÃO DA SENTENÇA. 1. **Hipótese em que prestigiados os princípios da igualdade material e da proteção da confiança, ambos expressões axiológicas do Estado de Direito**. 2. Cumpre registrar que não foi reconhecida a ilegitimidade abstrata da consideração da nota obtida no ENEM em Programas Governamentais e, sim, apenas compatibilizou a intenção Administrativa com o princípio da segurança jurídica, amparado pelo texto da CRFB (artigo 5º XXXVI).   (TRF4 5007034-57.2013.4.04.7009, TERCEIRA TURMA, Relator FERNANDO QUADROS DA SILVA, juntado aos autos em 09/11/2016)

PREVIDENCIÁRIO. REVISÃO DE BENEFÍCIO. ESCALA BASE DE SALÁRIOS. PBC. DECADÊNCIA. COISA JULGADA. ILEGALIDADE CONSTATADA. 1. Caracterizada a ocorrência da tríplice identidade - partes, pedido, e causa de pedir - que conduz ao reconhecimento da litispendência ou, como ocorre in casu, da coisa julgada, ainda que a causa de pedir imediata não seja a mesma nas duas ações consideradas, bastando, para tanto, a coincidência quanto à causa de pedir mediata - o bem da vida buscado. Precedente do STJ. 2. A Administração tem o poder-dever de anular seus próprios atos quando eivados de vícios que os tornem ilegais (Lei 9.784/2002 e Súmulas 346 e 473 do STF). 3. **A revisão administrativa dos benefícios previdenciários implica a dialética entre a constatação de ilegalidade no ato de concessão e as razões de segurança jurídica, proteção da confiança e devido processo legal. Quando a revisão está relacionada a evidenciar uma ilegalidade existente no ato de concessão, o poder-dever do INSS revisar seus atos administrativos é exercido de modo legal e legítimo**. 4. A simulação de vínculo trabalhista, com o intuito de majoração da renda mensal inicial do benefício, uma vez comprovada, faz nascer o poder-dever de rever o ato concessório da aposentadoria. 5. Os salários-de-contribuição representam a participação individual do segurado para o custeio do sistema previdenciário e influenciam diretamente no cálculo da renda mensal inicial dos benefícios. Em outra perspectiva, também representa o limite da obrigação da Previdência Social que não ser alterada pelo arbítrio de qualquer das duas partes envolvidas. 6. Não há qualquer possibilidade de modificação do conteúdo do salário-de-contribuição, por não haver disponibilidade sobre os efeitos da ocorrência da hipótese de incidência das normas que o estabelecem, assim como não é possível utilizar-se uma decisão desfavorável para alterar o cálculo do benefício, o qual deve seguir estritamente as regras legais, sem desconsideração de quaisquer eventos que integram os seus respectivos suportes fáticos. (TRF4, AC 0004080-43.2014.4.04.9999, QUINTA TURMA, Relator ROGER RAUPP RIOS, D.E. 07/11/2016)

PREVIDENCIÁRIO. RESTABELECIMENTO DE BENEFÍCIO. REVISÃO. DECADÊNCIA. LEI 9.784/99. SEGURANÇA JURÍDICA. ÔNUS PROBATÓRIO. APELAÇÃO IMPROVIDA. 1. De acordo com entendimento pacificado pelo Superior Tribunal de Justiça por ocasião do julgamento do Recurso Especial Repetitivo n.º 1.114.938/AL (Rel. Ministro Napoleão Nunes Maia Filho, 3.ª Seção, Unânime, julgado em 14.04.2010), os benefícios previdenciários concedidos antes do advento da Lei n.º 9.784, de 29 de janeiro de 1999, têm, como termo inicial do prazo decadencial, a data de vigência da norma que o estabeleceu, ou seja, 01/02/1999. Já para os benefícios concedidos sob a égide da referida legislação, o termo inicial do prazo decadencial a ser considerado é a data do respectivo ato. 2. A Administração, em atenção ao princípio da legalidade, tem o poder--dever de anular seus próprios atos quando eivados de vícios que os tornem ilegais (Súmulas 346 e 473 do STF), o que, porém, **tendo em vista os princípios da segurança jurídica e da proteção da confiança, deve ser limitado no tempo seja em face da decadência, seja quando, associada ao transcurso de um certo período, encontrar-se situação que, frente a peculiares circunstâncias (significativo tempo decorrido entre a data da concessão do benefício e a da sua revisão administrativa, causas da concessão do benefício, condições sociais do interessado, sua idade, etc), exija a proteção jurídica de beneficiários de boa-fé, ressalvadas hipóteses de fraude. 3. Hipótese em que não restou demonstrada qualquer ilegalidade ou fraude no ato concessório, de modo que deve ser restabelecido o benefício desde a sua cessação.** 4. As normas que versam sobre correção monetária e juros possuem natureza eminentemente processual, e, portanto, as alterações legislativas referentes à forma de atualização monetária e de aplicação de juros, devem ser observadas de forma imediata a todas as ações em curso, incluindo aquelas que se encontram na fase de execução. 5. Visando não impedir o regular trâmite dos processos de conhecimento, firmado em sentença, em apelação ou remessa oficial o cabimento dos juros e da correção monetária por eventual condenação imposta ao ente público, a forma como será apurada a atualização do débito deve ser diferida (postergada) para a fase de execução, observada a norma legal em vigor. (TRF4, AC 5026196-21.2015.4.04.9999, QUINTA TURMA, Relatora ANA PAULA DE BORTOLI, juntado aos autos em 18/10/2016)

APELAÇÃO CÍVEL. PREVIDENCIÁRIO. MANDADO DE SEGURANÇA. AVERBAÇÃO DE TEMPO ESPECIAL. MANUTENÇÃO. Inexistindo provas de ilegalidade referente ao direito já reconhecido, não pode a Administração, a seu dissabor reaver tal situação. **Deve ser reconhecido o direito líquido e certo da impetrante, em respeito a proteção da confiança** e da boa-fé do administrado perante a autarquia previdenciária. (TRF4 5020914-57.2015.4.04.7200, QUINTA TURMA, Relator LUIZ ANTONIO BONAT, juntado aos autos em 30/09/2016)

ADMINISTRATIVO. SERVIDOR PÚBLICO CIVIL. UFRGS. LEGITIMIDADE PASSIVA. DECADÊNCIA. SEGURANÇA JURÍDICA. VALORES PERCEBIDOS DE BOA-FÉ. REPOSIÇÃO AO ERÁRIO. IMPOSSIBILIDADE. CORREÇÃO MONETÁRIA E JUROS DE MORA. VERBA HONORÁRIA. 1. Nos termos do artigo 207 da Constituição Federal, *as universidades gozam de autonomia didático--científica, administrativa e de gestão financeira e patrimonial, e obedecerão ao princípio de indissociabilidade entre ensino, pesquisa e extensão*, não merecendo acolhida a aventada ilegitimidade passiva da UFRGS. 2. A circunstância de a autarquia haver dado cumprimento a uma decisão do Tribunal de Contas da União é irrelevante para conferir legitimidade à União, ou ao TCU. 3. Muito embora a Administração Pública esteja submetida ao princípio da legalidade estrita do art. 37 da Carta Magna, há de se reconhecer a existência de situações em que se impõe a sua **ponderação com o princípio da segurança jurídica, no intuito de evitar prejuízo desproporcional a este outro valor, igualmente protegido pelo ordenamento e integrante da noção de Estado de Direito. Dessa linha de raciocínio, consagrou-se a possibilidade de preservação, após o decurso de razoável lapso de tempo, de atos administrativos ilegais que tragam efeitos favoráveis a seus destinatários e que estejam revestidos de aparência de legalidade, privilegiando-se, assim, a estabilidade das relações jurídicas e a proteção da confiança do administrado.** 4. Diante da natureza alimentar das verbas salariais, a jurisprudência é pacífica no sentido de ser incabível o desconto quando o equívoco resulta de erro administrativo e/ou a quantia é recebida de boa-fé pelo servidor/pensionista. 5. Não há como deixar de homenagear a proteção à verba alimentar e à boa-fé da pensionista - que em momento algum contribuiu para o inadequado pagamento da rubrica. 6. O exame da matéria referente aos juros de mora e correção monetária deve ser diferido para a fase de execução da sentença, conforme já decidiu esta 3ª Turma (Questão de Ordem nº 0019958-57.2009.404.7000/PR). 7. Considerando o disposto no artigo 20, § 4º, do Código de Processo Civil de 1973, o tempo de tramitação do feito, o trabalho desenvolvido pelo advogado, a natureza e complexidade da demanda, bem como o seu valor, entendo que os honorários advocatícios devem ser majorados para R$ 4.000,00 (quatro mil reais), valor razoável e que atende aos referidos ditames legais. 8. Apelação da autora provida. Apelação da UFRGS e remessa oficial parcialmente providas. (TRF4 5008259-62.2015.4.04.7100, TERCEIRA TURMA, Relator FERNANDO QUADROS DA SILVA, juntado aos autos em 12/08/2016)

APELAÇÃO. ADMINISTRATIVO. SERVIDOR PÚBLICO. UNIRIO. INEXIGIBILIDADE DE DÉBITO PREVIDENCIÁRIO. DEVOLUÇÃO DE VALORES JÁ DESCONTADOS PELA ADMINISTRAÇÃO. IMPOSSIBILIDADE DE REPOSIÇÃO AO ERÁRIO. LEGALIDADE DO ATO QUE READAPTOU O VALOR DO BENEFÍCIO. CONSECTÁRIOS LEGAIS. 1. **Nos casos em que houver um transcurso de longo tempo entre a publicação da portaria de concessão do benefício e a análise da legalidade do ato, o STF exige o respeito ao contraditório e à ampla defesa, em observância ao princípio da segurança jurídica e da proteção da confiança.** 2. Não há que se falar em transcurso de longo tempo no caso em tela, pois a concessão da aposentadoria se deu em 20/07/2006 e a determinação da revisão do valor do benefício ocorreu em 27/07/2009, apenas três anos após o ato de concessão. 3. A jurisprudência dominante inclina-se no sentido de que o servidor público que, de presumida boa-fé, recebeu alguma vantagem financeira, em decorrência de errônea interpretação ou aplicação de norma legal pela Administração, está dispensado de devolver os valores tidos por indevidamente pagos àquele título. 4. O exame dos juros e da correção monetária incidentes sobre o valor da condenação deve ser diferido para a fase de execução da sentença, conforme o precedente da Terceira Seção do STJ (EDcl no MS 14.741/DF, DJe 15/10/2014). (TRF4 5019206-92.2012.4.04.7000, QUARTA TURMA, Relator EDUARDO VANDRÉ O L GARCIA, juntado aos autos em 26/07/2016)

PREVIDENCIÁRIO. APOSENTADORIA RURAL POR IDADE. RESTABELECIMENTO. 1. A Administração, em atenção ao princípio da legalidade, tem o poder-dever de anular seus próprios atos quando eivados de vícios que os tornem ilegais (Súmulas 346 e 473 do STF). Entretanto, este poder-dever deve ser limitado no tempo sempre que se encontrar situação que, frente a peculiares circunstâncias, exija a **proteção jurídica de beneficiários de boa-fé, em decorrência dos princípios da segurança jurídica e da proteção da confiança**. Precedentes do STF. 2. No presente caso, a autarquia previdenciária suspendeu o pagamento da aposentadoria recebida pelo autor, antes mesmo do final do processo de revisão administrativa, o que fere o princípio do contraditório e ampla defesa. (TRF4 5000361-11.2015.4.04.7031, SEXTA TURMA, Relator HERMES SIEDLER DA CONCEIÇÃO JÚNIOR, juntado aos autos em 24/06/2016)

ADMINISTRATIVO. POLÍCIA RODOVIÁRIA FEDERAL. AUTUAÇÃO. INDEVIDA. CAMINHÃO AUTORIZADO A CIRCULAR - AUTORIZAÇÃO EXPEDIDA PELO DNIT. PRINCÍPIO DA BOA-FÉ OBJETIVA E PROTEÇÃO DA CONFIANÇA. LUCROS CESSANTES - NÃO DEMONSTRADOS. INDENIZAÇÃO POR DANOS MORAIS - CABÍVEL. 1. **A situação concreta em apreço indica a necessidade de proteção da confiança do administrado frente à legalidade dos atos administrativos, mormente se considerado que a autorização para transportar a carga foi emitida pelo órgão competente, o DNIT. 2. Homenagem à boa-fé objetiva e à proteção da confiança, pilares da segurança jurídica**. 3. Ainda que provada a ilegalidade da apreensão do veículo, cabe à parte autora demonstrar documentalmente o valor dos lucros cessantes. 4. Comprovado que foi ilegal a emissão de autuação e a apreensão do veículo do autor, cabe à parte ré ser condenada ao pagamento de indenização por danos morais. 5. A indenização pelo dano moral experimentado, tendo em vista as circunstâncias do fato, atendendo aos princípios da razoabilidade, proporcionalidade e bom senso, deve ser fixada no montante de R$ 20.000,00. (TRF4, AC 5007518-02.2014.4.04.7118, TERCEIRA TURMA, Relator FERNANDO QUADROS DA SILVA, juntado aos autos em 15/06/2016)

Tributário. Extinção da execução fiscal. Parcelamento. Pagamento com código de receita errado. Ausência de prejuízo ao erário. Boa-fé. Princípio da proporcionalidade. 1. A Portaria Conjunta PGFN/RFB nº 05, de 27/06/2011, reabriu, no período de 10/08/2011 a 31/08/2011, o prazo para as pessoas físicas prestarem as informações necessárias à consolidação dos parcelamentos dos arts. 1º e 3º da Lei nº 11.941/2009. Para tanto, a pessoa física devia efetuar o pagamento, até três dias úteis antes da consolidação, de todas as prestações devidas, inclusive a referente ao mês de agosto de 2011. **2. O executado efetuou o pagamento de todo o saldo devedor no prazo estabelecido, porém o DARF indicava o código errado de receita. Por consequência, o crédito não foi apropriado para o fim** de consolidação e o pedido de parcelamento foi cancelado. 3. O equívoco cometido pelo contribuinte não pode acarretar consequência tão gravosa como o cancelamento do pedido de parcelamento, visto houve a efetiva entrega aos cofres públicos dos valores devidos. Considerando que não foram desnaturadas as disposições da Lei nº 11.941/2009 e inexistiu qualquer prejuízo à Fazenda Pública, devem ser privilegiados os princípios da boa-fé, da proteção da confiança, da finalidade, da proporcionalidade e da razoabilidade. 4. Na medida em que a Portaria Conjunta PGFN/RFB nº 05/2011 exigiu o pagamento de todas as prestações devidas, eventual irregularidade no adimplemento das parcelas tornou-se irrelevante, pois a quitação integral foi permitida até a data delimitada nesse ato normativo. (TRF4, AC 5001589-61.2013.4.04.7202, PRIMEIRA TURMA, Relator AMAURY CHAVES DE ATHAYDE, juntado aos autos em 02/06/2016)

PREVIDENCIÁRIO. ADMINISTRATIVO. PROCESSUAL CIVIL. APOSENTADORIA POR INVALIDEZ. REVISÃO. LIMITES. SEGURANÇA JURÍDICA. RESTABELECIMENTO DO BENEFÍCIO. ANTECIPAÇÃO DE TUTELA. MANUTENÇÃO. 1. A Lei 6.309/75 previa em seu artigo 7º que os processos de interesse de beneficiários não poderiam ser revistos após 5 (cinco) anos, contados de sua decisão final, ficando dispensada a conservação da documentação respectiva além desse prazo. Para benefícios concedidos até 14-05-1992, quando revogada a Lei citada, decorrido esse prazo, inviável a revisão da situação, ressalvadas as hipóteses de fraude, pois esta não se consolida com o tempo. Para os benefícios deferidos antes do advento da Lei 9.784/99 o prazo de decadência deve ser contado a partir da data de início de vigência do referido Diploma, ou seja, 01-02-1999. O prazo decadencial de dez anos do art. 103-A da Lei de Benefícios, acrescentado pela Lei n.º 10.839/2004, alcança os benefícios concedidos em data anterior à sua publicação (REsp n.º 1.114.938, Terceira Seção, unânime, j. 14-04-2010), respeitados os princípios da legalidade e da segurança jurídica. 2. A Administração, em atenção ao princípio da legalidade, tem o poder-dever de anular seus próprios atos quando eivados de vícios que os tornem ilegais (Súmulas 346 e 473 do STF). 3. **Em decorrência dos princípios da segurança jurídica e da proteção da confiança, subprincípios do Estado de Direito, e da consequente necessidade de estabilidade das situações jurídicas criadas pela própria Administração, quando delas decorram efeitos favoráveis aos particulares, o poder-dever de anular seus atos deve ser limitado. 4. A Administração não pode cancelar um benefício previdenciário com base em simples reavaliação de processo administrativo perfeito e acabado.** 5. A parte autora possui direito ao restabelecimento do seu benefício de aposentadoria por invalidez desde a data da cessação. 6. Atendidos os pressupostos legais, quais sejam: a verossimilhança do direito alegado e o fundado receio de dano irreparável (art. 273 do CPC), é de ser mantida a antecipação da tutela deferida. Agravo retido improvido. (TRF4, AC 5009450-12.2010.4.04.7200, SEXTA TURMA, Relator JOÃO BATISTA PINTO SILVEIRA, juntado aos autos em 27/01/2016)

PREVIDENCIÁRIO. LEGITIMIDADE ATIVA. DECADÊNCIA. PENSÃO POR MORTE. EX-COMBATENTES. REVISÃO DOS BENEFÍCIOS. DETERMINAÇÕES E PROCEDIMENTOS. REDUÇÃO DE PROVENTOS. SEGURANÇA JURÍDICA. PROTEÇÃO DA CONFIANÇA. PREVALÊNCIA. TUTELA ESPECÍFICA. 1. Viúva que é dependente previdenciária habilitada, inclusive recebendo pensão por morte, tem legitimidade ativa para propor ação, em nome próprio, a fim de pleitear a revisão da aposentadoria que deu origem ao seu benefício atual, com reflexos neste, bem como o pagamento das diferenças decorrentes a que teria direito o segurado falecido em vida, visto que tal direito integra-se ao patrimônio do morto e transfere-se aos sucessores, por seu caráter econômico e não personalíssimo. Inteligência do Art. 112 da Lei 8.213/91. 2. Não é possível reconhecer a decadência para o INSS revisar o benefício, no caso dos autos, sem que se esclareçam quais os pontos controvertidos e em que consistiu a alegada lesão ao direito da parte autora, bem como se a revisão da autarquia se deu no benefício de origem, ou se houve uma renovação da revisão no momento da concessão da pensão, passando a contar o prazo decadencial desde a DIB desse benefício. 3. A aposentadoria por tempo de serviço, na condição de ex--combatente, originária do benefício da parte autora, fora concedida de acordo com o regime instituído pela Lei 4.297/63. Seus requisitos eram a condição de ex-combatente com qualquer idade, com mais de 25 anos de serviço, e o seu valor era equivalente à média do salário integral realmente percebido, nos últimos 12 meses anteriores à concessão. O seu critério de reajuste era a vinculação da renda mensal ao salário integral que o ex-segurado receberia, se permanecesse em atividade. 4. A Lei 5.698, publicada em 01/09/71, instituiu, em realidade, um novo regime de cálculo aos benefícios previdenciários dos ex-combatentes e seus dependentes, que deveriam ser concedidos, mantidos ou reajustados de acordo com os critérios aplicáveis ao regime geral da previdência social. 5. A jurisprudência do STJ tem firmado o entendimento segundo o qual os benefícios de ex-combatentes devem observar o regime jurídico vigente à época de sua concessão. Significa que não é possível aplicar o regime instituído pela Lei 5.698/71 aos benefícios concedidos sob a vigência da Lei 4.297/63, como meio de preservar a estabilidade da relação jurídica constituída sob o regime anterior. **6. A segurança jurídica se projeta em sua natureza subjetiva como princípio de proteção à confiança, que tem por fim proteger as expectativas legítimas de manutenção de uma situação jurídica constituída em favor da pessoa, a partir da reiteração de atos do Estado (relação de trato sucessivo) que se prolongam no tempo. 7. Independentemente da possibilidade de aplicação do prazo decadencial, é indevida a revisão administrativa da aposentadoria por tempo de serviço de ex-combatente e, consequentemente, inexistente o débito apurado com a revisão realizada pelo INSS, pois subsiste o direito de sua manutenção conforme o regime jurídico vigente na época de sua concessão, qual seja a Lei 4.297/63.** 8. No que se refere ao valor da renda mensal da pensão por morte, o INSS aplicou o regime instituído pela Lei 5.698/71, cujo artigo 1º, caput, remete à legislação ordinária da previdência social, não ficando vinculada ao valor do benefício originário. 9. O entendimento do STJ, segundo o qual a pensão deve ser apurada conforme a legislação vigente à época do óbito, não implica em retirar da pensão o benefício originário como sua base de cálculo, quando ambos os benefícios (originário e pensão) são concedidos sobre os critérios do RGPS. 10. Aplicado, todavia, os critérios do RGPS à pensão da parte autora, estar-se-ia, em verdade, retirando a própria especialidade da pensão derivada de benefício de ex-combatente, extirpando a relação entre pensão e o seu benefício originário, à medida que a pensão não poderia ter sua renda mensal apurada em percentual da aposentadoria que lhe deu origem, mas sim vinculada ao teto do RGPS. 11. Deve prevalecer o princípio da segurança jurídica sobre o da legalidade, que se projeta no lado subjetivo como uma proteção à confiança. Por isso, a renda mensal do benefício de pensão da parte autora deve corresponder ao valor anterior à revisão efetuada no benefício do instituidor da pensão. 12. Determina-se o cumprimento imediato do acórdão naquilo que se refere à obrigação de implementar e/ou restabelecer o benefício, por se tratar de decisão de eficácia mandamental que deverá ser efetivada mediante as atividades de cumprimento da sentença stricto sensu previstas no art. 461 do CPC, sem a necessidade de um processo executivo autônomo (sine intervallo). (TRF4, AC 5000133-81.2010.4.04.7008, SEXTA TURMA, Relator JOÃO BATISTA PINTO SILVEIRA, juntado aos autos em 21/01/2014)

PREVIDENCIÁRIO. ADMINISTRATIVO. PROCESSUAL CIVIL. DECADÊNCIA PARA O INSS REVISAR O ATO DE CONCESSÃO. APOSENTADORIA. REVISÃO. ILEGALIDADE CONSTATADA. RESPEITADOS OS LIMITES DA SEGURANÇA JURÍDICA E PROTEÇÃO DA CONFIANÇA. MANTIDO O CANCELAMENTO DO BENEFÍCIO. COLUSÃO EM RECLAMATÓRIA TRABALHISTA. LITIGANCIA DE MA-FÉ. 1. A Lei 6.309/75 previa em seu artigo 7º que os processos de interesse de beneficiários não poderiam ser revistos após 5 (cinco) anos, contados de sua decisão final, ficando dispensada a conservação da documentação respectiva além desse prazo. Para benefícios concedidos até 14-05-1992, quando revogada a Lei citada, decorrido esse prazo, inviável a revisão da situação, ressalvadas as hipóteses de fraude, pois esta não se consolida com o tempo. Para os benefícios deferidos antes do advento da Lei 9.784/99 o prazo de decadência deve ser contado a partir da data de início de vigência do referido Diploma, ou seja, 01-02-1999. O prazo decadencial de dez anos do art. 103-A da Lei de Benefícios, acrescentado pela Lei n.º 10.839/2004, alcança os benefícios concedidos em data anterior à sua publicação (REsp n.º 1.114.938, Terceira Seção, unânime, j. 14-04-2010), respeitados os princípios da legalidade e da segurança jurídica. 2. A Administração, em atenção ao princípio da legalidade, tem o poder-dever de anular seus próprios atos quando eivados de vícios que os tornem ilegais (Súmulas 346 e 473 do STF). 3. Em decorrência dos princípios da segurança jurídica e da proteção da confiança, subprincípios do Estado de Direito, e da consequente necessidade de estabilidade das situações jurídicas criadas pela própria Administração, quando delas decorram efeitos favoráveis aos particulares, o poder-dever de anular seus atos deve ser limitado. 4. **A revisão administrativa dos benefícios previdenciários implica a dialética entre a constatação de ilegalidade no ato de concessão e as razões de segurança jurídica, proteção da confiança e devido processo legal. Quando a revisão está relacionada a evidenciar uma ilegalidade existente no ato de concessão, o poder-dever do INSS revisar seus atos administrativos é exercido de modo legal e legítimo. 5. Computado tempo de serviço reconhecido em Reclamatória Trabalhista posteriormente anulada em decorrência de Ação Rescisória, está configurada ilegalidade no ato de concessão, sendo a concessão ilegal, fundada na contagem de tempo de serviço ilegítimo, sem amparo em documentos, com intuito de simulação de vinculo empregatício, sob aparência de legalidade a mascarar a ilicitude praticada. 6. Conjugada a ausência de elementos de prova e contradições no histórico laboral do segurado, corroborado pela demonstração de colusão entre as partes reconhecida em Ação Trabalhista, é legítimo que o INSS exerça o seu poder-dever de autotutela administrativa.** 7. Os fundamentos contidos na exordial denotam o claro interesse da parte autora direcionar a discussão do feito para outros fatores que estão superados diante da dimensão da fraude cometida e confirmada pelo decidido na Ação Rescisória Trabalhista. Tanto que levou o Juízo de 1º grau a conceder antecipação de tutela face a parcialidade do relato dos fatos na exordial, revogada finalizada a instrução do feito. Por isso, tenho que a condenação as penas da litigância de ma-fé é providência mais adequada de forma a combater e punir a deslealdade processual, com fulcro no art. 17, incs. III e V, do Código de Processo Civil. (TRF4, AC 5040104-20.2012.4.04.7100, SEXTA TURMA, Relator EZIO TEIXEIRA, juntado aos autos em 19/12/2013)

TRIBUNAL REGIONAL FEDERAL DA 5ª REGIÃO

TRIBUTÁRIO. TAXA DE FISCALIZAÇÃO. CERTIFICADO DE LIVRE PRÁTICA. PRESUNÇÃO DE LEGALIDADE DO ATO ADMINISTRATIVO. PROCEDIMENTO DE PODER DE POLÍCIA. APELAÇÃO IMPROVIDA.
1. Hipótese de apelação contra sentença que, nos autos de ação ordinária, julgou improcedente o pedido que objetivava a repetição de indébito relativamente a Taxa de Fiscalização Sanitária (Taxa de Livre Prática), bem como condenação em danos morais. [...] 7. Sem arbitramento de honorários recursais uma vez que a r. sentença foi publicada em 10.02.2015, ou seja, antes do início da vigência do CPC/2015 (18.03.2016), de modo que não é possível realizar a majoração prevista no art. 85, parágrafo 11 do novo regramento processual civil, conforme Enunciado Administrativo nº 7 do STJ. **Aplica-se ao caso o princípio da não surpresa, vez que as partes não podem ser surpreendidas no decorrer da relação jurídica processual com alterações que vulneram o princípio da confiança**. 8. Apelação do particular conhecida, mas não provida. (PROCESSO: 08053006920144058300, AC/PE, DESEMBARGADOR FEDERAL JANILSON BEZERRA DE SIQUEIRA (CONVOCADO), 3ª Turma, JULGAMENTO: 28/03/2018)

ADMINISTRATIVO, CONSTITUCIONAL E PROCESSUAL CIVIL. EMBARGOS INFRINGENTES. CONCURSO PÚBLICO PARA AGENTE E DELEGADO DA POLÍCIA FEDERAL. CANDIDATOS APROVADOS QUE ASSUMIRAM OS CARGOS POR FORÇA DE TUTELA ANTECIPADA. TEORIA DO FATO CONSUMADO. INAPLICABILIDADE. ACÓRDÃO EM DISSONÂNCIA COM O RE 608.482/RN JULGADO EM SEDE DE REPERCUSSÃO GERAL. JUÍZO DE RETRATAÇÃO. [...] 5. No caso dos autos, os acórdãos proferidos pelo Plenário desta Corte, tanto em sede de apelação, quanto nos embargos infringentes opostos posteriormente, divergem do posicionamento adotado pelo Pretório Excelso, por considerarem que, adotando a teoria do fato consumado, os embargados já exerciam os cargos de Agente e Delegado da Polícia Federal há mais de 12 (doze) anos, à época, interstício temporal em que teriam exercido suas funções de forma imaculada, inclusive sendo designados a participarem de missões tanto no exterior quanto no Brasil. 6. Entretanto, o precedente vinculante confeccionado pela Suprema Corte é cristalino ao apontar que a execução provisória de decisões judiciais de cunho precário e revogável se dá, invariavelmente, sob a inteira responsabilidade de quem a requer, sendo certo que a sua revogação acarreta efeito ex tunc, o que evidenciaria a inaptidão a conferir segurança ou estabilidade à situação jurídica referida, independentemente do transcurso temporal envolvido (no caso julgado pelo STF, mais de 7 anos no cargo de Agente da Polícia Civil). 7. Ademais, <u>o Supremo Tribunal Federal tem aplicado a teoria do fato consumado em situações marcadas pela excepcionalidade, a casos restritos, em que a Administração pratica ato que provoca a confiança legítima ou boa--fé do servidor (a exemplo dos casos de concessão indevida de gratificação</u>

por longo período de tempo). 8. O caso dos autos, todavia, é completamente distinto, tendo em vista que a vantagem assegurada - nomeação e posse em cargo público - não se dera por iniciativa da Administração, mas por provocação do próprio servidor e contra a vontade daquela que, embora resistente no processo, não possuía escolha senão a de cumprir a ordem judicial antecipatória que deferiu a nomeação e posse dos candidatos. 9. Assim, impõe-se a reforma do acórdão dos presentes embargos infringentes, a fim de, adequando-o ao precedente vinculante do STF (em sede de Recurso Extraordinário n°. 608.482/RN com repercussão geral), considerar inaplicável a teoria do fato consumado ao caso de que se cuida, e daí o provimento dos infringentes opostos pela União, para fazer prevalecer o voto vencido no acórdão da Terceira Turma, negando provimento à apelação dos candidatos. 10. Juízo de retratação exercido para adotar o entendimento firmado pelo eg. STF, nos termos do art. 1.030, II, do CPC/15, e negar provimento aos embargos infringentes da União providos, para, fazendo prevalecer o voto vencido na Turma, negar provimento à apelação dos particulares. (EIAC 20020500017527302, Desembargador Federal Paulo Roberto de Oliveira Lima, TRF5 - Pleno, DJE - Data:07/03/2018 - Página: 24.)

APELAÇÃO CÍVEL. TRIBUTÁRIO. INGRESSO EM TERRITÓRIO NACIONAL DE MINIMOTOCICLETA, COM 49CC. OBSTÁCULO AO DESEMBARAÇAMENTO, AO ARGUMENTO DE SER UM VEÍCULO AUTOMOTOR E NÃO UM BRINQUEDO. INCORRETA INTERPRETAÇÃO FAZENDÁRIA DA IN RFB 1059/2010. DEFINIÇÃO DO QUE É VEÍCULO AUTOMOTOR QUE CONSTA DO ANEXO I DO CÓDIGO DE TRÂNSITO BRASILEIRO QUE DÁ RESPALDO À PRETENSÃO DA RECORRENTE. APELAÇÃO PROVIDA. I - Voltando do exterior, DALIA GEORGIA DE FARIAS LIMA trouxe de presente para a sua filha uma minimotocicleta Yamaha 49cc, modelo PW50, a qual foi apreendida pela Receita Federal, ao argumento de que não se cuidava de bagagem e sim de veículo motorizado, em consoante previsto no art. 2°, parágrafo 3°, inciso I, da Instrução Normativa n° 1059/2010. [...] X - A interpretação a ser levada a efeito pela autoridade fazendária há que estar em consonância com o disposto nos artigos 107 e 108 do Código Tributário Nacional. Logo, não pode lançar mão de analogia, transpondo para um artefato que veículo automotor não é, o mesmo tratamento de tributação e desembaraço que está previsto para automóveis, utilitários, motocicletas, ônibus etc. CTN, art. 107, parágrafo 1°. XI - A definição buscada no CBT sobre o que é veículo automotor se amolda ao que dispõe o CTN, arts. 110 e 111, não sendo demais lembrar que a vedação de desembaraço questionada neste recurso é véspera de perdimento, penalidade tributária que só deve ser aplicada com olhos sobre o artigo 112 do já mencionado Código Tributário Nacional. XII - Tem-se claro, também, que **o agir do ente fazendário, obstaculizando o acesso da RECORRENTE ao bem importado, atenta contra o princípio da confiança legítima, já que a própria RECEITA FEDERAL anunciou em seu material de instruções ao contribuinte/viajante a viabilidade da internação do objeto nas condições ora discutidas, no mesmo sentido fazendo divulgação na sua página web**. É o que pode ser visto nos identificadores 4058312.2308466 e 4058312.2308462. XIV - Não é essencial para o deslinde da presente questão, de color nitidamente tributário, o que dispõe a normativa do INMETRO, especificamente o art. 3° da Portaria 321/2009 e na Portaria 563/16, diplomas desposados na sentença, mas que têm destinação consumerista, estremada da sara fiscal. XV - Provimento da apelação, com a concessão da segurança. (PROCESSO: 08003821520164058312, AC/PE, DESEMBARGADOR FEDE-

RAL IVAN LIRA DE CARVALHO (CONVOCADO), 4ª Turma, JULGAMENTO: 27/02/2018)

ADMINISTRATIVO E PREVIDENCIÁRIO. PENSÃO POR MORTE. VALORES RECEBIDOS APÓS A IMPLEMENTAÇÃO DA MAIORIDADE DA BENEFICIÁRIA. RECEBIMENTO INDEVIDO EXCLUSIVAMENTE POR ERRO OPERACIONAL DA ADMINISTRAÇÃO. REPOSIÇÃO AO ERÁRIO. POSSIBILIDADE. 1 - Trata-se de apelação interposta em face da sentença que julgou improcedente o pedido contido na exordial, que trata da devolução dos valores recebidos a título de pensão por morte de trabalhador rural, no período depois de ter completado a maioridade, de 15/09/97 a 01/08/2011, por entender caracterizada a boa fé da ora apelada. 2 - O Supremo Tribunal Federal, desde o julgamento do Mandado de Segurança n 25.641/DF, em 22/11/2007, relator o Ministro Eros Grau, tem entendido **dispensável a reposição ao erário apenas quando configurados concomitantemente estes requisitos: "i] presença de boa-fé do servidor; ii] ausência, por parte do servidor, de influência ou interferência para a concessão da vantagem impugnada; iii] existência de dúvida plausível sobre a interpretação, validade ou incidência da norma infringida, no momento da edição do ato que autorizou o pagamento da vantagem impugnada; iv] interpretação razoável, embora errônea, da lei pela Administração". A mera existência de boa-fé do beneficiário não justifica o reconhecimento da irrepetibilidade.** 3 - Situação em que a Administração realizou o pagamento indevidamente, ainda que nos seus registros estivesse correta a data de nascimento da pensionista. Nesse sentido, não há que se falar em interpretação equivocada e razoável de lei, e tampouco é hipótese de aplicação do princípio da confiança, fundamento jurídico que legitima a dispensa de reposição ao erário. **4 - No caso dos autos, não está configurada a boa-fé, eis que o obstáculo à percepção das parcelas do benefício recebido pela apelada era de evidente conhecimento da parte beneficiada com os pagamentos indevidos, que não pode alegar desconhecer sua própria maioridade. Não se pode falar em pagamento fruto de erro exclusivo da administração, eis que o caráter indevido não decorreu de mudança na interpretação de norma, mas de omissão na cessação dos valores, tendo a apelada também se mantido inerte, ao invés de adotar as providências para corrigir os pagamentos que lhe vinham sendo feitos indevidamente.** 5 - Cabível a repetição dos valores observada a prescrição quinquenal dos valores pagos há mais de cinco anos do ajuizamento da presente ação. 6 - Apelação parcialmente provida. (PROCESSO: 08001164320164058404, AC/RN, DESEMBARGADOR FEDERAL ANDRÉ CARVALHO MONTEIRO (CONVOCADO), 4ª Turma, JULGAMENTO: 27/03/2017)

ADMINISTRATIVO. REINTEGRAÇÃO DE POSSE. TRANSNORDESTINA. MALHA FERROVIÁRIA INATIVA HÁ MAIS DE 05 ANOS E SEM PERSPECTIVA DE FUNCIONAMENTO. PROVIMENTO QUE ACARRETARIA DESLOCAMENTO DE MAIS DE 300 FAMÍLIAS. HIPÓTESE EXCEPCIONAL. MANUTENÇÃO DA SENTENÇA. 1. Apelação interposta pela TRANSNORDESTINA LOGÍSTICA S/A contra sentença de improcedência proferida nos autos da ação de reintegração de posse cumulada com pedido de demolição, tendo como objeto imóveis particulares construídos sobre área non aedificandi ao longo da Faixa de Domínio da Malha Nordeste, localizada à rua 24 de Maio, bairro do Tambor, na cidade de Campina Grande/PB. 2. A área não edificável corresponde a um espaço de 15 metros do limite da ferrovia, no qual não podem ser erguidas construções, consoante a regulamentação dada pelo inciso III do art. 4º da Lei n. 6.766/79. Tal limitação tem como finalidade assegurar a segurança de pessoas e bens que trafegam e margeiam as ferrovias/rodovias, e, ainda, propiciar ao Poder Público (ou à concessionária do serviço) condições de realizar obras de conservação das vias. 3. In casu, da análise do laudo pericial oficial constante nos autos, verifica-se que os imóveis parcialmente construídos à margem da malha ferroviária servem de moradia de mais de 300 famílias. As construções foram erigidas há mais de 25 anos e todas estão situados em área urbana. Portanto, a população local goza da prestação de serviços públicos básicos e alguns moradores pagam IPTU, restando caracterizada a regularidade da ocupação impugnada. 4. Conforme atestado pelo perito do juízo, as construções em comento não comprometem a ferrovia. Outrossim, o enfraquecimento da linha férrea é uma consequência da ausência ou insuficiência de manutenção corretiva ou preventiva. O trânsito de trens de cargas está desativado há mais de 03 anos, inexistindo previsão de retomada dentro dos próximos 05 anos. 5. Ademais, o expert assevera que a expansão dos muros de fundos de quintais dos imóveis da Rua Nova, no Bairro do Tambor, evitou que pessoas indesejáveis erguessem imóveis na faixa de domínio da União, evitando, assim, a "favelização" da região. **6. Não se desconhece das posições jurisprudenciais firmadas no sentido de que não há se falar em posse de bens públicos, haja vista tratar-se de mera ocupação/detenção irregular (arts. 183, parágrafo 3º, e 191, parágrafo único, CF/88). Entretanto, mesmo que esse seja o rótulo jurídico que se dê a essa situação de fato, é inegável que dela surtem efeitos jurídicos, a exemplo do respeito à legítima confiança que os administrados depositaram na conduta estatal. 7. Conforme apontado pelo magistrado sentenciante, "ao não somente permitir construções de residências naquela área abandonada, mas também posteriormente fornecer os mais básicos serviços à comunidade, a Administração, ainda que tenha operado de forma indevida, gerou na população local a legítima expectativa de que as edificações erigidas ostentavam caráter regular." 8. Diante de casos excepcionais como o presente, este eg. Tribunal Regional vem autorizando a manutenção dos promovidos no local onde se encontram, enquanto perdurar a ausência de utilização da ferrovia** (PJe nº 08012475120144058201, Des. Fed. Rel. Manoel Erhardt, Primeira Turma, Julgado em: 30/06/2016; AC nº 585721/PB, Des. Fed. Rel. Manuel Maia - Convocado, Primeira Turma, Julgado em: 07/04/2016). 9. Apelação desprovida. (AC 00028486720104058201, Desembargador Federal Paulo Machado Cordeiro, TRF5 - Terceira Turma, DJE - Data: 26/08/2016 - Página::90.)

PREVIDENCIÁRIO. APOSENTADORIA. CERCEAMENTO DE DEFESA AFASTADO. REVISÃO DO BENEFÍCIO. DECADÊNCIA. INOCORRÊNCIA. DEVOLUÇÃO DE VALORES PAGOS. CARÁTER ALIMENTAR. 1. Cuida a hipótese de restabelecimento de benefício de Aposentadoria por Tempo de Contribuição que foi suspenso sob a alegação de conversão irregular de tempo de serviço/contribuição. [...] 9. Segundo a jurisprudência firmada pelo STJ, no julgamento do Recurso Especial Repetitivo nº 1.114.938/AL, o prazo decadencial para Administração rever os benefícios concedidos antes da Lei nº 9.784/99 tem como termo inicial a data de sua vigência (01/02/99). 10. Ocorre que, no caso, da concessão do benefício previdenciário, em maio/2002, até a cassação do benefício realizada pela Previdência, março/2015, passaram 13 anos. No entanto, o prazo decadencial para revisão do benefício por parte da Administração pode ser afastado caso seja comprovada ilegalidade, é o caso. **11. Entendo que o instituto** da decadência serve para proteger os atos incontestes durante determinado lapso temporal, estabelecido por lei ou por contrato, privilegiando a segurança jurídica (confiança legítima). Contudo, a decadência não pode incidir contra aquele que estava impossibilitado, por fato alheio a sua vontade, de exercer um direito potestativo. 12. Por estes motivos, entendo não ter ocorrido a decadência do direito de revisão do benefício pela Previdência, não tendo consequentemente, a parte autora direito ao restabelecimento do benefício. 13. Porém, ainda que hipoteticamente se admitisse a possibilidade de ter decaído o direito da Previdência em revisar o ato concessivo do benefício, isso em hipótese alguma afastaria a apreciação e controle de legalidade do ato administrativo pelo Poder Judiciário (CF, art. 5º, XXXV), uma vez preenchido os requisitos processuais prescritos em lei. 14. O dever de reparar decorre de ilícito civil (CC, art. 927). Ora, não comete ilícito aquele que age no exercício regular de direito. A Administração Pública não cometeu nenhum ato censurável ao cassar, depois do devido processo administrativo, o benefício concedido de forma irregular ao autor. 15. Em relação à devolução dos valores pagos pela Autarquia, filio-me ao entendimento do Magistrado ao concluir que "esta verba reveste-se de caráter alimentar, destinada à sobrevivência do beneficiário. Somente a presença da má-fé detidamente comprovada poderia obrigar o autor à repetição dos valores de proventos". Acrescentando ainda que a má-fé não se presume. Há de se comprovar, inequivocadamente, que o autor teria atuado de forma fraudulenta, utilizando de elementos ardis para a obtenção do seu benefício. Ocorre que não se confirma, sem sombra de dúvidas, que o autor concorreu para a inidoneidade do documento produzido pela empresa.16. Remessa oficial e apelações improvidas. (PROCESSO: 08000603220154058311, APELREEX/PE, DESEMBARGADOR FEDERAL MANOEL ERHARDT, 1º Turma, JULGAMENTO: 31/03/2016)

CIVIL. CONTRATO BANCÁRIO. DESCONTO EM FOLHA DE PAGAMENTO. REDUÇÃO DOS VENCIMENTOS DECORRENTE DE ATO DA ADMINISTRAÇÃO. PRINCÍPIO DA PROTEÇÃO DA CONFIANÇA LEGÍTIMA. REVISÃO DAS CLÁUSULAS CONTRATUAIS. POSSIBILIDADE. 1. Em razão do entendimento já sedimentado na jurisprudência pátria, consubstanciado na súmula 297 do STJ, no sentido que o Código de Defesa do Consumidor é aplicável às instituições financeiras, tem-se que o art. 6º, V, do aludido diploma autoriza a revisão das cláusulas contratuais decorrente de fatos supervenientes que as tornem excessivamente onerosas. 2. Hipótese em que, após ter o autor, servidor da Câmara Municipal de Juazeiro - CE, contraído empréstimo consignado em folha junto a duas instituições bancárias - Banco Bradesco e Caixa Econômica Federal - passando a sofrer, em razão disso, deduções em seu vencimento na ordem de 8,78% e 21,05%, respectivamente - sobreveio a redução do seu salário-base, advindo de ato da mencionada Casa Legislativa, o que representou a elevação do percentual contratado, superando o limite consignável de 30%. 3. É de ser observar que a circunstância superveniente alegada pelo autor - reconhecimento por parte da Câmara Municipal de serem indevidos os aumentos dos seus servidores, em virtude da ausência da autorização legal -, a qual ensejou a propositura da ação revisional de cláusula contratual, não se encontra no âmbito da previsibilidade comum, sendo certo que, se de um lado é lídimo à Administração rever os seus atos, quando eivados de ilegalidade, conforme preconizado na Súmula 473 do STF, de outro, não se pode olvidar a proteção da confiança legítima que emana dos aludidos atos. 4. Em razão da particularidade assinalada, afigura-se, pois, plenamente plausível o pleito deduzido pelo demandante, ora apelado, para que sejam revisadas as cláusulas do contrato firmado junto à Caixa Econômica Federal, de modo a ajustar o percentual avençado aos novos padrões remuneratórios da parte. 5. Apelação desprovida. (AC 00004228320134058102, Desembargador Federal Luiz Alberto Gurgel de Faria, TRF5 - Terceira Turma, DJE - Data: 03/04/2014 - Página: 319.)

Apêndice

O FUTURO DA PREVIDÊNCIA E DE SUA(S) REFORMA(S)

O que podemos esperar a respeito de futuras reformas da Previdência?

Em verdade, ideal seria que tivéssemos uma única reforma que perdurasse por longos anos e permitisse ao brasileiro a segurança, a educação, e o planejamento previdenciários adequados.

Após um período determinado de uma reforma que cumprisse esses objetivos, uma avaliação dos resultados financeiros e atuariais deveria ser realizada, de acordo com a atualização de padrões econômicos, trabalhistas e demográficos do país, durante o curso desse período pré-determinado. Essa revisão permitiria os aprimoramentos devidos ao sistema, mas com segurança jurídica e previsibilidade. Acreditamos que algumas regras de transição, além de outras medidas estatais, poderiam ajudar bastante nessa reforma ideal.

Além disso, qualquer alteração no direito previdenciário deve ser feita, como toda e qualquer providência estatal, de modo justo e isonômico, equilibrado e técnico, sem afogadilho, com a participação aberta e ampla da sociedade e dos órgãos técnicos que trabalham com direito previdenciário no seu dia-a-dia.

Assim posto, todos os espectros da sociedade devem participar de uma boa e técnica reforma previdenciária – servidores civis e militares; servidores federais, estaduais e municipais; trabalhadores celetistas e servidores públicos; associações e sindicatos de empregadores e empregados; trabalhadores rurais e urbanos; beneficiários previdenciários e assistenciais, etc. Sem a previsão de qualquer privilégio excludente, permitir-se-ia uma reforma legítima e horizontalmente justa; e, de outro lado, a reforma previdenciária ideal, para ser feita de modo honesto e transparente com o representado, deveria prever não só as modificações necessárias na Constituição, como também, de modo verticalizado, as decorrentes reformas infraconstitucionais, nas leis que regulamentam os direitos previdenciários previstos constitucionalmente, tais como a Lei 8.212/91, 8.213/91, 8.742/93 e LC 142/2013, bem como em normas infralegais, como o Decreto 3.048/99 e a Instrução Normativa 77/2015 do INSS.

Essa reforma, horizontal e vertical, a propósito de sua necessidade, deveria ser um bom momento para proporcionar à sociedade brasileira seu primeiro Código de Direito Previdenciário, o que até hoje não tem sido visto como intenção dos governos que propuseram alguma reforma na Previdência.

É aqui, portanto, onde residiram graves defeitos de qualidade e legitimidade da atual Reforma em curso.

Não é demais lembrar que a Previdência Social, no Brasil, sempre foi tratada pelo Poder Executivo como um Ministério independente, ou parcialmente atrelada ao Ministério do Trabalho. Porém, desde a assunção ao poder do governo federal do presidente Michel Temer, a Previdência Social foi transformada em mera Secretaria do Ministério da Fazenda, como se percebe da MP 726, de 12/05/2016, convertida na Lei 13.341, de 29/09/2016. Isto denota que a Reforma da Previdência, apresentada em 05/12/2016, na forma da PEC 287, configura-se uma sobreposição simplista da análise econômica em detrimento dos aspectos sociológicos que justificam a necessidade da Previdência Social e de seus reais e indispensáveis aperfeiçoamentos. Contudo, cabe a indagação: terá sido esse o pacto constitucional firmado desde 1988, quando o constituinte tratou da seguridade social, nos arts. 194 a 204 da CF?

Note-se o breve excurso histórico desta Reforma da PEC 287, feito por Daniel Machado da Rocha:

> Uma das primeiras medidas tomadas pelo Presidente Michel Temer, na reorganização administrativa, consistiu no rebaixamento da Previdência Social. Ela deixou de compor, juntamente com o trabalho, um ministério para tornar-se uma secretaria vinculada ao Ministério da Fazenda. Tal vinculação poderia inclusive ser considerada inconstitucional em face do que dispõe o art. 194 da CF/1988. A previdência é um dos pilares da seguridade social, cujas políticas deveriam ser asseguradas pelo orçamento próprio previsto no art. 195 de nossa Carta de Princípios. O progressivo enfraquecimento político da previdência, promovido pelos sucessivos governos, culminando em sua absorção pelo Ministério da Fazenda, já era um claro indicativo do viés da nova proposta. Focada substancialmente na redução das despesas, ela pouco avançaria na senda do aperfeiçoamento da proteção social. Eis que a Proposta de Emenda à Constituição nº 287 foi apresentada ao Congresso Nacional em 5 de dezembro de 2016. Ao contrário do período eleitoral, ninguém ousou sorrir. [...] Há um longo caminho a ser percorrido e mudanças importantes provavelmente serão efetuadas em decorrência dos debates que serão travados no Parlamento. Entretanto, é certo que uma nova reestruturação do sistema virá, mais cedo ou mais tarde. (ROCHA, 2018, p. 883-884).

É necessário, portanto, legitimar qualquer reforma legislativa, mas especialmente a da Previdência, enobrecendo-a, com a participação da população por meio de discussões abertas, no Congresso, bem como pela apresentação de pareceres de órgãos e instituições técnicas que tenham o consagrado conhecimento e o domínio da matéria previdenciária, tais como o IBDP, a AJUFE, a ANFIP, a ANAMATRA, a ANPR, a AMB e a COBAP, que já atuaram diversas vezes seja como parte ativa, seja como *amicus curiae*, em processos de controle de constitucionalidade no STF, objetivos e subjetivos, em matéria previdenciária.

Do mesmo modo, é necessário que a Reforma não abarque apenas medidas de contenção de despesas, como reduções de benefícios ou maiores dificuldades no acesso a estes benefícios. A Previdência também deve ser reavaliada no que atine aos aperfeiçoamentos necessários para o seu próprio custeio e sua arrecadação, e não só em relação à concessão de benefícios, como obliquamente pretendeu a PEC 287-A. Aperfeiçoamentos em relação à distribuição equânime de direitos previdenciários também devem ser realizados.

Há diversas correções possíveis em todos os âmbitos previdenciários. Quiçá essas correções sejam feitas em uma única reforma, em um único Código de Direito Previdenciário; todavia, se assim não se proceder, esses temas, em algum momento futuro, precisarão ser individualmente discutidos pelo Congresso Nacional, em alguma Reforma da Previdência, menor ou maior.

Listaremos a seguir os diversos aperfeiçoamentos a serem feitos no ordenamento previdenciário, de custeio ou de benefícios, que entendemos serem indispensáveis para uma boa e única Reforma da Previdência futura, especialmente que resguarde a observância dos princípios da confiança e da segurança jurídica.

O intuito de nossas proposições sobre o futuro da Previdência e de sua(s) reforma(s), é *apresentar ao leitor, sem qualquer pretensão de esgotamento da matéria, os espaços e vácuos legislativos nos quais será relevante um aperfeiçoamento da legislação previdenciária, sem que tais aperfeiçoamentos sejam necessariamente medidos com as réguas da segurança jurídica e da confiança, para que ele próprio tenha conhecimento e condições de opinar a respeito de cada um desses aperfeiçoamentos*, o que permitirá proteger sua própria segurança jurídica em relação às mudanças, mais gravosas, que poderão advir em uma eventual reforma da Previdência.

A) Medidas Provisórias no Direito Previdenciário

Uma boa reforma da previdência não pode deixar de discutir o fim das medidas provisórias para o direito previdenciário, controlando autoritarismos anti-democráticos de origem da Presidência da República, aprimorando e enobrecendo o instituto legislativo, ao destiná-lo apenas ao fim constitucional estrito a que se propõe.

O princípio da presunção de constitucionalidade das leis e atos normativos *lato sensu* (tais como medidas provisórias e decretos) deve presidir o controle da Administração Pública, e o equilíbrio das relações entre hierarquia e independência das autoridades administrativas.

Buscando calibrar essa presunção de constitucionalidade e o grau de ativismo jurisdicional no controle de atos administrativos, em estudo de crucial relevância para o Direito Constitucional, Daniel Sarmento e Claudio Pereira de Souza Neto propõem uma série de seis parâmetros não exaustivos a serem aferidos, para uma maior autocontenção jurisdicional e uma ponderação acurada dos conflitos existentes em cada caso concreto. Segundo os autores: 1) quanto maior o grau de legitimidade democrática do ato normativo, mais autocontido deve ser o órgão jurisdicional; 2) a atuação pode ser menos autocontida, em se tratando de controle jurisdicional de atos que ofendam o funcionamento da democracia; 3) deve haver menor autocontenção diante da possibilidade de impactos negativos do ato a ser controlado, em minorias estigmatizadas; 4) menor autocontenção jurisdicional deve existir quando se tratar de ato que restrinja direito fundamental ou o mínimo existencial; 5) maior autocontenção jurisdicional deve existir quando se tratar de um ato técnico, de cuja expertise o julgador se ressinta; 6) menor autocontenção jurisdicional deve existir de acordo com a época de edição do ato normativo, se anterior ou não à edição da Constituição Federal de 1988 (SOUZA NETO; SARMENTO, 2013, p. 460/463). A *contrario sensu*, especialmente diante da primeira hipótese, um ato estatal embasado em uma medida provisória ou em um decreto demanda uma atuação mais firme e ativa do Poder Judiciário do que se fosse embasado em uma lei complementar ou em uma lei ordinária. Nesse sentido, eis um relevante excerto da obra citada:

> (1) O primeiro aspecto a ser considerado é o grau de legitimidade democrática do ato normativo. O foco aqui não é o conteúdo da norma, mas a maneira como ela foi elaborada. O controle de constitucionalidade, como já assinalado, envolve uma 'dificuldade contramajoritária', que vem do fato de os juízes, que não são eleitos, poderem derrubar decisões proferidas pelos representantes do povo. Levar a sério a democracia exige que não se despreze a dificuldade contramajoritária. Ela deve ser levada em consideração na mensuração da deferência devida pelo Judiciário às normas controladas: quanto mais democrática tenha sido a elaboração do ato normativo, mais autocontido deve ser o Poder Judiciário no exame da sua constitucionalidade. É maior, por exemplo, a presunção de constitucionalidade que recai sobre os atos normativos aprovados por plebiscito ou referendo popular, já que tais procedimentos envolvem o pronunciamento direto do povo. Essa presunção também uma maioria qualificada de três quintos dos deputados e dos senadores. Depois, estão as leis complementares e ordinárias, cuja aprovação exige, respectivamente, a manifestação de maioria absoluta e de maioria simples das casas legislativas federais. Os atos normativos editados por autoridades administrativas não eleitas possuem, em geral, presunção de constitucionalidade menos intensa do que os atos editados por agentes eleitos. O processo legislativo formal é, porém, apenas um elemento a ser considerado para se aferir o *pedigree* democrático de um ato normativo. É também relevante verificar como se deu concretamente a confecção do ato normativo. E nisso, é importante observar outros elementos, como, por exemplo, o grau de consenso que a norma conseguiu aglutinar durante a sua elaboração. [...] É evidente que as leis resultantes de um processo político aberto e participativo também podem ser declaradas inconstitucionais. Mas a sua invalidação demanda uma atitude mais autocontida por parte do Judiciário. Uma norma como a Lei Complementar n.º 135/2010 – a chamada 'Lei da Ficha Limpa' – , que se originou de iniciativa popular proposta por mais de um milhão e trezentos mil cidadãos, e foi aprovada em razão de intensa mobilização da sociedade civil, não pode ser examinada pelo Judiciário da mesma forma como

se apreciaria uma lei editada na calada da noite, sem qualquer debate social ou envolvimento popular. (SOUZA NETO; SARMENTO, 2013, p. 460-461).

Destarte, a medida provisória é, inegavelmente, uma das medidas mais autoritárias do processo constitucional brasileiro, que urge seja repensada, em face da moderna compreensão minimalista e autocontida das instituições públicas e da democracia enquanto direito fundamental individual, ainda não incorporada ao Estado brasileiro, especialmente nas relações de Direito Previdenciário entre Estado e indivíduos. Nota-se, em toda medida provisória, portanto, um instrumento pelo qual o Poder Executivo se sobrepõe ao Poder Legislativo, ditando quais são as matérias e instrumentos normativos que o parlamento deve analisar com prioridade, desconsiderando que essa apreciação deveria ser feita pelo próprio parlamento, e não determinada por elementos unilaterais e estranhos aos representantes eleitos pelo povo.

Pode até ser que a prioridade na análise de uma medida provisória seja avaliada da mesma forma pelos dois poderes, mas não é incomum que sejam avaliadas de modo distinto. Todavia, quando isso ocorre, a medida provisória, ainda que a urgência do Executivo não seja a urgência do Legislativo, terá surtido efeitos perante o cidadão, em algo que lhe é muito caro: sua segurança jurídica acerca de seus direitos previdenciários.

A medida provisória é tão abrupta no equilíbrio entre os poderes e no processo legislativo que o próprio constituinte derivado já excluiu alguns temas dessa possibilidade, como se vê no parágrafo primeiro do art. 62 da CF.

Assim, o Poder Executivo, basicamente, não poderá editar medidas provisórias sobre direito eleitoral, direito penal, direito processual penal e processual civil, bem como não poderá editar medidas provisórias que desequilibrem a separação de poderes (o que, em nosso ver, é uma redundância).

Além disso, não pode editar medidas que tratem de tema reservado à lei complementar.

São esses, resumidamente, os temas nos quais o constituinte presume que não possa haver urgência que justifique uma medida provisória (presumindo-se que há relevância em todo e qualquer tema proposto em tais medidas).

Não há a vedação de edição de medida provisória a respeito do direito previdenciário, exceto no que atine à aposentadoria especial 'stricto sensu' e à aposentadoria da pessoa com deficiência, que exigem lei complementar, nos termos do art. 201, §1º, da CF, bem como em relação a qualquer tema previdenciário que esteja sendo regulado diretamente pela Constituição Federal.

Essas vedações, no caso do direito previdenciário, podem ser aperfeiçoadas.

Assim, em uma boa reforma da previdência, *o parágrafo 1º do art. 62 da CF necessita de modificação para impedir que se editem medidas provisórias a respeito de direito previdenciário, o que seria uma medida bastante pragmática na contenção de arroubos autoritários e unilaterais do Poder Executivo, que só fragilizam o planejamento previdenciário individual, a confiança, a segurança jurídica e o Estado de Direito.*

B) Aposentadorias: idade mínima e idade máxima

A discussão de fundo, quando se fala da fixação unicamente de uma aposentadoria por idade, estabelecendo-se uma idade mínima, na verdade, é sobre as relações entre o presente e o futuro, como afirma Miguel Horvath Júnior, ao comentar a PEC 287-A, de 2016, em trâmite suspenso pela intervenção federal decretada no RJ:

> Com isso se impõe a discussão acerca da viabilidade sistêmica da manutenção da aposentadoria por tempo de contribuição, nos moldes que temos até o presente momento. Entendo que é momento da introdução do limitador etário no Regime Geral de Previdência Social com ampla discussão e embasada em aspectos técnicos e demográficos para o estabelecimento do padrão da idade mínima. [...] O certo é que nossos idosos de hoje são diferentes dos nossos idosos do passado. E o envelhecimento varia de país para país e de acordo com os índices de qualidade de vida. Sendo assim, cabe a cada país determinar via acordo/consenso social a idade como marco legal para a entrega da aposentadoria. A manutenção da aposentadoria por tempo de contribuição rompe com o princípio do período razoável de gozo de aposentadoria. Hoje, é bastante comum encontrarmos aposentados que fruíram do sistema tanto ou mais do que efetivamente contribuíram. Isto rompe com a ideia de uma previdência social, baseada na solidariedade. (HORVATH JÚNIOR, 2018, p.766-767).

Há que se lembrar, portanto, que sempre haverá um pacto de solidariedade, intergeracional, quando estamos tratando de aposentadorias, especialmente quando o regime é de repartição, como é o brasileiro. Esse pacto é o que podemos nominar como princípio da solidariedade, que assim pode ser compreendido:

> Princípio da solidariedade – a Previdência Social se baseia, fundamentalmente, na solidariedade entre os membros da sociedade. Assim, como a noção de bemm-estar coletivo repousa na possibilidade de proteção de todos os membros da coletividade, somente a partir da ação coletiva de repartir os frutos do trabalho, com a cotização de cada um em prol do todo, permite a subsistência de um sistema previdenciário. Uma vez que a coletividade se recuse a tomar como sua tal responsabilidade, cessa qualquer possibilidade de manutenção de um sistema universal de proteção social. (CASTRO; LAZZARI, 2018, p. 88)

Assim, os mais jovens cidadãos, por meio do recolhimento de suas contribuições, trabalham para, de certo modo, pagar as aposentadorias dos cidadãos mais idosos, havendo, excepcionalmente, casos de aposentados que continuam a trabalhar e a financiar o RGPS e sua própria aposentadoria, consequentemente. Todavia, se não houver uma limitação de idade, veremos, cada vez mais, jovens e adultos (entre 18 e 47 anos), juntamente com adultos não tão idosos, mas em plena capacidade laborativa (entre 48 e 60 anos de idade), dividindo o mercado de trabalho; só que, mesmo que hipoteticamente exerçam funções laborais idênticas, um deles terá apenas o seu salário, enquanto o outro terá seu salário e sua aposentadoria, o que é relativamente comum em grandes empresas com quadro de carreiras estruturado, como Petrobrás e Eletrobrás, por exemplo. Mesmo diante da maior experiência profissional dos adultos entre 48 e 60 anos, essa situação não nos parece um quadro fático justo, diante da flagrante desigualdade estabelecida e da necessidade de repartição simples de despesas de um sistema previdenciário que se pretenda sustentável.

Aliás, é difícil até compreender a manutenção da aposentadoria por tempo de contribuição na forma simplória que atualmente temos, concedida apenas com base em um determinado tempo de contribuição, sob uma análise muito simples: que risco social é protegido ao se conceder uma aposentadoria a um cidadão com algo em torno dos 50 anos de idade, com saúde plena, e que ainda vai continuar trabalhando?

Não há risco social, observem, atrelado à aposentadoria por tempo de contribuição, diferentemente de todas as outras espécies de benefícios e aposentadorias da Previdência Social. Portanto, esta fixação de uma idade mínima, para aposentadorias regulares e programáveis, enfim, seria uma das medidas que se poderia pensar como legítima em uma reforma da Previdência adequada. Isso permitiria, inclusive, o fim do famigerado fator previdenciário, que passaria a não ser mais justificável, nem necessário.

Nessa linha de pensamento, uma alternativa já se encontra vigente, à vista de nossos olhos. *Excluir a possibilidade de uma aposentadoria exclusivamente por tempo de contribuição e considerar que para a única hipótese para a concessão de uma aposentadoria programável seria o autor possuir uma soma de idade com tempo de contribuição mínimo, o que já é uma realidade desde a edição da MP 676/2015* – que permitiu a aposentadoria pelo uso da tabela 95/85, e seus aumentos progressivos (em 31/12/2018 será de 96/86 pontos), com o benefício de não se utilizar do fator previdenciário nesses casos. *Uma medida como essa faria da aposentadoria da tabela 95/85 uma regra, observada a progressividade de tal tabela (como já ocorre no art. 29-C da Lei 8.213/91, que poderia sofrer alguns poucos ajustes), e permitiria evitar aposentadorias precoces, sem necessariamente estipular uma idade mínima, preservando o direito ao descanso remunerado (que caracteriza qualquer aposentadoria), mesmo para aqueles que, na realidade sociológica brasileira, começam a trabalhar ainda muito jovens.* Seria uma espécie de consagração mista do fator idade com a premiação a quem detiver tempo de contribuição mais longo, tendo trabalhado desde muito cedo. Excepcionalmente, permitir-se-ia a aposentadoria por idade estrita, como já a conhecemos, àqueles trabalhadores que não detivessem tal soma, mas chegassem à determinada idade (que poderia ser idêntica à atual, 65/60 anos, homem/mulher) com um período mínimo de contribuições (que poderia ser idêntico ao que atualmente é aplicado, de 180 contribuições mensais).

Mas, em se fixando uma idade mínima, os limites etários *deverão* ser fixados de modo gradativo, em um prazo de 15 a 20 anos, aumentando a idade mínima paulatinamente, ano a ano, para que se respeite a segurança jurídica e a confiança legítima que os cidadãos depositam nos atos legislativos que se encontram em vigor.

Uma regra de transição interessante, nesse sentido, foi estabelecida pela PEC 287-A/2016, e poderia ser aproveitada em uma boa e completa reforma da previdência, caso venha a ser fixada uma idade mínima. Trata-se do art. 10, caput, e §§1º e 2º, da PEC:

> Art. 10. Ressalvado o direito de opção à aposentadoria pelas normas estabelecidas no § 7º do art. 201 da Constituição, o segurado filiado ao regime geral de previdência social até a data de publicação desta Emenda poderá aposentar-se quando preencher, cumulativamente, as seguintes condições:
>
> I - sessenta e cinco anos de idade, se homem, e sessenta anos de idade, se mulher, reduzidos em cinco anos para os trabalhadores rurais de ambos os sexos e para o segurado de que trata o § 8º do art. 195 da Constituição, observado o disposto nos §§ 2º e 3º; II - cento e oitenta contribuições mensais, acrescendo-se, a partir do primeiro dia do terceiro exercício financeiro imediatamente subsequente à data de publicação desta Emenda, seis contribuições mensais a cada ano, exceto para os segurados referidos no § 8º do art. 195 da Constituição, até trezentas contribuições mensais.
>
> § 1º A redução do limite de idade previsto no inciso I do *caput* somente se aplica ao segurado que cumprir o requisito referido no inciso II do *caput* integralmente em atividade rural, ainda que de forma descontínua, cabendo-lhe comprovar esse tempo na forma da legislação vigente à época do exercício da atividade, substituindo-se eventual exigência de declaração sindical pela declaração do próprio segurado, acompanhada de razoável início de prova material.
>
> § 2º A partir do primeiro dia do terceiro exercício subsequente à data de publicação desta Emenda, as idades previstas no inciso I do *caput* serão acrescidas, até os respectivos limites de idade previstos nos incisos I e II do § 7º do art. 201 da Constituição, em um ano a cada dois anos.

É relevante salientar que toda e qualquer reforma previdenciária não pode deixar de corresponder às expectativas do direito individual de todo cidadão a trabalhar, do direito ao trabalho, valor social fundamental do Estado Democrático de Direito brasileiro (art. 1º, IV, da CF), direito individual previsto no art. 5º, XIII, da CF ('É livre o exercício de qualquer trabalho, ofício ou profissão, atendidas as qualificações profissionais que a lei estabelecer') e direito social previsto no art. 6º, caput, da CF, ao lado da previdência social ('São direitos sociais a educação, a saúde, a alimentação, o trabalho, a moradia, o transporte, o lazer, a segurança, a previdência social, a proteção à maternidade e à infância, a assistência aos desamparados, na forma desta Constituição.'). Enquanto direito individual, percebe-se a função do trabalho enquanto liberdade, mas, acima de tudo, enquanto direito social, nota-se o trabalho sendo um direito. Aldacy Rachid Coutinho assim comenta o art. 6º da CF:

> Para além do substrato da liberdade como pressuposto, constituiu-se o trabalho como direito subjetivo. Socialmente a exaltação do trabalho tem o seu ápice na identificação do trabalho como direito fundamental social, consoante previsão inserta no art. 6º da Constituição Federal de 1988, instituindo a impossibilidade de o não trabalho ser tido como uma contravenção, isto é, 'crime de vadiagem', tido como um caso de polícia. **A contradição do nosso tempo reside no fato de**

que, ao mesmo tempo em que se dá a exaltação do trabalho na expressão de um direito universal, está-se diante de um período de desemprego endêmico, que projeta a adoção do princípio do pleno emprego. A ausência de postos de trabalho causa a exclusão social, para além de afetar a saúde mental, pois a perda da possibilidade de exercerum direito ao trabalho gera um sentimento de fracasso. O sucesso profissional é fator de integração social: o trabalhador é a empresa, a profissão que exerce, o cargo que ocupa, o salário que aufere, os bens que consome. O avanço no direito fundamental social – do qual é o direito ao trabalho espécie mais expressiva – traz consigo restrições ao puro individualismo e ao liberalismo clássico, em particular na seara contratual e na propriedade que os funcionaliza. (*In* CANOTILHO; MENDES; SARLET; STRECK, 2013, p. 551) (grifo nosso)

Nesse sentido do trabalho enquanto um direito fundamental, a ser compatibilizado aos direitos previdenciários, é importante compreender que a fixação, pelo Estado, de uma idade mínima alta para aposentadoria no RGPS poderá ter efeitos perversos no mercado de trabalho, e não é possível pensar em uma reforma previdenciária sem estimar os efeitos trabalhistas dessa reforma. Se se estipula uma idade mínima alta para o trabalhador se aposentar, como por exemplo 67 anos para homes e 64 anos para as mulheres, algumas realidades perversas poderão se apresentar. Seleciono duas delas, a nosso entender muito graves. A primeira é a permanência de mais trabalhadores idosos no ambiente de trabalho (especialmente quando os trabalhadores possuírem alta capacidade intelectual e experiência profissional), reduzindo postos de trabalho para os mais jovens; e a segunda é o fato de que alguns desses idosos estarão com a saúde e capacidade laborativa debilitada e não terão atingido a idade mínima, o que poderá levar a demissões e dramas relacionados ao desemprego e à dificuldade de recolocação de pessoas idosas no mercado de trabalho. No primeiro caso, estaremos proporcionando desemprego de trabalhadores jovens e dificuldade de sua inserção no mercado de trabalho; no segundo caso, desemprego de trabalhadores idosos ou pré-idosos, que ainda não possuam a idade para a aposentadoria. De um jeito ou de outro – grife-se –, a fixação de idades mínimas altas estimulará um risco social dos mais tormentosos, que é o desemprego, e, só por esse motivo, deve ser evitada.

Outro ponto que as reformas da Previdência brasileiras nunca abordaram, quando falam em mexer nas aposentadorias, é o risco social do desemprego de longo prazo, com mais de três anos de afastamento de toda e qualquer atividade laboral que permita o sustento do cidadão. Esse é um dos mais graves riscos sociais de que se tem notícia modernamente, e não recebe proteção social adequada por parte do Estado brasileiro. Caso seja aprovada alguma reforma constitucional da previdência, com a estipulação de uma idade mínima para a concessão de aposentadorias programáveis, será indispensável que se proteja esse trabalhador que não tenha o tempo mínimo de contribuição/carência e que já tenha uma idade mínima a ser determinada, propiciando-lhe uma aposentadoria, ainda que proporcional, para que sobreviva e se sustente dignamente, ao avançar sua idade. Países como Portugal e Espanha, por exemplo, com regime previdenciário constituído, justo e equilibrado, quando preveem uma idade mínima para aposentadoria, também preveem alguma espécie de aposentadoria proporcional para esses casos, com uma idade mínima (que é nominada também como idade de referência) e um tempo de contribuição um pouco menores.

Por outro lado, quanto à idade máxima, note-se que, recentemente, em 07/04/2015, o Congresso Nacional promulgou a Emenda Constitucional nº 88/2015, conhecida pejorativamente como "PEC da Bengala", pela qual se estabeleceu que a idade máxima no serviço público passaria de 70 para 75 anos, idade para a aposentadoria compulsória (art. 40, §1º, II, da CF/88). Não é difícil imaginar o efeito negativo que essa medida pode propiciar, ao se permitir uma menor renovação nos quadros funcionais do serviço público, com um maior engessamento das carreiras dos servidores públicos de todos os Poderes. Note-se que a Emenda foi regulamentada pela Lei Complementar nº 152, de 03/12/2015, na qual não se previu a possibilidade de a Administração propor a aposentadoria antes da idade máxima, caso o servidor público não comprove a devida qualidade e produtividade de seu trabalho, bem como não previu qualquer medida de controle dessa qualidade e da produtividade, o que faz parte do controle da eficiência da Administração, princípio fundamental (art. 37 da CF/88) que norteia a formação e aperfeiçoamento dos servidores públicos e a racionalização do serviço público (art. 39, §§2º e 7º, da CF/88). No RGPS, a regulamentação da idade máxima é bastante distinta, nos termos do art. 51 da Lei 8.213/91:

> Art. 51. A aposentadoria por idade pode ser requerida pela empresa, desde que o segurado empregado tenha cumprido o período de carência e completado 70 (setenta) anos de idade, se do sexo masculino, ou 65 (sessenta e cinco) anos, se do sexo feminino, sendo compulsória, caso em que será garantida ao empregado a indenização prevista na legislação trabalhista, considerada como data da rescisão do contrato de trabalho a imediatamente anterior à do início da aposentadoria.

Ou seja, o empregador tem a faculdade de escolher se pede ou não a aposentadoria de seu empregado, aos 70/65 anos (H/M), uma escolha que não existe para a Administração Pública. Pode, por exemplo, haver situação de um trabalhador com 96 anos de idade, continuar trabalhando para um empregador[130].

Dessa forma, uma boa reforma previdenciária demandaria, quanto à idade máxima, a alteração da LC 152/2015, para que se estabeleçam, com razoabilidade e proporcionalidade, mecanismos jurídicos que permitam à Administração, com base na eficiência, requerer a aposentadoria do servidor público antes da idade máxima de 75 anos, em processo administrativo com ampla defesa e contraditório, quando se deparar com qualidade e produtividade do trabalho em medidas ruins, objetivamente aferíveis.

---

130 Recentemente, o presidente da República homenageou um trabalhador de 96 anos de idade que exercia suas atividades há oitenta anos na mesma empresa. Disponível em: <https://oglobo.globo.com/economia/temer-recebe-trabalhador-reconhecido-com-maior-tempo-de-servico-na-mesma-empresa-22646227>. Acesso em: 02 mai. 2018.

Essas medidas, acerca de idades mínimas e máximas, permitiriam maior solidariedade aos regimes previdenciários, proteção efetiva ao risco social idade avançada, menor desemprego, maior eficiência e renovação dos quadros nas carreiras do serviço público.

C) Desaposentação e reaposentação

Partindo do princípio de que, no RGPS, como vimos em relação ao art. 51 da Lei 8.213/91, é perfeitamente possível que o trabalhador continue exercendo suas funções na empresa, *uma reforma da previdência deve permitir que o trabalhador aposentado possa computar suas contribuições previdenciárias posteriores à aposentadoria para a revisão de sua aposentadoria (desaposentação) ou para a concessão de uma nova aposentadoria, trocando a anterior, sem cumulação de duas aposentadorias (reaposentação).*

A defesa desses dois institutos passa pela ideia de que, em hipótese alguma, está havendo renúncia a benefício de aposentadoria, mas sim uma busca pela solidariedade entre segurados e o Estado-Previdência, no que atine à busca de um melhor benefício ao aposentado que continua ou retorna ao mercado de trabalho. Com isso, entendemos que a desaposentação e a reaposentação só poderiam ser vedadas se, como ocorre no serviço público e em alguns casos excepcionais no RGPS (arts. 46 e 57, §8º da Lei 8.213/91), houvesse a determinação de afastamento compulsório do trabalho, de todo e qualquer cidadão aposentado. Isto é: ou a reforma da previdência determina que todo cidadão aposentado deve se afastar definitivamente de suas atividades laborais (o que nos parece ser uma lei inócua, incapaz de controlar a vida real das relações profissionais e trabalhistas) ou a reforma prevê um tratamento legislativo respeitoso com a história de vida laborativa de todo e qualquer aposentado que retorne ou continue a trabalhar, o que nos parece a opção adequada e justa.

Diferentemente do que ocorre no RPPS (onde há o instituto da reversão de aposentadoria), o RGPS vem sendo pensado para que não haja qualquer proteção previdenciária ao trabalhador celetista aposentado, como se não houvessem mais riscos sociais após o momento de sua aposentadoria. É corriqueiro que, na data de seu pedido de aposentadoria, o(a) trabalhador(a) brasileiro(a) se depare com um sentimento dúbio: por um lado, poderá usufruir da inatividade remunerada, mas, por outro lado, não sabe qual será o cálculo de sua aposentadoria, não sabe se ela poderá cobrir as despesas de sua família, especialmente as despesas crescentes com tratamentos médicos para a saúde que vai se debilitando, e, principalmente, parece que o RGPS não mais existirá para o trabalhador que se aposenta, a não ser com sua morte e a concessão de pensão para seus dependentes. Inclusive, proteções individuais garantidas pela Constituição Federal, como o direito adquirido e o ato jurídico perfeito, foram equivocadamente alegadas pelo Estado para negar o direito à desaposentação e à reaposentação, quando, em verdade, são garantias individuais que jamais poderiam ser alegadas pelo Estado em face do indivíduo.

Olvidou-se, a respeito deste tema, que até mesmo o aprimoramento da arrecadação de receitas para o RGPS pode ser realizado também por meio da desaposentação e da reaposentação. O trabalhador que pleiteia e consegue uma aposentadoria deveria ter a tranquilidade de que, com a concordância de seu empregador, poderá continuar trabalhando no mesmo local (ressalvados os casos de exposição a agentes agressivos à sua saúde e integridade física[131] e as pessoas aposentadas por invalidez), ou mesmo buscando novas e outras opções de trabalho e empreendimentos, recolhendo contribuições voluntariamente para o sistema, quando sua situação financeira permitisse. Esse aposentado(a) tem que possuir a garantia de que continuará protegido pelo RGPS e poderá computar tais contribuições posteriores à aposentadoria, para fins de aprimorar sua proteção social, não havendo nisso qualquer desequilíbrio atuarial ou financeiro do sistema. Em diversas situações, essas contribuições sequer afetarão o benefício de aposentadoria daquele que continua trabalhando, especialmente se a aposentadoria tiver sido concedida com percentual de 100% e sem aplicação de fator previdenciário, ou quando os salários de contribuição do trabalhador aposentado forem geralmente inferiores aos anteriores.

Consideramos, inclusive, que uma única palavra, representativa de um grave risco social, bastaria para justificar o implemento da desaposentação/reaposentação: o desemprego. Não há drama maior para a vida do trabalhador do que ver que está envelhecendo, perdendo o vigor de sua juventude e, como se isto não bastasse, um dia chega a seu trabalho e se vê dispensado, ou mesmo na contingência de estar desempregado em breve tempo. Aliás, não precisa nem mesmo haver a dispensa do emprego; basta até mesmo o simples comentário de que a empresa estará fechando as portas em um determinado prazo. Basta a ameaça, ainda que suposta, de que ficará desempregado.

Esta ocorrência é comum em nosso país e, repentinamente, faz com que as pessoas busquem, em um primeiro momento, a tutela de alguma garantia de estabilidade no emprego ou um benefício como o seguro-desemprego – o que pode não se concretizar, diante dos limites legais respectivos.

Cansado de buscar emprego e premido pelos fatos econômicos que deterioram sua pouca ou nenhuma poupança, todavia, não é raro que o trabalhador com mais idade se depare com a constatação de que pode pedir sua aposentadoria, porém, na maioria das vezes, contabilmente desfavorável. Isso vai ocorrer especialmente para aqueles que são relativamente jovens (na faixa etária dos 50 anos) e que possuem o tempo de contribuição mínimo do art. 201, § 7º, I, da CF, bem como para aqueles que possuem o direito à aposentadoria por tempo de contribuição proporcional, nas péssimas condições percentuais previstas no art. 9º da Emenda Constitucional nº 20/98.

---

131 Esse afastamento do trabalho realizado em condições especiais é determinado pelo art. 57, §8º da Lei 8.213/91 e é tema do Recurso Extraordinário 788.092, com repercussão geral reconhecida pelo STF, ainda pendente de julgamento.

Esses trabalhadores acabam se aposentando relativamente jovens, cedendo à pressão do medo de não possuírem mais condições financeiras de sustentar a si próprios e a sua família. Entretanto, se, futuramente, um novo trabalho surge para este cidadão aposentado, não seria justo que ele pudesse computar suas contribuições para obter uma melhor proteção social de sua aposentadoria? Não seria justo que ele aprimorasse seu tempo de contribuição e seu fator previdenciário, obtido, por exemplo, a revisão de sua aposentadoria proporcional para outra em que detivesse a soma de 95/85 pontos, um fator previdenciário maior que 1, ou uma aposentadoria por idade com percentual maior?

Sendo mais específico e propositivo, entendo que *a desaposentação e a reaposentação deveriam ser rediscutidas no Congresso Nacional, ainda que fosse para permiti-las por uma única vez ao aposentado, que assim teria a possibilidade de se organizar e trabalhar ou recolher as contribuições que faltariam, por exemplo, para converter sua aposentadoria por tempo de contribuição proporcional em integral ou para aumentar o percentual de sua aposentadoria por idade, mantendo-se o fator previdenciário do momento do requerimento (se for aplicável) e não o do momento do pedido de desaposentação (que sempre será mais favorável), o que também permitiria maior estabilidade atuarial e segurança jurídica para a Previdência Social. Ambas poderiam ser implementadas computando apenas as contribuições recolhidas a partir da data da edição do diploma legislativo futuro (i.e., ex-nunc), sem qualquer carência; ou mesmo ex-tunc, computando-se as contribuições entre a data da aposentadoria e a data da lei futura, bastando que a pessoa comprovasse uma carência mínima, por exemplo, de 36 meses (tempo máximo de manutenção da qualidade de segurado para o trabalhador desempregado, nos termos do art. 15, caput e parágrafos, da Lei 8.213/91).*

Dessa forma, não haveria uma avalanche de pedidos de desaposentação, e, por outro lado, uma perspectiva premial do sistema seria alavancada e aposentados que, por exemplo, possuam um empreendimento ou que queiram se manter filiados ao RGPS, ainda que facultativamente, poderiam obter a revisão de sua aposentadoria, para uma melhor proteção social, mais ajustada a suas necessidades e à sua realidade profissional, modificada posteriormente à primeira concessão de aposentadoria.

Decerto, para além da justiça proporcionada a aposentados trabalhadores, uma previsão normativa nesse sentido aumentaria a arrecadação de contribuições previdenciárias, especialmente para atividades como contribuintes individuais autônomos e segurados facultativos (arts. 11, V e 14 da Lei 8.213/91).

Todas essas medidas seriam possíveis, resgatando-se, em uma reforma da previdência, o conteúdo do Projeto de Lei de Conversão nº 15/2015, que fora vetado pela então presidente da República (como vimos na nota de rodapé nº 26), o que superaria a ausência de lei denunciada pela decisão do STF nos RE's 381367, 661256 e 827833.

D) Fator previdenciário

Caso a reforma previdenciária não consiga discutir um padrão de aposentadoria com idade mínima, ou com o uso de tabelas de soma de idade com tempo de contribuição mínimo, inevitavelmente, a aposentadoria por tempo de contribuição remanescerá na forma como se encontra. Em sua forma de cálculo, como já vimos, incide o fator previdenciário, que, por sua vez, também demanda atualizações.

A intenção do legislador, ao criar o fator previdenciário, foi desestimular as aposentadorias precoces, tendo em vista a derrota do Governo ao não conseguir aprovar uma idade mínima para a aposentadoria no RGPS, no curso da EC 20/98.

Logo em seguida, em 1999, diante de uma realidade de aumento crescente da expectativa de vida, o Poder Executivo iniciou a tramitação de um projeto legislativo, que culminaria na Lei 9.876, de 29/11/99, instituído com a intenção de coibir as aposentadorias por tempo de contribuição precoces.

Pela lógica formal contida no fator previdenciário, considerada a data da aposentadoria, quanto maior for a idade e/ou o tempo de contribuição, maior será o fator; de outro lado, quanto maior for a expectativa de sobrevida, menor será o fator. Calculado o fator previdenciário, ele é multiplicado pela média aritmética simples dos maiores salários de contribuição correspondentes a oitenta por cento de todo o período contributivo, nos termos do art. 29, inc. I, da Lei 8.213/91, obtendo-se, assim, o salário de benefício do trabalhador que está solicitando sua aposentadoria. Ou seja, é muito interessante ao trabalhador que seu fator previdenciário sempre seja maior que 1, o que aumentaria o valor de sua aposentadoria, ao multiplicar pela média de seus salários.

Visando estimular que as pessoas permaneçam no mercado de trabalho e adiem suas aposentadorias, a legislação permite que não haja a incidência do fator previdenciário para algumas espécies de aposentadorias. Nestes termos, o art. 7º da Lei 9.876/99[132] já previa a possibilidade de aplicação facultativa do fator, para a aposentadoria por idade; do mesmo modo, para a aposentadoria por tempo de contribuição da pessoa com deficiência, nos termos do art. 9º, inciso I, da Lei Complementar 142/2013[133]. E, por fim, nas aposentadorias por tempo de contribuição em que a soma da idade e do tempo de contribuição resultarem em 95 pontos (homem) e 85 pontos (mulher), na redação do art. 29-C da Lei 8.213/91[134].

---

132 "Art. 7º É garantido ao segurado com direito a aposentadoria por idade a opção pela não aplicação do fator previdenciário a que se refere o art. 29 da Lei nº 8.213, de 1991, com a redação dada por esta Lei."

133 "Art. 9º Aplicam-se à pessoa com deficiência de que trata esta Lei Complementar: I - o fator previdenciário nas aposentadorias, se resultar em renda mensal de valor mais elevado;"

134 "Art. 29-C. O segurado que preencher o requisito para a aposentadoria por tempo de contribuição poderá optar pela não incidência do fator previdenciário no cálculo de sua aposentadoria, quando o total resultante da soma de sua idade e de seu tempo de contribuição, incluídas as frações, na data de requerimento da aposentadoria, for: I - igual ou superior a noventa e cinco pontos, se homem, observando o tempo mínimo de contribuição de trinta e cinco anos; ou II - igual ou superior a oitenta e cinco pontos, se mulher, observado o tempo mínimo de contribuição de trinta anos."

Note-se que, na redação da LC 142/2013, há a determinação para que se aplique o que chamaremos de *fator previdenciário positivo*, que é aquele que resulta em uma renda mensal mais elevada para a pessoa que pede a aposentadoria. Diferentemente, os dispositivos da Lei 9.876/99 e da Lei 8.213/91 apenas permitem a opção pela não aplicação do fator – ou seja, ou o fator será inferior a 1 e, nesse caso, não se aplicaria por ser desvantajoso, ou o fator será superior a 1 e, nesse caso, também não se aplicaria por não haver autorização legal.

Obviamente, isso deve ser corrigido, estimulando uma nova interpretação ao fator previdenciário, para que o trabalhador se veja estimulado a ficar mais tempo recolhendo suas contribuições ao RGPS sem se aposentar, e tenha como retribuição um fator previdenciário maior, *positivo*, que permita uma renda de aposentadoria maior, no futuro.

Em nosso entendimento, o art. 9º, I, da LC 142/2013 poderia ser utilizado como medida para as demais aposentadorias, que deveriam permitir a aplicação do que denominaríamos de fator previdenciário positivo a todo tipo de aposentadoria.

De certo modo, esse entendimento é parcialmente acolhido pelo INSS, que permite a aplicação do fator positivo para a aposentadoria por idade, nos termos do art. 181, parágrafo único, da Instrução Normativa 77/2015[135], da autarquia previdenciária. *Todavia, essa forma de cálculo ainda não é a aplicada para as aposentadorias por tempo de contribuição com 95/85 pontos (art. 29-C da Lei 8.213/91), o que demanda ajustes na concessão dessas aposentadorias por parte de qualquer reforma da previdência futura, para o caso de se ver mantido o fator previdenciário.*

E) Reforma Trabalhista e Reforma da Previdência

Assim como a Previdência Social não pode ser reformada sem pensar nas consequências trabalhistas das planejadas modificações, como já expusemos *supra*, o Direito Trabalhista também não pode ser modificado sem observar os reflexos que acarretará no Direito Previdenciário.

E não foi isso que observamos em uma das muitas modificações trazidas pela recente reforma trabalhista produzida pela Lei 13.467/2017. Esse diploma legal, dentre seus diversos dispositivos, facilitou o uso do trabalho autônomo (CLT, art. 442-B), ampliou a contratação terceirizada de mão de obra (CLT, art. 2º, §§ 2º e 3º), reduziu o campo de incidência das contribuições previdenciárias devidas, ao excluir do conceito de salário de contribuição parcelas que antes

---

135 "Art. 181. O fator previdenciário de que trata o art.180, será aplicado para fins de cálculo da renda mensal inicial - RMI de aposentadoria por tempo de contribuição, inclusive de professor, observando que será adicionado ao tempo de contribuição do segurado: I - cinco anos, se mulher; II - cinco anos, se professor que exclusivamente comprove tempo de efetivo exercício das funções de magistério na educação infantil, no ensino fundamental ou médio; e III - dez anos, se professora que comprove exclusivamente tempo de efetivo exercício das funções de magistério na educação infantil, ensino fundamental ou médio. Parágrafo único. Ao segurado com direito à aposentadoria por idade prevista no inciso II do art. 185 e para as aposentadorias previstas na LC nº 142, de 8 de maio de 2013, e no art. 425 desta IN, é assegurada a aplicação do fator previdenciário, se for mais vantajoso."

eram base de cálculo dessas contribuições (CLT, art. 457, §§ 2º e 4º), estimulou negociação coletiva com finalidade redutora de direitos (CLT, arts. 611-A e 611-B), inclusive em matérias relativas à saúde e à segurança do trabalhador (CLT, art. 611-A, XII), flexibilizou a jornada de trabalho (CLT, arts. 59, §§ 5º e 6º, 59-A, 59-B, 611-A, I a III, e 611-B, parágrafo único), dificultou a equiparação salarial (CLT, art. 461, §§ 1º e 5º), entre outras medidas redutoras de direitos e garantias materiais dos trabalhadores.

Comentando os efeitos previdenciários dessa reforma trabalhista, Adriana Menezes e Filipe Luís Avelino assim concluem:

> A Reforma Trabalhista, introduzida pela Lei nº 13.467, de 13 de julho de 2017, com as alterações promovidas pela Medida Provisória nº 808/2017, modificou a natureza jurídica de uma série de parcelas pagas ou devidas ao empregado ao retirá-las do conceito de salário de contribuição. Diante da escolha do legislador em privilegiar os empregadores a recolher menos contribuição sobre a folha de salários e ter um custo menor, podemos concluir que a Reforma terá como consequência direta a diminuição da arrecadação do regime geral de previdência social. Ademais, a exclusão de significativas parcelas da base de cálculo da contribuição previdenciária dos empregados trará, no futuro, para os próprios segurados a diminuição no valor de seus benefícios de auxílio-doença, auxílio-acidente, aposentadoria por invalidez, aposentadoria por idade, aposentadoria por tempo de contribuição e aposentadoria especial. (*In* MIÉSSA; CORREIA, 2018, p. 1478).

Por meio dessa reforma, dentre todas as medidas supressoras de direitos sociais, destaca-se, para fins de debates previdenciários, a figura do contrato de trabalho intermitente, nos termos do art. 443, caput e §3º e 452-A da CLT (Decreto-Lei nº 5.452, de 1º de maio de 1943), *in verbis*:

> Art. 443. O contrato individual de trabalho poderá ser acordado tácita ou expressamente, verbalmente ou por escrito, por prazo determinado ou indeterminado, ou para prestação de trabalho intermitente. (Redação dada pela Lei nº 13.467, de 2017) § 1º - Considera-se como de prazo determinado o contrato de trabalho cuja vigência dependa de termo prefixado ou da execução de serviços especificados ou ainda da realização de certo acontecimento suscetível de previsão aproximada. (Parágrafo único renumerado pelo Decreto-lei nº 229, de 28.2.1967) § 2º - O contrato por prazo determinado só será válido em se tratando: (Incluído pelo Decreto-lei nº 229, de 28.2.1967) a) de serviço cuja natureza ou transitoriedade justifique a predeterminação do prazo; (Incluída pelo Decreto-lei nº 229, de 28.2.1967) b) de atividades empresariais de caráter transitório; (Incluída pelo Decreto-lei nº 229, de 28.2.1967) c) de contrato de experiência. (Incluída pelo Decreto-lei nº 229, de 28.2.1967) **§3º Considera-se como intermitente o contrato de trabalho no qual a prestação de serviços, com subordinação, não é contínua, ocorrendo com alternância de períodos de prestação de serviços e de inatividade, determinados em horas, dias ou meses, independentemente do tipo de atividade do empregado e do empregador, exceto para os aeronautas, regidos por legislação própria.** (Incluído pela Lei **nº 13.467, de 2017**) (grifo nosso)

Art. 452-A. O contrato de trabalho intermitente deve ser celebrado por escrito e deve conter especificamente o valor da hora de trabalho, que não pode ser inferior ao valor horário do salário mínimo ou àquele devido aos demais empregados do estabelecimento que exerçam a mesma função em contrato intermitente ou não.

A única exigência, portanto, para esse tipo de contrato, é que o valor da hora de trabalho não seja inferior ao valor horário do salário-mínimo ou àquele devido aos demais empregados do estabelecimento que exerçam a mesma função, em contrato intermitente ou não (art. 452-A da CLT). Para um salário--mínimo de R$954,00 mensais, no ano de 2018, e uma rotina média de 40 horas semanais de trabalho para a maioria das atividades profissionais existentes, temos que a hora mínima teria o valor aproximado a R$ 6,00 (seis reais).

É inegável que essa espécie de contrato, de prestações laborais intermitentes, pode ensejar situações nas quais, ao fim de um mês, o trabalhador possua apenas cerca de 20 horas trabalhadas, auferindo aproximadamente R$120,00. Uma situação como essa permite a conclusão de que as necessidades vitais básicas do trabalhador de contrato intermitente e de sua família, com moradia, alimentação, educação, saúde, lazer, vestuário, higiene, transporte e previdência social, não estariam protegidas. Haveria, nessa espécie de contrato de trabalho, portanto, uma severa iniquidade social, violadora do direito social fundamental a um salário-mínimo (art. 6º, IV, da CF), que não pode propiciar dignidade ao trabalhador, se for medido apenas em horas.

Como se esta situação socialmente perigosa e inconstitucional propiciada pelo contrato de trabalho intermitente da Lei 13.467/2017 já não bastasse, em um complemento a esta reforma trabalhista, a Medida Provisória nº 808/2017 inseriu o seguinte dispositivo na CLT:

Art. 911-A. O empregador efetuará o recolhimento das contribuições previdenciárias próprias e do trabalhador e o depósito do FGTS com base nos valores pagos no período mensal e fornecerá ao empregado comprovante do cumprimento dessas obrigações. (Incluído pela Medida Provisória nº 808, de 2017) § **1º Os segurados enquadrados como empregados que, no somatório de remunerações auferidas de um ou mais empregadores no período de um mês, independentemente do tipo de contrato de trabalho, receberem remuneração inferior ao salário mínimo mensal, poderão recolher ao Regime Geral de Previdência Social a diferença entre a remuneração recebida e o valor do salário mínimo mensal, em que incidirá a mesma alíquota aplicada à contribuição do trabalhador retida pelo empregador.** (Incluído pela Medida Provisória nº 808, de 2017) § 2º Na hipótese de não ser feito o recolhimento complementar previsto no § 1º, o mês em que a remuneração total recebida pelo segurado de um ou mais empregadores for menor que o salário mínimo mensal não será considerado para fins de aquisição e manutenção de qualidade de segurado do Regime Geral de Previdência Social nem para cumprimento dos períodos de carência para concessão dos benefícios previdenciários. (Incluído pela Medida Provisória nº 808, de 2017) (grifo nosso)

Ou seja, todo aquele segurado que se enquadrar como trabalhador em contrato intermitente, e receber, no somatório de suas remunerações, valores inferiores ao salário-mínimo, deverá complementar a contribuição recolhida pelo empregador; do contrário, se não houver a complementação, o mês em que ela inexistir, mesmo tendo existido a prestação de serviços pelo trabalhador, não servirá para cômputo de carência e aquisição e manutenção da qualidade de segurado no RGPS.

Notem o absurdo a que se pode chegar: naquele caso hipotético acima transcrito, de um trabalhador que tenha conseguido apenas 20 horas de trabalhos advindos de contratos intermitentes em apenas um mês, e venha a receber, de acordo com o valor mínimo de sua hora (R$6,00), a bagatela de R$120,00 mensais. Sua alíquota de recolhimento seria a mínima, de 8% sobre o salário-mínimo, que daria R$76,32. Pelas suas 20 horas de trabalho, já terá descontado 8% para o RGPS, o que resulta em R$9,60. Sobraram-lhe R$110,40. Desses R$110,40, para garantir que aquele mês seja computado para todos os fins previdenciários, o que deveria fazer o trabalhador intermitente? Pagar os R$66,72 faltantes (76,32 – 9,60) de sua contribuição previdenciária e ficar com R$43,68 para todos os gastos de seus 30 dias. É possível, é razoável, é proporcional, uma medida como essa? Com tamanha irrazoabilidade, esse art. 911-A da CLT acarretaria duas indesejadas consequências: exclusão previdenciária e enriquecimento sem causa a favor do Estado. Os trabalhadores intermitentes iriam deixar de recolher essa complementação e ficariam sem qualquer proteção social, e o Estado ficaria com os valores arrecadados pelos empregadores intermitentes em nome dos seus empregados intermitentes, sem, todavia, oferecer qualquer prestação previdenciária em troca.

A ofensa à Convenção Internacional do Trabalho n° 95 da OIT, em seu art. 4°, promulgada e obrigatória no Brasil, por intermédio do Decreto n.° 41.721/57, é notória. Eis como tal dispositivo regula a matéria, internacionalmente:

> ARTIGO 4°
>
> 1. A legislação nacional, as convenções coletivas ou as sentenças arbitrais podem permitir o pagamento parcial do salário em espécie nas indústrias ou nas profissões em causa. O pagamento do salário sob forma de bebidas alcoólicas ou de drogas nocivas não será admitido em caso algum.
>
> 2. Nos casos em que o pagamento parcial do salário em espécie é autorizado, serão tomadas medidas apropriadas para que:
>
> a) as prestações em espécie sirvam para o uso pessoal do trabalhador e de sua família e lhes tragam benefício;
>
> b) o valor atribuído a essas prestações seja justo e razoável.

Tal ofensa não passou despercebida pelos juízes que compõem a Anamatra, tendo em vista as três teses que foram aprovadas na plenária do XIX Congresso Nacional dos Magistrados da Justiça do Trabalho, entre os dias 02 a 05 de maio de 2018, em Belo Horizonte/MG[136]:

Tese 26 da Comissão 3 - Viola o art. 4º, "b" da Convenção 95 da OIT sobre a proteção do salário (justo e razoável), a contratação por trabalho intermitente, quando não respeitado o salário mínimo vigente, o piso salarial profissional ou previsto em norma coletiva da categoria, sempre considerado o valor mensal, com o pagamento das férias, 13º salário e FGTS de forma proporcional. A estipulação de remuneração por hora, com violação ao salário mínimo e ao piso profissional ou salarial da categoria deve ser considerada nula, para que seja observado salário mínimo mensal, justo e razoável, como prevê a Constituição (artigo 7º, IV, V e VII) e a Convenção 95 da Organização Internacional do Trabalho.

Tese 27 da Comissão 3 - O contrato de trabalho intermitente, previsto pela Lei nº 13.467/2017, é inconstitucional por violar o regime de emprego, a dignidade humana, o compromisso com a profissionalização e o patamar mínimo de proteção devido às pessoas que necessitam viver do seu trabalho, ferindo, ainda, o direito de integração na empresa (art. 7º, I da Constituição). A cidadania para o trabalho se expressa no direito à ocupação digna, que contemple condições mínimas de proteção jurídica, segurança e igualdade, além de previsibilidade e permanência do trabalhador no mercado. O contrato de trabalho intermitente, pelas mesmas razões, viola o "Protocolo de San Salvador", que possui status de supralegalidade e é representativo do compromisso internacional com uma política interna consistente com o regime de emprego e com as condições concretas que possibilitam o incremento da condição social e profissional dos trabalhadores.

Tese 28 da Comissão 3 - Observado o seu caráter excepcional, é essencial a formalização do regime de trabalho intermitente, contemplando-se, inclusive, os períodos de prestação de serviços, a quantidade mínima de horas ou a estimativa de serviços a executar, sendo inviável a cobrança de multas do trabalhador. O trabalho intermitente é incompatível com o atendimento de demanda permanente, contínua ou regular ou para substituir posto de trabalho efetivo e não serve para se adotar a escala móvel e variável de jornada.

Esses contratos de trabalho intermitentes, inclusive, além de incidirem em ilegalidades e inconstitucionalidades diversas, por ofensas a direitos sociais consagrados no art. 6º da Constituição Federal, também ofende a legislação previdenciária, pois equipara, sem a apresentação de uma mínima justificativa, segurados empregados (que são subordinados a seus empregadores) e contribuintes individuais (que não são subordinados), ao determinar que o dever de recolhimento da complementação e contribuição deva ser do empregado intermitente. Para realizar tal equiparação, o art. 30, II, da Lei 8.212/91[137], norma especial previdenciária em relação à CLT, deveria ter sido modificado, o que não ocorreu.

---

136 Disponível em: <https://www.anamatra.org.br/conamat/teses-plenaria-final>. Acesso em: 06 mai. 2018.

137 "Art. 30. A arrecadação e o recolhimento das contribuições ou de outras importâncias devidas à Seguridade Social obedecem às seguintes normas:[...] II - os segurados contribuinte individual e facultativo estão obrigados a recolher sua contribuição por iniciativa própria, até o dia quinze do mês seguinte ao da competência;"

Essa Medida Provisória, contudo, foi mais um "balão de ensaio" do Poder Executivo (conforme já denunciamos no capítulo 7, em seu subtítulo 7.6, para outras situações), e, após muitas discussões nas mídias e arenas públicas, foi silenciosamente abandonada pelo Governo, tendo terminado seu prazo de vigência em 23/04/2018, conforme disposto no Ato Declaratório do Senado, de n° 22, de 24/04/2018.

É inegável, todavia, que a Medida Provisória deixará suas consequências na interpretação de normas trabalhistas e previdenciárias. Remanescerão dúvidas sobre a interpretação das consequências previdenciárias advindas com a figura do contrato de trabalho intermitente, enquanto não for decretada a sua inconstitucionalidade pelo STF[138].

Isto dito, como, em princípio, toda norma presume-se constitucional até controle de constitucionalidade em sentido contrário, *uma boa reforma da previdência não pode deixar in albis tal situação e deverá regular os efeitos previdenciários de tais contratos de trabalho, caso eles sejam entendidos como constitucionais pelo STF, impedindo-se que trabalhadores intermitentes sejam excluídos da proteção diante de riscos sociais, mesmo que os valores recolhidos ao RGPS sejam inferiores ao salário-mínimo mensal, sob pena de odiosa inconstitucionalidade por exclusão. Nesse sentido, pode restar estipulado pela reforma que, nesses casos, a complementação poderá ser feita a qualquer tempo, posteriormente, sem cobrança de juros, apenas com correção monetária, ou mesmo em acerto contábil a ser feito, por ocasião da concessão do benefício previdenciário, posteriormente.*

F) A aposentadoria especial e as atividades exercidas sob risco, ou sob condições especiais que prejudiquem a saúde ou a integridade física

Esse foi um dos aspectos do Direito Previdenciário que foi mais negligenciado pela atual Reforma da Previdência em curso, a PEC 287-A/2016.

De início, nota-se, claramente, a *perda da relevante oportunidade de se regulamentar a aposentadoria especial dos servidores públicos, que desde a Emenda Constitucional n° 20/98*[139] *é prevista na Constituição Federal (com o incremento posterior feito pela EC 47/2005 para os servidores que possuam alguma deficiência), mas sem qualquer regulamentação.* Atualmente, a Constituição assim descreve tal direito subjetivo dos servidores públicos:

---

138 Há cerca de 20 ações diretas de inconstitucionalidade contra a Reforma Trabalhista. A primeira delas já está prevista para a pauta do Plenário. Trata-se da ADI 5.766, ajuizada pela PGR. Por sua vez, as Adin's 5.806, 5.826 e 5.829 questionam a constitucionalidade do contrato de trabalho intermitente. Nesse sentido, leia-se a seguinte notícia, disponível em: <https://www.conjur.com.br/2018-abr-27/reforma-trabalhista-estimula-trabalho-insalubre-gravidas-adi>. Acesso em: 05 mai. 2018.

139 "Art. 40. [...] § 4° É vedada a adoção de requisitos e critérios diferenciados para a concessão de aposentadoria aos abrangidos pelo regime de que trata este artigo, ressalvados os casos de atividades exercidas exclusivamente sob condições especiais que prejudiquem a saúde ou a integridade física, definidos em lei complementar." (Redação dada pela Emenda Constitucional n° 20, de 15/12/98)

Art. 40. Aos servidores titulares de cargos efetivos da União, dos Estados, do Distrito Federal e dos Municípios, incluídas suas autarquias e fundações, é assegurado regime de previdência de caráter contributivo e solidário, mediante contribuição do respectivo ente público, dos servidores ativos e inativos e dos pensionistas, observados critérios que preservem o equilíbrio financeiro e atuarial e o disposto neste artigo. [...] § 4º É vedada a adoção de requisitos e critérios diferenciados para a concessão de aposentadoria aos abrangidos pelo regime de que trata este artigo, ressalvados, **nos termos definidos em leis complementares**, os casos de servidores: (Redação dada pela Emenda Constitucional nº 47, de 2005)

I - portadores de deficiência; (Incluído pela Emenda Constitucional nº 47, de 2005); II – que exerçam atividades de risco; (Incluído pela Emenda Constitucional nº 47, de 2005); III – cujas atividades sejam exercidas sob condições especiais que prejudiquem a saúde ou a integridade física. (Incluído pela Emenda Constitucional nº 47, de 2005) (grifo nosso)

O problema dessas aposentadorias é a total ausência das leis complementares mencionadas no dispositivo constitucional supracitado, o que ensejou uma série de mandados de injunção, como nos relata Marisa Ferreira dos Santos:

> O §4º do art. 40, na redação da EC 20, instituiu a aposentadoria especial do servidor público, e apenas deixou para a lei complementar a definição das atividades exercidas exclusivamente sob condições especiais que prejudiquem a saúde ou a integridade física. Daí por que, a nosso ver, a omissão legislativa dá ensejo à propositura de mandado de injunção. Esse entendimento foi adotado pelo STF no julgamento do Mandado de Injunção n. 721-7/DF, de relatoria do Ministro Marco Aurélio [...] Na ocasião, admitido o Mandado de Injunção, o STF acabou por decidir que a falta de lei complementar não poderia acarretar prejuízo ao servidor público. E, no caso concreto, em que a impetrante era servidora pública do Ministério da Saúde, auxiliar de enfermagem, lotada na Fundação das Pionerias Sociais – Sara Kubitschek, em Belo Horizonte, determinou a aplicação das disposições do art. 57, §1º, da Lei n. 8.213/91, que dispõe sobre a aposentadoria especial do RGPS. [...] Outros Mandados de Injunção foram julgados pelo STF, que, em relação a outras categorias profissionais, adotou o mesmo entendimento: enquanto não for editada lei complementar, os servidores públicos terão direito à aposentadoria especial na forma prevista no RGPS. Consolidado o entendimento, o STF editou a Súmula Vinculante 33: 'Aplicam-se ao servidor público, no que couber, as regras do regime geral da previdência social sobre aposentadoria especial de que trata o artigo 40, §4º, inciso III da Constituição Federal, até a edição de lei complementar específica'. (SANTOS, 2018, p. 539-540).

Essa definição de contornos dada pelo STF, todavia, é notoriamente insuficiente, pois abarca apenas as atividades que sejam exercidas sob condições especiais que prejudiquem a saúde ou a integridade física. Não trata, por exemplo, das hipóteses de servidores que trabalhem em atividades de risco ou que possuam alguma espécie de deficiência, e tenham o direito a essas aposentadorias especiais. Essas questões deveriam ser responsavelmente regulamentadas pelo Poder Legislativo, e a omissão vem se protraindo há muitos anos, ao menos desde 1998 (para as atividades que sejam exercidas sob condições especiais que prejudiquem a saúde ou a integridade física) ou 2005 (servidores em atividades de risco ou que possuam deficiência).

Perdeu-se, portanto, a oportunidade de editar normas a respeito do tema, regulamentando minuciosamente, e de acordo com as especificidades de cada carreira, o benefício da aposentadoria especial do servidor público.

De outro lado, em relação à aposentadoria especial do RGPS, a PEC 287/2016 previa uma espécie de aposentadoria por idade especial, na qual se exigiria, no mínimo, 55 anos de idade para ambos os sexos, exigindo, ainda, que o cidadão comprovasse o efetivo prejuízo à sua saúde, em relação às condições especiais de sua atividade laboral. Vedava, por outro lado, a conversão de tempo especial em comum, muito utilizada por quem trabalhou menos que 25 anos em atividades especiais, a partir da publicação da futura Emenda Constitucional que viesse a ser aprovada.

Atualmente, a aposentadoria especial é concedida após 25 anos de atividade prestada em condições especiais que afetam a saúde e a integridade física, sem qualquer requisito etário mínimo.

Na linha do que expusemos no início desse Apêndice, entendemos que *a fixação de uma idade mínima para a aposentadoria especial não seria uma medida inadequada ou desproporcional.* Seria coerente com a fixação de uma idade mínima para toda e qualquer aposentadoria. Inclusive, a aposentadoria especial, remotamente, na redação original da Lei 3.807/60 (LOPS), em seu art. 31, já previa uma idade mínima de 50 anos de idade, para sua obtenção. *Nada justifica, portanto, a impossibilidade de fixação de idade mínima para a aposentadoria especial do RGPS, a partir do momento em que ela venha a ser fixada para a aposentadoria regular, especialmente se for considerado que o risco social atrelado a qualquer benefício de aposentadoria é possuir uma idade avançada. Basta que haja uma proporcionalidade entre essa idade mínima e aquela que venha a ser estabelecida para quem exerce atividades comuns.*

Agora, imagine-se como um trabalhador que ingressou no mercado de trabalho após a aprovação da Emenda da Reforma, e que exerça suas atividades em ambiente de altas temperaturas, como os fornos de uma usina metalúrgica, por cerca de 15 anos. Comparativamente, um colega seu de trabalho permanece por mais dez anos. Pressupondo que preencha os demais requisitos, esse seu colega de trabalho pode vir a obter a aposentadoria especial. Mas, o leitor, tendo trabalhado por cerca de 15 anos em atividade especial, não poderá ter o mesmo tratamento, com a aplicação de índices multiplicadores de conversão para comum, como atualmente é feito. Pergunta-se: esse desprezo à especialidade de um período de 15 anos prestado em condições especiais será justo, isonômico e razoável?

A resposta é obviamente negativa, conforme extraímos da leitura da obra de Adriane Bramante Ladenthin:

Não é mesmo possível que trabalhadores expostos a agentes agressivos prejudiciais à saúde tenham o mesmo tratamento e a mesma contagem de tempo que o trabalhador comum, contrário ao disposto no art. 201, §1º, da Constituição Federal. Possibilitar a contagem de tempo de serviço diferenciada para que os diversos períodos de trabalhao, que alternam atividades especiais e comuns, busca atender ao princípio da isonomia. A única maneira de isso acontecer é com a conversão do tempo. (LADENTHIN, 2014, p. 195).

Houve, portanto, ofensa ao direito fundamental à igualdade contido no art. 5º, caput, da CF, no momento em que a PEC 287 pretendeu vedar a conversão de tempo especial em comum, e, com isso, passou a ditar tratamento previdenciário injustificadamente diferenciado para trabalhadores que tenham realizado atividades especiais por períodos maiores e menores que 25 anos.

Vedar a conversão de tempo especial em comum, sempre e de qualquer modo, violará a igualdade e deverá ser compreendida como notoriamente inconstitucional, necessitando ser revista por uma boa reforma da Previdência, extirpando-a de qualquer proposta vindoura.

Além disso, a regulamentação definitiva da aposentadoria e da contagem de tempo especial para atividades de risco, em situações de penosidade (prevista como ensejadora de adicional remuneratório no art. 7º, XXIII, da CF, mas sequer conceituada juridicamente) e periculosidade[140]*, é emergencial, e sequer foi abordada na PEC 287, pois trabalhar em condições penosas ou perigosas, pode representar agressão à integridade física do segurado, especialmente em se tratando de trabalho desenvolvido habitual e permanentemente nessa situação, como acontece com alguns trabalhadores de instalações elétricas de alta tensão e vigilantes de carro blindado.*

Outra medida de proteção dos trabalhadores, buscando evitar o risco social da exposição a agentes laborais físicos, químicos ou biológicos agressivos, e atenuar os efeitos dessa exposição, poderia ser aprimorada em uma boa reforma da previdência. *Trata-se da determinação de cancelamento da aposentadoria especial daquele trabalhador que continuar no exercício de atividade que o sujeite à tal exposição (art. 57, §8º, da Lei 8.213/91). Essa determinação faz todo sentido, pois não se deve permitir que o trabalhador se aposente em condições mais vantajosas (menor tempo de contribuição) e continue trabalhando nas mesmas condições. Seria espécie de comportamento contraditório, de abuso de direito, que deve ser vedado pela legislação.*

Só que essa vedação só existe para a aposentadoria especial, e não para a aposentadoria por tempo de contribuição com contagem de tempo convertido de especial para comum em que o último vínculo do trabalhador tenha sido especial. Nesses casos, acreditamos que deva ser adotado o mesmo entendimento, impedindo-se que o trabalhador aposentado continue exercendo as mesmas atividades especiais que lhe permitiram

---

140 Nesse sentido, a CLT prevê, em seu art. 193, que: "Art. 193. São consideradas atividades ou operações perigosas, na forma da regulamentação aprovada pelo Ministério do Trabalho e Emprego, aquelas que, por sua natureza ou métodos de trabalho, impliquem risco acentuado em virtude de exposição permanente do trabalhador a: I - inflamáveis, explosivos ou energia elétrica; II - roubos ou outras espécies de violência física nas atividades profissionais de segurança pessoal ou patrimonial."

a conversão, por exemplo, dos últimos dois ou quatro anos de contribuição/serviço. Ou seja, a vedação à continuidade deve atingir todo e qualquer aposentado, e não apenas aquele que receba aposentadoria especial.

Por fim, uma medida procedimental relevante para a instrução de processos administrativos e judiciais de concessão de aposentadorias embasadas em tempo especial, que sempre foi debatida academicamente, mas que nunca saiu do plano das ideias de modo unificado pelo país, é a *necessidade de que o INSS (ou mesmo outra instituição como o Ministério do Trabalho) crie e mantenha atualizados os bancos de laudos técnicos dos empregadores de todo o país.* A reforma da previdência precisa adotar parâmetros objetivos qe determinem a criação e manutenção desses bancos de laudos técnicos das condições dos ambientes de trabalho de todo o país, visando à facilitação da instrução de processos administrativos e judiciais, de benefícios em que se discuta a especialidade de determinados períodos laborativos.

G) Gestão e cruzamento de bancos de dados de benefícios e de contribuições. LOAS. Fiscalização. Competência.

Há necessidade de aprimoramento da comunicação entre os bancos de dados do CNIS, PLENUS, Justiça do Trabalho, Justiça Federal, Justiça Estadual, Receita Federal (recolhimento de contribuições) e Ministério do Trabalho (no que atine ao seguro-desemprego e outras provas da situação de desemprego), visando à cobrança de contribuições indevidamente omitidas pelos contribuintes e ao controle de benefícios concedidos por tempo maior que o devido, ou mesmo indevidamente.

Modificações desse nível também poderiam colaborar na instrução de pedidos de benefícios previdenciários ao INSS, em que se discuta a prorrogação da qualidade de segurado, pela condição de desemprego (art. 15, § 2º, da Lei 8.213/91), pois, na imensa maioria dos casos em que o segurado possui esse direito à prorrogação, o agente administrativo do INSS não tem o acesso aos bancos de dados do Ministério do Trabalho para conferir eventuais deferimentos e indeferimentos (e suas fundamentações) de pedidos de seguro--desemprego. *O enlace entre esses bancos de dados permitiria melhor eficiência administrativa na análise desses pedidos de benefícios previdenciários, com uma instrução processual mais plena e adequada.*

Por vezes, um erro, administrativo ou judicial, pode ser cometido, por falta de informações completas sobre a vida laborativa do cidadão, por ocasião da concessão de um benefício previdenciário temporário como o auxílio-doença ou um benefício assistencial. Não é raro que, apenas após a modificação da decisão por uma sentença judicial ou por um acórdão (em processo judicial ou administrativo), ou muito após o trânsito em julgado, o benefício venha a ser fiscalizado, para aferição dos requisitos para sua concessão e manutenção.

Obviamente, esta realidade pode ser modificada, com a adoção de métodos mais eficientes e imediatos de fiscalização, com rotinas procedimentais estabelecidas, tanto para benefícios concedidos judicialmente, como para aqueles concedidos administrativamente, especialmente quando se tratar de benefícios de natureza provisória ou temporária, com requisitos legais maleáveis no tempo, como o são, por exemplo, a incapacidade laborativa ou a vulnerabilidade socioeconômica.

No caso do benefício assistencial (LOAS), da mesma forma que nos benefícios previdenciários por incapacidade, acompanhamentos trimestrais ou quadrimestrais poderiam ser realizados, por peritos do serviço social do INSS, a fim de aferir a persistência da condição de vulnerabilidade do núcleo familiar, por exemplo, fixando-se DCB's e prorrogações dos benefícios, a serem fiscalizadas pela Administração Previdenciária. Seria uma excelente oportunidade, inclusive, de propiciar a estes assistidos apoio judicial para ações de alimentos perante familiares com tal dever e possibilidade financeira, bem como a oportunidade de sair de uma situação de desemprego e miserabilidade, permitindo-se que, de algum modo, possam ingressar ou reingressar no mercado de trabalho, respeitadas suas condições de deficiência e/ou idade avançada. Mesmo raciocínio poderia ser feito em relação às pessoas do mesmo núcleo familiar do assistido, pois não é raro encontrar assistidos que vivam em um núcleo composto por pessoas em plena capacidade laborativa, mas desempregadas, ou, às vezes, sobrevivendo de rendas informais e esporádicas, sem acesso ao pleno emprego. Um enlace adequado dos bancos de dados de órgãos de fomento e formalização do emprego, do Ministério do Trabalho e do INSS, juntamente com uma fiscalização e participação mais presente das assistentes sociais da autarquia na vida do núcleo familiar dos assistidos pelo benefício de prestação continuada da LOAS, poderia propiciar redução de gastos com benefícios assistenciais.

De outro lado, em relação ao Poder Judiciário, a gestão dos processos previdenciários ficaria mais profissional e uniforme, se se extinguisse a competência delegada do art. 109, § 3º da CF ('Serão processadas e julgadas na justiça estadual, no foro do domicílio dos segurados ou beneficiários, as causas em que forem parte instituição de previdência social e segurado, sempre que a comarca não seja sede de vara do juízo federal, e, se verificada essa condição, a lei poderá permitir que outras causas sejam também processadas e julgadas pela justiça estadual.') e a competência previdenciária da Justiça Estadual para as ações relativas a acidentes do trabalho do art. 109, I, *in fine*, da CF ('Art. 109. Aos juízes federais compete processar e julgar: I - as causas em que a União, entidade autárquica ou empresa pública federal forem interessadas na condição de autoras, rés, assistentes ou oponentes, *exceto* as de falência, *as de acidentes de trabalho* e as sujeitas à Justiça Eleitoral e à Justiça do Trabalho').

Esses dispositivos faziam sentido em 1988, quando a Justiça Federal não tinha capilaridade e não era devidamente expandida e interiorizada[141], e não havia o processo eletrônico, trazido à realidade do processo civil brasileiro desde a Lei 11.419/2006. Com a interiorização da Justiça Federal e a consagração do processo eletrônico, não faz mais sentido manter a possibilidade de

---

141 Apenas pelas Leis 10.772/2003 e 12.011/2009, a União Federal criou 413 Varas Federais, enquanto a Lei 12.665/2012 criou 225 cargos de juízes federais de turmas recursais de juizados especiais federais.

julgamento de processos previdenciários pelos membros dos Judiciários estaduais, que não costumam possuir conhecimentos especializados em direito previdenciário, são vocacionados a decisões e processos em diversas outras áreas que não são matérias do cotidiano da Justiça Federal, e já possuem atribuições e competências diversificadas em demasia, exatamente por deterem uma competência constitucional residual, em relação à Justiça Federal.

A boa gestão dos processos judiciais previdenciários, propiciando segurança, previsibilidade, uniformidade e igualdade aos segurados-jurisdicionados, portanto, demanda que a competência da Justiça Federal seja tornada plena, o que deve ser feito por uma boa reforma da Previdência, que modifique o art. 109, I, in fine, e § 3º, da CF.

H) Aprimoramentos tributários: alíquotas, formas de recolhimento e de parcelamento de contribuições previdenciárias

Há profissionais que entendem que as contas públicas demandam ajustes que podem permitir, excepcionalmente, a violação da segurança jurídica e da igualdade. Bruno Bianco Leal e Felipe Mêmolo Portela, por exemplo, embasados em uma suposta mudança de entendimento da corte constitucional portuguesa no controle de constitucionalidade de medidas orçamentárias adotadas para controle do orçamento público entre 2011 e 2013 (congelamentos de reajustes, suspensão de benefícios e reduções de aposentadorias e pensões e cobranças de contribuições previdenciárias adicionais), desenvolveram a ideia de uma jurisprudência de crise (como em uma reforma da Previdência), a permitir a violação da segurança jurídica dos indivíduos por parte do Estado. Vejamos o relevante excerto da obra de ambos:

> Em busca da solvabilidade do Estado, o princípio da igualdade na repartição dos custos públicos – manifestação típica do princípio da igualdade – constitui e deve constituir parâmetro necessário para a atuação legislativa. A ameaça de todo o sistema social por conta de uma crise fiscal intensa e estrutural justifica medidas que alterem situações jurídicas anteriores, ainda não consolidadas, mas que geravam alguma expectativa individual. Neste cenário, deve recair sobre todos os cidadãos o dever de suportar os custos do Estado, e garantir sua solvabilidade, solidariamente, de sorte a evitar uma situação de ameaça de descumprimento das obrigações constitucionais do Estado, no caso, as prestações previdenciárias já concedidas e ativas – já que a sustentabilidade das contas públicas interessa a todos. Sobre essa mudança do entendimento português, e da construção da jurisprudência de crise pela Corte Constitucional daquele país, afirma Alexandre Sousa Pinheiro (2014, p. 186): 'A parametricidade da Constituição em tempos de crise leva a que se possa concluir que a inconstitucionalidade, na interpretação do TC, não dependa apenas do 'texto', mas, também, do 'contexto'. Numa outra perspectiva, o que seria incompatível com a Constituição em tempos de normalidade constitucional, já o não será em tempos de memorandos e programas de assistência. Este desiderato decorre, sem dificuldade, da jurisprudência constitucional, apesar de a doutrina manter que se continua dentro de um quadro 'normativo pleno'.' O entendimento da Corte Constitucional Portuguesa se fundamenta especialmente na proporcionalidade

e razoabilidade das mudanças, que legitimam a quebra de uma suposta proteção da confiança, reconhecendo que essa inexiste quando os pressupostos sobre as quais estavam assentadas são abalados por motivos de relevante interesse público. Nota-se que a abrangência do direito adquirido no Brasil, em situações normais, é menos ampla que em Portugal – isto é, na jurisprudência anterior à crise econômica – já que naquele país já se internalizou a garantia do princípio da confiança, o qual, em situações normais, deve resguardar expectativas legítimas de direito. Todavia, conforme abordado em face da crise econômica severa verificada em Portugal na última década, criou-se uma jurisprudência excepcional – de crise – que além de não resguardar o princípio da confiança, não observa expectativas de direito e, até mesmo, direitos adquiridos. Não há dúvida de que a experiência portuguesa influenciaria muito o debate constitucional no Brasil. Diante de premissas semelhantes, é provável que a relativização dos conceitos de expectativa de direito e direito adquirido segue o mesmo passo. Isso traz ainda maior urgência para que o sistema brasileiro seja reformado, evitando alterações nos direitos adquiridos e protegendo, ao máximo, as expectativas de direitos legítimas, e garantindo a adequação do sistema no médio prazo para manter vigentes os pilares do programa da Seguridade Social brasileira. Mas em razão do diagnóstico feito, esse tempo não é longo. A janela de oportunidade para uma reforma menos traumática está se fechando. (sic) (LEAL; PORTELA, 2018, p. 203-204)

Não foi essa, todavia, a leitura que fizemos do acórdão do Tribunal Constitucional nº 862/2013, Processo 1260/2013, publicado no Diário da República nº 4/2014, série I, de 07/01/2014. Estes autores pareceram não compreender a integralidade do entendimento manifestado pela corte portuguesa. Tal Corte assim se posicionou, a respeito das drásticas mudanças realizadas pelo Decreto nº 187/XII nas "pensões de aposentadoria e sobrevivência" portuguesas[142], cuja relevância, presente e futura, demandou que colacionássemos as partes mais relevantes do inteiro teor do acórdão em questão:

FUNDAMENTAÇÃO:
[...]
O direito à pensão, enquanto direito adquirido, fundado na lei, com existência real, material, individualizado e incorporado no património do aposentado, a vencer mensalmente, em princípio, está mais protegido em relação a quaisquer modificações legislativas posteriores. Aí, o princípio da tutela dos direitos adquiridos, positivado nos artigos 20.º e 66.º da Lei n.º 4/2007, de 16 de janeiro, representa o acolhimento no plano infraconstitucional da ideia tuteladora do princípio constitucional da proteção da confiança. Neste contexto, referem Jorge Miranda e Rui Medeiros que, "quanto mais consistente for o direito do particular, mais exigente é o controlo da proteção da confiança (ob. cit., pág. 643).

Nesse sentido, refere-se no Acórdão n.º 187/2013:

---

142 Disponível em: <https://dre.pt/pesquisa/-/search/606350/details/maximized>. Acesso em: 15 mai. 2018.

Chegado o momento em que cessou a vida ativa e se tornou exigível o direito às prestações, o pensionista já não dispõe de mecanismos de autotutela e de adaptação da sua própria conduta às novas circunstâncias, o que gera uma situação de confiança reforçada na estabilidade da ordem jurídica e na manutenção das regras que, a seu tempo, serviram para definir o conteúdo do direito à pensão.

Por outro lado, é legítima a confiança gerada na manutenção do exato montante da pensão, tal como fixado por ocasião da passagem à reforma. Sobretudo porque o nosso sistema é um sistema de benefício definido, em que se garante a cada pensionista uma taxa fixa de substituição sobre os vencimentos de referência.

E isso reflete-se também na tutela do investimento na confiança, que, sem dúvida, é de presumir ter existido por parte do titular do direito, e que decorre, não propriamente do facto de o pensionista ter efetuado contribuições enquanto trabalhador ativo - já que o nosso sistema é financiado por repartição e não por capitalização - mas da circunstância de, contando com o caráter definido do benefício, poder não ter sentido, justificadamente, a necessidade de se precaver por outras formas quanto a uma possível perda de rendimentos.

As expectativas merecedoras de tutela são, assim, obviamente mais fortes no caso dos pensionistas que já são beneficiários de uma pensão atribuída com base nas regras definidas no momento relevante do cálculo da mesma, ou seja, na altura da passagem à situação de aposentação.

[...]

DISPOSITIVO:

Atento o exposto, o Tribunal decide pronunciar-se pela inconstitucionalidade das alíneas a), b), c) e d) do n.º 1 do artigo 7.º do Decreto da Assembleia da República n.º 187/XII, com base na violação do princípio da confiança, ínsito no princípio do Estado de direito democrático consagrado no artigo 2.º da CRP.

Lisboa, 19 de dezembro de 2013. - Lino Rodrigues Ribeiro - Carlos Fernandes Cadilha - Ana Guerra Martins - Pedro Machete - Maria João Antunes - Maria de Fátima Mata-Mouros (com declaração) - José da Cunha Barbosa - Catarina Sarmento e Castro - Maria José Rangel de Mesquita (com declaração) - João Cura Mariano - Fernando Vaz Ventura - Maria Lúcia Amaral - Joaquim de Sousa Ribeiro.

Declaração de voto

1 - Votámos a inconstitucionalidade das normas contidas nas alíneas a), b), c) e d) do n.º 1 do artigo 7.º do Decreto n.º 187/XII mas com alcance e fundamento diferente do adotado no Acórdão.

1.1 - Não acompanhamos o Acórdão quanto ao alcance da pronúncia de inconstitucionalidade, desde logo porque divergimos da utilização, no caso, do princípio da tutela da confiança como parâmetro determinante de controlo, sem uma análise autónoma centrada no princípio da proporcionalidade.

As normas em causa alteram, por redução ou recálculo, pensões de aposentação, de reforma e de invalidez, bem como de sobrevivência, atribuídas pela Caixa Geral de Aposentações, I. P., (CGA) fixando um limiar a partir do qual se prevê a sua aplicação: o valor mensal ilíquido superior a (euro) 600. É nosso entendimento que aquelas normas apenas são inconstitucionais na parte em que atingem valores que, num juízo de normalidade, são integralmente alocados para fazer face a despesas obrigatórias e imprescindíveis à satisfação das normais necessidades e compromissos do pensionista - ultrapassando a medida razoável do sacrifício que pode ser exigido a estes cidadãos e atingindo excessivamente os mais desfavorecidos.

Atendendo aos seus efeitos sobre os pensionistas que auferem pensões menos elevadas, as normas em causa afiguram-se desproporcionadas (desrazoáveis), na sua dimensão subjetiva.

Nestes termos, sendo a fixação deste limiar desrazoável e tendo em conta a configuração global das normas que determina a sua aplicação em bloco a pensões atribuídas, a nossa pronúncia sobre a inconstitucionalidade não pode deixar de abranger a totalidade das normas em causa. Se as normas tivessem outra estrutura formal, o juízo poderia ser diferente.

1.2 - Não acompanhamos também a fundamentação do Acórdão quanto à aplicação do princípio da tutela da confiança, especificamente no que respeita à identificação ali feita do interesse público invocado pelo legislador e à conclusão alcançada.

2 - Num contexto de grave crise financeira assume particular acuidade a insustentabilidade do sistema público de pensões, de natureza contributiva, tendo em conta a insuficiência de meios financeiros necessários ao pagamento das atuais e futuras pensões, sendo já uma certeza que os futuros pensionistas não poderão auferir os valores processados nas atuais pensões. Neste contexto cabe ao Estado, em especial ao Estado-legislador, enquanto garante de um sistema de segurança social unificado, encontrar uma solução para o problema, que dependerá de uma opção sobre a distribuição de sacrifícios e benefícios que pertence primariamente ao legislador democraticamente legitimado.

Sendo assim, a questão essencial que se coloca ao juiz na apreciação da conformidade constitucional da solução normativa é a de saber se as implicações financeiras invocadas pelo legislador são suficientemente relevantes para justificar uma opção legislativa definidora de prioridades na distribuição dos recursos que, por serem escassos, pode afetar direitos individuais.

Na apreciação da conformidade constitucional de uma tal opção político-legislativa, cabe ao juiz, no respeito dos limites funcionais ditados pelo princípio da separação de poderes, analisar se a fundamentação seguida pelo legislador na definição de prioridades merece censura jurídico-constitucional.

[...]

5 - Importa todavia ponderar ainda se as normas respeitam outros limites impostos num Estado de Direito, em especial, por constituir o parâmetro de invalidade das normas de acordo com a fundamentação do Acórdão, o princípio da proteção da confiança.

5.1 - Na nossa ponderação, no quadro do princípio da tutela da confiança, acompanhamos o Acórdão apenas quanto ao juízo da existência de uma expectativa legítima, e digna de especial tutela, por parte dos cidadãos, na continuidade de perceção de um determinado montante de pensão, no âmbito do direito à segurança social, com base em comportamentos encetados pelo Estado, tendo estes cidadãos feito planos de vida assentes nessa continuidade.

Reconhecido que estamos perante uma expectativa legítima, merecedora de tutela, a efetiva proteção dessa expectativa pelo princípio da tutela da confiança depende de um juízo de ponderação de interesses contrapostos. As expectativas dos particulares na continuidade do regime legal vigente devem ser ponderadas face às razões de interesse público que justificam a sua não continuidade.

[...]

5.5 - Além disto, contrariamente ao que decorre da fundamentação do Acórdão, entendemos que da leitura global e geral da exposição de motivos e do conjunto de documentos juntos, não se podem considerar as normas em causa como totalmente desenquadradas de uma reforma estrutural (ou, pelo menos, tendencialmente estrutural) enunciada ou desadequadas a prosseguir os interesses públicos de especial relevo enunciados, considerados no seu todo.

No juízo de ponderação que deve ser feito entre as expectativas legítimas dos particulares e o interesse público global invocado, assume particular importância a premência da adoção de medidas estruturais para viabilizar, a prazo, a sustentabilidade do sistema público de pensões no seu todo (onde ainda se integra a CGA).

Neste balanceamento, a importância relativa do "bem comum" (traduzido na garantia da sustentabilidade financeira do sistema público de pensões) prosseguido pelas medidas legislativas em análise faz prevalecer o interesse público mesmo sobre um investimento de confiança acrescido na manutenção do regime, como aquele que é ditado pela circunstância de se ser titular de direitos adquiridos (direitos já constituídos mas não vencidos). A compressão destes não se apresenta como excessiva (não esquecendo o nosso juízo de desproporcionalidade parcial das medidas, tendo em conta o seu limiar, cf. n.º 4). Por um lado, tendo em conta que só vale para o futuro (ressalvando os efeitos já vencidos). Por outro lado, porque o sistema português de segurança social, em particular na sua componente contributiva e, mais especificamente, previdencial, é um sistema que repousa numa lógica de repartição e não numa racionalidade de capitalização individual, não existindo vinculação a um princípio contratualista. O valor da pensão não representa, assim, o retorno das contribuições pagas no passado.

A lógica ou a racionalidade sistémica é, portanto, de repartição e não de capitalização. Ora, o critério de repartição assenta num princípio de solidariedade, que convoca a responsabilidade coletiva na realização das finalidades do sistema. A contribuição do conjunto de pensionistas da CGA abrangidos pelas medidas para assegurar a sustentabilidade do sistema de pensões ainda encontra, pois, justificação no princípio da solidariedade intra e intergeracional que também deve ser tido em conta neste âmbito. O sistema público de pensões assenta numa ideia de solidariedade e igualdade social. E esta solidariedade conforma a afetação dos recursos. Determinante afigura-se, o imperativo de garantir a sustentabilidade e solvabilidade do sistema de segurança social (relacionado com a capacidade do Estado o financiar, de forma sustentada) e que é condição da sua subsistência.

Quando a medida legislativa é ditada por razões fundamentadas de imperioso e premente interesse público, o interesse individual na manutenção do regime legal não pode deixar de ceder diante do interesse do Estado em alterá-lo. Neste caso, o legislador deve atuar, em nome da sua incumbência constitucional de garante da sustentabilidade do sistema (artigo 63.°, n.° 2, da Constituição), procurando uma distribuição equitativa dos recursos disponíveis. - Maria de Fátima Mata-Mouros - Maria José Rangel de Mesquita.

Nota-se, portanto, que a Corte Constitucional Portuguesa, em momento algum, permitiu a criação de uma jurisprudência de crise que permita ferir a segurança jurídica de qualquer cidadão; ao contrário, assentou que a confiança individual deve ser digna de tutela estatal, com o respeito aos planos de vida e expectativas das pessoas de acordo com os comportamentos estatais, o que sempre dependerá de ponderação entre interesse público e direitos e expectativas individuais.

A decisão da Corte Constitucional Portuguesa, portanto, apenas assentou, embasada na solidariedade intra e intergeracional, que, nessa ponderação de interesse público e direitos e expectativas individuais, o legislador tem a prerrogativa de deliberar por novas medidas que pretendam aperfeiçoar a sustentabilidade do regime previdenciário do país, desde que respeitada a proporcionalidade no estabelecimento dessas medidas, o que não existiu naquela situação.

Essa proporcionalidade nas medidas de tensionamento previdenciárias em detrimento de direitos e expectativas individuais também não ocorreu na reforma pretendida pela PEC 287, que não dimensionou quaisquer medidas de aprimoramento tributário.

Melhor seria, a nosso sentir, buscar um redimensionamento da arrecadação tributária, no lugar dos cortes em benefícios adquiridos ou em fase de aquisição. Mas, essas medidas não foram apresentadas pelo governo proponente da reforma.

Nesse sentido, *uma boa reforma da previdência não pode deixar de propiciar igualdade contributiva real e criar alíquotas contributivas mais justas e adequadas, de acordo com o setor econômico produtivo.*

Além disso, uma *medida de justiça social que seria muito bem-vinda é o aumento de alíquotas contributivas para setores da economia que realizam transações de vulto significativo, com altas margens de lucro. É o caso, por exemplo, das instituições financeiras (bancos comerciais, bancos de investimentos, bancos de desenvolvimento, caixas econômicas, sociedades de crédito, financiamento e investimento, sociedades de crédito imobiliário, sociedades corretoras, distribuidoras de títulos e valores mobiliários, empresas de arrendamento mercantil, cooperativas de crédito, empresas de seguros privados e de capitalização, agentes autônomos de seguros privados e de crédito e entidades de previdência privada abertas e fechadas), que poderiam recolher a contribuição adicional de 5% em vez dos 2,5% que estão descritos no art. 22, §1°, da Lei 8.212/91 (STF, RE 598.572); bem como das associações desportivas que mantêm equipes de futebol profissional, que podem perfeitamente recolher a contribuição empresarial correspondente a 10% (em vez de 5%) da receita bruta decorrente das gigantescas transações comerciais que participam, nos termos do art. 22, §§ 6° a 9°, da Lei 8.212/91.*

Por outro lado, especialmente *quando estivermos tratando de cobranças de contribuições previdenciárias relativas a processos na Justiça do Trabalho, não é mais possível ou justificável a renúncia, ainda que tácita, de contribuições previdenciárias que deveriam ser executadas de ofício, em cumprimento de título executivo da Justiça do Trabalho, tenha ele o valor que possuir. Desse modo, o art. 879, § 5º*[143]*, da CLT deve ser prontamente revogado por uma boa reforma da previdência.*

Note-se que o Ministério da Fazenda, com base nesse dispositivo legal, autorizou, por meio da Portaria 582, de 11/12/2013, a dispensa de manifestação de procuradores federais em execuções trabalhistas de contribuições previdenciárias cuja soma dos tributos, no feito, seja igual ou inferior a R$20.000,00 (vinte mil reais). Não foram apresentados quaisquer estudos sólidos que justifiquem tal medida e que permitam concluir que o gasto da União no processo específico será superior ao valor arrecadado. Note-se que a quantia de R$20.000,00 é um valor de altíssima monta e que representa, por si só, quase três vezes o que pagaria um segurado facultativo de baixa renda, por um período de quinze anos (algo em torno de R$8.433,00 por segurado). Não é, portanto, uma quantia desprezível, de modo que esse dispositivo da CLT e a portaria respectiva devem ser revogados, permitindo-se um incremento na arrecadação também por este aspecto.

Inobstante as gravíssimas denúncias de crimes contra a administração pública praticados por agentes políticos e pelos sócios e diretores de grandes empresas de transporte rodoviário coletivo de passageiros, ferroviário e metroferroviário, bem como por empresas do setor de construção civil e de construção de obras de infraestrutura, com diversos acordos de leniência sendo firmados entre elas e o Poder Público (além dos termos de colaboração premiada do Direito Penal), fato é que não há como se conviver com renúncia fiscal em favor de quem se aproveita de melhores relações com o Estado. *Não é justificável um tratamento tributário diferenciado para empresas de porte tão gigantesco, tais como as grandes empreiteiras de construção do país, envolvidas nos maiores escândalos de corrupção do planeta! Devem, portanto, ser revogadas as desonerações das folhas de pagamento deferidas muito generosamente pela Lei 12.546/2011, e todas as empresas devem voltar a recolher, independente do seu porte econômico, sob a mesma forma, nos termos do art. 22 da Lei 8.212/91, especialmente aquelas que empregam em demasia, como as empresas de construção civil.* Como se pode afirmar que há d*éficit* na Previdência Social com tamanha renúncia?

A mesma pergunta sobre a relação entre d*éficit* e renúncia fiscal pode ser feita, por outro lado, quando estamos a tratar de parcelamentos de contribuições previdenciárias e outros tributos, que já são popularmente conhecidos como REFIS. Recentemente, o mesmo Governo Federal que apresentou a PEC 287/2016 visando à Reforma da Previdência, apresentou a MP 783, de

---

143 "Art. 879. [...] § 5º O Ministro de Estado da Fazenda poderá, mediante ato fundamentado, dispensar a manifestação da União quando o valor total das verbas que integram o salario-de-contribuição, na forma do art. 28 da Lei nº 8.212, de 24 de julho de 1991, ocasionar perda de escala decorrente da atuação do órgão jurídico".

31/05/2017, que foi convertida na Lei 13.496/2017 e criou o PERT – Programa Especial de Regularização Tributária, permitindo, uma vez mais, que empresas e pessoas físicas parcelem dívidas de impostos e contribuições previdenciárias, inclusive aquelas que sejam "objeto de parcelamentos anteriores rescindidos ou ativos, em discussão administrativa ou judicial" (art. 1º, § 2º, da Lei 13.496/2017). A lei citada trouxe ainda a disposição de que a adesão ao parcelamento implicaria "a vedação da inclusão dos débitos que compõem o PERT em qualquer outra forma de parcelamento posterior, ressalvado o reparcelamento de que trata o art. 14-A da Lei nº 10.522, de 19 de julho de 2002;" (art. 1º, § 4º, IV); todavia, sabe-se que esse mesmo tipo de dispositivo consta em diplomas legais anteriores (como a Lei 10.522/2002) e é simplesmente desprezado quando se edita um novo diploma legislativo permitindo novos parcelamentos ou reparcelamentos de dívidas anteriores.

Ainda, nessa mesma Lei 13.496/2017, previu-se expressamente a redução de 90% dos juros de mora e de 70% das multas e encargos da dívida a ser parcelada (art. 2º).

Isso precisa acabar. Um controle maior precisa ser instituído, pois apenas sonegadores de impostos e contribuições são beneficiados com parcelamentos e reparcelamentos a perder de vista, e ainda com perdão de multas e juros.

Aquele cidadão ou empresa que opta pelo pagamento regular de seus tributos e contribuições é discriminado, tendo seu potencial econômico e sua liberdade de iniciativa severamente atingidos, em favor de sonegadores que passam a ser "financiados" pela Administração Tributária, ao se utilizarem, para financiar suas atividades econômicas, de valores que deveriam estar nos cofres públicos. Largam na frente, sempre, os sonegadores.

É necessário que uma boa reforma da previdência altere o CTN para que se inclua no art. 155-A mais um parágrafo, no qual se preveja expressamente a impossibilidade de reparcelamentos de dívidas já parceladas conforme diplomas legais anteriores, especialmente em se tratando de contribuições previdenciárias, bem como a vedação total à exclusão de incidência de juros e multas nos parcelamentos, eliminando-se, por lei complementar, a expressão "salvo disposição de lei em contrário" do §1º do art. 155-A[144] desse mesmo CTN.

Por fim, outra boa medida tributária que equilibraria as contas públicas em geral, com afetações, ainda que indiretas, da Previdência Social, seria a regulamentação legal do Imposto sobre Grandes Fortunas. Estamos aqui a falar de um imposto, de modo que não haveria uma destinação específica de sua arrecadação. Todavia, tem sido corriqueira a responsabilização do Tesouro Nacional na complementação do orçamento da Previdência Social, nos termos do art. 248 da Constituição Federal. Ou seja, qualquer incremento na arrecadação também dos impostos em geral poderá ser favorável à compreensão da saúde financeira do RGPS.

---

144 "Art. 155-A. O parcelamento será concedido na forma e condição estabelecidas em lei específica. § 1º Salvo disposição de lei em contrário, o parcelamento do crédito tributário não exclui a incidência de juros e multas. (Incluído pela Lcp nº 104, de 2001)"

Nesse sentido, a imediata implementação de lei complementar regulando o IGF, nos termos do art. 153, VII, da Constituição Federal, seria uma medida muito bem-vinda. Note-se que estamos a tratar de um tributo que representaria melhor redistribuição de renda (em um país onde a má distribuição é uma das maiores do mundo).

Um bom exemplo para regulamentação pode ser extraído da França, onde o *"Impôt de solidarité sur la fortune (ISF)"* é cobrado de todo aquele que detenha um patrimônio superior a 800.000 euros, nos termos do art. 885 do *"Code général des impôts (CGI)"* francês. Há uma tabela progressiva, com o aumento da alíquota, conforme aumenta o valor do patrimônio, iniciando-se com a alíquota básica de 0,5%[145].

Obviamente, será necessário adequar esse conceito de "fortuna" para a realidade social e econômica do Brasil, com a aplicação de uma alíquota razoável de acordo com o patrimônio do indivíduo, devendo o conceito de patrimônio não ficar restrito a bens móveis ou imóveis situados no Brasil, mas abranger também aqueles que se encontrem no exterior.

I) Saúde e Previdência

O art. 101 da Lei 8.213/91 assim prevê:

> Art. 101. O segurado em gozo de auxílio-doença, aposentadoria por invalidez e o pensionista inválido estão obrigados, sob pena de suspensão do benefício, a submeter-se a exame médico a cargo da Previdência Social, processo de reabilitação profissional por ela prescrito e custeado, e tratamento dispensado gratuitamente, exceto o cirúrgico e a transfusão de sangue, que são facultativos.

A rotina que observamos, em centenas de processos em que atuamos no 11º Juizado Especial Federal do Rio de Janeiro/RJ entre 2014 e 2018, julgando pedidos de benefícios por incapacidade, é a de que o INSS é costumeiro em suspender benefícios por incapacidade, sob o argumento de que a parte (que em geral não possui plano de saúde e não tem recursos para pagar serviços médicos particulares) não está comprovando o tratamento médico de sua patologia incapacitante, sem considerar qualquer argumento da parte de que o serviço médico não lhe foi prestado pelo SUS.

Nas grandes cidades do país, é comum verificar filas gigantescas para se marcar uma simples consulta médica, hospitais que sequer possuem um simples aparelho de raios-x, equipamentos médicos quebrados, ausência de médicos e de pessoal qualificado, faltas circunstanciais e sistemas informáticos que travam, cirurgias que não conseguem ser marcadas para prazo inferior a um ano, enfim, uma série de imprevisões que atrasam o tratamento médico do trabalhador que se encontra incapacitado.

---

145 Disponível em: <http://www.leparticulier.fr/jcms/p1_1621670/le-bareme-de-l-isf-pour-2017>. Acesso em: 15 jul. 2017.

O INSS, portanto, nesses casos, quando não restar efetivamente comprovado que o autor foi desidioso com seu próprio tratamento, não pode adotar postura de que a saúde alheia não é um problema de sua responsabilidade. Lembremos que a saúde é um dos pilares da seguridade social, e o INSS é a autarquia do "seguro social", de modo que pode e deve participar mais ativamente do acompanhamento das medidas de tratamento médico daquele segurado que esteja afastado, recebendo benefício por incapacidade, e intercedendo diretamente perante as instituições de saúde do SUS, para acelerar esses tratamentos.

Tal mudança de postura estatal ajudaria o segurado a recuperar seu posto de trabalho em seu empregador, no menor tempo possível, considerando a alta taxa de rescisões indiretas de contrato de trabalho por empregadores que se recusam a receber o trabalhador de volta quando o INSS entende que não há mais incapacidade para o exercício da atividade habitual[146]; permitiria a recolocação desse trabalhador no mercado de trabalho, nas melhores condições laborativas possíveis; possibilitaria reabilitações e habilitações profissionais mais condizentes com o padrão econômico de vida do cidadão, seus conhecimentos e limitações eventuais; e diminuiria sensivelmente os gastos previdenciários com benefícios por incapacidade laborativa, temporária ou definitiva, para segurados ou dependentes.

Além disso, deve ser providenciado, em qualquer reforma da Previdência, um banco de prontuários de caráter nacional, alimentado pelas instituições e profissionais de saúde de todo o país e de todos os entes federativos, de acesso aberto aos peritos médicos do INSS, tal como é aberto o acesso aos relatórios das perícias administrativas para os peritos judiciais, para avaliação de benefícios por incapacidade e acompanhamento de tratamentos prescritos, permitindo-se, inclusive, intercessões profissionais entre médicos do INSS e médicos assistentes dos cidadãos, em se tratando de segurados que estejam se utilizando de médicos e hospitais do Sistema Único de Saúde.

Essa medida já está prevista, de certo modo, no art. 101, §4º, da Lei 8.213/91, inserido pela Lei 13.457/2017[147], após prévia anuência do interessado. Essa anuência pode ser obtida em qualquer comparecimento do cidadão para cadastramento ou utilização de serviço do SUS, prestando-se os esclarecimentos devidos.

Note-se que já é possível realizar perícia médica para concessão de benefícios por incapacidade em órgãos e instituições públicas que integrem o Sistema Único de Saúde (SUS), nos termos do art. 60, §5º, inciso I, da Lei 8.213/91, *in verbis*:

> § 5º Nos casos de impossibilidade de realização de perícia médica pelo órgão ou setor próprio competente, assim como de efetiva incapacidade física ou técnica de implementação das atividades e de atendimento adequado à clientela da

---

146 Disponível em: <https://www.conjur.com.br/2016-fev-16/empresa-paga-rescisao-nao-aceitar-empregado-alta-inss>. Acesso em: 15 mai. 2018.

147 "A perícia de que trata este artigo terá acesso aos prontuários médicos do municipiado no Sistema Único de Saúde (SUS), desde que haja a prévia anuência do periciado e seja garantido o sigilo sobre os dados dele."

previdência social, o INSS poderá, sem ônus para os segurados, celebrar, nos termos do regulamento, convênios, termos de execução descentralizada, termos de fomento ou de colaboração, contratos não onerosos ou acordos de cooperação técnica para realização de perícia médica, por delegação ou simples cooperação técnica, sob sua coordenação e supervisão, com:

I - órgãos e entidades públicos ou que integrem o Sistema Único de Saúde (SUS);

Mas, não se viu ainda a concretização desse banco de dados entre os órgãos do Ministério da Saúde e do SUS com a Previdência Social e o INSS, o que pode vir a ser providenciado por um banco de prontuários nacional, mesmo porque não é raro que pessoas que residam em regiões fronteiriças entre municípios e entre Estados, morem em um local e realizem atendimentos médicos em outro município ou Estado.

Tal medida, em uma boa reforma da previdência, propiciaria forte concretização do tripé Previdência, Assistência e Saúde, elementos indissociáveis do conceito de seguridade social existente na Constituição Federal.

J) Igualdade de gêneros

Qualquer reforma, inevitavelmente, terá que tratar, em algum modo e grau, da necessidade de igualdade de gênero, com requisitos idênticos para homens e mulheres.

Segundo dados da última Pesquisa Nacional por Amostra de Domicílio, divulgada pelo IBGE em 2013[148], vivem no Brasil 103,5 milhões de mulheres, o equivalente a 51,4% da população. Segundo o IBGE, as mulheres brasileiras engravidam menos na adolescência, estudam mais que os homens e tiveram aumento na renda mensal, mas elas ainda ganham salários menores e têm dificuldades de ascensão na carreira.

O tema igualdade entre homens e mulheres divide opiniões no Brasil, tanto que a PEC 287/2016, em sua versão original, buscava igualar, imediatamente, a idade mínima para homens e mulheres aposentarem-se, em 65 anos. Isso significaria alterar, de modo inovador, a distinção entre gêneros que sempre existiu em nossas constituições.

De fato, o sentimento de igualdade na sociedade moderna exige tratamento justo aos que ainda não conseguiram a viabilização e a implementação de seus direitos básicos e fundamentais, para que tenham uma vida digna. O conceito de igualdade é de vital importância para a sociedade, a tal ponto que, para a filosofia, o núcleo da justiça é a igualdade, ou seja, o igual deve ser tratado de igual maneira e o desigual de forma desigual.

A igualdade material, por outro lado, é o instrumento de concretização da igualdade em sentido formal, tirando-o da letra fria da lei para viabilizá-lo

---

148 Pesquisa Nacional por Amostra de Domicílios - IBGE. Disponível em: <www.ibge.gov.br/home/estatistica/pesquisas/pesquisa_resultados.php?id_pesquisa=4>. Pesquisa(s): Pesquisa Nacional por Amostra de Domicílios (PNAD, População). Acesso em: 21 mar. 2017.

no mundo prático. Deve ser entendida como o tratamento igual e uniformizado de todos os seres humanos, bem como sua equiparação no que diz respeito à concessão de oportunidades de forma igualitária a todos os indivíduos. O caráter peculiar da igualdade garantida a homens e às mulheres titulares do direito à igualdade entre gêneros é que, ao contrário do direito de igualdade formal, cujas principais concretizações se dão pela proibição de discriminação negativa, a isonomia entre homens e mulheres exige ações concretas por parte do Estado para evitar discriminação de gênero e tratamento arbitrário.

Diante do debate filosófico e jurídico sobre o tema igualdade e de sua importância para a sociedade, questiona-se: Há igualdade de gênero no Brasil? A busca de equiparação entre homens e mulheres, para obtenção de benefício previdenciário, está em conformidade com as regras constitucionais? A equiparação imediata é a melhor técnica legislativa?

A PEC 287/2016 estipulava alteração de idade mínima para 65 anos, e mudança no tempo de contribuição para que homens e mulheres tivessem direito a benefício previdenciário de aposentadoria; o tempo mínimo de contribuição exigido saltaria de 15 para 25 anos, sem qualquer regra de transição temporal ou que estabelecesse igualdade real nas remunerações de homens e mulheres, que ganham 82% menos que os homens (segundo exposição de motivos da própria PEC 287), o que demonstra que a isonomia entre homens e mulheres não foi efetivamente concretizada.

O argumento de que as mulheres vivem mais do que os homens, como relata a citada exposição de motivos, não é suficiente para igualar homens e mulheres para a obtenção do acesso a benefício, pois é necessário analisar o contexto histórico e social. A referida alteração desconsidera a herança social do patriarcado brasileiro e a desigualdade que existe no mercado de trabalho. A rotatividade, a intermitência do trabalho e a informalidade contribuem para que grande parte dos trabalhadores não consiga alcançar os 25 anos de contribuição que estavam sendo exigidos. No caso das mulheres, há outra peculiaridade: elas assumem grande parte dos afazeres domésticos, fatores que dificultam o acesso ao mercado formal e, por isso, elas terão mais dificuldade de acumular os anos de contribuição necessários para a aposentadoria integral. Atualmente, a contribuição pelo período de 15 anos já exclui muitas pessoas, das camadas mais pobres e menos infensas ao desemprego, da proteção previdenciária. Para as diaristas, por exemplo, é fator que contribui para a falta de proteção previdenciária, e a ausência da referida proteção é ruim para o país, pois aumenta gastos com assistencialismo.

É fato que a situação das mulheres no Brasil está evoluindo, mas, ainda é muito distante da realidade dos países da Organização para a Cooperação e Desenvolvimento Econômico (OCDE) - parâmetro utilizado pelo governo como referência de alteração da legislação previdenciária. Nesses países, homens e mulheres aposentam-se com a mesma idade em mais da metade de uma lista de 51 países; no entanto, a realidade econômica e social dos membros da OCDE citados é distinta da realidade brasileira. Entre os países que apresentam as mesmas condições para homens e mulheres aposentarem-se estão Islândia e Noruega, países com alto índice de desenvolvimento e de isonomia entre homens e mulheres. Nessas nações, a idade mínima para se aposentar é 67 anos, a mais alta. Depois estão Estados Unidos, Portugal e Irlanda, com 66 anos[149].

Nos Estados Unidos, a idade de referência para aposentadoria varia, de 66 a 67 anos, de acordo com o ano de nascimento. Mas, para obtenção de um benefício proporcional, a idade mínima é de 62 anos[150]. Na Alemanha: 65 anos, aumentando 1 mês a cada ano, de 2012 a 2023, serão aumentados a 66 anos. De 2023 a 2029, aumentará 2 meses a cada ano, até 67 anos. Na Espanha, Real Decreto Legislativo 8/2015[151], Art. 205.1: 67 anos de idade para aposentadoria ou 65 anos e 38 anos e 6 meses de contribuição, a partir de 2027 (disposição transitória sétima). Em 2017, é de 65 anos e 5 meses ou 65 anos e 36 anos de contribuição). Essa é uma idade de referência, pois há a possibilidade de idade menor, proporcional, para casos como desemprego involuntário (arts. 206 a 209). Há igualdade de gêneros nos requisitos, mas há um adicional (de 5 a 15%), a ser pago de acordo com o número de filhos (art. 60). Em Portugal, 66 anos e 3 meses em 2017, 66 anos e 4 meses em 2018. A idade mínima pode ser de até 52 anos, para casos de desemprego involuntário, com redução do benefício[152].

É importante constatar que, nos países da OCDE, regras de transição foram elaboradas para tutelar a população, e, em relação à idade mínima, nesses países, ela difere uma das outras, evidenciando que as especificidades sociais são avaliadas pelos legisladores desses países, respeitando-se a dignidade do homem e a segurança jurídica dos cidadãos habitantes dos países membros da OCDE.

O Fórum Econômico Mundial calcula, regularmente, um indicador sintético de desigualdade de gênero em quatro dimensões: saúde, educação, economia e política. Em 2016, o Brasil posicionou-se em 79 num *ranking* de 144 países, principalmente devido aos bons resultados em termos de educação e saúde. Já nos indicadores de igualdade política e econômica entre homens e mulheres, a posição do Brasil foi 86° e 91°, respectivamente, sendo que, no indicador de desigualdade salarial para qualificações semelhantes, o Brasil ficou na 129ª posição, em uma classificação feita entre 144 países[153].

---

149 Brasil - OECD. Disponível em: <https://www.oecd.org/brazil/Education-at-a-glance-2015-Brazil-in-Portuguese.pdf>. Acesso em: 21 mar. 2017.

150 Disponível em: <https://www.ssa.gov/planners/retire/ageincrease.html>. Acesso em: 21 mar. 2017.

151 Disponível em: <http://www.seg-social.es/>. Acesso em: 21 mar. 2017.

152 Disponível em: <http://www.seg-social.pt/pensao-de-velhice>. Acesso em: 21 mar. 2017.

153 O salário médio de uma mulher brasileira com educação superior corresponde a apenas 62% do de um homem com a mesma escolaridade, segundo relatório divulgado nesta terça-feira pela Organização para Cooperação do Desenvolvimento Econômico (OCDE), com dados de 46 países. O número coloca o Brasil, empatado com o Chile, no primeiro lugar do *ranking* de maior discrepância de renda entre gêneros no mercado de trabalho. No país, 72% de homens

O desassossego com o envelhecimento populacional para uma discussão atuarial de grupos, como mulheres, ou qualquer outro, atenta contra os objetivos protetivos da Previdência Social no Brasil, que é um regime de repartição e benefício definido, em oposição a um regime de capitalização de contribuição definida, o argumento de 'quem vive mais paga mais' é impróprio e apela para o conflito distributivo em um momento de alta disputa política e econômica.

Para estabelecer alteração no diferencial de idade para aposentadoria de homens e mulheres, portanto, é necessário reduzir as desigualdades de gênero em nossa sociedade, assim como ocorreu nos países membros da OCDE. Uma alternativa, segundo estudo do IPEA, é criar uma cesta de indicadores que espelhem essa redução, ou, pelo menos, alteração gradual na idade mínima para aposentadoria das mulheres do Regime Geral da Previdência Social. No caso, não se trata de defender o diferencial de idades como referência para concretização da igualdade de gênero em nossa sociedade, mas, sim, de pensar em políticas públicas a partir de dados reais da sociedade brasileira. Ignorar as desigualdades de gênero que existem em nosso país é penalizar parte considerável da população, sem que esteja sendo oferecida alternativa para solucionar os problemas que geraram as desigualdades.

O Estado deve cumprir o papel de oferecer alternativas e compensações aos cidadãos e, enquanto a desigualdade de gênero persistir, o diferencial de idades como mecanismo de equalização deve existir para as mulheres no Regime Geral da Previdência Social, ou ao menos ser reduzido muito paulatinamente, em um longo prazo de avaliação da redução de desigualdade entre os gêneros.

No Brasil, o princípio da dignidade humana e a proibição do retrocesso social, obrigatoriamente, devem ser avaliados pelos legisladores e operadores do Direito, respeitando-se as peculiaridades da nossa sociedade, sendo necessária uma regra de transição na Reforma da Previdência que tutele as mulheres no Regime Geral da Previdência Social, considerando-se a expectativa de direito e o contexto histórico do país.

O tema previdenciário é de vital importância para qualquer nação, pois um país assistido por uma previdência social estruturada e com alto índice de inclusão previdenciária equivale a direitos sociais e individuais consolidados e efetivados, fatores que correspondem a um país desenvolvido socialmente e com elevadas chances de crescimento econômico. Portanto, é fundamental o debate democrático sobre a temática e a percepção por parte da sociedade e de seus representantes de que o Brasil está vivenciando um momento de transição histórica, assim como os demais países democráticos. É sempre bom lembrar que os legisladores não podem perder de vista que as leis nacionais são elaboradas para homens e mulheres reais da sociedade brasileira. A realidade nacional deve ser fonte de inspiração para os legisladores nacionais e

---

que concluíram a universidade ganham mais de duas vezes a média de renda nacional. Entre as mulheres, essa taxa diminui para 52% (dados OCDE).

não a realidade norueguesa ou a dos países membros da Organização para a Cooperação e Desenvolvimento Econômico (OCDE).

Destarte, no ensejo do debate acerca da Reforma da Previdência, verdadeira reestruturação do Estado Social pela qual a sociedade brasileira vem passando, chegamos a perguntas inevitáveis: o que é a realidade, no tratamento dado pelo Estado a homens e mulheres? A igualdade de requisitos para aposentadoria, que o Estado propõe indistintamente para homens e mulheres, aos 65 anos de idade, é algo compatível com a realidade? Ou servirá apenas para preservar desigualdades? Que realidade você acha mais justa e equânime?

Conclui-se, portanto, que a igualdade entre ambos os gêneros deve ser uma meta que seja alcançável, ainda que por meio de regras de transição prospectivas e reavaliáveis, de forma que as idades mínimas para aposentadoria fossem se aproximando paulatinamente, ano a ano, até se igualarem daqui a 15, 20 ou 30 anos.

K) Transgêneros e cisgêneros

A caracterização de uma pessoa como transgênero ou cisgênero advém de padrões comportamentais, convicções e expectativas sociais adquiridas desde a primeira infância, por meio dos próprios pais e de familiares, e sustentadas pela tessitura social, composta por arraigados dogmas culturais e religiosos. Todo esse contexto vem determinando os papéis psicológicos de 'masculino' e 'feminino', sendo muito comum que o papel psicológico, o 'sexo gênero' adotado pela própria pessoa convirja com o 'sexo biológico' que possui (pressupondo-se um padrão de comportamento e escolha livre e capaz para tanto). Mas, há uma minoria social, que vem crescendo significativamente, em que essa falta de identidade entre o papel psicológico e sexo biológico não coincidem. No Brasil moderno, cogita-se que cerca de 700 mil pessoas não se identifiquem com seu gênero biológico, com o fato de terem nascido macho ou fêmea[154]. Apesar de não ser um número relativamente alto (representa cerca de 0,35% da população do país), em termos absolutos, 700 mil pessoas é um número relevantíssimo de sujeitos de direitos, que, em hipótese alguma, deve ser desprezado, por fazer parte de uma minoria.

Cisgênero é todo aquele sujeito de direitos que se identifica com seu gênero biológico, de nascimento; em oposição, o transgênero é o sujeito de direitos em que se nota uma falta de identificação com o sexo de nascimento. Não se trata, aqui, de discutirmos diferenças entre as opções sexuais, entre homossexualismo e heterossexualismo, pois é perfeitamente possível que homossexuais sejam cisgêneros e que transgêneros sejam heterossexuais. A identificação de uma pessoa cisgênero ou transgênero é muito menos uma questão de orientação sexual (que pode até ser fluida no tempo de vida da pessoa) que de autoidentificação (geralmente definitiva). É possível, inclusive, que nem mesmo a opção sexual tenha sido feita, e a identificação de uma pessoa como trans-

---

154 Disponível em: <http://www.diariodolitoral.com.br/cotidiano/a-busca-pela-identidade-os-desafios-de-ser-transgenro-no-brasil/104581/>. Acesso em: 06 mai. 2018.

gênero possa ser tecnicamente realizada, como em crianças e adolescentes. Por outro lado, o fato de ter havido cirurgia para mudança de sexo ou de estar em curso tratamento hormonal para alterações biológicas de gênero também não são essenciais ao conceito de transgênero, mas sim meros exaurimentos desse conceito; em verdade, em um e outro caso, são tratamentos para a melhoria da condição psicológica dessas pessoas, que, em geral, padecem de dificuldades de aceitação na sociedade e de realização de escolhas livres e plenas de suas orientações sexuais, dificuldades que são relativamente reduzidas após a cirurgia de transgenitalização ou o tratamento hormonal, bem-sucedidos.

A professora Maria Berenice Dias, referência do Direito de Família, assim expõe o drama da falta de identificação entre o gênero biológico da pessoa e sua identidade psicológica sexual:

> A falta de coincidência entre o sexo anatômico e o psicológico chama-se transexualidade. É uma realidade que ainda aguarda regulamentação, pois se reflete na identidade do indivíduo e na sua inserção no contexto social. Situa-se no âmbito do direito de personalidade e do direito à intimidade, direitos que merecem destacada atenção constitucional. A identificação do indivíduo é feita no momento do nascimento, por meio do critério anatômico, de acordo com o aspecto da genitália externa. O sistema jurídico, cioso de seus mecanismos de controle, estabelece, desde logo, com o nascimento, uma identidade sexual teoricamente imutável e única. No entanto, a aparência externa não é a única circunstância para a atribuição da identidade sexual. Quando existe divergência entre a identidade civil e a identidade sexual, deve espelhar a identidade social. Com a evolução das técnicas cirúrgicas, tornou-se possível mudar a morfologia sexual externa, para encontrar a identificação da aparência com o sexo desejado. No entanto, após a realização da cirurgia, que extirpa ou constrói os órgãos genitais aparentes, adaptando o sexo à identidade psicossocial, questão de outra ordem se apresenta: a necessidade de retificar o registro de nascimento. (DIAS, 2015, p. 127-128)

Mais recentemente, em 01/03/2018[155], relevante decisão de vanguarda foi adotada pelo STF, na ADIn 4.275, por meio da qual assim a colenda Corte decidiu:

> O Tribunal, por maioria, vencidos, em parte, os Ministros Marco Aurélio e, em menor extensão, os Ministros Alexandre de Moraes, Ricardo Lewandowski e Gilmar Mendes, julgou procedente a ação para dar interpretação conforme a Constituição e o Pacto de São José da Costa Rica ao art. 58 da Lei 6.015/73, de modo a reconhecer aos transgêneros que assim o desejarem, independentemente da cirurgia de transgenitalização, ou da realização de tratamentos hormonais ou patologizantes, o direito à substituição de prenome e sexo diretamente no registro civil. Impedido o Ministro Dias Toffoli. Redator para o acórdão o Ministro Edson Fachin. Presidiu o julgamento a Ministra Cármen Lúcia. Plenário, 1º.3.2018.

---

155 Disponível em: <http://portal.stf.jus.br/processos/detalhe.asp?incidente=2691371>. Acesso em: 06 mai. 2018.

Ou seja, a partir desta decisão, os cartórios de registro de pessoas naturais de todo o país não poderão negar os pedidos de produção de um novo registro com o nome social da pessoa, alterando-se o prenome e o sexo, em seus registros civis. Paradigmaticamente, busca-se, com essa decisão, maior inclusão social e proteção da intimidade de transgêneros, bem como o respeito a direitos fundamentais da personalidade de pessoas transgêneros, especialmente no que atine ao seu direito à diferença e à liberdade de viver sem constrangimentos, escárnios ou violências físicas ou psicológicas.

A existência de pessoas transgêneros é um fato do mundo moderno que ainda não trouxe reflexos públicos e notórios para o direito previdenciário, de modo massivo.

Mas, após a decisão do STF na ADIn 4.275, permitindo a alteração de nome e sexo a pessoas transgêneros, eventual reforma previdenciária não poderá se alijar desse debate, posto que sabemos que as regras de concessão de benefícios variam conforme o sexo da pessoa. Por exemplo, para aposentadoria por idade, atualmente, a idade mínima é de 60 anos para as mulheres, e 65 anos para os homens, reduzindo-se a idade em 5 anos para os trabalhadores rurais (60/55 anos, H/M). Na aposentadoria por tempo de contribuição, o tempo mínimo é de 30 anos para as mulheres, e 35 anos para os homens, reduzindo-se em 5 anos esse tempo, para professoras e professores. Também nas aposentadorias das pessoas com deficiência há requisitos distintos para homens e mulheres, o que também pode replicar em problemas na concessão de benefícios para pessoas transgêneros.

Não demorará para que apareçam processos judiciais, portanto, em que uma pessoa que tenha nascido homem, e que tenha feito cirurgia de mudança para o sexo feminino, ou que se considere de gênero feminino sem mudança de sexo, solicite aposentadoria nas condições mais favoráveis (menor idade ou menor tempo de contribuição), questionando indeferimentos do INSS que tenham levado em consideração tão somente o gênero de nascimento da pessoa. Que resposta o ordenamento dará a esses casos? Que sexo será considerado pela Previdência? O biológico ou o sociopsicológico? Uma boa reforma da previdência deve tratar de tais hipóteses.

O direito fundamental à igualdade deve presidir esses debates. No capítulo anterior, foi afirmado que o ideal seria que, em algum momento futuro, pessoas do gênero masculino e do gênero feminino (considerado no nascimento) tivessem os mesmos requisitos etários para obtenção de benefícios previdenciários. Mas, a necessidade de propiciar igualdade real às mulheres ainda impera bastante em nossa sociedade, e ainda vai imperar por algum tempo, a demandar uma relevante transição até este ponto futuro de igualdade, nas práticas diárias da sociedade, próxima da plenitude.

Agora, imaginem uma pessoa que nasça do sexo masculino e que com ele psicologicamente não se identifique. Considerando que o índice de violência e transfobia contra pessoas transgêneros em nossa sociedade é o maior do planeta[156], haverá marginalização e discriminação, nas relações interpessoais ordinárias e nas relações havidas no mercado de trabalho e no ambiente do trabalho, ainda maiores do que as praticadas contra pessoas que nasçam do sexo feminino e que com ele se identifiquem, de modo que a necessidade de se deferir igualdade real a essas pessoas é ainda mais urgente e flagrante.

Ou seja, os transgêneros deverão ser tratados de acordo com o sexo social, psicológico, vivenciado permanentemente, sem dubiedades, em suas relações sociais e individuais. Portanto, pessoas nascidas homens, mas com sexo psicológico feminino devidamente comprovado, deverão ser tratadas como mulheres, para o direito previdenciário, especialmente enquanto houver distinção nos requisitos para obtenção de benefícios previdenciários como aposentadoria, por exemplo. Já pessoas nascidas mulheres, mas com sexo psicológico masculino, deverão ser tratadas como homens, para o direito previdenciário[157].

O mais relevante, a nosso sentir, a ser feito por boas regras de direito previdenciário é definir com clareza o momento a partir do qual essa identificação com gênero distinto do gênero biológico surtirá efeitos previdenciários. E, desde já, pontuamos: esse momento em hipótese alguma deve ser fixado na data em que se iniciam tratamentos hormonais ou em que se faz uma cirurgia de transgenitalização, pois estes tratamentos sequer fazem parte do conceito de uma pessoa transgênero, sendo meras posteridades da questão identitária que é mais relevante: o momento em que se define, na psique de qualquer pessoa, seu gênero social[158].

---

156 Disponível em: <http://especiais.correiobraziliense.com.br/brasil-lidera-ranking-mundial-de-assassinatos-de-transexuais>. Acesso em: 06 mai. 2018.

157 Recentemente, em setembro de 2017, uma decisão de vanguarda do juiz federal Frederico Montedonio Rego da 7ª Vara Federal do Rio de Janeiro entendeu que a Marinha agiu corretamente ao cessar uma pensão por morte de pai militar que é dirigida apenas a filhas solteiras de qualquer idade (Lei 3.765/60). A decisão administrativa pela suspensão do benefício foi adotada a partir de um recadastramento da pessoa pensionista, no qual apresentou elementos novos de identificação social, com nome social do gênero masculino. A parte interessada alegou que ainda seria biologicamente mulher e pleiteou o restabelecimento do benefício, o que foi negado pelo magistrado, que reputou correto o respeito adotado pela Marinha ao sexo social da pessoa interessada. Notícia disponível em: <https://oglobo.globo.com/sociedade/marinha-levou-serio-questao-do-genero-diz-juiz-sobre-corte-de-pensao-de-homem-trans-21826916>. Acesso em: 06 mai. 2018.

158 Assim afirma Paulo Roberto Iotti Vecchiatti: "Transexual é um termo que passou por uma evolução conceitual. Isso porque, tradicionalmente, sempre se definiu o transexual como a pessoa que sofre uma dissociação entre seu sexo físico e seu sexo psíquico, dissociação esta definida tecnicamente como disforia de gênero (na expressão que se popularizou sobre o tema, ele tem a certeza de que 'nasceu no corpo errado'), tendo assim uma ojeriza a seu órgão sexual biológico e que, por conta disso, deseja realizar uma cirurgia de 'mudança de sexo' (atualmente designada de cirurgia de transgenitalização), além de não desejar que as pessoas em geral saibam que se trata de um transexual, mas de uma pessoa em que o sexo biológico coincide com seu sexo psíquico. Contudo, atualmente existem transexuais que, apesar de possuírem essa disforia de gênero, não desejam realizar a cirurgia por uma série de fatores (medo da cirurgia, ausência de condições financeiras e temos de não ter prazer sexual com o novo órgão sexual construído cirurgicamente, por exemplo). Por outro lado, há transexuais que simplesmente não sofrem de uma ojeriza por seu órgão sexual, apenas não sentindo prazer genuíno durante a relação sexual. Assim, entende-se aque que transexual é a pessoa que se identifica com o gênero oposto àquele socialmente atribuído ao seu sexo

É possível, portanto, ser pessoa transgênero, sem ter sido realizada cirurgia ou qualquer tratamento, que são, em verdade, tratamentos para atenuar ou eliminar sofrimentos advindos da condição psicológica dessas pessoas, que, em geral, padecem de dificuldades de aceitação na sociedade e de realização de escolhas livres e plenas de suas orientações sexuais. Esse momento de definição de gênero social, portanto, é anterior a fatos como esses tratamentos, que são meros exaurimentos conceituais do gênero social. Tal momento pode advir na infância e na adolescência, ou mesmo na fase adulta. Bons pareceres psicológicos e médicos, aliados a um bom conjunto de outras provas como as testemunhais e documentais, poderão colaborar nessa descoberta e na produção de provas que confirmem desde quando haveria falta de identidade entre o sexo psicológico e o sexo biológico da pessoa.

Uma boa reforma da previdência não poderá desprezar a necessidade de inovação e aperfeiçoamento das regras a respeito deste delicado tema, para proteção dos direitos previdenciários, de acordo com a igualdade real, desse conjunto de pessoas já bastante estigmatizado.

L) O uso das presunções no direito previdenciário

Um tema crucial ao direito previdenciário é o problema recorrente do abuso no uso das presunções, nas decisões administrativas ou judiciais. Uma boa reforma da previdência pode tratar do tema, impondo limites a abusos na utilização de presunções.

Presume-se que um fato tenha ocorrido, a partir da prova de um outro fato. É um silogismo, uma ficção. Não é uma realidade. Em determinados casos, a presunção é absoluta (*juris et de jure*), não admitindo prova em contrário; e, em outros, é relativa (*juris tantum*), estabelecendo-se, então, que o fato é considerado ocorrido da forma como prevê a lei, até que se prove em contrário. Portanto, nas presunções absolutas, a prova é irrelevante e desnecessária à solução do caso, enquanto nas relativas, o legislador está determinando regras de distribuição do ônus de comprovar determinado fato.

O devido processo legal, nos processos administrativos e judiciais, portanto, pode e costuma se utilizar de presunções, para que se possa chegar a uma conclusão sobre a instrução processual, e a uma decisão justa, vedando-se o *non liquet*.

Fredie Didier, Rafael Oliveira e Paula Sarno Braga assim dissertam sobre as presunções:

> A presunção não é meio nem fonte de prova. Trata-se de atividade do juiz, ao examinar as provas, no caso das presunções judiciais, ou do legislador, ao criar

---

biológico, possui uma dissociação entre seu sexo físico e seu sexo psíquico, que geralmente não sente prazer na utilização de seu órgão sexual e que não deseja que as pessoas em geral saibam de sua condição transexual após a adequação de sua aparência a seu sexo psíquico. Trata-se, assim, de uma questão identitária." (*In* FERRAZ; LEITE, 2014, p. 280-281).

regras jurídicas a ser aplicadas (presunções legais). As presunções legais são regras jurídicas que o juiz deve aplicar e a sua função no direito probatório está relacionada com a dispensa da prova do fato presumido. Elas são examinadas no item dedicado ao estudo do objeto da prova. As presunções judiciais são resultado do raciocínio do juiz e o juiz as revela na decisão, como fruto da valoração das provas. Exatamente por não se tratar de meio de prova, não é admissível venha a lei a regular-lhe a aplicabilidade, pois, sendo um mecanismo da inteligência do magistrado, torna-se supérflua a regra de lei que autorize ou proíba o juiz de pensar. (DIDIER JR.; BRAGA; OLIVEIRA, 2015, p.69).

Mas, a presunção legal só pode ser aplicada quando um fato não puder ser provado pelos meios de prova disponíveis; porquanto, se o fato puder ser investigado e comprovado por qualquer desses meios, deve preponderar a realidade ante a *fictio juris* que é toda presunção. Deve preponderar a ideia de um processo cooperativo, que permita ao segurado e ao INSS chegarem a um bom deslinde da instrução, esclarecendo os pontos controversos, em vez de ser adotada uma postura inquisitorial por parte da Administração e por parte do Estado-Juiz, que, enlevados por presunções, desprezem a realidade fática em torno de algum pleito previdenciário.

Nesse sentido, um dos pontos mais relevantes trazidos pelas modificações de cunho geral do Código de Processo Civil foi apresentar ao cidadão um processo judicial cooperativo, em lugar do caráter inquisitorial até então predominante. As provas produzidas no processo se destinam a todos os sujeitos processuais, e não possuem como destinatário o juiz, devendo ser evitada a atuação judicial inquisitorial, *ex-officio*. Segundo Fredie Didier:

> A valorização do modelo inquisitorial terminou por inflar exageradamente a função do juiz no processo. As partes e a autonomia privada tiveram seus papéis diminuídos – em alguns casos, aniquilados mesmo -, abrindo margem a uma espécie de protagonismo judicial. Convém lembrar, como se disse no v. 1 deste Curso, que o princípio de respeito ao exercício do poder de autorregramento da vontade no processo é um pilar do direito processual civil brasileiro. Nesse contexto, surgiu uma doutrina denominada de garantismo processual, que tem por objetivo proteger o cidadão dos abusos do Estado – caracterizados, no caso, pelo aumento dos poderes do juiz. (DIDIER; BRAGA; OLIVEIRA; 2015, p. 86).

Mas esse *turning point* do processo inquisitorial para um modelo de processo cooperativo precisa estar atento aos problemas comumente vivenciados no processo administrativo previdenciário, que culmina por afetar o processo judicial posterior. Assim José Savaris faz um meticuloso relato sociológico-forense:

> Atuar no direito previdenciário é aplicar-se a um vastíssimo universo de presunções, possibilidades, conjecturas e construções que jamais se pode afirmar acabadas. Na análise administrativa de um pedido de benefício previdenciário, as possibilidades de contraprova são reduzidas, pois raramente serão indicadas testemunhas destinadas a infirmar o fato alegado pelo segurado. Daí que o

órgão gestor da Previdência Social – de uma só vez parte e julgador – limitar-se-á, mais das vezes, em verificar a (in)consistência da prova apresentada pelo segurado. Sem se dedicar à busca de provas, exposta a manobras oportunísticas e ainda com a possível responsabilização de seus servidores para o caso de concessão indevida, a Administração acaba lançando-se ao pecado do excesso de zelo, vulnera o ordenamento jurídico, levanta exigências ou condicionantes desproporcionais, ignora a jurisprudência mesmo em suas orientações mais seguras e se apresenta com exacerbado rigor na análise dos fatos constitutivos de um direito previdenciário. Pois, se a Administração exige o impraticável, legitimado cuida estar o indivíduo que auxilia seu próximo na luta pela realização de um direito indispensável à sobrevivência, ainda que com pequenas ou não tão pequenas inverdades. Como consequência de uma suposta aliança de particulares que se lançam contra a Administração Previdenciária, esta opera como uma 'cidade sitiada', de modo que a análise do direito passa por um crivo administrativo que, por vezes, não vê o evidente e enxerga o que não existe. Essas condições de fato marcam o atual momento da relação entre a Administração e o cidadão e deságuam no processo judicial previdenciário, em que a decisão solucionará o litígio sustentado por teses opostas que, a um só tempo, são causa e efeito da falta de cooperação entre o Estado e a sociedade. (SAVARIS, 2018, p. 307).

Isso é: nas lides previdenciárias, ainda há bastante falta de cooperação, seja pela informação inadequada por parte do cidadão, seja sob a alegação de indisponibilidade do interesse público por parte do INSS, o que estimularará o uso de presunções nas decisões estatais.

Isso não deve, todavia, impedir uma postura ativa do órgão julgador, e determinará o manejo de outras medidas processuais, tais como o dever de colaboração das partes com o Judiciário para a descoberta da verdade (art. 378 do CPC) ou pela necessidade de instituições públicas colaborarem com a juntada de todos os documentos de que disponham, em se tratando de causas nos Juizados Especiais Federais (art. 11 da Lei 10.259/2001).

Isso posto, é possível selecionar algumas presunções legais do direito previdenciário que poderiam ser revistas por uma boa reforma da previdência.

Uma delas é a presunção de que há desempenho de atividade laborativa, sempre que houver recolhimento de contribuição previdenciária. Isto tem causado a suspensão de benefícios como salário-maternidade (art. 71-C da Lei 8.213/91), auxílio-doença (art. 60, §6º, da Lei 8.213/91) e aposentadoria por invalidez (art. 46 da Lei 8.213/91), sob a presunção de que a pessoa estaria trabalhando, sem se investigar, com profundidade, se o recolhimento não se deveu a motivos alheios à vontade do segurado ou se ele o fez, apenas por estar preocupado em manter sua qualidade de segurado, sem saber que isso poderia afetar, em tese, o direito ao benefício (erro que é bastante comum em auxílios-doença e salários-maternidade de segurados e seguradas contribuintes individuais). Esses dispositivos, portanto, precisam ser modificados e esclarecidos por uma boa reforma da previdência, que exija dos órgãos decisórios aprofundamentos na instrução dos processos sob sua condução.

Outra presunção que deve ser revista é aquela trazida no art. 55, § 3º da Lei 8.213/91: "A comprovação do tempo de serviço para os efeitos desta Lei, inclusive mediante justificação administrativa ou judicial, conforme o disposto no art. 108, só produzirá efeito quando baseada em início de prova material, não sendo admitida prova exclusivamente testemunhal, salvo na ocorrência de motivo de força maior ou caso fortuito, conforme disposto no Regulamento."

Trata-se de estabelecimento pelo legislador de uma tarifação, na análise das provas do tempo de serviço, presumindo que umas provas são melhores que outras.

De acordo com antiga tradição do Direito Previdenciário, a prova do tempo de serviço, mesmo havendo justificação judicial ou administrativa, não poderá ser exclusivamente testemunhal e deverá ser comprovada por meio de início de prova material (art. 9º, §9º, do Decreto-Lei nº 66/66).

De se grifar que há jurisprudência sumulada sobre o tema, como se colhe da Súmula 149 do STJ: "A prova exclusivamente testemunhal não basta à comprovação da atividade de rurícola, para efeito da obtenção de benefício previdenciário".

Tal início de prova material pode ser entendido como aquele feito mediante documentos que comprovem o exercício de atividade laborativa nos períodos a serem contados, contemporâneos aos fatos a que se reportam, indicando, ainda, a função exercida pelo cidadão em seu local de trabalho.

Por outro lado, o regulamento de que trata o art. 55, §3º, da Lei 8.213/91, Decreto 3.048/99, art. 143, §2º, afirma que motivo de força maior ou caso fortuito, a permitir a produção de prova exclusivamente testemunhal, ocorre apenas com a comprovação de ocorrências notórias, tais como incêndio, inundação ou desmoronamento. Porém, o mesmo Decreto 3.048/99, em seu art. 62, minudencia diversas formas de comprovação documental de tempo de serviço, paralelamente ao tempo que já estiver cadastrado no CNIS relativo ao cidadão (art. 19 do mesmo Decreto). Seriam elas: CNIS, CTPS, declarações e recibos de ex--empregadores, documentos públicos e registros em livros obrigatórios da empresa, documentos em nome de terceiros, fotografias, reclamatória trabalhista, justificação judicial, mandado de segurança e tempo de serviço averbado.

Enfim, há diversas possibilidades fáticas que condizem com as controvérsias havidas em processos previdenciários sobre tempo de serviço, que precisariam ser debatidas antes de invalidar ou não realizar as provas acima citadas, não sendo correto tarifar, provar e presumir que uma prova é melhor que a outra, dispensando-se aprofundamentos probatórios. Isto poderia ser corrigido em uma boa reforma da previdência.

M) A pensão por morte

Inicialmente, é importante frisar que uma boa reforma da previdência, em relação à pensão por morte, deveria produzir uma indispensável alteração metodológica de avaliação do direito ao benefício. Costumeiramente, a Previdência Social avalia o benefício sempre aferindo se aquele que o pleiteia se enquadra ou não na condição de dependente, avaliada em uma interpretação literal do rol contido no art. 16 da Lei 8.213/91. Em seguida, efetua análises simplistas, por presunções, da dependência econômica.

A análise da dependência econômica, todavia, deveria ser efetiva e primacial em qualquer pedido de pensão por morte. A utilização de presunções acaba determinando o deferimento de benefícios indevidos, como, por exemplo, a cônjuges que apresentam certidões de casamento, mas que omitem que se encontravam separados de fato do instituidor. Desse modo, deveriam ser evitadas presunções absolutas.

Ainda, a primazia da análise da dependência econômica deveria ser uma realidade, e permitiria concluir que pode haver situações nas quais o dependente não possa ser enquadrado no rol do art. 16 da Lei 8.213/91, mas que, na realidade, deva ser considerado dependente para fins previdenciários. É o caso, por exemplo, de qualquer menor que esteja sob guarda judicial efetiva do instituidor, sem possibilidades de pagamento de pensão alimentícia (por qualquer motivo) por parte de seus pais e familiares[159]. Também é o caso de avós em relação a seus netos, quando convivam no mesmo núcleo familiar, e haja dependência econômica[160]. Do mesmo modo, não vemos qualquer impedimento,

---

[159] Trata-se da celeuma já antiga a respeito do menor sob guarda, recentemente pacificada pelo STJ, nos seguintes termos, favoráveis aos dependentes, não previstos no art. 16 da Lei 8.213/91: "PEDIDO DE UNIFORMIZAÇÃO DE INTERPRETAÇÃO DE LEI. TURMA NACIONAL DE UNIFORMIZAÇÃO DOS JUIZADOS ESPECIAIS FEDERAIS (TNU). PREVIDENCIÁRIO. PENSÃO POR MORTE DO GUARDIÃO. PERCEPÇÃO DO BENEFÍCIO PELO MENOR SOB GUARDA. CONFLITO APENAS APARENTE DE NORMAS. ARTS. 16 DA LEI N. 8.213/90 (ALTERADO PELA LEI N. 9.528/97) E 33, § 3º, DO ECA. ART. 227 DA CF. PRINCÍPIOS DA PRIORIDADE ABSOLUTA E DA PROTEÇÃO INTEGRAL DA CRIANÇA E DO ADOLESCENTE. PREVALÊNCIA DA REGRA ESPECÍFICA DO ECA FRENTE À NORMA GERAL PREVIDENCIÁRIA. 1. O art. 227 da Constituição Federal determina, com absoluta prioridade, o dever de asseguramento à criança e ao adolescente do direito à vida, à saúde, à alimentação, à educação, ao lazer, à profissionalização, à cultura, à dignidade, ao respeito, à liberdade e à convivência familiar e comunitária. 2. A nova redação dada pela Lei n. 9.528/97 ao art. 16, § 2º, da Lei n. 8.213/91 suprimiu o menor sob guarda do rol dos dependentes, para fins de percepção de benefícios previdenciários. 3. A Corte Especial do STJ, na assentada do dia 12/12/2016, firmou, no entanto, entendimento no sentido de que "O art. 33, § 3º da Lei n. 8.069/90 deve prevalecer sobre a modificação legislativa promovida na lei geral da previdência social porquanto, nos termos do art. 227 da Constituição, é norma fundamental o princípio da proteção integral e preferência da criança e do adolescente". (EREsp 1.141.788/RS, Rel. Ministro JOÃO OTÁVIO DE NORONHA, CORTE ESPECIAL, julgado em 07/12/2016, DJe 16/12/2016). 4. Da mesma forma, a Primeira Seção do STJ, no julgamento do REsp 1.411.258/RS - em 11/10/2017, Rel. Ministro NAPOLEÃO NUNES MAIA FILHO, (art. 543-C do CPC/73 - acórdão pendente de publicação), chancelou o referido entendimento da Corte Especial e, no caso, aquele antes exarado pela TNU, no sentido de assegurar ao menor sob guarda a pensão previdenciária decorrente do óbito de seu guardião. 5. Pedido de uniformização do INSS julgado improcedente. (STJ, PUIL 67/RS, Rel. Min. Sérgio Kukina, D. Julg. 22/11/2017).

[160] O STJ também já decidiu a respeito: "Pensão por morte. Óbito do neto. Avós na condição de pais. Rol taxativo do art. 16 da Lei 8.213/1991. Adequação legal da relação jurídica familiar. Deve ser reconhecido aos avós de segurado falecido o direito ao recebimento de pensão por morte em razão de terem sido os responsáveis pela criação do neto, ocupando verdadeiro papel de genitores. REsp 1.574.859-SP, Rel. Min. Mauro Campbell Marques, por unanimidade, julgado em 8/11/2016, DJe 14/11/2016."

além desses casos, a que, por exemplo, surtam efeitos previdenciários para fins de pensão por morte, relações familiares entre sobrinhos e tios idosos, irmãos jovens e irmãos mais velhos, unilaterais, que não estejam na condição de inválidos ou de pessoa com deficiência, entre outras situações possíveis.

Aliás, essa mesma interpretação mais aberta e efetiva de núcleos familiares e dependência econômica deverá presidir também a análise de benefícios assistenciais, no que atine à avaliação do núcleo familiar e de sua vulnerabilidade econômica, demandando alterações também no art. 20, §1º[161], da LOAS.

Em uma boa reforma da previdência, deverá preponderar, portanto, uma interpretação mais analítica da real dependência econômica entre as pessoas de um mesmo núcleo familiar, devendo ser entendido que o rol de dependentes previdenciários é meramente exemplificativo.

Mas, para além dessas medidas conceituais, processuais e substantivas supracitadas, há que se fazer outras ressalvas a respeito das mudanças possíveis no benefício de pensão por morte.

O Governo, na PEC 287/2016, em sua versão original, pretendia desvincular a pensão por morte da obrigação de pagar ao menos um salário-mínimo, o que se faria com a exclusão da remissão ao §2º do art. 201, atualmente existente no inciso V, do mesmo artigo, da Constituição. Essa ideia foi abandonada, no curso da reforma atualmente em debate.

Não obstante esse fato, a PEC 287-A continua pretendendo inserir os §§ 16 e 17 ao art. 201 da CF, pelos quais se modificaria a forma de cálculo da pensão por morte e as possibilidades de sua cumulação com alguns benefícios.

Atualmente, o pensionista recebe 100% do valor da aposentadoria que o segurado recebia ou que teria direito a receber se estivesse aposentado por invalidez. Já os óbitos ocorridos a partir da data da promulgação da pretendida Emenda ensejarão a concessão de pensões cujo valor será equivalente a 50%, mais 10% para cada dependente, até o limite de 100%, vedada a reversibilidade das cotas aos demais dependentes, reversibilidade que atualmente é garantida no art. 77, §1º, da Lei 8.213/91. Esse percentual de 50%, mais 10% para cada dependente, não é uma fórmula nova. Na Lei Orgânica da Previdência Social antiga, a Lei nº 3.807/60, já havia igual previsão, no art. 37[162]. Entendemos que, a despeito de se tratar de uma medida impopular, sua legalidade e constitucionalidade são inquestionáveis, especialmente se for considerado que pensionistas também devem primar pelo valor de seu próprio trabalho, e que há

---

161 "§ 1º Para os efeitos do disposto no **caput**, a família é composta pelo requerente, o cônjuge ou companheiro, os pais e, na ausência de um deles, a madrasta ou o padrasto, os irmãos solteiros, os filhos e enteados solteiros e os menores tutelados, desde que vivam sob o mesmo teto."

162 "Art. 37. A importância da pensão devida ao conjunto dos dependentes do segurado será constituída de uma parcela familiar, igual a 50% (cinqüenta por cento) do valor da aposentadoria que o segurado percebia ou daquela a que teria direito se na data do seu falecimento fôsse aposentado, e mais tantas parcelas iguais, cada uma, a 10% (dez por cento) do valor da mesma aposentadoria quantos forem os dependentes do segurado, até o máximo de 5 (cinco)."

redução de gastos com a diminuição do núcleo familiar, por ocasião do óbito do instituidor.

Este percentual variável de pensão por morte, porém, se estiver aliado à pretendida desvinculação do salário-mínimo e a drásticas reduções na forma de cálculo das aposentadorias, pode vir a representar uma pensão por morte de valor bastante diminuto, incompatível para o sustento digno dos núcleos familiares dependentes do instituidor. Nesta hipótese, teremos uma grave inconstitucionalidade material no tratamento da pensão por morte, proporcionada não pela redução do percentual da pensão, mas por uma inadequada desvinculação do salário-mínimo e por uma draconiana forma de cálculo das aposentadorias dos instituidores.

Por outro lado, ao pretender a irreversibilidade de cotas, olvidou-se o Governo de atentar para uma realidade muito cotidiana dos foros previdenciários. Trata-se da concomitância de núcleos familiares distintos, dependentes economicamente de um mesmo segurado do RGPS. E aqui não estamos a tratar de duas pensões por morte deixadas por um segurado para duas companheiras concomitantes (o que é tema recorrente na jurisprudência, e também deveria ser abordado em uma adequada reforma da previdência). *Tratamos da possibilidade de dois núcleos familiares distintos passíveis de regular existência, tais como uma união estável do segurado, com três filhos menores, e uma ex-esposa à qual o falecido prestasse pagamentos regulares de pensão alimentícia. São todos dependentes de primeira classe, como se nota dos arts. 16, inciso I e 76, §2°, da Lei 8.213/91, e não há qualquer prazo para o requerimento de pensão por morte. Uma boa reforma da previdência deveria regular melhor o tratamento que o Governo dará a cada classe de dependentes e a cada núcleo familiar concomitante distinto.*

Nesse sentido, é comum, nas rotinas forenses previdenciárias, encontrar ações judiciais nas quais se discute a necessidade de devolver valores recebidos de pensão por morte ao INSS, quando há uma habilitação posterior de dependentes de uma mesma classe, e que sequer conheciam ou não sabiam de sua localização. A dúvida, portanto, é simples: como se implantar uma irreversibilidade de cotas, sem regulamentar a concessão de pensões a dependentes de núcleos familiares distintos e concomitantes? O resultado será uma enxurrada de ações judiciais questionando valores de cotas individuais, possíveis enriquecimentos sem causa e pleitos de devolução de valores eventualmente descontados pelo INSS, o que pode ser evitado por uma boa reforma da previdência.

Ainda sobre a pensão por morte, quanto à sua duração, a reforma da previdência deve reconhecer as diferenças entre a pensão que é paga a dependentes que permanecerão com fatores impeditivos e permanentes ao ingresso adequado ao mercado de trabalho e a pensão que é paga a quem possui condições de exercer atividade laborativa.

Nesse sentido, *se a ideia era considerar que os recursos destinados ao sustento do instituidor da pensão já não se fazem mais necessários após o seu óbito, a melhor solução já existe e deve ser mantida, que é a tabela de temporalidade para dependente cônjuge ou companheira(o)*, que foi inserida no art. 77, §2°, inciso V, alínea *c*, da Lei 8.213/91, pela Lei 13.135/2015, *in verbis*:

Art. 77. [...]
§ 2º O direito à percepção de cada cota individual cessará:
[...]
V - para cônjuge ou companheiro:

a) se inválido ou com deficiência, pela cessação da invalidez ou pelo afastamento da deficiência, respeitados os períodos mínimos decorrentes da aplicação das alíneas "b" e "c";

b) em 4 (quatro) meses, se o óbito ocorrer sem que o segurado tenha vertido 18 (dezoito) contribuições mensais ou se o casamento ou a união estável tiverem sido iniciados em menos de 2 (dois) anos antes do óbito do segurado;

c) transcorridos os seguintes períodos, estabelecidos de acordo com a idade do beneficiário na data de óbito do segurado, se o óbito ocorrer depois de vertidas 18 (dezoito) contribuições mensais e pelo menos 2 (dois) anos após o início do casamento ou da união estável: 1) 3 (três) anos, com menos de 21 (vinte e um) anos de idade; 2) 6 (seis) anos, entre 21 (vinte e um) e 26 (vinte e seis) anos de idade; 3) 10 (dez) anos, entre 27 (vinte e sete) e 29 (vinte e nove) anos de idade; 4) 15 (quinze) anos, entre 30 (trinta) e 40 (quarenta) anos de idade; 5) 20 (vinte) anos, entre 41 (quarenta e um) e 43 (quarenta e três) anos de idade; 6) vitalícia, com 44 (quarenta e quatro) ou mais anos de idade.

Esse regramento permite uma melhor e mais adequada proporcionalidade do benefício de pensão para o futuro, o que vem a se juntar ao atual requisito do tempo de duração da união estável e/ou casamento, abordado no art. 77, §2°, inciso V, alínea b, da Lei 8.213/91. Nesse aspecto específico, uma boa reforma da previdência deve deixar claro que, para os fins desse dispositivo, o tempo de união estável pode ser somado ao tempo de casamento.

Uma boa reforma da previdência, portanto, em nosso entendimento, deve demonstrar o insucesso atuarial das graves medidas restritivas já trazidas pela Lei 13.135/2015 em relação à pensão por morte, antes de pensar em tornar irreversíveis, em favor dos demais dependentes, as quotas daqueles que deixam de ser dependentes, especialmente diante da substancial diminuição que os valores totais de uma pensão podem vir a sofrer, com outras medidas restritivas que poderão ser adotadas em relação ao cálculo dos benefícios de segurados instituidores. A priori, por conseguinte, não há necessidade, razoabilidade nem adequação na pretensão de vedar a reversibilidade das quotas.

Outra importante questão é a pretendida vedação à acumulação de pensão e aposentadoria, trazida no pretendido §17, inciso III, do art. 201 da CF, da PEC 287, para as hipóteses em que a soma de aposentadoria e pensão superem dois salários-mínimos. Essa vedação é inconstitucional e representa medida que importa em enriquecimento ilícito da Previdência Social, pois desconsidera o fato de que a aposentadoria e a pensão que uma mesma pessoa recebe são benefícios de fonte contributiva geradora distinta. Se há recolhimentos distintos e paralelos entre os cônjuges, formando o patrimônio que sustentava o modo de viver do casal, nada mais natural que os benefícios fossem acumulados, após o óbito de um dos cônjuges, independentemente de seus valores. Em nome da razoabilidade e da proporcionalidade, não se pode prestigiar uma dupla redução como essa, em que, além de reduzir-se o percentual de uma pensão, impossibilita-se sua acumulação com a aposentadoria. Ninguém efetua seus recolhimentos pessoais ao RGPS sem considerar que estará deixando algum sustento a seus dependentes, em caso de seu próprio óbito.

A nosso ver, portanto, a única modificação plausível e aceitável, em uma boa reforma da previdência, quanto à pensão por morte, é a modificação de seu percentual, o que historicamente já existiu em nosso ordenamento. Não poderão ser aceitas, por outro lado, medidas como a desvinculação ao salário-mínimo, a irreversibilidade de cotas e a vedação à acumulação de pensão com aposentadoria, eis que a temporalidade das pensões de cônjuges e companheiras(os), já delineada pela Lei 13.135/2015, por si só já importa em profunda alteração atuarial de tal benefício, que sequer foi avaliada. Somente dessa maneira, se estaria respeitando um planejamento previdenciário adequado para os beneficiários potenciais de uma pensão por morte, sem lhes tirar a dignidade mínima para a sobrevivência após o óbito de seu instituidor.

N) Formas de cálculo de RMI

Regras de transição prospectivas devem ser utilizadas para toda e qualquer alteração de renda mensal inicial de benefícios, como em pretendidas reduções de percentual de RMI's de aposentadorias e pensões por morte.

A PEC 287-A, por exemplo, em sua última versão, constitucionalizava a forma de cálculo das aposentadorias (que está prevista na Lei 8.213/91), e determinava que os valores das aposentadorias do RGPS seriam calculados na forma dos §§8º-A e 8º-B do art. 201 da CF, em percentuais que variavam entre 70% e 100%, da seguinte forma:

> Art. 201. [...]
>
> § 8º-A Ressalvadas as aposentadorias concedidas aos segurados de que tratam o § 8º do art. 195 e o § 12 deste artigo, correspondentes a um salário mínimo, o valor das aposentadorias no regime geral de previdência social será apurado na forma do § 8º-B deste artigo e terá como referência a média aritmética simples dos salários de contribuição e remunerações, selecionados na forma da lei, utilizados como base para contribuições ao regime geral de previdência social e ao regime de que trata o art. 40.
>
> § 8º-B O valor da aposentadoria, por ocasião da sua concessão, corresponderá:
>
> I - nas hipóteses do inciso II do § 1º, do inciso I do § 7º e do § 8º, a 70% (setenta por cento) da média referida no § 8º-A, observando-se, para as contribuições que excederem o tempo de contribuição mínimo exigido para concessão do benefício, os seguintes acréscimos, até o limite de 100% (cem por cento), incidentes sobre a mesma média:

a) do primeiro ao quinto grupo de doze contribuições adicionais, 1,5 (um inteiro e cinco décimos) pontos percentuais por grupo;

b) do sexto ao décimo grupo de doze contribuições adicionais, 2 (dois) pontos percentuais por grupo;

c) a partir do décimo-primeiro grupo de doze contribuições adicionais, 2,5 (dois inteiros e cinco décimos) pontos percentuais por grupo;

II - na hipótese do inciso III do § 7º, a 70% (setenta por cento) da média referida no § 8º-A, aplicando-se os acréscimos de que tratam as alíneas *a*, *b* e *c* do inciso I, se superado o tempo mínimo de contribuição necessário para a aposentadoria prevista no inciso I do § 7º, exceto em caso de acidente do trabalho, de doenças profissionais e de doenças do trabalho, quando corresponderão a 100% (cem por cento) da média referida no § 8º-A;

III - na hipótese do inciso I do § 1º, a 100% (cem por cento) da média referida no § 8º-A.

Essa drástica alteração para pior nas regras do cálculo de RMI's de aposentadorias, pretendida pela PEC, todavia, agravava a situação das pessoas que se encontravam em vias de se aposentar, ao não prever qualquer regra de transição.

Do mesmo modo, a pretendida redução do percentual de pensão também não previu qualquer regra de transição.

Poderia, em ambos os casos, ter sido prevista regra de transição adequada e suavizada, que permitisse ao segurado ou dependente escolher entre a aplicação da nova norma ou a aplicação de uma regra de transição que considerasse ao menos um percentual do cálculo na forma antiga, conforme o momento em que o cidadão implementasse os requisitos para a concessão do benefício (não é relevante a data do requerimento) nos anos seguintes à mudança que eventualmente venha a ser feita por uma reforma da previdência. Por exemplo, poderia ser definida uma escolha transicional conforme a seguinte tabela, para uma aposentadoria ou pensão concedida nos termos de uma hipotética reforma estabelecida em 2019:

DATA DO IMPLEMENTO DOS REQUISITOS PARA APOSENTADORIA OU PENSÃO, POSTERIOR À REFORMA	CONDIÇÕES DE CÁLCULO DO BENEFÍCIO
Até um ano após a reforma	95% do cálculo da RMI conforme a regra anterior, ou a aplicação da regra nova, o que for melhor
De um ano e um dia a dois anos após a reforma	90% do cálculo da RMI conforme a regra anterior, ou a aplicação da regra nova, o que for melhor
De dois anos e um dia a três anos após a reforma	85% do cálculo da RMI conforme a regra anterior, ou a aplicação da regra nova, o que for melhor

DATA DO IMPLEMENTO DOS REQUISITOS PARA APOSENTADORIA OU PENSÃO, POSTERIOR À REFORMA	CONDIÇÕES DE CÁLCULO DO BENEFÍCIO
De três anos e um dia a quatro anos após a reforma	80% do cálculo da RMI conforme a regra anterior, ou a aplicação da regra nova, o que for melhor
De quatro anos e um dia a cinco anos após a reforma	75% do cálculo da RMI conforme a regra anterior, ou a aplicação da regra nova, o que for melhor

A utilização de uma tabela como essa permitiria uma transição segura e suave, por um período de cinco anos, no que atine às regras de cálculo, especialmente para aqueles que tenham implementado os requisitos para o benefício previdenciário após uma nova forma de cálculo de aposentadoria ou pensão que tenha sido aprovada no ano de 2019, seja ela qual for. Em sendo a regra nova mais benéfica, deve ser a regra adotada após a sua instituição; em sendo prejudicial aos interesses do segurado, e estando o segurado em condições de enquadramento à regra de transição, deve a ele ser possibilitada a escolha do que lhe for mais favorável. Após esse período transicional de cinco anos, aplicar-se-ia a regra nova e definitiva

Recomenda-se, além disso, uma reforma da previdência que preveja a correção de erros históricos de desconfiança desigualadora, e estipule regras de transição retroativas, tais como aquelas sugeridas nas tabelas constantes do capítulo 7, em seu subtítulo 7.1.4, para as situações de benefícios que foram concedidos com cálculos mais desfavoráveis em relação a outros benefícios na mesma situação fática, concedidos pouco depois da alteração legislativa mais benéfica (como aquelas propiciadas pela Lei Complementar 142/2013 e pela MP 676/2015).

Desse modo, *a reforma da previdência deveria prever normas de transição retroativas, toda vez que nos depararmos com alguma norma mais benéfica, para fins de proteção do direito constitucional fundamental à igualdade. No caso específico dos benefícios concedidos anteriormente à Lei Complementar 142/2013 e à MP 676/2015, mas que se enquadrassem em seus limites, por exemplo, a reforma poderia prever essas regras de transição retroativas, o que seria medida de justiça e igualdade, e faria com que a reforma não tivesse o olhar unicamente de restrição e exclusão de direitos.* É possível e devida, pois, a ampliação de direitos previdenciários por via da reforma previdenciária.

O) Os segurados especiais

O conceito de segurado especial consta do art. 11, VII e §1º, da Lei 8.213/91[163], que sofreu profundo e minudente aperfeiçoamento com a Lei

---
163 "Art. 11. [...] VII – como segurado especial: a pessoa física residente no imóvel rural ou em aglomerado urbano ou rural próximo a ele que, individualmente ou em regime de economia

11.718/2008, incorporando-se à lei diversos entendimentos jurisprudenciais, nos §§6º a 12 do art. 11. Basicamente, é o trabalhador rural, o garimpeiro ou pescador artesanal que trabalha individualmente ou em regime de economia familiar, ainda que com auxílio de terceiros, para sua sobrevivência e de sua família. Enfim, é o camponês que não possua um empreendimento de grande porte[164].

Com o fim de buscar uma vida digna para os segurados especiais, mantendo-os no campo produzindo gêneros alimentícios consumidos pela população em geral e para evitar o êxodo para os grandes centros urbanos (onde grassam pragas como desemprego e violência) desses cidadãos que sobrevivem do consumo direto ou de alguma pequena renda proveniente da agricultura familiar ou da pesca, o legislador ordinário estipulou a medida contida nos arts. 39[165] e 143[166] da Lei 8.213/91, que permite a concessão de aposentado-

---

familiar, ainda que com o auxílio eventual de terceiros, na condição de: a) produtor, seja proprietário, usufrutuário, possuidor, assentado, parceiro ou meeiro outorgados, comodatário ou arrendatário rurais, que explore atividade: 1. Agropecuária em área de até 4 (quatro) módulos fiscais; 2. de seringueiro ou extrativista vegetal que exerça suas atividades nos termos do inciso XII do caput do art. 2º da Lei nº 9.985, de 18 de julho de 2000, e faça dessas atividades o principal meio de vida; b) pescador artesanal ou a este assemelhado que faça da pesca profissão habitual ou principal meio de vida; c) cônjuge ou companheiro, bem como filho maior de 16 (dezesseis) anos de idade ou a este equiparado, do segurado de que tratam as alíneas a e b deste inciso, que, comprovadamente, trabalhem com o grupo familiar respectivo. § 1º Entende-se como regime de economia familiar a atividade em que o trabalho dos membros da família é indispensável à própria subsistência e ao desenvolvimento socioeconômico do núcleo familiar e é exercido em condições de mútua dependência e colaboração, sem a utilização de empregados permanentes."

164 O INSS, no art. 39, §4º, da IN 77/2015, também compreende que o indígena pode ser caracterizado como segurado especial, nos seguintes termos: *"Enquadra-se como segurado especial o indígena reconhecido pela Fundação Nacional do Índio - FUNAI, inclusive o artesão que utilize matéria-prima proveniente de extrativismo vegetal, desde que atendidos os demais requisitos constantes no inciso V do art. 42, independentemente do local onde resida ou exerça suas atividades, sendo irrelevante a definição de indígena aldeado, não-aldeado, em vias de integração, isolado ou integrado, desde que exerça a atividade rural individualmente ou em regime de economia familiar e faça dessas atividades o principal meio de vida e de sustento."*

165 "Art. 39. Para os segurados especiais, referidos no inciso VII do art. 11 desta Lei, fica garantida a concessão: I - de aposentadoria por idade ou por invalidez, de auxílio-doença, de auxílio-reclusão ou de pensão, no valor de 1 (um) salário mínimo, e de auxílio-acidente, conforme disposto no art. 86, desde que comprove o exercício de atividade rural, ainda que de forma descontínua, no período, imediatamente anterior ao requerimento do benefício, igual ao número de meses correspondentes à carência do benefício requerido; ou II - dos benefícios especificados nesta Lei, observados os critérios e a forma de cálculo estabelecidos, desde que contribuam facultativamente para a Previdência Social, na forma estipulada no Plano de Custeio da Seguridade Social. Parágrafo único. Para a segurada especial fica garantida a concessão do salário-maternidade no valor de 1 (um) salário mínimo, desde que comprove o exercício de atividade rural, ainda que de forma descontínua, nos 12 (doze) meses imediatamente anteriores ao do início do benefício."

166 "Art. 143. O trabalhador rural ora enquadrado como segurado obrigatório no Regime Geral de Previdência Social, na forma da alínea "a" do inciso I, ou do inciso IV ou VII do art. 11 desta Lei, pode requerer aposentadoria por idade, no valor de um salário mínimo, durante quinze anos, contados a partir da data de vigência desta Lei, desde que comprove o exercício de atividade rural, ainda que descontínua, no período imediatamente anterior ao requerimento do benefício, em número de meses idêntico à carência do referido benefício."

ria por idade de um salário-mínimo, com a redução da idade para 60/55 anos (H/M), sem qualquer exigência de contribuição.

Assim Bruno Bianco e Felipe Portela comentam esse art. 143 da Lei 8.213/91:

> A norma tinha finalidade temporária, visando a adequação do novo regime contributivo do trabalhador rural após a entrada da Constituição Federal de 1988, estabelecendo o longo prazo de 15 anos para que as contribuições passassem a ser realmente exigidas, quando fosse o caso. A regra equipara todas as modalidades de trabalhadores rurais (empregados, segurados especiais, contribuintes individuais), com garantia do benefício não contributivo. O prazo se esgotaria originalmente em 2006. O fundamento da regra especial seria a necessidade de integração do trabalhador rural à lógica contributiva, e para evitar que os mesmos tivessem que verter contribuições de uma hora para outra, consniderando as particularidades do trabalho por eles exercido, como aponta Franco (2010). A Lei nº 11.368, de 9 de novembro de 2006, prorrogou por 2 anos a vigência do prazo. E a Lei n.º 11.718/08 prorrogou mais uma vez o prazo para os segurados empregados, dessa vez até 31.12.2010, com regras de transição que vão até 2020. Fica evidenciado que o modelo rural brasileiro foi mal construído, e a ideia de integração entre trabalhadores urbanos e rurais não conseguiu ser implementada. Portanto, permanece o reconhecimento de tempo de trabalho rural não contributivo com os mesmos efeitos do tempo de contribuição, mesmo para contribuintes individuais e trabalhadores empregados. Ademais, a Constituição Federal prevê no §8º do artigo 195, modalidade especial de contribuição do segurado especial, exigindo recolhimento apenas quando há comercialização da produção. As estatísticas demonstram que a esmagadora maioria dos trabalhadores rurais se aposentam como segurados especiais, sem qualquer recolhimento previdenciário. Pelos números de aposentadorias concedidas praticamente não há contribuintes individuais rurais ou empregados rurais. Evidentemente que há distorção nestes números, e a possibilidade de recebimento de um salário mínimo sem verter qualquer contribuição desestimula que as outras modalidades de segurados rurais formalizem sua situação. Também facilita o cometimento de fraudes, já que o passado contributivo é importante ferramenta de controle do histórico laboral do segurado. Na prática, as pessoas se apresentam como segurado especial apenas no momento de sua aposentadoria, dificultando a avaliação por falta de registro de vínculos. (LEAL; PORTELA, 2018, p. 120-121).

A PEC 287/2016, em sua versão original, tentava incorporar a ideia de que segurados especiais deveriam proceder ao pagamento de suas contribuições, "com alíquota favorecida, incidente sobre o limite mínimo do salário de contribuição para o RGPS", conforme alteração pretendida no art. 195, §8º da CF; bem como a idade de 65 anos e o tempo de efetiva contribuição de 25 anos, para a concessão de aposentadoria por idade, nos termos da pretendida alteração no art. 201, §7º, da CF, não havendo mais a concessão de benefícios "previdenciários" sem a respectiva contribuição.

Só que o Governo olvidou-se, gravemente, de abordar como seria a contribuição do segurado especial que colhe sua produção rural ou sua pesca artesanal episodicamente e a utiliza apenas para seu próprio consumo ou o de sua família, sem qualquer comercialização, realizando eventualmente apenas algumas trocas por outros produtos com outros segurados especiais.

Na verdade, demonstrou o Governo desconhecer a realidade das diversas famílias que sobrevivem do simples consumo de produções rurais intermitentes, sobre as quais, em alguns momentos do ano, não há qualquer possibilidade de se imaginar alguma tributação.

Além disso, também não apresentou qualquer medida de aprimoramento da fiscalização do recolhimento das contribuições possíveis e potenciais de milhões de segurados especiais e trabalhadores rurais do país, o que poderia ser sensivelmente reforçada pelo trabalho de fiscalização no campo, feito por auditores e fiscais do Ministério do Trabalho e/ou do Ministério da Agricultura. Jane Berwanger, citando pesquisa de Guilherme Delgado, faz a seguinte advertência a respeito do tema:

> Ainda sobre a inconformidade com o regramento específico do segurado especial, outros a justificam alertando para o fato de que a contribuição é insuficiente para manter o sistema. Nesse aspecto, em especial, há que se invocar o estudo de Guilherme Delgado, que demonstrou, tomando por base o ano de 1995, um valor de comercialização da produção rural de pouco mais de R$100 bilhões e que, aplicando-se a alíquota de 2%, a receita previdenciária deveria ser de R$2 bilhões. Entretanto, a arrecadação naquele ano foi de R$440,42 milhões, ou seja, 22% do potencial, evidenciando alto índice de evasão fiscal. Conforme dados da Confederação Nacional da Agricultura, o Produto Interno Bruto – PIB, Agrícola seria de 1 trilhão de reais em 2014. Se fosse arrecadada toda a contribuição previdenciária devida sobre esse valor (1 trilhao X 2,1%), a previdência contaria com 21 bilhões de reais. Não obstante, a arrecadação da área rural foi de menos de metade desse valor. Assim, verifica-se que o problema maior não é a pouca contribuição, mas um sistema de fiscalização deficitário, que não consegue dar conta de promover a arrecadação do que é devido e, em regra, é descontado do segurado, mas não recolhidos aos cofres públicos. (BERWANGER, 2016, p. 221-222)

Qualquer reforma da previdência que restrinja direitos de segurados especiais causará fortes abalos na economia de milhares de pequenos municípios do país, ao se exigir a contribuição dos segurados especiais que não possam pagá-la. Milhões de segurados especiais não obterão proteção social e seus núcleos familiares passarão a não ter mais qualquer espécie de sustento. O êxodo rural se ampliará sensivelmente e a produção rural e a pesca artesanal serão afetadas. A tão buscada ampliação da arrecadação não ocorrerá e a reforma propiciará mais pobreza, desamparo, exclusão, desigualdade social e assistencialismos, o que são consequências claramente indesejadas. É este o quadro fático buscado na Constituição para o relacionamento com os indispensáveis segurados especiais?

Em nosso entendimento, é indispensável aprimorar o custeio da Previdência, em relação aos segurados especiais, que atualmente possuam direito a benefícios previdenciários, sem participação contributiva, nos moldes dos arts. 39 e 143 da Lei 8.213/91. Essa realidade fática necessita de aperfeiçoamentos emergenciais para a integração entre trabalhadores urbanos e rurais.

Uma boa fonte de inspiração seria a Lei do Regime de Trabalho Agrário da Argentina, Ley 26.727, de 27.12.2011[167], regulamentada pelo Decreto 301/2013. Por meio dessa legislação, em seu art. 78[168], os argentinos entenderam que os trabalhadores rurais deveriam se aposentar aos 57 anos de idade, sem distinção de sexo, após 25 anos de serviço, mas sempre com contribuição obrigatória – aplicando-se subsidiariamente a lei previdenciária geral (Ley 24.241, de 13/10/1993), que prevê que a aposentadoria dos trabalhadores urbanos se dá com uma idade mínima de 65/60 anos (H/M).

Ainda, o art. 83[169] desta mesma Ley 26.727 prevê a possibilidade de se reconhecerem períodos de trabalho rural em que não tenha havido recolhimentos, anteriores à lei, para fins previdenciários, desde que haja o desconto mensal dos valores devidos na aposentadoria que venha a ser concedida posteriormente, o que também poderia ser utilizado no Brasil.

Destarte, entendemos que o conceito de segurado especial deveria ser repensado, separando segurados especiais stricto sensu e segurados especiais de baixa renda familiar, exigindo-se a participação financeira no custeio do RGPS, com um limite mínimo de recolhimento mensal de 11% do salário-mínimo, para a primeira categoria de segurados especiais, e de 5% do salário-mínimo para o segurado especial da segunda categoria, facultando-se a ambas as categorias de segurados especiais que computassem sua carência em anos e não em meses, e que se permitisse computar um ano de carência, para cada 6 ou 8 meses de recolhimento efetivo, dentro de um período contínuo de 12 meses.

Uma proposta como essa se coadunaria com o dever de recolhimento de contribuições do art. 195, §8º, da CF, bem como com o tratamento legal inclusivo e diferenciado a ser dado para trabalhadores em geral (urbanos e rurais), de baixa renda, do art. 201, §12, da CF.

Além disso, seria consentânea com as modificações da Lei 11.718/2008, que incluiu os §§8º e 9º no art. 11 da Lei 8.213/91, e permitiu que o segurado especial não perdesse essa qualidade se exercesse qualquer atividade remunerada, urbana ou rural, durante os períodos de entressafra ou defeso, que não excedessem 120 dias (4 meses).

É até recomendável que esse prazo dos §§8º e 9º do art. 11 da Lei 8.213/91 fosse alterado para 180 dias, diante da costumeira recorrência de entressafras maiores, decor-

---

167 Disponível em: <http://servicios.infoleg.gob.ar/infolegInternet/anexos/190000-194999/192152/texact.htm>. Acesso em: 15 mai. 2018.

168 "ARTICULO 78. — Beneficio jubilatorio. Los trabajadores incluidos en el ámbito de aplicación de la presente ley tendrán derecho a la jubilación ordinaria con cincuenta y siete (57) años de edad, sin distinción de sexo, en tanto acrediten veinticinco (25) años de servicios, con aportes."

169 "ARTICULO 83. — Acreditación de servicios rurales. Por vía reglamentaria se podrán reconocer los servicios rurales contemplados en la presente ley, prestados con anterioridad a su vigencia, a través del establecimiento de nuevos medios probatorios y sujeto a un cargo por los aportes omitidos, el que será descontado en cuotas mensuales del haber obtenido al amparo de este régimen previsional."

rentes de mudanças climáticas e questões conjunturais de acordo com a localidade onde viva o segurado especial e seu núcleo familiar. Essa alteração, por outro lado, deveria estar acompanhada do implemento da contagem de carência na forma sugerida, anual, contando cada ano, quando haja 6(seis) meses de recolhimento efetivo, com as alíquotas de pagamento distintas para ambas as categorias de segurado especial que vislumbramos.

P) O adicional para assistência permanente de terceiros e a isonomia

Eis outro tema que demanda atenção de uma boa reforma da previdência: a necessidade de assistência permanente de terceiros para todo e qualquer tipo de aposentado.

O artigo 45 da Lei 8.213/91 prevê o acréscimo de 25% na aposentadoria por invalidez para "o segurado que necessitar da assistência permanente de outra pessoa". O acréscimo de 25% estabelecido na legislação vigente tem fundamento na Constituição Federal, e tem por princípio garantir a prevalência da dignidade e igualdade real entre os aposentados, concedendo ao aposentado nessa condição um reforço financeiro para arcar com as despesas inerentes à assistência permanente de uma pessoa.

Com o acréscimo previsto no artigo 45 da Lei 8.213/91, o benefício pode atingir o patamar de 125% do salário de benefício. Esta é uma hipótese em que o valor do benefício poderá superar o limite do teto do Regime Geral de Previdência Social. O referido acréscimo de 25% cessará com a morte do aposentado, não sendo incorporável ao valor da pensão por morte a eventual dependente que tiver direito a este benefício.

O decreto 3.048/99, prevê em seu anexo I, a relação de doenças que permitem que o aposentado tenha direito a esse acréscimo de 25%, a saber:

> Cegueira total; Perda de nove dedos das mãos ou superior a esta; Paralisia dos dois membros superiores ou inferiores; Perda dos membros inferiores, acima dos pés, quando a prótese for impossível; Perda de uma das mãos e de dois pés, ainda que a prótese seja possível; Perda de um membro superior e outro inferior, quando a prótese for impossível; Alteração das faculdades mentais com grave perturbação da vida orgânica e social; Doença que exija permanência contínua no leito; Incapacidade permanente para as atividades da vida diária.

A relação de enfermidades acima transcrita não pode ser considerada como exaustiva, pois outras situações podem levar o aposentado a necessitar de assistência permanente, mesmo não estando previstas no anexo I do Decreto 3.048/99. Assim, quaisquer limitações à percepção do adicional em questão promovidas por meio de norma de natureza infralegal (Decreto nº 3.048/99) – em especial, a restrição de sua concessão às hipóteses ali estritamente elencadas (Anexo I) – mostram-se flagrantemente ilegais, extravasando em muito sua função meramente regulamentadora, na medida em que restringem indevidamente o alcance de norma que lhe é hierarquicamente superior.

Por ocasião da concessão do benefício de aposentadoria por invalidez, se na perícia médica for identificado que o segurado faz jus ao acréscimo de 25%, deverá o perito, de imediato, verificar se este necessita da assistência permanente de outra pessoa, determinando o início do pagamento na data do início da aposentadoria por invalidez.

Diante da isonomia que deve presidir a análise da situação de cada cidadão aposentado, porém, a atual e mais adequada jurisprudência já reconhece o direito do acréscimo de 25% para qualquer aposentadoria, seja ela aposentadoria por invalidez, por tempo de contribuição, da pessoa com deficiência, por idade ou especial. Não há qualquer justificativa para que o adicional para o custeio de despesas com a assistência permanente exista apenas para aposentados por invalidez, se os cidadãos com aposentadorias de outras espécies podem vir a precisar desta mesma assistência.

Assim, qualquer aposentado que tiver sido acometido de enfermidade grave que o impossibilite de realizar as suas atividades elementares do cotidiano, necessita ter tratamento igualitário pela Previdência Social, em relação aos aposentados por invalidez, uma vez que esta igualdade está prevista na Constituição Federal.

Além disso, por analogia, note-se o exemplo da regra constante na Lei 8.112/90, artigo 190, que trata do Regime Próprio dos Servidores Públicos Federais, onde existe a previsão de majoração dos proventos proporcionais para integrais pela superveniência de moléstia grave, não necessitando que o servidor seja aposentado por invalidez.

Ademais, não há que se falar em necessidade de prévia fonte de custeio (art. 195, § 5º da CF), pois no sistema previdenciário vigente não há contribuição específica para a concessão do adicional para o aposentado por invalidez.

O Tribunal Regional Federal da 4ª Região, em decisão precursora, já entendeu ser devido o acréscimo de 25% ao benefício de um aposentado do Regime Geral da Previdência Social que posteriormente à concessão da sua aposentadoria, tornou-se inválido, necessitando da ajuda permanente de terceiros. Vejamos a decisão:

> PREVIDENCIÁRIO. ART. 45 DA LEI DE BENEFÍCIOS. ACRÉSCIMO DE 25% INDEPENDENTEMENTE DA ESPÉCIE DE APOSENTADORIA. NECESSIDADE DE ASSISTÊNCIA PERMANENTE DE OUTRA PESSOA. NATUREZA ASSISTENCIAL DO ADICIONAL. CARÁTER PROTETIVO DA NORMA. PRINCÍPIO DA ISONOMIA. PRESERVAÇÃO DA DIGNIDADE DA PESSOA HUMANA. DESCOMPASSO DA LEI COM A REALIDADE SOCIAL. 1. A possibilidade de acréscimo de 25% ao valor percebido pelo segurado, em caso de este necessitar de assistência permanente de outra pessoa, é prevista regularmente para beneficiários da aposentadoria por invalidez, podendo ser estendida aos demais casos de aposentadoria em face do princípio da isonomia. 2. A doença, quando exige apoio permanente de cuidador ao aposentado, merece igual tratamento da lei a fim de conferir o mínimo de dignidade humana e sobrevivência, segundo preceitua o art. 201, inciso I, da Constituição Federal. 3. A aplicação restrita do art. 45 da Lei nº 8.213/1991 acarreta violação

ao princípio da isonomia e, por conseguinte, à dignidade da pessoa humana, por tratar iguais de maneira desigual, de modo a não garantir a determinados cidadãos as mesmas condições de prover suas necessidades básicas, em especial quando relacionadas à sobrevivência pelo auxílio de terceiros diante da situação de incapacidade física ou mental. 4. O fim jurídico-político do preceito protetivo da norma, por versar de direito social (previdenciário), deve contemplar a analogia teleológica para indicar sua finalidade objetiva e conferir a interpretação mais favorável à pessoa humana. A proteção final é a vida do idoso, independentemente da espécie de aposentadoria. 5. O acréscimo previsto na Lei de Benefícios possui natureza assistencial em razão da ausência de previsão específica de fonte de custeio e na medida em que a Previdência deve cobrir todos os eventos da doença. 6. O descompasso da lei com o contexto social exige especial apreciação do julgador como forma de aproximá-la da realidade e conferir efetividade aos direitos fundamentais. A jurisprudência funciona como antecipação à evolução legislativa. 7. A aplicação dos preceitos da Convenção Internacional sobre Direitos da Pessoa com Deficiência assegura acesso à plena saúde e assistência social, em nome da proteção à integridade física e mental da pessoa deficiente, em igualdade de condições com os demais e sem sofrer qualquer discriminação. (TRF/4, AC 0017373-51.2012.404.9999/RS, 5ª Turma, Des. Federal Rogério Favreto, DE de 16.09.2013).

Além disso, há decisão recente da Turma Nacional de Uniformização dos Juizados Especiais Federais, nos seguintes termos, relatados por Daniel Machado da Rocha, em inexpugnável análise crítica desta situação previdenciária:

Um novo alento para os defensores da interpretação extensiva surgiu com a decisão proferida pela TNU no julgamento do PEDILEF nº 0501066-93.2014.4.05.8502, na sessão do dia 11 de março de 2015. Por maioria, com o voto de desempate do Ministro Humberto Martins, foi uniformizado o entendimento defendido pelo relator, Juiz Federal Sérgio Murilo Wanderley Queiroga, no sentido de que é extensível à aposentadoria por idade, concedida sob o regime geral da Previdência Social, o adicional previsto no art. 45 da Lei 8.213/91 para a aposentadoria por invalidez. Neste ponto, pensamos que o entendimento da TNU é o mais adequado, quando o sistema previdenciário é examinado na sua totalidade. Com efeito o direito ao referido adicional já estaria amparado pelo inciso I do artigo 5º da CF/88. Ademais, o aposentado pelo regime geral de previdência social, consoante deixa claro o inciso I do art. 15 da LBPS, continua mantendo a condição de segurado. Inicialmente, poderia argumentar-se que o §2º do art. 18 da LBPS limita as prestações que o segurado aposentado faz jus, o que reforçaria a necessidade de interpretar restritivamente o art. 45 da LBPS. Entretanto, as diretrizes da Convenção Internacional sobre os Direitos das Pessoas com Deficiência – acolhida formalmente no ordenamento jurídico nacional pelo Decreto 6.949/09, observando o rito de maioria qualificada e votação em dois turnos, previsto no §3º do art. 5 da CF/88 – irradiam uma nova luz sobre a interpretação que deve ser conferida ao referido enunciado. O estado de invalidez, ocorrido após a aposentadoria programável, atribui ao indivíduo a condição de pessoa com deficiência. A tutela dos direitos fundamentais da pessoa com deficiência deve atentar para as diferentes facetas da vida em sociedade, incluindo as limitações graves decorrentes da invalidez. (ROCHA, 2018, p. 320).

Todos esses processos, todavia, foram suspensos por determinação do STJ, no REsp 1.648.305, para uniformizar o entendimento a respeito da possibilidade de aplicação desse adicional de 25% a todo e qualquer aposentado. Cidadãos que estavam com processos sobre essa demanda ajuizados, e em situação de saúde delicada, passaram a ter que aguardar uma definição da sua causa de pedir, de modo uniforme, para todos os casos. Alguns, fatalmente, poderão ir a óbito antes da decisão do STJ, sem ver a efetividade de eventual decisão que lhes seja favorável.

Melhor seria que uma boa reforma da previdência, no texto legal, já previsse esse adicional para todo e qualquer aposentado que se encontrasse nessa situação, em respeito à condição de pessoa com deficiência que é atinente a todo e qualquer aposentado que necessita de assistência permanente de terceiros; e até poderia se pensar em reduzir o percentual a 20%, resguardados os atos jurídicos perfeitos, para fins de equilíbrio atuarial da medida. Estabelecer-se-ia, com isso, igualdade entre todo e qualquer aposentado, com segurança jurídica, reduzindo-se a judicialização de mais essa questão previdenciária tormentosa.

Q) O microempreendedor individual e o segurado facultativo de baixa renda

Há relevantes modificações a serem feitas em relação a duas ficções jurídicas previdenciárias que tiveram tratamento previdenciário inaugurado conjuntamente, pela Lei 12.470/2011, e devem ser cotejadas também de modo conjunto, para fins de uma boa reforma da previdência.

Tratam-se dos microempreendedores individuais e dos segurados facultativos de baixa renda, que assim foram tratados pela Lei 12.470/2011, que alterou o art. 21 da Lei 8.212/91, nos seguintes termos:

> Lei 8.212/91: Art. 21. A alíquota de contribuição dos segurados contribuinte individual e facultativo será de vinte por cento sobre o respectivo salário-de-contribuição.
>
> [...]
>
> § 2º No caso de opção pela exclusão do direito ao benefício de aposentadoria por tempo de contribuição, a alíquota de contribuição incidente sobre o limite mínimo mensal do salário de contribuição será de:
>
> I - 11% (onze por cento), no caso do segurado contribuinte individual, ressalvado o disposto no inciso II, que trabalhe por conta própria, sem relação de trabalho com empresa ou equiparado e do segurado facultativo, observado o disposto na alínea *b* do inciso II deste parágrafo;
>
> II - 5% (cinco por cento): a) no caso do microempreendedor individual, de que trata o art. 18-A da Lei Complementar nº 123, de 14 de dezembro de 2006; b) do segurado facultativo sem renda própria que se dedique exclusivamente ao trabalho doméstico no âmbito de sua residência, desde que pertencente a família de baixa renda.
>
> § 3º O segurado que tenha contribuído na forma do § 2º deste artigo e pretenda contar o tempo de contribuição correspondente para fins de obtenção da

aposentadoria por tempo de contribuição ou da contagem recíproca do tempo de contribuição a que se refere o art. 94 da Lei nº 8.213, de 24 de julho de 1991, deverá complementar a contribuição mensal mediante recolhimento, sobre o valor correspondente ao limite mínimo mensal do salário-de-contribuição em vigor na competência a ser complementada, da diferença entre o percentual pago e o de 20% (vinte por cento), acrescido dos juros moratórios de que trata o § 3º do art. 5º da Lei nº 9.430, de 27 de dezembro de 1996.

§ 4º Considera-se de baixa renda, para os fins do disposto na alínea *b* do inciso II do § 2º deste artigo, a família inscrita no Cadastro Único para Programas Sociais do Governo Federal - CadÚnico cuja renda mensal seja de até 2 (dois) salários mínimos. (Redação dada pela Lei nº 12.470, de 2011)

A figura do microempreendedor individual (MEI) é assim disciplinada na Lei Complementar 123/2012, em seu art. 18-A:

> Art. 18-A. O Microempreendedor Individual - MEI poderá optar pelo recolhimento dos impostos e contribuições abrangidos pelo Simples Nacional em valores fixos mensais, independentemente da receita bruta por ele auferida no mês, na forma prevista neste artigo. § 1º Para os efeitos desta Lei Complementar, considera-se MEI o empresário individual que se enquadre na definição do art. 966 da Lei nº 10.406, de 10 de janeiro de 2002 - Código Civil, ou o empreendedor que exerça as atividades de industrialização, comercialização e prestação de serviços no âmbito rural, que tenha auferido receita bruta, no ano-calendário anterior, de até R$ 81.000,00 (oitenta e um mil reais), que seja optante pelo Simples Nacional e que não esteja impedido de optar pela sistemática prevista neste artigo. §2º No caso de início de atividades, o limite de que trata o § 1º será de R$ 6.750,00 (seis mil, setecentos e cinquenta reais) multiplicados pelo número de meses compreendido entre o início da atividade e o final do respectivo ano-calendário, consideradas as frações de meses como um mês inteiro.

A Lei 8.212/91, portanto, permite que esse mesmo microempreendedor individual, que pode auferir uma renda mensal de até R$6.750,00, recolha apenas a contribuição previdenciária de 5% do salário-mínimo, o que lhe acarretará a única desvantagem de que essa contribuição não seja computada para fins de concessão de uma futura aposentadoria por tempo de contribuição, servindo para todos os demais benefícios. Em termos atuais, o salário-mínimo de 2018 é de R$954,00, de modo que um microempreendedor individual pode vir a recolher apenas R$47,70 que, ainda que aufira renda mensal igual ao valor máximo de R$6.750,00, estará vinculado ao RGPS, com direito a qualquer benefício, exceto a aposentadoria por tempo de contribuição. Isto é, inegavelmente, uma concessão excessiva a esta espécie de contribuinte.

Apenas a título ilustrativo, suponha-se que um segurado neste perfil recolha apenas 5% do salário-mínimo, por quinze anos, dos 50 aos 65 anos de idade. Ao final das 180 contribuições, ele terá recolhido (sem a correção monetária), cerca de R$8.586,00. Se este mesmo microempreendedor individual obtiver um faturamento próximo ao teto de R$6.750,00, ele obtém esse valor referente a quinze anos de contribuições em menos de um mês e meio! Há, notoriamente, algo de muito desproporcional nesta conta, e em desfavor dos cofres da Previdência Social!

Em nosso entendimento, essa contribuição do microempreendedor individual deve ser igualada à contribuição de qualquer outro empreendedor, titular de firma individual urbana ou rural (art. 12, V, f, da Lei 8.212/91), ou seja, com uma alíquota de 20% (vinte por cento) sobre o salário de contribuição, nos moldes do que já determina o art. 21 da Lei 8.212/91, para os contribuintes individuais e segurados facultativos.

Em verdade, essa possibilidade de contribuição diminuta só tem razoabilidade para aqueles casos descritos nos §§12 e 13[170] do art. 201 da Constituição Federal, inseridos pela Emenda Constitucional 47/2005, nos quais se encontram dispositivos de inclusão previdenciária para pessoas de baixa renda ou nenhuma renda. Não se trata, obviamente, da situação de um microempreendedor individual.

Ademais, quando se fala de microempreendedor individual, deve ser lembrado também o fenômeno da "pejotização", que consiste em transformar o trabalhador celetista em microempreendedor individual, em verdadeira elisão de direitos trabalhistas, e redução de custos para as empresas. Recentemente, em relevante modificação, a reforma trabalhista (Lei 13.467/2017), com vigência a partir de 13/11/2017, em seu art. 2º, alterou importante dispositivo da Lei 6.019/74, permitindo-se, por meio do art. 4º-A, a terceirização ampla e irrestrita de quaisquer atividades da empresa, <u>inclusive sua atividade principal</u>, para qualquer pessoa jurídica de direito privado, inclusive MEI, o que permite a contratação de microempreendedores individuais em substituição a empregados celetistas com direitos assegurados. Independentemente da "quarentena" de dezoito meses do trabalhador em relação ao ex-empregador (art. 5º-D da Lei 6.019/74), fato é que as empresas, em busca de maior lucro, acabarão demitindo funcionários para a contratação de microempreendedores individuais, e continuarão exercendo sobre eles a mesma superioridade hierárquica e econômica e a mesma subordinação, que exerciam quando eram empregadores; todavia, sem os custos previdenciários pertinentes.

Cirlene Luiza Zimmermann comenta os efeitos previdenciários da terceirização e da pejotização, buscados pelo governo federal, ao modificar a Lei 6.019/74:

> É sabido que os terceirizados recebem salários 30% inferiores aos empregados diretos e as empresas terceirizadas, não raramente, desaparecem devendo milhões à Previdência Social. A reforma trabalhista alterou os dispositivos da Lei n. 6.019/74 recentemente incluídos pela Lei n. 13.429/2017, passando a considerar 'prestação de serviços a terceiros a transferência feita pela contratante da execução de quaisquer de suas atividades, inclusive sua atividade principal, à pessoa jurídica de direito privado prestadora de serviços

---

170 "Art. 201. [...] § 12. Lei disporá sobre sistema especial de inclusão previdenciária para atender a trabalhadores de baixa renda e àqueles sem renda própria que se dediquem exclusivamente ao trabalho doméstico no âmbito de sua residência, desde que pertencentes a famílias de baixa renda, garantindo-lhes acesso a benefícios de valor igual a um salário-mínimo. § 13. O sistema especial de inclusão previdenciária de que trata o § 12 deste artigo terá alíquotas e carências inferiores às vigentes para os demais segurados do regime geral de previdência social."

que possua capacidade econômica compatível com a sua execução' (art. 4º-A). O objetivo do legislador em legitimar a terceirização irrestrita foi reforçado no novo texto dos arts. 4º-C e 5º-A da mesma lei, que destacou que os serviços prestados podem ser de qualquer uma das atividades da contratante, inclusive sua atividade principal. Restou autorizada, portanto, a transferência da atividade-fim, tantos anos combatida pela Justiça do Trabalho por meio da Súmula n. 331 do Tribunal Superior do Trabalho, justamente porque o modo de realização da atividade-fim ocorre segundo as normas estabelecidas pela empresa contratante, não havendo como se afastar o requisito da subordinação, típico das relações de emprego. De todo modo, importante ressaltar que a mera intermediação de mão de obra sempre foi e continua sendo procedimento ilícito, afrontando princípio básico da Organização Internacional do Trabalho que dispõe que o trabalho não é mercadoria. A autorização legislativa para ampliação da terceirização, contudo, irá trazer prejuízos significativos ao sistema previdenciário, tanto pela sonegação, quanto em razão da evidente discriminação remuneratória entre trabalhadores diretos e terceirizados, sendo que o próprio texto da reforma, incluindo o §1º ao art. 4-C da Lei n. 6.019/74, estabeleceu que, ainda que haja terceirizados e empregados da contratante fazendo o mesmo serviço no mesmo ambiente de trabalho, somente serão assegurados salários equivalentes se assim for previamente acordado entre contratante e contratada. (*In* SERAU JUNIOR, 2018, p. 148).

Em outras palavras (ou números): se em uma relação de emprego convencional se tem uma contribuição da empresa de 20% (art. 22, I, Lei 8.212/91) e do trabalhador de 11% (art. 20 da Lei 8.212/91), ambas calculadas sobre a remuneração do trabalhador, com a Reforma produzida pela Lei 13.467/2017, tudo isto pode estar resumido a 5% de um salário-mínimo! Ou seja, um trabalhador com renda mensal de R$6.750,00, que estivesse em contrato de trabalho regular com seu empregador, refletiria em recolhimentos previdenciários de R$2.092,50 por mês (31%) aos cofres da Previdência. Agora, com a reforma trabalhista e a terceirização ampla e irrestrita, a empresa contratante da terceirização e o trabalhador deixarão de recolher suas contribuições nesses patamares, e os custos previdenciários da relação serão cobertos unicamente com a contribuição do microempreendedor individual, que pode ser de apenas 5% do salário-mínimo (R$47,70 em 2018). Ou seja, uma diferença de 97,7% de renúncia fiscal para cada trabalhador nessa condição! É ou não uma grave e imoral renúncia, que prejudica severamente os cofres da Previdência, ferindo-o de morte? Nesse ponto, é importante ressaltar que, antes mesmo da Reforma Trabalhista, apenas com essa alíquota de 5% sobre o salário--mínimo, o próprio Governo Federal que propôs as alterações na CLT já afirmava que essa contribuição representava uma renúncia anual de cerca de 1,7 bilhão de reais, só para o ano de 2017[171].

Quanto ao segurado facultativo de baixa renda, o §12 do art. 201 da CF, já citado, prevê um sistema de inclusão previdenciária de trabalhadores, tanto de baixa renda, como de zero renda (em famílias de baixa renda), garantindo--lhes acesso aos benefícios do RGPS, mediante condições menores e mais sim-

---

[171] Disponível em: <http://revistapegn.globo.com/MEI/noticia/2017/04/reforma-trabalhista-pode-permitir-microempreendedor-terceirizado-.html>. Acesso em: 15 jul. 2017.

plificadas de contribuição. A justificativa é buscar a participação desses segurados com recolhimentos mínimos, mas regulares, mantendo-os socialmente protegidos de riscos, mesmo para aqueles que não se encontrem em alguma relação formal de emprego, ou em outra situação caracterizadora de subsunção às demais hipóteses de segurado obrigatório do art. 11 da Lei 8.213/91.

Em uma interpretação restritiva do art. 21, §2º, II, b, da Lei 8.212/91 (inserido pela Lei 12.470/2011), supracitado, o INSS tem entendido que o segurado facultativo tem que comprovar que não detém renda alguma para ter direito à inclusão previdenciária, restringindo o alcance da disposição constitucional que determina, literalmente, a inclusão previdenciária que atenda "trabalhadores de baixa renda".

Nesses casos, o cidadão que se veja nessa situação começa a recolher suas contribuições como segurado facultativo e quando vai requerer alguma proteção social, se depara com a negativa do benefício por parte da autarquia, sob o argumento de que o trabalhador de baixa renda deveria ser "trabalhador sem renda".

Ora, se não tem renda própria alguma, como é possível se imaginar incluído em um sistema previdenciário? É o caso, por exemplo, de hipotético(a)s segurado(a)s facultativo(a)s de baixa renda que afirmem auferir uma renda de aproximadamente R$200,00 (duzentos reais) por mês vendendo sucata de latinhas de alumínio recolhidas pelas ruas, ou sacolés de fruta feitos na cozinha de sua casa, ou fazendo unhas ou faxinas bem esporadicamente para vizinhos. Nessas hipóteses, o INSS entende que esses segurados não podem recolher 5% de salário-mínimo (R$47,70, em 2018), pois eles não seriam "segurados facultativos sem renda própria", ainda que estes segurados vivam sozinhos ou que sua família não receba mais que dois salários-mínimos mensais (art. 21, §4º, da Lei 8.212/91). De um lado o INSS se apropria de suas contribuições, mas de outro lhe nega o benefício.

Há, obviamente, uma grave distorção em um sistema que permite a uma pessoa com renda de R$6.750,00 (microempreendedor individual) recolher 5% sobre o salário-mínimo mensalmente; e, por outro lado, proíbe que uma outra pessoa com renda de R$200,00 mensais (segurado facultativo de baixa renda) não possa recolher a mesma quantia para se inserir no RGPS, buscando proteção social. Tal comportamento da autarquia apenas contribui para que essas pessoas (geralmente muito pobres) se afastem do sistema de proteção social oficial e parem de efetuar seus recolhimentos, pois teriam que recolher como contribuintes individuais, entre 11% e 20% sobre uma renda muito eventual, e, por vezes, inferior ao salário-mínimo, quando a Constituição autoriza o pagamento de uma contribuição diferenciada, de um quarto desse valor (e mais condizente com sua realidade financeira).

Em nosso entendimento, a arrecadação do RGPS aumentaria significativamente com campanhas para o ingresso desses segurados facultativos de baixa renda ao sistema, estimulando-os ao recolhimento, informando o código correto para tal recolhimento e à sua manutenção no RGPS, com esclarecimentos sobre seus direitos e obrigações. Uma simples extração dos dados de beneficiários do Bolsa-Família, por exemplo, já poderia ser um excelente ponto de partida para que servidores e auditores do INSS pudessem realizar pesquisas externas sociais, para inclusão de trabalhadores de baixa renda ao RGPS, que se enquadrassem nos requisitos legais para os segurados facultativos de baixa renda.

E, por fim, para que não haja dúvidas no comportamento legalista da autarquia, *é necessária, em uma boa reforma da previdência, a alteração do art. 21, §2°, II, b, da Lei 8.212/91, para que se exclua a expressão "sem renda própria" e passe a constar "segurado facultativo pertencente à família de baixa renda", adequando o texto legal ao mandamento explicitado no preclaro §12 do art. 201 da CF.*

R) RGPS e RPPS's

A isonomia entre trabalhadores celetistas e servidores públicos e a convergência entre RGPS e RPPS's foi o mote para o Governo tentar impor o desprezo às regras de transição que estão em vigor, para os servidores públicos abrangidos pelas Emendas Constitucionais n°s 20/98, 41/2003 e 47/2005, por ocasião da Proposta de Emenda Constitucional n° 287/2016. Assim consta dos itens 20 a 28 da Exposição de Motivos da referida PEC[172], assinada pelo economista e então Ministro da Fazenda, sr. Henrique Meirelles:

> 20. No que se refere aos Regimes Próprios de Previdência Social (RPPS), cabe destacar que a preocupação com o equilíbrio financeiro e atuarial levou a melhoria na sua organização, regulação e supervisão, a partir das Emendas Constitucionais n° 20, de 1998, e n° 41, de 2003. 21. No entanto, desequilíbrios históricos dos RPPS, oriundos de períodos anteriores, e a manutenção de regras que demandamaperfeiçoamento, de sorte a proporcionar oferta de proteção previdenciária aos servidores públicos que não onerem excessivamente o conjunto da sociedade, indicam a necessidade de nova revisão desses sistemas. 22. Na União, nos Estados e no Distrito Federal, a relação entre onúmero de servidores ativos e os aposentados e pensionistas está próxima de 1, demonstrando grande desequilíbrio entre as receitas de contribuições e as despesas com o pagamento de benefícios de seus respectivos RPPS. Em 2015, os RPPS da União e dos Estados/DF registraram deficit de R$ 72,5 bilhões e R$ 60,9 bilhões, respectivamente. 23. A Emenda Constitucional n° 20, de 1998 iniciou um processo de alteração constitucional com o objetivo de promover gradualmente a convergência das principais regras do RGPS com as dos RPPS. Nesse sentido, foi inserida no próprio texto constitucional a aplicação subsidiária aos servidores das regras do RGPS (§ 12 do art. 40 da Constituição Federal). Além disso, desde então, o caráter contributivo e o equilíbrio financeiro e atuarial são princípios constitucionais tanto dos RPPS, quanto do RGPS. 24. A Emenda n° 41, de 2003 acaboucom a integralidade entre servidores ativos e inativos e estabeleceua regra geral de cálculo de proventos dos servidores com base na média de contribuições, semelhante à aplicável aos segurados do RGPS.

---

172 Disponível em: <http://www.previdencia.gov.br/wp-content/uploads/2016/12/PEC-287-2016.pdf>. Acesso em: 15 mai. 2018.

Foi também autorizada a criação de fundos de previdência complementar pelos Entes Federativos, permitindo, nesse caso, a limitação do valor dos benefícios ao limite máximo do RGPS. 25. A presente proposta igualaos critérios de idade mínima, tempo mínimo de contribuição e critérios de cálculo das aposentadorias e pensões para o RGPS e RPPS, incluindo os militares dos Estados, Distrito Federal e dos Territórios. 26. Além de modificações nas regras relativas aos benefícios previdenciários devidos pelos RPPS, a proposta de Emenda busca fortalecer o modelo de regulação e supervisão dos RPPSinstituído pela Lei nº 9.717, de 1998. Agestão da Previdência Social depende de planejamento de longo prazo, como política pública de Estado de interesse nacional, cuja formulação e execução perpassam por diferentes governos e que não pode ter sua sustentabilidade ameaçada por problemas conjunturaise locais, que afetam a estabilidade de toda a seguridade social. 27. Nesse sentido, a proposta prevê a edição de uma lei que estabeleceráregras gerais de organização e funcionamentodos RPPS em âmbito nacional, voltadas a garantir a responsabilidade na gestão previdenciária, criandomecanismos de proteção dos recursos vinculados aos fundos previdenciários.

28. Outro ponto a ser destacado é a recente instituição, pela União e por alguns poucos Estados, da previdência complementar para os servidores públicos, autorizada pela Emenda Constitucional nº 41/03. Trata-se de uma das mais eficientes medidas para garantia do equilíbrio financeiro e atuarial dos RPPS, razão pela qual é necessário promover alterações que conduzam os demais entes federativos a instituírem a previdência complementar, e a consequente limitação do valor máximo dos benefícios.

Não está correta, todavia, essa postura de nítida desconfiança desigualadora.

As expectativas legítimas do cidadão e do servidor público, que estão a confiar no ordenamento jurídico em vigor, programando sua vida pessoal e profissional para se aposentar de acordo com tais normas, devem ser respeitadas, mas de acordo com as distinções cabíveis entre os regimes, especialmente no que atine a remunerações, vedações, ingresso e saída do vínculo com os regimes.

Vale afirmar que são totalmente distintas as formas de ingresso e de recolhimento de contribuições previdenciárias (bem como seus valores), e de cálculo das aposentadorias e pensões, de acordo com cada Regime Previdenciário e com as normas que estavam em vigor na data em que o servidor ingressou no serviço público. Eventuais regras de transição não podem desconsiderar essas realidades e as normas de transição que já se encontram em vigor, e que respeitam essas realidades.

É fato que a Reforma da Previdência previu, no art. 6º da PEC 287-A, meios de preservação do direito adquirido, especialmente daqueles que já recebem seus benefícios, ou daqueles que completaram os requisitos para sua concessão, mas ainda não efetuaram o requerimento à autoridade estatal. Todavia, *data venia*, essa proteção é puramente retórica, pois não se fazia necessária, já que tal proteção se dessume do próprio texto original da Constituição[173].

Além disso, não é apenas o direito adquirido que deve ser protegido, mas também as expectativas legítimas do cidadão/servidor público, que está a confiar no ordenamento jurídico em vigor, programando sua vida pessoal e profissional para se aposentar de acordo com tais normas. Não podem os legisladores, portanto, modificar essas regras sem qualquer regra de transição razoável e proporcional, necessária e adequadamente prevista, que respeite as expectativas legítimas geradas por este mesmo Estado-legislador. Neste sentido, eis o que afirma Marcelo Leonardo Tavares:

> Se podemos afirmar que os servidores já ocupantes de cargo efetivo na Administração, mas que não tenham preenchido os requisitos para aposentadoria até a data da publicação da EC nº 41/2003, não têm direito adquirido, não se pode ser insensível ao fato de que o princípio da segurança das relações jurídicas, implícito na Constituição e decorrente do princípio do Estado de Direito, protege-os contra mudanças radicais no regime jurídico institucional até então adotado. É verdade que atos normativos, não estando diante de direito adquirido, podem prever mudanças no sistema. Contudo, essas alterações não podem modificar sem qualquer limite de razoabilidade as normas que até então pautaram a conduta mútua do servidor e dos órgãos públicos, gerando expectativas legítimas. Existe um mínimo de segurança a ser mantido nas relações institucionais, sob pena de desrespeito ao próprio sistema de legalidade que serve para orientar as regras de conduta entre administrados e Administração. Nesse sentido, apesar, repito, de não haver direito adquirido, seria inconstitucional uma modificação radical nas relações institucionais que desprezasse a expectativa legítima, forte e consolidada de um servidor a pouco tempo de preencher os requisitos de aposentadoria sob a égide da legislação anterior de regência. Tal situação deixaria completamente desprotegida a minoria em face da maioria, abalando os alicerces sobre os quais se constrói um regime democrático a desrespeitando o princípio fundamental do Estado de Direito. (TAVARES, 2015, p. 388-389)

Parece, contudo, não ter havido uma autêntica preocupação dos governantes que propuseram a PEC 287/2016, com as expectativas de milhões de servidores que depositaram e puseram em prática, com atos patrimoniais, sua confiança nos atos legislativos que se encontram em vigor.

Observe-se a opinião de Felipe Portela e Bruno Bianco Leal, assessores especiais da Casa Civil da Presidência da República e participantes ativos na elaboração da PEC 287/2016:

---

173 Muito embora o Secretário da Previdência Social, subordinado ao Ministério da Fazenda, tenha afirmado, em debate recente na FGV, no dia 11/12/2017, que direitos previdenciários adquiridos correm riscos, em suas palavras, cobrando do Congresso Nacional a aprovação da PEC 287/2017: *"É bom que façamos (a reforma da Previdência) enquanto ainda temos tempo. Temos no mundo exemplos de países que se negaram a tratar da questão previdenciária. Isso aconteceu com a Grécia, com Portugal, que precisaram rever a noção de direito adquirido. A gente não está nesse ponto ainda, mas temos que tomar atitudes."* Disponível em: <https://oglobo.globo.com/economia/secretario-da-previdencia-diz-que-reforma-maneira-de-evitar-ataque-direitos-adquiridos-no-futuro-22175865>. Acesso em 14 jan. 2018.

O Direito Brasileiro muitas vezes se utiliza de normas de transição para proteção das expectativas legítimas. Foi o que ocorreu, por exemplo, nas citadas reformas da Previdência de 1998 e 2003. Mas não há em nosso Direito qualquer vinculação do legislador à edição de tais normas, normalmente escolhidas para proteger algumas situações pontuais. Não se conhece precedente que obrigue o legislador a adotar normas de transição, quanto mais a estendê-las para todas as situações em que seja atingida expectativa legítima de particulares. A grande vantagem das normas de transição é conciliar o interesse público, manifestado pela alteração de normas, com o interesse do indivíduo que já havia iniciado sua vida jurídica no regime anterior. É a medida que demanda menor sacrifício individual para atingimento do interesse público. Em resumo, tem-se que hoje a jurisprudência e doutrina majoritárias reconhecem a proteção, em face de alterações legislativas, apenas ao direito adquirido, no qual o fato aquisitivo já se completou, mas o efetivo presvisto na norma ainda não se produziu. (LEAL; PORTELA, 2018, p. 199).

Fica claro que não houve a compreensão, por parte do proponente da Reforma, em relação aos deveres decorrentes da segurança jurídica e da proteção da confiança, nem se notou qualquer preocupação com a notória insuficiência do direito adquirido para a proteção da segurança jurídica das pessoas, diversas vezes exposta no curso desta tese.

Note-se, além disso, a explanação feita pelo líder do Governo na Câmara dos Deputados, deputado federal Darcísio Perondi (PMDB/RS), extraída das notas taquigráficas da reunião do dia 28/03/2017 na Comissão Especial de análise da Reforma da Previdência, ocasião em que este pesquisador esteve presente àquela Casa legislativa, para tratar dos temas segurança jurídica e igualdade na Reforma da Previdência. Observem a menção aos direitos adquiridos como sendo a única forma de garantir segurança jurídica, a comemoração de que estaria conseguindo revogar uma norma de transição que se encontra em vigor e a defesa da ideia de que expectativa alguma deva ser protegida:

> Estão sendo quebrados privilégios do tempo de contribuição, das aposentadorias precoces. No andar superior, que inclui os Parlamentares, também estão sendo quebrados privilégios. E o senhor vem dizer que aumenta a desigualdade e vem falar do princípio da proteção da confiança? <u>Nós estamos respeitando os direitos adquiridos. Mas a expectativa de direito?</u> Até mesmo a transição, lenta e gradual, vai levar 20 anos. As regras estão sendo respeitadas, não é como na Grécia ou em Portugal. O senhor vem aqui com esse princípio de proteção de confiança defender privilégios, privilégios desses que neste ano vão dar prejuízo de 100 bilhões na área da Previdência para a União. E não estou falando de Estados e Municípios, mas da União. <u>Doutor, já há jurisprudência do Supremo de que não há expectativa de direito. Eu respeito as teorias que o senhor trouxe e as posições de alguns Ministros eventualmente em alguns processos. Mas isso é muito triste.</u> Eu fiquei triste, fiquei muito triste. O senhor ignora a expectativa de sobrevida também, tem uma tendência de ignorar. <u>Nós estamos confirmando a revogação da integralidade da paridade, e o senhor vem em defesa dela? É muito triste!</u>[174] (sic) (grifo nosso)

Segundo o texto da Proposta, para os servidores que ingressarem após a futura EC, a aposentadoria voluntária passa a ser por idade (65/62 anos – homem/mulher), com vinte e cinco anos de contribuição, desde que cumprido o tempo mínimo de dez anos de efetivo exercício no serviço público e cinco anos no cargo efetivo em que for concedida a aposentadoria, com percentual de aposentadoria que variará de 70 a 100%, de acordo com os anos de contribuição.

Já para os servidores que ingressaram até a data das EC's 20/98 e 41/2003, os requisitos das regras de transição em vigor continuam vigentes, porém com a cobrança de um período adicional de contribuição equivalente a 30% (trinta por cento) do tempo que, na data de publicação de eventual Emenda, faltaria para atingir o tempo de contribuição respectivo (35/30 anos, h/m).

Para manter, todavia, o direito à integralidade e paridade que já possui, o servidor deverá ter 65/62 anos de idade, homem/mulher.

Quanto à nova forma de cálculo da aposentadoria no serviço público, determinada pelo relatório acerca da PEC 287, se o servidor que ingressou antes de 31/12/2003 quiser se aposentar antes dessa idade mínima para a integralidade (65/62 anos), após a aprovação da EC, sua aposentadoria será calculada à base de 100% da média de todas as suas remunerações (não serão mais apenas as 80% maiores). Para todos os servidores que ingressaram no serviço público, após 01/01/2004, o cálculo do percentual de sua aposentadoria será de 70% a 100%, de acordo com o seu tempo de contribuição (25 a 40 anos). Ou seja, para ser de 100% da média de todas as suas remunerações, o servidor terá que ter 40 anos de contribuição. O limite ao teto do RGPS, no momento da aposentadoria, é aplicável apenas aos que aderiram ao FUNPRESP (regime de previdência complementar a que se referem os §§ 14, 15 e 16 do art. 40 da Constituição Federal para os servidores públicos titulares de cargo efetivo em âmbito federal), aos que venham a aderir ao benefício especial previsto na Lei 12.618/2012 (pois o prazo para adesão vai até 28/07/2018, segundo a Lei 13.328/2016) ou àqueles que ingressaram no serviço público após a data da publicação do ato de instituição do FUNPRESP (14/10/2013).

Assim posto, nota-se que está havendo violação às expectativas legítimas de servidores que estão bem próximos de se aposentar com o direito assegurado à integralidade e paridade, mas que não possuam a idade mínima. Nesses casos, esses servidores terão que, repentinamente, aguardar por muitos anos para usufruir da aposentadoria na forma como a legislação lhes permite.

Com isso, nota-se que a última versão do relatório do deputado Arthur Maia, acerca da PEC 287/2016, não apresentou solução ao problema das regras de transição, pois continuou não observando adequadamente a necessidade de respeito às regras constitucionais em vigor, que priorizam a segurança jurídica (face mais nítida de um Estado de Direito) e não concedem ao constituinte derivado uma "carta branca" para efetuar agressões a direitos adquiridos ou em

---

174 Disponível em: <http://www.camara.leg.br/internet/sitaqweb/discursoDiretoCMO.asp?nuReuniao=0140/17>. Acesso em: 13 nov. 2017.

vias de aquisição. Nesse sentido, no art. 2º, §5º, inciso I, e §6º, inciso I, do texto proposto pelo Relator, consta severa agressão a expectativas legítimas geradas pelo próprio Estado, pois há milhares de servidores públicos que ingressaram no serviço público antes da Emenda Constitucional nº 41/2003, e que estão em vias de se aposentar com a perspectiva dos direitos à integralidade e paridade que lhes são garantidos pelas regras de transição que estão em vigor (EC's 20/98, 41/2003 e 47/2005), mas não atingiriam a idade mínima de 65/62 anos, que passaria a ser exigida, repentinamente, pela Emenda Constitucional proposta pelo Governo.

Note-se que, em verdade, o texto proposto pelo Relator, para a PEC, promoveu um corte etário profundo e arbitrário, desmerecendo o primado social do trabalho (objetivo fundamental de nossa Constituição).

Tais dispositivos – é preciso ressaltar – representam texto mais agressivo que a primeira versão da PEC em relação a direitos individuais dos servidores, pois, se antes, com o corte etário de 50/45 anos (H/M) da versão original, eram injustas e arbitrariamente afetados servidores e trabalhadores do regime celetista que possuíam tais direitos (integralidade e paridade) por terem ingressado no serviço público antes da EC 41/2003, mas ainda não tinham 50/45 anos de idade; com o texto do Relator, inverte-se a lógica, sem qualquer justificativa, e passam a ser afetados direitos individuais de servidores que estão mais próximos à aposentadoria, mas que ainda não possuem a idade de corte arbitrada pelo Relator.

É o caso, por exemplo, da servidora pública que tenha ingressado no serviço público aos 30 anos de idade, em 1994, já detendo 7 anos de tempo de contribuição pelo regime celetista, e atualmente esteja com 53 anos de idade e 23 anos de serviço público. Ela completará os requisitos para a aposentadoria, pelas regras de transição da EC 47/2005, com mais dois anos de serviço público, aos 55 anos de idade. Poderia se aposentar, com integralidade e paridade, nessa ocasião. Agora, com a mudança proposta pelo Relator, esta cidadã, que estava muito próxima de sua aposentadoria, terá que continuar no serviço público por mais sete anos (além dos dois anos que estavam em sua previsão), se quiser se aposentar com os direitos à integralidade e à paridade, aos 62 anos de idade. Será razoável e constitucional tal mudança repentina e brusca?

O próprio Relator já respondeu a essa dúvida, ao afirmar, em reunião no Congresso Nacional, no último dia 19/04/2017, que a medida não seria constitucional, pois:

> É evidente que a súbita imposição de idades de 65 anos para homens e 62 anos para mulheres como condição de acesso a paridade e integralidade contrariam o que se entende como respeito a expectativa de direito, razão pela qual serão elaboradas regras mais compatíveis com os legítimos interesses envolvidos no assunto[175].

---

175 Disponível em: <http://www1.folha.uol.com.br/mercado/2017/04/1877036-relator-desiste-de-medida-que-dificultava-aposentadoria-de-servidor.shtml>. Acesso em: 20 abr. 2017.

Cerca de duas horas depois do que afirmara, todavia, voltou atrás de sua opinião e apresentou a seguinte justificativa para o texto do art. 2º, §5º, inciso I, e §6º, inciso I: "Precisa de 65 anos para ter integralidade, ponto final."[176]

Com todo o respeito, um debate sobre Previdência Social não pode prescindir de coerência e respeito a direitos e expectativas legítimas de qualquer pessoa, e, especialmente, do trabalhador servidor público, já atingido por diversas reformas de sua previdência. Não é com um viés deslegitimante e autoritário que se obtém o respeito às instituições públicas e à própria Constituição Federal. É preciso salientar que a validade e a eficácia das Emendas Constitucionais 20/98, 41/2003 e 47/2005, no que atine às regras de transição por elas criadas, não pode ser desprezada pelo constituinte derivado, pelo proponente da PEC e pelo parlamentar Relator, pois o texto proposto vislumbra grave agressão à segurança jurídica e ao Estado de Direito, já que os servidores públicos possuem em seu patrimônio jurídico um verdadeiro direito a se aposentar segundo as regras de transição até então existentes, válidas e eficazes, e que repentinamente são revogadas, com tal Projeto de Emenda. A despeito das diversas inconstitucionalidades, ilegalidades e irrazoabilidades da PEC, maior ofensa ao próprio Estado de Direito não existirá, se o texto for aprovado na forma em que se encontra a redação dos arts. 2º, §5º, inciso I, e §6º, inciso I e 25 da PEC, proposta pelo Relator.

As mudanças drásticas em direitos individuais em vias de aquisição, representadas nestes dispositivos propostos pelo Relator, representam, portanto, um risco circunstancial de agressão à própria Constituição vigente, que deve ser combatido de forma veemente, sendo oportuno salientar que, certamente, também representarão uma fonte inestimável de judicialização de demandas, e de subsequente engessamento do Poder Judiciário e afetação do acesso à Justiça.

A respeito da migração de regime, do RPPS para a FUNPRESP, também é essencial que se respeite a segurança jurídica e a confiança legítima daquele que migrou, com intenção de usufruir do benefício especial do art. 3º da Lei 12.618/2012[177], conforme afirma Rodrigo Tenório:

---

176 Disponível em: <http://www1.folha.uol.com.br/mercado/2017/04/1877071-relator-recua-e-mantem-medida-que-dificulta-aposentadoria-de-servidor.shtml>. Acesso em: 20 abr. 2017.

177 "Art. 3º Aplica-se o limite máximo estabelecido para os benefícios do regime geral de previdência social às aposentadorias e pensões a serem concedidas pelo regime de previdência da União de que trata o art. 40 da Constituição Federal, observado o disposto na Lei nº 10.887, de 18 de junho de 2004, aos servidores e membros referidos no caput do art. 1º desta Lei que tiverem ingressado no serviço público:

I - a partir do início da vigência do regime de previdência complementar de que trata o art. 1º desta Lei, independentemente de sua adesão ao plano de benefícios; e

II - até a data anterior ao início da vigência do regime de previdência complementar de que trata o art. 1º desta Lei, e nele tenham permanecido sem perda do vínculo efetivo, e que exerçam a opção prevista no § 16 do art. 40 da Constituição Federal.

§ 1º É assegurado aos servidores e membros referidos no inciso II do caput deste artigo o direito a um **benefício especial** calculado com base nas contribuições recolhidas ao regime de previdência da União, dos Estados, do Distrito Federal ou dos Municípios de que trata o art. 40 da Constituição Federal, observada a sistemática estabelecida nos §§ 2º a 3º deste artigo e o direito à compensação financeira de que trata o § 9º do art. 201 da Constituição Federal, nos termos da lei.

Uma das grandes dúvidas de quem pensa em migrar gira em torno do futuro benefício especial. Poderia ele ser simplesmente revogado após a migração? A forma de cálculo poderia ser alterada para prejudicar quem migrou? O benefício especial seria parte de um regime jurídico que poderia ser, portanto, alterado a qualquer tempo, já que ninguém tem direito a regime jurídico, segundo o STF? Ainda que haja tentativa de alteração de tais vantagens, as chances de defesa judicial são bastante altas, em vista da proteção constitucional à segurança jurídica consagrada no art. 5º, XXXVI, da CF. Não será possível, a meu ver, afirmar que o direito ao benefício especial é direito a mero regime jurídico para permitir alterações. Estamos a tratar de valor composto por contribuições já feitas e que foi oferecido como contraprestação à mudança de regime. Como a opção pela migração é irretratável, a vantagem ofertada também não pode ser modificada. É essencial proteger a confiança legítima depositada pelo servidor que migrou e a segurança jurídica. Haveria, com o cancelamento do benefício especial, reversão de expectativa intolerável. O ato de migração é ato jurídico perfeito, consumado por manifestação de vontade segundo a lei vigente ao tempo em que se efetuou, na expressão empregada pelo art. 6º, §1º, da Lei de Introdução às Normas do Direito Brasileiro. (TENÓRIO, 2018, pos. 572).

Enfim, nota-se que os RPPS's já foram devidamente reformados em três oportunidades constitucionais, não tendo o Governo logrado êxito em demonstrar a insuficiência dessas reformas já realizadas.

Uma boa reforma da previdência, portanto, não pode desconsiderar que os RPPS's não demandam a reforma que era pretendida pelo Governo, rompendo com a segurança jurídica devida a cada servidor público aposentado, ou em vias de se aposentar. Haverá apenas a necessidade de alguns pequenos ajustes, por medidas de isonomia, caso haja a aprovação de alguns ajustes no RGPS, tais como a implantação de uma planificação para isonomia de requisitos para aposentadoria, entre os gêneros ou nos requisitos para a concessão de uma pensão por morte. Para a concessão de aposentadorias, parece-nos que o Governo precisa apresentar dados mais consistentes que denotem a necessidade de mudança, observando-se que a história dos RPPS's sempre foi de um *déficit* causado pelos próprios entes federados, e não pelos servidores, a partir do momento em que os RPPS's só passaram a ser contributivos a partir de 2004.

---

§ 2º **O benefício especial será equivalente à diferença entre a média aritmética simples das maiores remunerações anteriores à data de mudança do regime, utilizadas como base para as contribuições do servidor ao regime de previdência da União, dos Estados, do Distrito Federal ou dos Municípios, atualizadas pelo Índice Nacional de Preços ao Consumidor Amplo (IPCA),** divulgado pela Fundação Instituto Brasileiro de Geografia e Estatística (IBGE), ou outro índice que venha a substituí-lo, correspondentes a 80% (oitenta por cento) de todo o período contributivo desde a competência julho de 1994 ou desde a do início da contribuição, se posterior àquela competência, e o limite máximo a que se refere o **caput** deste artigo, na forma regulamentada pelo Poder Executivo, multiplicada pelo fator de conversão." (grifo nosso)

S) Disposições comuns a todas as espécies de benefícios do RGPS

Por fim, diante da notória insuficiência de conceitos antigos como direito adquirido, ato jurídico perfeito e coisa julgada e tempus regit actum, diversas vezes exposta no curso desta tese, outras questões de ordem constitucional e infraconstitucional, aplicáveis a todas as espécies de benefícios do RGPS, poderiam ser aperfeiçoadas, como a consagração definitiva do direito à proteção da confiança legítima como um direito fundamental de todo e qualquer indivíduo, inserindo-o expressamente na CF por uma Emenda Constitucional (tal como foi feito com o direito fundamental à razoável duração do processo, inserido no art. 5º pela EC 45/2004), a demandar expressamente as correções de posturas do Estado que já expusemos durante a evolução da tese, bem como com a alteração da jurisprudência insuficiente do STF de que "não há direito adquirido a regime jurídico".

Nesse sentido, é mandamental que se proceda à alteração do art. 115, inciso II e §1º, bem como do art. 103-A, ambos da Lei 8.213/91, para que a má-fé não seja o critério a presidir a análise de possíveis devoluções de valores de benefícios recebidos além do devido e da decadência a favor da Administração Pública, mas sim, expressamente, a proteção da confiança legítima e a segurança jurídica.

Outro dado relevante a se considerar é a atuação desconfiada em relação a contribuições recolhidas em códigos errados e em valores inferiores ao mínimo permitido em lei. O INSS tem adotado posturas que desprezam a confiança na regularidade do ato contributivo, e sequer permitem as complementações tributárias possíveis, ainda que com juros, multa e correção monetária. É preciso que uma boa reforma da previdência esclareça, definitivamente, a possibilidade do cômputo dessas contribuições, para fins de tempo de contribuição e para fins de carência, sem punições como a desconsideração por pagamentos em atraso (art. 27, II, da Lei 8.213/91), desde que cumpridas algumas condicionantes que seriam determinadas pela reforma, tais como o pagamento dos consectários monetários e o ônus de comprovação do pagamento, no prazo que venha a ser estipulado. Não prestando o serviço adequadamente, dessa forma, a conduta do Estado, ao arrecadar os valores, assemelha-se muito mais ao enriquecimento sem causa que à regulação das contribuições previdenciárias do segurado.

Além disso, é necessário, em uma boa reforma da previdência, esclarecer o significado do art. 15, §1º, da Lei 8.213/91 ('O prazo do inciso II será prorrogado para até 24 (vinte e quatro) meses se o segurado já tiver pago mais de 120 (cento e vinte) contribuições mensais sem interrupção que acarrete a perda da qualidade de segurado.'), para que fique claro que as 120 contribuições mensais sem perda da qualidade de segurado, acarretam, desde sempre, mais 12 meses de prorrogação da qualidade de segurado, pouco importando que após essas 120 contribuições haja alguma perda da qualidade posterior.

Neste ponto, é imperiosa a doutrina de Daniel Machado da Rocha, em comentários atualizados a tal dispositivo:

> No §1º, percebe-se o interesse do legislador em continuar alcançando a proteção previdenciária para quem já está filiado ao sistema por um período mais significativo. Assim, prorroga-se o período de graça para até 24 meses se o segurado já tiver pago mais de 120 contribuições mensais sem ter perdido

a qualidade de segurado. Não é incomum que ao longo da vida contributiva do trabalhador tenha ocorrido a perda da qualidade de segurado. Se o trabalhador contar com mais de 120 contribuições descontínuas, a literalidade do dispositivo aponta para a impossibilidade de prorrogação do período de graça pelo prazo de 24 meses. De considerar, entretanto, que com o advento da Lei nº 10.666/03, a perda da qualidade de segurado deixou de ser óbice para a concessão das aposentadorias, com exceção da aposentadoria por invalidez. Assim, tendo o segurado implementado a carência necessária para o benefício requerido, entendemos que, dentro de uma interpretação sistemática, o direito à prorrogação do período de graça deve ser reconhecido. Para o TRF4, após o segurado verter 120 contribuições sem que ocorra a perda da qualidade de segurado, incorpora-se ao seu patrimônio jurídico a possibilidade de desfrutar de um prazo maior de vinculação ao sistema, que pode ser exercida a qualquer tempo, mesmo após uma interrupção que venha a resultar na perda da condição de segurado. (ROCHA, 2018, p. 108-109).

Uma boa reforma deveria tornar essa condição possível, aclarando a jurisprudência a respeito.

Enfim, estas são, portanto, as proposições que, em respeito ao direito fundamental à segurança jurídica, e juntamente com as demais proposições já apresentadas, esperamos sejam abordadas e fundamentem qualquer reforma da previdência que o país venha a ter futuramente, protegendo e promovendo a confiança legítima de cada cidadão perante o Estado brasileiro.